DIE ALPENVEREINSHÜTTEN
Ostalpen

Alpenvereins-Skiführer

Allgäuer Alpen
Kitzbüheler Alpen
Ortleralpen
Ostalpen 2, Geigelstein – Ankogel
Ostalpen 3, Allgäu – Engadin
Ostalpen 4, Hafnergr. – Seckauer T.
Ostalpen 5, Gesäuse – Schneeberg
Ostalpen 6, Südtirol Ost
Ostalpen 7, Südtirol West
Ötztaler Alpen
Silvretta und Rätikon
Stubaier Alpen
Zillertaler Alpen

Rother Skiführer

Bayerische Alpen
Engadin
Sellrain

Rother Wanderführer

Achensee und Brandenberger Tal
Allgäu 1 – Oberallgäu
Allgäu 2 – Ostallgäu
Allgäu 3 – Westallgäu
Aostatal
Appenzeller Land
Außerfern
Bayerischer Wald
Berchtesgadener Land
Berner Oberland West / Ost
Bodensee bis Brandnertal
Bregenzerwald
Chiemgau
Rund um den Comer See
Dachstein-Tauern-Region
Dolomiten
Dolomiten 1 – Grödner Tal
Dolomiten 3 – Gadertal
Dolomiten 4 – Fassatal
Dolomiten 5 – Sexten
Eifel
Elbsandsteingebirge
Fränkische Schweiz
Gardaseeberge
Gasteiner Tal
Harz mit Kyffhäuser
Rund um den Hochkönig
Hochschwab
Rund um Innsbruck
Isarwinkel
Rund um den Wilden Kaiser

Kärnten – Kärntner Seen
Karwendel
Korsika
Kreta West / Ost
Mallorca
Rund um Meran
Montafon
Rund um den Mont Blanc
Oberengadin
Ossola-Täler
Osttirol
Ötztal
La Palma
Pinzgau
Pitztal
Rhön
Riesengebirge
Salzkammergut
Sardinien
Sauerland
Schwäbische Alb Ost / West
Schwarzwald Nord und Mitte / Süd
Seefeld – Leutasch
Stubai
Tannheimer Tal
Hohe Tatra
Tauern-Höhenweg
Tegernseer und Schlierseer Berge
Teneriffa
Tessin
Teutoburger Wald
Thüringer Wald
Unterengadin
Vierwaldstätter See
Vinschgau
Vogesen
Vorarlberg und Liechtenstein
Wachau
Wallis
Großes Walsertal
Weserbergland
Rund um Wien
Wiener Hausberge
Wildschönau und Alpbachtal
Zillertal
Rund um die Zugspitze

Rother Selection

bike & hike Allgäuer Alpen und Vorarlberg
bike & hike Oberbayern und Tirol
Bergwandern in Deutschland
Dolomiten – Genußklettereien III–VI
5000er – Trekking und Bergsteigen weltweit
Klettersteigatlas Alpen

Die Alpenvereinshütten

Ostalpen

Schutzhütten in Deutschland, Österreich und Südtirol

561 Schutzhütten des DAV, OeAV und AVS
und ca. 600 Kurzinformationen über Hütten anderer
alpiner Vereinigungen und Privathütten
im Einzugsbereich derselben.
Mit 501 Fotos sowie einer mehrfarbigen Ostalpenkarte 1 : 500 000

Herausgegeben vom Deutschen Alpenverein,
vom Oesterreichischen Alpenverein
und vom Alpenverein Südtirol

BERGVERLAG RUDOLF ROTHER GMBH • MÜNCHEN

Redaktion: Kurt Kettner

Kartographie:
Kartenskizzen gezeichnet von
Ingenieurbüro für Kartographie Heidi Schmalfuß, München
Beilagenkarte im Maßstab 1: 500 000
© Bundesamt für Eich- und Vermessungswesen, Wien

7. Auflage 1994
© Bergverlag Rudolf Rother GmbH, München

ISBN 3-7633-8072-8

Druck: Rother Druck GmbH, München
(2404 / 41024)

Vorwort

Das erste Hüttenverzeichnis erschien 1969 zum 100jährigen Jubiläum des Deutschen Alpenvereins (DAV). Darin waren sämtliche Hütten des DAV erfaßt, 248 in den Alpen und 45 in den deutschen Mittelgebirgen. Nach Hinzunahme der Hütten des Österreichischen Alpenvereins (OeAV) im Jahr 1978 und des Alpenvereins Südtirol (AVS) im Jahr 1983 sind bis 1990/91 sechs Auflagen erschienen.
Zum 125jährigen Jubiläum im Jahr 1994 bringt der DAV in Zusammenarbeit mit dem Bergverlag Rother die 7. Auflage heraus. Das Buch präsentiert sich allen Benutzern in aktualisierter Form.

Mit der Aufnahme aller Hütten von DAV, OeAV und AVS wird die Gemeinsamkeit der Alpenvereine herausgestellt, denn über mehr als sieben Jahrzehnte (1873 bis 1945) gab es nur einen Alpenverein, nämlich den »Deutschen und Österreichischen Alpenverein« (DuOeAV). An dieser Stelle sei ein kurzer geschichtlicher Rückblick erlaubt. 1918 gingen Sektionen und Arbeitsgebiete durch die Abtrennung Südtirols und anderer Berggebiete von Österreich an Italien und Jugoslawien. Damit verlor der DuOeAV alle auf dem jetzigen italienischen und slowenischen Staatsgebiet liegenden Hütten. Die ehemaligen Südtiroler Sektionen des DuOeAV wurden vom italienischen Staat als eigene Alpenvereine anerkannt. Es gab also einen Alpenverein Bozen, Meran, Brixen usw., welche als eigenständige Vereine ohne übergeordneten Dachverband geführt wurden. Diese Vereine konnten ihren Hüttenbesitz vorerst behalten. Im Jahr 1922 kam in Italien das faschistische Regime an die Macht und bereits 1923 wurden diese Südtiroler Sektionsvereine per Dekret aufgelöst. Das gesamte Vereinsvermögen und insgesamt 71 Hütten wurden teils direkt dem italienischen Alpenverein CAI übertragen, teils wurden sie als Besitz des Verteidigungsministeriums im Grundbuch verankert und dem CAI zur Führung übergeben. Erst 1970 wurde der 1946 neugegründete Alpenverein Südtirol als Rechtsnachfolger der ehemaligen Sektionen des DuOeAV für seinen vormaligen Hüttenbesitz vom italienischen Staat finanziell entschädigt.
Nach 1945 erfolgte die endgültige Trennung der Alpenvereine. Der gemeinsame Verein konnte nicht wieder entstehen, in Deutschland war der Alpenverein zunächst ganz verboten und die Hütten in Österreich wurden vom OeAV verwaltet. Im Jahre 1956 konnten die deutschen Hütten durch den unermüdlichen Einsatz von Hofrat Martin Busch, dem damaligen Vorsitzenden des Österreichischen Alpenvereins, wieder den deutschen Sektionen übergeben werden. Die Umbenennung der Samoarhütte in den Ötztaler Alpen in »Martin-Busch-Hütte« erinnert heute noch daran.

Auch nach der Trennung der Alpenvereine blieben die Satzungen im wesentlichen inhaltsgleich. Die Tätigkeiten werden untereinander abgestimmt und besonders auf dem Hüttensektor wird eng zusammengearbeitet. Im Jahr 1981 konnte eine Hüttenordnung geschaffen werden, die für DAV und OeAV gilt. Sie wurde 1992 letztmals überarbeitet. Desgleichen wurden die Hütten in drei Kategorien eingeteilt. Schließlich erfolgte aufgrund der von den drei Alpenvereinen als verbindlich erklärten »Alpenvereinseinteilung der Ostalpen« (AVE) bei einigen Gebirgsgruppen eine Neueinordnung der Hütten.

So informiert Sie das vorliegende Buch über insgesamt 561 allgemein zugängliche Alpenvereinshütten, von denen 303 dem DAV, 239 dem OeAV und 19 dem AVS gehören. Zusätzlich wurden in Kurzform rund 600 Hütten anderer alpiner Verbände und Privathütten, soweit sie allgemein zugänglich sind, mit aufgenommen.

Die Hütten dienen dem Wanderer, Kletterer, Hochtouristen und Skifahrer als Stützpunkt und dem Talurlauber als Ausflugsziel. Das Hüttenverzeichnis macht darüber hinaus auf die vielen Touren im Bereich der Hütten aufmerksam, ersetzt aber nicht die Alpenvereinskarten und Führer, die jeder Bergsteiger zu seiner Sicherheit von Haus aus im Rucksack haben sollte.

Es wäre erfreulich, wenn das Hüttenverzeichnis von den ohnehin stark besuchten »Modehütten« etwas ablenken würde. Auch die weniger bekannten und weniger frequentierten Hütten verdienen einen Besuch und bieten dem Gast Ruhe und Erholung und viele nachhaltige Bergerlebnisse.

Gerhard Friedl	Dr. Peter Grauss
Vorsitzender des	Vorsitzender des
Verwaltungsausschusses	Verwaltungsausschusses
des Deutschen	des Oesterreichischen
Alpenvereins	Alpenvereins

Luis Vonmetz
Erster Vorsitzender
des Alpenvereins Südtirol

Die Pühringer Hütte im Toten Gebirge.

Inhaltsverzeichnis

Einige Hinweise zum Gebrauch

Dieses Buch kann und soll einen Alpenvereinsführer nicht ersetzen. Es will nicht den Verlauf der Zustiegs- und Übergangswege erklären, sondern lediglich in knapper Form eine Orientierung über Lage, Erreichbarkeit, Ausstattung und Bewirtschaftungszeitraum der aufgeführten Hütten ermöglichen. In diesem Sinne dienen auch die Kartenskizzen nicht der Wegfindung, sondern nur der geographischen Übersicht.

Als Gehzeiten sind – möglichst in Übereinstimmung mit den Alpenvereinsführern – Durchschnittswerte angegeben. Die angegebenen Daten können sich, insbesondere bei ungünstigen Wetterverhältnissen, beträchtlich verändern. Hochalpine Übergänge können bei ungünstigen Witterungs- und Schneeverhältnissen schwierig und die Gehzeiten entsprechend länger werden.

Höhenangaben können differieren, weil sich in den zur Bearbeitung dieses Verzeichnisses benützten Karten gelegentlich abweichende Angaben finden.

Zugänge zu den AV-Hütten sind genau beschrieben.

Bergunerfahrene, die dieses Verzeichnis benützen, seien auf die Gefahren des Hochgebirges und die Notwendigkeit guter Bekleidung (Schuhe, Witterungsschutz) und Ausrüstung hingewiesen. Es gibt »Wege«, wie den Augsburger Höhenweg, die in Wirklichkeit Klettersteige sind. Eine rechtliche Verantwortung in bezug auf die Sicherheit kann mit der Herausgabe dieses Hüttenverzeichnisses selbstverständlich nicht übernommen werden.

Anfragen an Sektionen über Hüttenverhältnisse, die aus den Führern zu ersehen sind, sollten möglichst unterbleiben. So versprechen auch kurzfristige Quartierbestellungen bei den Sektionen in der Regel wenig Erfolg, insbesondere wenn keine Telefonverbindung zur Hütte besteht. Gruppen, die aus Nichtmitgliedern der Alpenvereine bestehen, dürfen nur in Hütten der Kategorie II und III aufgenommen werden. Weiteres geht aus der Hüttenordnung (siehe Seite 12) hervor. Im übrigen wird darum gebeten, allen Anfragen an Sektionen und Hüttenwirten Rückporto beizufügen.

Hüttenöffnungszeiten können im wesentlichen nur ungefähr angegeben werden. Im Zweifelsfalle erkundige man sich auf der Hütte, beim Hüttenwirt oder bei den alpinen Auskunftsstellen:

Deutscher Alpenverein ✆ 089/294940
Oesterreichischer Alpenverein ✆ 0512/5320175
Alpenverein Südtirol ✆ 0471/993809

Zeichen und Abkürzungen im Text

Symbol	Bedeutung	Abk.	Bedeutung
✆	Telefon	bew.	bewirtschaftet
Y	Funktelefon	CAI	Club Alpino Italiano
♦	Hüttenwirt oder Hüttenwart (bei unbewirtschafteten Hütten)	erb.	erbaut
		erw.	erweitert
		FB	Freytag & Berndt-Karte
✗	Bewirtschaftungszeit	Fe.	Feiertag
⊨	Zimmerlager (K. I), Betten (K. II, III)	GF	Gebietsführer
		gj.	ganzjährig
⌐	Matratzenlager	K. I, K. II, K. III	Hüttenkategorie
⌐⌐	Notlager	LS	Schweizer Landeskarte
⇌	Stromanschluß		
∼	Wechselstrom	Nichtbew.	Nichtbewirtschaftungszeit
≡	Gleichstrom		
⇥	Fließwasser im Zimmer	ÖAK	Österreichischer Alpenklub
⊞	Heizung im Zimmer	ÖK	Österreichische Karte
▦	Winterraum		
⚷	Alpenvereinsschloß	ÖTK	Österreichischer Touristen-Klub
⚹	Sonderschloß		
↗	Zugänge	Sa.	Samstag
→	Übergänge	SAC	Schweizer Alpenclub
△	Besteigungen	seH	sektionseigene Hütte, jedoch hier allgemein zugänglich
↓	Abstiege		
↟	Skitouren		
⇔	nächste Bahnstation	So.	Sonntag
⇒	nächste Postauto- bzw. Bus-Haltestelle	SR	Selbstversorgerraum
⇀	mit PKW Fahrmöglichkeit bis	SV	Selbstversorger
⇀	Geländefahrzeug (Jeep oder Kleinbus)	TK	Topographische Karte von Bayern
🅿	gute Parkmöglichkeit	TKU	Umgebungskarte von Bayern
🅿	leidliche Parkmöglichkeit	TVN	Touristenverein »Die Naturfreunde«
⇏	Zahnradbahn, Schrägaufzug	WF	Rother Wanderführer
⇏	Seilbahn		
⚞	Sessellift		
⚟	Schlepplift (nur Winter)		
⬚	Materialseilbahn		
AV	Alpenvereinskarte		
AVF	Alpenvereinsführer		

Hüttenordnung des Deutschen und des Oesterreichischen Alpenvereins

(Auszug)

Auf der Hauptversammlung des DAV in Siegen im Mai 1981 und des OeAV in Radenthein im Juni 1981 wurde für die beiden Alpenvereine eine neue Hüttenordnung beschlossen. Die Bestimmungen der Hüttenordnung – hier im Auszug wiedergegeben – über Hüttenbesuch, Mitgliederrechte, Hüttengebühren, Verpflegung, Verhalten in der Hütte usw. sind für die Sektionen und die Hüttenbesucher verbindlich. Die Alpenvereinshütten wurden in drei Kategorien eingeteilt. Jede Kategorie hat eine eigene Hüttenordnung. Diese muß auf jeder Hütte gut sichtbar aufgehängt werden. Sie gilt für allgemeinzugängliche Hütten in genau den gleichen Fassungen sowohl für die Hütten des Deutschen als auch des Oesterreichischen Alpenvereins. Der Alpenverein Südtirol hat eine eigene Hüttenordnung, die in verschiedenen Punkten abweichen kann. Ebenso gilt die Hüttenordnung nicht in allen Punkten für sektionseigene Hütten und für Mittelgebirgshütten, jedoch für alle mit einer Kategorie I, II oder III bezeichneten Hütten. **Sektionseigene Hütten** sind Hütten, die nur Mitgliedern der jeweiligen Sektion zugänglich sind. Die in diesem Buch enthaltenen sektionseigenen Hütten können auch von Mitgliedern anderer Sektionen benützt werden. Die Hüttenordnung und die Gebühren legt hier ausschließlich die besitzende Sektion fest. Die Gebühren können für Mitglieder der besitzenden Sektion niedriger sein. Diese Hütten sind mit »seH« kenntlich gemacht.

I. Allgemeines

Die Alpenvereinshütten können von allen Alpenvereinsmitgliedern ohne Rücksicht auf die Sektionszugehörigkeit in gleicher Weise benutzt werden. Darüber hinaus stehen die Hütten allen Besuchern offen, die die Bestimmungen der Hüttenordnungen anerkennen. Mitglieder haben die in den Hüttenordnungen bestimmten Vorrechte.
Alpenvereinshütten sind alle Unterstände, die im Sinne dieser Vorschrift als solche anerkannt sind.
Sie sind in die Kategorie I, II und III eingeteilt.
Die Zuordnung der einzelnen Hütten zu diesen Kategorien nimmt der Verwaltungsausschuß im Einvernehmen mit der jeweiligen Sektion vor.
Mitgliederrechte haben alle Angehörigen von Alpenvereinssektionen sowie von befreundeten Vereinen nach Maßgabe der bestehenden Abkommen über Gegenseitigkeitsrechte.

II. Hüttenkategorien

Die Alpenvereinshütten werden nach ihrer Funktion in drei Gruppen eingeteilt:

Kategorie I
Schutzhütte, die ihren ursprünglichen Charakter als Stützpunkt für den Bergstei-

ger und Bergwanderer bewahren muß. Ihre Ausstattung ist schlicht, einfache Verköstigung ist ausreichend. Sie ist Stützpunkt in einem bergsteigerisch bedeutsamen Gebiet und für den Besucher nur in Ausnahmefällen mit mechanischen Hilfen erreichbar; der Aufstieg erfordert in der Regel mindestens eine Gehstunde. Sie kann bewirtschaftet, bewartet, unbewirtschaftet oder ein Biwak sein.

Kategorie II
Alpenvereinshütte mit Stützpunktfunktion in einem vielbesuchten Gebiet, die sich wegen ihrer besseren Ausstattung und Verköstigung für mehrtägige Winter- und/oder Sommeraufenthalt, zum Skilauf und Familienurlaub, besonders eignet. Sie kann mechanisch erreichbar sein und ist in der Regel ganzjährig bewirtschaftet.

Kategorie III
Mechanisch erreichbare Alpenvereinshütte, die vorwiegend Ausflugsziel für Tagesbesucher ist und nur wenige Nächtigungen aufweist. Ihr gastronomischer Betrieb entspricht dem landesüblichen Angebot.

III. Meldepflicht und Ausweis

Kategorie I und II
1. Jeder Hüttenbesucher muß sich bei Ankunft in das Hüttenbuch eintragen. Er hat zusätzlich den gesetzlichen und örtlichen Meldevorschriften nachzukommen.
2. Zur leichteren Auffindung Verunglückter und Vermißter soll jeder Besucher das Ziel seiner Bergfahrt im Hüttenbuch angeben.
3. Vergünstigungen und Ermäßigungen werden nur den Inhabern gültiger Ausweise laut Gebührentafel bei Vorzeigen gewährt.

Kategorie III
1. Jeder Besucher muß den gesetzlichen und örtlichen Meldevorschriften nachkommen.
2. Vergünstigungen und Ermäßigungen werden nur den Inhabern gültiger Ausweise laut Gebührentafel bei Vorzeigen gewährt.

IV. Anspruch auf Schlafplätze

Kategorie I
1. Mitglieder haben bei der Unterbringung das Vorrecht vor Nichtmitgliedern. Mitglieder bekommen ihre Schlafplätze auf Verlangen grundsätzlich sofort und in der Reihenfolge ihrer Eintragung ins Hüttenbuch zugewiesen, und zwar zunächst Lager in Zimmern (Zimmerlager), soweit vorhanden und erwünscht. Ältere Mitglieder haben vor jüngeren das Vorrecht.
   Nichtmitglieder dagegen erhalten Schlafplätze nach einem von der Sektion festgesetzten Zeitpunkt, jedoch **nicht vor 19.00 Uhr** (bei Sommerzeit 20.00 Uhr) und nur für eine Nacht. Danach erfolgt die Zuteilung der Schlafplätze in der Reihenfolge der Eintragungen im Hüttenbuch. Bis zu dem oben geregelten Zeitpunkt dürfen Schlafplätze in Selbstversorgerräumen (SR) nur an Mitglieder vergeben werden, die die Selbstversorgereinrichtung benutzen.

2. Bevorzugten Anspruch auf einen Schlafplatz vor allen Hüttenbesuchern haben:
 – Erkrankte oder Verletzte, denen der Abstieg oder die Verbringung ins Tal nicht zugemutet werden kann (Zimmerlager);
 – Rettungsmannschaften im Dienst.
3. Jugendliche (bis zum vollendeten 18. Lebensjahr) haben keinen Anspruch auf Zimmerlager.
4. Anspruch auf Notlager besteht erst dann, wenn sämtliche Lager belegt sind.
5. Überbelegung von Schlafplätzen ist nur bei Überfüllung und nur mit Zustimmung des Bewirtschafters gestattet. Sie kann nur auf Lagern angeordnet werden.
6. **Bestellungen von Schlafplätzen darf der Bewirtschafter nur für Mitglieder und Gleichgestellte und für nicht mehr als jeweils die Hälfte von Zimmerlagern und Lagern entgegennehmen.**
 Vorausbestellungen für Nichtmitglieder sind grundsätzlich unzulässig, ebenso für Gruppen und Kurse, die nicht vom Alpenverein oder seinen Sektionen veranstaltet werden, oder für sonstige geschlossene Gruppen, ohne Rücksicht darauf, ob dieser Personenkreis ganz oder teilweise aus Mitgliedern besteht. Für diesen Personenkreis darf die Hütte auch nicht als Standort zur Verfügung gestellt werden. Zeitlich begrenzte Ausnahmen darf der Verwaltungsausschuß nur in besonderen Fällen auf Antrag der hüttenbesitzenden Sektion genehmigen. Bei Vorausbestellungen ist die Einhebung einer Vorauszahlung zulässig, die bei Nichtinanspruchnahme ganz oder teilweise verfällt.
 Alle Schlafplätze dürfen nur mit Schlafsack benützt werden.

Kategorie II
1. Mitglieder haben bei der Unterbringung das Vorrecht vor Nichtmitgliedern.
2. Vorausbestellung von Schlafplätzen ist auch für Nichtmitglieder zulässig, für diese jedoch frühestens drei Monate vor Aufenthaltsbeginn und für nicht mehr als jeweils 30 % von Betten und von Lagern. Bei gleichzeitiger Anmeldung haben Vorausbestellungen von Mitgliedern den Vorrang.
3. Freie Schlafplätze werden an Nichtmitglieder erst nach einem von der Sektion festgesetzten Zeitpunkt, jedoch nicht vor 19.00 Uhr (bei Sommerzeit 20.00 Uhr) und jeweils nur für eine Nacht vergeben.
4. Geführte Kurse und Gruppen von Reiseveranstaltern sind zugelassen, sofern die hüttenbesitzende Sektion diesen vorher ihre Zustimmung schriftlich erteilt hat. Bei gleichzeitiger Anmeldung von Kursen des Alpenvereins oder seiner Sektionen und solchen anderen Körperschaften oder Personen, haben der Alpenverein und seine Sektionen den Vorrang. Im übrigen gilt 2. entsprechend.
5. Jugendliche (bis zum vollendeten 18. Lebensjahr) haben keinen Anspruch auf Betten.
6. Bei Vorausbestellung ist die Einhebung einer Vorauszahlung zulässig, die bei Nichtinanspruchnahme teilweise oder ganz verfällt.

Kategorie III
1. Mitglieder haben bei der Unterbringung das Vorrecht vor Nichtmitgliedern.
2. Vorausbestellung von Schlafplätzen ist auch für Nichtmitglieder zulässig. Bei

gleichzeitiger Anmeldung haben Vorausbestellungen von Mitgliedern jedoch den Vorrang.

3. Jugendliche (bis zum vollendeten 18. Lebensjahr) haben Anspruch nur auf Lager.

4. Bei Vorausbestellung ist die Einhebung einer Vorauszahlung zulässig, die bei Nichtinanspruchnahme teilweise oder ganz verfällt.

V. Gebühren

Kategorie I

1. Die Hüttengebühren werden von der Sektion festgesetzt und sind aus der Gebührentafel ersichtlich. Die zulässigen Gebührenobergrenzen bestimmt der Hauptausschuß.

2. **Die Nächtigungsgebühren sind gegen Aushändigung einer auf allen Hütten einheitlichen Quittung zu entrichten.**

3. Eine Überbelegung rechtfertigt keine Gebührenminderung.

4. Den Mitgliedern der hüttenbesitzenden Sektionen dürfen keinerlei Vergünstigungen gegenüber anderen Alpenvereinsmitgliedern eingeräumt werden.

5. Nächtigungsgebühren (auch für Winterräume):

5.1 Nichtmitglieder entrichten die $2\frac{1}{2}$mal höhere *Nichtmitgliedergebühr*.

5.2 *Ermäßigte Mitgliedergebühr* entrichten:
– Alpenvereinsmitglieder und Gleichgestellte,
– bei Zimmerbenützung Kinder mit Alpenvereinsausweis in Begleitung eines Erwachsenen.

5.3 *Sondergebühr* (nur für Lager) entrichten:
– Junioren im Rahmen einer Veranstaltung des Alpenvereins (geführte Gruppe),
– Mitglieder der Alpenvereins-Jungmannschaft, die im Besitz der gültigen Zusatzmarke sind,
– Jugendleiter/Jugendführer mit gültigem Jugendleiter-/Jugendführerausweis des Alpenvereins,
– Jugendbergsteiger (vom vollendeten 10. bis zum vollendeten 18. Lebensjahr) mit gültigem Alpenvereinsausweis und Gleichgestellte,
– Kinder mit Alpenvereinsausweis in Begleitung eines Erwachsenen.

5.4 Gebührenfrei werden aufgenommen:
– Angehörige des Österreichischen Bergrettungsdienstes und der Deutschen Bergwacht im Einsatz,
– Angehörige des Grenz- und Sicherheitsdienstes bei Rettungsunternehmen.

6. Tagesgebühren
Der Umweltbeitrag wird von allen Besuchern ab dem vollendeten 15. Lebensjahr (Mitglieder und Nichtmitglieder) erhoben, die nicht in der Hütte übernachten.

7. Sonstige Gebühren

7.1 Den Rettungsschilling in Österreich haben alle Hüttenbesucher, ausgenommen die unter 5.4 befreiten, den Bergwachtgroschen in der Bundesrepublik Deutschland die nächtigenden Nichtmitglieder, zu entrichten.

7.2 Alle nächtigenden Hüttenbesucher, ausgenommen die unter 5.4 befreiten, entrichten neben der Nächtigungsgebühr die festgesetzte Reisegepäckversicherungsprämie.

7.3 Heizungsgebühren bei Sammelheizung der Schlafräume, Gebühren für Brennholz und öffentliche Abgaben, entrichten alle Hüttenbesucher in gleicher Höhe.

Für die Beheizung des Gastraumes bewirtschafteter Hütten dürfen keine Gebühren berechnet werden.

Kategorie II

1. Die Hüttengebühren werden von der Sektion festgesetzt und sind aus der Gebührentafel ersichtlich. Die zulässigen Gebührenobergrenzen bestimmt der Hauptausschuß.

2. **Die Nächtigungsgebühren sind gegen Aushändigung einer auf allen Hütten einheitlichen Quittung zu entrichten.**

3. Den Mitgliedern der hüttenbesitzenden Sektionen dürfen keinerlei Vergünstigungen gegenüber anderen Alpenvereinsmitgliedern eingeräumt werden. Hüttengästen mit längerem Aufenthalt oder mit Pensionsverpflegung dürfen keine Vorrechte eingeräumt werden. Jedoch können Räume oder Bereiche für sie freigehalten werden. Diese Hüttengäste dürfen nicht bevorzugt behandelt werden.

4. Nächtigungsgebühren (auch für Winterräume):

4.1 Nichtmitglieder entrichten die höhere *Nichtmitgliedergebühr*.

4.2 *Ermäßigte Mitgliedergebühr* entrichten:
   – Alpenvereinsmitglieder und Gleichgestellte,
   – bei Zimmerbenützung Kinder mit Alpenvereinsausweis in Begleitung eines Erwachsenen.

4.3 *Sondergebühr* (nur für Lager) entrichten:
   – Junioren im Rahmen einer Veranstaltung des Alpenvereins (geführte Gruppe),
   – Mitglieder der Alpenvereins-Jungmannschaft, die im Besitz der gültigen Zusatzmarke sind,
   – Jugendleiter/Jugendführer mit gültigem Jugendleiter-/Jugendführerausweis des Alpenvereins,
   – Jugendbergsteiger (vom vollendeten 10. bis zum vollendeten 18. Lebensjahr) mit gültigem Alpenvereinsausweis und Gleichgestellte,
   – Kinder mit Alpenvereinsausweis in Begleitung eines Erwachsenen.

5. Sonstige Gebühren

5.1 Den Rettungsschilling bzw. Bergwachtgroschen und Heizungsgebühren sowie öffentliche Abgaben werden in die Preise eingerechnet.

5.2 Alle nächtigenden Besucher entrichten neben der Nächtigungsgebühr die festgesetzte Reisegepäckversicherungsprämie.

Kategorie III

1. Die Hüttengebühren werden von der Sektion festgesetzt und sind aus der Gebührentafel ersichtlich. Die zulässigen Gebührenobergrenzen bestimmt der Hauptausschuß.

2. **Die Nächtigungsgebühren sind gegen Aushändigung einer auf allen Hütten einheitlichen Quittung zu entrichten.**

3. Den Mitgliedern der hüttenbesitzenden Sektionen dürfen keinerlei Vergünstigungen gegenüber anderen Alpenvereinsmitgliedern eingeräumt werden.

Hüttengästen mit längerem Aufenthalt oder mit Pensionsverpflegung dürfen keine Vorrechte eingeräumt werden. Jedoch können Räume oder Bereiche für sie freigehalten werden. Diese Hüttengäste dürfen nicht bevorzugt behandelt werden.

4. Nächtigungsgebühren:
4.1 Nichtmitglieder entrichten die höhere *Nichtmitgliedergebühr*.
4.2 *Ermäßigte Mitgliedergebühr* entrichten:
    – Alpenvereinsmitglieder und Gleichgestellte,
    – bei Zimmerbenützung Kinder mit Alpenvereinsausweis in Begleitung eines Erwachsenen.
4.3 *Sondergebühr* (nur für Lager) entrichten:
    – Junioren im Rahmen einer Veranstaltung des Alpenvereins (geführte Gruppe),
    – Mitglieder der Alpenvereins-Jungmannschaft, die im Besitz der gültigen Zusatzmarke sind,
    – Jugendleiter/Jugendführer mit gültigem Jugendleiter-/Jugendführerausweis des Alpenvereins,
    – Jugendbergsteiger (vom vollendeten 10. bis zum vollendeten 18. Lebensjahr) mit gültigem Alpenvereinsausweis und Gleichgestellte,
    – Kinder mit Alpenvereinsausweis in Begleitung eines Erwachsenen.
5. Sonstige Gebühren
    Alle nächtigenden Besucher entrichten neben der Nächtigungsgebühr die festgesetzte Reisegepäckversicherungsprämie.

VI. Verpflegung

Kategorie I
1. **Bergsteigeressen, Bergsteigergetränk und Teewasser sind nur an Mitglieder und ihnen Gleichgestellte abzugeben.** Teewasser und Teebeutel sind für Frühaufsteher während der Nachtzeit, gegebenenfalls in Warmhaltegefäßen, bereitzustellen.
2. Jeder Besucher ist berechtigt, ohne in der Aufnahme und Behandlung zurückgesetzt zu werden, seine eigenen Vorräte zu verzehren, ausgenommen alkoholische Getränke.
3. Der Selbstversorgerraum steht nur Mitgliedern zur Verfügung. Für Benutzung sowie für Brennmaterial wird eine Gebühr laut Gebührentafel erhoben.

Kategorie II
1. **Bergsteigeressen, Bergsteigergetränk und Teewasser sind nur an Mitglieder und ihnen Gleichgestellte abzugeben.** Teewasser und Teebeutel sind für Frühaufsteher während der Nachtzeit, gegebenenfalls in Warmhaltegefäßen, bereitzustellen.
2. Der Verzehr von selbst mitgeführter Verpflegung, ausgenommen alkoholische Getränke, ist den **Mitgliedern** gestattet.

Kategorie III
Auf Selbstkochen, Bergsteigeressen, Bergsteigergetränk sowie Teewasser besteht kein Anspruch.

VII. Rettungsmittel

1. Die in der Hütte vorhandenen Rettungsmittel und der Verbandskasten werden unter Verantwortung des Bewirtschafters aufbewahrt und erforderlichenfalls ergänzt. Ihre Benutzung ist nur zu Rettungszwecken erlaubt.
2. Ein Bestandsverzeichnis vorhandener Rettungsmittel mit Angabe der nächsten Rettungsstellen und des Arztes, ist in der Hütte ausgehängt, ebenso ein Leitfaden für Erste Hilfe.
3. Der Bewirtschafter führt eine einfache Apotheke, aus der er in dringenden Fällen die Hüttenbesucher gegen angemessenen Kostenersatz versorgt.

VIII. Winterräume und Selbstversorgerräume

Winterräume stehen den Bergsteigern in den Hütten der Kategorie I während der Nichtbewirtschaftung zur Verfügung. Sie sind meist offen, können aber auch mit dem AV-Schloß verschlossen sein. Den AV-Schlüssel erhalten Mitglieder bei ihrer Sektion leihweise. Winterräume enthalten, sofern nichts anderes angegeben ist, Lager mit Decken, Heiz- und Kochmöglichkeit mit Brennmaterial, einfaches Koch- und Eßgeschirr, einfaches Winterrettungsmaterial. Wasser ist in der Regel nicht vorhanden. Es muß in der schneelosen Zeit oft mitgebracht werden. Die Gebühren für die Nächtigung und das Brennmaterial werden in eine vorhandene Kasse bezahlt. Es ist also entsprechendes Kleingeld mitzubringen. Als Selbstversorgerräume (SR) dienen meist die Winterräume während der Bewirtschaftungszeit. Sie stehen nur Mitgliedern und hier vorwiegend Jugendlichen und Familien zur Verfügung. Die Gebühren sind laut Aushang an den Hüttenwirt zu bezahlen.

IX. Verhalten in der Hütte

Kategorie I
1. Jeder Besucher hat sich in der Hütte und ihrem Umkreis so rücksichtsvoll zu verhalten, daß er andere Personen nicht stört. (Kein Lärm, keine Verschmutzung der Umwelt).
2. **Von 22.00 Uhr bis 6.00 Uhr hat in der Hütte völlige Ruhe zu herrschen.** Frühaufsteher müssen sich so verhalten, daß sie die Hüttenruhe nicht stören.
3. Musik- und Spielautomaten, musikalische und andere Darbietungen gegen Entgelt sind nicht gestattet.
4. Funk-, Rundfunk- und Fernsehempfang sowie das Betreiben von elektronischen Musikgeräten aller Art sind in den Aufenthalts- und Schlafräumen sowie im Hüttenumkreis nicht gestattet. Ausgenommen ist der Empfang des Wetterberichtes.
5. Von Besuchern mitgebrachte Rundfunk-, Fernseh- und mechanische oder elektronische Musikgeräte dürfen weder in der Hütte noch im Hüttenumkreis benutzt werden.
6. **Rauchen ist nur in dafür gekennzeichneten Räumen gestattet.**
7. In den Schlafräumen darf weder gekocht noch geraucht werden. Sie dürfen nicht mit Berg- und Skischuhen betreten werden. Das Hantieren mit offenem Licht (Kerzen etc.) ist nicht gestattet.

8. Bei Platzmangel dürfen Sitzplätze in den Gasträumen nicht im voraus belegt werden; auf Wartende ist Rücksicht zu nehmen.

9. **Das Mitnehmen von Hunden und anderen Tieren in Schlaf- und Küchenräume ist nicht gestattet.**

10. Die Hüttenbücherei soll allen, auch künftigen Besuchern, dienen. Die Bücher sind daher pfleglich zu behandeln und nach Benutzung unverzüglich an ihren Platz zurückzustellen. Sie dürfen nicht außerhalb des Hüttenumkreises mitgenommen werden.

11. Für jede vorsätzliche oder fahrlässige Beschädigung der Hütte oder ihrer Einrichtung hat der Verursacher aufzukommen. Für das Verhalten von Kindern sind die Eltern oder die sie begleitenden Personen verantwortlich.

12. Eigenen Abfall hat jeder Besucher mit nach Hause zu nehmen.

Kategorie II

1. Jeder Besucher hat sich in der Hütte und ihrem Umkreis so rücksichtsvoll zu verhalten, daß er andere Personen nicht stört. (Kein Lärm, keine Verschmutzung der Umwelt).

2. **Von 23.00 Uhr bis 6.00 Uhr hat in der Hütte völlige Ruhe zu herrschen.** Frühaufsteher müssen sich so verhalten, daß sie die Hüttenruhe nicht stören.

3. Musik- und Spielautomaten, musikalische und andere Darbietungen gegen Entgelt sind nicht gestattet.

4. Funk-, Rundfunk- und Fernsehempfang sowie das Betreiben von elektronischen Musikgeräten sind nur zulässig, wenn eigens dafür vorgesehene Räume vorhanden sind. Dies gilt auch für die von Besuchern mitgebrachten Geräte. Die Gäste dürfen jedoch in keinem Fall dadurch gestört werden.

5. **Rauchen ist nur in dafür gekennzeichneten Räumen gestattet.**

6. Selbstkochen ist nur gestattet, soweit Selbstversorgerräume eingerichtet sind.

7. In den Schlafräumen darf weder gekocht noch geraucht werden. Sie dürfen nicht mit Berg- und Skischuhen betreten werden. Das Hantieren mit offenem Licht (Kerzen etc.) ist nicht gestattet.

8. **Das Mitnehmen von Hunden und anderen Tieren in Schlaf- und Küchenräume ist nicht gestattet.**

9. Die Hüttenbücherei soll allen, auch künftigen Besuchern, dienen. Die Bücher sind daher pfleglich zu behandeln und nach Benutzung unverzüglich an ihren Platz zurückzustellen. Sie dürfen nicht außerhalb des Hüttenumkreises mitgenommen werden.

10. Für jede vorsätzliche oder fahrlässige Beschädigung der Hütte oder ihrer Einrichtung hat der Verursacher aufzukommen. Für das Verhalten von Kindern sind die Eltern oder die sie begleitenden Personen verantwortlich.

11. **Eigenen Abfall hat jeder Besucher mit nach Hause zu nehmen.**

Kategorie III

1. Jeder Besucher hat sich in der Hütte und ihrem Umkreis so rücksichtsvoll zu verhalten, daß er andere Personen nicht stört. (Kein Lärm, keine Verschmutzung der Umwelt).

2. Der Gastbetrieb kann bis zur vom Gesetz festgesetzten Sperrstunde ausgedehnt werden.

3. Funk-, Rundfunk- und Fernsehempfang sind nur zulässig, wenn eigens dafür

vorgesehene Räume vorhanden sind. Die Gäste dürfen jedoch in keinem Fall dadurch gestört werden.

4. **Rauchen ist nur in dafür gekennzeichneten Räumen gestattet.**

5. Die Hüttenbücherei soll allen, auch künftigen Besuchern, dienen. Die Bücher sind daher pfleglich zu behandeln und nach Benutzung unverzüglich an ihren Platz zurückzustellen. Sie dürfen nicht außerhalb des Hüttenumkreises mitgenommen werden.

6. Für jede vorsätzliche oder fahrlässige Beschädigung der Hütte oder ihrer Einrichtung hat der Verursacher aufzukommen. Für das Verhalten von Kindern sind die Eltern oder die sie begleitenden Personen verantwortlich.

7. **Eigenen Abfall hat jeder Besucher mit nach Hause zu nehmen.**

X. Aufsicht, Beschwerden

1. Hausrecht wird vom Bewirtschafter namens der Sektion, bei Anwesenheit eines von der Sektion Bevollmächtigten auch von diesem, ausgeübt.

2. Wer diese Hüttenordnung nicht einhält, kann aus dem Haus verwiesen werden.

3. **Beanstandungen und Beschwerden** sollen an Ort und Stelle behoben werden. Ist dies nicht möglich, sind sie **schriftlich an die hüttenbesitzende Sektion zu richten**. Gegen deren Bescheid kann der Beschwerdeführer den Verwaltungsausschuß anrufen, wenn er geltend macht, die Sektion habe gegen Vorschriften des Alpenvereins verstoßen.

Hüttenordnung des Alpenverein Südtirol

Die Hüttenordnung der Alpenvereine sind im wesentlichen inhaltsgleich. Unterschiede gibt es in den Reservierungsmöglichkeiten:

Voranmeldungen

Bis zum 31.1. ist eine Reservierung den Sektionen vorbehalten. Danach kann der Hüttenwirt Voranmeldungen bis zu 2/3 der Schlafkapazität entgegennehmen, muß aber, bei gleichzeitiger Anfrage, Mitgliedern den Vorrang geben. Für bestimmte Hochsaisonzeiten, die Woche vor und nach Ostern und die zwei Mittsommerwochen, kann der Hüttenwirt über die 2/3 hinaus Reservierungen vornehmen, sofern er garantiert, daß mindestens zehn Schlafplätze, seien es teilweise auch Notlager, für unangemeldete Mitglieder vorhanden sind.

Gebühren und Verpflegung

Mitglieder und Gleichgestellte erhalten auf die Nächtigungsgebühren eine Ermäßigung. Mitglieder und Gleichgestellte erhalten auf Speisen und Getränke eine Ermäßigung von 10 %. Ausnahmen sind nur für Selbstbedienungsbetriebe oder Selbstbedienungsabteilungen mit besonderer Genehmigung der Hauptleitung möglich. Die Begünstigungen sind auf jeden Fall aus der aushängenden Preisliste zu ersehen.

Hüttenruhe

Ab 22 Uhr hat in der Hütte völlige Ruhe zu herrschen. In der Wintersaison ist es der Sektion gestattet, den Pächtern die Genehmigung zu erteilen, die Hüttenruhe bis maximal 24 Uhr zu verlegen.

Gegenrecht

Mitglieder alpiner Vereine, die eine gültige UIAA-Marke auf ihren Ausweis aufgeklebt haben oder auf deren gültiger Jahresmarke das UIAA-Zeichen eingedruckt ist, genießen auf den Hütten des DAV, OeAV und AVS gleiche Mitgliederrechte.

Mitglieder anderer österreichischer alpiner Vereine, auf deren Ausweis die "Österreichische Hüttenmarke" aufgeklebt ist, genießen auf den Hütten des DAV in Österreich und auf den Hütten des OeAV gleiche Rechte.

Österreichische Hüttenmarke

Um auf den Hütten der anderen, im VAVÖ (Verband alpiner Vereine Österreichs) zusammengeschlossenen alpinen Vereinen Österreichs Gegenrecht zu bekommen, ist die jährlich zu erneuernde Österreichische Hüttenmarke erforderlich, die man bei seiner Sektion bekommt.

1 Bregenzerwaldgebirge

Umgrenzung

Bodensee – Bregenzer Ache – Subersach – Schönenbach – Osterguntenbach – Stogger Sattel – Rehmerbach – Au – Argenbach – Jochbach – Faschinajoch – Faschinabach – Lutz – Ill – Rhein – Bodensee

1 Bregenzerwaldgebirge

Freschenhaus

K. I, 1846 m, erb. 1874, neuerb. 1972
OeAV-S. Vorarlberg
Hermann-Sander-Str. 12
A-6700 Bludenz

- ⚐ Hilde Holzknecht
  A-6830 Laterns
- ℂ Hütte 0663/51458
  während der Nichtbew.:
  A-6574 Pettneu 220a
- ℂ Tal 05448/235
- ✗ Anfang/Mitte Juni bis Mitte Okt.
- ⊨ 27 ⌐ 41 ⌐ 18
- ▦ 18 offen
- ⚡ 220 V ∼
- ↗ Bad Laterns, 1200 m, 2 - 2½; Bonaker o. Innerlaterns, 1000 m – Alpe Gapfohl 2½; Rankweil, 500 m – Furx – Alpwegkopf – Leseweg (nur im Sommer) 4 - 5 (besser im Abstieg); Dornbirn o. Ebnit – Hohenems – Götzis 5 - 6
- → Gäviser Höhe, 1788 m – Stechweidweg – Portla-Alpe – Damüls, Alpe Gävis – Bettlerweg – Furkajoch, 1760 m – Damüls je 3 - 4, Freschen – Freschengrat – Vorw. Hörnle, 1650 m, n. Viktorberg o. Fraxern je 4; Hohe Kugel, 1645 m, n. Millrülli – Flurereck (TVN-Emserhütte) 5 - 6; H. Freschen, 2004 m – Binnelgat – Altenhofalpe – Mörzelspitz, 1830 m – First Bödele 5 - 7
- △ Hoher Freschen, 2004 m, ¼ - ¾; Hohe Matona, 1997 m, ½ - ¾
- 🚑 Rankweil
- 🚌 Innterlaterns/Bad Laterns
- 🚍 Bad Laterns 🅿; Gäviserkehre, 1350 m, 🅿
- ⚒ Alp Saluver-Hütte, Gp. zeitw.

FB 364; ÖK 111; Bergverlag Rother: GF Bregenzerwaldgebirge und Lechquellengebirge

Hochälpele-Hütte

K. I, 1460 m, erb. 1875
OeAV-S. Vorarlberg
Bezirk Dornbirn
Postfach 219
A-6850 Dornbirn

- ℂ 05572/664103
- ⚐ Bikfalvi Zoltan
  A-6850 Dornbirn
- ✗ gj. bew., Mitte April bis Ende Mai geschlossen, Nov. nur Sa./So. geöffnet
- ⌐ 25
- ↗ Gasthof Bödele, 1148 m, ab

Dornbirn über den »Hochälpeleweg« in 1 - 1¹/₄; Dornbirn über Watzenegg –
Schwende – Lankkreuz 3¹/₄- 4; Dornbirn über Kehlegg, 791 m, und Geschwend-
sattel; von Schwarzenberg 1¹/₂ - 1³/₄

→ auf dem Spechtweg zur Lustenauer Hütte ³/₄

△ Hochälpele-Kamm und die Weiße Fluh; das ganze Dornbirner Firstgebiet von der
Hangspitze, 1746 m, bis zur Mörzelspitze, 1830 m, mit dem anschließenden
Binnelgrat zum Hohen Freschen, 2004 m; Hochälpelekopf, 1464 m

⅄ Skigebiet in nächster Nähe, einige Ski-Schlepplifte mit schönen, leichten Abfahrten (Bödele-Gebiet)

🚌 Dornbirn

🚐 🚐 Gasthaus Bödele

FB 361; ÖK 111; Bergverlag Rother: GF Bregenzerwaldgebirge und Lechquellengebirge

Lustenauer Hütte

K. III, 1250 m, erb. 1927
OeAV-S. Vorarlberg
Bezirk Lustenau
Kirchstr. 7
A-6890 Lustenau

♀ Franz u. Angelika Poćek
postlagernd
A-6867 Schwarzenberg

☎ Hütte 0663/852037

✗ Weihnachten bis Ostern, Mitte
Mai bis Mitte Nov.

⊓ 50

↗ Bödele, 1148 m – Spechtweg
1 - ¹/₂; von Schwarzenberg,
696 m – Schwarzenberger
Klausberg zur Lustenauer Hütte 1¹/₂ - 2; von Dornbirn, 448 m, über Kehlegg über
die Geschwandalpe zur Lustenauer Hütte 2 - 3

→ zum Bödele über den Spechtweg 1; zum Hochälpele und dann zum Bödele 1¹/₂ -
2; über die Alpe Weißenfluh – Hottersattel – Alpe Säck – Gütle – Dornbirn; über die
Alpe Weißenfluh – über den First zum Binnelgrat – Hoher Freschen – Freschen-
Hütte 6 - 7

△ Hochälpele-Kamm und die Weiße Fluh; das ganze Dornbirner Firstgebiet von der
Hangspitze, 1746 m, bis zur Mörzelspitze, 1830 m, mit dem anschließenden
Binnelgrat zum Hohen Freschen, 2004 m

⅄ Skigebiet in nächster Nähe, einige Ski-Schlepplifte (Bödele-Gebiet)

🚌 Dornbirn

🚐 Bödele u. Schwarzenberg-Dornbirn

🚐 Kehlegg, Bödele u. Schwarzenberg

FB 361; ÖK 111; Bergverlag Rother: GF Bregenzerwaldgebirge und Lechquellengebirge, WF Bregenzerwald

Hütten anderer alpiner Vereine und Privathütten

Alpwegkopfhaus, 1430 m, am Alpwegkopf, privat ⊨ 25 ⊓ 30, ↗ Rankweil 5, Laterns 1, ⊯ ⊸ ⊸ Rankweil, gj. bew., ↖ v. Laterns-Bonacker

Bregenzer Naturfreundehaus, am Klausberg, 1300 m, zwischen Bödele und Weiße-fluh, TVN, ⊓ 24, ↗ Bödele 1½, Dornbirn 2½, ⊯ Dornbirn, ⊸ ⊸ Bödele, SV, April bis Nov. Sa./So. Voranmeldung bei Walter Malloier, Achgasse 37, A-6900 Bregenz, ✆ 05574/344594

Edelweiß-Gasthaus, 1473 m, auf der Öberlealpe, privat ⊨ 34 ⊓ 26, ↗ Au 2¼, ⊯ Bezau, ⊸ ⊸ Au, bew. Weihnachten bis Ostern, Pfingsten bis Mitte Okt., ↖ von Au-Leue, ✆ 0663/50691

Emser Hütte, 1298 m, am Fluhreck, TVN ⊨ 10 ⊓ 41, ↗ Hohenems 2½ - 3, Ebnit ½, ⊯ Dornbirn, ⊸ ⊸ Dornbirn-Ebnit, ⊸ ⊸ Ebnit, gj. bew., ✆ 05576/202114

Gerachhaus, 1550 m, am Dünserberg, TVN ⊨ 20 ⊓ 15, ↗ Übersaxen 2, ⊯ Rankweil, Nenzing, ⊸ ⊸ Übersaxen, ⊸ ⊸ ab Walgau oder Rankweil zum Haus, im Winter mit ↖, gj. bew., ✆ 05525/2486

Götziser Naturfreundehaus, 1140 m, in Meschach auf Millrütti, TVN ⊨ 28, ↗ Götzis 2, Hohenems 2, ⊯ Götzis, ⊸ ⊸ Götzis, ⊸ ⊸ zum Haus ab Götzis, bew. 1.6.-1.9., sonst SV, Schlüssel bei Walter Wagner, Dr.-Heinzle-Str. 78, A-6849 Götzis, ✆ 05523/29034, ✆ Hütte 05523/3503

Weißefluhhütte, 1370m, über dem Schnell-Vorsäß, TVN ⊓ 46, ↗ Dornbirn 3½, Bödele 2, ⊯ Dornbirn, ⊸ ⊸ Bödele, nur Mitte Okt. bis Mitte Mai geöffnet, SV, Getränkeausgabe, Voranmeldung bei Helmut Ceric, Gütle 17, A-6850 Dornbirn, ✆ 05572/676985

Umgrenzung

Alpenvorland – Lech bis Warth – Krumbach – Hochtannbergpaß – Seebach – Brezener Ache bis Rehmen – Rehmerbach – Stogger Sattel – Osterguntenbach – Schönenbach – Subersach – Bregenzer Ache – Alpenvorland

2 Allgäuer Alpen

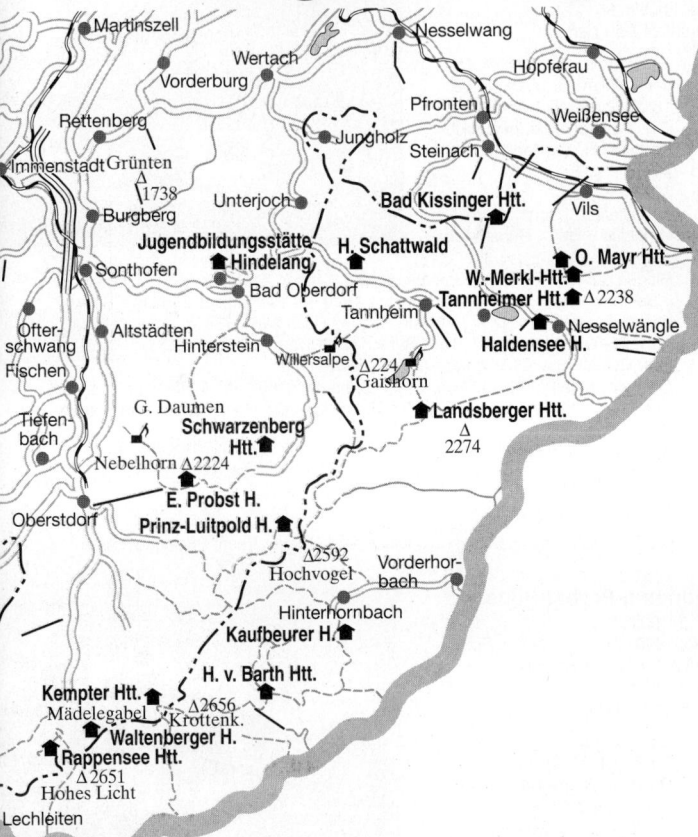

Martinszell
Wertach
Vorderburg
Rettenberg
Immenstadt Grünten
△1738
Burgberg
Sonthofen
Ofter-
schwang
Fischen
Tiefen-
bach
Oberstdorf

Nesselwang
Hopferau
Pfronten
Junggholz
Steinach
Weißensee
Vils
Bad Kissinger Htt.
O. Mayr Htt.
Unterjoch
Jugendbildungsstätte
Hindelang
H. Schattwald
Bad Oberdorf
Tannheim
W.-Merkl-Htt.
Tannheimer Htt. △2238
Altstädten
Hinterstein
Willersalpe
△224
Gaishorn
Nesselwängle
Haldensee H.
G. Daumen
Schwarzenberg
Htt.
Nebelhorn △2224
E. Probst H.
Prinz-Luitpold H.
△2592
Hochvogel
Landsberger Htt.
△2274
Vorderhorn-
bach
Hinterhornbach
Kaufbeurer H.
Kempter Htt.
Mädelegabel
H. v. Barth Htt.
△2656
Krottenk.
Waltenberger H.
Rappensee Htt.
△2651
Hohes Licht
Lechleiten

29

Altes Höfle

K. seH, 966 m,
gekauft 1929
DAV-S. Neu-Ulm
Bahnhofstr. 55
D-89231 Neu-Ulm

- ⚹ Anmeldung und Schlüssel bei der Sektion (Di u. Do 16.00 - 18.00 Uhr, ✆ 0731/74885)
- ✗ SV, Wochenende beaufsichtigt durch Hüttendienst
- 🛏 44 ⌐ 15 ⌐ 8
- ⚡ 220 V ~ 🍴
- ↗ Bahnstation Sonthofen/Allg., Omnibus bis Gunzesried/Säge, 15 Min.

- → Riedbergerhorn, 1787 m – Grasgehrenalpe, 1448 m, 4; Scheidwang – Gierenkopf – Balderschwang 5; Rangiswangerhorn, 1616 m – Weiherkopf, 1665 m – Schwabenhaus – Hörner Haus – Bolsterlang 5; Hochgrat, 1883 m – Rindalphorn, 1822 m – Gündleskopf, 1758 m – Buralpkopf, 1772 m – Stüben, 1750 m – Abstieg über Rottachalpe, Ornach nach Gunzesried/Säge 8
- △ Ofterschwangerhorn, 1407 m, 1; Bleicherhorn, 1669 m, Mautstraße bis zur Höllritzen-Alpe, von dort 1; Stuiben, 1750 m, über die Alpen Ornach und Rottach 3
- ☃ den ganzen Winter
- 🚂 Sonthofen/Allg.
- 🚌 Gunzesried/Säge
- 🚐 bis 100 m vor Hütte

FB 363; TK L 8526; TKU 8; Bergverlag Rother: AVF Allgäuer Alpen, GF Allgäuer Alpen

Edmund-Probst-Haus

K. II, 1930 m,
erb. 1890
DAV-S. Allgäu-Immenstadt
Hochstr. 12
D-87527 Sonthofen

- ⚹ Georg Säckl
  Ed.-Probst-Haus
  D-87561 Oberstdorf
- ✆ Hütte 08322/4795
- ✗ ca. 20. Dez. bis Sonntag nach Ostern,
  Ende Mai bis Mitte Oktober
- 🛏 43 ⌐ 82
- ⚡ 220 V ~ 🍴
- ↗ liegt neben der Bergstation der

Nebelhornbahn; von Oberstdorf, 834 m, 3
↦ Laufbacher Eck, 2177 m – Prinz-Luitpold-Huas $3^1/2$ - 4; Koblat – Großer Daumen, 2280 m – Giebelhaus 4; Seealpsee, 1628 m – Oytalhaus, 1006 m, $2^1/2$; Oberer, 1769 m, und Unterer Geißalpsee, 1509 m – Rubi, 787 m, $2^1/2$; Hindelanger Klettersteig (Nebelhorn – Gr. Daumen – Breitenberg – Hinterstein) 9
△ Nebelhorn, 2224 m, 1; Großer Daumen, 2280 m, über Klettersteig 4, über Koblat $2^1/2$
⟁ ↗ Oberstdorf ↦ Daumen; Zeiger; Abfahrt Giebelhaus; Seealpsee – Oytal
△ Nebelhorn; Pistenskilauf
🚍 🚌 Oberstdorf
🚐 Oberstdorf – Nebelhornbahn-Talstation 🅿
🚡 von Oberstdorf zum Haus

AV 2/1, FB 351; TKU 8; Bergverlag Rother: AVF Allgäuer Alpen; GF Allgäuer Alpen

Fiderepaßhütte

K. I, 2067 m,
erb. 1938
DAV-S. Oberstdorf/Allgäu
Bachstr. 8
D-87561 Oberstdorf

✝ Georg Kaufmann
   Fiderepaßhütte
   Postfach 1363
   D-87561 Oberstdorf
✗ Pfingsten bis Mitte Okt.
   (im Tal erkundigen)
🛏 20 ⌐ 100 ⌐ 10
🍽 ⌐ 15 ♨
⚡ 220 V ∼
↗ Riezlern – Bergstation Kanzel-
   wandbahn, 1985 m – Kühgundalpe 2; von Mittelberg, 1218 m, 3; von Faistenoy
   (Talstation-Fellhornbahn $3^1/2$) – Warmatsgundtal $3^1/2$; von Oberstdorf – Söllereck-
   bahn-Bergstation, 1400 m – Höhenweg 5
↦ Mindelheimer Hütte 3
△ Hammerspitze 2258 m, 1; Schüsser, 2170 m, $1^1/2$; Schafalpenköpfe, 2320 m, 2 -
   3; Mindelheimer Klettersteig – Mindelheimer Hütte 3 - 4
⟁ nur Frühjahr ↗ Talstation-Fellhornbahn – Warmatsgundtal; Kanzelwand-Berg-
   station; Mittelberg
🚍 Oberstdorf
🚌 Riezlern (Kanzelwandbahn); Mittelberg, Faistenoy
🚐 Riezlern; Mittelberg 🅿 ; Fellhorn-Talstation 🅿 (Faistenoy)

AV 2/1; FB 351, 363; ÖK 113; TK L 8726; TKU 8; Bergverlag Rother: AVF Allgäuer Alpen, GF Allgäuer Alpen, WF Bregenzerwald, WF Allgäu 1

2 Allgäuer Alpen

Haldenseehaus

K. seH, 1150 m,
gekauft 1962
DAV-S. Hohenstaufen
Mittlere Karlstr. 124
D-73033 Göppingen

⚐ Martha Matthees
 Schmitte 64
 A-6672 Nesselwängle
✆ Hütte 05675/8135
✗ SV, gj. Getränke erhältlich
🛏 56 ⌐ 44
⚡ 220 V ~ 🗲
 Zugänglich nur für Sektions-
 mitglieder, Anmeldung von
 Gruppen bis max. 25 Perso-
nen anderer Sektionen an Hüttenwart: Andreas Raichle, Graf-Degenfeld-Str. 95/1,
 D-73098 Rechberghausen, ✆ 07161/52633
↗ an der Straße Haller – Nesselwängle
→ Otto-Mayr-Hütte 3; Pfrontner Hütte (v. Grän) 2; Gimpelhaus (v. Nesselwängle)
 1¼; Landsberger Hütte 4
△ Krinne Spitze, 2002 m, 3; Rote Flüh, 2111 m; Gimpel, 2176 m; Kellespitze,
 2240 m, 3 - 4
⛷ Pistenskilauf im Tannheimer Tal
🚌 Reutte/Tirol
🚏 Haltestelle 100 m vor dem Haus
🚗 zum Haus 🅿

FB 352; ÖK 114, 115; Bergverlag Rother: AVF Allgäuer Alpen, GF Allgäuer Alpen

Haus Schattwald

K. seH, 1100 m, gekauft 1964
DAV-S. Geislingen/Steige
Brunnerstr. 57
D-73312 Geislingen

✗ SV, gj., Anmeldung
 bei Walter Pompe
 Brahmsstr. 7
 D-89231 Neu-Ulm
✆ 0731/77884
🛏 36 ⌐ 36
⚡ 220 V ~ 🗲
↗ liegt direkt in Schattwald, Ortsteil Fricken, Nr. 17
→ Pfrontner Hütte (von Grän) 2;
 Gimpelhaus (von Nessel-

wängle) 1¼; Landsberger Hütte (vom Vilsalpsee) 1½

△ Bschießer, 2000 m; Ponten, 2045 m, und Rhonenspitze, 1992 m, 2½; Einstein, 1867 m, 2 - 3

⚒ Haus den ganzen Winter benutzbar; Skilauf aller Art im Tannheimer Tal

🚍 Sonthofen; Reutte

🚃 Schattwald/Tirol

🚗 zum Haus 🅿

FB 352; TK L 8528; TKU 8; Bergverlag Rother: AVF Allgäuer Alpen, GF Allgäuer Alpen

Hermann-von-Barth-Hütte

K. I, 2131 m, erb. 1900
DAV-S. Düsseldorf
Friedrich-Ebert-Str. 43
D-40120 Düsseldorf

† Erwin Vonier
Hauptstr. 25
A-6652 Elbigenalp

🕾 Hütte 05634/6671

🕾 Tal 05634/6121

✗ Mitte Juni bis Ende Sept.

⊓ 50 ⊔ 20

⚡ 220 V ∼

▨ 8, SR

✗ Elbigenalp, 1065 m, 3 - 3½, über den Kogelweg

→ Kempter Hütte üb. Hermannskar – Krottenkopfscharte 4½ od. Marchscharte – »Auf der March« – »Im Märzle« 4; Enzenspergerweg – Kaufbeurer Haus 6

△ Wolfebnerspitzen, 2433 m, 1½; Plattenspitze, 2493 m, 1¼; Ilfenspitzen, 2540 m, 2½; Marchspitze, 2610 m, 3½; Gr. Krottenkopf, 2657 m, 3½; Balschtespitze, 2504 m, 2½; Kreuzkarspitze, 2591 m, 3

⚒ kein Stützpunkt

🚍 Reutte/Tirol

🚃 Elbigenalp/Lechtal

🚗 Elbigenalp

🅿 am Beginn des Kogelweges (Schranke)

AV 2/2; FB 351; ÖK 114; Bergverlag Rother: AVF Allgäuer Alpen, GF Allgäuer Alpen

Jugendbildungsstätte Hindelang

des Deutschen Alpenvereins
Haus »Alpenhof«
870 m, umgeb. 1993
Deutscher Alpenverein
Von-Kahr-Str. 2 - 4
D-80997 München

✝ Wilfried Dewald / Wolfgang Mayr
Jochstr. 50
Postfach 1143
D-87539 Hindelang

✆ Hütte 08324/9301-0
Fax 08324/9301-11

✗ gj.

🛏 70 ⌐ 25 ⌐ 6
SR separater Eingang, Küche und 2 Aufenthaltsräume

⚡ 220 V ~ 🗺

Die neue Jugendbildungsstätte des DAV, Haus »Alpenhof«, bietet aufgrund der sonnigen Lage, der guten Erreichbarkeit und eines reichhaltigen Angebots sehr gute Bedingungen für einen erlebnisreichen Aufenthalt von Kinder-, Jugend- und Familiengruppen. Darüber hinaus dient das Haus der Jugendleiter-Grundausbildung und -Fortbildung innerhalb des JDAV. Die Jugendbildungsstätte bietet Jugendfreizeiten und Bildungsmaßnahmen für Kinder und Jugendliche zwischen 9 und 25 Jahren sowie Seminarprogramme für Multiplikatoren in der Jugendarbeit an, die sich auch an Nichtmitglieder wenden. Diesbezügliche Programme und Ausschreibungen auf Anfrage. Anfragen und Anmeldungen bitte direkt ans Haus richten.
Einzelgästen steht die Jugendbildungsstätte grundsätzlich nicht offen!

🚄 Sonthofen
🚌 Hindelang (Haltestelle vorm Haus)
🚶 zum Haus

FB 363; TK L 8528; Bergverlag Rother: AVF Allgäuer Alpen, GF Allgäuer Alpen

Kaufbeurer Haus

K. I, 2007 m, erb. 1905
DAV-S. Allgäu-Immenstadt
Hochstr. 12
D-87527 Sonthofen

✝ Jürgen Schimmelpfennig
Karwendelsstr. 18
D-86865 Schnerzhofen

✆ 08262/644

✗ SV; von Pfingsten bis Mitte Oktober an allen Wochenenden (Fr - So) einfache Bewartung

🍴 od. Ben. Meister Hinterhornbach

Bez. Reutte/Tirol
© 05632/398
⌐⌐ 50
⊞ 14, ⚲ (an Werktagen)
↗ Hinterhornbach, 1101 m, 2³⁄₄
→ Schwärzerscharte – Enzenspergerweg – Hermann-von-Barth-Hütte 5¹⁄₂
△ Urbeleskarspitze, 2636 m, 1³⁄₄; Bretterspitze, 2609 m, 1¹⁄₂; Gliegerkarspitze, 2577 m, 1¹⁄₂
⚲ kein Stützpunkt
➽ Reutte/Tirol
➽ Stanzach/Lechtal
➽ Hinterhornbach 🅿

AV 2/2; FB 352; ÖK 114; Bergverlag Rother: AVF Allgäuer Alpen, GF Allgäuer Alpen

Kempter Hütte

K. I, 1846 m, erb. 1891
DAV-S. Allgäu-Kempten
Postfach 1424
D-87404 Kempten

⚲ Ernst Wagner
Kempter Hütte
D-87561 Oberstdorf-
Spielmannsau
während der Nichtbew.:
Grüntenstr. 16
D-87471 Durach
✗ Mitte Juni bis Mitte Okt.
⊨ 96 ⌐ 190
⊞ 24 offen
⚡ 220 V ∼
↗ Oberstdorf, 815 m – Spielmannsau 4; Holzgau/Lechtal, 1100 m – Mädelejoch, 2033 m, 3
→ Heilbronner Weg – Rappenseehütte 6; Waltenberger Haus 3¹⁄₂; Hermann-von-Barth-Hütte 4; Prinz-Luitpold-Haus 9; Edmund-Probst-Haus 10
△ Muttlerkopf, 2366 m, 1¹⁄₂; Großer Krottenkopf, 2657 m, 3
⚲ nur Frühjahr (April – Juni)
➽ Oberstdorf
➽ ➽ Oberstdorf, Stellwagen bis Spielmannsau, Holzgau/Lechtal 🅿

AV 2/1; 363; ÖK 113; TK L 8726; TKU 8; Bergverlag Rother: AVF Allgäuer Alpen, GF Allgäuer Alpen, WF Allgäu 1

2 Allgäuer Alpen

Bad Kissinger Hütte

(ehem. Pfrontner Hütte)
K. I, 1792 m, erb. 1901
DAV-S. Bad Kissingen
Steinstr. 1
D-97688 Bad Kissingen

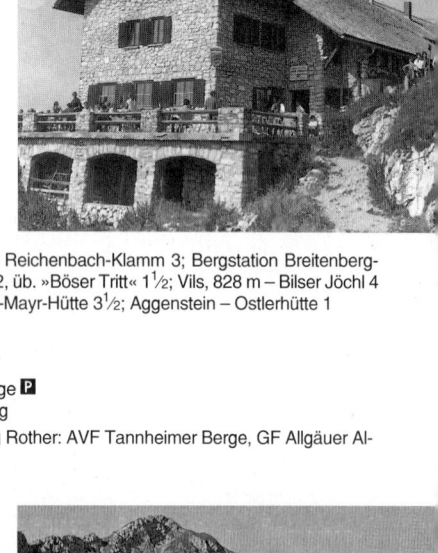

- **✝** Hans Told
  A-6673 Grän 64
- **✆** Hütte 0663/56602
- **✆** Tal 05675/6294
- **✗** Anfang Mai bis Ende Okt.,
  Nov. bei günstigem Wetter
- **🛏** 14 ⌐ 80 ⌎ 10
- **⚡** 220 V ~
- **⊞** 10 offen
- **↗** Grän/Tannheimer Tal, 1134 m,
  2; Pfronten-Steinach, 850 m – Reichenbach-Klamm 3; Bergstation Breitenberg-
  bahn, 1457 m, üb. Aggenstein 2, üb. »Böser Tritt« 1½; Vils, 828 m – Bilser Jöchl 4
- **→** Füssener Jöchl, 1816 m – Otto-Mayr-Hütte 3½; Aggenstein – Ostlerhütte 1
- **△** Aggenstein, 1987 m, ½
- **⚒** kein Stützpunkt
- **🚌** Pfronten-Steinach
- **🚠** Pfronten-Steinach; Grän-Enge **P**
- **🚡** Pfronten-Steinach – Breitenberg

FB 352; ÖK 84; TKU 10; Bergverlag Rother: AVF Tannheimer Berge, GF Allgäuer Alpen, WF Allgäu 2

Landsberger Hütte

K. I, 1810 m, erb. 1929
DAV-S. Landsberg
Malteserstr. 426f
D-86899 Landsberg

- **✝** Gerhard Poppler
  A-6675 Tannheim
  während der Nichtbew.:
  Siedlung 171
  A-6671 Weißenbach
- **✆** Hütte 05675/6282
- **✆** Tal 05678/5336
- **✗** Pfingsten bis 15. Okt.
- **🛏** 20 ⌐ 140
- **⊞** 14 offen
- **⚡** 220 V ~
- **↗** Vilsalpsee, 1168 m, 1½; von
  Tannheim – Sessellift zum Neunerköpfl, 1864 m – Höhenweg über Sulzspitze,

2085 m – Schochenspitze, 2069 m, 3; von Haldensee 4; Rauth (Gaicht-Paß)
durch das Birkental 4$\frac{1}{2}$

→   Jubiläumsweg – Prinz-Luitpold-Haus 5; Steinkarscharte – Kastenjoch – Geißeck – Willersalpe 4$\frac{1}{2}$

△   Rote Spitze, 2130 m, $\frac{1}{4}$; Steinkarspitze, 2067 m, $\frac{1}{4}$; Lachenspitze, 2130 m, 1; Schochen, 2069 m, $\frac{1}{4}$; Lailachspitze, 2276 m, 2$\frac{1}{2}$

⚐   nur Frühjahr ✗ Vilsalpsee △ Rote Spitze, Steinkarspitze, Lachenspitze, Schochen, Lailach

🚌   Reutte/Tirol; Sonthofen

🚐   Vilsalpsee; Tannheim

🚐   Vilsalpsee 🅿 Zufahrt nur von 17.00 - 10.00 Uhr möglich

FB 352; ÖK 114; TKU 10; Bergverlag Rother: AVF Allgäuer Alpen, GF Allgäuer Alpen, WF Allgäu 2

Mindelheimer Hütte

K. I, 2058 m, erb.: alte Hütte 1920,
Ersatzbau 1990
DAV-S. Mindelheim
Steinstr. 1
D-87719 Mindelheim

🔹   Jochen Krupinski
    D-87764 Legau/Oberlandholz
    243 08322/700153
    Adresse Hütte: postlagernd
    D-87561 Oberstdorf

℃   Tal 08330/1263 (nur im Winter)

✗   Mitte Juni bis Anfang Okt.

⌐   150 ⌣ 12

▨   12 (alte H.) ☡

⚡   220 V ~

✗   Mittelberg, 1218 m – Wildental 3; Oberstdorf Stellwagen nach Birgsau, 959 m, oder Einödsbach, 1165 m – Rappenalptal – Untere und Obere Angerhütte 3$\frac{1}{2}$; vom Holzgauer Haus/Lechtal, 1502 m – Schrofenpaß, 1685 m, 2$\frac{3}{4}$

→   Fiderepaßhütte 3; Rappenseehütte 3$\frac{1}{2}$; Obere Gemstalalpe, 1692 m – Obere Widdersteinalpe, 2120 m – Widderstein, 2536 m – Hochkrumbach 4 - 5; Mindelheimer Klettersteig 3$\frac{1}{2}$

△   Kemptner Kopf, 2192 m, 1; Angererkopf, 2266 m, 1$\frac{1}{4}$; Schafalpenköpfe, 2273 m, je 1$\frac{1}{2}$ - 2; Walser Geishorn, 2367 m, 1$\frac{1}{2}$; Liechelkopf, 2383 m, 1$\frac{1}{4}$

⚐   im Frühjahr (nicht vor April ratsam, da völlig eingeschneit; Eingang Nordseite – Schneeschaufel über der Türe) ✗ von Mittelberg zur Hinterwildenalpe und zum Talende – Durchstieg in der Senke zwischen Mindelheimer Hüttenkopf und Angererkopf – nur für ganz geübte Skibergsteiger – Notunterstand in der Hinterwildenalpe

🚌   Oberstdorf

🚐   Oberstdorf; Mittelberg

🚐   Mittelberg Holzgauer Haus 🅿

2 Allgäuer Alpen

AV 2/1; FB 363; ÖK 113; TK L 8726; TKU 8; Bergverlag Rother: AVF Allgäuer Alpen, GF Allgäuer Alpen

Otto-Mayr-Hütte

K. I, 1530 m, erb. 1900
DAV-S. Augsburg
Peutingerstr. 24
D-86152 Augsburg

- ♦ Sabine u. Walter Kerle
  Stadtplatz 5
  A-6682 Vils
- ✆ Tal 05677/8807
- ✆ Hütte 05677/8457
- ✕ Anf. Mai bis Ende Okt.; Weihnachten, 14 Tage um Ostern
- ⊨ 24 ⌐ 50 ⌐ 6
- ⚡ 220 V (Aggregat)
- ▦ siehe Willi-Merkl-Hütte
- ↗ Musau, 818 m, 2¹⁄₂ - 3; Vils, 828 m, 3¹⁄₂; Grän, 1134 m, ⌂ zum Füssener Jöchl 1; Nesselwängle, 1147 m, üb. Sabachjoch – Musauer Alm 2¹⁄₂, oder Nässelwängler Scharte 3¹⁄₂
- → Pfrontner Hütte 3; Rote Flüh – Judenscharte – Tannheimer Hütte 3
- △ Schlicke, 2060 m, 1¹⁄₂; Schartschrofen, 1973 m, 1¹⁄₂; Rote Flüh, 2111 m, 2; Gimpel, 2176 m, 3 - 3¹⁄₂; Kellespitze, 2247 m, 3¹⁄₂; Gehrenspitze 2164 m, 3¹⁄₂
- ⟟ nur Frühjahr, alpin ↗ Musau △ Schlicke, Schartschrofen
- 🚌 Musau
- 🚌 Musau, 🅿 Roßschläg
- ⌂ Grän – Füssener Jöchl

FB 352; ÖK 85, 115; Bergverlag Rother: AVF Tannheimer Berge, GF Allgäuer Alpen

Otto-Schwengler-Hütte (vormals Ostertalhütte)

K. II, 1070 m,
erb. 1953/54
DAV-S. Augsburg
Peutingerstr. 24
D-86152 Augsburg
unbewirtschaftet, Getränke erhältlich, 2 Küchen für SV, gj. geöffnet

- ♦ Hans u. Erika Gratzer
  Otto-Schwengler-Hütte
  Gunzesried-Säge 37
  D-87544 Blaichach
- ✆ Hütte 08321/2509; (Nichtmit-

glieder können in den Weihnachts- und Osterferien nur in Ausnahmefällen aufgenommen werden.)

⌐ 50

~ 220 V ~ ▥

✔ Gunzesrieder Säge, 920 m, 25 min

→ Rangiswanger Horn, 1615 m – Hörnerhaus 2½; Staufner Haus 3½

△ Bleicherhorn, 1669 m, 3; Riedberger Horn, 1787 m, 3; Weiherkopf, 1665 m, 2½; Rangiswanger- 2, Sigiswanger- 2 und Ofterschwanger Horn 2 = Hörnertour; Stuiben, 1749 m – Nagelfluhkette

⚐ ✔ → △ wie oben

🚌 Sonthofen

🚏 Gunzesrieder Säge

🚗 bis kurz unterhalb der Hütte; 🅿 am Ostertalbach

FB 363; TK L 8526; TKU 8; Bergverlag Rother: AVF Allgäuer Alpen, GF Allgäuer Alpen

Prinz-Luitpold-Haus

K. I, 1846 m, erb. 1881

DAV-S. Allgäu-Immenstadt

Hochstr. 12

D-87527 Sonthofen

✝ Karlheinz u. Margarete Waibel
Prinz-Luitpold-Haus
Hinterstein
D-87541 Hindelang
während der Nichtbew.:
Bad Oberdorf
Dorfstr. 1
D-87541 Hindelang

✆ Hütte 0161/1814365

✆ Tal 08324/2763

✗ Anfang Juni bis Mitte Okt.

🛏 30 ⌐ 142 ⌙ 79

▦ 16 offen

~ 220 V ~

✔ Giebelhaus, 1067 m, 3

→ Edmund-Probst-Haus 4; Jubiläumsweg zur Willersalpe, 1456 m, 7; Saalfelder Weg zur Landsberger Hütte 4½ - 5; Kempter Hütte 8 - 9; Hinterhornbach 4

△ Hochvogel, 2593 m, 2½; Kreuzkopf, 2287 m, Kreizspitze, 2369 m, 2; Fuchskarspitze, 2314 m, über Balkenscharte, 2½; Glasfelderkopf, 2271 m, 1½; Wiedemer, 2165 m, 1¼

⚐ nur Frühjahr ✔ Giebelhaus

🚌 Sonthofen

🚏 🚗 Hinterstein

🚗 Giebelhaus (Busverbindung von Hinterstein)

AV 2/2; FB 351; ÖK 114; TKU 8; Bergverlag Rother: AVF Allgäuer Alpen, GF Allgäuer Alpen, WF Allgäu 1

Rappenseehütte

K. I, 2091 m, erb. 1885
DAV-S. Allgäu-Kempten
Postfach 1424
D-87404 Kempten

- 🚶 Deinhard Gartenmaier
  postlagernd
  D-87561 Oberstdorf
- ✕ Mitte Juni bis Mitte Okt.
- 🛏 42 ⌐ 300
- ▦ 24 offen SR
- ⚡ 220 V ∼
- ↗ Einödsbach, Fellhornbahn, 1165 m, Linkersalp 3; Lechleiten, 1541 m – Biberalpe – Mutzentobel $2\frac{1}{2}$
- → Heilbronner Weg – Kempter Hütte 5 - 6; Waltenberger Haus 4; Schrofenpaß, 1688 m – Haldenwanger Eck – Mindelheimer Hütte $3\frac{1}{2}$ - 4; Biberkopf – Lechleiten $4\frac{1}{2}$
- △ Rotgundspitze, 2485 m, $1\frac{1}{4}$; Linkerskopf, 2455 m, $1\frac{1}{4}$; Hohes Licht, 2652 m, 2; Rappenseekopf, 2468 m, $1\frac{1}{4}$; Hochrappenkopf, 2424 m, 1; Biberkopf, 2600 m, $2\frac{1}{2}$ - 3
- ⛷ nur spätes Frühjahr ↗ Oberstdorf Birgsau – Rappenalptal – Schwarze Hütte – Körbertobel – Untere Rappenalpe, ca. 7; △ Rappenseekopf; Hochrappenkopf; Hohes Licht
- 🚌 Oberstdorf
- 🚌 Oberstdorf – Birgsau, Stellwagen, Birgsau – Einödsbach, Lechleiten
- 🚡 Talstation Fellhornbahn
- 🅿 Lechleiten 🅿

AV 2/1; FB 363; ÖK 113; TK L 8726; TKU 8; Bergverlag Rother: AVF Allgäuer Alpen, GF Allgäuer Alpen, WF Allgäu 1

Schwand-Alpe

K. seH, 936 m, erworben 1965
DAV-S. Ulm
Glöcklerstr. 5
D-89073 Ulm

- 🚶 Gunter Garni
- ✆ Tal 0731/67792
- ✕ SV, nur für Gruppen nach Anmeldung beim 🚶
- 🛏 14 ⌐ 29 , 2 Küchen, 2 Aufenthaltsräume, Duschräume
- ⚡ 220 V ∼ ; 📞
- ↗ Thalkirchdorf $\frac{1}{2}$
- → Steibis $2\frac{1}{2}$, Denneberg $1\frac{1}{2}$,

Himmeleck 2¹/₂, Hochgrat-Talstation 1¹/₂, Buchenegger Wasserfälle 2
△ Hündlekopf, 1112 m, ³/₄
🎿 Lifte in Nähe der Hütte
🚌 Immenstadt oder Oberstaufen
🚗 Thalkirchdorf; ⟶ zur Hütte (Maut)

FB 35, 351; TKU 8; Bergverlag Rother: AVF Allgäuer Alpen, GF Allgäuer Alpen

Schwarzenberghütte

K. I, 1380 m, erb. 1948-50
DAV-S. Illertissen
Thomas Mügge
Bahnhofstr. 9
D-89257 Illertissen

🚶 Albert Hanschek
   Schwarzenberghütte
   D-87541 Hindelang
✗ Weihnachten bis Ende Okt.
🛏 6 ⊓ 40
⚡ 220 V ∼
⚲ Hinterstein, 865 m, 3; Giebel-
   haus ³/₄
→ Edmund-Probst-Haus 3 - 3¹/₂;
   Prinz-Luitpold-Haus 3 - 3¹/₂;
   Rundtour: Giebelhaus – Prinz-Luitpold-Haus – Laufbacher Eck – Edmund-Probst-
   Haus – Gr. Daumen – Engeratsgundsee – Schwarzenberghütte 8 - 10
△ Großer Daumen, 2280 m, 2¹/₂ - 3; Kl. Daumen, 2191 m; Pfannenhölzer, 2025 m
⚲ Hinterstein bzw. Giebelhaus ⛰ Gr. Daumen
🚌 Sonthofen
🚗 ⟶ Hinterstein 🅿
🚗 Giebelhaus

FB 351; ÖK 114; TKU 8; Bergverlag Rother: AVF Allgäuer Alpen,
GF Allgäuer Alpen

Schwarzwasserhütte

K. II, 1651 m, erb. 1914 bis 1922
DAV-S. Schwaben
Senefelderstr. 1
D-70178 Stuttgart

🚶 Friederun Ilgen
   A-6992 od. D-87568
   Hirschegg 89, Kleinwalsertal
   während der Nichtbew.:
   Grünegg 7
   D-87647 Unterthingau

2 Allgäuer Alpen

© Hütte 0663/52642
© Tal 08377/1389
✗ Weihnachten bis Ostern, Pfingsten bis Mitte Okt.
🛏 41 ⌐ 30
⚡ 220 V ∼ 📺 ⚡
↗ Hirschegg-»Fuchshof«, 1124 m, über Auenhütte $2\frac{1}{2}$; von Auenhütte, 1238 m, $1\frac{1}{2}$; Mittelberg-Seilbahn Walmendinger Horn, 1993 m ⊢ Ochsenhofer Scharte $2\frac{1}{2}$; Baad, 1251 m – Starzelalm – Ochsenhofer Scharte, 1800 m, 3; Schoppernau – Seilbahn Didamskopf, 2092 m – Hochgerach $3\frac{1}{2}$, Bezau – Fahrstraße bis Schönebachalm, 1026 m – Gerachsattel 3
△ Hoher Ifen, 2229 m, $2\frac{1}{2}$; Didamskopf, 2090 m, $2\frac{1}{2}$; Hählekopf, 2058 m, $1\frac{1}{2}$; Grünhorn, 2039 m, $1\frac{1}{2}$; Steinmandl, 1981 m, $1\frac{1}{2}$; Pellingerköpfe
⅃ ↗ Hirschegg-Auenhütte △ Hoher Ifen, Grünhorn, Didamskopf, Hählekopf, Steinmandl, Pellingerköpfe
🚍 Oberstdorf
🚍 Hirschegg
🚍 Riezlern-Breitachbrücke-Auenhütte Ⓟ; Breitachbrücke-Hirschegg Ⓟ
🚐 Privatbus Breitachbrücke – Auenhütte
☎ von Melköde zur Hütte (Seilbahntelefon)

FB 363; ÖK 113; TK L 8626; TKU 8; Bergverlag Rother: AVF Allgäuer Alpen, GF Allgäuer Alpen, GF Bregenzerwaldgebirge und Lechquellengebirge, WF Allgäu 1

Staufner Haus

K. II, 1600 m, erb. 1908
DAV-S. Oberstaufen-
Lindenberg
Unterm Schloß 4
D-87534 Oberstaufen

† Wolfgang Ernst u.
Brigitte Müller
postlagernd
D-87534 Oberstaufen-Steibis
© Hütte 08386/8255
✗ 20.12. bis 31.10.
🛏 9 ⌐ 74
⚡ 220 V ∼
↗ Steibis, 861 m, 4; Lanzenbach-Säge, 826 m, 2; Gunzesrieder Tal – Scheidewang-Alpe, 1317 m, $1\frac{1}{2}$; Fernwanderweg E 5, Bodensee – Adria, Maximiliansweg, E 4, Lindau – Berchtesgaden
→ △ Hochgrat, 1833 m – Rindalphorn, 1822 m – Stuiben, 1749 m – Steineberg (oder Immenstädter Horn) – Immenstadt (oder Gunzesried) ca. 6; Seelekopf – Eingundkopf – Falken Wh. – Hormoosalm – Imberg – Steibis $2\frac{1}{2}$ - 3; Seelekopf, 1683 m – Falken – Hochhädrich – Steibis oder Hittisau
⅃ Pistenskilauf
🎿 Hauserberg → s. oben

🚌 Oberstaufen
🚋 Steibis, Hochgratbahn Talstation
🚐 Lanzenbach-Säge [P]; Hochgratbahn Talstation [P]
🚠 Hochgratbahn ab Lanzenbach

FB 363; TK L 8526; Bergverlag Rother: AVF Allgäuer Alpen, GF Allgäuer Alpen, WF Allgäu 1

Bergheim Steibis

K. seH, 1000 m, erb. 1965
DAV-S. Ravensburg
Haldenweg 40
D-88212 Ravensburg

🕻 Georg Nägele
Obereisenbach Nr. 82
D-88069 Tettnang
✆ Hütte 08386/8386
✗ SV, Anmeldung nur über die
Sektion (✆ 0751/24287), gj.
beaufsichtigt
🛏 8 ⌐ 33
🛏 ⌐
↗ Steibis ¼
→ Staufner Haus 3
△ Hochhädrich, 1565 m, 2½
🛷 zahlreiche Lifte in der Nähe
🚌 Oberstaufen
🚋 🚐 Steibis

TK 8524; Bergverlag Rother: 1112, GF Allgäuer Alpen, WF Allgäu 1

Tannheimer Hütte

K. I, 1760 m, erb. 1892
DAV-S. Allgäu-Kempten
Postfach 1424
D-87404 Kempten

🕻 Andrea Kaiser
A-6672 Nesselwängle 58
✆ Tal 05675/8214; telef. Ver-
ständigung zum Gimpelhaus,
15 Min. unterhalb der Hütte,
Winter:
Am Natterer Hof 42
D-87497 Wertach
✗ einfach bew. und Getränke;
Mitte Juni bis Ende Okt.
⌐ 22

↗ Nesselwängle, 1147 m, 1½; von der Hahnenkammbahn-Bergstation Reutte, 1700 m, 1½

→ Otto-Mayr-Hütte 3; Pfrontner Hütte 5

△ Kellespitze, 2247 m, 2; Gimpel, 2176 m, 2; Rote Flüh, 2111 m, 1½; Hochwiesler 1

🚌 Reutte/Tirol

🚐 🚐 Nesselwängle 🅿

FB 352; ÖK 114, 115; TK L 8528; TKU 10; Bergverlag Rother: AVF Tannheimer Berge, GF Allgäuer Alpen, WF Tannheimer Tal

Waltenberger Haus

K. I, 2085 m, erb. 1885
DAV-S. Allgäu-Immenstadt
Hochstr. 12
D-87527 Sonthofen

🛏 Gerhard Böllmann
Waltenberger Haus
Einödsbach
D-87561 Oberstdorf
während der Nichtbew.:
Greuth Nr. 3
D-87448 Waltenhofen

℡ Tal 08379/7486

✗ Mitte Juni bis Anfang Okt.

🛏 10 ⌐ 72

▦ 9, offen, SR

↗ Einödsbach, 1113 m, 3

→ Bockkarscharte – Kempter Hütte 3½; Heilbronner Weg – Rappenseehütte 4

△ Mädelegabel, 2645 m, 2½; Bockkarkopf, 2608 m, 1½; Hohes Licht, 2652 m, 2½; Trettachspitze, 2595 m

⚠ kein Stützpunkt

🚌 🚐 Oberstdorf

🚐 Birgsau, Stellwagen bei Einödsbach

AV 2/1; FB 351, 363; ÖK 113; TK L 8726; TKU 8; Bergverlag Rother: AVF Allgäuer Alpen, GF Allgäuer Alpen, WF Allgäu 1

Willi-Merkl-Ged.-Hütte

K. I, 1550 m, erb. 1929
DAV-S. Augsburg
Pächter:
DAV-S. Friedberg
Herrgottruhstr. 1
D-86316 Friedberg

✗ SV, beaufsichtigt; Sa./So. von Mitte Mai bis Mitte Okt. bewartet, im Winter geschlossen, Essen und Getränke in Otto-Mayr-Hütte, 3 Min.

⌐ 38

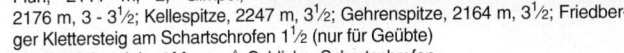

↗ 220 V
♨ bei DAV-S. Friedberg oder beim Pächter der Otto-Mayr-Hütte
↗ Musau, 818 m, 2½ - 3; Vils, 828 m, 3½; Grän, 1134 m, ↶ zum Füssener Jöchl 1; Nesselwängle, 1147 m, üb. Sabachjoch – Musauer Alm 2½, od. Nesselwängler Scharte 3½
→ Pfrontner Hütte 3; Rote Flüh – Judenscharte – Tannheimer Hütte 3
△ Schlicke, 2060 m, 1½; Schartschrofen, 1973 m, 1½; Rote Flüh, 2111 m, 2; Gimpel, 2176 m, 3 - 3½; Kellespitze, 2247 m, 3½; Gehrenspitze, 2164 m, 3½; Friedberger Klettersteig am Schartschrofen 1½ (nur für Geübte)
⋇ nur Frühjahr, alpin ↗ Musau △ Schlicke, Schartschrofen
🚌 Musau
🚗 Musau, Roßschläg 🅿
🚡 Grän – Füssener Jöchl

FB 352; TK L 8528; TKU 10; Bergverlag Rother: AVF Tannheimer Berge, GF Allgäuer Alpen, WF Tannheimer Tal

Hütten anderer alpiner Vereine und Privathütten

Alpe Bierenwang, 1580 m, am Südostabhang des Fellhorns, 5 Min. vom Kanzelwandhaus entfernt, privat, 🛏 45, ↗ ab Fellhornbahn-Talstation 1 – 2, mit Fellhornbahn bis Mittelstation, im Winter beschwerlich 🚌 Oberstdorf → Fellhornbahn-Talstation 🚗 Fellhornbahn-Talstation 🅿 gj. bew., ℡ 08322/3346 (Kanzelwandhaus)

Bernhardseck Alpengasthof, 1802 m, am Roteck, privat, 🛏 22, ↗ Bach oder Elbigenalp 1½ 🚌 Reute 🚗 Elbigenalp, Bach → Elbigenalp, Bach (Güterseilbahn), bew. Anfang Juni bis Mitte Sept.

Freibergseehütte, 1000 m, am Höhenweg Walserstraße – Freibergsee, TVN 🛏 42, ↗ Oberstdorf 1, Haus »Bergkristall« ½ 🚌 Oberstdorf 🚗 Söllereckbahn → Söllereckbahn (Maut) 🅿, gj. bew., ℡ 08322/2285

Füssener Hütte, 1520 m, im oberen Reintal, Nähe Otto-Mayr-Hütte, privat, 🛏 16 ⌐ 50, ↗ Musau-Roßschläg 2½, Füssener Jöchl 1, 🚌 Musau, → Roßschläg, gj. bew.

Gimpelhaus, 1720 m, südlich des Gimpels, privat, 🛏 110 ⌐ 10, ↗ Nesselwängle 1½ 🚌 Reute i.T. 🚗 Nesselwängle → Nesselwängle 🅿 (Materialbahn ab Nesselwängle), bew. 1. Mai bis 2. Nov., ℡ Hütte 05675/8251, ℡ Tal 05675/8141

Hochkrumbach-Berghaus »**Adler**«, 1703 m, unter dem Schröcken an der Bergstraße, privat, ⊨ 40, ↗ Schröcken 1½ ⏚ Langen, Bezau ⇔ ⇔ zum Haus, gj. bew., ℰ 05515/9364

Holzgauer Haus, 1512 m, in Lechleiten am Schrofenpaß, privat, ⊨ 20 ⊓ 10, ↗ Warth ½ ⏚ Oberstdorf ⇔ ⇔ Holzgau, Warth, gj. bew., ℰ 05583/9914

Ifenhütte, 1592 m, am Hohen Ifen, privat, ⊨ 10 ⊓ 25, ↗ Riezlern 2; Auenhütte 1 ⏚ Oberstdorf ⇔ ⇔ Riezlern

Kanzelwandhaus, 1519 m, unterm Fellhorn, TVN, ⊨ 139 ⊓ 20, ↗ Fellhorn-Talstation 1½, Fellhorn-Bergstation ½, ⏚ Oberstdorf ⇔ ⇔ Fellhorn-Talstation, bew. Mitte Mai bis Mitte Okt., Mitte Dez. bis Ostern, ℰ 08322/3346

Kemptener Naturfreunde-Haus, 1450 m, am Gschwender Horn, TVN, ⊨ 53 ⊓ 65, ↗ Immenstadt 2, Bühl 2, im Sommer Bärenfalle 1½ ⇔ Immenstadt ⇔ Immenstadt; mit Sondergenehmigung bis Almagmach, gj. bew., Nov. geschlossen, ℰ 08323/2123

Kleinwalsertal-Naturfreundehaus, 1152 m, in Mittelberg-Bödmen, TVN, ⊨ 39, ↗ Mittelberg, 1,5 km; Bödmen, 300 m ⏚ Oberstdorf ⇔ Mittelberg, Bödmen ⇔ Mittelberg, Bödmen, zum Haus **P**, bew. 15. Dez. bis So. nach Ostern, 15. Mai bis 31. Okt., ℰ 08329/6583

Michael-Schuster-Hütte, 1200 m, am Imberger Horn bei Sonthofen, TVN, ⊓ 12, ↗ Imberg 1, Straußberg **P** 5 Min., nur im Sommer ab Straußbergalpe-Lift ¾ ⏚ Sonthofen ⇔ Hindelang ⇔ Straußberg (Maut) **P**, SV, Sa./So. Getränke erhältlich, Anmeldung bei Sebastian Wegele, Kirchstr. 12, D-87527 Sonthofen, ℰ 08321/81242

Musauer Alp, 1267 m, privat, ⊨ 28 ⊓ 50, ↗ Musau, 2 ⏚ Musau ⇔ Musau ⇔ Roßschläg, bew. Ostern bis 20. Oktober, ℰ 0663/58255

Neuhornbach Alpengasthof, 1700 m, unter dem Starzeljoch, privat, ⊨ 50 ⊓ 40, ↗ Baad oder Schoppernau 2; Mittelstat. Didamskopf-Bergbahn 1; ⇔ ⇔ Baad oder Schoppernau, bew. Weihnachten bis Ende Okt., 🚠 ab Schoppernau, ℰ 05515/2405

Ostlerhütte (Wirtshaus), 1838 m, auf dem Breitenberg, privat, ⊨ 15 ⊓ 60, ↗ Pfronten-Steinach, 3; Breitenberg u. Hochalmbahn ½; ⏚ Pfronten-Steinach ⇔ ⇔ Steinach, gj. bew., ℰ 08363/424 oder 1213

Schneelochalmhütte, 1293 m, am Falken, privat, ⊨ 20 ⊓ 15, ↗ Steibis 2 ⏚ Oberstaufen ⇔ ⇔ Steibis, gj. bew.

Starzelalm, 1600 m, am Starzeljoch, privat, ⊨ 10 ⊓ 10, ↗ Hochkrumbach ⇔ ⇔ Hochkrumbach

Widdersteinalpe, Obere, 2015 m, am Widderstein, privat, ⊓ 25, ↗ Hochkrumbach 1 ⏚ Oberstdorf ⇔ ⇔ Hochkrumbach, bew. Anfang Juni bis Ende Sept., ℰ Tal 05519/282

3a Lechquellen-gebirge

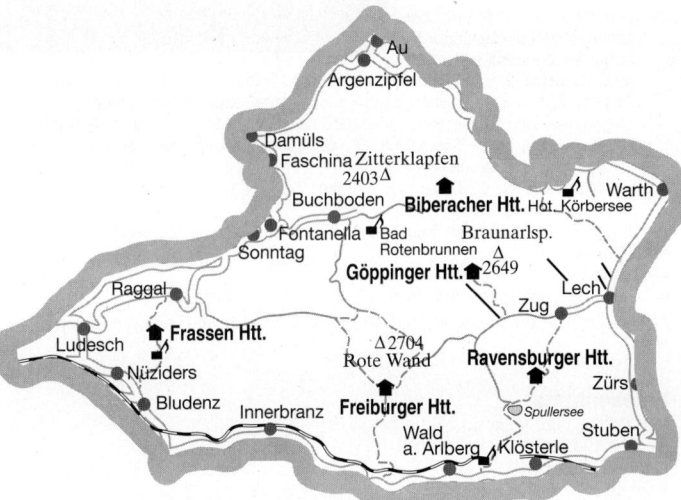

Umgrenzung

Ill – Lutz – Faschinabach – Faschinajoch – Jochbach – Argenbach – Bregenzer Ache – Seebach – Hochtannbergpaß – Krumbach – Lech am Lech – Zürser Bach – Flexenpaß – Aflenz (Klostertal) – Ill

3a   Lechquellengebirge

Biberacher Hütte

K. I, 1842 m, erb. 1911
DAV-S. Biberach
Beim Fohrhäldele 11
D-88400 Biberach/Riss

- **†** Harald Rehm
  A-6888 Schröcken-Schmitte
- **℅** Hütte 05519/257
- **℅** Tal 05519/245
- **✗** Mitte Juni bis Anfang Okt.
- **🛏** 10 ⌐ 110
- **▦** 9 offen SR
- **⚡** 220 V ∼
- **➚** Landsteg, ca. 1100 m, zwischen Bad Hopfreben und Unterboden: bequem, nur im unteren Teil steil, 2; Buchboden/Gr. Walsertal 3$\frac{1}{2}$; Schröcken, 1270 m – Fürggele, 2146 m, z.T. steil, 4 - 5; Metzgertobel 1$\frac{1}{2}$; Metzgertobel – Gr. Walsertal 2
- **→** Göppinger Hütte 5, über Braunarlspitze 5; Glattjöchl, 2141 m – Schoppernau 3$\frac{3}{4}$; Ob. Ischkarnei-Alpe – Töbelejoch – Au 6; Hochschereweg – Hochschere, 2100 m – Faschinajoch (Damüls) 6 - 7
- **△** Hochkünzelspitze, 2397 m, 1$\frac{1}{2}$; Rothorn, 2239 m, 1$\frac{1}{4}$; Braunarlspitze, 2649 m, 3$\frac{1}{2}$; Glattecker, 2403 m, 3 - 4
- **�** nur Frühjahr **➚** Landsteg; Buchboden (abzuraten!) **△** Hochkünzelspitze
- **🚌** Bludenz
- **🚌** Landsteg
- **🚌** Landsteg, Schröcken, Buchboden, Metzgertobel (Mautstr.) **P**

FB 363; ÖK 112; Bergverlag Rother: GF Bregenzerwaldgebirge und Lechquellengebirge

Frassenhütte

K. I, 1725 m, erb. 1864,
Neubau 1981/85
OeAV-S. Vorarlberg
Hermann-Sander-Str. 12
A-6700 Bludenz

- **†** Stefan Probst
  Boznerstr.10
  A-6700 Bludenz
- **℅** Hütte 0663/51089
- **℅** Tal 05552/67402
- **✗** Mitte Mai bis Ende Okt. und fallweise an schönen Wochenenden
- **🛏** 22 ⌐ 32 ⌙ 10
- **⚡** 220 V

↗ Bludenz mit der Seilschwebebahn nach Muttersberg und von da auf markiertem Weg zur Frassenhütte 1; Bludenz zur Talstation der Muttersbergseilbahn – schöner Weg zum Muttersberg, zur Frassenhütte 1½ - 2; von Ludesch durchs Große Walsertal nach Raggal – mit ⇌ – und von dort zur Frassenhütte 2

→ in das Große Walsertal – Nietzköpfle; über den Tiefenseesattel nach Marul; zur Freiburger Hütte 5½ - 6; über die Tiefensee-Alpe zur Freiburger Hütte: lang, 5 - 6; über Sonntag – Buchboden zur Biberacher Hütte

△ Hoher Frassen, 1979 m, auf gutem AV-Weg in 35 - 40 Min. bequem zu erreichen; Gamsfreiheitgruppe – Elsspitzen – Stierkopf – Gamsfreiheit

🎿 nur begrenztes Skigebiet

🚇 Bludenz

🚍 Bludenz, Ludesch, Nüziders

⇌ Bludenz – Laz, Ludesch – Raggal

🚠 Seilschwebebahn auf den Muttersberg ab Bludenz

FB 362; ÖK 141, 142; Bergverlag Rother: GF Bregenzerwaldgebirge und Lechquellengebirge

Freiburger Hütte

K. II, 1931 m, erb. 1912
DAV-S. Freiburg/
Breisgau
Postfach 374
D-79003 Freiburg

🛑 Emil und Margit
Weiskopf
Quatratsch 35
A-6551 Pians

℆ Hütte 05556/73540
℆ Tal 05442/64421

✗ Mitte Juni bis Anfang Okt.

🛏 40 ⊓ 100 ⊔ 20

🔲 12 offen SR

⚡ 220 V ∼
Anmeldung bis 5 Personen an den 🛑, größere Gruppen an die Sektion

↗ Dalaas, 940 m; gut bez., mäßig steil, 3; Lech, 1446 m – Formarinsee: Fahrstraße bis Formarinalpe, von hier ½

→ Ravensburger Hütte 4; Göppinger Hütte 3½; Laguz-Alpe – Marul/Gr. Walsertal, 977 m, 4

△ Rote Wand, 2704 m, 3 - 3½; Roggelskopf, 2284 m, 2; Fensterlewand, 2329 m, 1½; Saladinaspitze, 2238 m, 1½; Formaletsch, 2292 m, 1½; Schafberg, 2413 m, 2½

🎿 ↗ Dalaas; Lech → Marul

🚇 Dalaas

🚍 Lech/Arlberg

⇌ Formarinalpe (Maut) Ⓟ, zw. 9.00 und 15.30 Uhr jedoch nur mit Wanderbus

FB 362; ÖK 142; Bergverlag Rother: GF Bregenzerwaldgebirge und Lechquellengebirge

3a Lechquellengebirge

Göppinger Hütte

K. I, 2245 m, erb. 1913
DAV-S. Hohenstaufen-
Göppingen
Mittlere Karlstr. 124
D-73033 Göppingen

- † Peter Matthees
  postlagernd
  A-6764 Lech a.A.
- ℰ Hütte 05583/3540
  während der Nichtbew.:
  Stocker 49
  A-6933 Doren
- ℰ Tal 05516/2766
- ✗ Mitte Juni bis Anfang Okt.
- ⊨ 21 ⌐ 45 ⌐ 6
- ▦ 6 offen
- ⚡ 220 V ~ (nur abends)
- ⟋ Lech, 1447 m – Zug, 1511 m – Unter Älpele 3; Zuger Hochlicht, 2377 m –
  Theod.-Prassler-Weg 2; von Buchboden/Gr. Walsertal 5, Unter Älpele 2
- → Freiburger Hütte 4; Biberacher Hütte 4, über Braunarlspitze 4 - 5; Ravensburger
  Hütte über Zug 4
- △ Hochlicht, 2600 m, ³⁄₄; östl. Johanniskopf, 2508 m, ³⁄₄; Braunarlspitze, 2648 m, 2;
  Grat Bratschenwand, 2520 m, 2
- ⚒ Spätwinter, Frühjahr ⟋ Lech Zug! △ Hochlicht!
- ⊶ Langen/Arlberg
- ⊷ Lech, Wanderbus bis Unter Älpele
- ⊸ Unter Älpele (Maut) ℗

AV 3/2; FB 363; ÖK 143; Bergverlag Rother: GF Bregenzerwaldgebirge und Lechquellengebirge

Ravensburger Hütte

K. I, 1948 m, erb. 1912
DAV-S. Ravensburg
Haldenweg 40
D-88212 Ravensburg

- † Siegfied Zatsch
  Pension Muntanella
  Oberlech
  A-6764 Lech
- ℰ Hütte 05585/556
- ℰ Tal 05583/2665
- ✗ Mitte Juni bis Anfang Okt.
- ⊨ 20 ⌐ 85 ⌐ 10
- ▦ 20 offen SR
- ⚡ 220 V ~

↗ Spullersee $^3/_4$; Lech $2^1/_2$; Klösterle $2^1/_2$; Zug $1^3/_4$

→ Freiburger Hütte über Gehrengrat, 2443 m, $4^1/_2$ oder über Tannleger-Alm $3^1/_2$; Untere u. Obere Älpele-Alm – Göppinger Hütte 4; Madlochjoch, 2438 m – Zürs $3^1/_2$

△ Roggalspitze, 2672 m, $2^1/_2$; Schafberg, 2679 m, $2^1/_2$; Plattnitzerjoch-Spitze, 2322 m, 3; Obere Wildgrubenspitze, 2629 m, $2^1/_2$; Sportklettergebiet Spullerplatten IV - VIII

⛷ Lech △ Mehlsack, Grubenjoch, Wasenspitze

🚆 Langen a. Arlberg (Schnellzugstation); Klösterle

🚌 Lech; Zürs

🚌 Zug, Mautstraße bis Spullersee 🅿, von 9.00 bis 15.00 Uhr gesperrt, stündlich Busverkehr

AV 3/2; FB 372; ÖK 142, 143; Bergverlag Rother: GF Bregenzerwaldgebirge und Lechquellengebirge

Hütten anderer alpiner Vereine und Privathütten

Muttersberghaus, 1825 m, oberhalb Nüziders, privat, 🛏 35, ↗ Bludenz $1^1/_2$ 🚆 🚌 Bludenz 🚌 ab Bludenz Personenseilbahn zum Haus, gj. bew.

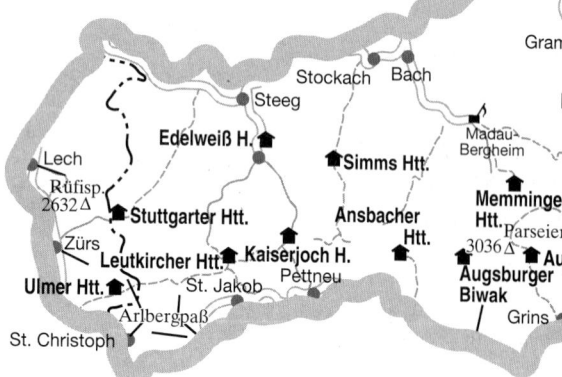

3b Lechtaler Alpen

Reutte

Rieden

Forchach

Berwang

Lähn

Reuttener Htt.

Bichlbach

Stanzach

Kelmen

Brand

Wolfratshauser
Htt.

Namlos

Biberwier

Elmen

Fernpaß

Namenloser Wetterspitze

Lorea Htt.

△
2553

Heiterwand
2639 △

Nassereith

...chlabs

Anhalter Htt.

Heiterwand Htt.

Boden

2774 △
Muttek.

Linserhof

Tarrenz

Muttekopf Htt.

...er Htt.

Imst

Steinsee Htt.

Württemberger H.

...rger Htt.

...z

Landeck

Umgrenzung

Lech von Lech bis Reutte – Porta Claudia – Zwischentoren-Grundbach bis
Lermoos – Fernpaß – Nassereith – Gurglbach – Inn bis Landeck – Sanna –
Rosanna bis St. Anton – Arlbergpaß – Rauzbach bis Stuben – Flexenpaß –
Zürser Bach – Lech

3b   Lechtaler Alpen

Anhalter Hütte

K. I, 2042 m, erb. 1912
DAV-S. Oberer Neckar
Weiherbachstr. 17
D-78628 Rottweil-Neufra

-   Carmen u. Josef Kathrein
  postlagernd
  A-6460 Imst
-   Hütte 0663/55892
  während der Nichtbew.:
  Oberdorf 135
  A-6473 Wenns
-   Tal 05414/771
-   Anfang Juni bis Ende Sept.
-   13 ⌐ 75 ⌐ 22
-   20 ☡ SR
-   220 V =
-   Hahntennjoch, 1884 m, 1; Bschlabs, 1314 m – Plötzigtal 3; Namlos, 1263 m –
  Grubigjöchl, 1821, 2¾
-   Muttekopfhütte 4; Pfafflar – Fundaistal – Galtseite-Joch, 2423 m – Hanauer Hütte
  6; Hintere Tarrentonalp, 1541 m – Schweinsteinjoch, 1571 m – Tegestal –
  Loreajoch, 2048 m – Loreahütte 7; Heiterwandweg von der Anhalter Hütte zur
  Heiterwandhütte: Nordweg 6; Südweg 7 - 9
- △ Maldongrat, 2552 m, 2; Gabelspitze (Steinmandl), 2590 m, 2; Steinmandlwand,
  2516 m, 2; Alpeil Spitzen, 2559 m, 3; Namloser Wetterspitze, 2551 m, 3¼
-   nicht zu empfehlen
-   Imst
-   Imst; Elmen/Lechtal
-   Imst bzw. Elmen – Hahntennjoch (30 - 40 Min. Fahrzeit) 🅿

AV 3/4; FB 252; ÖK 114, 115; Bergverlag Rother: AVF Lechtaler Alpen, GF Lechtaler
Alpen, WF Allgäu 2

Ansbacher Hütte

K. I, 2376 m, erb. 1906
DAV-S. Ansbach
Königsbergerstr. 30
D-91522 Ansbach

-   Barbara Nöbl
  A-6551 Pians 62a
-   Hütte 0663/54282
-   Tal 05442/66713
-   Anfang Juli bis Ende Sept.
-   88 ⌐ 16
-   16 offen SR
-   220 V ~

➚ Schnann/Stanzer Tal, 1180 m, über Fritzhütte, 1800 m, 3; von Flirsch, 1157 m, 3; durch Alperschontal – Knappenböden – Flarschjoch, 2½ - 3

➙ Grießlscharte, 2632 m – Parseier Tal, 1725 m – Memminger Hütte 5 - 5½; Augsburger Höhenweg: Parseier Scharte, 2606 m – Dawinscharte, 2652 m – Dawinkopf, 2970 m – Augsburger Hütte 8 - 12; Alperschonjoch, 2301 m – Hinterseejöchl, 2484 m – Kaiserjochhaus 4½ - 5; Simmshütte 4 - 4½

△ Samspitze, 2625 m, ¾; Vorderseespitze, 2888 m, 2½; Feuerspitze, 2851 m, 3; Freispitze, 2887 m, 4 - 5

⚒ kein Stützpunkt

🚌 🚍 🚐 Schnann und Flirsch (Arlbergstrecke) Ⓟ

AV 3/3; FB 372; ÖK 143, 144; Bergverlag Rother: AVF Lechtaler Alpen, GF Lechtaler Alpen

Augsburger Biwak (Roland-Ritter-Biwak-Schachtel)

K. I, 2608 m, erb. 1976
am Augsburger Höhenweg zw. Augsburger und Ansbacher Hütte
DAV-S. Augsburg 1
Peutingerstr. 24
D-86152 Augsburg
beaufs. vom 🕻 der Augsburger Hütte, Nächtigung nur in Notfällen, ⊔4, offen. Zu beachten bei Nebel und Schneetreiben: Vom tiefsten Punkt der Wegscharte (Parseierscharte) in nordwestl. Richtung leicht ansteigend zwischen Felsschrofen, Markierung, 3 - 5 Min. Wasser: unmittelbar südwestlich der Wegscharte.

➚ Flirsch, 1157 m, 7; Schnann, 1180 m, 7

➙ Augsburger H. 4 - 4½; Ansbacher H. 3½ - 4

△ Eisenspitze, 2866 m, 1; Eisenkopf, 2855 m, 1½

🚌 Pians – Landeck o. Schnann

🚐 🚐 Grins, Schnann

AV 3/3; FB 372; ÖK 143, 144; Bergverlag Rother: AVF Lechtaler Alpen, GF Lechtaler Alpen

3b Lechtaler Alpen

Augsburger Hütte

K. I, 2300 m, erb. 1891
DAV-S. Augsburg 1
Peutingerstr. 24
D-86152 Augsburg

- ✝ Robert Schimpfössl
  A-6591 Grins/Tirol, Nr. 109c
- ✆ Hütte 05442/63604
- ✆ Tal 05442/66345
- ✗ Anfang Juli bis Ende Sept.
- ⊐ 67 ⊔ 10
- ⊞ 10 offen SR
- ✗ Grins, 1015 m, 3; von Pians, 852 m, 3½
- → Augsburger Höhenweg zur Ansbacher Hütte 8 - 10 (Biwak-Schachtel auf halbem Weg); Memminger Hütte 5; Württemberger Haus 7 - 8
- △ Gatschkopf, 2945 m, 1¾; Parseierspitze, 3036 m, 2½ - 3; Dawinkopf, 2968 m, 3; Blankahorn, 2822 m, 3
- ⌇ kein Stützpunkt, große Lawinengefahr
- ⇥ Pians – Landeck/Tirol
- ⇥ → Grins 🅿

AV 3/3; 351; ÖK 144; Bergverlag Rother: AVF Lechtaler Alpen, GF Lechtaler Alpen

Edelweißhaus

K. II, 1530 m,
erworben 1936
DAV-S. Stuttgart
Rotebühlstr. 59A
D-70178 Stuttgart

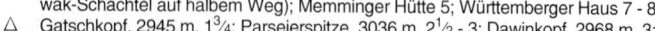

- ✝ Roland u. Christine Kurz
  A-6655 Kaisers/ Lechtal
- ✆ Hütte 05633/5602
- ✗ gj., Nov. geschlossen
- ⊨ 35 ⊐ 24
- ⚡ 220 V ~ ▦
- ⚑
- ✗ Steeg, 1122 m – Kienberg: 1½
- → Falmedonjoch, 2381 m – Simmshütte 4¼; Kaiserjochhaus 3; Leutkircher Hütte 4; Stuttgarter Hütte 4½
- △ Hahnleskopf, 2210 m, 2; Rotschrofenspitze, 2587 m, 3; Schwarzer Kranz, 2495 m u. Pimig, 2400 m (weglos, kaum begangen, bei Nässe u. Vereisung gefährlich)

⚒ ↗ Steeg; Hahnleskopf; Schwarzer Kranz; Guflespitze; Feuerspitze
🚐 Reutte/Tirol
🚌 Steeg/Lechtal
🚐 im Sommer zum Haus; im Winter Rückfrage in Steeg 🅿
🚠 Steeg – Kaisers
⛷ (im Winter)

AV 3/2, 3/3; FB 351; Bergverlag Rother: AVF Lechtaler Alpen, GF Lechtaler Alpen

Hanauer Hütte

K. I, 1920 m, erb. 1897
DAV-S. Hanau
Heraeusstr. 12 - 14
D-63450 Hanau

♦ Werner u. Anita Hellweger
  A-6644 Boden-Elmen
✆ Hütte 0663/56771
  während der Nichtbew.:
  A-6571 Strengen a. A. 39b
✆ Tal 05447/5660
✗ Mitte Juni bis Ende Sept./An-
  fang Okt.
🛏 21 ⌐ 123
⚡ 220 V ～
🔌
🗷 8 an der O-Seite der Hütte, Eingang gegenüber der Bergstation der Materialseil-
  bahn ⚷
↗ Elmen, 978 m – Bschlabs, 1314 m – Boden von Imst – Hahntennjochstraße,
  1884 m – Boden, 1357 m; von Boden 2
→ Muttekopfhütte 4$\frac{1}{2}$ - 5; Vord. Dremelscharte, 2434 m – Steinseehütte 2$\frac{1}{2}$;
  Württemberger Haus üb. Steinseehütte 6; Kogelseescharte (ca. 2500 m) oder
  Gufelseejoch, 2373 m – Gramais, 1328 m, 5
△ Kogelseespitze, 2646 m, 2$\frac{1}{2}$; Dremelspitze, 2741 m, 4$\frac{1}{2}$; Parzinnspitze, 2618 m,
  2$\frac{1}{2}$; Reichspitze, 2586 m, 2$\frac{1}{2}$; Schlenkerspitze, 2831 m, 3$\frac{1}{2}$
⚒ nur Frühjahr, Kogelseespitze
🚐 Reutte/Tirol
🚌 Elmen/Lechtal
🚐 Boden 🅿

AV 3/4; FB 351; ÖK 144; Bergverlag Rother: AVF Lechtaler Alpen, GF Lechtaler Alpen, WF Allgäu 2

3b   Lechtaler Alpen

Heiterwandhütte

K. I, 2020 m, erb. 1911, neu 1972
DAV-S. Oberer Neckar
Weiherbachstr. 17
D-78628 Rottweil-Neufra

✗ nicht bew., Ende Juni bis Ende Sept., Sa./So. beaufsichtigt

⌐ 25

♀ Gruppen ab 5 Personen unbedingt Anmeldung über die Sektion

↗ Tarrenz/Imst, 838 m – Obtarrenz, 1029 m – Salvesental – Vord. Alpeiltal – Tarrenzer Grubigjöchle, 2008 m: steil, bez., 4 - 5; Obtarrenz – Sinnesbrunn, 1500 m – Reisenschuhjoch, 2057 m: zum Schluß steil, bez., 5; Nassereith, 850 m – Gafleintal – Reisenschuhjoch: letzter Teil steil, bez., 3

→ Reisenschuhtal – Vord. Tarrentonalp, 1617 m – Hint. Tarrentonalp, 1541 m – Hinterbergjöchle, 2210 m – Anhalter Hütte 5; Reisenschuhtal – Schweinsteinjoch, 1575 m – Loreajoch, 2045 m – Loreascharte, 2324 m – Loreahütte 5; der Heiterwandweg um die Heiterwand ist neu markiert, nur für Geübte und Trittsichere, Nordweg 6, Südweg 7 - 9

△ Heiterwandhauptgipfel von Süden, 2642 m, $2\frac{1}{2}$; von Norden 4; Ostgipfel $1\frac{1}{2}$; Tarrentonspitze, 2618 m, $3\frac{1}{2}$; Rauchberg, 2485 m, 2; Alpleskopf, 2258 m, 1

⚓ kein Stützpunkt

🚌 Imst

🚏 Tarrenz, Nassereith

🚌 Obtarrenz 🅿

AV 3/4, 4/1; FB 252; ÖK 115; Bergverlag Rother: AVF Lechtaler Alpen, GF Lechtaler Alpen

Kaiserjochhaus

K. I, 2310 m, erb. 1885
DAV-S. Leutkirch/Allg.
Pius Engler
Schlotterbachgasse 3
D-88299 Leutkirch

♦ Roswitha Wolf
Höfen – Untere
Platte 9
A-6600 Reutte

✆ Tal 05672/3407

✗ Anfang Juli bis Ende Sept.

⌐ 60 ⊔ 10

🍴 6 ♀

↗ Pettneu, 1222 m, 3; von Kaisers, 1530 m über Steeg/ Lechtal – Kaisertal $2\frac{1}{2}$
→ Leutkircher Hütte 2; Hinterseejöchl, 2484 m – Alperschonjoch, 2301 m – Ansbacher Hütte $4\frac{1}{2}$; Hinterseejöchl – Simmshütte 5; Edelweißhaus 2
△ Grießkopf, 2582 m, $\frac{3}{4}$; Kridlonspitze, 2494 m, $\frac{3}{4}$; Zwölferspitze, 2511 m, 4; Stanskogel, 2757 m, $2\frac{1}{2}$; Vallesinspitze, 2769 m, $4\frac{1}{2}$; Vorderseespitze, 2888 m, $4\frac{1}{2}$
⊥ möglich nur bei sicheren Verhältnissen
🚂 Pettneu/Arlberg
🚌 Pettneu u. Kaisers
🅿 Pettneu u. Kaisers

AV 3/3; FB 351, 372; ÖK 143, 144; Bergverlag Rother: AVF Lechtaler Alpen, GF Lechtaler Alpen, WF Allgäu 2

Leutkircher Hütte

K. I, 2251 m, erb. 1912
DAV-S. Leutkirch/Allg.
Pius Engler
Schlotterbachgasse 3
D-88299 Leutkirch

† Renate Holzknecht
  Vadiesen Nr. 220
  A-6574 Pettneu/Arlb.
✆ Tal 05448/207
✗ Anfang Juli bis Mitte Sept.
⊓ 60 ⌣ 10
▦ 4 ⌠
⸺ 220 V ∼
↗ St. Anton, 1286 m, St. Jakob, 1295 m, Gand, 1300 m, Pettneu, 1222 m, jew. 3; Bergstation Kapall (bis Gampen; Kapallbahn = Schindler Seilbahnen) $1\frac{1}{2}$; von Kaisers/Lechtal, 1530 m, über Steeg – Almajurtal 4
→ Ulmer Hütte $3\frac{1}{2}$; Stuttgarter Hütte $4\frac{1}{2}$; Kaiserjochhaus 2
△ Hirschpleiskopf, 2549 m, $\frac{3}{4}$; Stanskogel, 2757 m, $1\frac{3}{4}$; Vallesinspitze, 2769 m, $3\frac{1}{2}$; Weißschrofenspitze, 2752 m, $2\frac{1}{2}$; Bacherspitzen, 2640 m, 2
⊥ möglich, jedoch nur bei lawinensicheren Verh.; Stanskogel, Hirschpleis
🚂 🚌 St. Anton/Arlberg
🚌 St. Anton, St. Jakob, Kaisers 🅿
🚠 St. Anton-Kapall
🚠 Gampen

AV 3/2; FB 351, 372; ÖK 143; Bergverlag Rother: AVF Lechtaler Alpen, GF Lechtaler Alpen

Lorea-Hütte
(Otto-Reinhardt-Hütte)

K. I, 2018 m, erb. 1927/28
DAV-S. Isartal, b. Breyer
Josef-Lang-Str. 19/I
D-81369 München

SV, zugänglich nur Anfang Juni bis Mitte Okt., mit AV-Schlüssel, Sa./So. beaufsichtigt. Übrige Zeit mit Sonderschloß versperrt. Anmeldung bei

✝ Johann Schröck
  Bibergerstr. 21
  D-82008 Unterhaching
✆ 089/6115790
⌐ 25, bei Voranmeldung 40
✗ Fernstein, 980 m, 3
→ Loreascharte, 2045 m, Heimbach – Tegestal – Hint. Tarrenton-Alpe, Anhalter Hütte 8; Tegestal – Reisenschuhtal – Heiterwandhütte 5; Östl. Kreuzjoch, 2230 m – Bichlbächler Jöchle, 1942 m – Gartnerwand-Überschreitung, 2376 m – Grubigstein, 2233 m – Wolfratshauser Hütte 8 - 9; Loreascharte – Loreggjoch, 2007 m – Mitteregg, 1348 m – Rinnen, 1269 m, 3
△ Loreakopf, 2471 m, 1½; Kreuzjoch, 2236 m, 1¼; Tagweidkopf, 2401 m, 1½; Roter Stein, 2366 m, 2½
⟁ kein Stützpunkt
⚌ Lermoos; Imst
⚏ ⚏ Fernstein **P**

AV 4/1; FB 252, 352; ÖK 115; Bergverlag Rother: AVF Lechtaler Alpen, GF Lechtaler Alpen

Memminger Hütte

K. I, 2242 m, erb. 1886
DAV-S. Memmingen
Allgäuer Str. 24
D-87700 Memmingen

✝ Anton u. Helga Walch
  Obergrünau 6
  A-6652 Elbigenalp
✆ Tal 05634/6283
✗ Ende Juni bis Ende Sept.
⌐ 8 ⌐ 120 ⌐ 10
▦ 12 offen SR
⚡ 220 V ∼
✗ Bach/Lechtal, 1066 m, 5; ab Schoberplatz 2; Zams/Land-

eck, 816 m – Seescharte, 2599 m, 7

→ Spiehler Weg – Augsburger Hütte 4$\frac{1}{2}$; Parseier Bach, 1725 m – Grießlscharte, 2632 m – Ansbacher Hütte 5$\frac{1}{2}$; Seescharte, 2599 m – Württemberger Haus 4$\frac{1}{2}$; Oberlahmjöchl, 2508 – Alblitjöchl, 2279 m – Mintschejöchl, 2264 m – Vordergufeljöchl, 2073 m – Hanauer Hütte 7 - 8

△ Parseier Spitze (höchster Gipfel der nördl. Kalkalpen), 3036 m, 4; Oberlahmspitze, 2658 m, 2; Seekogel, 2412 m, $\frac{1}{2}$; Seeköpfe (Vord.-, Mittl.- u. Hint. Seekopf), 2717 m, 2

⊥ kein Stützpunkt

⇔ Reutte; Landeck

⇔ ➝ Bach/Lechtal, ab Bach Linientaxi bis zum Schoberplatz

AV 3/3; FB 351, 372; ÖK 144; Bergverlag Rother: AVF Lechtaler Alpen, GF Lechtaler Alpen

Muttekopfhütte

K. I, 1934 m, erb. 1874
OeAV-S. Imst-Oberland
Unterm Hohen Rain 5
A-6460 Imst

✝ Reinhard Raich
  Muttekopfhütte
  A-6460 Imst

© Hütte 0663/58041
  während der Nichtbew.:
  Quatratsch 10a
  A-6551 Pians

© Tal 05442/64944

✗ Mitte Juni bis 1. Okt.

⊨ 22 ⌐ 48 ⌐ 10

⊞ ♙ 8

∿ 220 V ∿

✗ Imst, 828 m, Sonneck-Untermarkter Alm – Latschenhütte 3; Imst – Sonneck mit ⇌ zum Alpjoch; Imst o. Boden – Hahntennjoch, 1900 m – Scharnitzsattele, 2300 m, 2; Parkplatz Obermarkter Alm 1

→ Scharnitzsattele, 2300 m – Hahntennjoch, 1900 m – Steinjoch, 2200 m – Anhalter Hütte 3$\frac{1}{2}$; Kübelwändgrat, 2500 m – Fundeisboden, 2000 m – Galtseitejoch, 2400 m – Hanauer Hütte 6; Imster Klettersteig

△ Muttekopf, 2777 m; Vorderer Plattein, 2565 m; Hinterer Plattein, 2731 m; Vorderes Alpjoch, 2100 m

⊥ nur im Frühjahr ✗ von Imst ⇌ – Sonneck → Untermarkter Alm ✗ Muttekopfhütte △ Muttekopf

⇔ Imst – Pitztal

⇔ Postamt Imst

⇔ Obermarkter Alm 🅿

AV 3/4; FB 252, 351; ÖK 115; Bergverlag Rother: AVF Lechtaler Alpen, GF Lechtaler Alpen, WF Seefeld

3b   Lechtaler Alpen

Tel. 5672 65983

Reuttener Hütte

K. I, 1740 m, erb. 1964
OeAV-S. Reutte, Postfach 91
A-6600 Reutte

- ✗ gj., SV, ztw. Sa./So. beaufs.
- ⌐ 35
- ▨ ⚕
- ↗ Reutte Ehenbichl – Rieden – Rotlechtal 4; Weißenbach – Rieden – Rotlechtal 4; Bichlbach – Berwang – Rinnen – Raatzalm 2
- → Kelmenerjöchl – Kelmen Namlos – Anhalter Hütte
- △ Galtjoch, 2112 m, 1¹/₂; Reinberg, 2004 m, 2; Abendspitze, 1964 m, 1; Knittelkarspitze, 2378 m, 3
- ⚲ Reutte – Bichlbach △ Galtjoch, Reinberg, Abendspitze
- 🚌 Reutte, Bichlbach
- 🚌 Weißenbach, Reutte, Bichlbach
- 🚗 Reutte, Rieden 🅿; Bichlbach, Berwang, Rinnen 🅿

FB 351; ÖK 115; Bergverlag Rother: AVF Lechtaler Alpen, GF Lechtaler Alpen

Simmshütte
(Frederic-Simms-Hütte)

K. I, 2004 m, erworb. 1927, neu erb. 1957 – 61
DAV-S. Stuttgart
Rotebühlstr. 59A
D-70178 Stuttgart

- ⚐ Marion Moosbrugger
  Unterbach 14A
  A-6653 Bach/Lechtal
- © Tal 05634/6479
- ✗ Ende Juni bis Ende Sept.
- 🛏 7 ⌐ 45 ⌐ 10
- ▨ 7 offen
- ↗ Stockach, 1073 m, 3
- → Falmedonjoch, 2381 m – Edelweißhaus 3¹/₂; Stierlahnzugjöchl – Flarschjoch, 2515 m – Ansbacher Hütte 4; Hinterseejöchl, 2484 m – Kaiserjochhaus 5
- △ Feuerspitze, 2851 m, 3¹/₂; Wetterspitze, 2898 m, 2¹/₂; Etlerkopf, 2694 m, 2¹/₂; Rotschrofenspitze, 2587 m, 2¹/₂
- ⚲ kein Stützpunkt

⛟ Reutte/Tirol

🚌 🚌 Stockach/Lechtal 🅿

AV 3/3; FB 372; ÖK 143; Bergverlag Rother: AVF Lechtaler Alpen, GF Lechtaler Alpen

Steinseehütte

K. I, 2061 m, erb. 1924
OeAV-S. Landeck
Perfuchsberg
A-6500 Landeck

† Karl Juen
  Lötzweg 22
  A-6500 Landeck
℃ Hütte 0663/57593
℃ Tal 05442/37055
✕ Ende Juni bis Ende Sept.
🛏 23 🛏 80
🍴 12 ♔ SR
↗ Zams, 760 m, mit 🚌 bis zur
  Alfuzalpe, 1260 m, 2½ - 3;
  Zams bis Hütte 4½; Schön-
wies, 736 m – Starkenbach – Alfuzalpe 4½; Schönwies – Mils durchs Larsenntal
– Großkar – Verborgene Gratscharte 5 - 6; Elmen, 978 m – Boden, 1357 m –
Hanauer Hütte, 1918 m – Dremmelscharten, 2434 m – Boden – Steinseehütte
4½; Häselgehr, 1003 m, mit 🚌 bis Gramais, 1328 m – Gufelgrasjoch, 2389 m,
4½
→ Württemberger Haus – Steinkarscharte – Roßkarscharte – Gebäudjöchl 4½;
  Memminger Hütte – Steinkarscharte – Gufelgrasjoch – Streichgampensattel 7;
  Hanauer Hütte 2½ - 3; über eine der beiden Dremmelscharten
△ Steinkarspitze, 2650 m, 3; Spiehlerturm, 2550 m, 2; Schneekarlespitze, 2674 m,
  3½; Bergwerkskopf, 2733 m
⋏ kein Stützpunkt
⛟ Landeck
🚌 Starkenbach
🚌 Alfuzalpe; 🅿 im Tal bei Abzw. von der B 1

AV 3/4; FB 351; ÖK 144; Bergverlag Rother: AVF Lechtaler Alpen, GF Lechtaler Alpen

3b   Lechtaler Alpen

Stuttgarter Hütte

K. I, 2319 m, erb. 1909, neu erb. 1934
DAV-S. Schwaben
Senefelderstr. 1
D-70178 Stuttgart

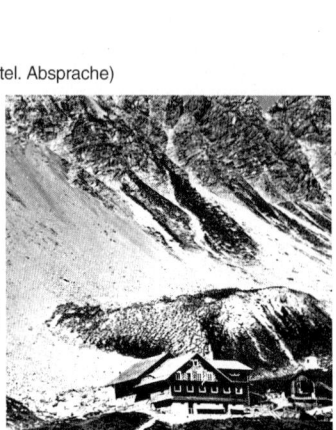

- ✛ Florian Beiser
  A-6763 Zürs
  während der Nichtbew.:
  A-6764 Lech am Arlberg
  H. Nr. 37
- ℂ Hütte 05583/2030
- ℂ Tal 05583/2377
- ✗ Mitte Juni bis Ende Sept.
- ⊨ 20 ⊓ 45 ⊔ 4
- ⊞ 10 ⌇ SR
- ⌁ 220 V ∿
- ⌁ Zürs – Trittalpe – Krabachjoch, 2205 m, 2; Lech Gondelbahn zum Rüfikopf, 2362 m – Rahekopfscharte, 2419 m, 2½; Steeg/Lechtal – Prenten – Krabachtal 4½; von der Valluga-Bergstation, 2808 m – Boschweg 3
- → Boschweg – Pazielferner – Trittscharte, 2580 m – Ulmer Hütte 3; Erli-Joch, 2430 m – Almenjurjoch, 2225 m – Leutkircher Hütte 4; Almejurtal – Edelweißhaus 4
- △ Fanggekarspitze, 2640 m, 1¾; Erlispitze, 2634 m, 1; Rockspitze, 2746 m, 3; Trittkopf, 2719 m, 2; Valluga, 2808 m, 2½; Trittwangkopf – Gümplekopf – Rauher Kopf – Krabachspitze – Stuttgarter Hütte 3 - 4
- ⚒ kein Stützpunkt
- ⛽ Langen a. Arlberg
- ⛟ ⛟ Zürs 🅿
- ⌂ von Trittalp, 1961 m, zur Hütte (nach tel. Absprache)

AV 3/2; FB 351, 372; ÖK 143;
Bergverlag Rother: AVF Lechtaler Alpen, GF Lechtaler Alpen, WF Tannheimer Tal

Ulmer Hütte

K. II, 2285 m, erb. 1903
DAV-S. Ulm
Glöcklerstr. 5
D-89073 Ulm

- ✛ Fam. Turin
  A-6580 St. Anton a. Arlberg
- ℂ Hütte 05582/241
  während der Nichtbew.:
  Vadiesen 212a

A-6574 Pettneu
🕾 Tal (+ Fax) 05448/382
✗ Anfang Juli bis Ende Sept., Anfang Dez. bis 1. Mai
🛏 45 ⊢ 45
🚿 Duschen
∿ 220 V ∿ ▦
↗ Stuben, 1407 m – Rauz-Alpe, 1620 m, 2$\frac{1}{2}$; St. Christoph, 1768 m, 1$\frac{1}{2}$; St. Anton,
   1286 m, 3; Galzig, 2184 m, 1
→ Walfagehr-Joch, 2549 m – Leutkircher Hütte 3; Trittscharte, 2554 m – Boschweg
   – Stuttgarter Hütte 2$\frac{1}{4}$; Valluga – Pazielferner – Boschweg – Stuttgarter Hütte 4
△ Valluga, 2808 m, 2; Schindlerspitze, 2647 m, 1$\frac{1}{2}$; Trittkopf, 2719 m, 1$\frac{3}{4}$
⟁ ↗ Galzig, Stuben, St. Anton △ Valluga, Schindlerspitze, Pistenskilauf
🚠 Langen; St. Anton/Arlb.
🚌 ⇠ St. Christoph 🅿
🚂 St. Anton, St. Christoph – Galzig
☎ Gep. v. d. Arlbergstr. (zw. Rauz-A. u. St. Christoph) Bahntelefon

AV 3/2; FB 351, 372; ÖK 143; Bergverlag Rother: AVF Lechtaler Alpen, GF Lechtaler
Alpen

Wolfratshauser Hütte

K. II, 1753 m, erb. 1921
DAV-S. Wolfratshausen
Kolbenheyerstr. 14
D-82538 Geretsried

♦ Werner Blaßl
   Postfach 1
   A-6131 Lermoos/Tirol
   während der Nichtbew.:
   Gasteig 822
   A-6167 Neustift
🕾 Hütte 0663/58456
✗ 1. Samstag im Juni bis Ende
   Sept., Weihnachten bis Oster-
   montag
🛏 10 ⊢ 30 ⊔ 10
∿ 220 V ∿
↗ Lermoos, 1000 m, 2; Bergstation des Grubigstein-Sessellifts, 2200 m, Abstieg $\frac{1}{2}$;
   Mittelstation, 1330 m, 1$\frac{1}{2}$ (Aufstieg)
→ Gartnerwand-Überschreitung – Bichlbächler Jöchle, 1942 m – Östl. Kreuzjoch,
   2230 m – Loreahütte 8 - 9; Biberwier, 991 m, 2; Fernpaß, 1212 m, 1$\frac{1}{2}$
△ Grubigstein, 2233 m, 1; Gartnerwand, 2376 m, 1$\frac{1}{2}$; Pleisspitze, 2225 m
⟁ ↗ Lermoos, Piste v. d. Bergstation Grubigstein △ Pleisspitze (Lawinengefahr)
🚠 🚌 ⇠ Lermoos 🅿
🥾 Lermoos – Rauhkopf am Grubigstein

AV 4/1; FB 352; ÖK 115; Bergverlag Rother: AVF Lechtaler Alpen, GF Lechtaler Alpen, WF Außerfern

3b Lechtaler Alpen

Württemberger Haus

K. I, 2220 m, erb. 1924
DAV-S. Stuttgart
Rotebühlstr. 59A
D-70178 Stuttgart

- ♰   Arthur Probst
  Herzog-Friedrich-Str. 1
  A-6500 Landeck
- ℰ   Hütte 05442/64262
- ℰ   Tal 05442/4262
- ✗   1. Juli bis 20. Sept.
- ⊨ 8 ⌐ 56 ⌐ 20
- ⊞ 5 ⚲
- ⟿ 220 V
- ⟋ Zams, 775 m, 4$\frac{1}{2}$ - 5$\frac{1}{2}$;
  Madau, 1308 m – Leiterjöchl,
  2516 m, 5
- → Großbergkopf, Seescharte, 2599 m – Memminger Hütte 4 - 5; Gebäudjöchl, 2452 m – Gufelgrasjoch, 2382 m – Steinseehütte 4; Bitterscharte, 2535 m – Gufelseejöchl, 2373 m – Hanauer Hütte 5 - 6
- △ Medriolkopf, 2664 m, 1$\frac{1}{2}$; Großbergkopf, 2612 m, 1$\frac{1}{2}$ – Spießrutenspitze, 2703 m, 4; Schieferspitze, 2735 m, 1$\frac{1}{2}$; Leiterspitze über Bitterscharte, 2750 m, 2; Gebäudspitze, 2703 m, 1$\frac{1}{4}$
- ⟰ kein Stützpunkt
- ⊞ Landeck
- ⇒ ⇒ Zams 🅿

AV 3/3; FB 252, 351; ÖK 114; Bergverlag Rother: AVF Lechtaler Alpen, GF Lechtaler Alpen

Hütten anderer alpiner Vereine und Privathütten

Bergheim Hermine, 1308 m, in Madau, privat, ⊨ 44, ⟋ Bach 2, ⊞ Reutte ⇒ Bach ⇒ zum Haus, bew. Anfang Mai bis Anfang Nov., ℰ 0663/57857

Fritzhütte, 1800 m, am Weg zur Ansbacher Hütte, privat, ⊨ 10 ⌐ 20, ⟋ Bach-Lend oder Schnann 1$\frac{1}{2}$ ⊞ Schnann ⇒ Bach-Lend ⇒ (Güterseilbahn am Schnann bis Fritzhütte), bew. Mitte Juni bis Ende Aug.

Grubigsteinhaus, 2028 m, unter dem Grubigstein, privat, ⌐ 36, ⟋ Lermoos ⊞ Lermoos-Ehrwald ⇒ Lermoos ⇒ Lermoos, ab da Sessellift, gj. bew.

Latschenhütte, 1750 m, am Weg Imst – Muttekopfhütte, privat, ⊨ 16, ⟋ Imst 2, Untermarkter Alm $\frac{3}{4}$ ⊞ ⇒ Imst ⇒ Untermarkter Alm, bew. Mitte Mai bis Ende Sept., ℰ 05412/29652

Unterälpele, 1568 m, im obersten Lechtal, privat, ⌐ 20, ⟋ Lech 1$\frac{1}{2}$, Zug $\frac{3}{4}$ ⊞ Reutte ⇒ Lech ⇒ ab Lech zum Haus.

Imst ● Tschirga
23

4 Wetterstein-gebirge und Mieminger Kette

GARMISCH-PARTENKIRCHEN

Griesen

Eibsee

Eibsee

Untergrainau

MITTEN-WALD

Höllentalanger Htt.

Kreuzeck H.

Höllentaleingangs Htt.

Scharnitz

Zugspitze

Stuiben Htt.

Münchner H.

Höllentalgrat Htt.

Unterkirchen

2962△

Knorr Htt.

Reintal-Oberreintal-anger Htt.

Meiler Htt.

Arnspitz Htt.

Htt.

Ehrwald

Schüsselkar-biwak

Ehrwalder A.

Leutasch

Coburger Htt.

Breitenkopf Htt.

△2768 Alplhaus

Hochplattig

Strassberghaus

Wildermieming

Telfs

Barwies

Obsteig

Untermieming

Mötz

Umgrenzung

Loisach bis Garmisch-Partenkirchen – Kankerbach – Kranzbach – Isar bis Scharnitz – Drahnbach – Seefelder Sattel – Niederbach – Inn – Gurglbach – Nassereith – Fernpaß – Ehrwald – Loisach

Alplhaus

K. I, 1530 m, erb. 1924/25
DAV-S. München
Goethestraße 21
D-80336 München

℡ 089/555051

✗ nicht bew., SV

⌐ 18

♪ bei Sektion München, Taschenlampe erforderlich, Trinkwasserquelle 10 Min.

↗ Telfs, 633 m – Straßberg 1$\frac{1}{2}$; Wildermieming, 884 – Straßberg 1$\frac{1}{2}$; Wildermieming – Ochsenbrünnl-Kapelle 1$\frac{1}{2}$; Gasthaus Straßberg 1

→ Niedermundesattel, 2055 m – Tillfußalm, 1391 m, 2$\frac{1}{2}$ - 3

△ Hohe Munde, 2659 m, 4$\frac{1}{2}$; Hochwand, 2721 m, 3$\frac{1}{2}$ - 4; Karkopf, 2473 m, 2 - 3; Hochplattig, 2768 m, 4

⌃ kein Skigebiet

🚌 Telfs

🚋 Telfs; Wildermieming

🚐 Straßberg 🅿 (von Telfs) oder ca. 2 km nach Wildermieming

AV 4/2, 4/3; FB 322; ÖK 116; Bergverlag Rother: AVF Wetterstein, GF Wetterstein mit Mieminger Kette

Arnspitzhütte

K. I, 1930 m, erb. 1910
DAV-S. Hochland
Ebermayerstr. 20
D-81369 München

♦ Gerwin Müller
Heideckstr. 16/4
D-80637 München

℡ 089/1573566
offene Unterstandshütte

⊔ 4; kein Wasser, Holzofen

↗ von Mittenwald, 950 m, 4; von Scharnitz, 963 m, 2$\frac{1}{2}$; von Unterleutasch, 1093 m, 3$\frac{1}{2}$, ↗ von Oberleutasch 3

△ Gr. Arnspitze, 2196 m, 1; Mittl. Arnspitze, 2091 m, (II+) 1; Arnplattenspitze, 2172 m, (II) 2

🚌 🚋 🚐 Scharnitz 🅿

AV 4/3 od. 5/1; Bergverlag Rother: AVF Wetterstein

Breitenkopfhütte
K. I, 2020 m, erb. 1936
DAV-S. Coburg
Zinkenwehr 1
D-96450 Coburg

- beaufsichtigt durch
  Andreas Brockhardt-Riemann
  Hinterer Glockenberg 10a
  D-96450 Coburg
- ✆ Tal 09561/29259
- ✗ nicht bew., SV
- ⌐ 5 ⊔ 2; ⌇
- ↗ Ehrwald, 1000 m – Ehrwalder Alm, 1500 m – Igelsee, 1543 m, 3½; Oberleutasch, 1166 m – Tillfußalm, 1391 m – Igelsee 4½
- → Igelscharte, 2079 m – Hint. Tajatörl, 2257 m – Coburger Hütte 3; Igelsee – Gatterl, 2023 m – Knorrhütte 4½
- △ Breitenkopf, 2470 m, 1; Igelskopf, 2219 m, 1; Hochplattig, 2768 m, 2½; Westl., Mittl. und Östl. Mitterspitze, 2701 m, 4 - 5
- ⚲ vorwiegend Frühjahr ↗ Ehrwalder Alm, Oberleutasch → Brendlkar, Coburger Hütte
- 🚌 Ehrwald
- 🚌 Ehrwald; Leutasch
- 🚠 Ehrwald – Gondellift-Talstation 🅿
- 🚠 Ehrwalder Alm

AV 4/2; FB 322; ÖK 116; Bergverlag Rother: AVF Mieminger Kette, GF Wetterstein mit Mieminger Kette

Coburger Hütte
K. I, 1920 m, erb. 1901
DAV-S. Coburg
Zinkenwehr 1
D-96450 Coburg

- Friedrich u. Reingard Schranz
  Coburger Hütte
  postlagernd
  A-6632 Ehrwald
- ✆ Hütte 0663/55366
  während der Nichtbew.:
  Ing.-Etzel-Str. 35
  A-6020 Innsbruck
- ✆ Tal 0512/716622
- ✗ Mitte Juni bis Mitte Okt.

🛏 6 ⌐ 80 ⌐ 20
🏠 10 🍷
⚡ 220 V
🥾 Ehrwalder Alm, 1500 m, 2; Ehrwald, 1000 m, über Hohen Gang (nur für Geübte) 3; Biberwier, 991 m, 3; Obsteig, 995 m, über Grünstein-Scharte, 2263 m, 4
→ Hint. Tajatörl, 2257 m – Brendlkar – Breitenkopfhütte, 2020 m, 3
△ Vord. Drachenkopf, 2301 m, 1; Hint. Drachenkopf, 2413 m, 3; Sonnenspitze, 2412 m, 2; Tajaköpfe, 2452 m, 1$\frac{1}{2}$ - 3; Grünstein, 2660 m, 3 - 4; Griesspitzen, 2751 m, 3$\frac{1}{2}$ - 4$\frac{1}{2}$; Wampeter Schrofen, 2520 m, 2$\frac{1}{2}$
🎿 nur Frühjahr 🥾 Ehrwalder Alm △ Vord. Drachenkopf, Tajakopf
🚌 🚐 Ehrwald
🚐 Ehrwald Seilbahn-Talstation 🅿;
🚐 Ehrwalder Alm

AV 4/2; FB 252, 352; ÖK 116; Bergverlag Rother: AVF Mieminger Kette, GF Wetterstein mit Mieminger Kette, WF Rund um die Zugspitze, WF Außerfern

Höllentalangerhütte

K. I, 1379 m, erb. 1893
DAV-S. München
Goethestr. 21
D-80336 München

† Richard Prommer
  Höllentalangerhütte
  D-82491 Grainau/
  Hammersbach
📞 Hütte 08821/8811
  während der Nichtbew.:
  Farchanter Str. 4
  Postfach 1650
  D-82467 Garmisch-
  Partenkirchen
📞 Tal 08821/51181
🍴 Anfang Juni bis Mitte Okt.
⌐ 90 ⌐ 28
🏠 10 offen
⚡ 220 V
🥾 Hammersbach, 770 m – Höllentalklamm 2; Kreuzeck, 1652 m – Hupfleitenjoch, 1754 m, 2; Osterfelder 2; Hammersbach – Stangensteig 2$\frac{1}{2}$
→ Münchner Haus/Zugspitze 5 - 6; Riffelscharte, 2161 m – Eibsee, 972 m, 4; Kreuzeckhaus 2$\frac{1}{2}$
△ Großer Waxenstein, 2277 m, 2 - 3; Alpspitze, 2620 m, 3$\frac{1}{2}$ - 4$\frac{1}{2}$; Zugspitze, 2962 m, 5 - 6
🎿 kein Stützpunkt
🚌 Hammersbach (Zugspitzbahn)
🚐 Kreuzeck-Talstation (Stadtbus)
🚐 Hammersbach 🅿

🚠 Kreuzeckbahn, 1652 m, Osterfelderbahn, 2050 m

AV 4/2, 4/3; FB 322; TK L8532, U5; Bergverlag Rother: AVF Wetterstein, GF Wetterstein mit Mieminger Kette, WF Rund um die Zugspitze

Höllentaleingangshütte

1045 m, erb. 1905
DAV-S. Garmisch-Partenkirchen
Hindenburgstr. 38
D-82467 Garmisch-
Partenkirchen

👤 Hans Ettl
    Wilh.-von-Miller-Weg 6
    D-82467 Garmisch-
    Partenkirchen
📞 Hütte 08821/8895
📞 Tal 08821/4011
✗ Mitte Mai bis Mitte Okt.; keine
    Übernachtungsmöglichkeit
🗝 Hammersbach ½
→ Höllentalangerhütte 1½
🚌 Hammersbach (Zugspitzbahn)
🚗 Hammersbach 🅿

AV 4/2, 4/3; FB 322; TK L 8532; TKU 5; Bergverlag Rother: AVF Wetterstein, GF Wetterstein mit Mieminger Kette, WF Rund um die Zugspitze

Höllentalgrathütte

K. I, 2684 m, erb. 1962
DAV-S. München
Goethestr. 21
D-80336 München
Anfragen im Münchner Haus auf
der Zugspitze bei Hansjörg Barth;
offene Unterstandshütte am Jubiläumsgrat, 10 Min. westl. des Gip-
fels der Äußeren Höllentalspitze

⊔ 4 - 8 (nur für Notfälle)
→ ab Zugspitze über Höllental-
    spitze – Grieskarscharte zur
    Alpspitze (Jubiläumsgrat) II -
    III, 8 - 10
🚌 Garmisch-Partenkirchen
🚗 🚗 Hammersbach 🅿

AV 4/2, 4/3; FB 322; TK L 8532; TKU 5; Bergverlag Rother: AVF Wetterstein, GF Wetterstein mit Mieminger Kette

Knorrhütte

K. I, 2052 m, erb. 1855
DAV-S. München
Goethestr. 21
D-80336 München

   Jürgen Stoll
   Knorrhütte am Zugspitzplatt
   D-82467 Garmisch-Partenkir-
   chen
   während der Nichtbew.:
   Hauptstr. 31
   D-82490 Farchant
   Hütte 08821/2905
   Tal 08821/61677
   Ende Mai bis Anfang Okt.
   17 ⌐ 100
   4 offen, nur Notunterkunft
   220 V
   Garmisch-Partenkirchen, 700 m – Reintal 7; Ehrwald, 1000 m – Ehrwalder Alm, 1460 m – Gatterl, 2023 m, 5½; ab Ehrwalder Alm 3; Schneefernerhaus, 2600 m, Abstieg 1½
   Reintalangerhütte 1½; Münchner Haus 2½; Tillfußalm, 1393 m, 4; Coburger Hütte 5
   Brunntalkopf, 2264 m, ¾; Höllentalspitzen, 2740 m, 2 - 3; Zugspitze, 2962 m, 2½; Schneefernerkopf, 2874 m, 3½; Plattspitze, 2679 m, 3½; Gatterlköpfe, 2475 m, 2
   Herbst und Frühjahr ✗ Schneefernerhaus o. Ehrwald, Reintal ⬥ Pistenskilauf auf dem Platt
   Garmisch-Partenkirchen, Ehrwald
   ⮕ Olympia-Skistadion; Eibsee, Obermoos 🅿
   Eibsee u. Ehrwald – Zugspitzgipfel und -kamm, Ehrwalder Alm
   Schneefernerhaus

AV 4/2, 4/3; FB 322; TK L 8532; TKU 5; Bergverlag Rother: AVF Wetterstein, GF Wetterstein mit Mieminger Kette, WF Rund um die Zugspitze

Kreuzeck-(Zöppritz-)Haus

K. II, 1652 m, erb. 1906
DAV-S. Garmisch-Partenkirchen
Hindenburgstr. 38
D-82467 Garmisch-Partenkirchen

   Bernhard Bruckdorfer
   Kreuzeckhaus
   D-82467 Garmisch-Partenkirchen
   Hütte 08821/2202
   15. Mai bis 15. Nov., 15. Dez. bis Sonntag nach Ostern
   58 ⌐ 43

↝ 220 V ~ ⌨
   Schulungsräume, idealer Ausbildungsstützpunkt für Sommer und Winter
↗ Garmisch-Partenkirchen,
   700 m – Tröglhütte 2¹/₂; Rieß-
   ersee, 782 m – Tonihütte –
   Tröglhütte 2¹/₂; über Hausberg
   – Garmischer Haus, 1320 m –
   Tröglhütte 2¹/₂
→ Hupfleitenjoch, 1754 m – Höl-
   lentalangerhütte 2; Stuiben-
   hütte 1¹/₂ – Bockhütte – Rein-
   talangerhütte 3 - 4;
   Oberreintalhütte 4 - 5; Scha-
   chenhaus, 1866 m, 5
△ Alpspitze, 2620 m, 3; Höllen-
   torkopf, 2146 m, 3; Hochblassen, 2703 m, 4 - 5
🎿 ↗ Garmisch-Partenkirchen △ Alpspitze, Höllentorkopf, Pistenskilauf
🚌 Garmisch-Partenkirchen
🚋 Kreuzeck-Talst. (Ortsbus)
🚋 Kreuzeck-Talst.; Hausberg-Talst. 🅿
🚡 zum Haus

AV 4/2, 4/3; FB 322; TK L 8532; TKU 5; Bergverlag Rother: AVF Wetterstein, GF
Wetterstein mit Mieminger Kette, WF Außerfern, WF Rund um die Zugspitze

Meilerhütte

K. I, 2366 m, erb. 1911/36
DAV-S. Garmisch-Partenkirchen
Hindenburgstr. 38
D-82467 Garmisch-Partenkirchen

⚲ Heinz Sattlegger
   Meilerhütte, postlagernd
   D-82467 Garmisch-Partenkir-
   chen
   während der Nichtbew.:
   A-9530 Bleiberg-Nötsch Nr.
   108
✆ Hütte 0171/5227897
✆ Tal 04244/27093
✗ Mitte Juni bis Anfang Okt.
🛏 70 ⊔ 40
🏚 ⊓ 8 ⊔ 4 in alter, 1898 erb. Hütte ⚲
↗ Garmisch-Partenkirchen, 700 m – Schachen, 1866 m, 5 - 5¹/₂; Elmau, 1000 m –
   Schachen 4 - 4¹/₂; Leutasch, 1100 m – Reindler- u. Ficker-Hof, d. Berglental od.
   Söllenpaß 4 - 4¹/₂

→ Oberreintalhütte 2; Schachenhaus 1; Reintalangerhütte 4
△ Westl. u. Östl. Törlspitze, 2443 m, 5 bzw. 20 Min.; Musterstein, 2478 m, 1$\frac{1}{2}$ - 2;
   Partenkirchener Dreitorspitze, 2634 m, 1$\frac{1}{2}$; Leutascher Dreitorspitze, 2682 m, 2;
   Öfelekopf, 2479 m, 2
⚐ ╱ Ga.-Pa., Elmau – Schachen, Leutasch, nur im Frühjahr bei guten Verhältnissen,
   große Lawinengefahr!
🚌 Garmisch-Partenkirchen; Klais
🚋 Olympiastadion; Leutasch
🚗 Elmau 🅿, Klais 🅿, Mautstraße, 🅿 an der Schranke oberhalb GH Elmau

AV 4/3; FB 322; TK L 8532; TKU 5; Bergverlag Rother: AVF Wetterstein, GF Wetterstein mit Mieminger Kette, WF Seefeld

Münchner Haus

K. II, 2957 m, erb. 1897
DAV-S. München
Goethestr. 21
D-80336 München

👤 Hansjörg Barth
    Römerstr. 1
    D-82467 Garmisch-Partenkir-
    chen
📞 08821/2901
🍴 Ende Mai bis Ende Sept.
🛏 20
💧 220 V; Wasserknappheit, kein
    Waschwasser;   Sonderrege-
    lung: Vorbestellung   von
    Schlafplätzen ist nicht möglich.

Die Schlafplätze werden den Mitgliedern erst nach Abfahrt der letzten Bergbahn
zugewiesen. Für die Zuweisung ist die Reihenfolge der Eintragung im Hüttenbuch
maßgebend. Mitglieder, die Bergfahrten ausführen, haben Vorrang, Schlafplätze
an Nichtmitglieder werden erst ab 21 Uhr vergeben.
╱ Garmisch-Partenk., 700 m – Reintal 8 - 9; Hammersbach, 770 m – Höllental 7 - 8;
   Eibsee, 972 m – Österr. Schneekar 8 - 9; Ehrwald, 1000 m – Österr. Schneekar 7 - 8
→ Knorrhütte 2; Höllentalangerhütte 5; Wiener-Neustädter Hütte, 2213 m, 2$\frac{1}{2}$;
   Jubiläumsgrat: Innere, Mittlere und Äußere Höllentalspitze, 2740 m – Vollkarspitze
   – Grieskarscharte – Alpspitze, 2620 m, 8 - 10; Gratübergang Große Riffelwand-
   spitze, 2631 m – Südl. Plattumrahmung: Schneefernerkopf – Wetterspitzen –
   Wetterwandeck – Plattspitzen – Gatterlköpfe
⚐ kein Stützpunkt
🚌 Garmisch-Partenkirchen; Hammersbach, Ehrwald
🚋 🚗 Olympia-Skistadion, Hammersbach, Eibsee, Obermoos 🅿
🚡 Schneefernerhaus
🚠 zur Hütte

AV 4/2, 4/3; FB 322; TK L 8532; TKU 5; Bergverlag Rother: AVF Wetterstein, GF
Wetterstein mit Mieminger Kette

Oberreintalhütte

(Franz-Fischer-Hütte)
K. I, 1525 m, erb. 1922
DAV-S. Garmisch-Partenkirchen
Hindenburgstr. 38
D-82467 Garmisch-Partenkirchen

- ♀ Franz Mamhofer
  Martinswinkelstr. 16
  D-82467 Garmisch-Partenkir-
  chen
- ℡ Tal 08821/74893
- ✗ SV, Pfingsten bis 2. Okt. Wo-
  chenenden; Getränke erhält-
  lich
- ⊓ 40 ⊔ 13; kein ⌘, Hütte im
  Winter unzugängl.
- ✒ Garmisch-Partenkirchen, 700 m – Partnachklamm – Bockhütte 4 - 5
- → Schachenhaus, 1866 m, 1 – Meilerhütte 2$\frac{1}{2}$ - 3; Reintalangerhütte 3; Kreuzeck-
  haus 4 - 5
- △ Oberreintalturm, 1940 m; Schüsselkarspitze, 2555 m; Scharnitzspitze, 2461 m,
  sämtliche Gipfel sind nur auf Kletterrouten erreichbar!
- ⛷ unzugänglich
- 🚌 Garmisch-Partenkirchen
- 🚏 ⛷ Olympia-Skistadion 🅿

AV 4/3; FB 322; TK L 8532; TKU 5; Bergverlag Rother: AVF Wetterstein, GF Wetterstein mit Mieminger Kette, WF Seefeld

Reintalangerhütte

K. I, 1366 m, erb. 1912
DAV-S. München
Goethestr. 21
D-80336 München

- ♀ Charly Wehrle
  Im Reintal
  D-82467 Garmisch-Partenk.
  während der Nichtbew.:
  Wettersteinstr. 2
  D-82441 Ohlstadt
- ℡ Hütte 08821/2903
- ✗ Ende Mai bis Mitte Okt.
- ⊨ 20 ⊓ 70
- ⌘ 15 ⛺
- ⚡ 220 V ∼
- ✒ Garmisch-Partenkirchen, 700 m – Kainzenbad, 708 m, 4 - 5; Schneefernerhaus,
  2650 m, Abstieg 2$\frac{1}{2}$

4   Wettersteingebirge und Mieminger Kette

→   Knorrhütte 2 – Schneefernerhaus 4 – Münchner Haus 5 - 6; Bockhütte, 1059 m – Bernardein-Weg – Kreuzeck, 1652 m, 5½ - 6; Schützensteig – Kreuzeck 4; Oberreintalhütte 3; Schachenhaus 4

△   Gatterl, 2023 m; Hoher Kamm, 2375 m; Kl. Wanner, 2547 m; Hochwanner, 2744 m, 5

⚐   unzugänglich

🚌   Garmisch-Partenkirchen

🚡   ⛷ Olympia-Skistadion 🅿

🚠   Ga.-Pa.-Bahnhof – Schneefernerhaus (Bayer. Zugspitzbahn)

AV 4/2; FB 322; TK L 8532; TKU 5; Bergverlag Rother: AVF Wetterstein, GF Wetterstein mit Mieminger Kette, WF Seefeld

Schüsselkarbiwak

an der Schüsselkarspitze
2536 m, erb. 1977
DAV-S. Garmisch-Partenkirchen
Hindenburgstr. 38
D-82467 Garmisch-Partenkirchen

⊓   6; Rettungsgeräte

↗   Schüsselkarspitze Südwand (V - VIII)

→   Schüsselkarwestgrat – Meilerhütte (IV) 5

🚌   Garmisch-Partenkirchen

🚠   Garmisch-Partenkirchen, Olympiaskistadion; Leutasch

AV 4/3; FB 322; TK L 8532; TKU 5; Bergverlag Rother: AVF Wetterstein, GF Wetterstein mit Mieminger Kette

Stuibenhütte

K. I, 1640 m, erb. 1953
DAV-S. Garmisch-Partenkirchen
Hindenburgstr. 38
D-82467 Garmisch-Partenkirchen

🛉   Franz Mamhofer
Martinswinkelstr. 16
D-82467 Garmisch-Partenkirchen

✆   Tal 08821/74893

✗   SV, Getränke erhältlich, Weihnachten bis Sonntag nach Ostern, übrige Zeit nicht zu-

gänglich
- ⌐ 30 ⌐ 6
- ↗ Alpspitze, 2620; Mauerschartenkopf, 1928 m
- ⚡ ↗ vom Kreuzeck, 1652 m, 1; Abfahrt vom Osterfeldkopf ³⁄₄
- ☎ Garmisch-Partenkirchen
- ⚡ ➡ Kreuzeck-Talstation 🅿, Talstation Osterfelderbahn
- ⚡ Kreuzeck, Osterfelder, Bernardeinlift

AV 4/2, 4/3; FB 322; TK L 8532; TKU 5; Bergverlag Rother: AVF Wetterstein, GF
Wetterstein mit Mieminger Kette

Hütten anderer alpiner Vereine und Privathütten

Alplhütte, Neue, 1540 m, im Alplbachtal der Mieminger, 100 m hinter dem Alplhaus, ⊨ 9 ⌐ 15, ↗ Telfs – Straßberg 2¹⁄₂, Wildermieming 1¹⁄₂, ☎ Telfs ➡ Telfs, Wildermieming, ➡ Straßberg, bew. Pfingsten bis Anfang Okt., ✆ 05262/31853

Knappenhäuser, 1527 m, im Höllental, am Nordfuß des Höllentorkopfes, privat, ⊨ 6 ⌐ 25, ↗ Hammersbach ☎ ➡ ➡ Hammersbach, Obergrainau

Kreuzjochhaus, 1600 m, am Südhang des Kreuzjochs, privat, ⊨ 39 ⌐ 88, ↗ Garmisch 3, Bergstation Kreuzeck ¹⁄₄, Hausberglift 1, ☎ Garmisch ➡ ➡ Kreuzeckbahn-Talstation, gj. bew., ✆ 08821/50607

Meilerhütte, Alte, 2366 m, DAV-S. Bayerland München. Die Alte Meilerhütte ist im Sommer ein nicht allgemein zugänglicher Ausbildungsstützpunkt des DAV. Im Winter dient sie als Winterraum der Meilerhütte. Sie ist nur mit AV-Schlüssel zugänglich. Weiteres siehe Meilerhütte.

Rauthhütte, 1600 m, an der Hohen Munde, ⊨ 20 ⌐ 30, ↗ Leutasch 1¹⁄₂, Buchen 1, Lift zur Hütte, ☎ Seefeld, Mittenwald, ➡ ➡ Leutasch, gj. bew.

Schachenhaus, 1866 m, am Schachen, nördl. der Dreitorspitze, privat, ⊨ 18 ⌐ 70, ↗ Garmisch 4¹⁄₂, Klais 4¹⁄₂, Elmau 3¹⁄₂, Mittenwald 5, ☎ Garmisch ➡ ➡ Skistadion, bew. Anfang Juni bis Mitte Okt., ✆ 08821/2996

Wangalm, 1751 m, an der Schüsselkarspitze-Südseite, privat, ⌐ 20, ↗ 2, ☎ Seefeld, Mittenwald, ➡ ➡ Leutasch, bew., ✆ 0663/57182

Wettersteinhütte, 1751 m, im Scharnitztal, unter der Scharnitzspitze, privat, ⌐ 30, ↗ Leutasch 1¹⁄₂, ☎ Seefeld, Mittenwald, ➡ ➡ Leutasch, bew. Pfingsten bis Anfang Okt., ✆ 05214/6688, gj. Nov. u. Ostern – Pfingsten geschlossen.

Wiener-Neustädter Hütte, 2213 m, im österr. Schneekar der Zugspitze, ÖTK, ⊨ 24 ⌐ 38, ↗ ab Stütze Nr. 4 der österr. Zugspitzbahn ¹⁄₂ ☎ Ehrwald-Lermoos ➡ Ehrwald ➡ Ehrwald, Talstation 🅿, bew. Mitte Juni bis Mitte Sept., ⌧, ⌐ 4, ✆ 0663/37378

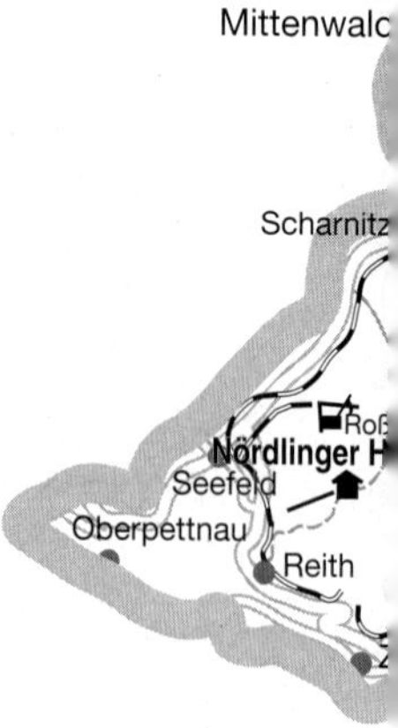

Mittenwald

Scharnitz

Roß

Nördlinger H

Seefeld

Oberpettnau

Reith

5 Karwendel

Umgrenzung

Isar von Scharnitz bis Fall – Walchen – Achenbach – Achensee – Käsbach – Inn
von Jenbach bis Zirl (Einmündung Niederbach) – Seefelder Sattel – Drahnbach –
Isar bis Scharnitz

5 Karwendel

Bettelwurfhütte

K. I, 2077 m, erb. 1893
OeAV-Zweig Innsbruck
Wilhelm-Greil-Str. 15
A-6020 Innsbruck

- ✝ Maria Jörg
  A-6060 Absam
  während der Nichtbew.:
  Dorf Nr. 50
  A-6555 Kappl
- ℭ Hütte 05223/3353 53353
- ℭ Tal 05445/6392
- ✗ Mitte Juni bis Mitte Okt.
- 🛏 8 ⌐ 41 ⌐ 30
- ❖ 5 Notraum offen
- ⟿ 220 V ∼
- ✈ Absam 3½; Ladhütte 2½; St. Magdalena – Isstal – Lafatscherjoch 3½
- → Lafatscherjoch – Hallerangerhaus 2; Stempeljoch – Pfeishütte 3; Hinterhornalm – Zwerchloch – Lamsenjochhütte 7
- △ Großer Bettelwurf, 2725 m, 1½ - 2; Kleiner Bettelwurf, 2649 m, üb. Gr. Bettelwurf 3, über Klettersteig 1½ - 2; Speckkarspitze, 2621 m, 2½ - 3; Fallbachkarspitze, 2324 m, 2
- 🚡 kein Stützpunkt
- 🚂 Hall i. Tirol
- 🚌 Absam-Eichat
- 🚗 2. Ladhütte 🅿 (Maut 550.– pro Pkw, Münzen bereithalten, da Automat!)

AV 5/2, 31/5; FB 321; ÖK 119; Bergverlag Rother: AVF Karwendelgebirge, GF Karwendel, WF Karwendel

Brunnsteinhütte

K. I, 1560 m, erb. 1935
DAV-S. Mittenwald
Wettersteinstr. 3
D-82481 Mittenwald

- ✝ H.P. Gallenberger
  Schießstattweg 8
  D-82481 Mittenwald
- ℭ Hütte 0161/1803623
- ℭ Tal 08823/8636
- ✗ Mitte Mai bis Mitte Okt.
- ⌐ 25 ⌐ 10; z.Zt. kein ❖
- ✈ Mittenwald, 950 m, 2
- → Brunnsteinspitze – Scharnitz 3 - 4; Heinr.-Noë-Steig – Karwendelbahn-Bergstation 2
- △ Brunnsteinspitze, 2190 m –

Kirchlespitze, 2302 m – Sulzleklammspitze, 2318 m – Linderspitzen, 2372 m – Westl. Karwendelspitze, 2385 m (Mittenwalder Höhenweg) 5 - 6
- kein Stützpunkt
- Mittenwald; Scharnitz
- Mittenwald
- 3 km südl. von Mittenwald **P**

AV 5/1; FB 322; ÖK 118; TK L 8532; TKU 5, 9; Bergverlag Rother: AVF Karwendelgebirge, GF Karwendel

Falkenhütte

(Adolf-Sotier-Haus)
K. I, 1846 m
DAV-S. Oberland
Tal 42
D-80331 München

- Fritz Kostenzer
  Falkenhütte
  postlagernd
  A-6212 Hinterriß
- Hütte 05245/245
  während der Nichtbew.:
  A-6212 Maurach 88
- Tal 05243/5234 (Café Klugler)
- Anfang Juni bis Mitte Okt.
- 28 ⌐ 136
- 11 offen SR
- 220 V ~ (zeitweise)
- Hinterriß-Alpenhof, 950 m – Kleiner Ahornboden, 1400 m, $3\frac{1}{2}$; Eng, 1218 m – Hohljoch, 1795 m, 2; von der Straße Hinterriß-Eng durchs Laliderer Tal 3
- Kleiner Ahornboden – Karwendelhaus 2 - $2\frac{1}{2}$; Eng – Lamsenjochhütte 4
- Ladizkopf, 1921 m, $\frac{1}{4}$; Mahnkopf, 2093 m, $\frac{3}{4}$; Steinspitze (Südl. Falk), 2348 m, 2 - 3; Laliderer Falk, 2428 m, 4 - 5; Risser Falk, 2414 m, 4 - 5
- nur Frühjahr ⚡ Alpenhof, Eng, Laliderer Tal → Karwendelhaus △ Mahnkopf
- Scharnitz, Lenggries
- Eng (nur Sommer-Halbjahr)
- Hinterriß-Alpenhof Eng (Maut) **P**, Abzweigung Laliderer Tal **P**

AV 5/2, 31/5; FB 322; ÖK 118; Bergverlag Rother: AVF Karwendelgebirge, GF Karwendel, WF Karwendel

Hallerangerhaus

K. I, im Kohlerboden
1768 m, erb. 1901,
1914 durch Lawine zerstört,
neu erb. 1924
DAV-S. Schwaben
Senefelderstr. 1
D-70178 Stuttgart

   Manfred/Irmgard Schweighofer
A-6108 Scharnitz
während der Nichtbew.:
Zollhausstr. 266
A-6555 Kappl   5283/2844

   Hütte 05213/5326

   Tal 05445/6726

   Anfang Juni bis Mitte Okt.

   26 ⌐ 70 ⌐ 8

   12 offen SR

   220 V ~

   Scharnitz, 963 m – Hinterautal 4 - 5; Herrenhäuser, 1500 m – Lafatscher Joch, 2085 m, 2; Innsbruck – Hafelekar-Bergstation, 2256 m – Pfeishütte – Lafatscher Joch 5

   Wilde-Bande-Steig – Pfeishütte 3; Bettelwurfhütte 2$\frac{1}{2}$; Birkkarscharte, 2369 m – Karwendelhaus 8; Vomper Loch – Zwercloch – Lamsenjochhütte 9 - 10

   Suntigerspitze, 2322 m, 1$\frac{1}{2}$; Speckkarspitze, 2621 m, 2$\frac{1}{2}$ - 3; Großer Lafatscher, 2695 m, 3; Kleiner Lafatscher, 2635 m, 2

   Scharnitz, Hall i. Tirol

   Scharnitz

   10 km Fahrstraße Hall – Herrenhäuser (Maut 550.– pro Pkw, Münzen bereithalten, da Automat!) befahrbar, für Kfz gesperrte Straße zum Jagdhaus im Kasten, mit Fahrrad leicht befahrbar, von dort 1$\frac{1}{2}$ zur Hütte

AV 5/2, 31/5; FB 321, 322; ÖK 119; Bergverlag Rother: AVF Karwendelgebirge, GF Karwendel, WF Karwendel

Halleranger SV-Hütte

K. I, 1800 m, eing. 1985
DAV-S. Schwaben
Senefelderstr. 1
D-70178 Stuttgart

   Diethard Loehr
Beethovenstr. 10
D-71701 Schwieberdingen

   SV, im Sommer Schlüssel beim ✝
des Hallerangerhauses, im Winter geöffnet (als ⊞)

   12; Anmeldung von Gruppen bei Sektion

↗ Scharnitz, 963 m – Hinterautal 4 - 5; Herrenhäuser, 1500 m – Lafatscher Joch, 2085 m, 2; Innsbruck – Hafelekar-Bergstation, 2256 m – Pfeishütte – Lafatscher Joch 5

→ Wilde-Bande-Steig – Pfeishütte 3; Bettelwurfhütte 2$\frac{1}{2}$; Birkkarscharte, 2369 m – Karwendelhaus 8; Vomper Loch – Zwerchloch – Lamsenjochhütte 9 - 10

△ Suntigerspitze, 2322 m, 1$\frac{1}{2}$; Speckkarspitze, 2621 m, 2$\frac{1}{2}$ - 3; Großer Lafatscher, 2695 m, 3; Kleiner Lafatscher, 2635 m, 2

🚌 Scharnitz, Hall i. Tirol

🚂 Scharnitz **P**

🚐 10 km Fahrstraße Hall – Herrenhäuser (Maut) befahrbar, für Kfz gesperrte Straße zum Jagdhaus im Kasten,mit Fahrrad leicht befahrbar, von dort 1$\frac{1}{2}$ zur Hütte

AV 5/2, 31/5; FB 321, 322; ÖK 119; Bergverlag Rother: AVF Karwendelgebirge, GF Karwendel

Hochlandhütte

K. I, 1630 m, erb. 1909
DAV-S. Hochland
Ebermayerstr. 20
D-81369 München

♦ Dr. Irmtraud Dreßl-Kasy
Schöttlkarstr. 9
D-82481 Mittenwald

☎ Hütte 0161/2822271

☎ Tal 08823/5686

✗ Anfang Juni bis 2. Sonntag im Okt., warme Mahlzeiten (Bergsteigeressen) – außer Suppe – erst ab 18.00 Uhr

⌐ 35; kein 🏠

↗ Mittenwald, 950 m, 2$\frac{1}{2}$

→ Krinner-Kofler-Hütte (Fereinalm) 2$\frac{1}{2}$; Soiernhaus 5 - 6; Mittenwalder Hütte 4; Dammkarhütte 2; Karwendelhaus über Bäralpl 5

△ Wörner, 2476 m, 3; Tiefkarspitze, 2431 m, 3$\frac{1}{2}$; Mittl. Großkarspitze, 2361 m, 2$\frac{1}{2}$

⚑ kein Stützpunkt, Lawinengefahr!

🚌 🚂 🚐 Mittenwald **P**

AV 5/1; FB 322; ÖK 118; TK L 8532; TKU 5, 9; Bergverlag Rother: AVF Karwendelgebirge, GF Karwendel, WF Karwendel

5 Karwendel

Karwendelhaus

K. I, 1765 m, erb. 1908
DAV-S. Männer-Turn-
verein München
Häberlstr. 11
D-80337 München

  ♦   Petra u.Wolfgang Ruech
       Karwendelhaus
       A-6108 Scharnitz
  ☎   Hütte 05213/5623
       während der Nichtbew.:
       Barwies 272 a
       A-6414 Mieming
  ☎   Tal 05264/5492
  ✗   Anfang Juni bis Mitte Okt.
  🛏   45 ⌐ 150
  ⊞   offen SR 26
  ⚡   220 V ∼
  ✦   Scharnitz, 964 m, 5; Hinterriß, 931 m, 4
  →   Falkenhütte 3; Bärnalplscharte, Krinner-Kofler-Hütte 3; Hochlandhütte 5;
       Schlauchkarsattel, 2639 m – Hallerangerhaus 7 - 8
  △   Birkkarspitze, 2749 m, 2$\frac{1}{2}$; Ödkarspitzen, 2743 m (Östl., Mittl. und Westl.)
       insgesamt 4; Östl. Karwendelspitze, 2537 m, 2$\frac{1}{2}$; Hochalmkreuz, 2192 m, 1$\frac{1}{4}$
  ⛷   nur spätes Frühjahr ✦ Scharnitz, Hinterriß △ Birkkarspitze, Östl. Karwendelspitze,
       Lackenkarspitze
  🚌   Scharnitz
  🚋   Hinterriß (nur Sommer-Fahrplan), Scharnitz
  🚐   Hinterriß (Alpenhof), Scharnitz

AV 5/2; FB 322; ÖK 87, 118; TK L 8532; TKU 5, 9; Bergverlag Rother: AVF Karwendelgebirge, GF Karwendel, WF Karwendel

Krinner-Kofler-Hütte

K. I, 1407 m (an der Fereinalm);
erb. 1950
DAV-S. Mittenwald
Klammstr. 25
D-82481 Mittenwald

  ♦   Rolf Graich
       Im Schwarzenfeld 16
       D-82481 Mittenwald
       Aufsicht nur Sommer u.
       Sa./So., Betreuung d. Ferein-
       alm
  ☎   Tal 08823/2391
  ✗   nicht bew., SV, gesperrt 1. -
       31.10., Essen u.Getränke im

Sommer nur im Jägerhaus
⌐ 30
⊞ 25
🛈 beim ✝
⬈ Mittenwald, 950 m, über Aschauer Alm – Jägersteig, oder Aschauer-Alm – Fahrstraße 3; Hinterriß (Grenzüberschreitung) $3^{1}/_{2}$; Vorderriß $4^{1}/_{2}$
→ Wörnersattel, 1990 m – Hochlandhütte $2^{1}/_{2}$ - 3; Soiernspitze – Schöttlkarspitze – Soiernhaus 3 - 4; Lakaiensteig – Krün 6 -7; Bärnalplscharte, 1800 m – Karwendelhaus 4 - $4^{1}/_{2}$
△ Soiernspitze, 2257 m, 2; Schöttlkarspitze, 2050 m, 4; Wörner, 2476 m, $2^{1}/_{2}$
⚐ ⬈ Mittenwald – Aschauer-Alm – Fahrstraße △ Soiernspitze
🚍 Mittenwald
🚌 Isarhorn
🚐 Seinsalm 🅿, von dort Forststraße für Kfz ganzjährig gesperrt

AV 5/1; FB 322; ÖK 87, 118; TK L 8532; TKU 5, 9; Bergverlag Rother: AVF Karwendelgebirge, GF Karwendel

Lamsenjochhütte

K. I, 1958 m, erb. 1908
DAV-S. Oberland
Tal 42
D-80331 München

✝ Paul Schermer
postlagernd
A-6134 Vomp
Y Hütte 05244/2063
während der Nichtbew.:
A-6335 Hinterthiersee 138
© Tal 05376/5508
✗ Anfang Juni bis Mitte Okt.
🛏 29 ⌐ 72 ⌐ 42
⚡ 220 V (Aggregat)
⊞ 52 SR 🛈(Nebenhaus, ca. 30 m östl. der Hütte)
⬈ Schwaz, 539 m, 5; Pertisau, 933 m, 4; Gramai-Alm, 1265 m, 2; Eng, 1218 m, $2^{1}/_{2}$
→ Eng – Falkenhütte 4; Lamsscharte, 2217 m – Zwerchloch – Vomper Loch – Überschalljoch, 1910 m – Hallerangerhaus 8 - 10
△ Schafjöchl 1; Lamsenspitze, 2508 m, 2; Hochnißlspitze, 2546 m, 3; Hahnkamplspitze – Sonnjoch, 2458 m, 3 - 4
⚐ ⬈ Schwaz
🚍 Schwaz, Lenggries
🚌 Eng (Sommer), Schwaz, Pertisau
🚐 Eng (Maut) 🅿, Gramei-Alm (Maut) 🅿, Schwaz-Stift Fiecht bis Bauernhof Weng

AV 5/3, 31/5; FB 151, 321; ÖK 118; Bergverlag Rother: AVF Karwendelgebirge, GF Karwendel, WF Karwendel, WF Achensee

Magdeburger Hütte, Neue

K. I, 1633 m, erworben 1925
von S. Magdeburg,
übernommen 1973 von
DAV-S. Geltendorf
Dorfstr. 11
D-86926 Pflaumdorf

- ♟ Herbert Föger
  Wetterkreuz 12a
  A-6170 Zirl
- ℂ Hütte 05238/88790
- ℂ Tal 085238/27762
- ✗ Mitte Mai bis Mitte Okt.
- ⊨ 16 ⌐ 61
- ▦ 6 ♨ SR
- ✔ Bahnhof Hochzirl, 922 m, 2^1/$_2$;
  Zirl, 622 m – Gasthaus »Schwarzer Adler« 2^1/$_2$; Kranebitten, 710 m, durch die
  Klamm 3^1/$_2$; Innsbruck – Hötting, 635 m, 4
- → Solsteinhaus 2; Aspach-Hütte – Höttinger Alm – Seegrube 4
- △ Kirchberger Köpfl, 1941 m, ^{3}/$_4$; Hechenberg, 1931 m, 1; Gr. Solstein, 2540 m, 2 -
  2^1/$_2$; Kl. Solstein, 2633 m, 3
- ⟁ kein Stützpunkt
- ⚏ Hochzirl
- ⚊ Zirl
- ⚍ Gasthaus Brunnthal

AV 5/1, 31/5; FB 322, 333; ÖK 118; Bergverlag Rother: AVF Karwendelgebirge, GF
Karwendel, WF Karwendel

Mittenwalder Hütte

K. I, 1518 m, erb. 1949
DAV-S. Mittenwald
Klammstr. 25
D-82481 Mittenwald

- ♟ Klaus Hornsteiner
  Schützenstr. 3
  D-82467 Garmisch-Partenkir-
  chen
- ℂ Hütte 0161/1808997
- ℂ Tal 08821/78688
- ✗ Mitte Mai bis Mitte Okt.
- ⌐ 20 ⊔ 14; kein ▦
- ✔ Mittenwald, 950 m, 1^1/$_2$; Berg-
  station der Karwendelbahn,
  2300 m, Abstieg 1^1/$_2$
- → Westl. Karwendelspitze – Dammkarhütte, 1659 m – Hochlandhütte 5; Leitersteig

– Brunnsteinhütte 2; Heinr.-Noë-Steig – Brunnsteinhütte $3^1/_2$ ab Mittenwalder Hütte; Mittenwalder Höhenweg: Westl. Karwendelspitze – Linder-, Sulzleklamm-, Kirchle-, Brunnsteinspitze – Brunnsteinhütte (Klettersteig) 7 - 8 ab Mittenwalder Hütte

△ Westl. Karwendelspitze, 2385 m, $2^1/_2$; Viererspitze, 2053 m, $1^1/_2$; Gerberkreuz, 2303 m, $3^1/_2$

⚸ kein Stützpunkt

🚌 🚋 Mittenwald

🚞 Talst. Karwendelbahn P

AV 5/1; FB 322; ÖK 118; TK L 8532; TKU 5, 9; Bergverlag Rother: AVF Karwendelgebirge, GF Karwendel

Nördlinger Hütte

K. I, 2238 m, erb. 1898
DAV-S. Nördlingen
Am Himmelreich 1
D-86720 Nördlingen

† Erika Kracher
  Postfach 21
  A-6103 Reith/Seefeld

℃ Hütte 0663/57517

✗ Anfang Juni bis Mitte Okt.

🛏 31 ⌐ 34 ⌐ 20; kein 🔳

✓ Reith, 1130 m, 3; Seefeld,
  1175 – Reitherjochalm 3;
  Bergstation Härmelekopf 1;
  Station Roßhütte über Reither-
  spitze 2; Station Seefelder
  Joch, 2074 m, 2; Gießenbach – Eppzirler Alm 6

→ Ursprungsattel, 2105 m – Freiungen-Höhenweg – Solsteinhaus 3, oder entlang der N-Seite der Freiungtürme – Eppzirler Scharte, 2093 m – Solsteinhaus 4; Ursprungsattel – Sunntigköpfl – Eppzirler Alm $1^1/_2$

△ Reitherspitze, 2375 m, 20 Min.; Freiungen, Ost, Mittl., West, 2325 m, $1^1/_2$

⚸ kein Stützpunkt (Lawinengefahr)

🚌 🚋 Reith oder Seefeld P (Seilbahnstat.)

🎿 Seefeld – Roßhütte

🎿 Roßhütte – Seefelder Joch, Roßhütte – Härmelekopf

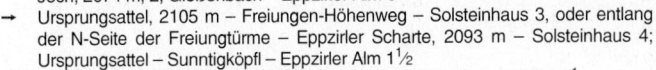

AV 5/1, 31/5; FB 322; ÖK 117; Bergverlag Rother: AVF Karwendelgebirge, GF Karwendel, WF Karwendel

5 Karwendel

Pfeishütte

K. I, 1950 m, erb. 1926
OeAV-Zweig Innsbruck
Wilhelm-Greil-Str. 15
A-6020 Innsbruck

✝ Gabriele Pospisil
Schützenstr. 46g
A-6020 Innsbruck
℃ Hütte 0512/292333
✗ Anfang Juni bis Anfang Okt.
🛏 30 ⌐ 50 ⌐ 10
▦ Notraum 6 offen (ca. 50 m
nördl. der Hütte)
⌐ Hafelekar 1½; Scharnitz –
Gleirsch – Samertal 5; Hall –
Stempeljoch 3½
→ Mandlscharte, 2314 m, z. Seilbahn Hafelekar; Stempeljoch zu den Herrenhäusern
im Halltal; Stempeljoch – Hallerangerhaus; Kreuzjöchl – Rumeralm; Arzlerscharte
– Solsteinhaus – Scharnitz
△ Rumerspitz, 2453 m; Stempeljochspitze, 2543 m; Pfeisspitze; Lattenspitze; Thau-
rerjochspitze; Mandelspitze; Sonntagskarspitze, 2575 m; Kaskarspitze, 2580 m;
Östl. Praxmarerkarspitze, 2636 m
🎿 nur im Frühjahr, Anfang März bis Anfang Mai an Wochenenden (bei gutem Wetter
und sicherer Schneelage) – Rücksprache mit dem Hüttenwirt erbeten) (an Ostern
auf Anfrage) ⌐ vom Hafelekar, vom Halltal
🚍 Innsbruck, Scharnitz
🚌 Hungerburg
🚠 Hungerburg oder St. Magdalena 🅿
🚡 Innsbruck – Hafelekar

AV 5/2, 31/5; 322; ÖK 117, 118; Bergverlag Rother: AVF Karwendelgebirge, GF Karwendel, WF Karwendel

Rotwandlhütte

K. seH, 1525 m, erb. 1956
DAV-S. Neuland
Oberaudorfer Str. 5
D-81549 München

✝ Erwin Huber
Orionstr. 6, App. 218
D-85716 Unterschleißheim
℃ Tal 089/3102257
✗ SV, Sa./So./Fe. beaufsichtigt,
Anfragen bei ✝, kein AV-Schloß
⌐ 12
⌐ Achenwald 2½; Fall – Forst-
haus Aquilla – Juifensattel 3

→ Tölzer Hütte 5; Seewaldhütte 3
△ Juifen, 1988 m, 1½; Pitzkopf, 1671 m, 1; Demel-Joch, 1923 m, 2; Hochplatte,
   1815 m, 4
⟑ Juifen, Pitzkopf, Hochplatte
🚌 Tegernsee, Lenggries
🚗 🚗 Fall, Achenwald

FB 321; ÖK 88, 119; Bergverlag Rother: AVF Karwendelgebirge, GF Karwendel

Seewaldhütte

K. I, 1640 m, erb. 1959
DAV-S. Achensee
Nymphenburger Str. 213
D-80639 München

✆ 089/160878
♀ Adolfine Vachal
   A-6215 Achenkirch
   Hs. Nr. 213
✗ nur Getränke an Sommer-
   wochenenden (Mai bis Anf.
   Nov.), Mitte Juli bis Ende Aug.
   durchgehend geöffnet
⊓ 20
↗ Achenkirch – Parkplatz Berglift
   Christlum, 940 m; Bründl-Alm
   und Joch-Alm 2
→ Hochplatte – Juifen, 1988 m – Rotwandhütte 3; Kleinzemm-Gröbner Hals auf die
   Sonntagsspitzen, 1923 m (Schreckenspitze), 2022 m, 3
△ Hochplatte
⟑ → Hochplatte – Juifen, Kleinzemm-Gröbner Hals – Sonntagsspitze △ Hochplatte
🚌 Jenbach
🚗 Achenkirch
🚗 Parkplatz Christlum 🅿

FB 321; ÖK 88, 119; Bergverlag
Rother: AVF Karwendelgebirge,
GF Karwendel, WF Karwendel

Soiernhaus

K. I, 1616 m, erb. 1867, umgebaut
1968
DAV-S. Hochland
Ebermayerstr. 20
D-81369 München

♀ Wolfgang Ziemer, Griesweg 4
   D-82494 Krün
✆ Hütte 0171/5265858

5 Karwendel

- ⓒ Tal 08825/1429
- ✗ Pfingsten bis Mitte Okt.
- ⌐ 54; kein ⌗
- ↗ Krün, 875 m, 3 - 3¹/₂; Mittenwald, 913 m, über Krinner-Kofler-Hütte, Jägersruh 5¹/₂ - 6
- → Krinner-Kofler-Hütte (Fereinalm) 2¹/₂ - 3; Hochlandhütte 6
- △ Schöttlkarspitze, 2050 m, 1¹/₂; Soiernspitze, 2257 m, 2¹/₂; Krapfenkarspitze, 2110 m, 2¹/₂
- 🏔 kein Stützpunkt
- 🚋 Klais oder Kochel
- 🚌 🚍 Krün 🅿

FB 322; ÖK 87; TK L 8532; TKU 9; Bergverlag Rother: AVF Karwendelgebirge, GF Karwendel, WF Karwendel

Solsteinhaus

K. I, 1805 m, erb. 1914
OeAV-Zweig Innsbruck
Wilhelm-Greil-Str. 15
A-6020 Innsbruck

- ✝ Franz Ofner, Prantlstr. 22 A-6380 St. Johann i.T.
- ⓒ Hütte 05232/81557
- ⓒ Tal 05352/65040
- ✗ Anfang Juni bis Mitte Okt.
- ⊨ 28 ⌐ 68
- ⌗ 8 offen
- ↗ Hochzirl, 922 m, 2¹/₂; Scharnitz, 964 m, 4¹/₂; Kranebitten, 720 m – Magdeburger Hütte 4
- → Zirler Schützensteig – Magdeburger Hütte 1¹/₂; Freiungen – Höhenweg zur Nördlinger Hütte 4¹/₂; Gipfelstürmerweg – Frau-Hitt-Sattel, 2250 m – Seegrube 4 - 5; Eppzirler Scharte – Gießenbach 3
- △ Großer Solstein, 2540 m, 2; Kleiner Solstein, 2633 m, 3; Erlspitze, 2404 m, 1¹/₂; Kuhljochspitze, 2293 m, 2
- 🏔 nur im Frühjahr ↗ Magdeburger Hütte, Nördlinger Hütte △ Gr. Solstein
- 🚋 🚌 🚍 Hochzirl 🅿

AV 5/1, 31/5; FB 322; ÖK 118; Bergverlag Rother: AVF Karwendelgebirge, GF Karwendel, WF Karwendel

Tölzer Hütte

K. I, 1825 m, erb. 1922-1924
DAV-S. Bad Tölz
Postfach 1377
D-83633 Bad Tölz

✝ Brigitte u. Joachim Dennerlein
  A-6221 Hinterriß
  während der Nichtbew.:
  Fichtestr. 42
  D-90489 Nürnberg
🕿 Hütte 0161/1811371
🕿 Tal 0911/551177
✗ Mitte Mai bis Mitte Okt.
🛏 33 ⌐ 38 ⌐ 4
🔲 4 ♨

✎ Parkplatz nahe Hinterriß (Al-
  penanger, Gasthaus Kaiserhütte, 850 m) auf dem Leckbach-Weg 2½; Oswaldhütte, 820 m, über Moosen-Alm 3 - 4
→ Graskopf, 1753 m – Fall 5; Delpsjoch – Krottenbachtal – Fall 4; Torjoch – Fall
  4½; Grasbergkamm-Höhenweg – Plumser Sattel, 1649 m, 6; Schönalpenjoch,
  1986 m – Rißtal – Johannestal – Falkenhütte oder Karwendelhaus 6 - 7
△ Scharfreiter (Schafreuter), 2100 m, 1; Schönalpenjoch, 1986 m, 2½; Stierjoch,
  1910 m, 1
⚒ nur Frühjahr ✎ Oswaldhütte, Leckbach △ Scharfreiter, Stierjoch, Schönalpenjoch
🚌 Lenggries
🚌 Vorderriß/Hinterriß
🚌 Leckbach nahe Hinterriß 🅿

FB 321; ÖK 87, 118; TKU 9; Bergverlag Rother: AVF Karwendelgebirge, GF Karwendel, WF Karwendel

Hütten anderer alpiner Vereine und Privathütten

Alpensöhnehütte (Winklerhütte), 1365 m, am Haller Zunderkopf, Alp. Ges. Alpen-
söhne, keine Übernachtungsmöglichkeit, einfacher Getränkeausschank v. 1. Mai bis
31. Okt. nur So/Fe., ✎ Absam, 2; 2. Ladhütte, 1; 🚌 Hall i. Tirol 🚌 Absam-Eichat 🚌
Absam, 2; 2. Ladhütte, 1; 🚌 🚌 🚌 Hall i. Tirol; kein Stützpunkt für alpine Touren

Bärenbadalm, 1407 m, im Sattel zwischen Bärenkopf und Zwölferkopf oberhalb
Pertisau, privat, 🛏 24, ✎ Pertisau 1½, Gasthaus Hubertus 1½, vom Lift Zwölferkopf
¼, 🚌 Jenbach 🚌 🚌 Pertisau, bew. Anfang Mai bis Ende Sept., 🕿 05242/2420

Birkkarhütte, 2635 m, im Schlauchkarsattel, DAV, S. Männerturnverein München, 🛏,
offene Unterstandshütte, ✎ Karwendelhaus 2 oder Jagdhaus im Kasten 4, 🚌 🚌 🚌
Scharnitz

Dammkarhütte, 1650 m, unter der Tiefkarspitze, privat, 🛏 6 ⌐ 15, ✎ Mittenwald 2 🚌

5 Karwendel

━━ ━ Mittenwald, bew. Ostern bis Ende Sept., ✆ 08823/8313

Eng-Wirtshaus, 1218 m, im hinteren Engtal, privat, ⊨ 33 ⌐ 30, ↗ Hinterriß 3 ━━
Lenggries ━━ Hinterriß-Eng ━ Hinterriß-Eng (2x Maut), bew. Mitte Mai bis Ende Okt.,
✆ 05245/206

Eppzirler Alm, 1455 m, unter den N-Wänden von Freiungen, Kuhljochspitze, ⌐ 10
Gießenbach 1½ ━━ ━━ ━ Gießenbach, i. Sommer Almwirtschaft, einfache Unterkunft

Gramai-Hochleger-Schutzhütte, 1750 m, über der Gramaialm im Falzturntal, privat,
aber Vergünstigung für AV-Mitglieder, ⊨ 16, ↗ Alpengasthof Gramai 1 ━━ ━ Pertisau
━ Pertisau Falzturmalm (Maut), bew. Anfang Mai bis Mitte Okt., ✆ 05243/5166

Hallerangeralm, 1774 m, neben dem Halleranger-Haus, privat, ⊨ 73, ↗ Scharnitz
oder Hall i. Tirol 5 ━━ ━━ ━ Scharnitz, Hall i. Tirol, bew. Mitte Juni bis Ende Sept.,
✆ 0663/57683

Lalidererspitzen-Biwak (Konrad-Schuster-Biwak), 2500 m, i. d. Scharte Laliderer-
spitze-Lalidererwand, OeAV Zw. Innsbruck, ⌐ 12 ⌐ 3, ↗ Jagdhaus im Kasten 5, sonst
Nordwände genannter Gipfel ━━ ━━ ━ Scharnitz

Pleisenhütte, 1757 m, an der Pleisenspitze, privat, ⌐ 20, ↗ Scharnitz 3 ━━ ━━ ━
Scharnitz, gj. Sa./So. bew., ✆ 05213/5491

Plumsjochhütte, 1630 m, am Plumsersattel, privat, ⊨ 5 ⌐ 20, ↗ Pertisau 2 ━━
Jenbach-Pertisau ━━ Pertisau ━ Gernalm, bew. Pfingsten bis Anfang Okt.,
✆ 05243/5487

St.-Magdalena-Haus, 1283 m, im Halltal, Staatsbesitz, ⊨ 6, ↗ Absam-Eichat ━━ Hall i.
Tirol ━━ Absam ━ Absam-Eichat zum Haus, gj. bew.

6 Brandenberger Alpen (Rofangebirge)

Umgrenzung

Ampelsbach – Filzmoosbach – Gufferthütte – Sattelbach – Baierache – Erzherzog-Johann-Klause – Brandenberger Ache bis Kaiserhaus – Ellbach – Glemmbach – Klausbach – Inn von Kiefersfelden bis Jenbach – Käsbach – Achensee – Achenbach bis Einmündung Ampelsbach

6 Brandenberger Alpen (Rofangebirge)

Bayreuther Hütte

K. I, 1600 m, erb. 1908
DAV-S. Bayreuth
Hindenburgstr. 49
D-95445 Bayreuth

- ♀ Anita Mair
  A-6233 Kramsach/Inn
- ✆ Hütte 0663/858257
  während der Nichtbew.:
  Kirchfeldweg 62
  A-6240 Radfeld
- ✆ Tal 05337/4518
- ✗ Pfingsten bis Mitte Okt.
- ⊨ 20 ⊢ 48; kein ⌗
- ⚡ 220 V ∼
- ✈ Kramsach, 519 m, 2½; Münster, 535 m, 2¾; auf neuer Forststraße (für Autoverkehr gesperrt) 3¼; 🚡 Bergstation 1½
- → Sonnwendbühel-Alm – Scherbenstein-Alm – Krahnsattel – Erfurter Hütte oder Sonnwendjoch – Sagzahn – Gruber Lake – Erfurter Hütte 3 - 4; Markgatterl, 1911 m – Anger-Alm oder Ampmoosboden – Schmalzklausen-Alm – Steinberg 4 - 5
- △ Vorderes Sonnwendjoch, 2224 m, 1½; Sagzahn, 2228 m, 1¾; Rofanspitze, 2259 m, 2¼; Roßkogel, 1940 m, 1; Haidachstellwand, 2192 m, 3
- ⚒ kein Stützpunkt
- 🚌 Rattenberg, Brixlegg
- 🚗 Kramsach 🅿
- 🚡 Kramsach – Roßkogel (Sonnwendjochbahn)

AV 6; FB 321; ÖK 119, 120; Bergverlag Rother: AVF Rofangebirge, WF Achensee

Erfurter Hütte

K. I, 1834 m, erb. 1894,
neu erb. 1924/25
DAV-S. Erfurt in Ettlingen
Zehntwiesenstr. 9
D-76275 Ettlingen

- ♀ Hans Kostenzer
  A-6212 Maurach
  Nr. 227
- ✆ Hütte 05243/55175
- ✆ Tal 05243/5150
- ✗ Weihnachten bis Ostern, Himmelfahrt bis Mitte Okt.
- ⊨ 16 ⊢ 50 ⊔ 10
- ⚡ 220 V ∼

↗ Maurach/Achensee, 960 m – Mauritz-Niederleger $2^3/_4$; Maurach – Buchau – Dalfaz-Nieder- und Hochleger $2^3/_4$; Münster/Inntal, 535 m – Scherbensteinalm – Krahnsattel 5

→ Gruberschartl: Sagzahn – Vord. Sonnwendjoch – Bayreuther Hütte 3 oder Rofanspitze – Schafsteigsattel – Schafsteig – Markgatterl – Zireiner See – Roßkogel-Bergstation 5; Bettlersteig – Ampmoosboden – Schmalzklausen-Alm – Steinberg 4 - 5

△ Gschöllkopf, 2039 m, $^1/_2$; Hochiss, 2299 m, $1^1/_2$; Seekarlspitze, 2261 m, $1^1/_2$; Roßkopf, 2246 m, 2; Rofanspitze, 2259 m, $1^3/_4$; Haidachstellwand, 2192 m, $1^1/_2$

⚡ ↗ Maurach – Mauritz-Niederleger oder Dalfaz-Nieder- und Hochleger △ Gschöllkopf, Spieljoch, Seekarlspitze, Rofanspitze, Haidachstellwand, Pistenskilauf

🚌 Jenbach

🚋 Maurach-Talstation Rofanseilbahn

🚐 Maurach 🅿 Rofanseilbahn u. Umgebung

🏂 Maurach – Erfurter Hütte

AV 6; FB 321; ÖK 119; Bergverlag Rother: AVF Rofangebirge, WF Achensee

Ludwig-Aschenbrenner-Hütte

(ehem. Gufferthütte)
K. I, 1475 m, erb. 1926,
abgebr. 1957, wiedererb. 1958
DAV-S. München
Goethestr. 21
D-80336 München

♀ Koni Rupprechter
L.-Aschenbrenner-Hütte
A-6315 Achenkirch
während der Nichtbew.:
A-6234 Brandenberg 102B

✆ Hütte 0663/58558
✆ Tal 05331/5253
✗ Mitte Mai bis Ende Okt.
🛏 8 ⌐ 62
🏠 6 ♨

↗ Straße Achenkirch – Steinberg, 957 m, $2^1/_4$; Wildbad Kreuth, 802 m – Langenau – Bayerbachalm 3; Kreuth – 7-Hütten – Wolfsschlucht – Blaubergalm, 1450 m – Schönleitenalm, 1480 m, 5; Kreuth – Geißalm – Schildensteinsattel, 1530 m – Blaubergalm – Schönleitenalm 6; Kreuth – 7-Hütten – Wenigberger Jagdhütte – Halserspitze 4

→ Erzherzog-Johann-Klause, 824 m, $1^1/_2$ - 2; Ragstattalm, 1480 m – Kaiserhaus, 700 m, 4; Rundtour Halserspitze – Blauberge – Blaubergalm – Schönleitenalm – Hütte 6

△ Halserspitze, 1861 m, $1^1/_4$; Schneidjoch, 1810 m, 1; Guffert, 2196 m, $3^1/_2$

⚡ Achenkirch, Steinberg

6 Brandenberger Alpen (Rofangebirge)

- 🚋 Tegernsee
- 🚌 Wildbad Kreuth, Achenkirch
- 🚗 Str. Achenkirch nach Steinberg bei Abzweigung 🅿 Wildbad Kreuth 🅿

FB 321; ÖK 88; Bergverlag Rother: AVF Rofangebirge, WF Achensee

Hütten anderer alpiner Vereine und Privathütten

Dalfazalm, 1697 m, unter dem Kotalmsattel, privat, ⊓ 30, ✗ Buchau 1½, Erfurter Hütte ½, 🚋 Jenbach, im Sommer Maurach 🚌 Buchau, Maurach, bew. Mitte Mai bis Okt., ✆ 05243/5224

Kaiserhaus, 750 m, im Brandenberger Tal, privat, 🛏 12 ⊓ 12, ✗ Kramsach 3½ 🚋 Neuhaus 🚌 Kramsach 🚗 Spitzingsee, bew. Ostern bis Anfang Nov., ✆ 05331/5271

Kufsteiner (Pendling-) Haus, 1562 m, auf dem Gipfel des Pendling, privat, 🛏 35 ⊓ 45, ✗ Kufstein 3 - 4, Vorderthiersee 1½ 🚋 Kufstein 🚌 🚗 Thiersee, bew. Anfang Mai bis Ende Okt.

7a Ammergauer Alpen

Umgrenzung

Voralpengebiet von Füssen über Steingaden – Echelsbacher Brücke – Bayersoien – Bad Kohlgrub bis Murnau – Loisach bis Lermoos – Grundbach/Zwischentoren – Porta Claudia – Lech bis Füssen

7a   Ammergauer Alpen

August-Schuster-Haus
am Pürschling

K. II, 1564 m, erb. 1972
DAV-S. Bergland
Hans Hintermeier
Windeckstr. 26
D-81375 München

- ✝ Erika Schießl
  Aug.-Schuster-Haus
  am Pürschling
  D-82497 Unterammergau
- ℭ Hütte 08822/3567
- ℭ Tal 08822/6089
- ✗ gj. bew., November geschlossen
- 🛏 54 ⊓ 12
- ⚡ 220 V ~ ▥
- ⚐ Unterammergau, 836 m, 2; Oberammergau 2½; Schloß Linderhof, 937 m, 2 - 2½
- → Brunnenkopfhäuser 2½
- △ Teufelsstättkopf, 1758 m, 1; Hennenkopf, 1768 m, 1½ - 2; Sonnenspitze, 1621 m, 1½
- ⚐ ⚐ Unterammergau △ Hennenkopf
- 🚌 Unter- oder Oberammergau
- 🚍 Unterammergau 🅿

ÖK 86; TKU 5; Bergverlag Rother: AVF Ammergauer Alpen, WF Zugspitze

Brunnenkopfhäuser

K. I, 1602 m, erb. 1922
DAV-S. Bergland
Hans Hintermeier
Windeckstr. 26
D-81375 München

- ✝ Hans Ettrich
  Brunnenkopf
  D-82448 Ettal
  während der Nichtbew.:
  Am Kainzen 14
  D-82487 Oberammergau
- ℭ Hütte 0161/1825190 ✗
- ℭ Tal 08822/4355
- ✗ Mitte Mai bis Mitte Okt.
- ⊓ 35
- ⚐ Schloß Linderhof, 937 m, 1½ - 2
- → Höhenweg Aug.-Schuster-Haus am Pürschling 2; Hennenkopf – Laubeneck –

✗ 0171 260 2057

Teufelsstättkopf – Pürschling 3; Klammspitze – Feigenkopf – Kenzenhütte, ca. 1400 m, 3½ - 4

△ Brunnenkopf, 1718 m, ¼; Gr. Klammspitze, 1925 m, 1¼; Feigenkopf, 1866 m, 2; Hennenkopf, 1768 m, 1½

kein Stützpunkt

Oberammergau

Linderhof P

FB 352; TK L 8530, L 8532; TKU 5; Bergverlag Rother: AVF Ammergauer Alpen

Hörndlhütte

K. III, 1390 m, erb. 1911
DAV-S. Starnberg
Postfach 1252
D-82302 Starnberg

Franz u. Brigitte Stöckl
Hörnle Nr. 1
D-82433 Bad Kohlgrub

Hütte 08845/229

gj. bew., April u. Nov. geschlossen, Übernachtungen nur mit Voranmeldung

23

220 V ~

Bad Kohlgrub, 828 m, 1 - 1½

△ Mittleres und Hinteres Hörnle, 1548 m, ½ - 1; Aufacker 2; Oberammergau 4 - 5

Bad Kohlgrub (Pistenskilauf)

Bad Kohlgrub

Talstation Hörnlebahn P

zur Hütte

TK L 8332; TKU 3; Bergverlag Rother: AVF Ammergauer Alpen, WF Zugspitze

Hütten anderer alpiner Vereine und Privathütten

Bleckenau, Berggasthaus, 1167 m, privat, 20, Hohenschwangau 1½, Füssen Hohenschwangau, Kleinbusse bis Bleckenau, bew. Weihnachten bis Ende Okt., 08362/81181

Kenzenhütte, 1285 m, am Geiselstein, privat, 120, Halblech 3 Füssen Halblech, bew. Pfingsten bis Mitte Okt. 08368/379 o. 390, Bus zur Hütte

Säulinghaus, 1720 m, am Säuling, TVN, 24 36, Reutte 3, Pflach 2½ Füssen oder Reutte Pflach, bew. Ostern bis Ende Nov., 05672/29632

Tegelberghaus, 1707 m, unter der Bergstation der Tegelbergbahn, privat, 12 20, Talstation Tegelbergbahn 2½, Hohenschwangau 2½ Füssen Talstation Tegelbergbahn, gj. bew., 08362/8980

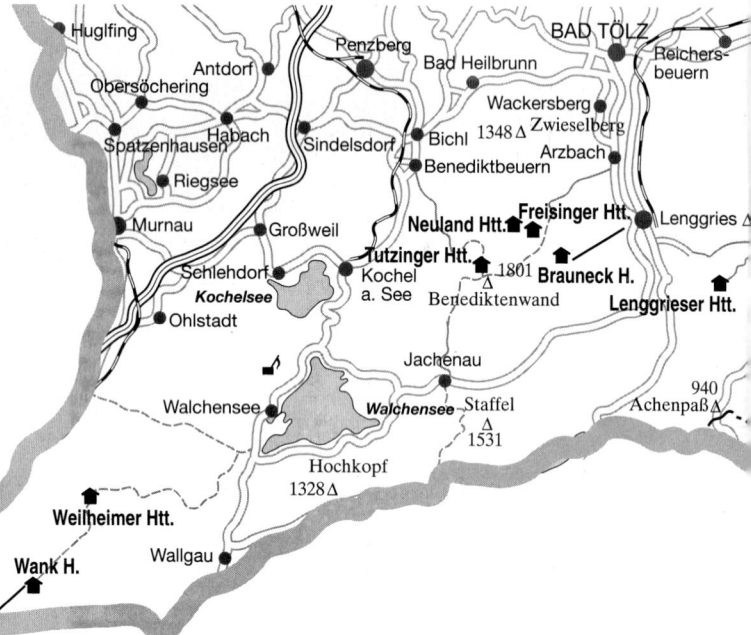

7b Bayerische Voralpen

Umgrenzung

Voalpengebiet von Murnau über Benediktbeuern – Bad Tölz bis Rosenheim – Inn bis Kiefersfelden – Klausbach – Glemmbach – Ellbach – Kaiserhaus – Brandenberger Ache – Erzherzog-Johann-Klause – Sattelbach – Ampelsbach – Achenbach – Walchen – Isar bis Krün – Kranzbach – Kankerbach – Garmisch/Partenkirchen – Loisach bis Murnau

Aiblinger Hütte

K. I, am Schweinsberg
1311 m, erb. 1934/35
DAV-S. Bad Aibling
Hüttenreferent
Herbert Vollmayer
Heimatsberger Str. 9
D-83043 Bad Aibling

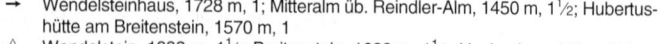

℡ 08061/1850

✗ SV, Mitte März bis Ende Dez. nur Sa. ab 14 Uhr bis So. 16 Uhr geöffnet (nur Getränke-ausg.)

⊓ 45

✔ Birkenstein bei Fischbachau, 853 m, 1½; Bad Feilnbach, 500 m, 3; Bergstation Wendelstein, 1728 m, 1

→ Wendelsteinhaus, 1728 m, 1; Mitteralm üb. Reindler-Alm, 1450 m, 1½; Hubertus-hütte am Breitenstein, 1570 m, 1

△ Wendelstein, 1838 m, 1½; Breitenstein, 1622 m, 1¼; Hochsalwand über Reind-ler-Alm, 1625 m, 1½; Wildalpjoch, 1720 m, über Wendelsteinhaus od. Reindler-Alm 2 - 2½; Schweinsberggipfel, 1516 m, ½

⋏ kein Stützpunkt

🚍 Bad Aibling

🚂 Fischbachau u. Bad Feilnbach

🚗 Birkenstein oder Bad Feilnbach 🅿 (1.5. - 31.10. 🅿 Jenbachtalstraße)

🚡 Brannenburg oder 🚂 Bayrischzell – Wendelsteinhaus (nur f. Sommer empfehlens-wert)

ÖK 89; TK L 8336; TKU 12; Bergverlag Rother: AVF Bayerische Voralpen Ost, WF Tegernseer und Schlierseer Berge

Albert-Link-Hütte

K. II, 1000 m, erb. 1929
DAV-S. München
Goethestr. 21
D-80336 München

℡ 089/555051

♦ bei Redaktionsschluß noch kein Pächter
Valepper Str. 8
D-83727 Schliersee

℡ Hütte 08026/71264

✗ gj., Nov. geschlossen

🛏 30 ⊓ 37

⚡ 220 V ~ ⅏, SV-Raum (nur für AV-Mitglieder)

↗ ab Spitzingsee (Wurzhütte) 20 Min.
→ Forsthaus Valepp – Erzherzog-Johann-Klause – Kaiserhaus – Brandenberg 5 - 6;
  Blecksteinhaus ¼
△ Stolzenberg, 1604 m, 2; Bayer. und Österr. Schinder, 1808 m, 3 - 4; Rotwand,
  1885 m, 2½
⚹ Stolzenberg, Schinderkar, Rotwand, Pistenskilauf auf allen Pisten im Spitzingge-
  biet, Langlaufloipen am Haus
🚌 Fischhausen-Neuhaus
🚃 Spitzingsee
🚗 Spitzingsee 🅿

ÖK 89; TK L 8336; TKU 12; Bergverlag Rother: AVF Bayerische Voralpen Ost, WF
Tegernseer und Schlierseer Berge

Blecksteinhaus

K. II, 1060 m, erb. 1927/28
DAV-S. Männer-Turnverein Mün-
chen
Häberlstr. 11
D-80337 München

† Klaus Dachs u. Sylvia Georga-
  kos
  D-83727 Schliersee
℅ Hütte 08026/71204
✗ gj. bew., Dienstag Ruhetag,
  Anfang Nov. bis Mitte Dez.
  geschlossen
🛏 20 ⌐ 20, bei Zimmerbestel-
  lung Anruf erbeten
⚡ 220 V ~ ▥
↗ Spitzingsee – Wurzhütte, 1083 m, ½
→ Forsthaus Valepp – Erzherzog-Johann-Klause – Kaiserhaus – Brandenberg 5 - 6;
  Albert-Link-Hütte, ¼
△ Stolzenberg, 1604 m, 2; Bayer. und Österr. Schinder, 1808 m, 3 - 4; Rotwand,
  1885 m, 2½
⚹ ↗ Spitzingsee △ Stolzenberg, Schinderkar, Rotwand, Pistenskilauf am Spit-
  zingsee, Langlaufloipe am Haus
🚌 Fischhausen-Neuhaus
🚃 Spitzingsee
🚗 Spitzingsee 🅿

ÖK 89; TK L 8336; TKU 12; Bergverlag Rother: AVF Bayerische Voralpen Ost

Bodenschneidhaus

K. II, 1365 m, erb. 1916
DAV-S. Bodenschneid
Heinrich Lohr
Volmstr. 48
D-81241 München

- ✝ Erwin u. Joan Müller
  Bodenschneidhaus
  D-83727 Schliersee
- ℂ Hütte 08026/4692
- ✗ Ostern bis 6.1.
- ⊨ 22 ⌐ 32
- ⌁ 220 V ∼ ⬚
- ↗ Fischhausen-Neuhaus, 790 m, $1\frac{1}{2}$; Spitzingsattel, 1128 m, über Obere Firstalm $1\frac{1}{2}$
- → Wasserspitze – Peißenberg – Bodenschneid – Freudenreichsattel – Brecherspitze – Fischhausen – Neuhaus 5 - 6
- △ Bodenschneid, 1668 m, 1; Brecherspitze, 1684 m, $1\frac{1}{2}$
- ⚐ ↗ Fischhausen-Neuhaus, Spitzingsattel △ Bodenschneid, Stümpfling, Roßkopf, Pistenskilauf am Spitzingsee
- 🚌 ➡ Fischhausen-Neuhaus 🅿
- 🚌 ➡ Spitzingsattel 🅿

ÖK 89; TK L 8336; TKU 12; Bergverlag Rother: AVF Bayerische Voralpen Ost, WF Tegernseer und Schlierseer Berge

Brauneck-Gipfelhaus

K. II, 1540 m, erb. 1930/31
DAV-S. Alpiner Ski-Club
Schwindstr. 5
D-80798 München

- ✝ Hans-Dieter Lohner
  Brauneck Nr. 4
  D-86361 Lenggries
- ℂ Hütte 08042/8786
- ✗ gj. bew., Mitte Nov. – Mitte Dez., Mitte April – Mitte Mai geschlossen, im Sommer Mi Ruhetag, Di u. Mi keine Übernachtung.
- ⊨ 22 ⌐ 46
- ⌁ 220 V ∼, Duschen, Schulungs, Gymnastik-, und Trockenraum
- ↗ Lenggries, 679 m, $2\frac{1}{2}$; Wegscheid, 700 m, $2\frac{1}{2}$; Bergstation der Kabinenbahn, 1500 m, 5 Min.; Längental, P., $3\frac{1}{2}$; Schlegldorf $2\frac{1}{2}$
- → Tutzinger Hütte 3; Neulandhütte $2\frac{1}{2}$; Blomberghaus 6; Jachenau 5

△ Latschenkopf, 1712 m, 1; Benediktenwand, 1801 m, 3

⟁ ↗ Lenggries, Wegscheid → Tutzinger Hütte △ Latschenkopf, Benediktenwand, Pistenskilauf

⛟ ⛟ Lenggries

➡ Lenggries – Talstation Brauneckbahn u. Längental **P**; Wegscheid, Schlegldorf

⚑ bis 1500 m

ÖK 87, 88; TK L 8334; TKU 18; Bergverlag Rother: AVF Bayerische Voralpen Ost

Brünnsteinhaus

K. I, 1360 m, erb. 1894
DAV-S. Rosenheim
Sporth. Ankirchner
Münchner Str. 9
D-83022 Rosenheim

† Hans und Christl Seebacher
Brünnsteinhaus
Postfach 1121
D-83076 Oberaudorf

℃ Hütte 08033/1431

✗ gj. bew., Nov. bis 26. Dez. nur Sa./So. bew., Mitte Jan. bis Mitte Febr. geschlossen

▭ 14 ⊓ 40

↗ Oberaudorf, 482 m, üb. Dörfl – Rechenau 3, Dörfl 2, üb. Buchau – Lengau 3½, Buchau 2½; Gasthaus »Tatzelwurm«, 765 m, 2; Gasthaus »Rosengasse« am Sudelfeld b. Bayrischzell 2

△ Brünnstein, 1634 m, ½; Traithen, 1853 m, 2; Trainsjoch, 1708 m, 3

⟁ ↗ Buchau → Gasthaus »Rosengasse« ▥ Traithen, Trainsjoch, Rodelbahn Brünnstein-Rechenau, Leihrodel am Haus

⛟ Oberaudorf

➡ Dörfl, Buchau, Tatzelwurm, Rosengasse **P**

FB 301; ÖK 90; Bergverlag Rother: AVF Bayerische Voralpen Ost, WF Tegernseer und Schlierseer Berge

Freisinger Hütte

(im Längental)
K. II, 1050 m, erb. 1952
DAV-S. Freising
Bahnhofstr. 1/II
D-85354 Freising

✗ SV, beaufs. Sa./So./Fe.

⊓ 20 ⊔ 4

✆ Schlüssel und Auskunft:

113

Richard Grimm
Obere Hauptstr. 17
D-85354 Freising
✆ 08161/92395
↗ Arzbach 1¹/₂ - 2
→ Tutzinger Hütte 2¹/₂; Brauneck 2
△ Probstenwand, 1618 m; Kirchstein, 1670 m; Benediktenwand, 1801 m
⟲ ↗ Arzbach → Brauneck
🚌 Obergries
🚃 ⇥ Arzbachtal **P**

TK L 8334; TKU 18; Bergverlag Rother: AVF Bayerische Voralpen West

Lenggrieser Hütte

K. I, 1338 m, erb. 1950
DAV-S. Lenggries
Anger 8
D-83674 Gaißach

👤 Manfred Wiegand
Postfach
D-83661 Lenggries
✆ Hütte 08042/8680
✆ Tal 08042/4512
✗ gj. bew., Frühjahr u. Spät-
herbst je 3 Wochen geschlos-
sen, Nov. bis Mai Dienstag
Ruhetag (Montag auf Dienstag
u. Dienstag auf Mittwoch keine
Übernachtung)

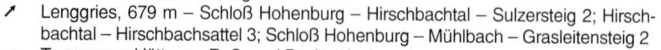

🛏 2 ⌐ 44, im SV-Raum 7 Lager
↗ Lenggries, 679 m – Schloß Hohenburg – Hirschbachtal – Sulzersteig 2; Hirsch-
bachtal – Hirschbachsattel 3; Schloß Hohenburg – Mühlbach – Grasleitensteig 2
→ Tegernseer Hütte am Roß- und Buchstein 2
△ Seekar, 1601 m, ³/₄; Spitz-, Auer- und Ochsenkampen, 1616 m, 2 - 4; Focken-
stein, 1562 m, 2¹/₂
⟲ ↗ Hirschbachtal, Hirschbachsattel △ Seekar, Kampen, Fockenstein, Schönberg,
Hochplatte
🚌 🚃 Lenggries
🚃 Schloß Hohenburg od. Mühlbach **P**, Lenggries südl. des Rathauses **P**

TK L 8334; TKU 18; Bergverlag Rother: AVF Bayerische Voralpen Ost

Mitteralm

K. III, 1200 m, erb. 1933
DAV-S. Bergbund Rosenheim, H. Finsterwalder
Brunecker Str. 28
D-83024 Rosenheim

♱ Heinz Schauer
Mitteralm am Wendelstein
D-83098 Brannenburg
℅ Hütte 08034./2760
✗ gj. bew.
🛏 12 ⊓ 60 ⊔ 10
⚡ 220 V ∼ ▦
➚ Brannenburg-Bahnhof – St.
Margarethen 2¹/₂
→ Aiblinger Hütte 1¹/₄; Breiten-
berghütte 1; Arzmoos – Sudel-
feld 1¹/₂
△ Wendelstein, 1838 m, 2;
Hochsalwand, 1625 m, 1;
Wildalpjoch, 1720 m, 1¹/₂;
Schweinsberg – Breitenstein,
1622 m, 2¹/₂
🎿 direkt an der Wendelsteinabfahrt nach Brannenburg
🚌 Brannenburg
🚃 Bahnh. Wendelsteinbahn 🅿
🚃 St. Margarethen 🅿
🚡 Wendelsteinbahn bis Mittelstation Mitteralm

TK L 8338; TKU 12; Bergverlag Rother: AVF Bayerische Voralpen Ost, WF Tegernseer und Schlierseer Berge

Neulandhütte

K. seH, 1235 m, erb. 1931
DAV-S. Neuland
Oberaudorfer Str. 5
D-81549 München

♱ Elmar Werner
Lerchenstr. 344
D-84435 Lengdorf
℅ 08083/8404
✗ SV, Sa./So./Fe. meist beauf-
sichtigt, Anfragen bei ♱
⊓ 25
➚ Arzbach-Dudlau, 1¹/₂
→ Tutzinger Hütte 2; Brauneck-
hütte 2¹/₂
△ Probstenwand 1¹/₂; Latschen-
kopf 2; Achselköpfe 2; Brauneck 2¹/₂; Kirchstein 2¹/₂; Benediktenwand 2¹/₂
🎿 Latschenkopf, Achselköpfe
🚌 Lenggries
🚃 🚌 Arzbachtal 🅿

TK L 8334; TKU 18; Bergverlag Rother: AVF Bayerische Voralpen West

Rotwandhaus

K. I, 1765 m, erb. 1906
DAV-S. Turner-Alpenkränzchen
Preysingstr. 71
D-81667 München

♦ Gisela Jorde
  Rotwandhaus
  D-83727 Schliersee
© Hütte 08026/7683
✗ gj. bew., Nov. bis Mitte Dez.
  geschlossen
🛏 34 ⌐ 80
⚡ 110 V =
↗ Spitzingsee-Wurzhütte,
  1083 m, 2½; Spitzingsattel,
  1128 m – Schönfeldalmen –
  Taubensteinsattel 3 - 3½; Taubensteinsattel 1; Spitzingsee – Straße nach Valepp
  – Waitzinger Alm, 943 m – Pfanngraben 3 - 4
→ Kirchsteinsattel – Lempersberg – Taubensteinhaus 1½ oder Kümpflscharte – Gr.
  Tiefental – Miesingsattel – Taubensteinhaus 2 - 2½; Kümpflscharte – Auerspitze
  – Soiensee – Gr. Tiefental – Rotwandhaus 4
△ Rotwand, 1885 m, ½; Auerspitze, 1811 m, 1; Ruchenköpfe, 1805 m; Miesing,
  1883 m, 2½
🚵 ↗ Spitzingsee, Geitau → Kümpflscharte – Auerschneid – Gr. Tiefental – Miesing-
  sattel – Taubensteinhaus – Oberer u. Unterer Lochgraben – Spitzingsee ca. 3 - 4
  △ Rotwand
🚌 Fischhausen-Neuhaus
🚍 ⇢ Spitzingsee 🅿
🚡 Spitzingsee – Taubensteinsattel

TK L 8336; TKU 12; Bergverlag Rother: AVF Bayerische Voralpen Ost, WF Tegernseer und Schlierseer Berge

Schönfeldhütte

K. seH, 1410 m, erb. 1949
DAV-S. München
Goethestr. 21
D-80336 München

♦ Helmut Thalhauser
  Schönfeldhütte
  D-83727 Schliersee
© Hütte 08026/7496
✗ ganzj. 89/55 17044
⌐ 42
⚡ 220 V ~ 🍴
  SV-Raum, nur für Mitglieder
  der Sektion München

↗ Spitzingsee (Wurzhütte), 1083 m, 1½; Spitzingsattel 1, im Winter Abfahrt mit Ski
   vom Taubensteinsattel zur Hütte
→ Taubensteinhaus ¾; Rotwandhaus 2
△ Jägerkamp, 1746 m, 1; Aiplspitze, 1758 m, 1; Taubenstein, 1693 m, ¾; Rotwand,
   1885 m, 2
⚒ Rotwand, Miesing; Pistenskilauf Rauhkopf, Lochgraben
🚍 Fischhausen-Neuhaus
🚗 ⇒ Spitzingsee 🅿
🚟 Spitzingsee – Taubensteinsattel

TK L 8336; TKU 12; Bergverlag Rother: AVF Bayerische Voralpen Ost, WF Tegernseer und Schlierseer Berge

Taubensteinhaus

K. II, 1567 m, erb. 1936
DAV-S. Bergbund
Scharnitzstr. 10
bei Engl
D-81377 München

† Werner Gruber
   Taubensteinhaus
   D-83727 Schliersee
✆ Hütte 08026/7070
✗ gj. bew., 5.11. bis 10.12. ge-
   schlossen
🛏 6 ⌐ 52
⚡ 220 V ~✆⇥✆ ▥
↗ Spitzingsee-Wurzhütte,
   1083 m, 1½; Spitzingsattel,
   1128 m – Schönfeldalmen 1½ - 2; Geitau, 790 m, 2; Taubensteinsattel ¼
→ Rotwandhaus 1½; Rauhkopf, 1691 m – Schönfeldalmen 1
△ Taubenstein, 1693 m, ½; Miesing, 1883 m, 1½; Aiplspitze, 1758 m, 1½; Jäger-
   kamp, 1746 m, 1½; Rotwand, 1885 m, 2
⚒ ↗ Wurzhütte, Taubensteinsattel → Rotwandhaus △ Miesing, Rauhkopf
🚍 Fischhausen-Neuhaus
🚗 ⇒ Spitzingsee 🅿; 🚟 Spitzingsee – Taubensteinsattel

TK L 8336; TKU 12; Bergverlag Rother: AVF Bayerische Voralpen Ost, WF Tegernseer und Schlierseer Berge

Tegernseer Hütte

K. I, 1650 m, erb. 1968
DAV-S. Tegernsee
Postfach 175
D-83700 Rottach-Egern

 ♦ Michael Ludwig
    Postfach 24, D-83708 Kreuth
 ☏ Hütte 0161/1836381
 ✗ Mitte Mai bis Mitte Okt.
 ⌐ 30
 ↗ Kreuth, Haltestelle Klamm –
    Schwarztenn-Alm, 929 m, 2¹/₂;
    Haltestelle Bayerwald, 823 m,
    2¹/₂; Lenggries-Fleck, 800 m –
    Röhrlmoos-alm 4
 → Lenggrieser Hütte 2; Gratwan-
    derung Auerkamp – Ochsenkamp – Hirschtalsattel – Söllbachtal 4
 △ Roßstein, 1698 m, ¹/₄; Buchstein, 1701 m, ¹/₄
 ⚒ Tegernsee
 ▅ ⟿ Klamm; Bayerwald 🅿

TK L 8336; TKU 12; Bergverlag Rother: AVF Bayerische Voralpen Ost, WF Tegernseer und Schlierseer Berge

Tutzinger Hütte

K. I, 1327 m, erb. 1908
DAV-S. Tutzing
Postfach 1146
D-82323 Tutzing

 ♦ Sepp u. Hannerl Haslinger
    Hütte: Wurzweg 9
    Tal: Häusernstr. 19
    D-83671 Benediktbeuern
 ☏ Hütte 08857/210
 ☏ Tal 08857/595
 ✗ Ende April bis Anfang Nov.,
    26. Dez. bis 6. Jan., Karfreitag
    bis Ostermontag
 ⛏ 24 ⌐ 116; kein ⊞
 ⚡ 110 V ⚌
 ↗ Benediktbeuern, 617 m, 2¹/₂; Lenggries, 680 m, 5; Kochel, 604 m, 5; Jachenau,
    790 m, 4
 → Probstalm, 1380 m – Brauneck 2¹/₂ - 3; Kirchsteinhütte, 1050 m, 2
 △ Benediktenwand, 1801 m, 1¹/₂; Achselköpfe, 1707 m; Probstenwand, 1618 m;
    Latschenkopf, 1712 m
 ⚺ ↗ Benediktbeuern, Lenggries → Probstalm – Brauneck △ Benediktenwand

⚌ Benediktbeuern
⚍ Benediktbeuern – Kochel
⮕ Schwimmbad Benediktbeuern **🅿**

TK L 8334; TKU 18; Bergverlag Rother: AVF Bayerische Voralpen West

Wank-(Alois-Huber-)Haus
K. III, 1780 m, erb. 1911
DAV-S. Garmisch-Partenkirchen
Hindenburgstr. 38
D-82467 Garmisch-Partenkirchen

✝ Georg Vogl, Wankhaus
  D-82467 Garmisch-Partenk.
✆ Hütte 08821/56201
✗ 20.12. bis 2. Sonntag nach
  Ostern, Anfang Mai bis Mitte
  Nov., keine Nächtigung mögl.
↗ Garmisch-Partenkirchen,
  700 m – Eckenalm $2^1/_2$ - 3;
  Daxkapelle – Esterbergalm 3;
  Farchant, 671 m, 3
→ Weilheimer Hütte 2 - $2^1/_2$
△ Fricken, 1940 m, $1^1/_2$ - 2; Bischof, 2033 m, 2 - $2^1/_2$; Krottenkopf, 2086 m, $2^1/_2$ - 3
⚒ ✔ Garmisch-Partenkirchen → Weilheimer Hütte △ Fricken, Bischof, Krottenkopf,
  Pistenskilauf, 6 Skilifte
⚌ ⚍ ⮕ Garmisch-Partenkirchen **🅿**
🚠 Wankbahn zur Hütte

FB 322; TK L 8532; TKU 5; Bergverlag Rother: AVF Bayerische Voralpen West

Weilheimer Hütte
(Krottenkopfhaus)
K. I, 1955 m, erb. 1884
DAV-S. Weilheim
Bärenmühlweg 37
D-83362 Weilheim

✝ Klaus Kögler
  Pointweg 6
  D-82441 Ohlstadt
✆ Hütte 0161/1821236
✆ Tal 08841/7009
✗ Pfingsten bis Kirchweihsonn-
  tag
🛏 8 ⊓ 67 ⊔ 20
▦ 8; ♨
↗ Wank, 1780 m – Esterberg-
  alm, 1262 m, $2^3/_4$; Garmisch-Partenkirchen, 700 m, 4 - $4^1/_2$; Oberau, 651 m, 3;

Farchant, 671 m, 4; Eschenlohe – Pustertalalm $4^1/2$ - 5; Wallgau, 868 m – Neulänger Alm – Kühalpe 5; Krün, 875 m, 5

△ Krottenkopf, 2086 m, $^1/2$; Oberer Rißkopf, 2050 m, $^1/4$; Henneneck, 1965 m, $^1/2$; Bischof, 2033 m, 1; Hoher Fricken, 1940 m, $1^1/2$

⟁ ⟋ Garmisch-Partenkirchen – Esterbergalm

🚌 Eschenlohe, Oberau, Farchant, Garmisch-Partenkirchen od. Kaltenbrunn

🚌 wie 🚌 , ferner Wallgau und Krün 🅿

🚞 Garmisch-Partenkirchen – Wank

FB 322; TK L 8532; TKU 52

Hütten anderer alpiner Vereine und Privathütten

Bayernhütte, 1360 m, Brauneckgebiet, privat, 🛏 30 ⌐ 20, ⟋ Lenggries $2^1/2$ 🚞 $+^1/2$, gj. bew., Nov. und April geschlossen, ℰ 08042/8973

Breitenberghaus, 1050 m, am Südhang des Breitenbergs, TVN, 🛏 12 ⌐ 35, ⟋ Degerndorf $^1/2$ 🚌 Brannenburg 🚏 Degerndorf 🚏 St. Margarethen oder Posterholungsheim Brannenburg 🅿 2 km vor dem Haus, bew. 20.2. - 17.1., Dienstag Ruhetag, ℰ 08034/8663

Buchsteinhütte, 1240 m, an der Nordseite von Roß- und Buchstein, 🛏 30 ⌐ 20, ⟋ Schwarzentenn-Alm 1 🚌 Tegernsee 🚏 🚏 Wildbad Kreuth, bew. Anfang Dez. bis Mitte Nov., ℰ 08029/244

Erzherzog-Johann-Klause, 824 m, im oberen Brandenberger Tal, privat, ⌐ 10, ⟋ Kramsach 6, Spitzingsee 3; 🚌 Fischhausen-Neuhaus 🚏 🚏 Spitzingsee, gj. bew., ℰ 0663/58336

Firstalm, Obere, 1375 m, auf dem Freudenreichsattel, privat, 🛏 30 ⌐ 30, ⟋ Spitzingsattel $^3/4$; Fischhausen-Neuhaus 2 🚌 Fischhausen-Neuhaus 🚏 🚏 Spitzingsattel, gj. bew., Frühjahr u. Herbst je 2 Wochen geschlossen, ℰ 08026/7302

Florianshütte, 1350 m, Brauneckgebiet, 🛏 40, ⟋ Wegscheid 2, Lenggries $2^1/2$, 🚌 🚏 Lenggries, 🚞 $+^1/2$, gj. bew., Nov. geschlossen, ℰ 08042/8900

Herzogstandhäuser, 1575 m, auf der Südseite des Herzogstands, privat, 🛏 , ⟋ Kesselberg 2, Walchensee $2^1/2$ 🚌 Kochel 🚏 Walchensee 🚏 🅿 am Sessellift in Kochel zum Haus, bew. Anfang Jan. bis Ende Okt., ℰ 08851/234

Hirschberghaus, 1544 m, am Hirschberg, 🛏 30 ⌐ 25, ⟋ Bad Wiessee 2 🚌 Tegernsee 🚏 🚏 Bad Wiessee, gj. bew., 20.-26.12. und 3 Wochen im April geschlossen, ℰ 08029/465

Idealhanghütte, 1550 m, S-Hang des Vord. Kirchsteins, privat, 🛏 10 ⌐ 10, ⟋ Lenggries $2^1/2$, 🚞 $+^1/2$, gj. bew., Nov. und Mai geschlossen, ℰ 08042/4102

Kesselalm, 1278 m, am Breitenstein, privat, ⌐ 50, ⟋ Birkenstein 1, Marbach 2, bew. während der Sommermonate, im Winter nur Sa./So., ℰ 08028/896 (Café Seidl, Birkenstein)

Kirchsteinhütte, 1050 m, im Längental, privat, ⊨ 41, ↗ Lenggries 2; Arzbach 1¹/₂, ⛺ Lenggries ⸺ ⸺ Arzbach, gj. bew., ✆ 08041/9743

Krottentaler Alm, 1437 m, auf der Südseite der Aiplspitze, TVN, ⊨ 9 ⌐ 38, ↗ Geitau 2¹/₂, Wurzhütte 2, ⛺ Geitau, Fischhausen-Neuhaus ⸺ Wurzhütte ⸺ Geitau, Spitzingsee 🅿, unbew., Anfrage bei Hermann Kast, Rolf-Pinegger-Str. 34, D-80689 München, ✆ 089/7001101

Maroldhof, 825 m, am Taubenberg, privat, ⊨ 104, ↗ Thalham 1, Warngau 1¹/₄, Gotzing 4 km ⛺ ⸺ Oberwarngau ⸺ Oberwarngau zum Haus, gj. bew., ✆ 08020/535

Maxlrainer Alm, Obere, 1500 m, am Fuße der Taubenstein-NW-Wand, privat, ⊨ 40, ↗ Spitzingsee 2, Taubenstein-Bergstation 10 Min., ⛺ Fischhausen-Neuhaus ⸺ ⸺ Spitzingsee, gj. bew., ✆ 08026/7382

Valepp-Forsthaus, 872 m, Valepptal, privat, ⊨ 15, ↗ Spitzingsee 1¹/₂, ⛺ Fischhausen-Neuhaus ⸺ ⸺ Spitzingsee, gj. bew., Nov. bis Weihnachten geschlossen, ✆ 08026/71281

Wallberghaus, 1512 m, im Sattel zwischen Wallberg und Setzberg, privat, ⊨ 73, ↗ Talstation 1³/₄, Rottach-Egern 2, Wallbergbahn-Bergstation ¹/₂, ⛺ Tegernsee ⸺ Rottach-Egern ⸺ Mautstraße, gj. bew., Nov. bis Weihnachten geschlossen

8 Kaisergebirge

Umgrenzung

Jennbach – Achentaler Bach – Durchholzen – Walchensee – Weißenbach – Kössener Ache bis St. Johann i.T. – Reitner Ache – Ellmau – Weißache – Glemmache – Inn von Kufstein bis zur Einmündung des Jennbachs

123

Ackerlhütte

K. I, 1460 m, erb. 1958
OeAV-S. Kitzbühel
Unterbrunnweg 45
A-6370 Kitzbühel

- ♦ Klaus Zwicknagl
  Zwickerleiten 15
  A-6370 Kitzbühel
- ℭ Tal 05356/2730
- ✕ SV, Juni bis Sept. Sa./So. beaufsichtigt
- ⌐ 15; ☕
- ✗ Going, 773 m – Regalm 1¹/₂; Ellmau, 812 m – Gaudeamushütte – Baumgartenköpfl – Regalm 2¹/₂; St. Johann i.T., 660 m – Grander Alm, Kaisermannalm 3
- → Baumgartenköpfl, 1572 m – Gaudeamushütte 1¹/₂; Jubiläumssteig od. Gaudeamushütte – Gruttenhütte 2¹/₂ - 3; Kleines Törl – Fritz-Pflaum-Hütte (Griesnerkarhütte) 3¹/₂ - 4; Ellmauer Tor – Stripsenjochhaus 4¹/₂ - 5
- △ Ackerlspitze, 2329 m, 3 - 3¹/₂; Maukspitze, 2231 m, 3; Regalpspitze, 2253 m, 3 - 3¹/₂
- ⊥ kein Stützpunkt
- ⇥ St. Johann i.T.
- ⇒ Going
- ⇒ Wochenbrunner Alm Going (oberh. Stanglwirt) 🅿 und Prama 🅿

AV 8; FB 301; ÖK 90, 91; Bergverlag Rother: AVF Kaisergebirge, GF Kaisergebirge

Anton-Karg-Haus

K. I, 831 m, Hinterbärenbad, erb. 1900
OeAV-S. Kufstein
Georg-Primoser-Str. 3/II
A-6330 Kufstein

- ♦ Hansjörg Kröll
  Anton-Karg-Haus
  A-6330 Kufstein
  während der Nichtbewirtsch.:
  Ahornstr. 831
  A-6290 Mayrhofen
- ℭ Hütte 05372/62578
- ✕ Anfang Mai bis Mitte Okt.
- ⇥ 30 ⌐ 70
- ⚡ 220 V ∼
- ✗ Kufstein – Pfandlhof – Hinterbärenbad, 831 m 2¹/₂
- → Stripsenjochhaus, 1580 m, 1¹/₂; Vorderkaiserfeldenhütte, 1389 m, 2¹/₂; Kaindlhüt-

te, 1318 m – Bettlersteig 2; Gruttenhütte, 1619 m – Kopftörl, 2058 m, etw. Übung erforderl., 4$^{1}/_{2}$ - 5

△ Sonneck, 2261 m, 4; Kleine Halt, 2119 m, 2 - 2$^{1}/_{2}$

🛤 kein Stützpunkt

🚌 Kufstein

🚎 ⇢ Kufstein-Sparchen 🅿

AV 8; FB 301; ÖK 90, 91; Bergverlag Rother: AVF Kaisergebirge, GF Kaisergebirge, WF Rund um den Wilden Kaiser

AV-Jugendherberge Kufstein

500 m, erb. 1932
OeAV-S. Kufstein
Georg-Pirmoser-Str. 3/II
A-6330 Kufstein

† AV-Jugendherberge
    Kaiserbach 24
    A-6330 Kufstein

☎ Hütte 05372/62312

✗ gj. Nächtigung mit Frühstück

⊓ 26

↝ 220 V ∼

↗ an der Straße Nähe Eingang
    Kaiserbachtal

→ Anton-Karg-Haus 2$^{1}/_{2}$, Vorder-
    kaiserfeldenhütte 3

△ Pyramidenspitze, 1999 m, 5

🚌 Kufstein

🚎 Kufstein – Kaiserbach

🚎 zum Haus

AV 8; FB 301; ÖK 90, 91; Bergverlag Rother: AVF Kaisergebirge, GF Kaisergebirge

Fritz-Pflaum-Hütte

K. I, 1865 m, erb. 1912
DAV-S. Bayerland
Roland Wankerl
Forstenrieder Allee 124
D-81476 München

† Manfred Skrbek
    Burgsteinstr. 29
    D-83646 Bad Tölz

☎ Tal 08041/1531

✗ nicht bew., SV, Holz mitnehmen vom Holzplatz am Aufstiegsweg von der Griesner Alm

⌐ 23; ⚑ Größere Gruppen sollten sich beim ♦ anmelden.

↗ Griesner Alm, 989 m – Großes Griesner Tor 2; Latschenölbrennerei – Kleines Griesner Tor 2

→ Kleines Törl, 2102 m – Gaudeamushütte 3; Wildanger – Stripsenjochhaus 2

△ Mitterkaiser, 2007 m, $\frac{1}{2}$ - $\frac{3}{4}$; Ackerlspitze, 2329 m, 2; Übergang zur Maukspitze, 2231 m, 1 - $\frac{1}{2}$; Lärcheck, 2124 m, 2$\frac{1}{4}$; Regalpspitze, 2249 m, 2

☌ nur spätes Frühjahr ↗ Griesner Alm △ keine, nur Griesner Kar

⚑ St. Johann i.T.

▬ Griesenau

▬ Griesner Alm (Maut) 🅿, Straße gesperrt vom 1. Nov. bis 15. April

AV 8; FB 301; ÖK 90, 91; Bergverlag Rother: AVF Kaisergebirge, GF Kaisergebirge, WF Rund um den Wilden Kaiser

Gaudeamushütte

K. I, 1267 m, erb. 1927
DAV-S. Berlin
Hauptstr. 23/24
D-10827 Berlin 62

♦ Margarethe u. Hansjörg Hoch-filzer
Sonnseite 19
A-6353 Going

℗ Hütte 05358/2262

℗ Tal 05358/2770

✗ Mitte Mai bis Mitte Okt. (wetter-bedingt)

⋿ 15 ⌐ 50 ⌐ 10

▦ 10 (Nebengebäude)

⚲ SR

↗ Going, 780 m, u. Ellmau, 812 m, 1$\frac{1}{2}$; Parkplatz Wochenbrunner Alm $\frac{1}{2}$

→ Ellmauer Tor, 1995 m – Stripsenjochhaus 4; Gruttenhütte 1$\frac{1}{4}$; durchs »Klamml« 1; Kleines Törl, 2102 m – Griesner Kar (Fritz-Pflaum-Hütte) 2$\frac{1}{2}$ - 3; Ackerlhütte 1$\frac{1}{2}$

△ Hint. Goinger Halt, 2195 m, 2; Übergang z. Vord. Goinger Halt, 2243 m, $\frac{3}{4}$; Predigtstuhl, 2115 m, 4; Vord. Karspitze, 2260 m, 3$\frac{1}{2}$

☌ kein Stützpunkt △ im Frühjahr Ellmauer Tor, Regalp-Südhang

⚑ St. Johann i.T., Kufstein

▬ Going u. Ellmau

▬ von Ellmau auf Mautstraße bis Wochenbrunner Alm 🅿

AV 8; FB 301; ÖK 90, 91; Bergverlag Rother: AVF Kaisergebirge, GF Kaisergebirge, WF Rund um den Wilden Kaiser

Gruttenhütte

K. I, 1619 m, erb. 1899/1900
DAV-S. Turner-Alpenkränzchen
Preysingstr. 71
D-81667 München

- Paula Erhart
  A-6351 Scheffau/Tirol 130
- © Hütte 05358/2242
- © Tal 05358/8141
- ✗ Anfang Juni bis Mitte Okt.
- ⊨ 50 ⌐ 100 ⌐ 20
- ⊞ 4 ⌕ keine Heizmöglichkeit
- ↗ Ellmau, 812 m, 2½; Scheffau,
  752 m, 3; Going, 780 m, 3½;
  Parkplatz Wochenbrunner Alm
  1½
- → Ellmauer Tor, 1995 m, oder Kopftörl, 2058 m – Stripsenjochhaus 3½; Kopftörl –
  Anton-Karg-Haus (Hinterbärenbad), 831 m, 3½; Gaudeamushütte 1; Scheffauer,
  2113 m – Kaindlhütte, 1318 m, 6
- △ Ellmauer Halt, 2344 m, 2½; Treffauer, 2305 m, und Tuxeck, 2226 m, 3½; Hint.
  Goinger Halt, 2195 m, 2½; Hint. u. Vord. Karlsitze, 2881 m, 3
- ⊥ kein Stützpunkt
- ⊯ St. Johann i.T., Kufstein
- ⊟ Ellmau
- ⊶ Wochenbrunner Alm (Maut) 🅿, Ellmau, Scheffau 🅿

AV 8; FB 301; ÖK 90, 91; Bergverlag Rother: AVF Kaisergebirge, GF Kaisergebirge,
WF Rund um den Wilden Kaiser

Stripsenjochhaus

K. I, 1580 m, erb. 1902
OeAV-S. Kufstein
Georg-Pirmoser-Str. 3/II
A-6330 Kufstein

- Willi u. Jolanda Fankhauser
  Stripsenjochhaus
  Postfach 43
  A-6380 St. Johann i.T.
- © Hütte 05372/62579
- © Tal 05352/4517
- ✗ Mitte Mai bis Ende Okt.
- ⊨ 50 ⌐ 130
- ⊞ 4 ⌕
- ⌁ 220 V ∼; OeAV-Ausbildungs-
  zentrum, Lehrsaal und Kletter-
  wand

8 Kaisergebirge

↗ Kufstein – Pfandlhof – Anton-Karg-Haus (Hinterbärenbad), 831 m – Stripsenjochhaus, 1580 m, 4½; St. Johann i.T. – Bus bis Griesenau, 727 m – Mautstr. bis
   Griesner Alm, 989 m; St. Johann i.T. von der Griesenau 3, von der Griesner Alm
   1½

→ Vorderkaiserfeldenhütte, 1384 m, 3; Eggersteig durch die Steinerne Rinne zum
   Ellmauer Tor 2; Abstieg Gaudeamushütte, 1267 m, 1; über den Jubiläumssteig
   zur Gruttenhütte, 1619 m, 1; Stripsenkopf, 1809 m – Feldberg, 1813 m –
   Griesenau 3; Griesnerkarhütte, 1865 m, 2¼

△ Stripsenkopf, 1809 m, 1; Totenkirchl, 2193 m, 4; Predigtstuhl, 2115 m; Kopftörl-
   grat (Gipfel Ellmauer Halt, 2344 m)

🚂 ↗ Kufstein △ nur extreme Winterbergfahrten
🚌 St. Johann i.T., Kufstein
🚏 Griesenau, Kufstein-Sparchen
🚐 🅿 Griesner Alm; Kufstein, Sparchner Brücke 🅿

AV 8; FB 301; ÖK 90, 91; Bergverlag Rother: AVF Kaisergebirge, GF Kaisergebirge,
WF Rund um den Wilden Kaiser

Vorderkaiserfeldenhütte

K. I, 1384 m, Ankauf 1900
DAV-S. Oberland
Tal 42
D-80331 München

† Helmut u. Ingrid Breitfuß
  A-6330 Kufstein
✆ Hütte 05372/3482
🗓 1.1. bis 6.1. und 1.3. bis 31.12.
🛏 33 ⌐ 60
🏠 21, Schlüssel beim †, SR,
  außerhalb der ✗ mit ⌂
⚡ 220 V ∼ 🕯
↗ Sparchenmühle, 460 m, an
  Straße Kufstein - Ebbs 2½ - 3;
  Gasthaus »Zur Schanze«
  (Kufstein-Ebbs) – Hoaderer Hof – Steinbruch – Rietzalm 2½; Ebbs, 473 m –
  Gasteig – Abzweigung Reith 3
→ Höhenweg Hochalm – Feldalmsattel – Stripsenjochhaus 3; Hochleitenalm –
  Anton-Karg-Haus (Hinterbärenbad) 1¾; Pyramidenspitze – Winkelkar – Durch-
  holzen, 684 m, 5
△ Naunspitze, 1635 m, ¾; Pyramidenspitze, 1999 m, 2½
🚂 ↗ Sparchen → Naunspitze – Peterköpfl – Hinterkaiserfeldenalm – Vorderkaiserfel-
  den 2½ - 3 🕯 Pyramidenspitze
🚌 Kufstein, Kiefersfelden (wenn Innfähre in Betrieb)
🚐 → Sparchen 🅿

AV 8; FB 301; ÖK 90, 91; Bergverlag Rother: AVF Kaisergebirge, GF Kaisergebirge,
WF Rund um den Wilden Kaiser

Hütten anderer alpiner Vereine und Privathütten

Aschenbrenner-Berghaus, 1140 m, oberhalb Kufstein, privat, ⊨ 21, ↗ Kufstein 1½, ⛟ ⛟ Kufstein ⟶ Kufstein 🅿 an der Talstation des Kaiserlifts, gj. bew., ✆ 05372/62220

Babenstuber Hütte, 2300 m, Neubau 1983, auf der Ellmauer Halt, DAV-S. Turner-Alpenkränzchen, ⌐ 1, ↗ Ellmau – Gruttenhütte – Ellmauer Halt 5, ⛟ Kufstein ⟶ Ellmau ⟶ Wochenbrunner Alm 🅿 (Maut)

Brentenjochhütte, 1273 m, am Kufsteiner Stadtberg, privat, ⊨ 15 ⌐ 20, ↗ Kufstein 2½, ⛟ Kufstein ⟶ Kufstein-Sparchen ⟶ Sparchen, Lift zum Haus, gj. bew., ✆ 05372/63883

Griesner Alm, 1006 m, im Kaiserbachtal, privat, ⊨ 10 ⌐ 45, ↗ Griesenau 1, ⛟ St. Johann i.T. ⟶ Griesenau ⟶ zum Haus (Maut), bew. Dez. bis März und Anfang Mai bis Ende Okt.

Kaindlhütte, 1318 m, nördl. des Scheffauers, privat, ⊨ 40 ⌐ 45, ↗ Kufstein 2½ (mit Lift 1¼), ⛟ Kufstein ⟶ Talstation des Kaiserlifts Kufstein, gj. bew.

Kaisertal-(Hans-Berger-)Haus, 936 m im Kaisertal bei Hinterbärenbad, TVN, ⊨ 29 ⌐ 45, ↗ Kufstein 3, Griesenau 4½, ⛟ Kufstein, St. Johann i.T. ⟶ Kufstein-Sparchen, Griesenau, bew. Mitte Mai bis Mitte Okt., ✆ 05372/62575

Pfandlhof, 783 m, im Kaisertal, privat, ⊨ 48, ↗ Kufstein-Sparchen 1½, ⛟ Kufstein ⟶ ⟶ Kufstein-Sparchen, gj. bew., ✆ 05372/62118

Riedlhütte, 1268 m, nordöstlich von Scheffau, privat, ⊨ 12, ↗ Scheffau oder Ellmau 1½, ⛟ Kufstein, St. Johann i.T. ⟶ Scheffau, Ellmau ⟶ Wochenbrunner Alm, bew. Mitte Mai bis Ende Okt.

Wochenbrunn Alpengasthof, 981 m, unter der Ellmauer Halt, privat, ⊨ 60, ↗ Ellmau 1¼, ⛟ Kufstein, St. Johann i.T. ⟶ Scheffau, Ellmau ⟶ Wochenbrunn (Mautstraße), gj. bew., ✆ 05358/2263

Wochenbrunner Alm, 1087 m, über Gasthaus Wochenbrunn, ⌐ 30, ↗ Ellmau 1¼, ⛟ Kufstein, St. Johann i.T. ⟶ Ellmau ⟶ Ellmau, Wochenbrunner Alm (Maut), gj. bew.

9 Loferer und Leoganger Steinberge

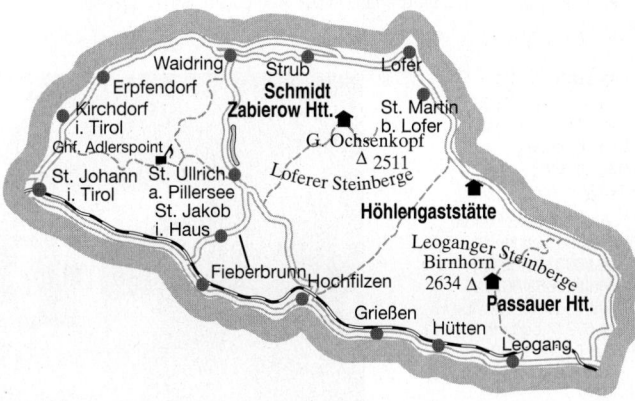

Umgrenzung

Erpfendorf – Griesbach – Waidring – Strubache – Saalach bis Einmündung Leoganger Ache – Hochfilzen – Rothache – Pillersee-Ache – St. Johann i.T. – Kössener Ache bis Erpfendorf

Höhlengaststätte

(Lamprechtsofen)
erb. 1904
DAV-S. Passau
Ludwigstr. 8/IV
D-94032 Passau

 🛉 Rosa Ebser
   Höhlengaststätte
   Obsthurn 28
   A-5093 Weißbach über Lofer
 ✆ Hütte 06582/8343
 ✗ Anfang Mai bis Anfang Okt.
   (keine Übernachtung)
 ↗ Bundesstraße Lofer – Saalfel-
   den
 🚌 Saalfelden
 🚌 ➝ zur Höhlengaststätte 🅿

AV 9; FB 101; ÖK 92, 124; Bergverlag Rother: AVF Loferer und Leoganger Steinberge

Passauer Hütte

K. I, 2033 m, erb. 1892,
wiederaufgebaut 1956,
DAV-S. Passau
Ludwigstr. 8/VI
D-94032 Passau

 🛉 Anni u. Franz Steiner
   Frohnwiese Nr. 18
   A-5093 Weißbach
 ✆ Hütte 0663/66702
   während der Nichtbew.:
   A-5771 Leogang Nr. 111
 ✆ Tal 06583/7240
 ✗ Mitte Juni bis Ende Sept.
 ⊓ 47
 ▦ 15 offen
 ↗ Leogang, 786 m, 2$\frac{1}{2}$ - 3; Dies-
   bach 4$\frac{1}{2}$
 ➝ Kuchelnieder – Ebersbergkar – Rammernsattel 6
 △ Birnhorn, 2634 m, 1$\frac{1}{2}$ - 2; Thierkarhorn, 2287 m, 2; Kuchelhorn, 2500 m, 1 - 1$\frac{1}{2}$;
   Großes Rothorn, 2442 m, 3; Schaleithörner, 2450 m, 2$\frac{1}{2}$; Dreizinthörner, 2484 m,
   4
 ⭜ nur Frühjahr ↗ von Diesbach △ Hochzint, Ebersbergkar von Weißbach
 🚌 Leogang/Haltestelle Steinberge
 🚌 Leogang

➡ Leogang, Ortsteile Ullach u. Rosental **P**

AV 9; FB 101; ÖK 123, 124; Bergverlag Rother: AVF Loferer und Leoganger Steinberge, GF Loferer und Leoganger Steinberge

v.Schmidt-Zabierow-Hütte

K. I, 1966 m, erb. 1899
DAV-S. Passau
Ludwigstr. 8/IV
D-94032 Passau

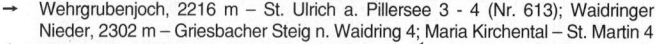

♦ Andreas Steger
  St.-Johanner Str. 11f
  A-6370 Kitzbühel
✆ Hütte 06588/7284
✆ Tal 05356/71005
✗ Anfang Juli bis Ende Sept.
🛏 11 ⌐ 56
🏢 im Bau (1995?)
↗ Lofer, 629 m, 3$\frac{1}{2}$ - 4; Lofer Hochtal, ca. 900 m, 2$\frac{1}{2}$; St. Martin 4$\frac{1}{2}$; Maria Kirchental 4; Nurracher Höhenweg von St. Ulrich 10, von Waidring 5
→ Wehrgrubenjoch, 2216 m – St. Ulrich a. Pillersee 3 - 4 (Nr. 613); Waidringer Nieder, 2302 m – Griesbacher Steig n. Waidring 4; Maria Kirchental – St. Martin 4
△ Hinterhorn, 2504 m, 2; Gr. Rothorn, 2409 m, 3$\frac{1}{2}$; Breithorn, 2413 m, 2; Gr. Reifhorn, 2487 m, 2$\frac{1}{2}$; Gr. Ochsenhorn, 2513 m, 2$\frac{1}{2}$
⊥ nur spätes Frühjahr ↗ Loferer Hochtal, Kl. Wehrgrube △ Loferer Skihörndl, 2286 m
🚍 Saalfelden
🚂 Lofer
➡ Loferer Hochtal **P**

AV 9; FB 101; ÖK 92; Bergverlag Rother: AVF Loferer und Leoganger Steinberge, GF Loferer und Leoganger Steinberge

Hütten anderer alpiner Vereine und Privathütten

Adlerspoint-Alpengasthaus, 1425 m, auf dem Kalkstein, privat, 🛏 60, ↗ St. Johann i.T. 3, 🚍 🚂 St. Johann i.T. ➡ St. Johann i.T. – Lengenreith, bew. Mitte April bis Anfang Nov., ✆ 05352/3169

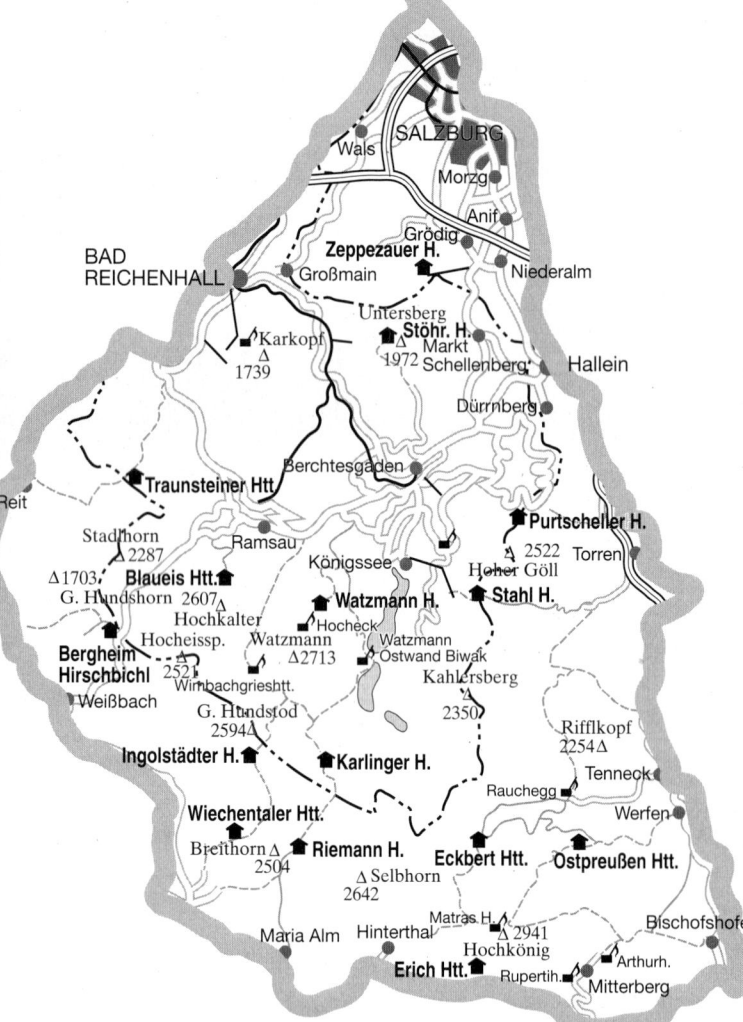

SALZBURG

Wals

Morzg

Anif

Grödig

Zeppezauer H.

Niederalm

BAD REICHENHALL

Großmain

Untersberg

Stöhr. H.

Δ 1972

Markt Schellenberg

Hallein

Dürrnberg

Karkopf
Δ 1739

Berchtesgaden

Traunsteiner Htt.

Reit

Stadlhorn
Δ 2287

Ramsau

Königssee

Purtscheller H.

Δ 2522

Torren

Hoher Göll

Δ1703

Blaueis Htt.

G. Hundshorn 2607Δ

Hochkalter

Hocheissp.

Watzmann

Δ 2713

Hocheck

Watzmann H.

Watzmann
Ostwand Biwak

Stahl H.

Bergheim Hirschbichl

2521

Wimbachgrieshtt.

Weißbach

G. Hundstod
2594Δ

Kahlersberg

2350

Rifflkopf
2254Δ

Tenneck

Ingolstädter H.

Karlinger H.

Rauchegg

Werfen

Wiechentaler Htt.

Breithorn Δ
2504

Riemann H.

Eckbert Htt.

Ostpreußen Htt.

Δ Selbhorn
2642

Matras H.

Bischofshofer

Maria Alm

Hinterthal

Δ 2941

Hochkönig

Erich Htt.

Rupertih.

Arthurh.

Mitterberg

134

10 Berchtes-
gadener Alpen

Umgrenzung

Salzach von Salzburg bis Bischofshofen – Mühlbach – Trockenbach – Dientner
Sattel – Filzensattel – Hintertal – Urslau – Saalach bis Salzburg

Bergheim Hirschbichl

K. II, 1150 m, seit 1969
DAV-S. Burghausen
Robert-Koch-Str. 13
D-84489 Burghausen

- ℭ   Hütte 06582/8354 (Österreich)
- ⚲   Aufsicht: Irene Scherzer
       Hintertal 8
       A-5093 Weißbach b. Lofer
- ℭ   Tal 06583/664
- ✗   beaufsichtigt, SV (Gasthaus gegenüber), geöffnet Pfingsten bis Ende Sept., vorherige Anmeldung zweckmäßig
- ⊨   19 ⌐ 20; kein 🏩
- ⚡   220 V ∼
- ✗   Hintersee, 790 m, 2 (mit Bus bis Engert-Hütte, dann ¾); Weißbach b. Lofer, 660 m, 2; 🅿 Hirschbichlstraße, 900 m, ¾
- →   Ingolstädter Haus 5; Traunsteiner Hütte 5
- △   Hocheisspitze, 2523 m, 3; Kammerlinghorn, 2484 m, 3; Seehorn, 2321 m, 5; Hochkranz, 1957 m, 3½
- ☇   kein Skigelände
- ⚒   Berchtesgaden
- ⇌   ⇌ Ramsau – Hintersee 🅿 Weißbach b. Lofer 🅿 oder Hirschbichlstraße
- ⇒   von Weißbach b. Lofer zur Hütte (nicht Tagesgäste)

FB 101; ÖK 92; Bergverlag Rother: AVF Berchtesgadener Alpen, GF Berchtesgadener Alpen

Blaueishütte

K. I, 1680 m, erb. 1959/60
DAV-S. Berchtesgaden
Kurgarten
Maximilianstr. 1
D-83471 Berchtesgaden

- ⚲   Raphael u. Brigitte Hang
       Haus Ahornbichl
       D-83486 Ramsau
- ℭ   Hütte 08657/271
- ℭ   Tal 08657/546
- ✗   Mitte Mai bis Mitte Okt.
- ⊨   28 ⌐ 52
- ✗   Ramsau, 670 m, Hintersee, 790 m, 2½
- △   Hochkalter, 2607 m, 3½; Schärtenspitze, 2150 m, 1½; Blaueisspitze, 2481 m, 2½; Steinberg, 2066 m, 1

⚲ nur Frühjahr ↗ Ramsau, Hintersee ⛄ Blaueisgletscher (mit Skiern bis unterhalb der Scharte), Blaueisspitze

🚌 Berchtesgaden

🚐 🚐 Ramsau, Hintersee 🅿

FB 101, 102; ÖK 92, 93; TK L 8542; TKU 4; Bergverlag Rother: AVF Berchtesgadener Alpen, GF Berchtesgadener Alpen, WF Berchtesgadener Land

Eckberthütte

K. I, 1140 m, erb. 1926
OeAV-S. Salzburg
Nonntaler Hauptstr. 86
A-5020 Salzburg

♟ Anderl Brandstätter
  Enzersbergerstr. 21
  A-5303 Thalgau
℗ Tal 06235/302 <7302>
✗ nicht bewirtschaftet, SV, zugänglich von 15. Mai bis 15. Oktober
⊓ 17 ⊔ 2
▦ 18 Lager, 2 Notlager
↗ Eisenwerk Konkordiahütte, 600 m – Fahrstraße Blühnbachtal 4

→ Ostpreußenhütte über Blühnteckalm 2; Riemannhaus über Tauchertal-Brandhorn; Matrashaus über Torscharte 5; Wasseralm über Mauerscharte 4; Schloßanger 4
△ Hochsailer, 2793 m, 3^1/$_2$; Brandhorn, 2609 m; Großes und Kleines Teufelshorn, 2362 m bzw. 2283 m, 6 - 7; Hochkönig, 2941 m
⚲ nur im Frühjahr → Ostpreußenhütte △ Brandhorn
🚌 🚐 Tenneck
🚐 bis Hütte mit Sonderbewilligung der Gutsverw. Blühnbach, erhältlich beim ♟ Tenneck 🅿

AV 10/2; FB 103; ÖK 124; Bergverlag Rother: AVF Berchtesgadener Alpen, GF Berchtesgadener Alpen

Erichhütte

K. I, 1540 m, erb. 1908
OeAV-S. Lend-Dienten
A-5651 Lend 64

♟ Maria Bürgler
  Berg 26
  A-5652 Dienten
℗ Tal 06416/341
✗ Anfang Juni bis Mitte Okt.

🛏 . 6 ⌐ 14 ⌐ 6; kein 🏩, Propangas

↗ Dienten – Rohrmoos 2; Dien-
ten/Hochkönig 1½; P. 1250
(hierher mit Pkw von Dienten
oder von Mühlbach) ¾

→ Bertgenhütte, 1845 m, 2½;
Wiedersbergalm Arthurhaus,
1502 m, 3 - 3½; Matrashaus
am Hochköniggipfel, 2941 m

△ Taghaube, 2159 m, 2; Hochkönig, 2941 m, 4½ - 5; Koll-
mannsegg, 1857 m, 2½;
Kleinschneeberg, 1917 m, 3

⚡ kein Stützpunkt

🚌 Lend

🚐 Dachegg, in der Sommer-
hochsaison auch bis P. 1250

🚍 von Dienten 3 km in Richtung Dientner Sattel, P. 1250 🅿

AV 10/2; FB 103; ÖK 124; Bergverlag Rother: AVF Berchtesgadener Alpen, GF
Berchtesgadener Alpen

Ingolstädter Haus

K. I, 2119 m, erb. 1928
DAV-S. Ingolstadt
Am Mühlbach 14
D-85055 Ingolstadt

† Siegfried Lohninger
Griesbachwinkel 60
A-5761 Maria Alm

℄ Hütte 06582/8353

℄ Tal 06584/7272

✗ Mitte Juni bis Anfang Okt.

🛏 12 ⌐ 70 ⌐ 32

🏩 12 offen SR

↗ Weißbach, 660 m, 6; Dies-
bach-Stausee, 1415 m, 3;
Wimbachgrieshütte, 1327 m,
3½; Königssee – St. Bartholomä, 600 m, 6½; Diesbach, 676 m, 4½

→ Riemannhaus 3; Kärlingerhaus 2½; Weißbachscharte – Peter-Wiechenthaler-
Hütte, 1752 m, 4

△ Großer Hundstod, 2594 m, 1½; Schindlkopf, 2357 m, 1

⚡ ↗ Weißbach (meist nicht möglich), Wimbachgries, Riemannhaus (bester Zugang)
→ Kärlingerhaus △ Schindlkopf

🚌 Saalfelden

🚐 Weißbach bei Lofer 🅿

↝ Weißbach – Pürzlbach

AV 10/1; FB 102; ÖK 93; TK L 8542; TKU 4; Bergverlag Rother: AVF Berchtesgadener Alpen, GF Berchtesgadener Alpen

Kärlingerhaus am Funtensee

K. I, 1631 m, erb. 1879
DAV-S. Berchtesgaden
Am Kurgarten
Maximilianstr. 1
D-83471 Berchtesgaden

⚐ Josef u. Ella Amort
Am Tradenlehen 16
D-83471 Schönau am Königssee

℡ Hütte 08652/2995
℡ Tal 08652/61589
✗ Pfingsten bis Anfang Okt., Ostern für Skitouren
🛏 55 ⌐ 178
▦ 30 offen SR
⬈ St. Bartholomä am Königssee, 600 m – Saugasse 4; Salet-Alm am Königssee – Sagereck – Grünsee 4½; Wimbachgrieshütte, 1326 m – Trischübel – Hundstodgatterl, 2188 m, 6
→ Riemannhaus 2 ½ - 3; Ingolstädter Haus 3; Wasseralm (Röth), 1400 m, 3½; Gotzenalm, 1685 m, 6; Hochbrunnsulzen – Brandhorn, 2610 m – Matrashaus am Hochkönig, 2941 m, 10
△ Funtenseetauern, 2578 m, 3; Schönfeldspitze, 2653 m, 3 - 4; Viehkogel, 2158 m, 1½ - 2; Großer Hundstod, 2594 m, 4½; Schottmalhorn, 2282 m
⚒ nur Frühjahr ⬈ St. Bartholomä, Wimbachgrieshütte → Große Reib'n (Schneibstein – Röth – Kärlingerhaus – Loferer Seilergraben) △ Funtenseetauern, Viehkogel, Breithorn
🚍 Berchtesgaden
🚌 ↝ Königssee 🅿, Schiff bis Bartholomä oder Salet

AV 10/1; FB 102; ÖK 93; TK L 8542; TKU 4; Bergverlag Rother: AVF Berchtesgadener Alpen, GF Berchtesgadener Alpen, WF Berchtesgadener Land

Ostpreußenhütte

K. I, 1630 m, erb. 1928
DAV-S. Königsberg
Korbinianstr. 8
D-85737 Ismaning

- 🛉 Anneliese Fritzl
  Postfach 15
  A-5450 Werfen
  während der Nichtbew.:
  Wallhorn 14b
  A-9974 Prägraten
- 📞 Hütte 06468/7146
- 📞 Tal 04877/5402
- ✗ 1. Mai bis 31. Okt.
- 🛏 20 ⌐ 40, 🍽
- ⊞ 8 offen
- ✗ Werfen, 547 m, 3¹/₂; Dielalm, 1100 m, 2; Pfarrwerfen, 540 m – Imlau – Sonneck-hütte 3¹/₂; Tenneck – Dielalm 3¹/₂ oder Blühnbachtal – Blühnteck-Alm 4¹/₂
- → Matrashaus am Hochkönig, 2941 m, 4 - 5 (Abstiege: Arthurhaus 3 - 3¹/₂; Erichhütte 3 - 4; Riemannhaus 7 - 8)
- △ Albleck, 2364 m, 2¹/₂; Floßkogel, 2437 m, 2¹/₂; Hochkönig, 2941 m, 4 - 5
- 🔦 ✗ Werfen – Dielalm → Hochkönig, Arthurhaus △ Hochkönig, Arthurhaus
- 🚌 🚌 Werfen
- 🚌 Dielalm 🅿

AV 10/2; FB 103; ÖK 125; Bergverlag Rother: AVF Berchtesgadener Alpen, GF
Berchtesgadener Alpen

Peter-Wiechenthaler-Hütte

K. I, 1752 m, erb. 1926
OeAV-S. Saalfelden
Sonnleitenweg 10
A-5760 Saalfelden

- 🛉 Gottfried u. Roswitha Jirkal
  Palvenstr. 6
  A-5760 Saalfelden
  während der Nichtbew.:
  Obsthurn Nr. 41
  A-5092 St. Martin b. Lofer
- 📞 Hütte 06582/3489
- 📞 Tal 06588/227
- ✗ Anfang Juni bis Ende Sept.,
  Mai und Okt. bei Schönwetter
  Sa./So.
- 🛏 14 ⌐ 33 ⌐ 23
- ⊞ 8 🔔

∿ 220 V ∿

↗ Saalfelden, 744 m – Bachwinkel 3½; Saalfelden – Kalembach – Steinalpe 4½

→ Weißbachscharte, 2259 m – Riemannhaus, 2177 m, 3½; Weißbachscharte – Ingolstädter Haus, 2119 m, 3½; Weißbachscharte – Kärlingerhaus, 1631 m, 3½, und Königssee 5; Gratübergang Persailhorn, 2350 m – Mitterhorn, 2491 m – Breithorn, 2502 m – Riemannhaus, 2177 m, 5; Mitterhorn – Ahlhorn – Weißbachscharte, 1½

△ Persailhorn, 2350 m, (Klettersteig) 2; Mitterhorn, 2491 m, 3; Breithorn, 2504 m, 4; Ahlhorn, 2467 m; Schindelkopf, 2357 m, 1

⌖ kein Stützpunkt

🚌 🚍 Saalfelden

🚍 Bachwinkel 🅿

⛽ Öfenbach/Bachwinkel

AV 10/1; FB 103; ÖK 124; Bergverlag Rother: AVF Berchtesgadener Alpen, GF Berchtesgadener Alpen, GF Loferer und Leoganger Steinberge

Purtschellerhaus

K. I, 1692 m, erb. 1899/1900
DAV-S. Sonneberg
Horst Gebler
Mühlenweg 3
D-96487 Dörfles-Coburg

† Christl Zembsch
Silbergstr. 25
D-83489 Strub

© Hütte 08652/2420

© Tal 08652/5371

✗ Pfingsten bis Mitte Okt. (nach Schneelage)

⊨ 15 ⌐ 50

↗ Berchtesgaden, 540 m – Obersalzberg – Enzianhütte – Eckerleiten 3 - 3½; Enzianhütte 1½; Hallein, Kuchl und Golling – Eckersattel, 1414 m, 4 - 5; Oberahornkaser – Eckersattel 30 - 40 Min.

→ Hoher Göll – Hohes Brett – Stahlhaus am Torrener Joch 6 - 7; Mannlköpfe – Kehlsteinhaus (Klettersteig) 3 - 4

△ Hoher Göll, 2522 m, 3; Hohes Brett, 2338 m, 5

⌖ kein Stützpunkt

🚌 Berchtesgaden, Kuchl, Hallein

🚍 Roßfeldstraße – Oberahornkaser

🚍 Oberahornkaser 🅿 (Maut)

FB 102; ÖK 93; TK L 8344; TKU 4; Bergverlag Rother: AVF Berchtesgadener Alpen, GF Berchtesgadener Alpen, WF Berchtesgadener Land

Riemannhaus

K. I, 2177 m, erb. 1885
DAV-S. Ingolstadt
Am Mühlbach 14
D-85055 Ingolstadt

✝   Manfred Gruber
    Pürstingerstr. 48
    A-5760 Saalfelden
Y   Hütte 06582/3300 *73300*
✆   Tal 06582/2155
✗   Pfingsten, Mitte Juni bis An-
    fang Okt.
⊨   22 ⊓ 128 ⊔ 25
▥   6 SR, ⌇
↗   Saalfelden, 744 m, 4; Maria
    Alm, 802 m, bis Parkplatz San-
    den, dann 2$\frac{1}{2}$
→   Ingolstädter Haus 2$\frac{1}{2}$; Kärlingerhaus 2$\frac{1}{2}$; Weißbachscharte – P.-Wiechenthaler-
    Hütte, 1752 m, 3$\frac{1}{2}$; Matrashaus am Hochkönig, 2941 m, nur für Geübte, 10 - 12
△   Sommerstein, 2308 m, $\frac{1}{2}$; Breithorn, 2504 m, 1; Schönfeldspitze, 2653 m, 2$\frac{1}{2}$;
    Selbhorn, 2654 m, 3$\frac{1}{2}$
⚒   nur Frühjahr ↗ Saalfelden, Maria Alm → Ingolstädter Haus, Kärlingerhaus △
    Sommerstein, Breithorn
🚌   Saalfelden
🚌   Maria Alm
🚐   Griesbachwinkel bis Waldende (Weg steil, Aufstieg 2$\frac{1}{2}$) Maria Alm

AV 10/1; FB 103; ÖK 124; TK L 8542; TKU 4; Bergverlag Rother: AVF Berchtesgadener Alpen, GF Berchtesgadener Alpen

(Carl v.) Stahlhaus

K. I, 1728 m, erb. 1921
OeAV-S. Salzburg
Nonntaler Hauptstr. 86
A-5020 Salzburg

✝   Helmut Pfitzner
    Torren 69
    A-5440 Golling
✆   Hütte 08652/2752 (BRD)
✗   gj. bew.
⊨   24 ⊓ 70
⚡   220 V ~ ▥
↗   Golling, 500 m – »Bärenwirt« –
    Fahrstraße Jochalm, 1220 m,
    4; Königssee, 722 m – Königs-
    bachalm, 1200 m, 3; Jenner-

bahn-Bergstation, 1780 m, ¾; Jennerbahn-Mittelstation bzw. Autoparkplatz Hinterbrand, 1100 m – Mitterkaser 1½ - 2

→ Hohes Brett, 2338 m, – Archenkopf, 2391 m – Hoher Göll, 2522 m – Purtschellerhaus, 1692 m, 5; Kleine Reib'n – Stahlhaus – Schneibstein, 2276 m – Windscharte – Roßfeld – Königsbachalm – Königssee 5 - 6; Große Reib'n – Stahlhaus – Schneibstein – Seeleinsee – Funtenseetauern – Kärlingerhaus – Hundstodgatterl – Wimbachgries-Au 2 - 3 Tage

△ Schneibstein, 2276 m, 1½; Hoher Göll, 2522 m, über Hohes Brett, 2338, und Archenkopf, 2391 m, 3 - 4; Hohes Brett, 2338, 1½

⊥ ✗ Golling, Königssee, Jennerbahn-Bergstation, Jennerbahn-Mittelstation → Kleine Reib'n – Hohes Brett △ Schneibstein, Hoher Göll, Große Reib'n

⊞ Berchtesgaden/Golling

⊟ Golling/Königssee

⊜ Königssee, Jenner-Mittelstation, Brand, »Bärenwirt« von Golling 🅿

⊞ Königssee – Jenner

✦ Mitterkaser

AV 10/2; FB 102; ÖK 93; TK L 8544; TKU 4; Bergverlag Rother: AVF Berchtesgadener Alpen, GF Berchtesgadener Alpen

Stöhrhaus

auf dem Untersberg
K. I, 1894 m, erb. 1901
DAV-S. Berchtesgaden
Am Kurgarten
Maximilianstr. 1
D-83471 Berchtesgaden

✝ Rupert u. Robin Sommerauer
Stöhrhaus, Maximilianstr. 1
D-83471 Berchtesgaden

🕾 Hütte 08652/7233

✗ Ende Mai bis Mitte Okt.

⊨ 16 ⌐ 66 ⌐ 15

⚡ 220 V ∼

✗ Berchtesgaden – Maria Gern,
730 m, 4; Bischofswiesen-
Hallthurm, 693 m – Zehnkaser oder Bischofswiesen-Reisenkaser 3½; Schellenberg, 480 m – Schellenberger Eishöhle – Mittagsscharte 6; Geiereck, 1806 m, 3

→ Mittagsscharte – Salzburger Hochthron – Zeppezauer Haus 3

△ Berchtesgadener Hochthron, 1972 m, ¼

⊥ kein Stützpunkt ✗ Bischofswiesen-Reisenkaser → Salzburger Hochthron

⊞ Berchtesgaden

⊟ Maria Gern

⊜ Maria Gern, Gasthaus Dürrlehen 🅿

⊞ Grödig b. Salzburg – Geiereck

FB 102; ÖK 93; TKU 4; Bergverlag Rother: AVF Berchtesgadener Alpen, GF Berchtesgadener Alpen, WF Berchtesgadener Land

Traunsteiner Hütte, Neue
(Karl-Merkenschlager-Haus)
K. I, 1560 m, erb. 1936/38
DAV-S. Traunstein
Theresienstr. 1
D-83278 Traunstein

- Hermann Votz
  Traunsteiner Hütte
  D-83458 Schneizlreuth
  während der Nichtbew.:
  Turnergasse 6
  D-83435 Bad Reichenhall
- ℂ Hütte 08651/1752
- ℂ Tal 08651/8448
- ✗ Anfang April (bzw. Ostern) bis
  Ende Okt., Silvester/Neujahr
- ⮝ 38 ⌐ 130
- ▦ 16 offen, im Erdgeschoß SR
- ⚊ 220 V ∼
- ⟋ Oberjettenberg, 630 m – Schrecksattel, 1607 m, 4; Gasthaus Schwarzbachwacht, 868 m, 3 - 4; Reith, 577 m, 3½
- ⟶ Rossgasse od. Steinberggasse – Maierbergscharte, 2057 m, Gasthaus Obermeierberg 5; oder unter den S-Wänden der Stadlmauer zur Hirschbichler Landstraße und nach Hintersee 6; Steinberggasse – Böslsteig – Hintersee 5; Edelweißlahner – Steinberg-Kamm-Plattkopf – Steinberggasse 6 - 7
- △ Gr. Häuselhorn, 2284 m, 2½; Wagendrischlhorn, 2251 m, 2½; Stadlhorn, 2286 m, 3¼; Edelweißlahner, 1955 m, 2; Weitschartenkopf, 1980 m, 1
- ⚹ ⟋ Oberjettenberg, Reith △ Gr. Häuselhorn, Wagendrischlhorn, Weitschartenkopf, 1980 m, 1
- ⇝ Bad Reichenhall
- ⇝ Oberjettenberg oder Schneizlreuth, Reith in Österreich
- ⇝ Oberjettenberg, Schwarzbachwacht, Reith 🅿

FB 102; ÖK 93; TK L 8342; TKU 4; Bergverlag Rother: AVF Berchtesgadener Alpen, GF Berchtesgadener Alpen, WF Berchtesgadener Land

Watzmannhaus

K. I, 1930 m, erb. 1888
DAV-S. München
Goethestr. 21
D-80336 München

- ♸ Roman Kurz
  D-83486 Ramsau
- ☏ Hütte 08652(1310) 964222
  während der Nichtbew.:
  Locksteinstr. 25
  D-83471 Berchtesgaden
- ✗ Anfang Juni bis Ende Sept.
- ⊨ 45 ⌐ 120 ⌐ 35
- ▦ 30 ♨
- ↗ Ramsau – Wimbachbrücke,
  620 m, $3^1/_2$ - 4; Ilsank, 620 m –
  Schapbach – Stubenalm 4; Königssee, 610 m – Kühroint, 1420 m, 4 - $4^1/_2$; St.
  Bartholomä, 600m – Rinnkendlsteig Kühroint $4^1/_2$ - 5
- → Bartholomä – Saugasse – Kärlingerhaus $6^1/_2$ - 7; Sigeretplatte – Trischübel,
  1789 m – Wimbachgrieshütte, 1327 m, $6^1/_2$ - 7
- △ Watzmann – Hocheck 2 – Mittelspitze $2^1/_2$; – Südspitze 4 (Gratübergang teilw.
  gesichert, nur für Geübte) – Abstieg Wimbachtal 3
- ⌇ nur Frühjahr, hochalpin ↗ Wimbachbrücke, Ilsank
- ⇔ Berchtesgaden
- ⇔ Ramsau – Wimbachbrücke
- ⇔ Wimbachbrücke 🅿

FB 102; ÖK 93; TK L 8542; TKU 4; Bergverlag Rother: AVF Berchtesgadener Alpen,
GF Berchtesgadener Alpen, WF Berchtesgadener Land

Zeppezauerhaus

K. I, 1663 m, erb. 1914,
nach Brand, erste Hütte 1883
OeAV-S. Salzburg
Nonntaler Hauptstr. 86
A-5020 Salzburg

- ♸ Katharina Schneider
  Zeppezauerhaus
  A-5083 Gartenau
  während der Nichtbew.:
  Weiserhofstr. 10
  A-5020 Salzburg
- ☏ Hütte 0663/66035
- ☏ Tal 0662/769002
- ✗ Anfang Mai bis Ende Okt.
- ⊨ 15 ⌐ 46 ⌐ 15
- ▦ 15 offen (keine Heizmöglich-

keit)
- ↗ Reitsteig, Glanegg, Parkplatz Untere Rositten, 505 m, $2^1/_2$; Dopplersteig, Glanegg $2^1/_2$; Bergstation der Untersberg-Personenseilbahn, 1770 m, 10 Min. Abstieg
- → Stöhrhaus, 1894 m, Geiereck, 1806 m – Salzburger Hochthron, 1853 m – Mittagsscharte, 1600 m – Berchtesgadener Hochthron, 1972 m, 3; Schellenberger Hütte (auch Blausand-, Eishöhlen- oder Toni-Lenz-Hütte), 1551 m, wie zum Stöhrhaus bis Mittagsscharte, versicherter Abstieg zur Schellenberger Eishöhle 2; Schellenberger Hütte – Mittagsscharte – Schellenberger Eishöhle – Schellenberger Sattel – Obere Rositten – Dopplersteig, bez. $4^1/_2$; Geiereck, 1806 m, Salzburger Hochthron, 1853 m, $^3/_4$
- 🚡 ↗ Bergstation Untersbergbahn → Salzbg. Hochthron ↓ Fürstenbrunn, von da Bus zur Untersbergbahn-Talstation
- 🚌 Salzburg
- 🚐 Priv.-Bus Salzburg-Hbf. zur Untersbergbahn
- 🚐 Untere Rositten in Glanegg 🅿
- 🚋 St. Leonhard – Untersbergbahn

FB 102; ÖK 93; TKU 4; Bergverlag Rother: AVF Berchtesgadener Alpen, GF Berchtesgadener Alpen, WF Berchtesgadener Land

Hütten anderer alpiner Vereine und Privathütten

Alpeltalhütte, 1100 m, bei Vorderbrand, TVN, 🛏 20 ⌐ 22, ↗ Berchtesgaden-Hinterbrand 5 Min., 🚌 Berchtesgaden 🚐 Hinterbrand, im Sommer 🚐 Obersalzbergstraße bis Vorderbrand, bew. 26. Dez. bis Ende Okt., ☎ 08652/63077

Arthurhaus, 1503 m, oberhalb Mühlbach am Hochkönig, privat, 🛏 40 ⌐ 24, ↗ Mühlbach $1^3/_4$, Bischofshofen $3^1/_2$, 🚌 Bischofshofen 🚐 Mühlbach 🚐 zum Haus, bew. Anfang Dez. bis Ende April und Anfang Juni bis Ende Sept., ☎ 06467/7202

Bertgenhütte, 1845 m, im Schneekar des Hochkönigs, ÖTK, ⌐ 22, ↗ Alm bei Saalfelden 1, 🚌 Saalfelden 🛏 Maria Alm bis Hintertal, SV, offen

Birgkarhaus, 1403 m, am Dientner Sattel, privat, 🛏 60, ↗ Bischofshofen 3, Dienten 1, 🚌 Bischofshofen, Dienten 🚐 Mühlbach 🚐 zum Haus, gj. bew., ☎ 06467/7287

Dielalm-Gasthaus, 1026 m, westlich Werfen, auf dem Weg zur Ostpreußenhütte, privat, 🛏 16, ↗ Werfen $1^1/_2$, 🚌 🚐 Werfen, bew. Mitte Dez. bis 20. Mai, Anfang Juli bis Ende Okt., ☎ 06468/646

Dr.-Hugo-Beck-Haus, 1260 m, Skiclub Berchtesgaden, am unteren Rand der Jennerfelder, 🛏 8 ⌐ 37, 🚌 Berchtesgaden 🚐 🚐 Königssee, ↗ $^1/_4$ von der Mittelstation Jenner, gj. bew., ☎ 08652/2727

Gotzenalm, 1685 m, auf dem Gotzenplateau oberhalb des Königssees, privat, 🛏 15 ⌐ 65, ↗ Bootsstation Königssee-Kessel $2^1/_2$, 🚌 Berchtesgaden 🚐 🚐 Königssee, bew. Pfingsten bis Anfang Okt., ☎ 08652/3642

Hocheck-Unterstandshütte, 2653 m, auf dem Watzmann-Hocheck, DAV-S. München, ⌐ offener Unterstand ↗ Watzmann, 🚌 Berchtesgaden 🚐 🚐 Königssee

Kührointhütte, 1420 m, Königssee-Watzmannhaus, privat, ⊨ 3 ⌐ 16, ⚹ Königssee 2, ⚐ Berchtesgaden ⚊ Königssee, bew. Anfang Juni bis Ende Sept., ℂ 08652/7339

Mandlwandhaus, 1300 m, auf dem Mitterberg bei Mühlbach, privat, ⊨ 20 ⌐ 40, ⚹ Mühlbach am Hochkönig 1, ⚐ Bischofshofen ⚊ Mühlbach am Hochkönig, gj. bew., ℂ 06467/7206

Matras-(Franz-Eduard-)Haus, 2941 m, auf dem Gipfel des Hochkönigs, ÖTK, ⊨ 20 ⌐ 122, ⚐ Bischofshofen ⚊ Mühlbach ⚊ Arthurhaus, ⚹ Arthurhaus 4 - 5; bew. Mitte Juni bzw. Ende Okt., März bis Juni an Wochenenden bei Schönwetter und ohne Lawinengefahr, ⌗ 10 offen, ℂ 06467/7566

Mitterfeldalm, 1670 m, an den Manndlwänden, privat, ⊨ 10 ⌐ 82, ⚹ Mühlbach 3, Arthurhaus ³/₄, ⚐ Bischofshofen ⚊ Mühlbach ⚊ Arthurhaus, gj. bew., ℂ 0663/69943

Roßfeldhütte (Schellenberger Skihütte), 1551 m, am Obersalzberg, privat, ⊨ 20 ⌐ 50, ⚹ Berchtesgaden 3, ⚐ Berchtesgaden ⚊ Obersalzberg ⚊ Obersalzberg zum Haus, gj. bew., ℂ 08652/61913

Schellenberger Eishöhlenhütte (Toni-Lenz-Hütte), 1551 m, unter den Ostabstürzen des Untersberg, Verein für Höhlenkunde, ⊨ 12, ⚹ Marktschellenberg 2³/₄, ⚐ Berchtesgaden ⚊ ⚊ Marktschellenberg, bew. Anfang Juni bis Mitte Okt., ℂ 08650/208

Schneibsteinhaus, 1668 m, auf dem Torrener Joch, TVN, ⊨ 6 ⌐ 74, ⚹ Berchtesgaden 3¹/₂, Königssee 3, ⚐ Berchtesgaden ⚊ Königssee ⚊ Hinterbrand, gj. bew., Anfang Nov. bis Weihnachten geschlossen, ℂ 08652/2596

Vorderbrand-Gasthof, 1070 m, am Obersalzberg, privat, ⊨ 12 ⌐ 22, ⚹ Berchtesgaden 2, Königssee 1¹/₂, ⚐ Berchtesgaden ⚊ Obersalzberg, gj. bew., ℂ 08652/2059

Wasseralm; in der Röth, 1423 m, nordwestlich der Teufelshörner, DAV-S. Berchtesgaden und Nationalparkverwaltung, ⌐ 36, ⚹ Königssee-Obersee, Fischunkelalm 3 (nur für Geübte, umständlich erreichbar), ⚐ Berchtesgaden ⚊ Königssee, SV, gj. geöffnet, nur einmalige Nächtigung möglich

Watzmann-Ostwand-Biwakschachtel, 2380 m, unter der Watzmann-Südspitze, DAV-S. Berchtesgaden, ⌐ 4, ⚹ Zugang nur über eine der Ostwandrouten möglich, ⚐ Berchtesgaden ⚊ ⚊ Königssee

Watzmann-Ostwand-Hütte; in St. Bartholomä, 623 m, DAV-S. Berchtesgaden, ⌐ 20, Schlüssel beim Wirt von St. Bartholomä, der auch die Hütte beaufsichtigt; Anspruch auf Lager haben nur Watzmann-Ostwand-Begeher, ⚐ Berchtesgaden ⚊ Königssee, mit Linienschiff nach St. Bartholomä, SV, nur einmalige Nächtigung möglich

Wildalmkirchl-Biwakschachtel, 2457 m, nordöstlich unterhalb des Wildalmkirchlgipfels, ÖTK, ⌐ 4, ⚹ Kärlingerhaus, Matrashaus, ⚐ ⚊ ⚊ Königssee oder Saalfelden – Maria Alm

Wimbachgrieshütte, 1327 m, im Wimbachgries, TVN, ⊨ 12 ⌐ 72, ⚹ Wimbachbrücke 3, ⚐ Berchtesgaden ⚊ ⚊ Au-Wimbachbrücke, ℂ 08657/344, bew. Mai bis Ende Oktober und auf Anfrage

Prien

Chiemsee

Stephanskirchen

Riedering   Söllhuben

Übersee

Lauterbach   Bernau

Rohrdorf   Frasdorf   Rottau

Steinlingalm   Grassau

Neubeuern   Aschau   Kampenwand   Mar-

Riesen Htt.   1669   Grassauer H. quartstein

Hochries H.   △1586   1743 △

Nußdorf   Hochplatte   Höchgern

Spitzstein   Schleching   Unterwössen

△1597   Oberwössen

Spitzstein H.   Sachrang

Erl   **Priener Htt.**   Reit i. Winkl

Niederndorf   Kössen

Straubinger H.

△

1765

Fellhorn

11 Chiemgauer Alpen

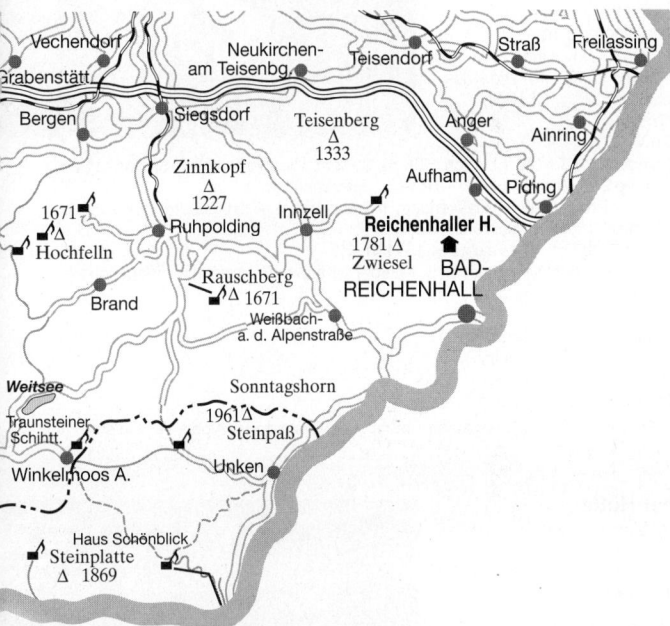

Umgrenzung

Voralpengebiet von Rosenheim über Chiemsee – Traunstein – Teisendorf bis Bad Reichenhall – Saalach bis Lofer – Strubache – Waidring – Griesbach – Erpfendorf – Kössener Ache bis Kössen – Weißenbach – Walchsee – Durchholzen – Achentaler Bach – Jennbach – Inn bis Rosenheim

Hochrieshaus

K. II, 1569 m, erb. 1913,
Neubau 1959
DAV-S. Rosenheim
Sporth. Ankirchner
Münchner Str. 9
D-83022 Rosenheim

- ♦ Franz u. Anna Gruber
  Hochrieshaus
  D-83122 Samerberg
- ℂ Hütte 08032/8210
- ✗ gj. bew., Nov./Dez. und im Frühjahr jeweils 14 Tage geschlossen
- ⊨ 13 ⌐ 24
- ⌁ 220 V ∼
- ↗ Grainbach, 684 m, 2; Frasdorf, 598 m, 3 - 3½; Wanderparkplatz Spatenau/Samerberg 2½; Aschau, 615 m – Hofalm – Riesenhütte 3½
- → Aberg – Predigtstuhl – Klausenberg (Klausenhütte) – Zinnenberg, 1566 m, 2; Spitzstein, 1596 m – Spitzsteinhaus 4
- △ Karkopf, 1497 m, ¾ – Feichteck, 1514 m, 1½
- ⤞ Abfahrt: Riesenhütte – Frasdorf △ Karkopf – Karalm; Predigtstuhl u. Klausenberg – Zinnenberg – Spitzstein
- 🚑 Rosenheim
- 🚌 Grainbach, Frasdorf, Aschau
- 🚠 Grainbach – Hochriesbahn
- 🚡 Ebenwaldalm, 8 Min. bis zur Hütte
- 🚖 Grainbach – Ebenwaldalm

ÖK 90; TK L 8338; TKU 7; Bergverlag Rother: AVF Chiemgauer Alpen, WF Chiemgau

Priener Hütte

K. II, 1410 m, erb. 1925
DAV-S. Prien
Postfach 1223
D-83202 Prien

- ♦ Sabine u. Josef Daidzic
  Priener Hütte
  Postfach 1123
  D-83225 Sachrang
- ℂ Hütte 08057/428
- ✗ gj. bew., 2 Wochen vor Weihnachten und 2 Wochen nach Ostern geschlossen
- ⊨ 55 ⌐ 85
- ⤓ Duschraum

- 220 V ~ ⬜
- Huben bei Sachrang, 750 m, 2¹/₂ - 3; Walchsee/Tirol, 600 m, 3 - 4; Ettenhausen, 650 m, üb. Wuhrsteinalm, 1¹/₂ oder mit 🚠 links um den Breitenstein herum 1¹/₂ oder üb. Keferlschneid 2 zur Hütte
- → Roßalm – Weitlahner – Dalsenalm – Kampenwand, 1669 m – Aschau 5 - 7
- △ Geigelstein, 1808 m, 1¹/₂; Breitenstein, 1661 m, 1; Mühlhörndl, 1518 m, 1
- ⚘ ↗ Huben; Ettenhausen 🚠 Wuhrsteinalm – ⛷ Wirtsalm, 1400 m – Skischarte, 1700 m – Geigelstein, 1808 m – Hütte 1¹/₂; → Weitlahner – Kampenwand △ Geigelstein, Breitenstein, Mühlhörndl
- 🚂 Prien – Bernau
- 🚌 Sachrang
- 🚌 Sachrang/Huben, Ettenhausen
- 🚠 Ettenhausen – Wuhrsteinalm

ÖK 90; TK L 8338; TKU 7; Bergverlag Rother: AVF Chiemgauer Alpen, WF Chiemgau

Reichenhaller Haus

auf dem Hochstaufen
K. I, 1750 m, erb. 1908
DAV-S. Bad Reichenhall
Postfach 2352
D-83425 Bad Reichenhall

- 🕴 Rudolf Klecker
  Gebirgsjägerstr. 57
  D-83489   Strub/Bischofswiesen
- ℂ Hütte 08651/5566
- ℂ Tal 08652/62812
- ✗ Mitte Mai bis Mitte Okt.
- 🛏 6 ⌐ 24
- ↗ Nonn-Karlstein, 470 m – Autofahrtstraße bis Padinger Alm, 662 m; über »Bartlmahd« 3; üb. »Steinerne Jager« 3¹/₂; Piding-Mauthausen, 470 m – Fuderheuberg – »Steinerne Jager« 5; Anger oder Aufham, 500 m – Steineralm 4; Inzell, 650 m – Adlgaß 4
- → △ Klettersteig zum Zwiesel 3; »Bartlmahd« – Zwieselhaus – Zwiesel 3
- ⚘ kein Skigebiet
- 🚂 Bad Reichenhall
- 🚌 Nonn-Karlstein
- 🚌 Nonn-Karlstein, Padinger Alm 🅿

TK L 8342; TKU 4; Bergverlag Rother: AVF Chiemgauer Alpen, WF Chiemgau

11 Chiemgauer Alpen

Riesenhütte

K. II, 1345 m, erb. 1913
DAV-S. Oberland
Tal 42
D-80331 München

- † Fam. Bachmann
  Riesenhütte
  D-83112 Frasdorf
- ℂ Hütte 08052/2921
- ✕ gj. bew., Nov. geschlossen
- ⊨ 12 ⌐ 30 ⌣ 15
- ⚡ 220 V ∼ (nur abends) ▥
- ⚹ Frasdorf, 600 m, 2½; Aschau, 600 m – Hof-Alm 2½; Grainbach, 684 m, 2½
- → Klausenberg, 1540 m – Spitzstein, 1596 m – Spitzsteinhaus 3½; Hochrieshaus ¾; Grozach (Bergwachthütte); Abereck, 1450 m – Laubenstein-Alm, 1320 m – Riesenhütte 2
- △ Hochries, 1569 m, ¾; Riesenberg, 1444 m, ¼; Spielberg, 1433 m, ¼; Predigtstuhl, 1491 m, ¾
- ⚐ Frasdorf; Aschau △ Hochries, Riesenberg, Predigtstuhl
- ⊞ Rosenheim
- ⊟ Frasdorf
- ⊟ Frasdorf-Lederstube (Holzlagerplatz) 🅿

TKU 7; Bergverlag Rother: AVF Chiemgauer Alpen, WF Chiemgau

Spitzsteinhaus

K. II, 1335 m, erb. 1905,
Neubau nach Brand 1980/81
DAV-S. Spitzstein
St.-Rochus-Str. 44
D-85716 Unterschleißheim

- † Petra und Peter Zwischenbrugger
  Erlberg Nr. 51
  A-6343 Erl
- ℂ Hütte 05373/8330
- ✕ 26.12. bis 28.2. und 1.4. bis Wochenende nach 1.11.
- ⊨ 20 ⌐ 50
- ⚡ 220 V ∼
- ⚹ Sachrang, 738, 1½; Innerwald, 730 m, 1½; Erlerberg, ca. 1000 m, 1
- → Klausenberg, 1566 m – Hochrieshaus 4 - 5; Klausenhütte – Hohenaschau 3 - 4

△   Spitzstein, 1596 m, ³/₄
♨ ⟋ Sachrang, Erlerberg → Hochries △ Spitzstein
🚍 Oberaudorf, Aschau/Chiemgau
🚌   🚌 Sachrang u. Innerwald 🅿, Erl-Erlerberg 🅿

ÖK 90; TK L 8338; TKU 7; Bergverlag Rother: AVF Chiemgauer Alpen, WF Chiemgau

Straubinger Haus

K. II, 1600 m, erworben 1926,
Neubau 1976/77
DAV-S. Straubing
Fraunhoferstr. 10
D-94315 Straubing

🛉   Winfried Moroder
    Straubinger Haus
    Eggenalm 1A
    A-6345 Kössen
℃   Hütte 05375/6429
℃   Tal 05375/6468
✗   Mitte Mai bis Anfang Nov.,
    Weihnachtsferien und Mitte
    Feb. bis Mitte März, ohne
    Übernachtung
🛏   16 ⌐ 65 ⌐ 20
🔥
⚡   220 V ~ 🛆
⟋   Reit im Winkl – Blindau, 711 m – Hindenburghütte, 1200 m, 2¹/₂; Seegatterlhütte,
    736 m, 2³/₄; Hagerbrücke (zwischen Kössen und Erpfendorf) 2³/₄; Erpfendorf –
    Gernkopf 3 - 3¹/₂; Blindau – Klausenbergalm – Weißenstein – Neualm 4; Ghs.
    Steinplatte 2
→   Brennh., 1413 m – Steinplatte, 1869 m – Winklmoosalm 3¹/₂; – Traunsteiner
    Skihütte 4
△   Fellhorn, 1765 m, ¹/₂
♨ ⟋ Blindau → Winklmoosalm △ Fellhorn, Langlaufloipe im Bereich der Hütte
🚍 Ruhpolding
🚌 Reit im Winkl, Kössen
🚌 Blindau, Seegatterl, Hagerbrücke 🅿, Ghs. Steinplatte, Maut

FB 301; ÖK 90; TK L 8338; TKU 7; Bergverlag Rother: AVF Chiemgauer Alpen, WF Chiemgau

Traunsteiner Skihütte

K. II, 1160 m, erworben 1925
DAV-S. Traunstein
Unter den Arkaden
D-83278 Traunstein

✝   Engelbert Lichtmanegger
   Traunsteiner Hütte
   Dürrnbachhornweg 14
   D-83242 Reit im Winkl
✆   Hütte 08640/8140
✗   gj. bew., Nov. geschlossen
⇥   4 ⌐ 32
⚡

⚡   220 V ∼
↗   Seegatterl, 763 m, 1¼; Halte-
   stelle Winklmoosalm ¼
→   Heutal (Berggasth., 1100 m) 2; Möseralm (Berggasth., 1274 m) 1 – Steinplatte
   (Gasthaus, ca. 1350 m) 2; Straubinger Haus 4
△   Dürrnbachhorn, 1776 m, 1½ – Wildalphorn, 1669 m, 2; Kammerköhr, 1869 m,
   3½; Steinplatte, 1869 m – Fellhorn, 1765 m, 5; Heutal – Sonntagshorn, 1961 m, 5
⬆   ↗ Seegatterl → Heutal, Möseralm, Steinplatte, Straubinger Haus △ Dürrnbach-
   horn – Wildalphorn, Kammerköhr, Fellhorn, Sonntagshorn; Pistenskilauf Kammer-
   köhr, Steinplatte, Langlaufloipen im Hüttenbereich
⚞   Ruhpolding
⚍   Reit im Winkl – Seegatterl – Winklmoosalm
⚎   im Sommer zur Hütte, im Winter bis Seegatterl 🅿

FB 301; ÖK 90; TK L 8338; TKU 7; Bergverlag Rother: AVF Chiemgauer Alpen, WF
Chiemgau

Hütten anderer alpiner Vereine und Privathütten

Frasdorfer Berghaus, 1100 m, am Fuße des Hochries, privat, ⌐ 70, ↗ Niederaschau
¾, ⚞ ⚍ Niederaschau ⚎ Weidach, Auskunft ✆ 08031/390749 (Gottwald)

Haus Gertrud in der Sonne, 1560 m, auf der Loferer Alm, privat, ⇥ 50, ↗ Lofer 2½,
⚞ Saalfelde, ⚍ Lofer ⚎ ab Lofer zum Haus, gj. bew., ✆ 06588/7303

Hochgernhaus, 1510 m, unterhalb des Lerchecks, ⇥ 10 ⌐ 20, ↗ Marquartstein 2½,
⚞ ⚍ ⚎ Marquartstein, bew. Anfang Mai bis Ende Okt., ✆ 08641/61919

Paul-Gruber-Haus, 950 m, auf der Kugelbachalm, TVN, ⇥ 9 ⌐ 33, ↗ Kaitl 1¼, ⚞ Bad
Reichenhall-Kirchberg ⚍ Karlstein-Kaitl ⚎ Karlstein-Kaitl 🅿, SV, zugänglich Mai -
Okt., ✆ Hütte 08651/66775

Schlechtenbergalm, 1500 m, an der Kampenwand, privat, ⌐ 20, ↗ Aschau, Schleching 3, ⚞ Aschau ⚍ ⚎ Hohenaschau oder Schleching

Steinlingalm, 1550 m, nördlich der Kampenwand, privat, ⊨ 25 ⊓ 70, ↗ Aschau 2½ (oder Lift ¾), 🚌 🚊 Aschau ➝ Talstation Kampenwandlift, ✆ 08052/2962, gj. bew., Übernachtung nur Mai - Okt. Di. - Do. und Sa.

Steinplatte-Alpengasthaus, 1360 m, auf der Steinplatte, privat, ⊨ 35, ↗ Waidring 2, 🚌 St. Johann in Tirol 🚊 Waidring ➝ Waidring zum Haus, bew. Mitte Dez. bis Mitte April und Mitte Mai bis Mitte Okt., ✆ 05353/231

Zwieselhaus, 1386 m, am Südhang der Zwiesel, privat, ⊨ 30, ↗ Bad Reichenhall 3¼, 🚌 🚊 Bad Reichenhall ➝ Bad Reichenhall bis Listwirt, bew. Mitte Mai bis Mitte Okt., ✆ 08651/3107

12 Salzburger Schieferalpen

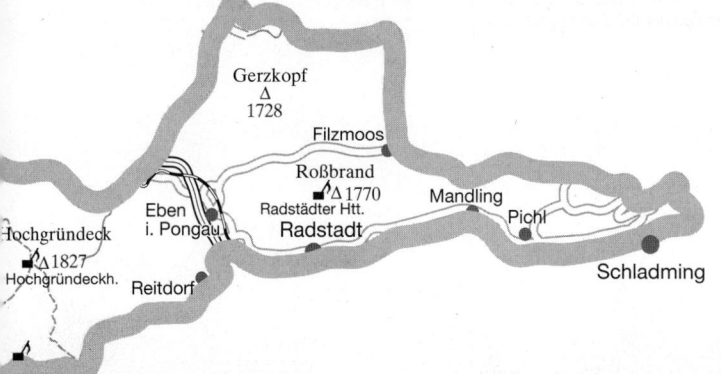

Umgrenzung

Saalfelden – Urslau – Hintertal – Filzensattel – Dientner Sattel – Trockenbach – Mühlbach – Salzach bis Einmündung Fritzbach – Fritzbach – Martinsbach – St. Martin – Karbach – Lungötz – Neubach – Linbach – Fritzbach – Marcheggsattel – Warme Mandling – Kalte Mandling – Schildlehenbach – Ramsaubach – Weißenbach – Enns bis Einmündung Litzlingbach – Litzlingbach – Wagrainer Höhe – Wagrainer Bach – Salzach bis Bruck – Zeller See – Saalach bis Saalfelden

Hütten anderer alpiner Vereine und Privathütten

Radstädter Hütte, 1770 m, privat, ⍾ 80, gj. bew., ↗ Roßbrandstraße ½, 🚌 Radstadt, Altenmarkt 🚆 Radstadt, Filzmoos 🚠 Radstadt – Roßbrandstraße

Roßbrandhütte, 1720 m, TVN, nördlich unterhalb des Roßbrandes, ⍾ 10 ⊓ 15, ↗ Filzmoos 2½, Radstadt 3, vom 🅿 auf der Roßbrand-Mautstraße ½, 🚌 Radstadt 🚆 Radstadt, Filzmoos 🚠 🅿 Roßbrand-Mautstraße, SV, Voranmeldung bei Johann Kocher, Dörfl 20, A-5550 Radstadt, ✆ 06452/61572

Saalfeldner Hütte, 1460 m, am Aberg, TVN, ⍾ 4 ⊓ 14, ↗ Alm 2, 🚌 🚆 🚠 Saalfelden (dazu mehrere Lifte im Winter), SV, Voranmeldung bei Herbert Breitfuß, Bergstr. 7, A-5760 Saalfelden, ⍾ 06582/29862

Statzerhaus, 2117 m, auf dem Hundsteingipfel, ÖTK, ⍾ 10 ⊓ 25 ⊔ 10, ↗ Maria Alm 4, 🚌 🚆 🚠 Saalfelden oder Zell am See, bew. Pfingsten bis Ende Sept. durchgehend, im Okt. nur bei Schönwetter

13 Tennengebirge

Umgrenzung

Golling – Lammer bis Lungötz – Karbach – St. Martin – Martinsbach – Fritzbach
– Salzach bis Golling

Dr.-Heinrich-Hackel-Hütte

K. I, 1531 m, erb. 1913
OeAV-S. Salzburg
Nonntaler Hauptstr. 86
A-5020 Salzburg

👤 Herbert Gschwendtner
Postfach 8
A-5453 Werfenweng
℡ Hütte 0663/66757
℡ Tal 06466/552
✗ Anfang Mai bis Ende Okt., An-
fang März bis Anfang Mai an
Wochenenden, Nov. bis April
jederzeit bei Voranmeldung
(mind. 6 Personen mit Halb-
pension)
🛏 7 ⌐ 48
∿ 220 V ∿
↗ Pfarrwerfen, 500 m – Werfenweng 4; Werfenweng (Bus-Endstation), 1000 m –
Wengerau 2; Werfenweng, 1000 m – Strussinghütte (Tennengebirgsbahn),
1530 m – Prokschhaus – Laubichlalm, 1500 m, 1½ von Bergstation
→ Tauernscharte, 2000 m – Schübbühel – Streitmandlhöhe, 2300 m, 5; Abstieg
Hochthrontal – Werfener Hütte, 1968 m – Wengerau 6 - 8 o. Mahdegg – Werten 7
- 9; Wengerscharte – Pitschenbergtal - Happischhaus, 1914 m – Vordere
Pitschenbergalm – Steinerne Stiege, Abstieg nach Stegenwald 8 - 9; Laufener
Hütte, 1726 m, Abstieg nach Abtenau 8; Jochriedl, Brandbergköpfe, Frommerko-
gel, 1882 m, 3; Abstieg nach Hüttau 2; Scheiblingbühel, Scheiblingkogel 4;
Abstieg über Schwer nach Oberscheffau 8
△ Tauernkogel, 2249 m, 1½; Eiskogel, 2321 m, 2½; Bleikogel, 2410 m, 4
⚒↗ ↗ Pfarrwerfen, Werfenweng, Strussinghütte → Wengerscharte, Laufener Hütte,
Scheiblingbühel △ Eiskogel,
Beilkogel
🚂 Pfarrwerfen
🚌 Werfenweng
🚌 Werfenweng, Wengerau 🅿

ÖK 125; Bergverlag Rother: AVF
Tennengebirge

Freilassinger Hütte

K. I, 1550 m, erb. 1934-38
DAV-S. Freilassing
Reichenhaller Str. 17
D-83395 Freilassing

👤 Ludwig Mühlbauer
Petersweg 15
D-83395 Freilassing

© Tal 08654/63296
✗ nicht bew., beaufsichtigt Sa./So. von Weihnachten bis Ostern und Anfang Aug. bis Ende Sept.
⊓ 31
⌁ 220 V ~
↗ Werfenweng, 800 m – Zaglau – Strussing-Alm $1\frac{1}{2}$
→ Dr.-Heinrich-Hackel-Hütte 1; Laufener Hütte üb. Tauernscharte, 2114 m – Schübbühel – Bleikogel 7, od. üb. Lammertal – Scharfer Steig – Edelweißkogel, 2030 m, 5; Eiskögel, 2321 m, $2\frac{1}{2}$ - 3; Tauernkogel, 2249 m
⚊ ↗ Werfenweng → Dr.-Heinrich-Hackel-Hütte, Laufener Hütte △ Eiskögel
⚏ Pfarrwerfen
⚏ Werfenweng 🅿
⚐ zur Strussing-Alm bis Bischlinghöhe

ÖK 125; Bergverlag Rother: AVF Tennengebirge

Gsengalmhütte

K. I, 1447 m, erb. 1971
OeAV-S. Lammertal
Heinrich Rettenbacher
Markt 48
A-5441 Abtenau

♦ Georg Schlager
   A-5524 Annaberg 99
© Tal 06463/8105
✗ Anfang Juni bis Ende Sept.
⊓ 30 ⌣ 5
↗ Abtenau, 712 m – Fischbach
   $2\frac{1}{2}$; Niedernfritz – St. Martin –
   Annaberg
→ Gwechenberghütte, 1372 m,
   1; Laufener Hütte, 1726 m –
   Obere Gwechenbergalm – Tagweide, 2128 m, 3; – Hochkarfelderköpfe – Edelweißkogel – Laufener Hütte od. Scharfer Steig ins Lammertal nach Lungötz, Rundwanderweg Karalm – Wandalm – First, 1820 m – Gsengalm – Karalm 3
△ Schober, 1810 m, 1; Großer Traunstein, 1943 m
⚊ Abtenau △ Schober
⚏ Golling
⚏ ⚌ Abtenau-Fischbach 🅿

ÖK 126; Bergverlag Rother: AVF Tennengebirge

Gwechenberghütte

K. I, 1372 m, erb. 1933
OeAV-S. Salzburg
Nonntaler Hauptstr. 86
A-5020 Salzburg

℡ Tal 06272/73074
✗ nicht bew., beaufsichtigt
⊓ 22
⚏ bei der Sektion
↗ Leitenhausen, 700 m, 2; Annaberg, 777 m, 2¹/₂; Abtenau – Gsengalm – Gsengsattelhütte, 715 m, 3¹/₂
→ Gsengsattel – Gsengalm 1; Tagweide Pfannstiel – Laufener Hütte, 1726 m, 3¹/₂; Sonntagskogel, 2046 m – Hochkarfelderkopf, 2219 m – Laufener Hütte 4 - 5; Tagweide – Laufener Hütte – Bleikogel, 2412 m – Hackelhütte, 1526 m, 9; First – Tagweide – Sonntagskogel – Königswand – Gappenalm – Lungötz 5 - 6
△ Schober, 1810 m, 1; Traunstein, 1943 m, 2¹/₂; Tagweide, 2128 m, 2; Sonntagskogel, 2046 m, 2
⚡ ↗ Leitenhausen oder Annaberg, Abtenau über Gsengalm △ Sonntagskogel 2; Hochkarfelderkopf 4 → Sonntagskogel – Hochkarfelderkopf – Lungötz 2; oder Hochkarfelderkopf – Laufener Hütte, First 1¹/₂
🚌 Golling-Abtenau
🚌 Leitenhausen, Abtenau
🚗 Gwechenbergbauer, 854 m, P

ÖK 95, 126; Bergverlag Rother: AVF Tennengebirge

Laufener Hütte

K. I, 1726 m, erb. 1925/26
DAV-S. Laufen/Obb.
Postfach 1103
D-83405 Laufen

✝ vereinseigener Hüttendienst, SV, beaufsichtigt Sa./So., Anfang Juni bis Anfang Okt, in jedem Fall auf der Karalm erkundigen oder bei
   Heidemarie Höfer
   Mayerhofen 40
   D-83410 Laufen
℡ 08682/364
🛏 13 ⊓ 60
🔲 10 ♨ SR, bitte Holz mitbringen! (Vorrat liegt am Weg)

↗ Abtenau, 715 m, $3\frac{1}{2}$; Lungötz, 840 m, $4\frac{1}{2}$

→ Tennengebirgsplateau – Bleikogel, 2412 m: Dr.-Heinrich-Hackel-Hütte $4\frac{1}{2}$; Happisch-Haus $6\frac{1}{2}$; Tagweide: Gwechenberghütte 3 oder Gsengalm $3\frac{1}{2}$

△ Fritzerkogel, 2363 m, Edelweißkogel, 2030 m, 1; Hochkarfelderkopf, 2219 m, 2; Tagweide, 2128 m, $1\frac{3}{4}$; Grieskogel, 1999 m, 1; Bleikogel, 2412 m, 3

⊥ ↗ Abtenau → Dr.-Heinrich-Hackel-Hütte △ Fritzerkogel, Edelweißkogel, Bleikogel

🚌 Golling

🚋 Abtenau

🚐 Abtenau und Karalm (nur Sommer) 🅿

ÖK 94, 95; Bergverlag Rother: AVF Tennengebirge

Roßberghütte

(Jugendhütte)
K. I, 1000 m, erb. 1949
DAV-S. Salzburg
Nonntaler Hauptstr. 86
A-5020 Salzburg

♦ Leopold Wimmer
   Eugenbach 12
   A-5301 Eugenbach

© Tal 06225/8245

✗ nicht bew.

⊓ 20

ℓ beim ♦

↗ Oberscheffau/Lammer 1 - $1\frac{1}{2}$

→ Schwer – Scheiblingkogel, 2290 m – Wengerscharte – Schübbühel, 2334 m – Tauernscharte – Dr.-Heinrich-Hackel-Hütte, 1526 m, 8; Schwer – Scheiblingkogel – Bleikogel, 2411 m – Laufener Hütte, 1726 m, 5 (nur Winter)

△ Scheiblingkogel, 2290 m, 3; Wieswand, 2017 m, über Schwer und Südgrat $3\frac{1}{2}$; Schwerwand, 2212 m, 3

⊥ ↗ Oberscheffau → Schwer △ Scheiblingkogel, Wieswand

🚌 Golling

🚋 Scheffau

🚐 Forststraße bis Schranke 🅿

ÖK 95; Bergverlag Rother: AVF Tennengebirge

13   Tennengebirge

Hütten anderer alpiner Vereine und Privathütten

Anton-Proksch-Haus; (Ladenberghütte), 1630 m, auf der Ladenbergalm-Bischling-höhe, TVN, 🛏 16 ⌐ 52, ↗ Werfenweng 2, Hüttau 2½, 🚌 Werfen 🚌 Werfenweng, gj. bew., ✆ 0663/68331

Dr.-Friedrich-Ödl-Haus, 1573 m, am Eingang der Werfener Rieseneishöhle, Eisrie-senwelt GmbH, 🛏 24 ⌐ 34, ↗ Werfen 3 oder Lift in Hausnähe, 🚌 Werfen 🚌 bis in halbe Höhe, bew. Anfang Mai bis Ende Okt, ✆ 06468/248

Edelweißerhütte, 2349 m, am Gipfelkamm des Mittleren Streitmandl, Edelweißklub Salzburg, ↗ Mahdegg 3, 🚌 Werfen 🚌 Werfenweng 🚌 Mahdegg, SV, Sa./So. beaufsichtigt, ⚑ Fritz Wintersteller, Hochkogelweg 7, A-5000 Salzburg

Leopold-Happisch-Haus, 1914 m, auf dem Windischriedl, TVN, 🛏 10 ⌐ 110, ↗ Golling 5½, Dr.-Friedrich-Ödl-Haus 3, Sulzau 4½, 🚌 🚌 🚌 Golling oder Sulzau, bew. Mitte Juni bis Mitte Sept, offener Winterraum, ✆ 0663/67261

Stefan-Schatzl-Hütte, 1356 m, auf der Nesselbergalm, TVN, ⌐ 30, ↗ Golling 4½, Vorderscheffau 3, 🚌 🚌 Golling 🚌 Vorderscheffau, SV, Voranmeldung und Schlüssel bei Landesleitung Salzburg, Ignaz-Harrer-Str. 9, A-5020 Salzburg, ✆ 0662/31635

Werfener Hütte, 1969 m, am Südfuß des Hochthrons, ÖTK, 🛏 6 ⌐ 40, ↗ Werfenweng 3, Werfen 4, Mahdegg (Maut), 1½, 🚌 Werfen 🚌 Werfenweng 🚌 Werfen-Frommer-bauer, Wengerau, bew. Anfang Mai - Ende Okt., ✆ 0663/864828

14 Dachstein-gebirge

Umgrenzung

Rußbach – Paß Gschütt – Gosau – Gosaubach – Hallstätter See – Pötschenhöhe – Bad Aussee – Kainisch-Traun – Bad Mitterndorf – Klachau – Grimmingbach – Enns bis Einmündung Weißenbach – Ramsaubach – Schildlehenbach – Kalte Mandling – Warme Mandling – Marcheggsattel – Fritzbach – Linbach – Neubach – Lungötz – Lammer bis Einmündung Rußbach

Adamekhütte

K. I, 2196 m, erb. 1908
OeAV-S. Austria
Rotenturmstr. 14
A-1010 Wien

- ♱ Johann Gapp
  A-4824 Gosau 508
- ✆ Hütte 06136/8567
- ✆ Tal 06136/8808
- ✗ Anfang Juni bis Ende Sept.
- ⌷ 27 ⌐ 68 ⌐ 6
- ▨ 10 ⚲

- ⚹ Vord. Gosausee, 933 m – Gosaugletscher 4; Bahnhof Steeg/Gosau – Hütte 9; Vord. Gosausee – Hint. Gosausee 1½; Bergstation Dachstein-Südwandbahn, 2698 m – Steinerscharte 2½; Hallstatt, 511 m – Tiergartenhütte, 1457 m – Simonyhütte, 2206 m, 5 – Hoher Trog – 2354 m – Hochwandscharte 9; Gjaidalm, 1732 m – Simonyhütte – Hoher Trog 6 - 7
- → Simonyhütte über Hohen Trog 4; Simonyhütte über Steinerscharte, 2721 m, 3½; Hofpürglhütte, 1705 m, über Linzer Weg 3½; Austriahütte, 1638 m, über Windlegerscharte – Bachlalm – Dachstein-Südwandhütte 4 - 5; Austriahütte: Gletscherbegehung über Steinerscharte – Hunerscharte (Bergstation Dachstein-Südwandbahn, 2698 m) 4; – Austriahütte 5
- △ Hoher Dachstein, 2993 m, über Westgrat 2½
- ⚲ kein Stützpunkt
- ᛤ Steeg/Gosau
- ⇌ ⇌ Vorderer Gosausee 🅿

AV 14; FB 281; ÖK 96, 127; Bergverlag Rother: AVF Dachsteingebirge Ost / West, GF Dachsteingebirge

Austriahütte

K. II, 1638 m, erb. 1880
OeAV-S. Austria
Rotenturmstr. 14
A-1010 Wien

- ♱ Alois Huber
  Austriahütte
  A-8972 Ramsau
- ✆ Hütte 03687/81522
- ✆ Tal 03687/81871
- ✗ Weihnachten bis Ostern einfach bew., Mai bis Okt. voll bew.
- ⌷ 26 ⌐ 29, ⌐, kein ▨

～ 220 V ～ 50 Hz ▥

"Alpinmuseum-Dachstein" in mehreren Schauräumen in der Hütte zu besichtigen.

↗ Parkplatz Türlwandhütte (Bus) 20 Min.; Ramsau – Dachsteinwirt (bis hier im Sommer Kfz-Zufahrt) 2$\frac{1}{2}$

→ Dachstein-Südwandhütte, 1871 m, 1; Guttenberghaus, 2146 m – Edelgrießhöhe, 2505 m – Gruberscharte 4$\frac{1}{2}$; Simonyhütte, 2206 m, über Hunerscharte 5; Adamekhütte, 2196 m, über Windlegerscharte 5; Hofprüglhütte, 1705 m, über Sulzenhals 5 - 6; Adamekhütte, 2196 m, über Südwandhütte – Sulzenhals – Reißgangscharte 5 - 6; Adamekhütte, 2196 m, über Edelgrieß – Austriascharte – Gjaidsteinsattel – Simonyhütte, 2206 m, 4 - 5; Gjaidsteinsattel – Steinerscharte – Adamekhütte 6$\frac{1}{2}$ - 7

△ Brandriedl, 1725 m, 20 Min.; Rötelstein (Rettenstein, 2247 m) 3 - 4; Hoher Gjaidstein, 2794 m, 4 - 5; Rauch-Eck, 2192 m 3 - 4; Hoher Dachstein, 2993 m, über die Hunerscharte 5 - 6

⟲ ↗ Türlwandhütte, Ramsau → Dachstein-Südwandhütte, Guttenberghaus, Hofprüglhütte △ Brandriedl, 1725 m, Rötelstein

🚍 Schladming

🚌 Parkplatz Dachstein-Südwandbahn

🚐 Türlwandhütte, Maut, (Dachsteinstraße) 🅿

🚡 Dachstein-Südwandbahn

⚓

AV 14, 45/2; FB 281; ÖK 127; Bergverlag Rother: AVF Dachsteingebirge Ost, AVF Dachsteingebirge West, GF Dachsteingebirge, WF Dachstein-Tauern-Region

Dr.-Obersteiner-Biwak

K. I, ca. 2300 m, erb. 1950
OeAV-S. Stainach
A-8950 Stainach
etwa 50 Höhenmeter unterhalb des Grimminggipfels in der Mulde des Ausstiegs des Klachauer Weges, frei zugänglicher Unterstand

⊓ 3

↗ Grimminghütte, 1015 m, über Multereck 3$\frac{1}{2}$; Grimminghütte, 1015 m, über SO-Grat 3; Klachau, Gasthaus Kulm, 362 m, 3; Krungl, 818 m, 3$\frac{3}{4}$; Trautenfels, 645 m, 4$\frac{1}{2}$; Niederstuttern, 649 m, 4$\frac{1}{2}$

→ Grimming-Überschreitung

△ Grimming, 2351 m, $\frac{1}{4}$

🚍 Stainach-Irdning, Klachau – Tauplitz

🚌 Trautenfels, Niederstuttern, Klachau, Krungl

🚐 Trautenfels, Klachau, Gasthaus Pötsch-Paul 🅿

ÖK 97, 128; Bergverlag Rother: AVF Dachsteingebirge Ost / West, GF Dachsteingebirge

14 Dachsteingebirge

Ernst-Seidel-Haus

K. II, 760 m, gek. 1988
OeAV-S. Linz
Hauptplatz 23
A-4020 Linz

- ✗ SV, gj. zugänglich, Anmeldung und Schlüssel bei Sektion (✆ 0732/773295)
- ⊨ 8, eingerichtete Küche
- ⌁ 220 V ∼
- ✗ Gosau – Hintertal
- → Adamekhütte 4; Hofpürglhütte 4; Gablonzer Hütte 1½
- △ Hoher Dachstein, 2993 m, 6½
- ⇝ Steeg/Hallstätter See
- ⇝ Gosau – Hintertal
- ⇝ bis zum Haus

AV 14; Bergverlag Rother: AVF Dachsteingebirge Ost, AVF Dachsteingebirge West, GF Dachsteingebirge

Gablonzer Hütte

K. II, 1550 m, erb. 1933/34
DAV-S. Gablonz/Kaufbeuren und OeAV-S. Neugablonz/Enns
Neugablonz 6
A-4470 Enns

- ✦ Franz Posch
  A-4824 Gosau Nr. 528
- ✆ Hütte 06136/8465
- ✆ Tal 06136/8256
- ✗ Anfang Juni bis Mitte Okt., Mitte Dez. bis Mitte April
- ⊨ 30 ⊓ 42
- ⌁ 220 V ∼ ▥
- ✗ Gosaukammbahn-Bergstation, ca. 300 m/50 Höhenmeter von der Hütte entfernt;
  Gosausee, 932 m, 1½; Gosauschmied (Winterweg) 2½; Annaberg, 777 m, 2½
- → Zwieselalmhöhe, 1585 m, ¼; – Zwieselalmhaus ½; Austriaweg zur Theodor-Körner-Hütte 1½; – Hofpürglhütte 2½
- △ Gr. Donnerkogel, 2054 m, 1½; Gosaukamm
- ⊼ ✗ Seilbahn oder Gosauschmied Pistenskilauf
- ⇝ Steeg/Gosau
- ⇝ ⇝ Gosausee 🅿

🛶 Gosausee – Schnapfenkogel

AV 14; FB 281; ÖK 95, 126; Bergverlag Rother: AVF Dachsteingebirge Ost, AVF Dachsteingebirge West, GF Dachsteingebirge

Guttenberghaus

K. I, 2137 m, erb. 1912-14
OeAV-S. Austria
Rotenturmstr. 14
A-1010 Wien

♦   Eduard Perhab
    A-8972 Ramsau 25b
✆   Hütte 03687/22753
✆   Tal 03687/81287
✗   Anfang Juni bis Mitte Okt.
🛏   31 ⌐ 45 ⌐ 10
🏠   10 ⚓ (30 m unterhalb der Hütte)
✗   Kulm (Ramsau) – Feisterer – Anton-Baum-Weg 3$\frac{1}{2}$
→   Feisterscharte – Grafenbergalm – Brünner Hütte, 1747 m, 4$\frac{1}{2}$; Gjaidalm – Brünner Hütte 5 – Obertauern 6 - 7; Feisterscharte – Edelgrieß – Austriahütte, 1638 m, 3 - 4; Feisterscharte – Schladminger Gletscher – Dachsteinwarte, 2740 m, 4; Feisterscharte – Gjaidsteinsattel – Steinerscharte – Adamekhütte, 2196 m, 6$\frac{1}{2}$; Feisterscharte – Gjaidsteinsattel – Hallstätter Gletscher – Simonyhütte, 2203 m, 5
△   Sinabell, 2340 m, 50 Min.; Eselstein, 2550 m, 1$\frac{1}{2}$; Landfriedstein, 2540 m, 2; Scheichenspitz, 2662 m, 2$\frac{1}{2}$ - 3; Gjaidsteine, 2792 m, 3$\frac{1}{2}$ - 4
⛏   kein Stützpunkt △ Sinabell, Scheidenspitz
🚠   Schladming
🚌   🚌 Kulm Feisterer, Kulm Ramsau 🅿

AV 14; FB 281; ÖK 127; Bergverlag Rother: AVF Dachsteingebirge Ost, AVF Dachsteingebirge West, GF Dachsteingebirge, WF Dachstein-Tauern-Region

Hofpürglhütte

K. I, 1705 m, Alpines Ausbildungszentrum, erb. 1902
OeAV-S. Linz
Hauptplatz 23
A-4020 Linz

♦   Katharina Steiner
    Hofpürglhütte
    A-5532 Filzmoos

Ⓒ Hütte 06453/304
    während der Nichtbew.:
    Vorberg 356
    A-8972 Ramsau
Ⓒ Tal 03687/81323
✕ Pfingsten bis Mitte Okt.
🛏 60 ⌐ 70 ⌐ 24
🚰 Wasserleitung in Waschräumen
🔲 8 SR offen
⚡ 220 V ∼
↗ Filzmoos, 1057 m, über Marchegg-Sattel und Aualm $2^1/2$; ab Aualm, 1366 m, $^3/4$,
    Pkw, Maut; Lungötz, 828 m, über Arzbergalm $3^1/2$; Vord. Gosausee, 933 m, über
    Steiglpaß 4
→ über den Durchgang zur Theodor-Körner-Hütte, 1460 m, $2^1/2$; zur Mahdalmhütte
    $1^1/2$; über Sulzenhals, 1825 m, zur Austriahütte, 1630 m, 5 - 6; über Reißgangsat-
    tel – Torsteineck zur Adamekhütte, 2196 m, $5^1/2$; über Steiglpaß und Scharwand-
    hütte zur Gablonzer Hütte, 1550 m, $3^1/2$
△ Gr. und Kl. Bischofsmütze (nur Klettertouren); Gosaukamm
⚒ kein Stützpunkt
🚍 Mandling o. Eben i. P.
🚌 Filzmoos
🚌 Aualm (Maut) 🅿 u. Hofalm (Maut)

AV 14; FB 281; ÖK 126, 127; Bergverlag Rother: AVF Dachsteingebirge Ost, AVF
Dachsteingebirge West, GF Dachsteingebirge, WF Dachstein-Tauern-Region

Seethalerhütte

(früher: Dachsteinwartehütte)
K. I, 2740 m, erb. 1929
OeAV-S. Austria
Rotenturmstr. 14
A-1010 Wien

👤 Peter Reitmann
    Leiten 252
    A-8972 Ramsau
Ⓒ Hütte 03687/81036
Ⓒ Tal 03687/81481
✕ Anfang Juni bis Ende Sept.
    einfach bew.
⌐ 8 (nur im Notfall)
↗ Hunerkogel   (Bergstation
    Dachstein-Südwandbahn, 2698 m), Gletscherweg, 40 Min.; Hallstatt, Gletscher-
    weg 8; Gjaidalm (Schilcherhaus) 4; Seilbahnstation Krippenstein $4^1/2$; Talstation
    der Südwandbahn, 1710 m, über Hunerscharte 4
→ Adamekhütte, 2196 m, über Steinerscharte 2; Simonyhütte, 2203 m, über Hall-
    stätter Gletscher 1 - $1^1/2$; Guttenberghaus, 2137 m, über Schladminger Gletscher

– Feisterscharte 3; Südwandhütte, 1910 m, über Hunerscharte 3; Austriahütte, 1638 m, über Gjaidsteinsattel – Hunerscharte 4

△ Hoher Dachstein, 2993 m, 1; Hoher Gjaidstein, 2792 m, Gletscherbegehung 1½

⚒ kein Stützpunkt

🚂 Schladming bzw. Hallstatt

🚌 Türlwandhütte, Hallstatt 🅿

🚡 Türlwandhütte – Hunerkogel

AV 14; FB 281; ÖK 126, 127; Bergverlag Rother: AVF Dachsteingebirge Ost, AVF Dachsteingebirge West, GF Dachsteingebirge, WF Dachstein-Tauern-Region

Simonyhütte

K. I, 2203 m, erb. 1878/79
OeAV-S. Austria
Rotenturmstr. 14
A-1010 Wien

♦ Toni Rosifka
Kogl 17
A-4822 Bad Goisern

℡ Hütte 03622/52322

℡ Tal 06135/8808

✗ Weihnachten bis 6. Jan. und Ende Jan. bis Mitte Okt.

🛏 18 ⌐ 88 ∟ 20

🍴 5 ♈

〰 220 V ∼
Ausbildungsstützpunkt

↗ Hallstatt, 511 m, 6; Seilbahnstation Gjaidalm, 1732 m, 3½; Echerntal 5½; Bergstation Hunerkogel, 2700 m, der Südwandbahn 1½; Bergstation Oberfeld 2½

→ Seethalerhütte, 2740 m, 2½; Adamekhütte, 2196 m, über Hallstätter Gletscher und Steinerscharte 3½; Adamekhütte über Hohen Trog-Sattel 4 - 5; Austriahütte über Austriascharte 4 - 5; Guttenberghaus, 2137 m, über Feisterscharte 5 - 6; Wiesberghaus, 1882 m, 1½; Dachstein-Südwandhütte, 1871 m, über Gjaidsteinsattel – Hunerscharte 4; weiter zur Türlwandhütte ½; Austriahütte ¼

△ Hoher Dachstein, 2993 m, 1; Hoher Gjaidstein, 2792 m, 2½; Schöberl, 2422 m, ¾

⚒ Hoher Dachstein, Schöberl

🚂 Hallstatt, Obertraun

🚌 Obertraun

🚐 Echerntal 🅿

AV 14; FB 281; ÖK 95, 96; Bergverlag Rother: AVF Dachsteingebirge Ost, AVF Dachsteingebirge West, GF Dachsteingebirge

Theodor-Körner-Hütte

K. I, 1466 m, erb. 1923
OeAV Akademische S. Wien
Maria-Theresien-Str. 3
A-1090 Wien 9

- Maria Hirscher
  Hefenscher 48
  A-5524 Annaberg
- ✆ Tal 06463/8172
- ✗ Mitte Juni bis Ende Sept.
- 🛏 6 ⊓ 30 ⊔ 20
- ↗ Annaberg im Lammertal, 777 m, 2½, über Pommerbauer, 980 m (bis hierher Fahrstraße) 2½); über neue Forststraße 1¼
- → Gablonzer Hütte, 1550 m, auf der Zwieselalm 1½; Hofpürglhütte, 1705 m, 2
- △ sämtl. Gipfel des Gosaukammes (auch Bischofsmütze)
- 🚆 Golling-Abtenau
- 🚌 Annaberg im Lammertal
- 🚗 über Astaubauer bis P der ÖBF vor Pommerbauer

AV 14, 14b; FB 281; ÖK 95; Bergverlag Rother: AVF Dachsteingebirge Ost, AVF Dachsteingebirge West, GF Dachsteingebirge, WF Dachstein-Tauern-Region

Hütten anderer alpiner Vereine und Privathütten

Bachlalm, 1500 m, am Südfuß des Torsteins, privat, 🛏 16 ⊓ 32, ↗ Mandling 3½, 🚆 Mandling 🚌 Filzmoos 🚗 Filzmoos-Mühleben, bew. Mai bis Okt., Winter teilweise, ✆ 03687/81439

Brünner Hütte, 1737 m, nordwestlich des Stoderzinkens, privat, 🛏 28 ⊓ 14, ↗ Gröbming 4, Gasthof Steiner ½, 🚆 🚌 Gröbming 🚗 Gasthaus Steiner, bew. Mitte Dez. bis Mitte Jan., Mitte Febr. bis Mitte April, Mitte Juni bis Anfang Okt., ✆ 03685/2656 (Steinerhaus)

Dachsteinhöhlenhaus (Schönberghaus), 1337 m, an der Dachstein-Nordseite, Staat 🛏 15 ⊓ 50, ↗ Obertraun 2½, Hallstatt 3½, 🚆 Obertraun 🚌 🚗 Hallstatt, dann Personalseilbahn zum Haus, bew. Anfang Juni bis Mitte Sept.

Dachstein-Südwandhütte, 1910 m, oberhalb Ramsau, privat, 🛏 15 ⊓ 48, ↗ Ramsau 2, 🚆 Schladming 🚌 Ramsau 🚗 Ramsau (Maut), bew. Mitte Mai bis Anfang Nov., ✆ 03687/81509

Gjaidalm-Schutzhütte (Schilcherhaus), 1739 m, auf dem Dachsteinplateau, privat, 🛏 57 ⊓ 30, ↗ Obertraun 4, 🚆 🚌 🚗 Obertraun, dann Personalseilbahn zum Haus, bew. Weihnachten bis Mitte Okt., ✆ 06131/596

Grimminghütte, 1015 m, in der Hochaignerau, TVN, ⊓ 30, ↗ Trautenfels 1, Untergrimming 1, 🚌 🚏 🚐 Trautenfels, bew. Anfang Juni bis Ende Sept., im Mai Sa./So., ✆ 0663/838430

Krippenstein-Berghotel, 2074 m, auf dem Dachsteinplateau, privat, 🛏 100, ↗ Ramsau Dachsteinseilbahn, Station Hoher Krippenstein, 🚌 Schladming 🚐 Ramsau 🚐 Ramsau (Maut), bew. Mitte Mai bis Ende Sept. und Mitte Dez. bis Mitte April, ✆ 06134/527

Mahdalmhütte, 1520 m, unterhalb des Cosecks, privat, 🛏 12 ⊓ 21, ↗ Annaberg 2, Lungötz 2$\frac{1}{2}$, 🚌 Niedernfritz, St. Martin 🚐 🚐 Annaberg, gj. bew.

Sarsteinhütte, 1650 m, auf der Vorderen Sarsteinalpe, TVN, 🛏 4 ⊓ 13, ↗ Dachsteinhöhlen 3, Steeg oder Aussee 6, 🚌 🚐 🚐 Steeg, Aussee, Obertraun, SV, Schlüssel bei Franz Kysely, A-4831 Obertraun 42, ✆ 06134/201

Stuhlalmhütte, 1450 m, TVN, ⊓ 20, ↗ Annaberg 1; von Gablonzer Hütte über Austriaweg 1$\frac{1}{2}$, SV, Schlüssel bei Wolfgang Buchegger, Au 75, A-5441 Abtenau, ✆ 06243/2563 oder 2369

Wiesberghaus, 1884 m, auf der Wiesberghöhe, TVN, 🛏 44 ⊓ 95, ↗ Hallstatt 4 - 5, Obertraun 5$\frac{1}{2}$ ab Simonyhütte 1, 🚌 🚐 🚐 Hallstatt, Obertraun, mit Krippensteinbahn 2$\frac{1}{2}$ im Sommer, gj. bew., ✆ 06134/591

Offensee

Ebenseer Hochkogel Htt.

2093
Δ
Schönberg

Bad Ischl

Ischler Htt. Wildensee Htt.

Henarhtt.

Lauffen
Sandling
Loser
1837 Δ
Loser Htt.

Lambacher Htt.
Δ
1717
Bad Goisern

Altaussee
Altaussee

Bad Aussee
1614 Δ
Rötelstein

15 Totes Gebirge

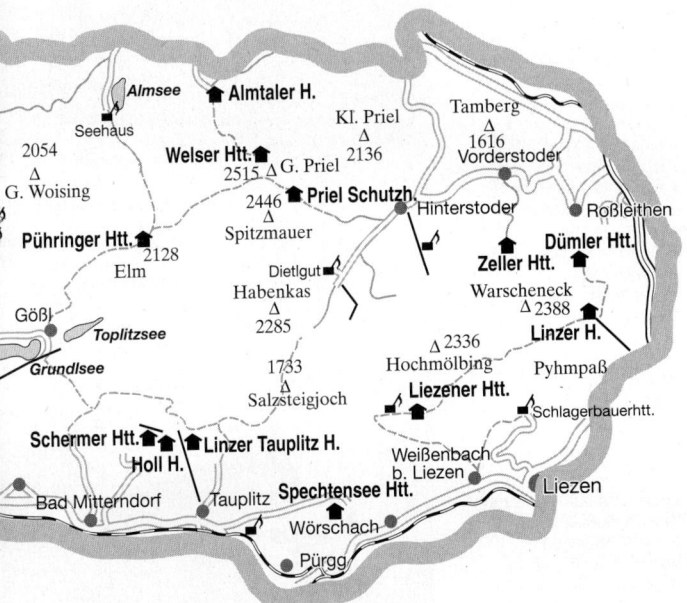

Umgrenzung

Offenseebach – Grießeneckbach – Moosau – Habernau – Hetzau – Ödseen – Bernerau – Weißenbach bis Einmündung in die Steyr – Steyr bis Einmündung Teichl – Teichl – Pyhrnpaß – Enns von Liezen bis Trautenfels – Klachau – Bad Mitterndorf – Kainisch-Traun – Bad Aussee – Pötschenhöhe – Bad Goisern – Traun bis Einmündung Offenseebach

15   Totes Gebirge

Almtalerhaus

K. II, 714 m, erb. 1872, gepachtet 1921
OeAV-S. Wels
Bahnhofstr. 64
A-4600 Wels

- ♦ Herbert Hackl
  A-4645 Grünau Nr. 625
- ✆ Hütte 0663/079071
- ✆ Tal 07616/8606
- ✗ Anfang Mai bis Mitte Sept.
- 🛏 26 ⌐ 50 ⌐ 20
- ⊞ 6 ♗
- ⟿ 220 V ∼
- ✓ Grünau im Almtal, 527 m
- → Ring – Steyrling 4½; Ödseen ½; Welser Hütte 3
- △ Erlachkogel, 1915 m, 5
- ⊥ kein Stützpunkt
- 🚍 Grünau im Almtal
- 🚍 Jägersimmerl
- 🚍 bis Hütte 🅿

AV 15/2; ÖK 67, 97; Bergverlag Rother: AVF Totes Gebirge, WF Salzkammergut

Dümlerhütte

K. I, 1495 m, erb. 1898
OeAV-S. TK-Linz
Herrenstr. 7
A-4020 Linz

- ♦ Lisbeth Weber, Dümlerhütte, A-4575 Roßleithen
- ✆ Hütte 07562/8603
  während der Nichtbew.:
  Gartenweg Nr. 447
  A-4580 Windischgarsten
- ✆ Tal 07562/8945
- ✗ Mitte Mai bis Ende Okt.
- 🛏 8 ⌐ 70 ⌐ 15
- ⊞ 12 offen
- ✓ Roßleithen, 591 m, 2½; Windischgarsten, 613 m, 3½; Gleinkersee 2; Spital a. P., 658 m, 3½
- → Linzer Haus, 1371 m, über Halssattel 1½; Zellerhütte, 1575 m, 5
- △ Warscheneck, 2388 m, 3; Rote Wand, 1798 m, 1½; Toter Mann, 2131 m, 2½
- ⊥ Roßleithen

🚌 Roßleithen oder Windischgarsten
🚍 Ort Roßleithen
🚐 Werkgasthof Roßleithen 🅿

AV 15/3; ÖK 98; Bergverlag Rother: AVF Totes Gebirge

Ischler Hütte

K. I, 1365 m, erb. 1925,
Ersatzbau 1982-84
OeAV-S. Bad Ischl
Altweg 2
A-820 Bad Ischl

👤 Dietmar Gruber
    Lichtersberg
    A-8992 Alt-Aussee
📞 Hütte 0663/77234
📞 Tal 03622/54679
🍴 Anfang Juni bis Ende Okt.,
    Weihnachten/Silvester nach
    Vereinbarung mit 👤
🛏 16 ⌐ 32 ⌐ 12
🔲 16 ⎸
〜 220 V 〜
➚ Bad Ischl mit Pkw bis Rettenbachalm 2; Bad Aussee mit Kfz Altaussee – Blaa-Alm 2; Ebensee mit Kfz Offensee Hochkogelhütte – Ischler Hütte 2; im Winter über Loserhütte
→ Ischler Hütte – Hochkogelhütte, Ischler Hütte – Schönberg – Wildensee – Appelhaus – Pühringer Hütte – Großer Priel; Klopfsteinsattel Altaussee – Appelhaus; Ischler Hütte – Nöstler – Gamskopf – Mitteralm (nur Winter) – Bad Ischl; Ischler Hütte – Wildensee (nur im Winter) – Weißhorn – Offensee (nur im Winter), Raucherkarhöhle; Schönberg – Rinnerkogel – Rinnerkogelhütte; Rauchfang Offensee
△ Schönberg (Wildenkogel), 2093 m; Vord. Rauher, 1785 m, 1; Feichterkogel, 1784 m, 1; Möslerhorn, Gr. und Kl. Wildkogel, 1992 m, 2½
⛷ nur im Frühjahr; Rettenbachalm, Loserhütte
🚌 Bad Ischl
🚍 Bad Ischl
🚐 Rettenbachalm und Blaa-Alm, nur im Sommer 🅿

AV 15/1; FB 281; ÖK 96; Bergverlag Rother: AVF Totes Gebirge

Lambacher Hütte

K. I, 1436 m, erb. 1924/25
OeAV-S. Lambach
Marktplatz 4/II
A-4650 Lambach

- Herbert Watzkarsch
  Carl-von-Linde-Str. 4
  A-4650 Lambach
- ℭ Hütte 03622/54882
- ℭ Tal 07245/32331
- ✗ Pfingsten bis Ende Okt. Sa./So./Fe. beaufsichtigt, SV, nur Getränke
- ⌑ 58 ⌴ 14
- ▩ 14 ♗
- ↗ Jodschwefelbad Goisern – Wurmsteinlift – Hütteneckalm – Raschberg 2 - 3; Bad Goisern – Lasern – Kriemoosalm – Raschberg 3 - 4; Oberlupitsch – Usinning Kirra – Vord. Sandlingalm 2; Altaussee – Ausseer Salzbergwerk – Ausseer Sandlingalm – Vord. Sandlingalm 3; Loserhütte über Blasalm – Fludergraben – Ausseer Sandlingalm – Vord. Sandlingalm 3 - 4; Bad Ischl – Pichlern – Hütteneckalm – Raschberg 4 - 5; mit ⊷ St.-Agatha-Gemeindestraße Richtung Halleralm bis Abzw. Hütteneck – Raschberg, von dort 1½ zur Hütte
- → Weitwanderweg 201, nächste Hütte: Loserhütte, weiterer Verlauf im Toten Gebirge; zur Ischler Hütte 4 - 5; rund um den Sandling 3 - 4
- △ Sandling, 1717 m, 1
- ⋏ Jodschwefelbad Goisern, Bad Goisern, Oberlupitsch, Loserhütte, Ischler Hütte, Sandling-Rundweg
- ⛟ Bad Goisern
- ⚏ Oberlupitsch an der Pöschenstraße
- ⊷ bis Abzweigung Hütteneck – Raschberg
- 🅿 bei Abzweigung Hütteneck – Raschberg
- ⛟ Wurmsteinlift (Anfragen beim Gemeindeamt Bad Goisern)

AV 15/1; FB 281; ÖK 96; Bergverlag Rother: AVF Totes Gebirge

Liezener Hütte

K. I, 1767 m, erb. 1924
OeAV-S. Liezen
Rathausplatz 6
A-8940 Liezen

- Ferdinand Hanus
  Tausing 63
  A-8940 Liezen
- ℭ Tal 03622/26650
- ✗ nicht bew., Juni bis Nov. Sa./So. beaufsichtigt

⌐ 30
⊞ 2 offen
↗ Weißenbach 3; Liezen 3; Wörschach 3$\frac{1}{2}$; Schönmoos 2
→ Stoder – Steirersee – Hochmölbing – Zeller- und Dümlerhütte
△ Warscheneck, 2388 m; Reidling, 1911 m; Hochmölbing, 2341 m; Hochanger
⚕ Wörschach
🚌 Wörschach oder Weißenbach
🚐 Schönmoos

AV 15/2, 15/3; ÖK 98; Bergverlag Rother: AVF Totes Gebirge

Linzer Haus/Wurzeralm

K. II, 1371 m, erb. 1932
OeAV-S. Linz
Hauptplatz 23
A-4020 Linz

⚐ Maria Danklmaier
Linzer Haus
A-4582 Spital a.P.
℗ Hütte 07563/237
✗ gj. bew., 2 Wochen nach Ostern und 2 Wochen im Nov. geschlossen
🛏 55 ⌐ 50
⌐

⚡ 220 V ~ 50 Hz 🔲
↗ Bahnstation Spital a. P. 3; Bahnstation »Linzer Haus« 2; mit Pkw zum Pflegerteich, von dort 1$\frac{1}{2}$; ehem. Gasthof Kalkofen – Hintersteineralm – Pflegerteich – Wurzeralm (nur im Sommer), im Winter von Hintersteineralm – Gscheid Riegel; Bergstation der Wurzeralm-Seilbahn 5 Min.

→ Dümler Hütte, 1495 m, 2; Abstieg über Gleinkersee – Windischgarsten 2$\frac{1}{2}$; Liezener Hütte, 1767 m – Luckerhütte (verf.) – Brunnalm; Hochmölbinghütte, 1684 m, von der Liezener Hütte westlich $\frac{1}{2}$; Leistalmhütte, 1640 m, über Liezener- und Hochmölbinghütte 9; Linzer Tauplitzhaus von Leistalm 1$\frac{1}{2}$; Angerkogel, 2113 m, $\frac{3}{4}$
△ Stubwieswipfel, 1786 m, 1$\frac{1}{2}$; Warscheneck, 2388 m, 3; Ramesch, 2119 m, 3
⚡↗ Spital, Linzer Haus, Pflegerteich, Bergstation der Wurzeralm-Seilbahn → Dümler Hütte, Liezener Hütte, Hochmölbinghütte, Leistalmhütte, Linzer Tauplitzhaus △ Stubwieswipfel, Warscheneck
🚌 Spital (Bedarfshaltestelle Linzer Haus)

183

15 Totes Gebirge

- Talstation der Wurzeralm-Seilbahn
- Pflegerteich 🅿
- Pyhrnpaßstr. – Wurzeralm, Schrägaufzug
- Haulgrabenlift, Schwarzecklift, Frauenkarlift
- Bergstation Wurzeralm-Seilbahn – Hüttenseilbahn, Seilbahntelefon
- 2 Hüttenlifte

AV 15/3; ÖK 98; Bergverlag Rother: AVF Totes Gebirge

Linzer Tauplitzhaus

K. II, 1645 m, erb. 1954
OeAV-S. Linz
Hauptplatz 23
A-4020 Linz

- ♦ Walter Zwansleitner
  A-8982 Tauplitz
- ℂ Hütte 03688/2315
- ✗ gj. bew., 8.12. bis Sonntag nach Ostern, 10.6. bis 15.10.
- 🛏 60 ⌐ 25 ⌐ 20
- 🛏
- 220 V ~ 50 Hz 🕮
- ✈ Klachau – Tauplitz, Fahrtstraße bis 🅿 Hütte (Zufahrt nur für Nächtigungsgäste); Sesselliftstation Tauplitz; Autobusverkehr von Mitterndorf zur Tauplitzalm, zu Fuß von Tauplitz 2½ - 3
- → Liezener Hütte 4; Salzsteigjoch – Hinterstoder 6; Überquerung Totes Gebirge – Wurzeralm – Linzer Haus – Spital a. P. 8 - 10; Th.-K.-Holl-Haus ¾
- △ Die Traweng, 1945/1984 m; Lawinenstein, 1964 m; Sturzhahn, 2031 m; Almkogel, 2122 m; Roßkogel, 1893 m; Großer Tragl, 2184 m
- ⛷ Tauplitz, Mitterndorf – Skigebiet
- 🚌 Tauplitz
- Tauplitz 🅿 (nur für Nächtigung)
- Tauplitz – Tauplitzalm
- Hüttenlift

AV 15/2; ÖK 97; Bergverlag Rother: AVF Totes Gebirge

Loserhütte

K. II, 1497 m, erb. 1882
OeAV-S. Bad Aussee
Johann Raudaschl
Schmiedgutstr. 92
A-8990 Bad Aussee

✝ Helmut König
   Loserhütte
   A-8992 Altaussee
🕿 Hütte 06152/71202
✗ gj. bew., Nov. geschlossen
⍽ 35 ⌐ 51 ⌐ 20
⚡ 220 V ~ ⍽
⌁ Altaussee 1½
→ Wildenseehütte 4; Appelhaus 5; Pühringerhütte 8
△ Loser, 1838 m; Hochanger, 1837 m; Bräuning-Zinken, 1899 m
⌁ Losergebiet, Hochanger
🚍 Bad Aussee
🚌 Postamt Altaussee
🚗 2 Min. von der Hütte (Mautstraße) 🅿
⌁ Loser

AV 15/1; FB 281; ÖK 96; Bergverlag Rother: AVF Totes Gebirge, WF Salzkammergut

Prielschutzhaus

K. I, 1420 m, erb. 1884
OeAV-S. TK-Linz
Herrenstr. 7
A-4020 Linz

✝ Engelbert Eder
   Prielschutzhaus
   A-4573 Hinterstoder 11
   während der Nichtbew.:
   Sulzach 18
   A-4821 Lauffen
🕿 Hütte 07564/5347
🕿 Tal 06132/8215
✗ Anfang April bis Ende Okt.
⍽ 52 ⌐ 120 ⌐ 30
▦ 10 offen
⚡ 220 V ~ 50 Hz

⌁ Hinterstoder, 505 m – Johannishof, ab Hinterstoder Bahnhof Bundesbahn-Autobus, 14 km, 3
→ Pühringerhütte, 1638 m, 5½; Welser Hütte, 1815 m, über den Großen Priel 4½
△ Großer Priel, 2515 m, 3; Spitzmauer, 2442 m, 4; Brotfall, 2380 m, 3; Temlberg, 2327 m, 3; Schermberg, 2396 m, 3½
⌁ ⌁ Hinterstoder → Pühringerhütte △ Schermberg, Dietlhöhe
🚍 Hinterstoder
🚌 Hinterstoder – Johannishof
🚗 Johannishof oder Ghs. Polsterlucke 🅿

AV 15/2; ÖK 98; Bergverlag Rother: AVF Totes Gebirge

Pühringerhütte

K. I, 1638 m, erb. 1924-27
OeAV-S. Wels
Bahnhofstr. 64
A-4600 Wels

✚ Johann Sadner
Bräuhaus 44
A-8993 Grundlsee
℄ Hütte 0663/833241
℄ Tal 06152/8678
✗ Anfang Juni bis Ende Sept.
bzw. Mitte Okt. bei schönem
Wetter
⌷ 30 ⌐ 48 ∪ 20
⌘ 10 ⚲ SR
↗ Seehaus am Almsee, 589 m,
über Grünau, über Sepp-Huber-Steig und Röllsattel 4; über Grießkarscharte und
Elmgrube, 1621 m, 5½; Schachen am Grundlsee, 732 m, 3½; über Gössler Alm,
1585 m, 6 - 7
→ Welser Hütte, 1815 m, über Rotkögelsattel, 2040 m, und Fleischbanksattel,
2120 m, 4½; Prielschutzhaus, 1420 m, über Temlbergsattel und Klinserscharte,
1805 m, Albert-Appel-Haus, 1660 m, über Elmgrube, Abblaser, 1837 m, 4
△ Elm, 2129 m, 1½; Hochkogel, 2094 m, 1; Rotgschirr, 2257 m, 3; Großer Priel,
2515 m
⚹ nur im Frühjahr ↗ Schachen am Grundlsee, Almsee
🚌 Grünau im Almtal, Bad Aussee
🚐 Almsee und Schachen
🚐 Almtalerhaus – Almsee und Schachen am Grundlsee 🅿
AV 15/2; ÖK 97; Bergverlag Rother: AVF Totes Gebirge

Schermerhütte

K. I, 1560 m, gepachtet seit 1954
OeAV-S. Graz
Sackstr. 16
A-8010 Graz

✚ SV, Benutzung nur gegen
schriftl. oder telef. (0316/
822266) Anmeldung in der
AV-Geschäftsstelle Graz
✗ SV
⌐ 16
⚡ 220 V ~ 50 Hz ▦
⚷ nur mit Bewilligung der Sektion
bei der Mautstelle Tauplitzalm
– Alpenstraße

↗ Parkplatz Tauplitzalm, 1572 m, 10 Min.; Sessellift-Bergstation, 1660 m, 25 Min.
→ Theodor-Karl-Holl-Haus, 1605 m, 10 Min; Linzer Tauplitzhaus, 1645 m, ³⁄₄
△ Lawinenstein, 1966 m; 1; Traweng, 1984 m, 1¹⁄₂; Großes Tragl, 2184 m, 3
⟁ ↗ Tauplitzalm, Sessellift-Bergstation → Theodor-Karl-Holl-Haus, Linzer Tauplitzhaus △ Lawinenstein, Traweng, Großes Tragl
⇔ Bad Mitterndorf, Tauplitz
⇐ Theodor-Karl-Holl-Haus oder Tauplitz, Lift-Talstation
⇐ Mautstraße Bad Mitterndorf – Tauplitzalm 🅿
🔒 Theodor-Karl-Holl-Haus – Lawinenstein, Tauplitz – Tauplitzalm
⚡ zahlreiche Lifte in Hüttennähe

AV 15/2; ÖK 97; Bergverlag Rother: AVF Totes Gebirge

Spechtenseehütte

K. III, 1045 m, erb. 1960 bzw. 1968
OeAV-S. Stainach
A-8950 Stainach
Hs.-Nr. 280

∮ Rosa Binderberger
  Wörschachwald
  A-8982 Tauplitz
☎ Hütte 03688/2666
  während der Nichtbew.:
  Badgasse 335
  A-8950 Stainach
☎ Tal 03688/23190
✗ Anfang Juni bis Ende Sept.,
  Okt. Sa./So. bei Schönwetter
🛏 4 ⊓ 15 ⊔ 5
⥥
⚡ 220 V ∼
↗ Tauplitz mit Pkw, Wörschach
→ Hochmölbinghütte, Liezener Hütte, Höhenweg Tauplitz, Weitwanderweg 9, Wörschachklamm
△ Grimming, 2351 m; Hochmölbing, 2341 m; Hochtausing, 1618 m; Reidling, 1905 m, Sonnwendköpfe, 1740 m, Hechelstein, 1717 m, Noyer, 1485 m, Leistenstein, 1494 m
⟁ Tauplitzalm, Wörschachwald
  Bei der Hütte der Spechtensee (Naturschutzgebiet, Moorsee mit Seerosen, Fischereimöglichkeit)
⇔ Tauplitz
⇐ Tauplitz-Klachau
⇐ zum Haus 🅿

AV 15/2; ÖK 97; Bergverlag Rother: AVF Totes Gebirge

Theodor-Karl-Holl-Haus

K. II, 1621 m, erb. 1924/25
OeAV-S. Austria
Rotenturmstr. 14
A-1010 Wien

- ✝ Ing. Klaus Hüttner
  A-8982 Tauplitzalm 1
- ✆ Hütte 03688/2302
- ✗ gj. bew., Mai und Okt. geschlossen
- 🛏 64 ⌐ 8
- ↴

- ⚡ 220 V ~ 50 Hz 🔲
- ↗ Parkplatz Tauplitzalm 5 Min.;
  Sessellift-Bergstation Tauplitzalm 20 Min.; Zauchen 2½
- → Linzer Tauplitzhaus, 1645 m, ¾; Lienzener Hütte, 1767 m, über Steyrersee-Leistalm 4½; Hochmölbinghütte, 1684 m, 5½ - 6; Pühringerhütte, 1638 m, über Steyrersee 8 - 10; Prielschutzhaus, 1420 m, 8; Welser Hütte, 1815 m, 8
- △ Lawinenstein, 1966 m, 1½; Schneiderkogel, 1767 m, 1½; Traweng, 1984 m, 1½; Almkogel, 2122 m, 4; Roßkogel, 1893 m, 3; Skiberg; Gr. Tragl, 2184 m, 3½, Skiberg
- 🎿 ↗ Parkplatz Tauplitzalm, Sessellift-Bergstation Tauplitzalm, Zauchen → Steyrersee – Lienzener Hütte, Steyrerseehütte – Pühringerhütte
- 🚑 Bad Mittendorf
- 🚌 ⇢ Parkplatz Tauplitzalm 🅿 (Mautstraße)
- 🎿 2 Sessellifte, 12 Schlepplifte

AV 15/2; ÖK 97; Bergverlag Rother: AVF Totes Gebirge

Welser Hütte

am Großen Priel,
K. I, 1815 m, erb. 1971
OeAV-S. Wels
Bahnhofstr. 64
A-4600 Wels

- ✝ Christine Wallner
  A-4645 Grünau i.A.
  Hs.-Nr. 376
- ✆ Hütte 07616/8088
- ✆ Tal 07616/8078
- ✗ Anfang Juni bis Mitte Sept.
- 🛏 28 ⌐ 80 ⌐ 40
- ⊞ 20 offen SR
- ↗ Almtalerhaus in der Hetzau 3
- → Prielschutzhütte über Brotfall-

scharte 3$\frac{1}{2}$; über Klinserscharte 3$\frac{1}{2}$; über Arzlochscharte 3$\frac{1}{2}$; Pühringerhütte 4, über Fleischbanksattel und Rotkögelsattel
△ Großer Priel, 2515 m; Kreuz, 2180 m; Zwillingskogel, 2187 m; Brotfall, 2380 m; Schermberg, 2396 m; Temlberg, 2327 m
⊥ keine Skiabfahrtmöglichkeit
🚌 Grünau im Almtal
🚐 Jägersimmerl
🚐 Almtalerhaus

AV 15/2; ÖK 97; Bergverlag Rother: AVF Totes Gebirge

Wildenseehütte

K. I, 1521 m, erb. 1920
OeAV-S. Bad Aussee
Johann Raudaschl
Schmiedgutstr. 92
A-8990 Bad Aussee

† Alfred Schlacher
Ischlbergstr. 49A
A-8990 Bad Aussee
✆ Tal 03622/54815
✗ SV, teilweise beaufsichtigt
⊓ 20 ⌣ 5
⌇

✗ Altaussee oder Grundlsee 5; Offensee 4$\frac{1}{2}$
→ Loserhütte 4; Appelhaus $\frac{1}{2}$; Pühringer Hütte, 4; Ischler Hütte, Wildenkogel 8
△ Rinnerkogel, 2012 m; Woising, 2061 m, Redender Stein, 1900 m
⊥ nur im Frühjahr ✗ Altaussee, Grundlsee → Pühringer Hütte △ Offensee, Weißhorn
🚌 Bad Aussee
🚐 Post Altaussee, Gasthof Ladner, Grundlsee
🚐 Altaussee/Loser 🅿
🚡 Grundlsee – Appelhaus, von dort $\frac{1}{2}$ zur Hütte

AV 15/1; FB 281; ÖK 97; Bergverlag Rother: AVF Totes Gebirge

Zellerhütte

K. I, 1575 m, erb. 1901
OeAV-S. TK. Windischgarsten
Hauptstraße 65
A-4580 Windischgarsten

† Christine Feichtinger
Zellerhütte
A-4575 Roßleithen
✆ Hütte 07562/8424
während der Nichtbew.:

Forsthausstr. 40
A-4894 Ohlsdorf
✗ Anfang Juni bis Ende Sept.,
Okt. an Sa./So./Fe.
🛏 8 ⌐ 50 ⌐ 5
🍽 4 ♨

↗ Bhf. Pließling – Vorderstoder,
810 m – Gasthaus Bankler
$3^1/_2$; Vorderstoder – Schafferteich $2^1/_2$; Bhf. Roßleithen od.
Windischgarten, 601 m – Roßleithen – Windhagersee 3;
Ghs. Schoiswohl – Paulnbo-
den $2^1/_2$

→ Warscheneckgipfel 2; Roß-
arsch – Wetterluke – Loigistal
– Elm – Schrocken – Hutterer
– Höß, Liezener Hütte, Hochmölbinghütte-Wörschach – Tauplitz (Leistalm); Toter
Mann – Dümlerhütte – Roßleithen – Gleinkersee 5; Toter Mann – Brunnsteiner
See – Linzer Haus – Spital a. P. – mit 🚠 zur Linzer-Haus-Talstation 4;
Warscheneck – Roßarsch – Wetterluke – Vorderstoder
im Winter Bergstation Frauenkar – Wiederlechnerstein – Wetterluke – Loigistal –
Vorderstoder

△ Warscheneck, 2388 m, 2; Lagersberg, 2014 m

⛷ nur im Frühjahr ↗ Bahnhof Pließling – Vorderstoder – Warscheneck, 2388 m –
Loigistal – Schafferteich – Vorderstoder od. Schoiswohl

🚂 Pließling-Vorderstoder oder Roßleithen

🚌 Vorderstoder, Gasthaus Schoiswohl od. Roßleithen

🚐 Schafferteich, Binder, Lindbichler, Vorderstoder od. Mitterhauser

AV 15/3; ÖK 98; Bergverlag Rother: AVF Totes Gebirge

Hütten anderer alpiner Vereine und Privathütten

Albert-Appel-Haus, 1660 m, am Gr. Woising, ÖTV, 🛏 34 ⌐ 85, ↗ Altaussee 4,
Grundlsee 4, 🚂 Bad Aussee 🚌 🚐 Grundlsee, bew. Ende Mai bis Ende Sept., 🍽 offen

Ebenseer Hochkogelhaus, 1558 m, am Hochkogel, TVN, ⌐ 70, ↗ Steinkogel 4,
Schwarzenbach $2^1/_2$, 🚂 🚐 Steinkogel 🚐 Schwarzenbach 🅿, bew. Mitte Mai bis Mitte
Sept., sonst nur fallweise an Sa./So., 🕿 06133/5324

Henaralm, 1660 m, auf der Henarwiesalm, TVN ⌐ 20, ↗ Grundlsee 4, Altaussee 5,
Bad Aussee 5, 🚂 Bad Aussee 🚐 Grundlsee 🚐 Altaussee, Bad Aussee, Grundlsee,
SV, Voranmeldung bei Franz Stöckl, Eselsbach 52, A-8990 Bad Aussee,
🕿 06152/3494

Hochmölbinghütte, 1684 m, auf der Niederhüttenalm (Warscheneck), ÖTK, 🛏 14 ⌐
44 ⌐ 17, ↗ Liezen oder Wörschach $3^1/_2$, 🚂 🚐 Liezen, Wörschach-Schwefelbad,

bew. Ende Juni bis Ende Sept., ✆ 0316/951845

Hößhaus, 1400 m, auf den Huttererböden, privat, ⊨ 16 ⌐ 13, ↗ Hinterstoder 1½, ⇝ Preißegg, Dirnbach ⇝ ⇝ Hinterstoder

Huttererbödenhütte, 1380 m, auf gleichnamiger Alm, privat, ⌐ 70, ↗ Hinterstoder 1½, ⇝ Preißegg ⇝ ⇝ Hinterstoder, ✆ 07564/324

Raschberghütte, 1358 m, auf der Raschbergalpe, TVN, ⌐ 15, ↗ St. Agatha 3, Hütteneck 1½, ⇝ Steeg ⇝ St. Agatha ⇝ bis unter die Hütte im Sommer; bis Haller Alm im Winter; SV, Voranmeldung bei Walter Pramesberger, St. Agatha 49, A-4823 Steeg, ✆ 06135/73113

Rinnerkogelhütte, 1473 m, nördlich des Wildensees, privat, (Bergsteigerbund Ebensee) ⌐ 35, ↗ Offensee 3, ⇝ Bad Aussee ⇝ ⇝ Offensee, bew. Mitte Juli bis Mitte Sept., Mai und Juni nur Sa./So., ✆ 06133/8620

Sturzhahnhütte (Steyrerseehütte), 1550 m, nahe dem Steyrersee, ⌐ 14, ↗ Klachau-Tauplitz 3, Mittendorf-Zauchen, Tauplitzalmlift ½, ⇝ ⇝ ⇝ Klachau-Tauplitz oder Mittendorf-Zauchen, SV, ✆ 0222/5650 u. 5039

Tauplitzalm (Petzhütte), 1620 m, TVN, ⊨ 21, ↗ Klachau-Tauplitz 2½, 🚡 5 Min., SV, Schlüssel bei August Pürkl, Rennerring 8, A-8940 Liezen, ✆ 03612/22005

Tauplitzhaus, 1620 m, auf der Tauplitzalm, TVN, ⊨ 59, ↗ Klachau-Tauplitz 2½, Tauplitzalmlift ¼, ⇝ Klachau-Tauplitz ⇝ ⇝ Bad Mittendorf – Mautstraße Tauplitzalm, gj. bew., Mai u. Nov. geschlossen, ✆ 03688/2295

Winklerhütte, 1600 m, auf der Tauplitzalm, TVN, ⊨ 12, ↗ Klachau-Tauplitz 2½, Tauplitzalmlift ¼, ⇝ Klachau-Tauplitz ⇝ ⇝ Bad Mittendorf – Mautstraße Tauplitzalm, SV, Voranmeldung bei OGr. Wien, Fachgruppe Ostbahn XI, Grillgasse 48, A-1110 Wien, ✆ 0222/5650/5965

Wurzeralm, 1407 m, auf der gleichnamigen Alm, TVN, ⌐ 40, ↗ Talstation Wurzeralm-Standseilbahn 1½, Bergstation 5 Min., ⇝ Bahnstation Linzer Haus, Spital am Pyhrnpaß, ⇝ ⇝ Pyhrnpaß, SV, Voranmeldung bei Kurt Fehringer, Franz-Aigner-Str. 3, A-4560 Kirchdorf, ✆ 07582/37113, ✆ Hütte 07563/621

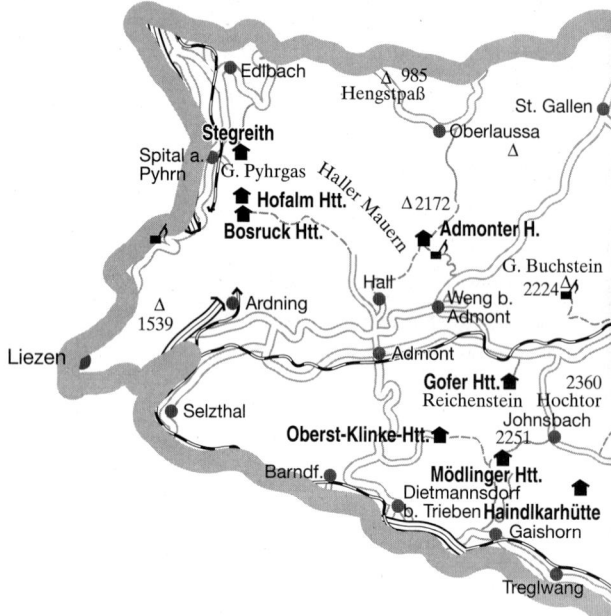

Edlbach

Δ 985
Hengstpaß

St. Gallen

Stegreith

Oberlaussa
Δ

Spital a.
Pyhrn

G. Pyhrgas

Haller Mauern

Hofalm Htt.

Δ 2172

Bosruck Htt.

Admonter H.

G. Buchstein
2224 Δ

Halt

Weng b.
Admont

Δ
1539

Ardning

Liezen

Admont

Gofer Htt.

2360

Reichenstein Hochtor

Selzthal

Johnsbach
2251

Oberst-Klinke-Htt.

Barndf.

Mödlinger Htt.

Dietmannsdorf
b. Trieben

Haindlkarhütte

Gaishorn

Treglwang

16 Ennstaler Alpen

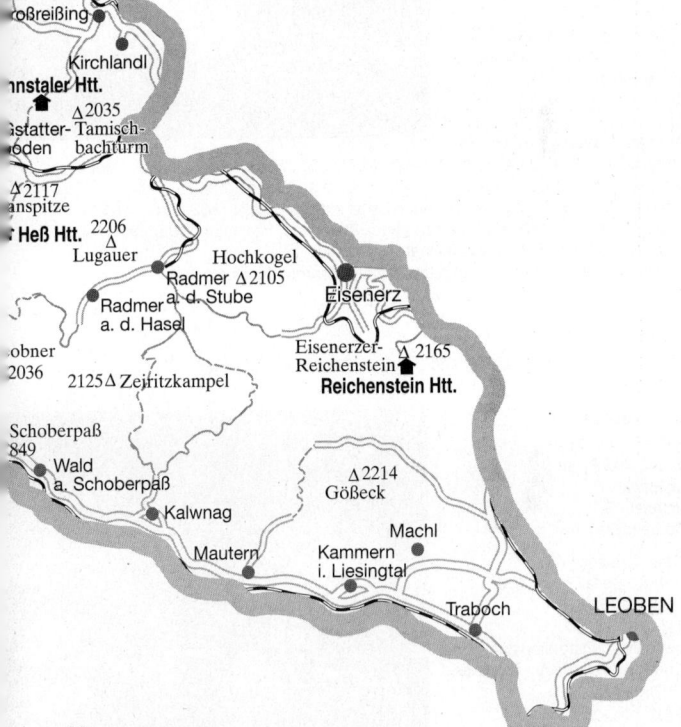

roßreißing

Kirchlandl

nnstaler Htt.

istatter- Tamisch-
öden bachturm

△ 2035

△2117
anspitze

r Heß Htt. 2206
△
Lugauer   Hochkogel

Radmer △ 2105
Radmer   a. d. Stube
a. d. Hasel

Eisenerz

obner
2036

2125△ Zeiritzkampel

Eisenerzer-
Reichenstein   △ 2165
Reichenstein Htt.

Schoberpaß
849
Wald
a. Schoberpaß

△ 2214
Gößeck

Kalwnag

Machl

Mautern   Kammern
i. Liesingtal

Traboch   LEOBEN

Umgrenzung

Windischgarsten – Dambach – Hengstpaß – Laussa – Enns bis Hieflau –
Erzbach – Präbichl – Vordernberger Bach – Mur von Leoben bis St. Michael –
Liesing/Paltental bis Einmündung Enns – Liezen – Pyhrnpaß – Windischgarsten

Admonter Haus

K. I, 1725 m, erb. 1895,
ren. 1979-82
OeAV-S. Admont
A-8911 Admont

- ♦ Stefan Günther
  Hall 25
  A-8911 Admont
- ✆ Hütte 03613/3552
- ✆ Tal 03613/2989
- ✗ Mitte Juli bis Mitte Okt., Pfingsten bis Mitte Juli und Mitte bis Ende Okt. nur Sa./So.
- ⊏⊐ 45
- ⊞ 8, ⌇
- ✐ Admont – Weng – Buchau – Grabneralm, 1395 m, 4; Hall – Pitzalm, 937 m, 3; Oberlaussa – Unterer Seeboden, 1312 m – Oberer Seeboden, 1427 m; Buchauer Sattel 2½
- → Grabneralmhaus ¾; Altenmarkt durch Laussatal bis Weg Nr. 633, 5½
- △ Admonter Warte, 1804 m, ¼; Natterriegel, 2065 m, 1; Hexenturm (Bärenkarmauer), 2170 m, 1¾; Hallermauern-Überquerung 10 - 12
- ⟰ ✐ Admont, Oberlaussa → Grabneralmhaus, Altenmarkt △ Natterriegel
- ⇥ Admont
- ⇥ Buchauer Sattel
- ⇥ Buchau 🅿

AV 16; ÖK 99; Bergverlag Rother: AVF Gesäuseberge, GF Gesäuse

Bosruckhütte

K. I, 1036 m, erb. 1941
OeAV-S. Spital/Pyhrn
Helmut Hackl
Ederackerstr. 5
A-4060 Leonding

- ♦ Josef Prenter
  A-4582 Spital/Pyhrn 406
- ✆ Hütte 07563/666
- ✆ Tal 07563/529
- ✗ gj. bew., Osterdienstag bis Ende April u. Nov. bis Mitte Dez. geschlossen
- ⊨ 17 ⊏⊐ 55
- ∿ 220 V ~ 🔲
- ✐ Spital – Gasthaus Grünau 1¾; Gasthaus Grünau – Dr.-Vogelgesang-Klamm 1¼

→ Rohrauer Haus, 1348 m, $^3/_4$; Rohrauer Haus – Hofalm, 1335 m, $1^1/_2$; Abstieg nach Spital möglich

△ Großer Pyhrgas, 2244 m, 3; Scheiblingstein, 2197 m, $3^3/_4$; Bosruck, 2009 m

⚒ ↗ Spital → Rohrauer Haus △ Großer Pyhrgas, Scheiblingstein

🚌 Spital/Pyhrn, 20 Min. vom Ort

🚌 Spital/Pyhrn

🚌 bis 5 Min. vor Hütte

🅿 Gasthaus Grünau

⚓ Bosruckhütte

ÖK 99; Bergverlag Rother: AVF Gesäuseberge, GF Gesäuse

Ennstaler Hütte

K. I, 1543 m, erb. 1885
OeAV-S. Steyr
Michaelerplatz 7
A-4400 Steyr

† Peter Fölsner
  Ennstaler Hütte
  A-8913 Gstatterboden

Y Hütte 03611/22196
  während der Nichtbew.:
  Schmiedgasse 69
  A-8911 Admont

✗ Mitte Mai bis Ende Okt.

🛏 14 ⌐ 45

↗ Gstatterboden, 564 m, 3; Großreifling über Bärensattel $3^1/_2$; Hieflau, 517 m – Tamischbachturm, 2035 m, 5; St. Gallen, 513 m, 5

→ Abstiege zu verschiedenen Talorten

△ Tamischbachturm (Aussichtsberg), 2035 m, $1^1/_2$; Tieflimauer, 1814 m, $1^1/_2$; Kleiner Buchstein, 1994 m, 5

⚒ nur im Frühjahr, wenn keine Lawinengefahr mehr besteht ↗ Gstatterboden, △ Tamischbachturm

🚌 Gstatterboden, Großreifling

🚌 Gstatterboden 🅿, Großreifling-Hackerschmiede 🅿

AV 16; ÖK 100; Bergverlag Rother: AVF Gesäuseberge, GF Gesäuse

Goferhütte

K. I, 1012 m, erb. 1929
OeAV-S. ÖGV
Lerchenfelder Str. 28
A-1080 Wien

- ✗ fallweise beaufsichtigt, Anfang Mai bis Mitte Sept., Getränkeausgabe
- ⊓ 20 ⊔ 5
- ▦ 5 offen
- ➚ Gesäuse-Eingang, 659 m, 1½
- △ Admonter Reichenstein, 2251 m; Sparafeld, 2247 m
- ⚒ Gesäuse-Eingang
- ➡ Gofergraben

AV 16; ÖK 99; Bergverlag Rother: AVF Gesäuseberge, GF Gesäuse

Haindlkarhütte

K. I, 1121 m, erb. 1960
OeAV-S. Reichenstein
Rahlgasse 6/14
A-1060 Wien VI

- ✝ Maria Schausberger
  A-8913 Gstatterboden
  während der Nichtbew.:
  Kematenstr. 357
  A-8911 Admont
- Y Hütte 06311/22115
- ✆ Tal 03613/3266
- ✗ Mitte Mai bis Mitte Okt.
- ⊟ 9 ⊓ 54
- ⚡ 220 V ∼
- ➚ Gstatterboden, 579 m, Straße bis 🅿, dann bez. Weg Nr. 658 zur Hütte 1½; Johnsbach Hst., 589 m, Straße bis 🅿, dann bez. Weg zur Hütte 1½; od. bez. Weg Nr. 658 vom Gasthaus Bachbrücke über die Gsengscharte zur Hütte, 2½
- → zur Heßhütte über Peternscharte, 2045 m, 5 (nur für Geübte); ins Johnsbachtal über Gsengscharte, 1220 m, auf bez. Weg Nr. 658, 1½
- △ Planspitze, 2114 m, 4½; Hochtor, 2365 m, 6
- 🚡 kein Stützpunkt
- ⚒ Gstatterboden
- ➡ Haindlkar (nur So., Fe. v. 10.7. bis 10.9.)
- ➡ Gesäusestraße 🅿

AV 16; ÖK 100; Bergverlag Rother: AVF Gesäuseberge, GF Gesäuse

Heßhütte

K. I, 1687 m, erb. 1893
OeAV-S. Austria
Rotenturmstr. 14
A-1010 Wien

- ♦ Reinhard Reichenfelser
  Hall 468
  A-8911 Admont
- ℭ Hütte 0663/039888
- ℭ Tal 03613/3263
- ✗ Ende Mai bis Ende Okt.
- ⊫ 45 ⌐ 90 ⌐ 20
- 🏠 10 ℓ⤳
- ⚊ Kummerbrücke (Gstatterbod
  en) – Wasserfallweg 3½ - 4;
  Johnsbach (»Kölblwirt«) 3;
  Hieflau – Hartlesgraben – Sulzkarhund 5 - 6
- → Hartlesgraben – Hieflau 4; Haindlkarhütte über Peternscharte 5
- △ Zinödl, 2191 m, 1½ - 2; Planspitze, 2114 m, 2½ - 3; Hochtor, 2365 m, 2½
- ⚒ kein Stützpunkt
- ⛟ Gstatterboden
- ⛟ ⛟ Gstatterboden, Johnsbach 🅿 »Kölblwirt«

AV 16; ÖK 100; Bergverlag Rother: AVF Gesäuseberge, GF Gesäuse

Hofalm

K. I, 1335 m, erb. 1890
OeAV-S. Spital/Pyhrn, H. Hackl
Ederackerstr. 5
A-4060 Leonding

- ♦ Kurt Ortmann, Hs.-Nr. 296,
  A-4582 Spital
- ✗ Ende Mai bis Mitte Sept.
- ⊫ 8 ⌐ 30
- 🏠 10 ℓ (als Notunterkunft, keine
  Heizmöglichkeit im Lager)
- ⚊ Spital am Pyhrn, 650 m, 1¾
- → Hofalm – Rohrauer Haus,
  1348 m – Admont 4½; Hofalm
  – Rohrauer Haus, 1348 m –
  Bosruckhütte 1½
- △ Gr. Pyhrgas, 2244 m, 2½
- ⚒ kein Stützpunkt ⚊ Spital → Rohrauer Haus △ Gr. Pyhrgas; Scheiblingstein
- ⛟ Spital/Pyhrn, 20 Min. vor Ort, ⛟ Spital/Pyhrn
- ⛟ 🅿 Gasthaus Grünau

ÖK 99; Bergverlag Rother: AVF Gesäuseberge

Mödlinger Hütte

K. I, 1523 m, erb. 1914
OeAV-S. Mödling
Brühlerstr. 2
A-2340 Mödling

- ♦ Helga Traxler
  Postfach 7
  A-8783 Gaishorn
- ℂ Hütte 03611/265
- ✗ Mitte Mai bis Ende Okt.
- ⊨ 13 ⊓ 50
- ▦ 4 offen
- ⌁ 220 V ∼ 50 Hz ▥
- ⬈ Gaishorn,722 m – Mautstraße
  oder Fliezenschlucht 2½;
  Johnsbach (»Donnerwirt«),
  753 m, 2½; Admont, 641 m, über Oberst-Klinke-Hütte, 1486 m, 5
- → Oberst-Klinke-Hütte, 1486 m, über Fliezenalm, 1200 m – Kalblinggatterl, 1542 m,
  2; Heßhütte, 1687 m, über Johnsbach, 5
- △ Admonter Reichenstein, 2247 m, 3; Totenköpfl, 2178 m, 3; Pfarrmauer, 1962 m,
  1½; Spielkogel, 1731 m, 1; Leobner, 2036 m, 6
- ⤲ ⬈ Gaishorn, Johnsbach → Spielkogel, Leobner △ Oberst-Klinke-Hütte
- ⇔ ⇌ Gaishorn, Johnsbach
- ⇀ Mautstraße, 30 Min. unterh. der Hütte 🅿

AV 16; ÖK 99, 130; Bergverlag Rother: AVF Eisenerzer Alpen, AVF Gesäuseberge,
GF Gesäuse

Oberst-Klinke-Hütte

K. II, 1486 m, erb. 1941
OeAV-S. Admont
A-8911 Admont

- ♦ Gerhard Stocker
  Oberst-Klinke-Hütte
  A-8911 Admont
- ℂ Hütte 03613/2601
- ✗ gj. bew., Nov. geschlossen
- ⊨ 36 ⊓ 100
- ⌁ 220/380 V ∼ ▥, teilweise ⌁
- ⬈ Admont – Kaiserau, 1100 m,
  Schloß Kaiserau – Kalkofen 3;
  Admont – Siegelalm, 1130 m,
  2½; Bärndorf/Büschendorf üb.
  Kaiserau 2¾; Trieben üb. Kai-
  serau 3½

- → Mödlinger Hütte üb. Kalblinggatterl, 1534 m – Flitzenalm, 1200 m, 2; Kalblinggatterl, 1543 m – Riffel, 2175 m, Kreuzkogel, 2025 m – Scheiblegger-Hochalm, 1672 m – Kematen – Admont

△ Kalbling, 2196 m, 2; Sparafeld, 2245 m, 1; Riffel, 2175 m, 2; Kreuzkogel, 2025 m, 1; Lahngangkogel, 1779 m

⟑ ↗ Admont – Kaiserau; Admont – Siegelalm, Bärndorf/Büschendorf, Trieben → Mödlinger Hütte, Kalblinggatterl △ Kalbling, Sparafeld, Riffel, Lahngangkogel

🚌 🚍 Admont

🚗 Kaiserau, ab d. Mautstraße – Hütte 🅿
(im Winter mautfrei)

⚐ Skilift bei der Hütte

AV 16; ÖK 99, 130; Bergverlag Rother: AVF Eisenerzer Alpen, AVF Gesäuseberge, GF Gesäuse

Reichensteinhütte

K. I, 2128 m, erb. 1898,
Neubau 1980, 1989
OeAV-S. Leoben
Hauptplatz 3/II
A-8700 Leoben

† Monika Albl
A-8794 Vordernberg
während der Nichtbew.:
Seizerstr. 64
A-8793 Trofaiach

℅ Tal 03847/3590

✗ Mitte Mai bis Mitte Okt.

🛏 23 ┌ 33 ┘ 15

▦ 4 offen, nicht heizbar, keine
Kochstelle

⚬ ~

↗ Vordernberg 3¹⁄₂; Präbichl (Gasthaus Lanner) 2; Eisenerz 5

→ Mödlinger Hütte, Theklasteig – Wildfeld – Mautern 9

△ Eisenerzer Reichenstein, 2166 m, ¹⁄₄; Wildfeld, 2044, 4; Vordernberger Mauer, 1971 m, 1¹⁄₂

🚌 Vordernberg

🚍 Präbichl

🚗 Gasthaus Lanner od. Vordernberg 🅿

ÖK 101; Bergverlag Rother: AVF Eisenerzer Alpen, AVF Gesäuseberge

Talherberge Stegreith

K. seH, 700 m, erb. 1819, renov.
1991
OeAV-S. Linz
Hauptplatz 23
A-4020 Linz

✆	0732/773295
♦	Manfred Wögl
✆	Tal 07563/7093
✗	SV, beaufsichtigt
⊨	12 ⌐ 11
⚡	220 V ∼ 🕮
↗	vom südl. Ortsausgang der Pyhrnpaßstraße
→	Bosruckhütte, 1036 m
△	Gr. Pyhrgas, 2244 m, 3; Scheiblingstein, 2197 m, 4
⊥	Scheiblingstein, Kl. Pyhrgas
🚌	Spital a. P.
🚗	bis Hütte P

ÖK 99; Bergverlag Rother: AVF Gesäuseberge, GF Gesäuse

Hütten anderer alpiner Vereine und Privathütten

Buchsteinhaus, 1571 m, am Großen Buchstein, TVN, ⊨ 20 ⌐ 70, ↗ Gstatterboden 2¹/₂, 🚌 🚗 Gstatterboden, bew. Anfang Mai bis Mitte Okt., ✆ 03611/213

Rohrauer Haus, 1348 m, am Pyhrgasgatterl, TVN, ⊨ 32 ⌐ 80, ↗ Spital 2¹/₂, Admont 3¹/₂, Bosruckhütte ³/₄, 🚌 🚗 Spital am Pyhrn 🚗 bis Bosruckhütte, bew. Ostern bis Ende Okt., ✆ Hütte 07563/660, ✉ ☏ bei OG Linz, ✆ 0732/272661

Rudolf-Hamburger-Hütte, 1050 m, im Haimdlkar (Gesäuse), OeAV-nur Diensthütte d. BW, 🚌 🚗 🚗 Gstatterboden

Sonnrißhütte, 1030 m, am Sonnriß an der Bodenwies, TVN, ⊨ 32, ↗ Kleinreifling 1¹/₂, Bst. Schönau 2¹/₂; Altenmarkt, Bst. Weißenbach je 3¹/₂, SV, ☏ bei Albert Plattner, Preinsbacherstr. 5, A-3330 Amstetten, ✆ 07472/61821

St.-Michael-Naturfreundehütte, 1100 m, in Wald am Schoberpaß, TVN, ⊨ 13 ⌐ 12, ↗ Wald am Schoberpaß ¹/₂, 🚌 🚗 Trieben, Wald am Schoberpaß 🚗 zur Hütte, SV, Voranmeldung und ☏ bei Paul Rieger, Fressenberg 4, A-8770 St. Michael i. O., ✆ 03843/2370

17a Salzkammergut

Oberndorf
Oberturm a. See
Wallersee
Henndorf
a. Wallersee
Zeller See
Zell a. Moos
Δ 835
Haunsberg
Seekirchen a.
Wallersee
Kolomannsberg
Δ1114
Anthering
Eugendorf
Elixhausen
901
Δ
Heuberg
Plainfeld
Thalgau
SALZBURG
Gaisberg
Δ1287
Hof b.
Ebenau Salzbg.
Schober
Htt.
Fuschlsee
Glaisenbach
Faistenau
Elsbethen
Hintersee
Stausee
Puch
b. Hallein
Hintersee
Oberalm
Adnet
1695
Δ
Schmittenstein
Vigaun
Kuchl
Trattberg
Pernegg Δ 1757
Golling
a. d. Salzach
1584
Δ
Schwarzer Berg
Scheffau
a. Tannengeb.

-Berge

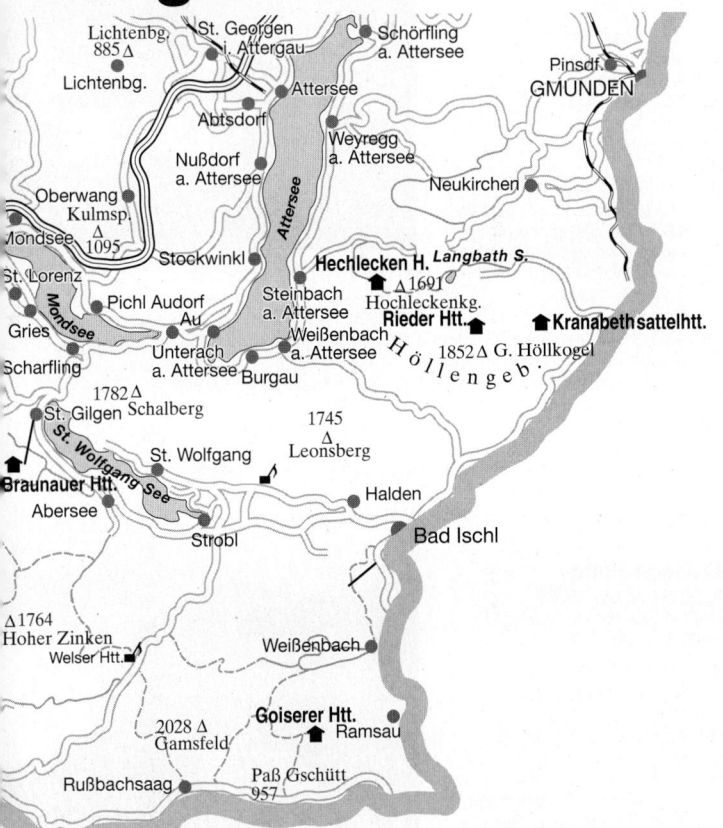

Lichtenbg. 885 △
Lichtenbg.
St. Georgen i. Attergau
Schörfling a. Attersee
Pinsdf.
GMUNDEN
Attersee
Abtsdorf
Weyregg a. Attersee
Nußdorf a. Attersee
Neukirchen
Oberwang
Kulmsp. △ 1095
Mondsee
St. Lorenz
Stockwinkl
Hechlecken H.
Langbath S.
△ 1691
Hochleckenkg.
Rieder Htt.
Kranabethsattelhtt.
Mondsee
Pichl Audorf
Au
Steinbach a. Attersee
Gries
Weißenbach a. Attersee
1852 △ G. Höllkogel
Scharfling
Unterach a. Attersee
Burgau
Höllengeb.
1782 △
St. Gilgen Schalberg
1745 △
Leonsberg
St. Wolfgang See
St. Wolfgang
Braunauer Htt.
Halden
Abersee
Strobl
Bad Ischl
△ 1764
Hoher Zinken
Welser Htt.
Weißenbach
Goiserer Htt.
2028 △
Gamsfeld
Ramsau
Rußbachsaag
Paß Gschütt 957

Umgrenzung

Alpenvorland von Salzburg bis Gmunden – Traunsee – Traun bis Hallstätter See
– Gosaubach bis Gosau – Paß Gschütt – Rußbach – Lammer – Salzach bis
Salzburg

Braunauer Hütte

K. I, 1250 m, erb. 1978
OeAV-S. Braunau
Postfach 81
A-5280 Braunau

🚶 Josef Haslinger
Jubiläumstr. 14
A-5280 Braunau
📞 Tal 07722/3459
🍴 SV
🛏 22 ⊓ 16
🏢 6 SR ♨
↗ St. Gilgen über Zwölferhorn
(Seilbahnstation) 4; Zinken-
bach über Steingraben 3; Hin-
tersee – Königsbergalm – Illin-
ger Alm 5; Zwölferhorn-Seilbahnstation ¾
→ Spitzeck – Zwölferhorn 2½; Illinger Berg, 1479 m – Königsbergalm, 1212 m –
Königsberg, 1621 m – Hoher Thron, 1572 m – Holzeck, 1603 m – Genneralm,
1326 m – Hohe Zinken, 1764 m – Osterhorn, 1749 m – Zinkenzeck, 1460 m –
Königsbachalm – Königsbergalm 10
△ Zwölferhorn, 1522 m, 1; Spitzeck, 1351 m, ½; Illinger Berg, 1479 m, ¾
🔭 St. Gilgen – Zinkenbach
🚌 Salzburg, Ischl
🚍 Brunn, Gschwand
🚗 St. Gilgen, im Sommer über Güterweg, Zufahrt zur Hütte möglich
🚠 St. Gilgen – Zwölferhorn

FB 282; ÖK 65, 95; Bergverlag Rother: WF Salzkammergut

Goiserer Hütte

K. I, 1592 m, erb. 1933
OeAV-S.-Zweig Bad Goisern
A-4822 Bad Goisern

🚶 Friedrich Platzl
A-4831 Obertraun 168
📞 Hütte 0663/74105
🍴 Anfang Mai bis Ende Okt.
⊓ 30
🏢 10 ♨
↗ Bad Goisern – Trockenthann –
Nied. Scharteralm 3; Bad Goi-
sern – Hochmuth – Kniekogel
4; Gosau – Iglmoos 3; Bad
Goisern – Tiefe Scharte –
Nied. und Hoher Kalmberg 6;
Rußbach – Gamsfeld 8

△ Hoher Kalmberg,1833 m, 1; Gamsfeld, 2028 m, 4
⌁ kein Stützpunkt
🚌 Bad Goisern
🚃 🚌 Bad Goisern, Gosau 🅿

FB 281; ÖK 65, 95

Hochleckenhaus

K. I, 1572 m, erb. 1925
OeAV-S. Vöcklabruck
Dr.-A.-Bruckner-Str. 33
A-4840 Vöcklabruck

♱ Herta Tranninger
    A-4814   Neukirchen/Altmün-
    ster
    Hs.-Nr. 353
℃ Hütte 07666/588
    während der Nichtbew.:
    Schoberpaß-Bundesstr. 29
    A-8784 Trieben
✗ Sonntag vor Ostern bis Ende
    Okt.
🛏 30 ⌐ 75 ⌐ 10
🔲 8 offen
⚡ 220 V ∼
↗ Taferlklause bei Großalm, Neukirchen/Altmünster, 800 m, 2; Kienklause/Stein-
    bach a. Attersee, 750 m, 2½; Hinterer Langbethsee/Ebensee, 700 m – Schafluk-
    kensteig 4
→ Riederhütte – Feuerkogel 8, Weitwanderweg 04 (E 4)
△ Brunnkogel, 1708 m, 1; Hochleckenkogel, 1691 m, 1
⌁ nur im Frühjahr, Taferlklause
🚌 Altmünster
🚃 Großalm, Steinbach a. Atter-
    see
🚌 Taferlklause, Kienklause 🅿

FB 282; ÖK 66

Rieder Hütte

K. I, 1765 m, erb. 1975/76
OeAV-S. Ried
Dr.-Fr.-Berger-Str. 12
A-4910 Ried im Innkreis

♱ Engelbert Sternbauer
    Rieder Hütte
    A-4802 Ebensee;
℃ Hütte 0663/71246

während der Nichtbew.:
Dr.-Fr.-Berger-Str. 12
A-4910 Ried im Innkreis
© Tal 07752/81808
✗ von Pfingsten bis Ende Okt., Silvester und von Anfang Feb. bis Ostern jeweils Sa./So./Fe. einfach bew., im Sommer bei Schönwetter ab Freitag abend
⌐ 45
▦ 8 ⦗
✓ Ebensee – Bergstation der Feuerkogel-Seilbahn, 1594 m, 1½ - 2; Langwies, 450 m, oder Steinkogel, 450 m, über die Vordere Spitzalm – Haselwaldgasse 4 - 5
→ Hochleckenhaus, 1572 m, 4 - 5
△ Großer Höllkogel, 1862 m, ¾; Kleiner Höllkogel, 1790 m, ¼; Eiblgupf, 1813 m, 1
⚘ ✓ Ebensee, Langwies → Hochleckenhaus △ Großer Höllkogel, Kleiner Höllkogel, Eiblgupf
🚋 🚌 Ebensee
🚌 Seilbahnstation Ebensee 🅿
🚠 Ebensee – Feuerkogel
FB 282; ÖK 66

Schoberhütte

K. I, 1329 m, erb. 1928,
restauriert 1954
OeAV-S. Salzburg,
OG Thalgau
Nonntaler Hauptstr. 86
A-5020 Salzburg

† Willi Haslacher
  Leithen 33
  A-5303 Thalgau
  offene Unterstandshütte, keine Schlafmöglichkeit
✓ Mondsee 2½; Teufelsmühle 1½; Thalgau 2; Fuschl 1½; Gasthaus Wartenfels ¾
→ Schobergipfel, Zufahrt mit Pkw bis Gasthaus Wartenfels, 940 m, über Thalgau od. Fuschl; Überquerung der Drachenwand nicht ratsam
⚘ kein Stützpunkt
🚋 Salzburg
🚌 Teufelsmühle
🚌 Gasthaus Wartenfels 🅿
FB 282; ÖK 65

Hütten anderer alpiner Vereine und Privathütten

Bleckwandhütte, 1340 m, auf der oberen Bleckwandalpe, TVN, ⊨ 14 ⌐ 20, ↗ Illegalm ½, Autobushalt Landauer 2½, ⊞ Strobl, St. Wolfgang, ⊸ Landauer ⊸ Landauer-Illegalm (Maut) ½, Anfang Juli bis Mitte Okt. voll bew., Rest Okt. nur Sa./So., ℰ 06138/2736

Feuerkogelhaus, 1550 m, am Kranabethsattel (Höllengebirge), TVN, ⊨ 54, ↗ Ebensee 3, Feuerkogellift ½, ⊞ ⊸ Steinkogel, Ebensee, Steinkogel 3, gj. bew., Mai und Nov. geschlossen, ℰ 06133/5482

Halleiner Haus, 1150 m, am Schlenken bei Hallein, TVN, ⊨ 40 ⌐ 11, ↗ Gaißau 1½, Adnet 2½, Krispl 1, ⊞ Hallein ⊸ Krispl (im Sommer), Gaißau (im Winter), Pkw bis 300 m vor das Haus, gj. bew., ℰ 06240/415

Katrinalm, 1480 m, auf der gleichnamigen Alm, privat, ⊨ 3 ⌐ 36, ↗ Ischl 3, Lauffen 2½ ⊞ ⊸ Bad Ischl

Leo-Roedel-Haus, 960 m, am Westhang des Schwarzenberges, TVN, ⊨ 18 ⌐ 6, ↗ Golling 1½, Kuchl 1½, ⊞ ⊸ Golling ⊸ Golling zum Haus (Ⓟ beschränkt), SV, gj. zugänglich, Anmeldung bei Josef Sindelka, Obergäu 113, A-5540 Golling, ℰ 062447/530

Paul-Preuß-Hütte, 1560 m, auf der Hohen Schartenalm, TVN, ⌐ 16 , ↗ Bad Goisern 3½, Gosau 3, ⊞ ⊸ Bad Goisern ⊸ Gosau, SV, Anmeldung und Schlüssel bei Hermine Peer, Gschwand 48, A-4822 Bad Goisern, ℰ 06135/8371

Rauchenbühelhütte, 975 m, am Rauchenbühel des Gaisberges bei Salzburg, TVN, ⊨ 4 ⌐ 4, ↗ Bst. Salzburg-Aigen oder Salzburg-Parsch 1½, Zufahrt über Gaisbergstraße bis zur Straßenabzweigung zum Mitteregg, gj. Sa./So./Fe. bew., ℰ 0662/31635

Rettenkogelhütte, 1177, auf der Sonntagskaralm, TVN, ⊨ 8, ↗ Wacht, Weinbach oder Weißenbach, je 2, ⊞ Bad Ischl ⊸ ⊸ Wacht, Weinbach oder Weißenbach, SV, Anmeldung bei Alois Bruckschlögl, Heidenweg 5, A-4820 Bad Ischl-Pfandl, ℰ 06132/46964

Welser Hütte, 1165 m, auf der Postalm, Vereinshütte, ⌐ 40, ↗ Weißenbach 3, Liembachalm ½, ⊞ ⊸ Weißenbach ⊸ Forststraße Liembachalm, bew. Anfang Dez. bis Anfang April und Anfang Juni bis Anfang Okt.

17b Oberösterreic

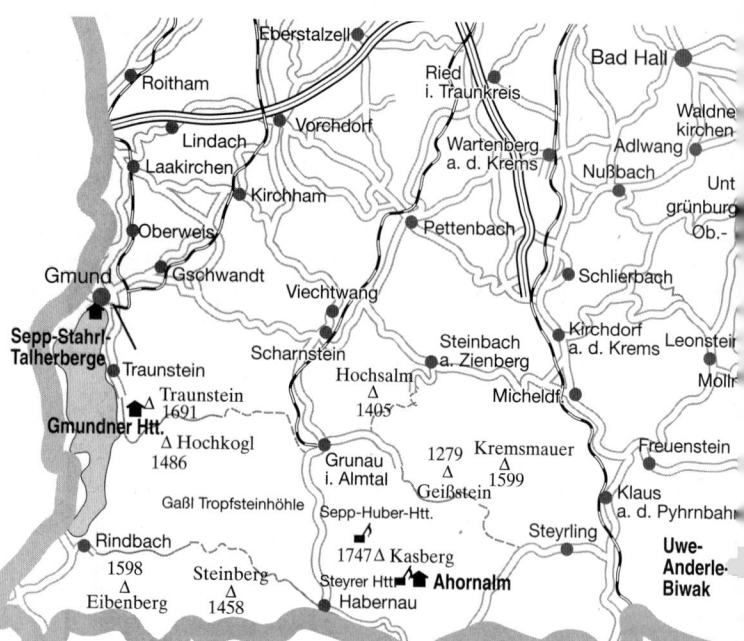

hische Voralpen

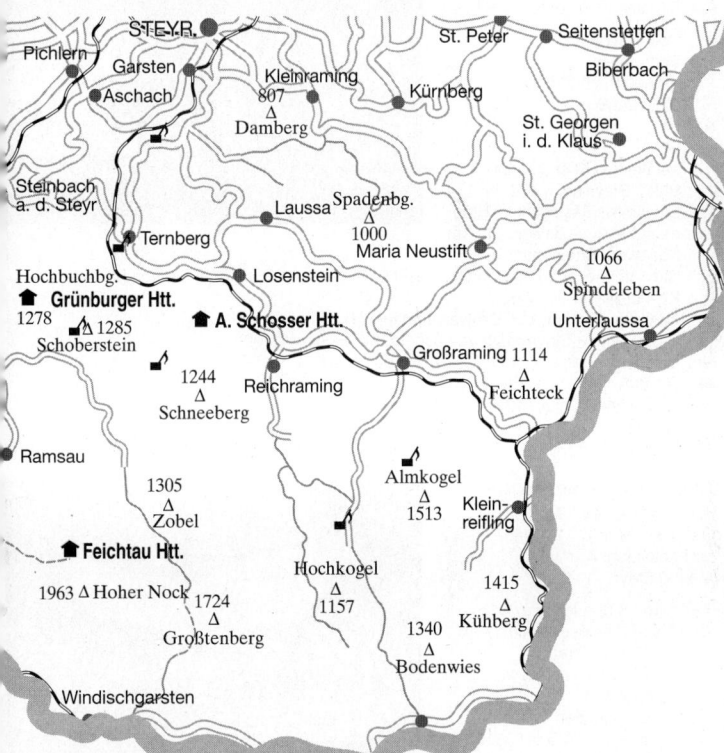

Umgrenzung

Alpenvorland von Gmunden bis Waidhofen a. d. Ybbs – Gaflenz – Enns bis
Altenmarkt – Laussa – Hengstpaß – Dambach – Windischgarsten – Teichl –
Steyr – Weißenbach – Bernerau – Ödseen – Heztau – Habernau – Moosau –
Grießeneckbach – Offenseebach – Traun – Traunsee

17b   Oberösterreichische Voralpen

Ahornalmhütte
(Kirchdorfer Hütte)
K. I, 1336 m, erb. 1937/38
OeAV-S. Kirchdorf/Krems
Jörgerstr. 6
A-4560 Kirchdorf/Krems

- ♂ Oskar Schäfer
  Seebach 60
  A-4560 Kirchdorf
- ☎ 07582/4096
- x SV
- ⎷ 34
- ‽ bei Sektion Kirchdorf und ♂
- ✈ Bhf. Steyrling, 493 m –
  Steyrling – Sägewerk im Brunnental 2 (= Aufstiegszeit vom
  Sägewerk Brunnental)
- → Steyrerhütte, 1400 m, 20 Min.; Sepp-Huber-Hütte, 1506 m, über Steyrerhütte und
  Kasberggipfel, 1747 m, 2¹⁄₂
- △ Kasberg, 1747 m, 1¹⁄₂; Schwalbenmauer, 1620 m, ³⁄₄
- ⟗ ↗ Steyrling → Steyrerhütte △ Kasberg, Schwalbenmauer
- 🚌 Steyrling
- 🚃 Ort Steyrling
- 🚌 Sägewerk Brunnental 🅿

ÖK 67

Anton-Schosser-Hütte
K. I, 1157 m, erb. 1926
OeAV-S. Steyr
Michaelerplatz 7
A-4400 Steyr

- ♂ Alfred Stubauer
  Anton-Schosser-Hütte
  A-4462 Reichraming
  während der Nichtbew.:
  Carlonestr. 8
  A-4451 Garsten
- ☎ Tal 07252/43238 o. 52510
- x gj. bew., Nov. geschlossen
- ♿ 12 ⎷ 60 ⎕ 20; ▣
- ✈ Losenstein, 350 m, 2¹⁄₂; Bahnstation Trattenbach – Wendbachgraben – Hintersteinergut
  3¹⁄₂
- → Mösern – Wendbachgraben – Trattenbach 3; Mösern – Innere Breitenau –

Welchau – Feichtauhütte 8
△ Hohe Dirn, 1157 m, ¹/₂; Sonnenkogel, 1120 m, ¹/₂; Mösern – Schneeberg, 1248 m
   – Reichraming 4
⚊ prächtiges Skigebiet mit mehreren Abfahrten 4 Lifte
🚌 🚆 Losenstein
🚌 30 Min. unter der Hütte 🅿

ÖK 69

Feichtauhütte

K. I, 1360 m, erb. 1900
(Naturschutzgebiet)
OeAV-S. Steyr
Michaelerplatz 7
A-4400 Steyr

⚲ Franz Mayr
   Kollergasse 6
   A-4400 Steyr
℄ Tal 07252/45171
✗ SV, 15.9. bis 30.4. mit Sonder-
   schloß (🔑 bei ⚲; übrige Zeit mit
   🔑; während der Jagdzeit vom
   15.9. bis 10.10. keine Nächti-
   gungsmöglichkeit
⊓ 35 ⊔ 2
↗ Molln, 442 m – Ramsau – Hopfing – Feichtau, 1360 m; Parkplatz Hopfing 2¹/₂ - 3
   (Durchgang d. Schießplatz Hopfing: Sa./So. frei, sonst 4.00 - 7.30, 12.00 - 13.00
   und 17.00 - 19.00 Uhr); Parkplatz Welchau 3¹/₂
→ Hoher Nock, 1963 m – St. Pankraz 6; Hoher Nock, 1963 m – Redtenbachtal 🅿 5;
   Sengsengebirge, Längsüberschreitung 12 (bis Uwe-Anderle-Biwak 6)
△ Hoher Nock, 1963 m, 2
⚊ Zugang lawinengefährdet, nur erfahrenen Skibergsteigern anzuraten
🚌 Klaus oder Steyr
🚆 Molln
🚌 Hopfing 🅿; Welchau 🅿

ÖK 68, 69

Gmundner Hütte

K. I, 1661 m, erb. 1907
OeAV-S. Gmunden
Schlösselgasse 20
A-4810 Gmunden

⚲ Herbert Leithner
   Gmundner Hütte
   A-4810 Gmunden
℄ Hütte 0663/78704

während der Nichtbew.:
Mitterberg 22
A-4663 Laakirchen
ⓒ Tal 07613/3745
✗ Anfang Juli bis Ende Sept.
bew.; Mai, Juni und Okt. nur
Sa./So./Fe.
⊨ 2 ⌐ 48 ⌐ 15, kein ▓
⬈ Gmunden – Gasthaus Hoisn,
422 m – Hernlersteig 3; Natur-
freundesteig 3¹/₂; Mairalmsteig
3¹/₂
△ Pyramidenkogel, 1691 m, ¹/₄
⚒ kein Stützpunkt
🚌 🚏 Gmunden
🚏 Traunsteinstraße 0,5 km vor
Umkehrplatz 🅿

FB 282; ÖK 66

Grünburger Hütte

K. I, 1080 m, erb. 1927
OeAV-S. Grünburg
Galileistr. 4/6
A-4400 Steyr

♦ Karin Lumplecker
Forstau 8
A-4593 Ober-Grünburg
ⓒ Hütte 07257/8300
während der Nichtbew.:
Laussastr. 26
A-4460 Losenstein
ⓒ Tal 07255/321 oder 218
✗ Anfang Mai bis Ende Okt.
⌐ 30 ⌐ 10
▓ 10 ♨
⬈ Parkplatz Rieserberg, 800 m, 1¹/₂; Haunoldmühle, 450 m, 2; Dorngraben, 500 m,
1¹/₂; Trattenbach, 500 m, 2; Seebachergut in Forstau, 600 m, 1¹/₂
→ zur Schobersteinhütte 1¹/₂
△ Hochbuchberg, 1273 m, ¹/₂; Gaisberg, 1262 m, 1; Kruckenbrettl, 1020 m, 1¹/₄
⚒ kein Stützpunkt
🚌 Haunoldmühle
🚏 Rieserberg 🅿; Rieserberg, Dorngraben 🅿

ÖK 68

Sepp-Stahrl-Talherberge

und Zeltlagerplatz
425 m, erb. 1952
OeAV-S. Gmunden
Schlösselgasse 20
A-4810 Gmunden

- ⚲   Erika Zahler
  Traunsteinstr. 259
  A-4810 Gmunden
- ✆   07612/3060
- ✗   20.4. bis 5.10.
- ⌐   12
- ⚡   220 V ∼ 50 Hz
- ➚   Traunsteinstraße zwischen
  Gasthaus Ramsau und Hoisn,
  4 km von Gmunden
- △   Traunstein, 1691 m, Hernlersteig 3; Naturfreundesteig 3½
- ⛏   kein Stützpunkt
- 🚂   Gmunden, Hptbhf.
- 🚌   Gmunden – Traundorf
- 🚗   bis Hütte 🅿

FB 282; ÖK 66

Uwe-Anderle-Biwak

(auch: Hochsengs-Biwak)
K. I, 1583 m, erb. 1976
OeAV-S. Molln-Steyrtal
Postfach 32
A-4591 Molln 496

- ✗   offen, nicht bew., 20 Decken
- ⌐   6 ⌙ 3
  Strom für Licht durch Photo-
  voltaikanlage, 12 V ⚊
- ➚   Höhenweg von Klaus 6; oder
  Windischgarsten (Roßleithen)
  zum Biwak 7
- →   Feichtauhütte 6
- △   Kamm Sperring – Hoher Nock,
  Vollnaturschutzgebiet
- ↓   Notabstieg (unmarkiert) über
  Kogleralm-Jht.-St. Pankraz (z.T. markiert) oder Langergraben – Bhf. Hinterstoder
  (ab Teufelskirche markiert)
- 🚂 🚌   Hinterstoder-St. Pankraz; Klaus a. d. Pyhrnbahn; Windischgarsten; Roßleithen
- 🚗   Klaus-Sperringbauer 🅿

ÖK 69

Hütten anderer alpiner Vereine und Privathütten

Anlaufalm, 982 m, im Reichraminger Hintergebirge, privat, ⊨ 12 ⊓ 20 ⊔ 20, ↗ Brunnbach 2, Reichraming 6, Großraming 5 → Ebenforstalm, Mitte Juni bis Mitte Sept. bew., Mai u. Okt. an Wochenenden

Ebenforstalm, 1105 m, im Reichraminger Hintergebirge, privat, ⊓ 14, ↗ Bodinggraben 2, Reichraming 5, → 5 △ Trämpl 1, Alpstein 1¹/₂, Größtenberg 4, Anfang Juni bis Mitte Sept. bew.

Ennser Schutzhaus, 1290 m, nordöstlich des Großen Alpkogels (Prennalm), TVN, ⊨ 10 ⊓ 40, ↗ Großraming 3, Bamacher 1, ☎ ☎ Großraming (Steyr) ⊷ Haus Bamacher, SV, vom 20.9. bis 10.10. Jagdsperre, Voranmeldung bei Walter Plöderl, Steingassse 7; A-4470 Ennsdorf, ✆ 07223/33754

Gschwendtalm, 954 m, im Reichraminger Hintergebirge, privat, ⊨ 10 ⊓ 20, ↗ Brennhöhe 1, ☎ Großraming ⊷ Brennhöhe, bew. Mitte Mai bis Mitte Okt., ✆ 07254/7166

Schobersteinhaus, 1260, am Schoberstein, TVN, ⊨ 24 ⊓ 90, ↗ Trattenbach 3, Molln 3¹/₂, Gasthaus Klausriegler 1¹/₂, Koglerbauer 1¹/₂, ☎ ⊷ Trattenbach oder Molln ⊷ Gasthaus Klausriegler, Koglerbauer, gj. bew., ⊨ 07584/2035

Sepp-Huber-Hütte, 1506 m, am Grünauer Kasberg, privat, ⊨ 34 ⊓ 80, ↗ Grünau im Almtal 3¹/₂, Kasbergstraße (Maut) bis 5 Min. vor Hütte, ☎ ☎ Grünau ⊷ zur Hütte, gj. bew., Jagdsperre ca. Mitte Sept. bis Mitte Okt.

Stallburgalm, 1100 m, auf dem Großen Alpkogel, TVN, ⊨ 6 ⊓ 45, ↗ Küpfern 1, Weyer 2¹/₂, Kleinreifling 3¹/₂, ☎ Weyer oder Kleinreifling ⊷ ⊷ Küpfern, SV (nur Getränke), vom 1.4. bis 15.11. Sa./So./Fe., sonst Voranmeldung bei Engelbert Knotz, A-3335 Weyer, ✆ 07447/7683

Steyrer Hütte, 1400 m, am Kasberg, TVN, ⊨ 5 ⊓ 60, ↗ Steyrling 3¹/₂, Grünau 5, ☎ ⊷ Steyrling, Grünau ⊷ im Sommer über Mautstraße bis Farrenauhütte, dann 2, gj. bew., 20.9. bis 10.10. Jagdsperre, ✆ Hütte 0663/72742

Traunsteinhaus, 1580 m, auf dem Traunkirchner Kogel, TVN, ⊨ 10 ⊓ 60, ↗ Hoisn am Traunsee 3, ☎ ⊷ Gmunden ⊷ Hoisn, bew. Ostern bis Ende Okt. Sa./So. (ab Freitag Nachmittag), Schulferien (OÖ) durchgehend, Biwakraum ⊓ 6, ✆ 07612/5010

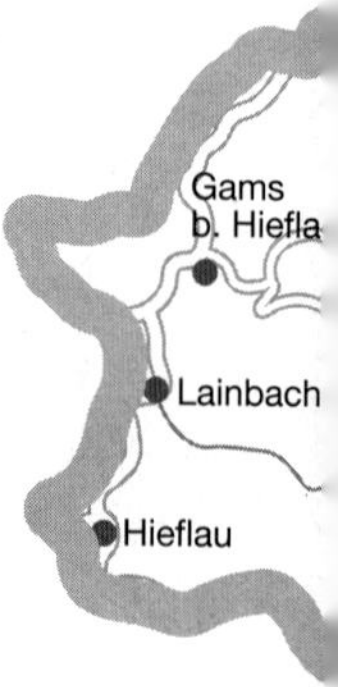

Gams
b. Hiefla

Lainbach

Hieflau

18 Hochschwab-gruppe

Umgrenzung

Großreifling – Salza – Gußwerk – Wegscheid – Seebergsattel – Seegraben –
Stübmingbach – Thörlbach bis Einmündung Mürz – Mürz bis Einmündung Mur –
Mur bis Leoben – Vordernberger Bach – Präbichl – Erzbach – Hieflau – Enns bis
Großreifling

217

Fleischer-Biwak

K. I, 2153 m, erb. 1965
OeAV-S. Alpine Gesellschaft
»Voisthaler«
Dr. Ferd. Streller
Friedrich-Lieder-Weg 6/9
A-1140 Wien
offener Unterstand

↗   Buchberg 3
→   Schiestlhaus 1, Sonnschien-
     hütte 2½
△   Hochschwab, 2277 m, ½
🚌   Buchberg
🚐   → Buchberg-Bodenbauer 🅿

ÖK 102; Bergverlag Rother: AVF
Hochschwab, WF Hochschwab

Jauringalmhütte

K. I, 1550 m
OeAV-S. Kapfenberg
Grazer Str. 1 - 3
A-8605 Kapfenberg

✗   SV, 1.12.- 1.4. und 1.5. -
     31.10. beaufsichtigt, Anmel-
     dung bei der Sektion,
     ✆ 03862/23818 (Mi. und Fr.
     17.30 - 18.30)
🛏   4 ⌐ 50
     Warmluft, ↝, ☕
▦   4, im Bau, benutzbar ab Dez.
     1994
↗   Aflenz, 763 m – Bürgeralm
     2½; Aflenz mit 🚠 bis Bürge-
     ralm, zur Hütte ½
→   Zlaken, 1738 m – Mitteralm, 1978 m – Fölzsattel, 1631 m – Voisthalerhütte,
     1660 m; Zlaken – Mitteralm – Fölzalm, 1472 m – Aflenz; Zlaken – Hackenalm –
     Seewiesen, 968 m
△   Schönleitenspitze, 1810 m; Höchstein, 1740 m
⛷   ↗ Bürgeralm, Jauringalm; Mitteralm △ Schönleitenspitze, Höchstein-Dreiersessel-
     bahn zur Schönleitenspitze, 5 Schlepplifte
🚌   Kapfenberg
🚐   Aflenz
🚐   Talstation Bergbahn Bürgeralm 🅿
🚠   Aflenz-Bürgergraben (Talstation) – Bürgeralm-Doppelsessellift

ÖK 102; Bergverlag Rother: AVF Hochschwab, WF Hochschwab

Leobner Hütte

K. I, 1550 m, erb. 1880
OeAV-S. Leoben
Hauptplatz 3/II
A-8700 Leoben

- ♦ Herbert Ogris
  A-8794 Vordernberg
  während der Nichtbew.:
  Bachgasse 10
  A-8792 St. Peter-Freienstein
- ℭ Hütte 03849/246
- ℭ Tal 03842/27679
- ✗ Anfang März bis Mitte Sept.
  und Mitte Okt. bis 6. Jan.; 6.
  Jan. bis Ende Febr. nur
  Sa./So.
- ⊨ 3 ⊓ 26 ⊔ 10
- ⚲ Präbichl 1¼, Eisenerz 2½, Vordernberg 2, Tragöß 3
- → Sonnschienhütte 4
- △ Griesmauer, 2033 m; TAC-Spitze, 2019 m; Trenchtling, 1926 m; Hochturm, 2081 m; Polster, 1910 m; Leobner Mauer, 1870 m; Frauenmauer, 1828 m; Frauenmauerhöhle (Höhlenführer kann durch ♦ besorgt werden)
- ⚐ Polster-Osthang, Grießmauer-Südhang, Gsoll – alles für Tourenfahrer; Pistenskilauf: Präbichl, Grübl und Polster
- 🚍 🚐 Präbichl 🅿
- ⚐ auf den Polster

ÖK 101; Bergverlag Rother: AVF Hochschwab, WF Hochschwab

Sonnschienhütte

K. I, 1526 m, erb. 1914
OeAV-S. Alpine Gesellschaft
»Voisthaler«
Dr. Ferd. Streller
Friedrich-Lieder-Weg 6/9
A-1140 Wien

- ♦ Franz Illia
  Sonnschienhütte
  A-8612 Tragöß-Oberort
- ℭ Hütte 0316/0568057
- ℭ Tal 03868/609
- ✗ Anfang März bis Mitte Sept.
  und Mitte Okt. bis 6. Jan., Jan.
  und Febr. Sa./So.
- ⊨ 21 ⊓ 55 ⊔ 10
- ⊞ 4 offen

18   Hochschwabgruppe

- 220 V ~ 50 Hz ▥
- Tragöß-Oberort, 780 m – Jassing-Russenstraße 3, Tragöß-Oberort – Klamm 2¹/₂; Wildalpen, Schafhalssattel 4; Bodenbauer – Häuslalm – Sackwiesensee 3; Eisenerz – Gsollalm – Neuwaldeggsattel – Dr.-Kotek-Steig 5¹/₂
- Spitzboden – Schafhalssattel, 1537 m – Androthalm, 1556 m – Fobiestörl, 1594 m – Pfaffingalm, 1569 m – Frauenmauerhöhle (Durchgang nur mit Führer), ca. 1600 m, ³/₄; Abzw. Neuwaldeggsattel – Leobner Hütte 2¹/₂; Gsollalm – Eisenerz 5¹/₂; Hörndlalm – Kulmalm – Dr.-Kotek-Steig – Frauenmauer, Schafhalssattel – Wildalpen 4; Nord-Süd-Wanderweg (Kontrollstelle); Ost-West-Wanderweg (Kontrollstelle)
- △ Ebenstein, 2133 m, 2¹/₂; Brandstein, 2003 m; Großer Grießstein, 2033 m
- ⟋ Tragöß – Jassing, Tragöß – Klamm → Spitzboden, Hörndlalm △ Ebenstein, Brandstein, Grießstein
- ▦ Bruck/Mur
- ▦ Tragöß-Oberort
- ▦ Jassing, Grüner See ▣
  Jassing ▣

ÖK 101; Bergverlag Rother: AVF Hochschwab, WF Hochschwab

Voisthalerhütte

K. I, 1654 m, erb. 1898
OeAV-S.   Alpine   Gesellschaft
»Voisthaler«
Dr. Ferd. Streller
Friedrich-Lieder-Weg 6/9
A-1140 Wien

- ⚲ Hans Winkler
  A-8636 Seewiesen
  während der Nichtbew.:
  Mürzgrabenstr. 3
  A-8644 Mürzhofen
- ℃ Hütte 0663/33097
- ℃ Tal 03864/2692
- ✗ Anfang März bis Ende April Sa./So./Fe., Anfang Mai bis Ende Okt. durchgehend
- ▭ 36 ⊓ 62 ⊔ 10
- ▦ 4 offen
- 220 V ~ 50 Hz ▥
- Seewiesen, 950 m, ob. Höllkampel 2¹/₂; Aflenz – Fölzalm – Ochsensteig 3; Aflenz – Bürgeralm (Sessellift) – Mitteralm – Ochsensteig 4; Bodenbauer – Trawiessattel 3¹/₂; Wegscheid – Graualpe – Staritzen
- → Schiestlhaus, 2153 m, 1¹/₂ – Hochschwabgipfel, 2277 m – Fleischer-Biwak, 2153 m, ¹/₂; Hochfläche – Häuslalm, 1526 m – Sonnschienhütte, 1526 m, 4
- △ Hochschwabgipfel, 2277 m, 2 - 2¹/₂; Ringkamp, 2153 m, 2¹/₂; Mitteralm, 1900 m, 1¹/₂; Karlhochkogel, 2096 m, 2

⚒ ↗ Seewiesen Fölzalm △ Hochschwabgipfel, Ringkamp → Schiestlhaus
🚌 Bruck/Mur, Kapfenberg
🚏 Seewiesen
🚐 Seewiesen 🅿 (begrenzt)
ÖK 102; Bergverlag Rother: AVF Hochschwab, WF Hochschwab

Hütten anderer alpiner Vereine und Privathütten

Naturfreundehaus Aflenz/Bürgeralm, 1510 m, auf der gleichnamigen Alm (Hochschwab), TVN, 🛏 96, Aflenz 2, ⚑ Bürgeralm 5 Min., 🚌 🚐 Aflenz 🚐 Zufahrt bis Sessellift 🅿, bew. Mitte Juni bis Ende Sept. und Mitte Dez. bis Mitte April, Voranmeldung: ☎ 03862/22093, ☎ Hütte 03861/2455

Florl-Hütte, 1295 m, in der Unteren Dullwitz, privat, 🛏 10, 🅿 Seewiesen, bew. Anfang Juli bis Mitte Sept., sonst nur Sa./So.

Fölzlalm-Hütten, 1472 m, auf der Fölzalm, 🛏 14, zwischen Winkelkogel und Fölzstein 2, Thörl 2½, Gasthaus Schwabenbartl 1½, private einfache Alpengasthäuser, im Sommer bew.

Grasserhütte, 1484 m, auf der Fölzalm, privat, 🛏 30, ↗ Ghs. »Schwabenbartl« 2, 🚌 🚐 Aflenz, Thörl, Ghs. »Schwabenbartl«, bew. Mai bis Okt., Winter Sa./So., ☎ 03861/3622

Häuslalm, 1528 m, auf der Schwabenhochfläche, privat, 🛏 16 ⌐ 20, ↗ Bodenbauer 2, 🚌 Kapfenberg 🚐 Bodenbauer, Thörl, bew. Anfang Juni bis Ende Okt.

Schiestlhaus, 2153 m, auf der Hochschwab-Hochfläche, ÖTK, 🛏 34 ⌐ 100 ⌐ 36, ↗ Bodenbauer 3½, Seewiesen 4½, 🚌 Kapfenberg 🚐 Bodenbauer, Seewiesen; bew. Anfang Juni bis Ende Okt. durchgehend, davor ab Mitte März je nach Schneelage, ☎ 0663/66633

Obersberg
1467

Goller
Δ1766
Gippel
Δ
1669

Singerin

Lahnsattel
Tarz 1015

Hinternaßwald

Frein a. d. Mürz

P.-Moser-Htt.

Hinteralm H.

1699
Δ
Tonion

Niederalpl

Schneealpen H.

Krampen

Kutatsch Htt.

Aschbach
Veitsch

Mürzsteg

Neuberg

1981
Graf-Meran-H.

Veitschalmhtt.

Kapellen

Δ1253
Seebergsattel 1720
Δ
Rauschkogel

Roßkogel
Δ
1479

Kaarl Htt.

Stübming

Au

Veitsch

Turnau

Troiseck
Δ 1466

Kindberg

Parschlug
Mürzhofen

St. Marein

Hafendorf

KAPFENBERG

19 Mürzsteger Alpen

Umgrenzung

Mariazell – Halltal – Terz – Knollenhals – Kernhof – St. Ägyd am Neuwalde – Seebach – Wassertal – Trauchbach – Tiefentalerbach – Schwarza bis Singerin – Naßbach – Naßkamm – Altenbergtal – Kapellen – Mürz bis Kapfenberg – Thörlbach – Stübmingbach – Seegraben – Seebergsattel – Wegscheid – Gußwerk – Salza – Mariazell

19   Mürzsteger Alpen

Hinteralmhaus

K. I, 1450 m, erb. 1928
OeAV-S. Wiener Lehrer
Josefsgasse 12
A-1060 Wien

-   Beatrix Wienauer
  Mariazeller Str. 16
  A-8692 Neuberg a.d. Mürz
-   Hütte 0663/41999
-   Tal 03857/8286
-   gj. bew., Mitte Sept. bis Mitte
  Okt. geschlossen
-   20 ⌐ 32 ⌐ 10

220 V ∼ 50 Hz

-   Neuberg a.d. Mürz, 732 m –
  Krampen, Tiroler Wirt 4; Scheiterboden/Frost, 800 m, 2; Frein, 865 m, 2½
- → Schneealpenhaus – Schauerkogel – Windberg, 1903 m, 4¾; Spielkogel, 1599 m
  – Roßkogel, 1524 m, 1½; Hochalpl, 1514 m, 1; Spaziergänge ins Naßköhr
  (Naturschutzgebiet)
- △ Spielkogel, 1602 m; Roßkogel, 1524 m; Hohes Waxeneck, 1603 m, 1; Kl. Waxe-
  neck, 1695 m, über Tabersattel, 1434 m, 2½; Windberg, 1903 m, 5
-   ↗ Neuberg, Scheiterboden → Spielkogel und Roßkogel, Hochalpl △ Kl. Waxe-
  neck, Spielkogel, Roßkogel, Hohes Waxeneck, Kontrollstelle des Weitwanderwe-
  ges 01 auf der Strecke Schneealpenhaus – Hinteralmhaus (Wiener Lehrer-Hütte)
  – Krampen
-   Neuberg a.d. Mürz
-   Scheiterboden, Frein
-   Krampen, Tiroler Wirt **P**

FB 022; ÖK 103, 104

Kaarlhütte

K. I, 1310 m, erb. 1931
OeAV-S. Mürzzuschlag
Johann Öffel
Ganztal 13
A-8680 Mürzzuschlag

-   Franz Gaich
  Eichhorntal 4
  A-8680 Mürzzuschlag
-   Tal 03852/5710
-   SV, einfache Speisen und Getränke, gj. Sa./So./Fe., Juni
  und Juli geschlossen
- ⌐ 20
-   bei

↗ Mürzzuschlag – Stürzer; Mürzzuschlag – Hochwiese 1¹/₂ - 2
△ Kreuzschober, 1410 m
🎿 Stürzer, Hochwiese
🚌 🚋 🚐 Mürzzuschlag 🅿
FB 022; ÖK 104

Kutatschhütte

K. I, 1700 m, erb. 1929
OeAV-S. ÖGV
Lerchenfelder Str. 28
A-1080 Wien

✗ offene Unterstandshütte
↗ auf dem Kampel, am Zugang
Kapellen-Schneealpenhaus,
Kohlebnerstand ¹/₂
→ Schneealpenhaus ³/₄; Rinnho-
ferhütte 1
△ Rauhenstein, 1770 m, ¹/₄;
Windberg, 1903 m, 1¹/₄
🚌 🚋 Kapellen oder Neuberg a.d.
Mürz
🚐 Kohlebnerstand (Mautstraße)
FB 022; ÖK 103, 104

Peter-Moser-Hütte

(auf der Hinteralm)
K. I, 1450 m, erb. 1934
OeAV-S. Mürzzuschlag
Johann Öffel
Ganztal 13
A-8680 Mürzzuschlag

✝ Ferdinand Tangl
Schoellergasse 16
A-8682 Hönigsberg
✆ 03852/30585
✗ SV, Anfang Nov. bis Mitte Mai,
Sa./So./Fe. zeitweise beauf-
sichtigt
⌐ 20
🛏 bei ✝
↗ Krampen – Gasthaus »Tiroler
Wirt« 3; Scheiterboden 2; Frein 2¹/₂
→ Hinteralm – Schneealpe 3 - 4
△ Spielkogel, 1602 m, 1; Roßkogel, 1525 m, 1
🎿 ↗ Krampen, Scheiterboden → Hinteralm △ Spielkogel, Roßkogel

19 Mürzsteger Alpen

🚌 Neuberg/Mürz
🚃 Krampen
🚐 Gasthaus »Tiroler Wirt« 🅿
ÖK 103

Schneealpenhaus

K. I, 1782 m, erb. 1925
OeAV-S. ÖGV
Lerchenfelder Str. 28
A-1080 Wien

🏶 Otto Neubacher
   A-8691 Kapellen/Mürz
   während der Nichtbew.:
   A-8691 Altenberg 26/1
✆ Hütte 03857/2190
✆ Tal 03857/2111
✗ 15.3. bis 15.11. und 20.12. bis
   10.1.
🛏 20 ⌐ 40 (ohne Heizung)
▦ 6 offen
✔ Kapellen, 702 m, 3$\frac{1}{2}$; Pkw
   (Maut) bis Kohlebnerstand, 1350 m, Maut, dann 1$\frac{1}{4}$; Altenberg, 782 m, Blarergra-
   ben 2$\frac{1}{4}$; Neuberg, 730, 3$\frac{1}{4}$; Krampen, 752 m, Karlgraben 3$\frac{1}{2}$, Hintermaßwald,
   711 m, Naßkamm 4$\frac{1}{4}$
→ Hinteralmhaus, 1450 m, 3; Lurgbauerhütte, 1764 m, $\frac{3}{4}$; Habsburghaus, 1785 m,
   Naßkamm-Gamseckstieg 5$\frac{1}{2}$
△ Schauerkogel, 1788 m, auf dem Gipfel das Schneealpenhaus; Windberg,
   1903 m, $\frac{3}{4}$; Mitterbergschneid, 1863 m, 1$\frac{1}{4}$; Ameisbühel, 1828 m, 1
🚶 den ganzen Winter ✔ Kapellen △ Windberg, Ameisbühel
🚌 Kapellen/Mürz
🚃 Kapellen/Mürz, Altenberg Ort
🚐 Kohlebnerstand (Mautstraße)
FB 022; ÖK 104

Hütten anderer alpiner Vereine und Privathütten

Ebenhütte, 1415 m, auf der östlichen Veitschalpe, ⌐ 10, ✔ Mürzsteg 3, Neuberg 3$\frac{1}{2}$,
🚌 Mitterndorf-Veitsch und Neuberg, 🚃 🚐 Mürzsteg, Groß- oder Kleinveitsch, bew.
Mitte Juni, ✆ 03864/2415

Göllerhütte, 1442 m, am Hohen Göller, TVN, ⌐ 60, ✔ Kernhof 2, Gschaid 3,
Lahnsattel 1$\frac{1}{2}$, 🚌 Kernhof 🚃 Gschaid 🚐 Lahnsattel; Sommer (ab Ostern) Sa./So./Fe.
bew., Mitte Sept. bis Mitte Okt. Jagdsperre, ab Mitte Nov. geschlossen, ✆ 02742/3345

Graf-Meran-Haus, 1836 m, an der Hohen Veitsch, ÖTK, ⊨ 18 ⊓ 29 ⊔ 5, Großveitsch 3$\frac{1}{2}$, Radwirtshaus 3, Brunnalm 2, ⊞ Mitterndorf-Veitsch ⊞ Radwirtshaus ⊞ Brunnalm, bew. von Anfang Juli bis 10. Sept. durchgehend, sonst Sa./So./Fe., ⊨ 0663/34797

Grundbauernhütte, 1451 m, auf der östlichen Veitschalpe, ⊓ 22, ↗ Mürzsteg 3, Neuberg 3$\frac{1}{2}$, ⊞ Mitterndorf-Veitsch und Neuberg ⊞ ⊞ Mürzsteg, Groß- oder Kleinveitsch, bew. Pfingsten bis Mitte Sept., bis Mitte Okt. noch Sa./So., ✆ 03684/2608

Hundskopfhütte, 1003 m, nahe dem Gipfel des Mehlstübl (Hundskopf), TVN, ⊨ 4 ⊓ 20, ↗ Bst. Wartberg 1$\frac{1}{2}$, Bst. Mitterndorf-Veitsch 2, Veitsch 1$\frac{1}{2}$, Zöchling $\frac{1}{2}$, ⊞ bis Gasthaus Zöchling (Scheibsgraben), bew. Ostern bis Anfang Nov. Sa./So., Feb. geschlossen, ⊨ 03858/2945

Naturfreundehaus Hocheck, 1063 m, am Hocheck, TVN, ⊨ 2 ⊓ 10, ↗ St. Lorenzen im Mürztal 1$\frac{1}{2}$, SV, April bis Dez. benutzbar, ✆ bei Heinz Leger, Alte Poststr. 88, A-8644 Mürzhofen, ✆ 03864/20915

Neuberger Hütte, 1450 m, auf der Hinteralm, TVN, ⊨ 7 ⊓ 25, ↗ Krampen 3$\frac{1}{2}$, Neuberg 4, Scheiterboden 1$\frac{1}{2}$, ⊞ Neuberg a.d. Mürz ⊞ ⊞ Scheiterboden, SV, Voranmeldung bei Karl Leistentritt, Karlgraben, A-8692 Neuberg a.d. Mürz, ✆ 03857/8521

Rinnhoferhütte, 1744 m, südöstlich des Windberges (Schneealpe), privat, ⊨ 11 ⊓ 20, ↗ Kapellen 3, Kohlebnerstand 1$\frac{1}{4}$, ⊞ Neuberg a. d. Mürz ⊞ Kapellen ⊞ Kohlebnerstand

Tonionhütte, 1487 m, auf dem Tonion-Alpenboden, TVN, ⊓ 22, ↗ Gußwerk 2$\frac{3}{4}$, Niederalpl 2$\frac{1}{2}$, Mariazell 4$\frac{1}{2}$, ⊞ Gußwerk (Steiermark) ⊞ ⊞ Wegscheid, SV, Sa./So./Fe. Pfingsten bis Ende Sept., Getränke, Voranmeldung bei Helmut Ganser, Salza-Hammer 150e, A-8632 Gußwerk, ✆ 03882/34425

20 Rax und Schneeberg-gruppe

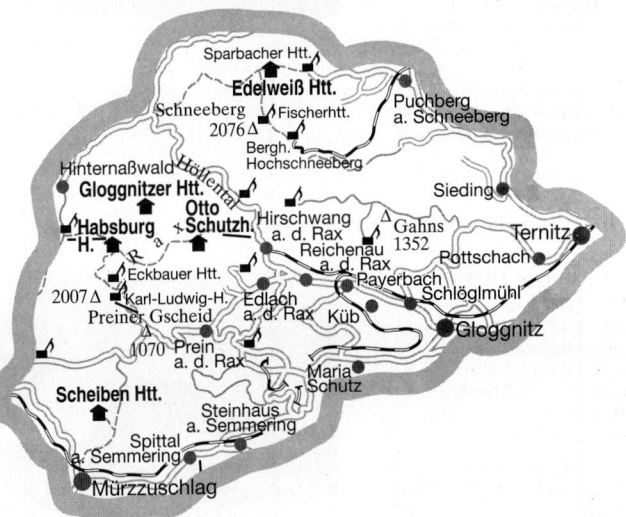

Umgrenzung

Naßkamm – Naßbach – Schwarza – Voisbach – Klostertaler Gscheid – Klausgra-
ben – Mamauwiese – Sebastiansbach – Puchberg – Sierning – Ternitz –
Schwarza bei Gloggnitz – Schottwien – Semmering – Mürzzuschlag – Mürz bei
Kapellen – Altenbergtal – Naßkamm

Edelweißhütte

am Schneeberg
K. I, 1235 m, gekauft 1960
OeAV-S. Edelweiß
Walfischgasse 12
A-1010 Wien

- ✝ Christine Würcher
  A-2734 Puchberg-Losenheim
- ✆ Hütte 02636/220516
- ✗ gj. bew.
- ⊨ 13 ⊓ 30 ⊔ 10, ▦
- ↗ Puchberg, 585 m, 2½; Losenheim, 730 m, 1½; Gutenstein, 482 m, 4½; Klostertaler Gscheid PA, 761, 1½
- → Fleischer-Gedenkstein, 1528 m – Kienthaler Hütte, 1380 m – Höllental, 550 m, 4; Mamauwiese, 949 m – Gutenstein, 482 m, 4; Schutzhütten des Schneebergs
- △ Schneeberg; Kaiserstein, 2061 m, 2½
- ⚒ ↗ Losenheim, den ganzen Winter △ Schneeberg
- ⛮ Puchberg am Schneeberg
- ⇢ Losenheim
- ⇢ Losenheim (Gasthaus Gscheider), Talstation Sessellift 🅿
- ⚒ Losenheim – Fadensattel

FB 022; ÖK 75; Bergverlag Rother: WF Wiener Hausberge

Gloggnitzer Hütte

K. I, 1584 m, erb. 1932
OeAV-S. ÖGV, Gruppe Gloggnitz
Lerchenfelderstr. 28
A-1080 Wien
Auskunft: H. Hoffmann
Hauptstr. 24
A-2640 Gloggnitz

- ✆ 02662/2511/2741
- ✗ gj. Sa./So./Fe. ab 16 Uhr
- ⊓ 28
- ↗ Bergstation der Rax-Seilbahn (Gsolhirn, 1547 m) über Klobentörl, 1631 m, 2; Schwarzatal/Weichtalhaus (Gr. Kesselgraben), 563 m, 3½
- → Otto-Schutzhaus, 1644 m, 1½; Habsburghaus, 1785 m, 1¾
- △ Scheibwaldhöhe, 1944 m, 1
- ⚒ den ganzen Winter ↗ Bergstation der Rax-Seilbahn, Schwarzatal → Otto-Schutz-

haus, Habsburghaus △ Scheibwaldhöhe
🚋 Payerbach – Reichenau
🚌 🚠 Hirschwang
🚠 Hirschwang – Gsolhirn
FB 022; ÖK 104; Bergverlag Rother: WF Wiener Hausberge

Habsburghaus

K. I, 1785 m, erb. 1899
OeAV-S. ÖGV
Lerchenfelderstr. 28
A-1080 Wien

✝ Gerhard Zimota
   A-2661 Hinternaßwald
📞 Hütte 02665/219
✗ Anfang Mai bis Ende Okt.
🛏 28 🛏 80
⌗ offen
⚡ 220 V ∼ 📺

🗡 Gsolhirn, 1547 m (Bergstation 🚠) über Otto-Schutzhaus, 1644 m – Höllentaler Holzknechthütte (Neue Seehütte), 1648 m – Trinksteinsattel, 1850 m, 2½; Preiner Gscheid, 1070 m (🚌 Payerbach über Prein) üb. Carl-Ludwig-Haus, 1804 m, 3; Hinternaßwald, 742 m (🚌 Payerbach über Prein) – Steiger 4

→ Carl-Ludwig-Haus, 1804 m, 1; Trinksteinsattel, 1850 m – Höllentaler Holzknechthütte (Neue Seehütte), 1648 m – Otto-Schutzhaus, 1644 m, 2½; Gamseck, 1857 m – Gamseckstein – Naßkamm, 1210 m – Schneealpenhaus, 1782 m, 5½

△ Scheibwaldhöhe, 1944 m, 1; Predigtstuhl, 1902 m, 1¼; Gamseck, 1857 m, 1½; Heukuppe, 2007 m, 1½

🎿 den ganzen Winter 🗡 Gsolhirn, Preiner Gscheid → Carl-Ludwig-Haus, Trinksteinsattel △ Scheibwaldhöhe, Predigtstuhl, Gamseck, Heukuppe

🚋 Payerbach – Reichenau
🚌 🚠 Hirschwang, Preis – Preiner Gscheid, Hinternaßwald 🅿
🚠 Hirschwang – Gsolhirn
🐾 Hinternaßwald-Hütte

FB 022; ÖK 104; Bergverlag Rother: WF Wiener Hausberge

Otto-Schutzhaus

K. I, 1715 m, erb. 1893
OeAV-S. Reichenau
Hauptstr. 96
A-2651 Reichenau

- ⚲ Peter Perauer
  A-2652 Hirschwang
- ✆ Hütte 02666/2402
- ✗ Anfang April bis Anfang Nov.
- ⊨ 30 ⌐ 30
- ∿ 110 V = ▥
- ↗ Bergstation der Raxbahn, 1550 m, ½; Hirschwang, 502 m, 3; Höllental (Weichtal-H.) ⚐ über Wachtlhüttekamm 3; Reichenau, 490 m, über Knappenberg 3½
- → Carl-Ludwig-Haus über Seehütte – Trinksteinsattel 3½; Habsburghaus über Seehütte – Trinksteinsattel 3½; Seehütte – Seeweg – Otto-Schutzhaus ¾
- △ Loswand, Klobenwand, Lechnermauer
- ⚲ bis Anfang Mai ↗ Hirschwang, Reichenau △ Preinerwald, Jakobskogel; 10 Min. von der Hütte »Törl Klettergarten«, bezeichnete Anstiege von I - V mit fixen Haken und »Kronich-Eisenweg«
- ⚍ Payerbach – Reichenau
- ⚍ Hirschwang, Knappenhof
- ⚍ Knappenhof, Talstation-Hirschwang 🅿
- ⚍ Hirschwang – Raxalpe

FB 022; ÖK 104; Bergverlag Rother: WF Wiener Hausberge

Scheibenhütte

K. I, 1473 m, erb. 1898
OeAV-S. Mürzzuschlag
Johann Öffel
Ganztal 13
A-8680 Mürzzuschlag

- ⚲ Sepp Glaser
  Pernreitgasse 6
  A-8680 Mürzzuschlag
- ✆ Tal 03852/30014
- ✗ SV, beaufsichtigt 1. Mai bis 31. Okt. an Sa./So./Fe., sonst nur an So./Fe., Getränke vorhanden
- ⌐ 12
- ⚲ bei ⚲
- ↗ Bhf. Mürzzuschlag – Schei-

benweg 2 - 2$\frac{1}{2}$
→ Beeralpe – Kampalpe – Pinkenkogel – Semmering 5 - 7; Abstiegsmöglichkeiten nach Raxen zum Preiner Gscheid und mehrere Wege nach Spital und Steinhaus am Semmering; Abstieg nach Kapellen an der Mürz
⟁ kein Stützpunkt
🚌 🚆 Mürzzuschlag
🚆 Steirerhof Ⓟ
FB 022; ÖK 104; Bergverlag Rother: WF Wiener Hausberge

Hütten anderer alpiner Vereine und Privathütten

Carl-Ludwig-Haus, 1804 m, östlich der Heukuppe (Rax), ÖTK, 🛏 74 🔲 44 ⎿ 45, ↗ Payerbach-Reichenau oder Kapellen je 5, Preiner Gscheid 2, 🚌 Payerbach-Reichenau, Kapellen 🚆 🚆 Preiner Gscheid, gj. bew., ✆ 02665/359

Damböckhaus, 1810 m, auf dem Ochsenboden (Schneeberg), ÖTK, 🛏 60 🔲 30 ⎿ 15, ↗ Puchberg, Payerbach-Reichenau je 4, Hochschneebergbahn $\frac{1}{4}$, 🚌 🚆 🚆 Puchberg, Payerbach-Reichenau, bew. Mitte März bis Ende Okt., im Winter meist Sa./So., ✆ 02636/2259

Fischerhütte, 2049 m, auf dem Kaiserstein, ÖTK, 🛏 8 🔲 44, ↗ Hochschneeberg 1$\frac{1}{2}$, 🚌 🚆 Hochschneeberg, während der Betriebszeiten der Zahnradbahn bew., ✆ 02636/2313

Friedrich-Haller-Haus, 1250 m, auf der Knofelebene, TVN, 🛏 15 🔲 52, ↗ Payerbach oder Kaiserbrunn je 2$\frac{1}{2}$, 🚌 Payerbach 🚆 Kaiserbrunn, bew., Ostern bis Anfang Nov. geschlossen, ✆ 0222/831440

Grassinger Hütte (Ternitzer Hütte), 1199 m, am Schneeberg, TVN, 🛏 45, ↗ Puchberg 2$\frac{1}{2}$, Payerbach-Reichenau 3$\frac{1}{2}$, Ternitzer Hütte $\frac{1}{4}$, 🚌 🚆 Puchberg, Payerbach-Reichenau 🚆 Zahnradbahn-Talstation, SV, Sa./So. bew., in Ferien durchgehend, Voranmeldung bei Franz Martien, ✆ 02630/76263, ✆ Hütte 02636/2071

Hans-Nemcek-Hütte, ca. 1600 m, auf der Rax, OeAV, Diensthütte des Österreichischen Bergrettungsdienstes

Heinrich-Krempel-Hütte, ca. 1600 m, am Schneeberg (Trenkwiesenschlucht), OeAV, Diensthütte des Österreichischen Bergrettungsdienstes

Kienthalerhütte, 1380 m, am Schneeberg, ÖTK, 🛏 7 🔲 23 ⎿ 16, ↗ Neunkirchen oder Hirschwang a. d. Rax, 🚆 🚆 Schwarzatal (Weichtalhaus), ab Ostern bis Allerheiligen Sa./So./Fe. beaufsichtigt, ✆ 02635/3111 oder 2265

Naturfreundehaus Losenheim, 700 m, am Fuße des Schneebergs, TVN, 🛏 20, ↗ Puchberg am Schneeberg mit 🚆, Voranmeldung bei OG Wien, SV, ✆ 0222/831440

Naturfreundehaus Weichtal, 563 m, im Höllental, TVN, 🛏 10 🔲 57, ↗ Bst. Payerbach-Reichenau, Busverkehr, bew. April bis Ende Okt., März, Nov. und Dez. Sa./So., 🛏 02666/3620

Pottschacher Hütte, 914 m, am Hartriegel des Gahns, TVN, ⊓ 30, ↗ Bst. Pottschach 1½ Bst. Gloggnitz 1¾, bew. Anfang April bis Anfang Nov. Sa./So., ✆ 02630/5142

Sparbacher Hütte, 1248 m, am Fadenkogel, Alp. Ges. Sparbacher, ⊨ 25 ⊓ 80, ↗ Puchberg 2½, Gutenstein 1½, ⊞ Puchberg, Gutenstein ⊷ ⊷ Losenheim, gj. bew., ✆ 02636/220512

Speckbacher Hütte, 1089 m, Semmering-Kreuzberg, Alp. Ges. Speckbacher, ⊨ 24 ⊓ 6, ↗ Breitenstein ¾, ⊞ Breitenstein ⊷ Prein a. d. Rax ⊷ zum Haus, gj. bew., ✆ 02664/426

Waxriegelhaus, 1360 m, am Waxriegel, TVN, ⊨ 25, ⊓ 38, ↗ Preiner Gscheid ¾, Prein 1½, Kapellen 2½, ⊞ Kapellen ⊷ ⊷ Preiner Gscheid, gj. bew., ✆ 02665/237

Wimpassinger Hütte, 1200 m, auf der Kaltwasserwiese, TVN, ⊓ 15, ↗ Puchberg 2½, Payerbach-Reichenau 3½, Zahnradbahn-Talstation Ternitzer Hütte ¼, ⊞ ⊷ Puchberg, Payerbach-Reichenau ⊷ Zahnradbahn-Talstation Ternitzer Hütte, SV Sa./So. von Anfang Mai bis Ende Okt., Getränke

AMSTETTEN

Ferschnitz

Euratsfeld

Ulmerfeld

Zarnsdf.

Neuhofen

Steinakchn.

Weng

Hochbira
727 △

Randegg

Alhartsbg.

St. Leonhard

Sonntagberg

Gresten

Neu

Waidhofen

Ybbsitz

Prochenberg Htt.

Prochenbg.

1134
△

Gaming

K

Amstettner Htt.

Opponitz

St. Georgen-
a. Reith

Lunz a. See

To

La

Weyer Markt

Schneekogel
△
1373

Ybbstaler Htt.

Wasserkopf
1442 △

Hollenstein

1452
△
Königsberg

Göstling

1878
△
Dürrenstein

Voralm
△ 1770

Lassing

Altenmarkt

Palfau

Hochkar Schutzh.

1808
△
Hochkar

1804
△
Kräuterin

Hochstadl
△
1919

Hochtü
1770 △

21 Ybbstaler Alpen

berg

uer

hof

Ötscher
△
1893

Ötscherhaus

Gemeindealpe
1626 △

Terzer H.
Zellerrain
euhaus △ 1125

Mitterbach

1639
△
G. Zellerhut

rradmer

Greith

Weichselboden

ach

Umgrenzung

Alpenvorland von Amstetten bis Wieselburg – Erlauf bis Mariazell – Gußwerk – Salza bis Einmündung Enns – Enns bis Kastenreith – Gaflenzbach – Waidhofen-bach – Waidhofen a.d. Ybbs – Ybbs bis Amstetten

Amstettner Hütte

K. III, 1005 m, erb. 1960
OeAV-S. Amstetten
Wiener Str. 34
A-300 Amstetten

- ⵜ Walter Hillebrand
  Seeberg 19
  Forsteralm
  A-3340 Waidhofen/Y.
- ✕ gj.
- ⌐ 50
- ⬈ Bahnstation und Bus-Halte-stelle Oberland, 600 m, $1\frac{1}{4}$; Gaflenz, Bst., Aut. P.T.F., 600 m, $1\frac{1}{2}$; Seeberg, Bst. Opponitz $2\frac{1}{4}$
- → Höhenwanderweg Oberland – Amstettner Hütte – Hochseeberg – Opponitz; Gaflenz; Hochseeberg – Kreilhof
- △ Hirschkogel, 1078 m; Wetterkogel, 1115 m; Breiternauerberg, 1148 m
- ⬈ Oberland → Hochseeberg △ Hirschkogel 6, ⌁ Skigebiet Forsteralm
- ⬌ Oberland
- ⬌ 30 Min. unterhalb der Hütte (Holzplatz-Kasertal) 🅿
- ÖK 70

Prochenberghütte

K. I, 1123 m, erb. 1888
OeAV-S. Waidhofen/Ybbs
Amselweg 1b
A-3340 Waidhofen/Ybbs

- ⵜ Karl Kößl
  Im Tredlhof 22
  A-3341 Ybbsitz
- ℂ Tal 07443/458
- ✕ beaufsichtigt Anfang Mai bis Ende Okt. So./Fe., Juli, Aug. und Sept. auch Sa., Getränke und Imbiß
- ⌐ 23, Übernachtung an beaufsichtigten Tagen bzw. bei Voranmeldung
- ▦ ℄ 2 SR
- ⬈ Ybbsitz, 404 m, über Haselstein $2\frac{1}{4}$; Ybbsitz über Noth-Mitterlehen $2\frac{1}{4}$; Ybbsitz – Haselsteinhof, 640 m, 🅿, von hier $1\frac{1}{2}$; Maria Sessel 2
- ⬈ Haselstein, Hof Modelsberg
- ⬌ ⬌ Ybbsitz

⇌ Ybbsitz, Haselsteinhof, Mitterlehen, Hof Modelsberg 🅿
ÖK 71

Terzerhaus

K. I, 1626 m, erb. 1913
OeAV-S. ÖGV
Lerchenfelder Str. 28
A-1080 Wien

👤 Georg Fila
   Terzerhaus
   A-3224 Mitterbach
✆ Hütte 03882/3821
✗ gj. bew. (Urlaubssperre im Nov.)
🛏 13 ⊓ 45
⚡ 220 V ~ 🔲
↗ Mitterbach, 801 m, 2½; Erlaufsee, 827 m, 2½; Mitterbach, 801 m, mit »Alpensesselbahn Gemeindealpe« bis Hausnähe; vom Zellerrain 1¾
→ Ötscher Schutzhaus, 1418 m, über »Eiserner Herrgott« 4
△ Gemeindealpe, 1626 m, auf dem Gipfel das Terzerhaus
🎿 den ganzen Winter ↗ von Mitterbach △ Gemeindealpe
🚌 Mitterbach
🚡 Talstation »Alpensesselbahn Gemeindealpe« 🅿
🚕 Mitterbach – Terzerhaus
ÖK 72

Ybbstaler Hütte

K. I, 1343 m, erb. 1926
OeAV-S. Austria
Rotenturmstr. 14
A-1010 Wien

👤 Josef Forstner
   Markt 164
   A-3345 Göstling/Ybbs
✆ Hütte 0663/886801
✆ Tal 07484/2325
✗ Weihnachten, Semesterferien, Mai bis Anfang Nov.
🛏 4 ⊓ 30
🔲 5 🔥
↗ Lunz am See 4½ - 5; Stiegengraben 3½; Steinbachgraben (Kfz bis Jagdhaus) 2½; Göst-

ling durch die Not 5; Kasten durch Lechnergraben – Gstettneralm 4
→ Dürrenstein, 1878 m – Seetal – Lunzer See – Lunz 7½; Kammweg über
Dürrenstein – Hochkar – Hochkarschutzhaus, 1491 m, 10 - 12 (nur mit Bewilligung
d. Bundesforste!)
△ Dürrenstein, 1878 m, 2; Hirzeck, 1445 m, 20 Min.; Gr. Hühnerkogel, 1651 m, 1;
Noten, 1635 m, 1
⚒ den ganzen Winter ✗ von Stiegengraben △ Dürrenstein, Hirzeck, Gr. Hühnerkogel
🚌 Lunz am See, Stiegengraben, Göstling
🚐 Stiegengraben
🚐 Stiegengraben, Steinbachgraben 🅿
ÖK 71

Hütten anderer alpiner Vereine und Privathütten

Alte Amstetter Hütte, 1004, im Skigebiet Forsteralm, privat, 🛏 16, ✗ Oberland 1½, 🚌,
🚐 Oberland 🚶 20 Min., Auskünfte beim ♦ Herbert Forster, Oberland 17, A-3334
Gaflenz, ✆ 07446/236

Hochkarschutzhaus, 1491 m, nordöstlich des Hochkars, ÖTK, 🛏 20 ⌐ 60, ✗ Göstling
3½, 🚌 Göstling 🚐 zum Haus 🚶 zum Haus (Maut), bew., während der Skisaison
täglich, Juli, Aug., Sept. täglich außer Freitag, übrige Zeit auf Anfrage bzw. Voranmeldung für Gruppen möglich, ✆ 07484/7203

Lackneralmhütte, ca. 1000 m, am Südfuß des Gamssteins, TVN, 🛏 7 ⌐ 20, 🚌
Hieflau 🚶 Palfau, ✗ Palfau 1½; → Moaralmhütte, Obere Palfau, Niederscheiben-
berg, △ Gamsstein, SV, Mitte Mai bis Mitte Sept. Sa./So. beaufsichtigt, ✆ 03638/236

Ötscher Schutzhaus, 1418 m, an der Westseite des Ötschers, ÖTK, 🛏 83 ⌐ 56 ⌐
10, ✗ Kienberg-Gaming, Sessellift ab Lackenhof, 🚌 🚐 Kienberg-Gaming 🚶 Lackenhof
2, gj. bew., Nov. geschlossen, ✆ 07480/249

Mank

Kilb

Hoistetten

Wilhelms-
burg

Oberndorf
a. d. Melk

Kirnberg
a. d. Mank

Rabenstein
a. d. Pielach

Kaiserkogelhtt.

Texing

Kirchberg
a. d. Pielach

Eschenau

Traisen

Bichlberg
Δ
859

Scheibbs

Loich

O. Kandler H.

Freiland

Frankenfels

Hohenstein

St. Anton
a. d. Jeßnitz

Eisenstein
Δ
1185

Lehenrotte

J. Seitner Htt.

Schwarzenbach
a. d. Pielach

Puchenstuben

Türnitzer Höger
1372

Türnitz

Türnitzer Htt.

Annaberger Haus

Hohenberg

Gösing a. d.
Mariazeller Bahn

Tirolerkogel
Δ 1377

Zdarskyhtt.

Annaberg

Traisenberg

Wienerbruck

Δ
1230

St. Aegyd
a. Neuwalde

Josefsberg

Δ 1400

G. Sulzberg

Ulreichsberg

Kernhof

Mitterbach
a. Erlaufsee

Bürgeralpe

Mariazell

22 Türnitzer Alpen

Umgrenzung

Alpenvorland von Wieselburg bis St. Pölten – Traisen bis Freiland – Unrecht-Trai-sen – St. Ägyd am Neuwalde – Keertal – Knollenhals – Halltal – Mariazell – Erlauf bis Wieselburg

Annaberger Haus

K. I, 1377 m, wiederaufgeb. 1987
OeAV-S. ÖGV
Lerchenfelder Str. 28
A-1080 Wien

- ♀ Gerda Leichtfried
  A-3222 Annaberg/NÖ 177
- ℂ Hütte 0663/11494
- ✗ gj.
- ⊨ 16 ⌐ 40
- ↗ Annaberg 1½
- → Annaberg – Am Gscheid – Walsterursprung – Molterboden – Falkenschlucht – Dachsental – Annaberger Haus – Annaberg 5 - 6; Annaberg – Tiroler Kogel – Eibel – Türnitz 3½
- ⊨ Reith
- ➡ Annaberg
- ➡ Annaberg

ÖK 73

Julius-Seitner-Hütte

K. I, 1185 m, erb. 1910
OeAV-S. ÖGV
Lerchenfelder Str. 28
A-1080 Wien

- ♀ Christine Zotrin
  Theodor-Körner-Str. 1/1/6
  A-3200 Oberprafendorf
- ℂ Tal 02747/8845
- ✗ Ostern bis 1. Nov. Sa./So./Fe.
- ⊨ 10 ⌐ 30
- ↗ Türnitz, 466 m, 2½ (Pkw bis Knedelhof, dann 1½); über Hochgraser 2½; Schwarzenbach, 510 m, 1¾; Loich/Bahnhof, 400 m, 3 (Pkw bis Übelbach, dann 1¾)
- → Otto-Kandler-Haus, 1182 m, über Gscheid, 868 m, 3
- △ Eisenstein, 1188 m, auf dem Gipfel die Julius-Seitner-Hütte
- ⚘ den ganzen Winter ↗ alle → Otto-Kandler-Haus △ Eisenstein
- ⊨ ➡ Türnitz
- ➡ Knedelhof, Übelbach

ÖK 73

Otto-Kandler-Haus

K. I, 1192 m, erb. 1905
OeAV-S. St. Pölten
Völklplatz 3
A-3100 St. Pölten

🚶 Johannes Jansch
Joetsustr. 4
A-3180 Lilienfeld

℅ Tal 02762/54168

🍴 SV, Anfang Mai bis Ende Okt.
Sa./So./Fe., einfach bew.
durch Sektionsmitglieder

🛏 25 ⌴ 10

⌗ offen, keine Heizmöglichkeit

↗ Schrambach 3; Dickenau 3;
Türnitz 3¹/₂; Kirchberg a. d.
Pielach 3; Soisgraben (Riegelmühle) 2; Tradigist 4; Kfz von Schrambach; von
Lehenrotte über Himmel 3¹/₄

→ Eisenstein (Julius-Seitner-Hütte) 3¹/₂); Abstiege nach Türnitz oder Loich und
Kirchberg; Himmel (Almwirtschaft) 1¹/₂; Abstieg nach Lehenrotte 1; nach Schrambach über Ratzeneck 1¹/₄; nach Schrambach über Niederhof 1¹/₂

△ Klettergarten, 3 Min. vor der Hütte

⛰ nein

🚂 Schrambach, Kirchberg a. d. Pielach, Tradigist

🚌 Türnitz, Lilienfeld

🚐 Niederhof, Sois (Riegelmühle) zw. Tradigist üb. Morigrabenh. 🅿

ÖK 73

Türnitzer Hütte

K. I, 1372 m, erb. 1895
OeAV-S. ÖGV Gr. St. Pölten
Geschäftsstelle
Sport Scowt
Klostergasse 13
A-3100 St. Pölten

🚶 Auskunft bei:
Karl Schremser
A-3107 Nadelbach 7

℅ 02742/640792

🍴 SV, Anfang Mai bis Ende Okt.
Sa./So./Fe. einfach bew. (Getränke, Suppen)

🛏 36

↗ von Türnitz, 466 m, über Hofbauer 4¹/₂ (Weg Nr. 34); mit

245

Pkw bis Hofbauer, dann 2$\frac{1}{2}$ (Weg Nr. 34); durch den Scharbachgraben und über Geierstein, 885 m, 3$\frac{1}{2}$ (Weg Nr. 35); von Furthof, 466, durch Dachsgraben 2$\frac{1}{2}$ (Weg Nr. 31); von Hohenberg, 488 m, über Stadelbergkamm 3$\frac{1}{2}$ (Weg Nr. 32); durch Steinparztal und über Gschwendthütte, 1072 m, 4; von St. Ägyd, 588 m, über Zdarskyhütte, 1082, und Paulmauer, 1247 m, 4$\frac{1}{2}$ (Weg Nr. 33)

→   Gschwendthütte, 1072 m, 1$\frac{1}{4}$; St. Ägyd, 588 m, über Zdarskyhütte, 1082 m, 3$\frac{1}{4}$

△   Türnitz Höger, 1372 m, auf dem Gipfel die Türnitzer Hütte

⋅⋅   den ganzen Winter ↗ Türnitz – Hofbauer – Högerbachgraben △ Türnitzer Höger

🚌 🚃 Türnitz

🚌   Hofbauer

ÖK 73

Hütten anderer alpiner Vereine und Privathütten

Gschwendthütte, 1072 m, an der Grabneralpe, TVN, ⊨ 12 ⊓ 90, ↗ Hohenberg 2, Steinparztal $\frac{1}{2}$, 🚌 🚃 Hohenberg 🚃 Hohenberg – Steinparztal, gj. bew. Sa./So./Fe., Auskunft und Anmeldung: OG Hohenberg ✆ 02767/71582

Josef-Franz-Hütte, 841 m, am Gaisbühel, TVN, ⊓ 17, ↗ Rabenstein a. d. Pielach 1$\frac{1}{2}$, Bst. Tradigist 1, Paßhöhe Gaiseben 1, gj. bew., ✆ 02723/2149

Kaiserkogelhütte, 716 m, auf dem Kaiserkogel, ÖTK, keine Übernachtungsmöglichkeit, ↗ Rothenau-Eschenau 1$\frac{3}{4}$, 🚌 St. Pölten 🚃 🚃 Rothenau-Eschenau, gj. bew., ✆ 02746/7242

Zdarskyhütte, 1080 m, auf dem Eibel, TVN, ⊨ 15 ⊓ 20, ↗ St. Ägyd/Neuwald 1$\frac{1}{2}$, 🚌 🚃 🚃 St. Ägyd/Neuwald, gj. Sa./So./Fe. bew., Juli und Aug. durchgehend, Montag Ruhetag, ✆ 02768/477 (Brandtner)

Lilienfeld

Lilienfelder Htt.

Schwarzwaldeckhaus

Traisner Htt.

1399 Δ
Reisalpe

Hegerb.
1179 Δ
Gbf.
Kalte Kuchl

Schwarzau
i. Geb.

23 Gutensteiner Alpen

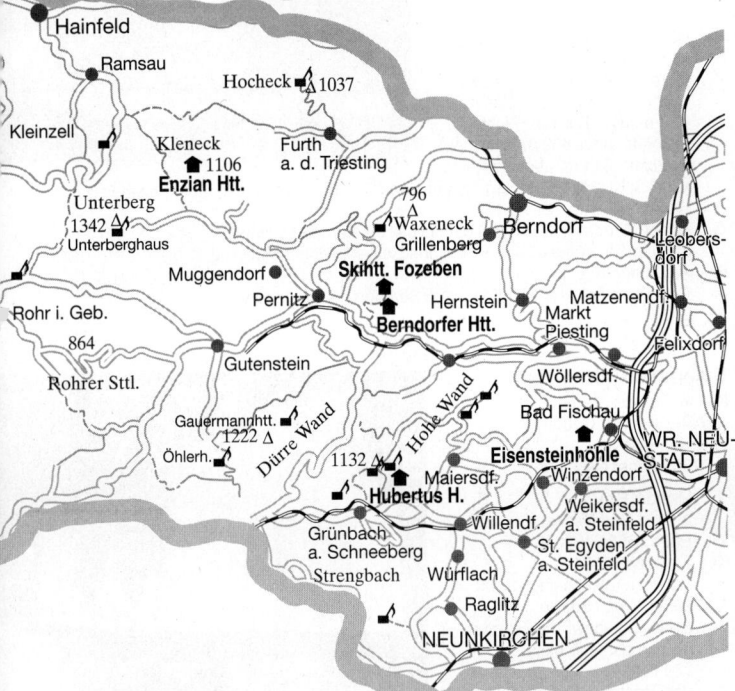

Hainfeld

Ramsau

Hocheck △1037

Kleinzell

Kleneck
📍1106
Enzian Htt.

Furth
a. d. Triesting

Unterberg
1342 △
Unterberghaus

796
△
Waxeneck

Grillenberg

Berndorf

Leobers-
dorf

Muggendorf

Pernitz

Skihtt. Fozeben

Hernstein

Markt
Piesting

Matzenendf.

Rohr i. Geb.

864

Rohrer Sttl.

Gutenstein

Berndorfer Htt.

Wöllersdf.

Felixdorf

Gauermannhtt.
1222 △
Öhlerh.

Dürre Wand

1132 △

Hohe Wand

Eisensteinhöhle

Bad Fischau

Maiersdf.

Hubertus H.

Winzendorf

WR. NEU-
STADT

Grünbach
a. Schneeberg

Strengbach

Willendf.

Würflach

St. Egyden
a. Steinfeld

Weikersdf.
a. Steinfeld

Raglitz

NEUNKIRCHEN

Umgrenzung

Gölsen – Hainfeld – Gerstbach – Kaumberg – Kaumbergbach – Triesting –
Steinfeld – Neunkirchen – Ternitz – Sierning – Puchberg – Sebastiansbach –
Mamauwiese – Klausgraben – Klostertaler Gscheid – Voisbach – Schwarza –
Tiesentalerbach – Trauchbach – Wassertal – Seebach – St. Ägyd/Neuwald –
Unrecht-Traisen – Traisen bis Einmündung Gölsen

Berndorfer Hütte

K. I, 967 m, erb. 1924
OeAV-S. ÖGV
Gruppe Baden bei Wien
Pfarrgasse 12
A-2500 Baden bei Wien

♦   Eduard Murlasits
    Feichtenbach 24
    A-2761 Miesenbach
✗   Sa./So./Fe. gj.
🛏   21 ⊓ 15
✔   Ortmann, 422 m, 1½; Miesen-
    bach, 401 m, 1½; Pernitz,
    430 m, 2½; Kfz bis Feichten-
    bach/Martahof, 459 m, dann 1½;
    Berndorf, 314 m, über Rosen-
    kogel 3; Kfz bis Grillenberg, 356 m, dann 2½; Berndorf, 314 m, über Fozeben 3
→   Waxeneckhaus, 785 m, 1¾
△   Hoher Mandling, 967 m, auf dem Gipfel die Berndorfer Hütte
⬟   den ganzen Winter ✔ alle → Waxeneckhaus △ Hoher Mandling
🚂 🚌 Ortmann
🚌   Pernitz bis Feichtenbach/Martahof, Berndorf bis Grillenberg

ÖK 75

Eisensteinhöhle-Haus

K. I, 407 m, erb. 1969
OeAV-S. »Allzeit Getreu«
Lederergasse 5
A-2700 Wiener Neustadt

♦   Michael Fink
    A-2721 Bad Fischau-Brunn
℃   Hütte 0663/9197328
℃   Tal 02639/2491
✗   Mittwoch bis Freitag 10.00 -
    20.00 Uhr, Sa./So. 10.00 -
    21.00 Uhr bew., keine Über-
    nachtungsmöglichkeit
〰   220 V ~
✔   Bad Fischau – Brunn, 281 m,
    40 Min., direkter Weg; Brunn
    ½; Winzendorf, 327 m, 1¼;
    Muthmannsdorf, 380 m, über den Burgstallberg, 572 m, oder über den Größen-
    berg, 606 m, 1¼
→   Dreistetten über Zweierwiese 1¾; Muthmannsdorf 1; Ruine Emmerberg über
    Größenberg, 606 m, 1¾

△   Malleiten, 559 m, 1; Größenberg, 606 m, $^3/_4$; Burgstall, Eisensteinhöhle, 575 m,
      12; Engelsberg, 569 m, 1

⏚   ↗ alle △ alle

🚌 🚍 Bad Fischau – Brunn

🚗 Straßenende, 10 Min. v. d. Haus 🅿

ÖK 76

Enzianhütte am Kieneck

K. I, 1107 m, erb. 1897
OeAV-S. Enzian
Hauptstr. 3
A-2371 Hinterbrühl

📋   Maria Kainz
      Zehnergürtel 49
      A-2700 Wiener Neustadt

☏   Hütte 0663/13624

☏   Tal 02622/563273

✗   Anfang April bis Mitte Nov.
      durchgehend, aber Montag u.
      Dienstag Ruhetage

🛏 14 ⌐ 26 ⌐ 4; ▨

▥   offen, nur Notunterkunft

↗   Bahnstation Pernitz-Muggen-
      dorf, Hainfeld, Kaumberg oder Weißenbach a. d. Tr. alle Aufstiege zur Hütte
      durchschnittlich $3^1/_2$ - $4^1/_4$

→   Unterberghaus, 1170 m, $2^1/_4$; Hocheck-Schutzhaus, 1037 m, 3

⏚   kein Stützpunkt

🚌 Pernitz-Muggendorf

🚍 🚗 Pernitz bis Gasthaus Leitner im Tal 🅿

ÖK 75, 76

Hubertushaus

K. I, 946 m, erb. 1923
OeAV-S. ÖGV
Lerchenfelder Str. 28
A-1080 Wien

📋   Rudolf Haslauer
      Auf der Wand 8
      A-2724 Stollhof
      während der Nichtbew.:
      Kiuringasse 18/2
      A-1100 Wien

☏   Hütte 02620/2873

☏   Tal 0222/6768543

✗   bew. Ende Juli bis 6. Jan.

⚒ 20 ⎡ 25
ⅎ 220 V ~ ⎙
➚ Unter-Höflein, 468 m, »Springlessteig«, 2; Grünbach, 549 m, 2
→ Wilhelm-Eichert-Hütte, 1052 m, ¼; Hochkogelhaus, 936 m, ¾; Wiener-Neustädter-Haus, 1035 m, 1¼
△ Plackles, 1132 m, ¾
⚭ 🚂 Unter-Höflein
🚂 Kleinkanzelhaus oder Zweiersdorf
ÖK 75

Lilienfelder Hütte

K. I, 945 m, erb. 1926
OeAV-S. ÖGV
Lerchenfelder Str. 28
A-1080 Wien

♂ Manfred Stewen
Am Gschwendt 1
A-3180 Lilienfeld
☎ Hütte 02762/53567
✗ gj. bew., 2 Wochen im Nov. geschlossen, Dienstag Ruhe-tag
⚒ 6 ⎡ 20
ⅎ 220 V ~ ⎙
➚ Lilienfeld, 383 m – Glatzwiesensattel 1½; Lilienfeld, 383 m – Hölltal 1½; Lilienfeld – Fallgraben 1; Freiland, 402 m – Lilienfelder Hütte, 956 m, 2
→ Lilienfelder Hütte – Bergstation Sessellift, 1122 m – Muckenkogel, 1248 m – Traisner Hütte, 1313 m – Klosteralpe, 1100 m – Lilienfelder Hütte, 2; Lilienfelder Hütte – Muckenkogel, 1248 m – Traisner Hütte, 1313 m – Kandlhofalm, 1030 m – Reisalpen-Schutzhaus, 1390 m, 3½
★ den ganzen Winter ➚ Lilienfeld – Glatzwiesensattel – Hütte, Lilienfeld – Hölltal – Hütte, Lilienfeld – Fallgraben – Hütte → Bergstation Sessellift – Muckenkogel, Schlepplift Kesselbogen △ Muckenkogel, Traisner Hütte
⚭ 🚂 Lilienfeld
🚗 Auffahrt bis Schranken möglich
⛵ Lilienfeld – Muckenkogel
⛳ Kolm – Klosteralpe
ÖK 74

Schihütte Fozeben

(Mandling)
K. I, 735 m, erb. 1935
OeAV-S. Berndorf-Stadt
Essentherstr. 29
A-2560 Berndorf

- Klaus Burger
  Odlitzerstr. 25
  A-2560 Berndorf
- Tal 02672/5671
- SV, Getränke erhältlich, Anmeldung erforderlich So./Fe.
- 30
- beim ♦
- Berndorf, 314 m, über Grillenberg 2½; Pottenstein, 326 m, über Geiersattel
- → Berndorfer Hütte auf der Hohen Mandling ½; Waxeneck-Schutzhaus über Geiersattel 1½
- △ Hohe Mandling, 967 m, ½
- △ Hohe Mandling
- Ortmann
- Berndorf, Grillenberg
- Feichtenbach/Grillenberg/Ortmann 🅿

ÖK 75

Hütten anderer alpiner Vereine und Privathütten

Almesbrunnberg-Touristenheim, 690 m, Nähe des Kreuthsattels, ÖTK und privat, 🛏 24, ↗ Weißenbach 3½, Steinwandklamm 1½, Pernitz-Muggendorf 1½, 🚍 🚏 Pernitz-Muggendorf 🚌 Steinwandklamm, Mitte Juni bis Ende Sept. bew.

Rudolf-Fordinal-Haus (Alpenfreundehütte) am Gr. Kitzberg, 780 m, Alp. Ges. »Alpenfreunde«, 🛏 25 ⊓ 50, ↗ Pernitz 1½, Miesenbach 1½ , 🚍 🚏 Pernitz, Miesenbach 🚌 Weidmannsfeld, bew. Mitte Juni bis Ende Sept. Sa./So.

Araburg-Stüberl, 799 m, im Eingangsturm der Burgruine Araburg bei Kaumberg am Triestingtal, ÖTK, keine Nächtigung, ↗ 🚍 🚏 Kaumberg, Gerichtsberg 🚌 Gerichtsberg-Kollmannhof, 1.4. - 31.10. an Werktagen 9 - 16 Uhr, Sa./So./Fe. bis Einbruch der Dunkelheit bew. (nur bei Schönwetter)

Hohe-Wand-Naturfreundehaus, 1050 m, an der Hohen Wand (Gutensteiner Alpen), TVN, ⊓ 30, ↗ Grünbach am Schneeberg 1¼, 🚍 🚏 🚌 Grünbach am Schneeberg, SV, Schlüssel bei OG Wiener Neustadt, ℰ 02622/27996

Dr.-Ferdinand-Nagel-Haus, 1040, Hohe Wand, ÖTK

23 Gutensteiner Alpen

Ebenwaldhaus, 1035 m, auf der Ebenwaldhochfläche, 🛏 38 ⊓ 19, ✓ Kleinzell 1¹/₂, 🚌 St. Veit an der Gölsen ⟺ Kleinzell ⟺ Kleinzell-Straßenende (¹/₄)

Gauermannhütte, 1154 m, an der Dürren Wand, ÖTK, 🛏 8 ⊓ 35 ⊔ 10, ✓ Miesenbach 2¹/₂, 🚌 Öd ⟺ ⟺ Miesenbach, Ostern bis Anfang Nov. Sa./So./Fe. einfach bew., ✆ 0222/3819414

Hainfelder Hütte, 924 m, am Kirchenberg, ÖTK, 🛏 4 ⊓ 18, ✓ Hainfeld 1¹/₂ → Liasnböndlhütte ³/₄, 🚌 ⟺ ⟺ Hainfeld, Sa./So./Fe. einfach bew.

Herrgottschnitzerhaus, 826 m, auf dem Wandeck, privat (AG Herrgottschnitzer), 🛏 45 ⊓ 10, ✓ Waldegg 1¹/₂, 🚌 Waldegg ⟺ Dreistetten, gj. bew., ✆ 02638/8228

Himberger Haus, 980 m, im Rohrbachgraben (Schneeberg), TVN, 🛏 44, ✓ Hengst-hütte ³/₄, Rohrbach 1, Puchberg 2, Payerbach 3¹/₄, 🚌 Puchberg, Schneeberg ⟺ Rohrbach im Graben 🚠 bis Hengsthütte, SV, Anfang Mai bis Ende Okt. Sa./So. offen, Juli und Aug. durchgehend, Auskunft bei Franz Schuh, ✆ 02235/89800

Hocheck-Schutzhaus, 1037 m, knapp unter dem Hocheckgipfel, ÖTK, 🛏 20 ⊓ 60, ✓ Altenmarkt-Thenneberg 2, 🚌 ⟺ Altenmarkt-Thenneberg ⟺ zum Haus, 1.4. - 6.1. durchgehend (Mittwoch Ruhetag, v. 7.1. - 31.3. Sa./So./Fe. bew., ✆ 02673/2306

Hochkogelhaus, 936 m, auf der Hohen Wand, 🛏 35 ⊓ 36, ✓ Winzendorf 2, 🚌 ⟺ Winzendorf ⟺ zum Haus, bew. Mitte Juni bis Ende Sept.

Klein-Kanzel-Haus, 1092 m, an der Hohen Wand, privat, 🛏 25 ⊓ 20, ✓ Waldegg 2, 🚌 ⟺ Waldegg ⟺ zum Haus

Liasnböndlhütte, 640 m, auf Kirchberg bei Hainfeld, TVN, 🛏 7 ⊓, 25, ✓ Hainfeld ³/₄, SV, bew. Sa./So./Fe. von Anfang Juni bis Ende Sept. auch mittwochs, ✆ 02764/73972

Neunkirchner Naturfreundehaus, 772 m, auf der Kranzstetten, westl. der Flatzer-wand, TVN, 🛏 14 ⊓ 27, ✓ Neunkirchen 2, Ternitz 1¹/₂, Grünbach am Schneeberg 2¹/₂, Willendorf 2¹/₂, Flatz ³/₄, 🚌 Neunkirchen, Ternitz ⟺ Stixenstein ⟺ Flatz, gj. Sa./So./Fe., Juli und Aug. durchgehend bew., ✆ Hütte 06631/4871

Öhler Schutzhaus, 1027 m, auf dem Öhler Sattel, TVN, 🛏 6 ⊓ 20, ✓ Puchberg 2, Gutenstein 2, 🚌 ⟺ ⟺ Puchberg, Schneeberg, Gutenstein, Ostern bis Ende Okt. Sa./So. Fe. bew., Voranmeldung bei Michael Knabl, Anton-Proksch-Gasse 6/1, A-2734 Puchberg, ✆ 02636/2505

Reisalpen-Schutzhaus, 1399 m, auf der Reisalpe, ÖTK, 🛏 18 ⊓ 30 ⊔ 20, ✓ Hohenberg 3, Ebenwald 1¹/₂, 🚌 Hohenberg ⟺ Kleinzell ⟺ Kleinzell-Ebenwald, Pfingsten bis Ende Sept. durchgehend, Ostern bis Pfingsten und Ende Sept. bis Mitte Nov. nur Sa./So./Fe. bew.

Schwarzwaldeckhaus, 1059 m, auf dem Schwarzwaldeck, privat, 🛏 30 ⊓ 12, ✓ Kleinzell 1³/₄, St. Veit 3, Ebenwald ³/₄, 🚌 St. Veit an der Gölsen ⟺ Kleinzell ⟺ Ebenwald

Staffhütte, 652 m, 100 m nordöstlich vom Staffspitzgipfel, TVN, ✓ St. Veit an der Gölsen ³/₄, Wiesenfeld 1, 🚌 ⟺ ⟺ St. Veit, Wiesenfeld, SV, Ostern bis Ende Okt So./Fe. bew., ✆ 02763/27643

Traisner Hütte, 1313 m, auf der Kloster-Hinteralpe, TVN, 🛏 9 ⊓ 40, ✓ Lilienfeld 2¹/₂, mit Lift ab Lilienfeld $^3/_4$, ▦ ▬ ▬ Lilienfeld, gj. bew., ✆ 02762/3571

Unterberg-Schutzhaus, 1190 m, unter dem Unterbergipfel, ÖTK, ⌦ 25 ⊓ 20 ⊔ 12, ⚡ Pernitz $3^3/_4$, Gutenstein 3, über Miratal zum Haus, ▦ ▬ Pernitz, Gutenstein ▬ Pernitz zum Haus, gj. bew., ✆ 02632/74190

Waxeneckhaus, 785 m, am »Kar«, TVN, ⌦ 25, ⚡ Pernitz-Ortmann $1^1/_2$, Berndorf-Stadt oder Pottenstein je 2, Hals $^1/_4$, ▦ Pernitz-Ortmann, Berndorf-Stadt oder Pottenstein ▬ Hals ▬ zum Haus, gj. bew., Feb. geschlossen, ✆ 02632/3300

Wilhelm-Eichert-Hütte, 1052 m, auf der Hohen Wand, ÖTK, ⌦ 35 ⊓ 65 ⊔ 12, ⚡ Grünbach oder Unterhöflein je $1^1/_2$, ab Neusiedel-Lift zum Haus, ▦ ▬ ▬ Grünbach, Neusiedel, gj. bew., ✆ 02637/2258

24 Wienerwald

Umgrenzung

Donau von Traismauer bis Wien – Baden – Leobersdorf – Triesting – Kaumbergbach – Kaumberg – Gerstbach – Hainfeld – Gölsen bis Einmündung Traisen –
Traisen bis Einmündung Donau

Kammersteinerhütte

K. III, 572 m, erb. 1904
OeAV-S. Liesing-Perchtoldsdorf
Postfach 1000
A-2380 Perchtoldsdorf

- ✝ Herbert Thiel
  Kammersteinerhütte
  Hinterer Föhrenberg
  A-2380 Perchtoldsdorf
- ✆ Hütte 02238/7392
- ✗ gj. bew., Di. Ruhetag, August
  keine Übernachtungsmögl.
- ✓ Perchtoldsdorf, 250 m, $1^1/_2$;
  Rodaun $1^1/_2$; Kaltenleutgeben
  $1^1/_2$; Gießhübl Heide 1
- → Wienerwald-Ausflugsgebiet
- △ Kletterschulen im Nahbereich; Mitzi-Langen-Wand, Gießwände, Waldmühle
- 🔦 ✓ alle
- 🚍 Perchtoldsdorf
- 🚌 Perchtoldsdorf-Marktplatz
- 🚗 Gießhübl Heide 🅿

ÖK 58; Bergverlag Rother: WF Rund um Wien

Peilsteinhaus

K. I, 716 m, erb. 1927, Neub. 1952
OeAV-S. ÖGV
Lerchenfelder Str. 28
A-1080 Wien

- ✝ Peter Kühmayer
  A-2565 Neuhaus/Triestingtal
- ✆ Hütte 02674/333
- ✗ gj. bew., von Nov. bis März
  Dienstag Ruhetag
- 🛏 20 ⌐ 80
- 〰 220 V ∼ ▥
- ✓ Schwarzensee, 530 m, $^1/_2$; Rai-
  senmarkt, 371 m, $1^1/_4$; Weißen-
  bach, 362 m – Neuhaus $1^1/_2$
- → Eisernes-Tor-Schutzhaus, $2^1/_2$
- △ Peilstein, 716 m, auf dem Gipfel das Peilsteinhaus
- 🔦 den ganzen Winter ✓ alle → Eisernes-Tor-Schutzhaus △ Peilstein
- 🚍 Weißenbach
- 🚌 Neuhaus
- 🚗 Schwarzensee

ÖK 57; Bergverlag Rother: WF Rund um Wien

Rudolf-Proksch-Hütte

K. III, 541 m, erb. 1930
OeAV-S. ÖGV
Gruppe Baden bei Wien
Pfarrgasse 12
A-2500 Baden bei Wien

- ♀ Olga Hirschberger
  postlagernd
  A-2511 Pfaffstätten
- ✆ Tal 0222/8942660
- ✗ gj. bew., Fr. geschlossen (keine Übernachtungsmöglichkeit)
- ↗ Pfaffstätten, 218 m, 1; Baden, 232 m, 1½; Einöde ¾; Gumpoldskirchen, 260 m, 1¾
- → Anninger Haus, 625 m, 1¼
- △ Pfaffstättner Kogel, 541 m, auf dem Gipfel die Rudolf-Proksch-Hütte mit Klesheimwarte
- 🚉 Baden
- 🚌 Pfaffstätten
- 🚌 Einöde, 261 m

ÖK 58; Bergverlag Rother: WF Rund um Wien

Teufelsteinhütte

K. III, 547 m, erb. 1932
OeAV-S. Teufelstein-Perchtoldsdorf
Postfach 31
A-2380 Perchtoldsdorf

- ♀ von Sektionsmitgliedern bew.
- ✗ Mitte März bis Ende Juni, Anfang Sept. bis Ende Nov. Sa./So./Fe., Juli und Aug. geschl.
- ⌐ 20
- ↗ Perchtoldsdorf 1; Gießhübl 1; Rodaun 1¼; Kaltenleutgeben 1½
- → Kammersteinerhütte 20 Min.; Franz-Ferdinand-Schutzhaus 20 Min.; Höllensteinhaus 1½
- △ Parapluiberg, 530 m, Gießwände (Kletterschule), ca. 500 m, Waldmühle (Kletterschule), ca. 500 m, Mitzi-Langen-Wand (Kletterschule)
- 🎿 den ganzen Winter ↗ alle
- 🚉 Wien-Liesing und Perchtoldsdorf
- 🚌 Perchtoldsdorf, Gießhübl

→ Perchtoldsdorf, Heiderand
P Gießhübl

ÖK 58; Bergverlag Rother: WF Rund um Wien

Schutzhaus Wildegg

K. III, 440 m, erb. 1935
OeAV-S. Austria
Rotenturmstr. 14
A-1010 Wien

✚ Klaus Jäger
  A-2393 Sittendorf
✆ Hütte 02237/664
✗ gj. bew., Montag u. Freitag
  geschlossen, im Sommer 3
  Wochen, im Winter 1 Woche
  geschlossen
⊓ 27
⚡ 220 V ∼ ▥
✗ Sittendorf, ¼
→ Sparbacher Tiergarten, Heili-
  genkreuz, Alland, Kreuzsattel
△ Hoher Lindkogel, 847 m; Peilstein, 716 m; Anninger, 674 m
⚘ Wienerwald
🚌 Mödling
🚆 Sittendorf, ¼ Std. bis Hütte
🚗 Hütte P

ÖK 58; Bergverlag Rother: WF Rund um Wien

Hütten anderer alpiner Vereine und Privathütten

Eisernes-Tor-Schutzhaus, 834 m, auf dem Gipfel des Hohen Lindkogel, ÖTK, 🚆 17
⊓ 20, ✗ Baden 2½, Schwarzensee (Raisenbach) 3, 🚌 🚆 🚗 Baden, Vöslau, gj. bew.,
Montag Ruhetag, außer an einem Feiertag, 2. und 3. Juliwoche Urlaubssperre,
✆ 02252/48640

Falkensteinerhütte, 642 m, am Hasenriegel, ÖTK, ✗ Eichgraben 2½, 🚌 Eichgraben
🚆 Altlengbach 🚗 zum Haus, bew. Anfang Mai bis Ende Okt.

Hans-Nemecek-Hütte, 560 m, Grießwände, Alp. Ges. »Wr. Gebirgsfreunde«, 🚆 50, ✗
Mödling 1¾, Gießhübl ½, 🚌 Mödling, Hinterbrühl 🚗 zum Haus, gj. bew.

Höllensteinhaus, 645 m, auf dem Höllenstein, TVN, 🚆 6 ⊓ 38, ✗ Rodaun 1¾, 🚌
Wien-Kammerstein 🚗 Kaltenleutgeben, gj. bew., Anmeldung: Edit Godor, Bahnzeile
18/3/27, A-2352 Gumpoldskirchen

Johann-Enzinger-Haus, 651 m, am Hegerberg, ÖTK, ⊨ 15 ⊓ 10, ↗ Kasten 1, 🚌 ⊷
⊷ Kirchstetten, Böheimkirchen, gj. bew.

Peilsteinhaus, 640 m, auf der Neuhauser Wiese, TVN, ⊓ 40, ↗ Schwarzsee 20 Min.,
Neuhaus 1½, 🚌 Weißenbach a. d. Triesting ⊷ ⊷ Schwarzensee, bew. Freitagmittag
bis Sonntagabend

Schöpfl-Schutzhaus, 870 m, knapp unter dem Gipfel des Schöpfls, ÖTK, ⊨ 12 ⊓ 25
⊔ 25, ↗ St. Corona 1, 🚌 Eichgraben ⊷ ⊷ St. Corona, gj. bew., Montag Ruhetag,
außer an Feiertagen, ℂ 02673/8305

Stockerhütte, 734 m, auf der Steinwandleiten im westl. Wienerwald, TVN, ⊨ 9 ⊓ 16,
↗ Traisen 1½, 🚌 Traisen ⊷ zum Haus, gj. bew., Mittwoch Ruhetag, ℂ 02746/2727

Vöslauer Hütte, 492 m, am Mariazeller Zwickel im Augustinerwald, TVN, ⊨ 11 ⊓ 25,
↗ Bad Vöslau 1¼, 🚌 ⊷ Bad Vöslau ⊷ zu Haus, gj. bew., ℂ 02252/79322

25 Rätikon

Umgrenzung

Ill von der Einmündung in den Rhein bis St. Gallenkirch – Gargellental – Valzifenzbach – Schlappiner Joch – Schlappinbach bis Einmündung in die Landquart – Landquart bis Einmündung in den Rhein – Rhein bis Einmündung der Ill

Douglasshütte

K. II, 1976 m, erb. 1960
OeAV-S. Vorarlberg
Hermann-Sander-Str. 12
A-6700 Bludenz

- 🕴 Ernst Hämmerle jr.
  A-6708 Brand
  (Hotel Hämmerle)
- ℰ Hütte 05559/206
- ℰ Tal 05559/213
- ✗ Pfingsten bis Anfang/Mitte Okt.
- ⊨ 70 ⊓ 95 ⊔ 20
- ▦ 20 offen, wird von Staumauer-wärtern betreut
- ⚡ 220 V
- ✈ Brand Talstation – Schattenlagant, ca. 1 ab Schattenlagant
- → Seerundgang 2; über Saulajoch zur Heinrich-Hueter-Hütte 2; Totalphütte 1; über Vera-Joch – Schweizer Tor – Lindauer Hütte 4; Cavell-Joch auf Schweizer Gebiet, zurück über Gamsluckensteig – Totalphütte zum Lünersee 4
- △ Schesaplana, 2965 m, 3
- 🏂 nur im Frühjahr ✈ Brand-Schattenlagant
- 🚍 Bludenz
- 🚌 Schattenlagant/Talstation
- 🚐 Schattenlagant/Talstation, Lünerseebahn 🅿
- 🚡 Schattenlagant – Douglasshütte

FB 371; LS 238; ÖK 141; Bergverlag Rother: AVF Rätikon, GF Rätikon

Heinrich-Hueter-Hütte

K. I, 1766 m, erb. 1909
OeAV-S. Vorarlberg
Hermann-Sander-Str. 12
A-6700 Bludenz

- 🕴 Oswald u. Petra Erhart
  H.-Hueter-Hütte
  A-6773 Vadans
  während der Nichtbew.:
  Kabisreit 144
  A-6522 Prutz
- ℰ Hütte 05556/76570
- ℰ Tal 05472/2173
- ✗ Mitte Juni bis Mitte Okt.
- ⊨ 20 ⊓ 90 ⊔ 12
- ▦ 18 offen
- ⚡ 220 V ∼

⤴ Vandas, 648 m, 3 - 3¹/₂; Bergstation Golmerbahn, 1890 m, 3 - 4; Bergstation Lünerseebahn (Douglasshütte, 1979 m, 2¹/₂); Privatbus Vandans – Rellkirchle, von dort 1 (3x pro Tag, Auskunft Verkehrsamt Vandans)

→ Douglasshütte über das Saulajoch, 2065 m, 2 - 2¹/₂; Lindauer Hütte über den Öfapaß, 2291 m, 3¹/₂ - 4; Sarotlahütte über das Zimbajoch, 2387 m, 2¹/₂ - 3; Douglasshütte über die Lünerkrinne 2 - 2¹/₂

△ Zimba, 2643 m, 3; Saulakopf, 2516 m, 2¹/₂ - 3

🌂 kein Stützpunkt

🚌 ⤷ Vandans 🅿

FB 371; LS 238; ÖK 141; Bergverlag Rother: AVF Rätikon, GF Rätikon

Lindauer Hütte

K. I, 1744 m, erb. 1899
DAV-S. Lindau
Holdereggenstr. 19
D-88131 Lindau

👤 Fritz Moosmann
   Postfach 6
   A-6774 Tschagguns
   Im Zelfen

℗ Tal 05556/72057

✗ Anfang Juni bis Mitte Okt., 25. Dez. bis 6. Jan., eine Woche vor und eine Woche nach Ostern

🛏 40 ⌐ 120

▦ 20, 2 Räume, SR, 1 Küche offen

⚡ 220 V ∼

⤴ Latschau, 995 m, durch Gauertal 2¹/₂; Bergstation Golmerbahn, 1880 m, (nur Sommer) 1¹/₂; Höhenweg über Geissspitze 3¹/₂

→ Öfenpaß, 2291 m – Verajöchle, 2330 m – Douglasshütte oder Totalphütte 4; Bilkengratweg – Tilisunahütte 2¹/₂ - 3; Öfenpaß – Schweizer Tor – Heinrich-Hueter-Hütte 3 - 4; Drusentor – Garschinahütte SAC 2¹/₂

△ Drei Türme, 2830 m, 3 - 4; Sulzfluh, 2818 m, 3¹/₂ - 4¹/₂; Geissspitze, 2334 m, 1¹/₂ - 2; Drusenfluh, 2827 m, 4

🌂 Drei Türme, Sulzfluh

🚌 Tschagguns/Montafon

🚃 Latschau-Kraftwerk

⤷ Latschau 🅿

🚡 Latschau-Golmerbahn

FB 371, 373; LS 238; ÖK 142; Bergverlag Rother: AVF Rätikon, GF Rätikon, WF Montafon

Madrisahütte

K. I, 1660 m, erb. 1926
DAV-S. Karlsruhe
Willi-Egler-Str. 6
D-76189 Karlsruhe

- ✗ beaufsichtigt, SV
- ⊓ 15 ⊔ 5, Anmeldung bei der Sektion, ✆ 0721/575547
- ! bei Lothar Marent
  Kleines Hotel
  A-6787 Gargellen
- ✗ Gargellen, 1424 m, ³/₄
- → Sarotlapaß, 2389 m, – Tilisunahütte 5; Vergaldner Joch, 2515 m – Tübinger Hütte 5; Schlappiner Joch, 2202 m, 1¹/₂; Grenzübergang Schweiz
- △ Schlappiner Spitze, 2442 m, 2; Rotbühlspitze, 2853 m, 4; Ritzenspitzen, 2588 m, 2¹/₂ - 3
- ⟂ ↗ Gargellen → Tübinger Hütte, Schlappiner Joch △ Rotbühlspitze
- ⇝ Schruns/Montafon
- ⇝ ⇝ Gargellen 🅿

FB 373; LS 238, 248; ÖK 142, 169; Bergverlag Rother: AVF Rätikon, GF Rätikon

Mannheimer (Straßburger) Hütte

K. I, 2679 m, erb. 1905
DAV-S. Mannheim
Niederfeldstr. 120
D-68199 Mannheim

- ✝ Thomas Beck
  A-6708 Brand
  postlagernd
- ✆ Hütte 0663/50278
- ✆ Tal 05559/582
- ✗ Anfang Juli bis Mitte Sept.
- 🛏 30 ⊓ 150
- ▩ 14 offen
- ⚡ 220 V ∼
- ↗ Brand, 1050 m – Oberzalimhütte – Leibersteig 5; Brand – Oberzalimhütte – Spusagangscharte – Straußsteig 5¹/₂ - 6; Lünersee, 1970 m – Schesaplana – Brandner Gletscher 3¹/₂; Schesaplanahütte/Schweiz, 1930 m – Brandner Gletscher
- → Douglasshütte 3¹/₂ – Lindauer Hütte, 1764 m, 6 - 7; Brandner Gletscher – Südwandsteig – Totalphütte 2¹/₂; Pfälzer Hütte über Liechtensteiner Weg 4¹/₂

△ Schesaplana, 2965 m, 1½; Panüeler Kopf, 2859 m, 1; Wildberg, 2788 m, ½
🚋 Bludenz
🚌 ➡ Brand, Talstation Lünerseebahn 🅿
🚢 Lünersee

FB 371; LS 238; ÖK 141; Bergverlag Rother: AVF Rätikon, GF Rätikon

Haus Matschwitz

K. seH, im Montafon, 1500 m, erb. 1913
DAV-S. Tübingen
Am Stadtgraben 21
D-72070 Tübingen

† Kurt u. Waltraud Amann
　Batloggstr. 49
　A-6780 Schruns
℗ Hütte 05556/73700
℗ Tal 05556/74827
✗ Mitte Dez. bis Sonntag nach Ostern, Mitte Juni bis Mitte Okt.
🛏 32 ⌐¹
⚡ 220 V 🗜
↗ Tschagguns, 687 m, 3; Latschau, 994 m, 2; Vandans, 648 m, 3; Standseilbahn zur Hütte (Mittelstation)
➡ Lindauer Hütte über Latschätz-Alpe, 1744 m, 4; Heinrich-Hueter-Hütte, 1766 m, über Ausser Golm, 1817 m; Platzisalp, 1774 m; Rellstal, 1465 m; Matschwitz, 1500 m; Golm, 1817 m; Grüneck, 2124 m, Golmerjoch, 2261 m; Geisspitze, 2334 m, Lindauer Hütte, 1764 m, Gauer Tal bis Gauen, dann links aufsteigend zur Plazadels-Alpe – Matschwitz
△ Grüneck, 2124 m, und Höhengrat Golmer Joch zum Kreuzjoch, 2261 m, 3
🎿 den ganzen Winter ↗ Tschagguns, Latschau △ Grüneck, Golmer Joch, Kreuzjoch
🚋 Tschagguns
🚌 ➡ Latschau
🚠 Mittelstation bei Hütte

FB 371; LS 238; ÖK 142; Bergverlag Rother: AVF Rätikon

Oberzalimhütte (Georg-Orth-Hütte)

K. l, 1889 m, erb. 1905
DAV-S. Mannheim
Niederfeldstr. 120
D-68199 Mannheim

♦ Thomas Beck (s. Mannheimer Hütte)
✗ Mitte Juni bis Ende Sept., evtl. Anfang Okt.
🛏 6 ⊓ 32 ⊔ 10; kein 🔡
↗ Brand, 1050 m, 2½
→ Leibersteig – Mannheimer Hütte 2½
△ Schesaplana, 2965 m, 4; Panüeler Kopf, 2859 m, 3½; Oberzalimkopf, 2340 m, 1
⚒ kein Stützpunkt
🚌 Bludenz
🚐 ➞ Brand 🅿

FB 371; LS 238; ÖK 141; Bergverlag Rother: AVF Rätikon, GF Rätikon

Sarotlahütte

K. I, 1645 m
OeAV-S. Vorarlberg
Hermann-Sander-Str. 12
A-6700 Bludenz

♦ Andreas Hassler
  Sarotlahütte, postlagernd
  A-6707 Brand
  während der Nichtbew.:
  Fröstlberg 12
  A-6561 Rauris
© Tal 06544/6680
✗ Mitte/Ende Juni bis Anfang Okt.
⊓ 45
↗ Bludenz, 588 m, (Bürserberg)-
  Tschappina 2¼ - 2¾; Bürser-
  berg, 871 m – Tschappina; Brand, 1038 m; Bürs, 570 m, Weitwanderweg 133
→ Heinrich-Hueter-Hütte – Zimbajoch, 2387 m, 3 - 3½; Bludenz, über das Eiserner
  Tor – Nonnenalpe – Bürs 4½; Bludenz – Bürs über Eisernes Tor – Gavallinajoch,
  2233 m, 4 - 5
△ Zimba, 2643 m, 1 - 2; Zwölferkopf, 2271 m; Gottvater-Spitze, 2438 m
⚒ kein Stützpunkt
🚌 Bludenz
🚐 ➞ Bürserberg/Brand, Tschappina 🅿

FB 371; LS 238; ÖK 141, 142; Bergverlag Rother: AVF Rätikon, GF Rätikon

Schwabenhaus

auf der Tschengla
K. II, 1198 m, erb. ca. 1815
DAV-S. Schwaben
Senefelderstr. 1
D-70178 Stuttgart

♦ Gertrud Paterno, Haus Furkla
  A-6700 Bürserberg

ℭ   Tal 05552/65685
ℭ   Tal 05552/65686
✗   SV, gj., Getränke vorhanden
🛏   34 ⌐ 5
🍴
~   220 V ~ 🔲
↗   Bürserberg, 895 m, 1; im Win-
    ter von Bergstation Einhorn-
    bahn ¼; ab Bürserberg Klein-
    bus-Verkehr
→   Rhonaalpe – Parpfienzalpe –
    Burtschasattel – Burtschaalm
    – Schwabenhaus 5 - 6
△   Mondspitze 3; Schillerkopf 3 -
    4; Rundtor; Klamperschrofen –
    Mondspitze – Schillerkopf, teils
    Gratwanderung, 5 - 6

⋏   ↗ Einhornbahn, Tschengla, Bürserberg, Pistenskilauf, Langlauf ·
🚌   Bludenz
🚌   Bürserberg
🚐   zur Hütte
🚡   Einhornbahn (nur Winter)

FB 371; LS 238; ÖK 141; Bergverlag Rother: AVF Rätikon, GF Rätikon

Tilisunahütte

K. I, 2211 m, erb. 1879
OeAV-S. Vorarlberg
Hermann-Sander-Str. 12
A-6700 Bludenz

👤   Helmut Fitsch
    Postfach 50
    A-6774 Tschagguns/Montafon
ℭ   Tal 05556/75185
✗   Mitte/Ende Juni bis Anfang
    Okt.
🛏   35 ⌐ 105 ⌣ 12
🔲   10 offen
~
↗   Tschagguns mit Sessellift
    nach Grabs, weiter über Alpe

Alpila-Tobelsee – Schwarzhornsattel 2½ - 3; durch das Gauertal – Bilkengrat –
Schwarzerüfe 4 - 5; durch das Gampadelstal – Tilisuna-Alpe 4 - 5
→   über das Steinerne Meer – Rachen zur Lindauer Hütte 3 - 3½; Grubenpaß –
    Partnunsee – Partnun-Prätigau; Plaseggenpaß – Sarotla-Paß nach Gargellen 3 -
    3½
△   Steinernes Meer zur Sulzfluh, 2818 m; Weißplatte, 2630 m, 1½; Schwarzhorn

und Seehorn, dann weiter der ganze Drusenstock mit den Drei Türmen und Drusenfluh sowie Kirchlispitzen
⚐ Die Sulzfluh ist das Glanzstück der Tschaggunser Hochtouren. Sie ist die klassische Skitour des Landes, 2000 m Abfahrt.
🚍 Schruns-Tschagguns
🚋 der Montafoner-Bahn Tschagguns
🚌 bis zum Anfang des Gampadelstales möglich

FB 371; LS 238; ÖK 142; Bergverlag Rother: AVF Rätikon, GF Rätikon, WF Montafon

Totalphütte

K. I, 2385 m, erb. 1960
OeAV-S. Vorarlberg
Hermann-Sander-Str. 12
A-6700 Bludenz

♦ Mathilde Huter
   postlagernd
   A-6708 Brand
   während der Nichtbew.:
   Hs.-Nr. 175
   A-6572 Flirsch
✆ Hütte 0663/51432
✆ Tal 0544/5274
✗ evtl. Pfingsten, sonst Ende Juni bis Anfang Okt.
⊓ 60 ⊔ 40
▦ 10 offen
↗ Brand über Lünersee, 1970 m, ½
→ Heinrich-Hueter-Hütte über das Saulajoch 2; Lindauer Hütte über das Vera-Joch und Ofenpaß ins Gauertal 3; Mannheimer/Straßburger Hütte über Schesaplana 3; Schesaplana-Hütte 3
△ Saulakopf, Schesaplana, Kirchlispitzen, Drusenfluh, Drei Türme, Sulzfluh, Seekopf, Zirmernkopf, Zimba
⚐ nur im Frühjahr
🚍 Bludenz
🚋 🚌 Talstation Lünerseebahn 🅿
🐟 Schattenlagent – Lünersee/Douglasshütte

FB 371; LS 238; ÖK 141; Bergverlag Rother: AVF Rätikon, GF Rätikon

Hütten anderer alpiner Vereine und Privathütten

Enderlinhütte, 1501 m, am Falknis-Südhang, SAC, ⌴ 45, ↗ Maienfeld oder Ragaz je 2¹/₂, Balzers 3, ▦ ▬ Maienfeld, Ragaz ⬥ Luziensteig, SV, bewartet Anfang Juni bis Okt. Sa./So., Getränke erhältlich, ▨ 21 offen, ✆ 077/816129

Feldkircher Hütte, 1200 m, auf dem Vorderälpele, TVN, ▱ 20 ⌐ 15, ↗ Feldkirch 2, Frastanz 1¹/₄, Amerlügen 1, ▦ ▬ Feldkirch, Frastanz ⬥ Amerlügen, gj. bew., ✆ 05522/27979

Gafadura-Hütte, 1428 m, Rätikon-Westflanke, AV Liechtenstein, ⌐ 55, ↗ Planken, ▦ Schaan ▬ Planken, bew. Mitte Juni bis Ende Sept., ✆ 075/32442

Garschina-Hütte, 2223 m, an der Garschina-Furka, SAC, ⌐ 50, ↗ St. Antönien 2¹/₂, ▦ Küblis ▬ St. Antönien, bew. Mitte Juni bis Mitte Okt., ▨ 20 offen, ✆ 070/742797

Gauertalhütte, 1250 m, im Gauertal, TVN, ▱ 10 ⌐ 20, ↗ Tschagguns 1³/₄, ▦ ▬ Tschagguns ⬥ zum Haus, gj. bew., ✆ 05556/3109

Masescha Alpengasthof, 1250 m, oberhalb Triesenberg, privat, ▱ 24, ↗ Triesenberg, ▦ Triesen-Vaduz ▬ ⬥ zum Haus

Mattajochberghaus, 1562 m, auf der äußeren Gampalpe, privat, ▱ 8 ⌐ 35, ↗ Wieslerrank 1¹/₂, ▦ Nenzing, Frastanz ⬥ Beschlingberg bei Wieslerrank, bew. Anfang Juni bis Ende Okt. durchgehend, ansonsten nach Vereinbarung, ✆ 05525/84613

Pfälzer Hütte, 2111 m, am Bettlerjoch, AV Liechtenstein, ▱ 17 ⌐ 100, ↗ Nenzing 5, Sücca 3, Malbun 2, ▦ ▬ ⬥ Schaan, Nenzing, bew. Mitte Juni bis Ende Sept., ✆ 075/236799

Rellstal-Gasthaus, 1490 m, im Rellstal, privat, ▱ 25, ↗ Vadans, ▦ ▬ Vadans ⬥ zum Haus

Schesaplana-Hütte, 1908 m, Schesaplana-Südseite, SAC, ▱ 11 ⌐ 70, ↗ Seewis 4, ▦ Landquart ▬ ⬥ Seewis, bew. Mitte Juni bis Anfang Okt., ✆ 081/521163

Sulzfluh-Hotel, 1778 m, südlich des Scheienfluh, privat, ▱ 16 ⌐ 34, ↗ St. Antönien 1¹/₄, ▦ Küblis ▬ St. Antönien ⬥ St. Antönien bis Gasthaus »Sunnirütli«, ✆ 081/541213 oder 521334

Tschenglahütte, 1500 m, nahe der Burtscha, TVN, ⌐ 10, ↗ Bludenz-Bürserberg, mit ▬ ⬥ zum Haus auf Mautstraße ab Tschengla, SV, Voranmeldung bei Peter Schragl, Wichnerstr. 20, A-6700 Bludenz, ✆ 05552/63221

26 Silvretta

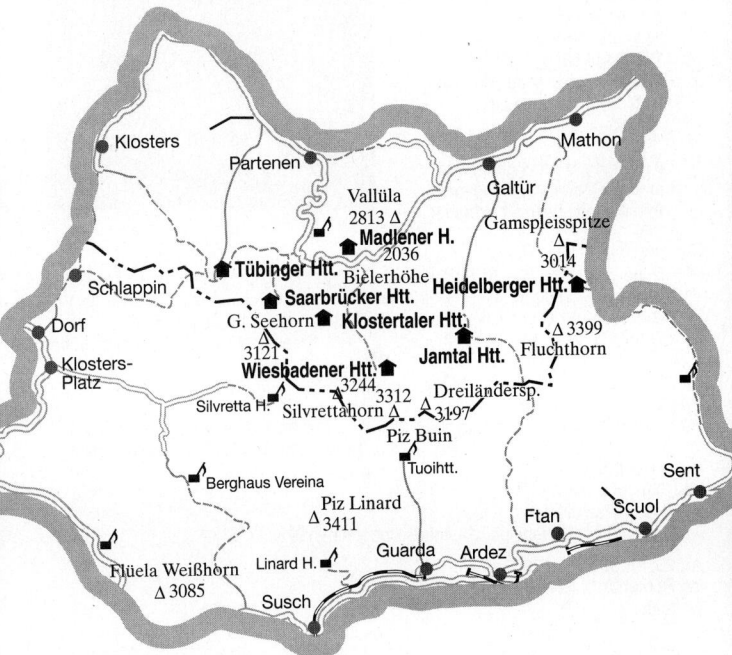

Umgrenzung

St. Gallenkirch – Ill bis Partenen – Zeinisjoch – Zeinisbach – Paznauntal bis
Ischgl – Fimbertal – Fimberpaß – Val Chöglias – Val Sinestra – Inn von
Einmündung des Branclabaches bis Einmündung der Susasca – Val Susasca –
Flüelapaß – Davos – Wolfgang – Laretbach – Klosters – Schlappinbach –
Schlappiner Joch – Valzifensbach – Gargellental – St. Gallenkirch

Heidelberger Hütte

K. II, 2264 m, erb. 1889
DAV-S. Heidelberg
Brückenstr. 30
D-69120 Heidelberg

- � Emil Zangerl
  A-6561 Ischgl/T.
- ℭ Hütte 0544/5418
- ℭ Tal 05444/5319
- ✗ Mitte Dez. bis Mitte Mai, An-
  fang Juli bis Anfang Okt.
- ⊨ 72 ⊓ 84
- ⊨
- ✖ 8 (außerhalb der ✗ offen, wäh-
  rend der Bewirtschaftung nach
  Anmeldung beim � bedingt
  SR)
- ⚡ 220 V ~ Ⅲ
- ↗ Ischgl, 1377 m, 4 - 5; Bodenalpe, 1842 m, 2; Galtür, 1584 m – Laraintal –
  Ritzenjoch, 2690 m, 4½ - 5; Samnaun, 1846 m – Zeblasjoch – Fuorcla da Val
  Gronda 4 - 5 ; Ramosch/Unterengadin, 1231 m – Val Chöglias 5 - 6
- → Zahnjoch, 2945 m – Jamtalhütte 3½ - 4½; Kronenjoch, 2947 m – Jamtalhütte
  4½ - 5½; Berghaus Idalpe 5 - 6
- △ Breite Krone, 3079 m, 4 - 5; Piz Tasna, 3179 m, 4 - 5; Piz Davo Lais, 3079 m, 2 -
  3
- ⊼ Winter ↗ Ischgl, vom Skigebiet Idalpe → Zahnjoch-Jamtalhütte △ Piz da Val
  Gronda, Piz Davo Lais, Piz Tasna, Breite Krone, Südl. Fluchthorn, Nördl.
  Fluchthorn
- 🚃 Landeck
- 🚌 Ischgl/Paznauntal
- 🚐 im Sommer Bodenalpe (Gasthaus Bodenhaus) 🅿

AV 26; FB 373; ÖK 170; Bergverlag Rother: AVF Silvretta, GF
Silvretta

Jamtalhütte

K. I, 2164 m, erb. 1882
DAV-S. Schwaben
Senefelderstr. 1
D-70178 Stuttgart

- � Franz Lorenz
  A-6563 Galtür, Gampele
- ℭ Hütte 05443/40814
- ℭ Tal 05443/206
- ✗ Mitte Feb. bis Ende Mai, Ende

Juni bis Ende Sept.

📖 90 ⌐ 117

▦ 12 offen SR

〰 220 V ~ ▨ ⌐

↗ Galtür, 1584 m, 3 - 3½; Bielerhöhe, 1986 m, 4½; Guarda über Tuoi-Hütte – Jamjoch, 6

→ Heidelberger Hütte über Zahnjoch, 2945 m, 3½ - 4½; oder Kronenjoch, 2974 m, 5 - 6; Wiesbadener Hütte oder Obere Ochsenscharte, 2970 m, oder Tiroler Scharte, 2935 m, 3½ - 5; Scuol (Schuls) mit Bahn und Lift über Fourcla Champatsch – Kronenjoch 4½

△ Dreiländerspitze, 3197 m, 3½ - 4; Augstenspitze 3½ - 4½; Gemsspitze, 3114 m, 3½ - 4½; Fluchthorn, 3399 m, (II-III) 4½; Jamspitzen,3178 m, 3

⛷ nur im Frühjahr ↗ Galtür → Ob. Ochsenscharte – Wiesbadener Hütte, Kronenjoch oder Zahnjoch – Heidelberger Hütte; Jamjoch – Tuoi-Hütte △ Hinter und Vordere Jamspitze, Dreiländerspitze und Haagspitze, Grenzeggkopf – Bischofsspitze – Breite Krone, Pfannknechtscharte, Augstenspitze, Gemsspitze, Chalausköpfe

🚑 Landeck

🚌 Galtür

🚐 im Sommer bis Scheibenalpe 🅿 (beschränkte Fahrzeit: bis 8.00 und ab 17.00) Galtür 🅿

AV 26; FB 373; ÖK 170; Bergverlag Rother: AVF Silvretta, GF Silvretta

Klostertaler Umwelthütte

K. I, 2362 m, erb. 1969 bzw. 1992
DAV Deutscher Alpenverein
Referat Hütten und Wege
von-Kahr-Str. 2 - 4
D-80997 München

✗ SV, gj.

⌐ 18 ⊔ 2

▦ Notraum 2 offen
SV-Hütte, zugänglich mit 👣
Teil der Hütte wird auch von
ÖBRD genützt

↗ Bielerhöhe, 2021 m, 1½

→ Saarbrücker Hütte über Litznersattel, 2737 m, 2; Wiesbadener Hütte 2; Silvrettahütten über Rote Furka, 2688 m, 2½ - 3; über Klosterpaß 3

△ Silvrettahorn, 3244 m, 3½; Schneeglocke, 3223 m, 2½ - 3

⛷ Schneeglocke, Tälispitze, Knoten (Silvrettahorn)

🚑 Landeck

🚌 🚐 Bielerhöhe (Sommer), Galtür, Partenen (Winter)
Winterzugang: 🚌 oder 🚐 bis Partenen, mit Vermuntbahn (8.00 - 16.30) und Kleinbussen auf Bielerhöhe

AV 26; ÖK 169; Bergverlag Rother: AVF Silvretta, GF Silvretta

Madlener Haus

K. II, 1986 m, erb. 1884
DAV-S. Wiesbaden
Philippsbergstr. 24
D-65195 Wiesbaden

♂   Marlene Zangerl
    Madlener Haus
    Postfach 32
    A-6563 Galtür
☎   Hütte 05558/4234
✃   Weihnachten bis So. nach Ostern, Anfang Juni bis Ende Okt.
♮   29 ⏜ 52 ⏕ 10
    kein ⛶
∾   220 V ~ ⛲ ⛺
➚   an der Silvretta-Hochalpenstraße (befahrbar ca. Juni - Okt.)
→   Wiesbadener Hütte durch Ochsental 2½; durch Bieltal – Radsattel, 2652 m, 3½ - 4; Hochmaderer Joch, 2503 m – Tübinger Hütte 4 - 5; Tschiffarnella-Alpe – Saarbrücker Hütte 3 - 4; Getschnerscharte, 2839 m – Jamtalhütte 4 - 5
△   Bieler Spitze, 2545 m, 1½; Hohes Rad, 2934 m, 4 - 5; Vallüla, 2813 m, 3
🚲   ➚ Galtür, 1583 m, 3 - 4; Partenen, 1030 m – Vermuntbahn auf Tromenier, dann zur Bielerhöhe 2; → Saarbrücker Hütte, Wiesbadener Hütte △ gesamte Bieltalumrahmung, Schneeglocke
🚌   Landeck, Bludenz, Schruns
🚌   Bielerhöhe (Sommer) Galtür, Winterzugang: Bus oder Pkw bis Partenen, mit Vermuntbahn (8.00 - 16.30) und Kleinbussen auf Bielerhöhe
🚕   Madlener Haus (Sommer) 🅿

AV 26; FB 373; ÖK 169; Bergverlag Rother: AVF Silvretta, GF Silvretta, WF Montafon

Saarbrücker Hütte

K. I, 2538 m, erb. 1911 und 1932
DAV-S. Alpenverein u. Skicl. Saarbrücken
Rosenstr. 31
D-66111 Saarbrücken

♂   P. und W. Weiskopf
    A-6794 Partenen
    während der Nichtbew.:
    A-6551 Pians
☎   Hütte 05558/4235
☎   Tal 05442/2439
✃   Mitte März bis 10 Tage nach Ostern, 1 Woche über Pfingsten, Mitte Juni bis Ende Sept.
♮   27 ⏜ 60

⊞ 12 an der Giebelseite zum Kleinlitzner, offen

⚡ 220 V ~ 🍴

↗ Partenen, 1027 m – Vermunt-Stausee, 1750 m, $2^1/2$ - 3; Bielerhöhe/Madlener Haus, 1986 m, Klosters/Schweiz über Silvrettahütte (SAC) – Rotfurka – Litznersattel (Sommerweg) 6 - 8; oder über Sardasca – Seetalhütte (SAC) – Seegletscherlücke 5 - 7

→ Plattenjoch, 2728 m – Tübinger Hütte $2^1/2$ - 3; Klostertaler Hütte über Litznersattel 2; Wiesbadener Hütte über Litznersattel – Kloster- und Ochsental $3^1/2$ - $4^1/2$ oder Rotfurka – Silvrettapaß – Fuorcla dal Cunfin 5 - 7 und mehr

△ Kleinlitzner $1^1/2$; Gr. Seehorn 3; Kl. Seehorn $2^1/2$; ö. Kromerspitze 1; Hochmaderer 3

⚒ nur im Frühjahr ↗ Kromertal △ Winterberg, Sonntagsspitze

⚒ Schruns

🚌 🚌 Sommer: Vermunt-Stausee oder Bielerhöhe, Winter: 🚋 Partenen, 1732 m, ab Schrägaufzug mit Bus durch Tunnel bis Seespitze, dann Aufstieg $2^1/2$

AV 26; FB 373; ÖK 169; Bergverlag Rother: AVF Silvretta, GF Silvretta, WF Montafon

Tübinger Hütte

K. I, 2191 m, erb. 1908
DAV-S. Tübingen
Am Stadtgraben 21
D-72070 Tübingen

👤 Kurt u. Waltraud Amann
Batloggstr. 49
A-6780 Schruns

☎ Hütte 0663/52019

☎ Tal 05556/74827

✗ Ende Juni bis Anfang Okt.

🛏 45 ⌐ 79 ⌐ 20

⊞ 12 offen SR

⚡ 220 V ~ 🍴

↗ Gaschurn, 980 m, 4 - 5; Sessellift-Bergstation Versettlagrat, 1970 m – Madschunjoch – Vergaldner Joch 6; Vermunt-Stausee, 1750 m – Hochmadererjoch, 2505 m, 4; Gargellen, 1424 m – Vergaldner Joch, 2515 m, 4 - $4^1/2$; Klosters, 1194 m – Schlappin – Garnerajoch, 2485 m, 5 - 6

→ Saarbrücker Hütte 3 - 4; Hochmadererjoch – Madlener Haus 4 - $4^1/2$

△ Westl. Plattenspitze, 2883 m, 3; Kessispitze, 2833 m, $3^1/2$; Hochmaderer, 2823 m, 3

⚒ nur im Frühjahr ↗ Gaschurn, Versettlagrat → Saarbrücker Hütte △ Plattenjoch, Kl. Seehörner, Hinterberg

⚒ Schruns

🚌 Gaschurn

🚌 Gaschurn oder Vermunt-Stausee

🚋 Partenen – Tromenier, 1732 m

🚋 Versettlagrat

AV 26; FB 373; ÖK 169; Bergverlag Rother: AVF Silvretta, GF Silvretta, WF Montafon

Wiesbadener Hütte

K. I, 2443 m, erb. 1898
DAV-S. Wiesbaden
Philippsbergstr. 24
D-65195 Wiesbaden

✝   Franz u. Herta Pejcl
     Wiesbadener Hütte
     A-6563 Galtür 69a
     während der Nichtbew.:
     Fangsweg 14
     A-6800 Feldkirch-Tisis
✆   Hütte 05558/4233
✆   Tal 0663/50010
✗   Mitte Feb. bis Anfang Mai,
     Ende Juni bis Anfang Okt.
🛏   40 ⌐ 160
▦   16 offen (eig. Bau mit Herd), Übungsklettergarten
✔   Bielerhöhe, 2021 m, 2 - 2½
→   Jamtalhütte über Obere Ochsenscharte, 2970 m, 3½ - 4; oder Getschnerscharte,
     2839 m, 4; über Tiroler Scharte, 2935 m, 3 - 3½; Fuorcla dal Confin – Rotfurka –
     Winterlücke – Litznersattel – Saarbrücker Hütte 6 - 7; Vermuntpaß – Tuoi-Hütte
     (SAC) 2½ - 3
△   Piz Buin, 3312 m, 3 - 4; Silvrettahorn 3 - 3½; Dreiländerspitze, 3197 m, 2½ - 3
⟋   Spätwinter, Frühjahr ⟋ Galtür oder Partenen → Obere Ochsenscharte – Jamtal-
     hütte; Saarbrücker Hütte über Ochsental – Klostertal – Litznersattel △ Ochsen-
     kopf, Dreiländerspitze, Gr. Piz Buin, Silvrettahorn
🚌   Landeck
🚌   🚠 Bielerhöhe (Sommer), Galtür, Partenen (Winter) 🅿, Winterzugang: Bus oder
     Pkw bis Partenen, mit Vermuntbahn (8.00 - 16.30) und Kleinbussen auf
     Bielerhöhe

AV 26; FB 373; ÖK 169; Bergverlag Rother: AVF Silvretta, GF Silvretta, WF Montafon

Hütten anderer alpiner Vereine und Privathütten

Bodenalpenhaus, 1842 m, im Fimbertal, privat, 🛏 20 ⌐ 10, ✔ Ischgl 2, 🚌 Landeck 🚌
Ischgl 🚌 🚐 zum Haus, bew. Mitte Dez. bis Mitte Mai, Mitte Juni bis Mitte Okt.,
✆ 05444/285

Fergenhütte, 2141 m, auf der Fergenalpe, SAC, ⌐ 27, ✔ Klosters 3, 🚌 🚌 Klosters 🚌
Klosters-Brücke – Schwendi, SV, Hütte offen, Winter nicht zugänglich

Lifinarhaus, 1625 m, auf der gleichnamigen Alpe, privat, 🛏 14 ⌐ 11, ✔ Gaschurn 2,
🚌 Tschagguns 🚌 🚐 Gaschurn

Linardhütte, 2327 m, am Fuße des Piz Linard im Glimstal, SAC, ⌐ 43, ✔ Lavin 2½, 🚌
🚐 Lavin, SV, beaufsichtigt Mitte Juni bis Ende Okt. an Sa./So.

Seetalhütte, 2065 m, im Seetal südwestl. des Großlitzners, SAC, ⊓ 12, ↗ Klosters 4¹⁄₂, Sardascaalp (Taxi) 1¹⁄₂, 🚌 ⚊ ⚊ Klosters, SV, Hütte offen

Silvrettahütte, 2341 m, im Medjetäli, SAC, ⊓ 85, ↗ Klosters-Sardascaalp 4¹⁄₂, 🚌 Klosters ⚊ ⚊ Sardascaalp, bew. Anfang Juli bis Mitte Sept., Ende Feb. bis Mitte Mai, ☒ 20 offen, ✆ 081/691306

Silvrettahütte, 1994 m, Bielerhöhe, TVN ⊨ 7 ⊓ 9, 🚌 Landeck, ⚊ ⚊ Bielerhöhe (Sommer), Galtür (Winter), SV, Schlüssel bei Rudolf Zeif, Oberdanau 16, A-6700 Bludenz, ✆ 05552/646863

Tuoi-Hütte, 2250 m, im Val Tuoi, SAC, ⊓ 66, ↗ Guarda 3, 🚌 ⚊ ⚊ Guarda, bew. Mitte März bis Ende April, Anfang Juli bis Ende Sept., ☒ 12 offen, ✆ 081/8622322

Vereina-Berghaus, 1943 m, im Vereinatal-Ausgang, privat, ⊨ 20 ⊓ 50 ⊔ 10, ↗ Klosters 4, Süss 5, 🚌 ⚊ Klosters ⚊ zur Hütte (evtl. Jeep), SV, bew. Anfang Juli bis Mitte Okt., ✆ 083/41216

Vermunthütte, 1740 m, am Stausee Vermunt, Vorarlbg. Skiverband, ⊨ 20 ⊓ 5, ↗ Partenen 2¹⁄₄, 🚌 Schruns, Landeck ⚊ Partenen ⚊ zum Haus

27 Samnaun-gruppe

Umgrenzung

Paznauntal von Ischgl bis Wiesberg – Sanna bis Landeck – Inn bis Einmündung
Brancla – Val Sinestra – Val Chöglias – Fimberpaß – Fimbertal – Ischgl

Ascher Hütte

K. I, 2256 m, erb. 1895
DAV-S. Asch
Gravelottestr. 14/II
D-81667 München

- ✝ Bruno Ladner
  Gande 100
  A-6553 See/Paznauntal
- ✆ Hütte 05441/330
- ✆ Tal 05441/445
- ✗ Ende Juni bis 1. Okt., im Winter auf Anfrage
- ⌐ 40
- ⊞ 8 ☕
- ⚡ 220 V ∼
- ↗ See, 1050 m – Schallertal 4; Pifang – Medrig-Alm 4 - 5; Medrig-Alm ☖ 2; Tobadill, 1136 m, 6
- → Glockscharte, 2770 m – Kölner Haus 3½; Furglerjoch, 2744 m – Kölner Haus 4
- △ Rotpleißkopf, 2936 m, 2; Kübelgrubenkopf 1½; Gamsbergspitze, 2839 m, 2½; Blankakopf, 2892 m, 2; Furgler, 3004 m, 2½; Hexenkopf 5½
- ⚲ nur im Frühjahr ↗ See
- ⛬ Tobadill bei Landeck
- ⛉ ⟿ See/Paznaun 🅿

FB 253; ÖK 144; Bergverlag Rother: AVF Samnaungruppe

Hexenseehütte

K. I, 2576 m, erb. 1975
DAV-S. Rheinland-Köln
Gereonshof 49
D-50630 Köln

- ✝ Franz Althaler
  Haus Rätia
  A-6534 Serfaus
- Y Hütte über Kölner Haus
- ✆ Tal 05476/6214
- ✗ SV, teilweise beaufsichtigt, Winter und Sommer, je nach Witterung
- ⌐ 16
- ☕
- ⊞ 2, nur Notraum, offen, keine Heiz-, nur Kochmöglichkeit
- ↗ Serfaus über Kölner Haus – Scheid – Arrezjoch 5½
- → Arrezjoch – Kölner Haus 3; Masner Joch – Ascher Hütte 4
- △ Hexenkopf, 3035 m, 2

⌃ Tourengebiet
🚌 Landeck
🚐 🚕 Serfaus 🅿
🚠 Serfaus – Lazid im Winter Skilift
FB 253; ÖK 144; Bergverlag Rother: AVF Samnaungruppe

Kölner Haus

K. II, 1965 m, erb. 1929
DAV-S. Rheinland-Köln
Gereonshof 49
D-50630 Köln

🚶 Franz Althaler
   Kölner Haus
   A-6534 Serfaus 2
✆ Hütte 05476/6214
✆ Tal 05476/6454
✕ Pfingsten bis Ende Sept.,
   Weihnachten bis Ende April
🛏 48 ⌐ 20
⌐
↝ 220 V ~ ▥
✗ Serfaus, 1427 m, 1½
→ Arrezjoch – Hexenseehütte 3; Furglerjoch, 2744 m – Ascher Hütte 5; Glockscharte, 2770 m – Ascher Hütte 4
△ Furgler 3 - 4; Sattelköpfe 2 - 3; Hexenkopf 5 - 6
⌃ ✗ Serfaus △ Furgler, Hexenkopf, Pistenskilauf
🚌 Landeck
🚐 🚕 Serfaus 🅿
🚼 Serfaus – Hütte
FB 253; ÖK 144; Bergverlag Rother: AVF Samnaungruppe

Hütten anderer alpiner Vereine und Privathütten

Alp-Trida-Skihaus, 2300 m, auf der gleichnamigen Alpe, privat, 🛏 44, ✗ Compatsch 2, 🚌 Schuls oder Landeck 🚐 Weinberg 🚕 Compatsch-Laret, bew. Anfang Juli bis Mitte Okt., Anfang Dez. bis Mitte Mai, ✆ 084/95120

Idalpe-Alpenhaus, 2311 m, über dem Fimbertal, privat, 🛏 30 ⌐ 30, ✗ Ischgl 2½, Silvretta-Seilbahn zu Hüttennähe, 🚌 Landeck 🚐 🚕 Ischgl, bew. Anfang Feb. bis Ende April, Anfang Juli bis Mitte Sept., ✆ 05444/5233

Landecker Skihütte, 1800 m, im Urgtal bei Landeck, Skiklub Landeck, ⌐ 40, ✗ Landeck 3½, Hochgallmig 1½, 🚌 Landeck 🛏 Urgen 🚕 Hochgallmig, Urgen, SV, ☎ und Auskunft: Günter Eiterer, Brixener Str., A-6500 Landeck, ✆ 05442/3300

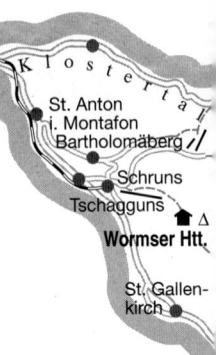

K l o s t e r t a l

St. Anton
i. Montafon
Bartholomäberg

Schruns

Tschagguns
Wormser Htt.

St. Gallen-
kirch

28 Verwallgruppe

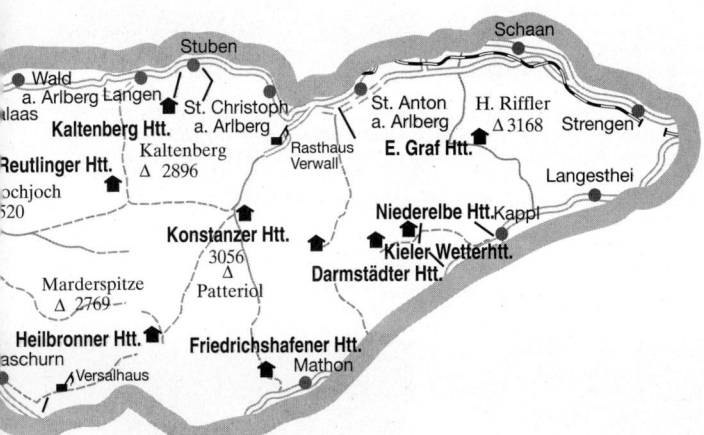

Umgrenzung

Bludenz – Klostertal – Stuben – Arlbergpaß – Stanzer Tal bis Wiesberg – Paznauntal – Zeinisbach – Zeinisjoch – Partenen – Ill bis Bludenz

Darmstädter Hütte

K. I, 2384 m, erb. 1889
DAV-S. Darmstadt
Heidelberger Str. 82
D-64285 Darmstadt

† Albert Weiskopf
Darmstädter Hütte
A-6580 St. Anton a. A.
während der Nichtbew.:
A-6551 Pians 76A
℡ Hütte 05446/3130
℡ Tal 05442/39832
✗ Anfang Juli bis Mitte Sept.
⊨ 15 ⌐ 46
⊞ 10 offen SR
↗ St. Anton, 1304 m, 4; Ischgl 4 - 5
→ Kuchenjoch, Apothekerweg, 2806 m – Konstanzer Hütte 4; Niederelbehütte über Seßladjoch, 2738 m, 4; über Schneidjöchl, Hoppe-Seyler-Weg, 2841 m – Fatlarscharte (Kieler Wetterhütte, 2800 m) 5; Friedrichshafener Hütte, Ludwig-Dürr-Weg 5 - 6
△ Scheibler 2; Saumspitze 2½; Faselfadspitze 2½; Küchelspitze 2½; Seeköpfe 3½; Kuchenspitze 3½
⊥ △ Saumspitze
🚐 ⚊ St. Anton a. Arlberg ℗, westliche Ortsausfahrt

AV 28; FB 372; ÖK 143; Bergverlag Rother: AVF Verwallgruppe

Edmund-Graf-Hütte

K. I, 2408 m, erb. 1885,
Neubau 1972/73
OeAV-S. Tk. Innsbruck
Wilhelm-Greil-Str. 15
A-6020 Innsbruck

† Ursula Lorenz
Strohsack 233
A-6574 Pettneu a. A.
℡ Hütte 05448/555   2558
℡ Tal 05448/338   8338
✗ Ende Juni bis Ende Sept.
⊨ 20 ⌐ 70 ⌐ 20
⊞ 8 offen
↗ Pettneu am Arlberg, 1122 m, 3; Kappl, Paznauntal, 1256 m, über Kapplerjoch, 2672 m, 4
→ Niederelbehütte, 2300 m, über Rifflerweg – Schmalzgrubenscharte, 2697 m –

Kieler Weg
△ Hoher Riffler, 3168 m, 2½; Blankahorn, 3129 m, 2½; Kapplerjochspitze, 2835 m, 2; Welskogel, 2880 m, über Schmalzgrubenscharte 2
↗ Pettneu am Arlberg
🚌 Pettneu am Arlberg
🚋 Kappl/Pettneu
🚗 Ortsteil Strosack am Eingang des Malfontals, Malfontal gesperrt 🅿

FB 372; ÖK 144; Bergverlag Rother: AVF Verwallgruppe

Friedrichshafener Hütte

K. I, 2150 m, erb. 1908
DAV-S. Friedrichshafen
Niederholzstr. 54
D-88045 Friedrichshafen

✝ Serafin Rudigier
 c/o Walter Lechleitner
 A-6562 Mathon 91
 während der Nichtbew.:
 A-6555 Kappl 76
☎ Hütte 05444/5517
☎ Tal 05445/6356
✗ Anfang Juni bis Ende Sept.
🛏 8 ┌ 58 └ 20
🔲 10 SR
♀
∿ 220 V ∼   *0664/3 80 6765*
↗ Galtür, 1584 m, 2½ - 3; Mathon, 1500 m – Valzur 2 - 2½
→ Heilbronner Hütte 4; Konstanzer Hütte 4; Darmstädter Hütte 5 - 6
△ Hohe Köpfe 2; Gaisspitze 2 - 2½; Vertinesberg 3; Fädnerspitze 3; Glatterberg 2½, Rundwanderweg über Vertinespleiskopf 5
↗ nur im Frühjahr ↗ Galtür, Mathon → Heilbronner Hütte
🚌 Landeck – Wiesberg
🚋 Mathon, Galtür (»Paznauner Hof«)
🚗 Galtür, Mathon – Valzur 🅿

AV 28; FB 373; ÖK 143, 170; Bergverlag Rother: AVF Verwallgruppe

Heilbronner Hütte

K. I, 2320 m, erb. 1927
DAV-S. Heilbronn
Schwabenhaus
Badstr. 48
D-74072 Heilbronn

✝ Manfred Immler
 A-6793 Gaschurn 3
☎ Hütte 05446/2954

© Tal 05558/8729 oder 8256
✗ Mitte Juni bis Ende Sept., 3 Wochen vor bis 2 Wochen nach Ostern, Gruppen ab 15 Personen bei Absprache mit ♦ auch außerhalb ✗ möglich
🛏 26 ⌐ 82
🍴 12 offen SR
⚡ 220 V ▦
↗ Zeinisjochhaus, 1822 m, 2½; Gaschurn, 980 m, 5; St. Anton, 1304 m – Konstanzer Hütte 6½

→ Friedrichshafener Hütte 3½; Konstanzer Hütte 2; über Wannenjöchl, 2684 m, 4; Wormser Hütte 8 - 9
△ Strittkopf 2; Jöchligrat 1¼; Gaisspitze 2½; Östl. und Westl. Fluh 2 - 2½; Fädnerspitze 2
⚒ ↗ Zeinisjoch, Gaschurn, St. Anton → Friedrichshafener Hütte, Konstanzer Hütte △ s. oben
🚌 Landeck, Schruns
🚋 Galtür
🚐 Galtür – Zeinisjoch 🅿
☂ hauseigener

AV 28; FB 373; ÖK 170; Bergverlag Rother: AVF Verwallgruppe

Kaltenberghütte

K. II, 2089 m, erb. 1928/29
DAV-S. Reutlingen
Postfach 1455
D-72704 Reutlingen

♦ Renate Viehauser
Ulrich Rief
A-6761 Langen
während der Nichtbew.:
Unterhöfen 39
A-6675 Tannheim
© Hütte 05582/790
© Tal 05675/6326
✗ Mitte Juni bis Ende Sept.
🛏 30 ⌐ 50 ⌐ 16
🍴 16 ☎ SR
⚡ 220 V ∼ ▦ 🔌
↗ Langen, 1228 m, 2 - 3; Stuben, 1407 m, 2 - 3; St. Christoph, Paßhöhe, 1796 m, 2 - 3

→ Krachenspitze – Gstansjoch, 2548 m – Konstanzer Hütte 6; Gamssteig – Neue Reutlinger Hütte 3

△ Kaltenberg, 2896 m, 3 - 4; Krachenspitze, 2686 m, 2; Albonakopf, 2653 m, 1½

⤢ ↗ Langen, Stuben △ Kaltenberg, Pistenskilauf Albona

🚋 Langen/Arlberg

🚌 Langen, Stuben, St. Christoph

🚌 Langen 🅿 Stuben, St. Christoph 🅿

🚠 Stuben – Albona, Mittel- oder Bergstation im Winter

FB 372; ÖK 143; Bergverlag Rother: AVF Verwallgruppe

Kieler Wetterhütte

auf der Fatlarscharte,
K. I, 2800 m, erb. 1931,
neu aufgebaut 1959/60
DAV-S. Kiel
Am Dom 11
D-24109 Melsdorf

🏠 offene Unterstandshütte, betreut vom Wirt der Niederelbehütte

⊓ bis 4
Herd vorhanden, Holz muß von der Niederelbehütte mitgenommen werden

↗ → in der Mitte des Hoppe-Seyler-Weges, von der Darmstädter Hütte 4; von der Niederelbehütte 1¾

△ Fatlarspitze, 2988 m, 1; Saumspitze, 3034 m, 2½

⤢ kein Stützpunkt, Lawinengefahr!

🚋 Landeck

🚌 ⇒ Kappl, Haltestelle Dias-Seilbahn 🅿

AV 28; FB 372; ÖK 143; Bergverlag Rother: AVF Verwallgruppe

Konstanzer Hütte

K. I, 1708 m, erb. 1885,
Neubau 1989/90
DAV-S. Konstanz
Neugasse 25
D-78462 Konstanz

🏠 Martin Tschol
Im Moos 111
A-6580 St. Anton am Arlberg

✆ Hütte 0663/55889

9158936

28 Verwallgruppe

© Tal 05446/2538 ~~2538~~ 2380
✗ Ende Juni bis Ende Sept.
⌐ 94 ⌐ 10
▦ ♀ 14 SR
⏻ 220 V ~
↗ St. Anton, 1304 m, durch die Rosanna-Schlucht 3; Hotel »Moserkreuz« 2½; Salzhütte im Verwalltal, 1540 m, 1¼
→ Darmstädter Hütte 4; Friedrichshafener Hütte 4; Heilbronner Hütte d. Schönferwall 4, über Wannenjöchl, 2684 m, 5½; Silbertaler Winterjöchl – Wormser Hütte 8; Kaltenberghütte 5½; Gaflaner Winterjöchl – Reutlinger Hütte 3½
△ Scheibler 3; Kuchenspitze 5; Küchelspitze 5½; Karkopf 4½; Patteriol 5; Kaltenberg 5
✈ ↗ St. Anton → Darmstädter-, Friedrichshafener-, Heilbronner Hütte (d. Schönferwall) △ Scheibler, Karkopf, Vertinesberg
🚂 🚌 St. Anton am Arlberg
🚌 Salzhütte im Verwalltal 🅿, zwischen 9.00 und 17.00 für Privat-Pkw gesperrt, aber stündlich Kleinbusse

AV 28; FB 372; ÖK 143; Bergverlag Rother: AVF Verwallgruppe

Niederelbehütte

K. I, 2300 m, erb. 1930/31
DAV-S. Niederelbe
Lange Reihe 29/III
D-20099 Hamburg

⸸ B. u. H. Rudigier
  A-6555 Kappl-Nederle 15
© Hütte 0663/57542 ~~0676/37~~ 0676/37 55144
© Tal 05445/6355
✗ Ende Juni bis Ende Sept.
⌐ 17 ⌐ 61 ⌐ 25
▦ 10 offen SR
⏻ 220 V ~ 🕯
↗ Kappl, 1258 m, 3; über Alpengasthof Dias, 1850 m, 3½; Ulmich 3
→ Fatlarscharte (Kieler Wetterhütte, 2800 m) – Hoppe-Seyler-Weg – Schneidjöchl – Darmstädter Hütte 5; Seßladjoch, 2738 m – Moostal – St. Anton 4½; Schmalzgrubenscharte, 2753 m – Edmund-Graf-Hütte 4
△ Fatlarspitze 3; Rucklekopf 2½; Seßladspitze 2½; Madaunspitze 3; Kreuzjochspitze 2½
🚂 Wiesberg, Landeck
🚌 Kappl
🚌 Alpengasthof Dias 🅿
  Kappl 🅿

AV 28; FB 372; ÖK 143; Bergverlag Rother: AVF Verwallgruppe

Reutlinger Hütte, Neue

auf der Wildebene,
K. I, 2395 m
DAV-S. Reutlingen
Postfach 1455
D-72704 Reutlingen

┌┐ 24
✗ SV ⚲, Propangas
↗ Konstanzer Hütte 3; durch das Pfluntal 2; Langen am Arlberg 4; Kaltenberghütte 4; Silbertal/Montafon 3½
→ Heilbronner Hütte 5
△ Pflunspitze, 2913 m, 2; Eisentaler Spitzen, 2753 m, 1½
⛷ nur im Frühjahr bei guten Verhältnissen
🚂 Langen am Arlberg
🚌 🚗 Langen, Moser Kreuz b. St. Anton

AV 3/2, 28; FB 372; ÖK 143; Bergverlag Rother: AVF Verwallgruppe

Wormser Hütte

K. I, 2307 m, erb. 1906/07
DAV-S. Worms
Dr. Udo Rauch
Wildstr. 29
D-67550 Worms

† Werner Fleisch
A-6774 Tschagguns 724
✆ Tal 05556/73949
(Y zur Hütte)
✗ Mitte Juni bis Mitte Okt., Weihnachten bis Ostern
🛏 26 ┌┐ 35 └┘ 8
kein ❄
⚡ 220 V ~ ♨
↗ Sennigrat, 2300 m, ¼; Bergstation Kapell, 1873 m, 1 - 1½; Schruns, 690 m, 5 - 6; St. Gallenkirch, 818 m, 6
→ Wormser Weg – Heilbronner Hütte (20 km) 9
△ Kapelljoch, 20 Min.; Kreuzjoch ¾; Hochjoch 2½; Zamangspitze 1¼
⛷ Pistenskilauf, Sennigrat
🚂 🚌 Schruns/Montafon
🚗 Schruns, St. Gallenkirch, Silbertal P
🚡 Hochjochbahn Schruns – Kapell

⌂   Kapell – Sennigrat, 2300 m
FB 373; ÖK 142; Bergverlag Rother: AVF Verwallgruppe

Hütten anderer alpiner Vereine und Privathütten

Dias-Alpengasthof, 1850 m, auf der Diasalm, privat, ⏚ 10 ⌐ 28, ↗ Kappl 2, 🚌 Landeck, Wiesberg ⇔ Kappl ⇔ zum Haus, bew. Weihnachten bis Ende April, Mitte Juni bis Ende Sept., ✆ 05445/260

Kristbergsattelhaus, 1443 m, privat, ⌐ 25, ↗ Dalaas 1½, Schruns 1½, Bergbahn bis zur Hütte ⇔ Bartholomäberg, Silbertal, bew. Anfang Dez. bis Ende April und Mitte Mai bis Anfang Nov., ✆ 05556/2290

Zeinisjochhaus, 1850 m, westl. des Zeinisjoches, privat, ⌐ 80, ↗ Galtür 1½, Partenen 2½, 🚌 Schruns ⇔ Galtür, gj. bew., ✆ 05556/32503

29 Sesvenna-gruppe

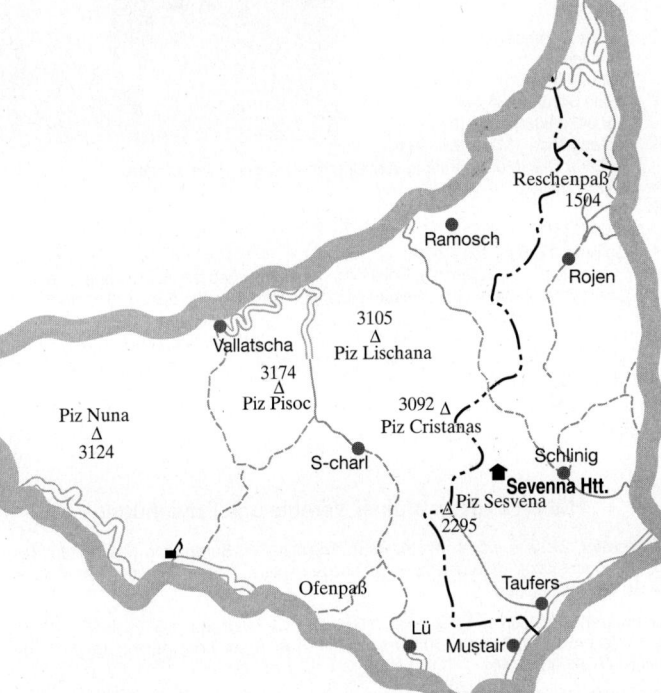

Reschenpaß
1504

Ramosch

Rojen

3105
△
Piz Lischana

Vallatscha

3174
△
Piz Pisoc

3092 △
Piz Cristanas

Piz Nuna
△
3124

S-charl

Schlinig

Sevenna Htt.

△ Piz Sesvena
2295

Ofenpaß

Taufers

Lü

Mustair

Umgrenzung

Inn von Susch bis Finstermünzpaß – Reschenpaß – Obervinschgau bis Glurns –
Rambach – Taufers – Münstertal – Ofenpaß – Ova dal Fuorn – Spöl – Zernez –
Inn bis Susch

Sesvennahütte

neben der ehem. Pforzheimer Hütte,
2256 m, erb. 1976 bis 1981
AVS-Sektionen Mals, Martell, Vinschgau, Untervinschgau und Lana
AVS-Sektion Mals
Schleis 62
I-39024 Mals

    Walter Sagmeister
    Schulgasse 1B
    I-39024 Mals
    Hütte 0473/80234
    Tal 0473/80509
    Anfang/Mitte März bis Mitte/Ende Okt. (Mai bis Anfang Juni Unterbrechungen, bitte anrufen)
    28 ⌐ 50 ⌐ 20
    6 offen
    220 V
    Schlinig, 1738 m, 1½ - 2
    Haider See – St. Valentin 4; Rojenhütte (über Rasaßspitze) 5; Lischanahütte 4
△   Craist Alta, 2884 m, 2½; Rasaßspitze, 2941 m, 2½; Piz Rims, 3070 m, 3; Piz Sesvenna, 3205 m, 4; Montpitschen, 3162 m, 5; Piz Lischana, 3105 m, 4
    nur im Frühjahr, Piz Sesvenna 4; Piz Rims 3; Piz Cristanas, 3092 m, 3½; Craist Alta 2½; Rasaßspitze 2½; Grainkopf, 2896 m, 3
    Mals – Schlinig
    Schlinig 🅿
LS 259

Hütten anderer alpiner Vereine und Privathütten

Haideralm, 2120 m, privat, ⌐ 20, ↗ St. Valentin 2¼, Bergstation des Gondelliftes △ Seebodenspitze, 2853 m, 2½ → Schönebenhütte 2¼, Rojenskihütte 3, ⇆ Mals ⇆ ⇆ St. Valentin, gj. bew.

Lischanahütte, 2500 m, SAC, ⌐ 42, ↗ Scuol 3½ △ Piz Lischana, 3105 m, 2¼; Piz St. Jon, 3093 m, 2; Piz Triazza, 3041 m, 2½, ⇆ ⇆ ⇆ Scuol, bew. Anfang Juli bis Ende Sept., ✆ 081/8649544

Rojenskihütte, 2006 m, Skiklub Reschen-Graun, ⌐ 7 ⌐ 5, ↗ Reschen 3, Rojen ¾ △ Zehnerkopf, 2674 m, 2; Elferspitze, 2925 m, 3; Griankopf, 2896 m, 3½, ⇆ Mals ⇆ Reschen ⇆ Rojen, gj. bew.

Schönebenhütte, 2100 m, privat, ⌐ 4, ↗ St. Valentin 2, von der Rojenhütte ½ △ Zwölferkopf, 2760 m, 2; Zehnerkopf, 2674 m, 2, bew. Mitte Dez. bis Ende April, Ende Juni bis Ende Sept.

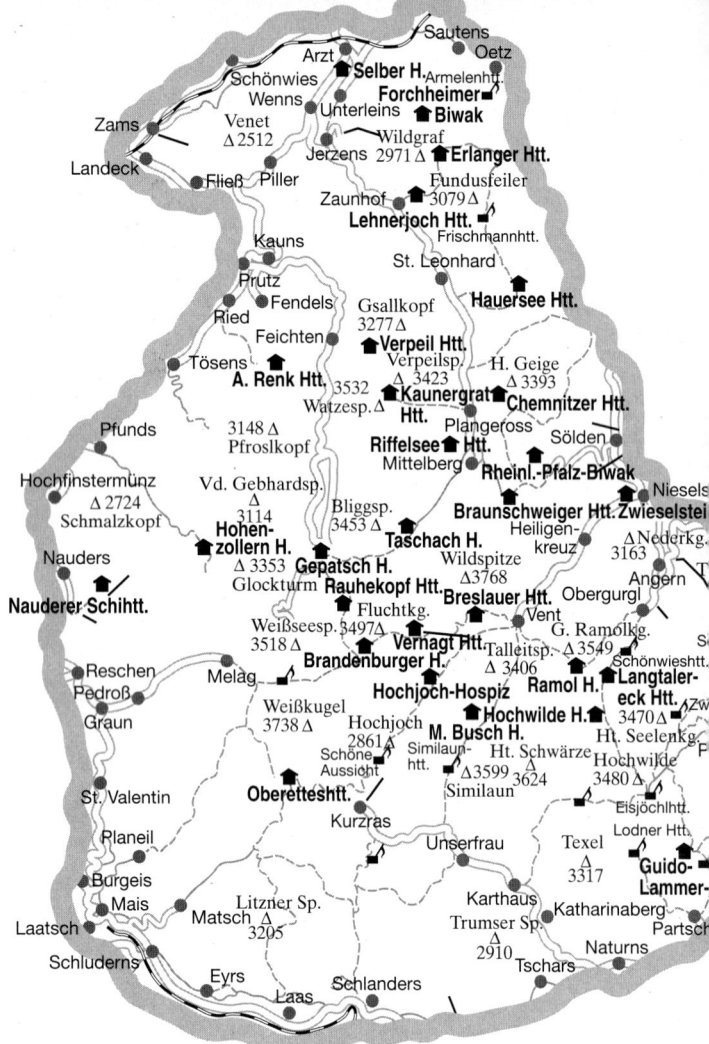

Sautens
Oetz
Arzt
Schönwies
Armelenhtt.
Selber H.
Forchheimer
Wenns
Unterleins
Biwak
Zams
Venet
△ 2512
Wildgraf
Landeck
Jerzens 2971 △ **Erlanger Htt.**
Fließ Piller
Fundusfeiler
Zaunhof 3079 △
Lehnerjoch Htt.
Frischmannhtt.
Kauns
St. Leonhard
Prutz
Fendels
Gsallkopf
Hauersee Htt.
Ried
3277 △
Feichten
Verpeil Htt.
Tösens
Verpeilsp.
△ 3423
H. Geige
A. Renk Htt.
3532
△ 3393
Watzesp. △ **Kaunergrat**
Chemnitzer Htt.
Htt.
Pfunds
3148 △
Plangeross
Pfroslkopf
Riffelsee ⌂ **Htt.**
Sölden
Hochfinstermünz
Vd. Gebhardsp.
Mittelberg
Rheinl.-Pfalz-Biwak
△ 2724
△
Schmalzkopf
3114
Bliggsp.
Braunschweiger Htt. Zwieselstei
Niesels
Nauders
Hohen-
3453 △
Heiligen-
△ Nederkg.
zollern H.
Taschach H.
kreuz
3163
△ 3353
Gepatsch H.
Wildspitze
Angern
Nauderer Schihtt.
Glockturm **Rauhekopf Htt.**
△3768
T
Fluchtkg.
Breslauer Htt.
Obergurgl
Weißseesp.3497△
Vent
G. Ramölkg.
Reschen
3518 △
Vernagt Htt.
△ 3549
S
Pedroß
Brandenburger H.
Talleitsp.
Schönwieshtt.
Graun
△ 3406
Ramol H.
Langtaler-
Melag
Hochjoch-Hospiz
eck Htt.
Weißkugel
3470△ Zw
3738 △
Hochjoch
M. Busch H. Hochwilde H.
Ht. Seelenkg.
2861 △
Hochwilde
St. Valentin
Schöne
Similaun-
Ht. Schwärze
3480 △
Aussicht
htt.
△3599
3624
F
Oberetteshtt.
△
Similaun
Planeil
Kurzras
Eisjöchlhtt.
Lodner Htt.
Burgeis
Texel
Unserfrau
△
Guido-
Mais
3317
Lammer-
Litzner Sp.
Laatsch
Matsch △
Karthaus
Katharinaberg
Partsch
3205
Schluderns
Trumser Sp.
△
Eyrs
Schlanders
Naturns
2910
Tschars
Laas

30 Ötztaler Alpen

n
alherbg.

474
ıne]sj.

Rabenstein
ertalhtt.

auer Htt. Platt
St. Martin
ders Kolbensp.
Δ 2868

Saltous
ochgangh. Riffian
wak
Tirol
MERAN

Umgrenzung

Inn von Landeck bis Einmündung Ötztaler Ache – Ötztal bis Zwieselstein –
Gurgler Ache bis Einmündung Timmelsbach – Timmelsbach – Timmelsjoch –
Schönauer Alm – Passeiertal bis Meran – Etschtal – Reschenpaß – Inn von
Finstermünz bis Landeck

Anton-Renk-Hütte

K. I, 2261 m, erb. 1926
DAV-S. Aachen
Offenhoffallee 112
D-52066 Aachen

🕇 Ingbert Babst
 Johannesweg 6
 D-52152 Simmerath
✆ 02473/7939
✗ nicht bew. (Gruppenanmeldung rechtzeitig erforderlich)
⊓ 20 ⊔ 2
 Brennholz nur bedingt vorhanden, trockenes Holz unterhalb
 des Stalanzer Wasserfalls auf-
 lesen und mitbringen, Licht
 über Solaranlage,
 Gruppenanmeldung bei Schuhhaus H. Sailer, A-6531 Ried, Hs.-Nr. 64
✆ Tal 05472/6278
▦ 16 ♀
↗ Ried, 877m – Stalanzer Alm 4; Fendels, 1356 m – Zirmesköpfl 3
→ Rifenkarscharte – Fißland-Tal (Aachener Höhenweg) – Gepatschhaus 10; Kupp-
 scharte, 2658 m – Feichten 5
△ Proslkopf 4; Zirmesspitze 3; Äußere Rifenkarspitze 3; Kuppkarlesspitze 4; Alter
 Mann 2; Feichtener Karlspitze 2¹⁄₂
⋏ nur bei sicherer Schneelage △ Proslkopf
🚌 Landeck
🚌 Ried oder Prutz (f. Fendels)
🚐 Ried, Fendels 🅿

AV 30/3; FB 253; ÖK 145; Bergverlag Rother: AVF Ötztaler Alpen, GF Ötztaler Alpen

Brandenburger Haus

K. I, 3272 m, erb. 1909
DAV-S. Berlin
Hauptstr. 23/24
D-10827 Berlin

🕇 Gebhard Gstrein
 A-6458 Vent Nr. 26
✆ Tal 05254/8108
✗ Anfang Juli bis Mitte/Ende
 Sept.
🛏 25 ⊓ 80
▦ 16 SR offen
↗ Vent, 1894 m – Hochjoch-
 Hospiz – Deloretteweg – Kes-
 selwandferner 5 - 6; Ge-

patschhaus (Kaunertral) – Rauhekopfhütte – Gepatschferner 5 - 6
→ Guslarjoch, 3311 m – Vernagthütte 2 - 3; Gepatschferner – Rauhekopfhütte 2½ - 3 – Gepatschhaus 6; Weißkugelhütte 2
△ Dahmannspitze ½; Fluchtkogel 1½; Kesselwandspitze 1½; Mutspitze 1½; Weißkugel 5½; Weißseespitze 2; Vordere, Mittlere Hintereisspitze 1½; Hintere Hintereisspitze 2
⚡ nur im Frühjahr ↗ Vent-Hochjoch-Hospiz → Vernagthütte, Rauhekopfhütte – Gepatschhaus △ Weißkugel, Hintereisspitzen, Hochvernagtwand
🚉 Ötztal-Bahnhof
🚌 Vent
🚐 Vent 🅿

AV 30/2; FB WKS 2; ÖK 172; Bergverlag Rother: AVF Ötztaler Alpen, GF Ötztaler Alpen

Braunschweiger Hütte

K. I, 2759 m, erb. 1892
DAV-S. Braunschweig
Münzstraße 9
D-38100 Braunschweig

⚕ Franz Auer
   Stillebach Nr. 81
   A-6481 St. Leonhard
☏ Hütte 05413/8236
☏ Tal 05413/535
✗ Anfang März bis Ende April,
   Mitte Juni bis Mitte Okt.
🛏 45 ⊓ 80 ⊔ 25
▦ 11 offen SR
⚡ 220 V ∼ 〰
↗ Mittelberg, 1730 m, 3; Sölden,
   1400 m, über Pitztaler Jöchl 1, Parkplatz Rettenbachferner, mit Sessellift zum Rettenbachjoch, dann ¾; von der Pitztaler Gletscherbahn 1
→ alle über Gletscher:Taschachhaus 4½; Mittelberg- und Mitterkarjoch – Breslauer Hütte 4 - 5; Taufkarjoch – Vent 5 - 6; Mittelberg- und Brochkogeljoch – Vernagthütte 5 - 6; Mainzer Höhenweg – Neue Chemnitzer Hütte 8 - 10; Europäischer Fernwanderweg E 5
△ Karleskogel 2; Innere Schwarze Schneid 3; Linker Fernerkogel 2; Wildspitze 5
⚡ nur im Frühjahr ↗ Mittelberg, Sölden – Hochsölden – Rotkogel 3½ → Taschachhaus, Vernagthütte △ fast alle im Bereich des Mittelbergferners und Wildspitze; Pistenskigebiet Mittelbergjoch; zur Bergstation 1 von der Hütte
🚉 Imst
🚌 🚐 Mittelberg, Sölden 🅿
🚐 Sölden – 🅿 Rettenbachferner

AV 30/5, 30/6; FB 251; ÖK 173; Bergverlag Rother: AVF Ötztaler Alpen, GF Ötztaler Alpen, WF Pitztal

30   Ötztaler Alpen

Breslauer Hütte
K. I, 2840 m, erb. 1882
DAV-S. Breslau
Heinrich-Ebner-Str. 17
D-70372 Stuttgart

- ♦ Christian u. Roswitha Scheiber
A-6458 Vent Nr. 13, Ötztal
- ℂ Hütte 05254/8156
- ℂ Tal 05254/8153 (Alpenland)
- ✗ Ende Juni bis Anfang Okt.
- ⊫ 64 ⊓ 107 ⊔ 20
- ⊞ 12 offen SR
- ⏦ 220 V ~
- ✓ Vent, 1896 m, 3; Stablein 1¼
- → Vernagthütte, Seuffertweg 2½;
Braunschweiger Hütte (Glet-
schertour) 4; Taschachhaus (Gletschertour) 3 - 4
- △ Wildspitze, 3772 m, 3; Ötztaler Urkund, 3556 m, 2; Hinterer Brochkogel, 3635 m,
3; Wildes Männle über Rofenkar, 3008 m, 1½
- ⟟ kein Stützpunkt
- ⊷ Ötztal-Bahnhof
- ⊞ Vent
- ⊷ Vent ℙ
- ⚓ Vent – Stablein

AV 30/6; FB 251; ÖK 173; Bergverlag Rother: AVF Ötztaler Alpen, GF Ötztaler Alpen, WF Ötztal

Chemnitzer Hütte, Neue
K. I, 2323 m, erb. 1926
DAV-S. Rüsselsheim
Postfach 1250
D-65402 Rüsselsheim

- ♦ Florian Kirschner
Piösmes 67
A-6481 St. Leonhard/Pitztal
- ℂ Tal 05413/226
- ✗ Anfang Juli bis Ende Sept.
- ⊓ 38 ⊔ 5
- ⊞ 10 offen
- ✓ Plangeroß/Pitztal, 1617 m, 2;
Huben/Ötztal, 1194 m – Breit-
lehnerjöchl, 2629 m, ca. 7
- → Hauersee-Unterkunft ⸙ 5 - 6;
Mainzer Höhenweg – Braunschweiger Hütte 8 - 10
- △ Gahwinden (Gabinten), 2649 m, 1; Hohe Geige, 3395 m, 3 - 3½; Puitkogel,

3345 m; Silberschneide, 3343 m; Ampferkogel, 3186 m

🚌 Imst/Tirol

🚐 Plangeroß

🚐 zum Anstieg zwischen Weißwald und Plangeroß 🅿

AV 30/5; FB 251; ÖK 173; Bergverlag Rother: AVF Ötztaler Alpen, GF Ötztaler Alpen

Erlanger Hütte

K. I, 2250 m, erb. 1930/31
DAV-S. Erlangen
Henkestr. 71a
D-91052 Erlangen

👤 Gotthard u. Astrid Schmid
A-6441 Umhausen-Neudorf
262 0664/3043335
☎ Hütte 0663/57152
☎ Tal 05255/5721 oder 5369
✗ Ende Juni bis Mitte Sept.
🛏 8 ⌐ 40
🏠 4 offen
⚡ 220 V ∼
↗ Umhausen, 1050 m, 4¹/₂; Tumpen, 936 m, 5; Roppen/Inntal, 706 m – Forchheimer Weg (Biwakschachtel nach ca. 4¹/₂) 7 - 8
→ Lehnerjochhütte 3, über Wildgrat und Gemeindekopf 5; Feierscharte (Fundesfeiler vor der Scharte ¹/₂) – Frischmannhütte 4; Wildgrat – Hochzeigerhaus 4¹/₂
△ Wildgrat, 2974 m, 1¹/₂; Riegelkopf, 2936 m, 3; Kreuzjoch, 2676 m, 1; Fundusfeiler, 3080 m, 3¹/₂
🎿 kein Skigebiet
🚌 Ötztal-Bahnhof
🚐 🚐 Umhausen/Ötztal

FB 251; ÖK 146; Bergverlag Rother: AVF Ötztaler Alpen, GF Ötztaler Alpen, WF Ötztal

Forchheimer Biwak

K. I, 2443 m, erb. 1963
DAV-S. Forchheim
Karolingerstr. 7
D-91301 Forchheim

offene Notunterkunft
⊔ 6, kein Wasser in der Nähe!
↗ zwischen Mutzeiger und Hahnenkamm am Forchheimer Weg von Roppen im Inntal zur Erlanger Hütte 7 -8

🚌 Roppen
🚌 Roppen, Jerzens
🚌 Maisalm

FB 252; ÖK 146; Bergverlag Rother: AVF Ötztaler Alpen, GF Ötztaler Alpen

Gepatschhaus

K. II, 1928 m, erb. 1873
DAV-S. Frankfurt a. M.
Homburger Landstr. 283
D-60433 Frankfurt a. M.

🛉 P. u. J. Weiskopf
   Gepatschhaus
   A-6524 Feichten
   während der Nichtbew.:
   Margarethenweg 11
   A-6551 Pians/Landeck
📞 Hütte 05475/215
📞 Tal 05442/63814
🍴 15. Juni bis 15. Sept., Pfing-
   sten und nach Vereinbarung
🛏 35 ⌐ 43 ⌐ 8
🏠 8 ⌖ R
〰 220 V ~, Klettergarten am Ferner Gries ca. 15 Min. von Hütte
↗ Feichten, 1273 m, 4; Staudamm 1½; südl. See-Ende ½
→ Ölgrubenjoch, 3050 m – Taschachhaus 5; Rauhekopfhütte 3 – Brandenburger
   Haus 5½ - 6; Gepatschjoch, 3241 m – Vernagthütte 5½; Riffljoch, 3210 m –
   Hohenzollernhaus 8; Anton-Renk-Hütte (s. dort) 8; Offenbacher Höhenweg –
   Riffelseehütte 6 - 9
△ Ochsenkopf 3; Hintere Ölgrubenspitze 4 - 4½; Vordere Ölgrubenspitze 5;
   Weißseespitze über Rauhekopfhütte 6; Glockturm 5
⛷ Frühjahr um Ostern ↗ entlang des Stausees → Rauhekopfhütte – Brandenburger
   Haus △ Ochsenkopf, Glockturm, Weißseespitze
🚌 Landeck
🚌 zum Haus (Haltestelle der Buslinie zum Sommerskigebiet)
🚗 zum Haus (Mautstraße ab Feichten), Mautstraße führt vom Haus ins Sommerski-
   gebiet weiter, Verkürzung der Anstiege dadurch auf Weißseespitze auf 2½, auf
   Glockturm auf 3½

AV 30/2; FB 253; ÖK 173; Bergverlag Rother: AVF Ötztaler Alpen, GF Ötztaler Alpen

Guido-Lammer-Biwak

an der Milchseescharte
2707 m, erb. 1974
AVS-S. Meran
Galileo-Galilei-Str. 45
I-39012 Meran

⊓ 9 offen

↗ Partschins, 626 m, 6$\frac{1}{2}$; Leiteralm, 1522 m, 4$\frac{1}{2}$ (hierher mit Gondelbahn von Vellau)

→ Hochganghaus, 1834 m, 2$\frac{1}{2}$; Lodner Hütte, 2262 m, 3

△ Tschigat, 2998 m, 1$\frac{1}{2}$; Lazinser Rötelspitze, 3037 m, 1$\frac{1}{2}$

🚆 Meran

🚌 Partschins

🚡 Partschins, Vellau

FB WKS 8; ÖK 174; Bergverlag Rother: AVF Ötztaler Alpen, GF Ötztaler Alpen

Hauerseehütte

(Selbstversorgerhütte)

K. I, 2383 m, erb. 1964 bis 1969 anstelle der zerstörten Hauerseehütte

DAV-S. Ludwigsburg

Postfach 304

D-71603 Ludwigsburg

✗ SV (Gaskartuschen Gaz 206S mitbringen)

⊓ 14 ⊔ 1

⚡ von Anfang Juli bis einschließlich 3. Sept.-Woche bewartet, im Herbst ist der Sonderschlüssel im Alpengasthof Alois Auer
A-6441 Umhausen-Köfels Nr. 6

© 05255/5297, gegen Kaution von 300,- ÖS ausleihbar

↗ Umhausen-Köfels, 1403 m, über Wurzberg-, Leck- und Innenbergalm – Woeckelwarte 4; Unterried, Oberried und Längenfeld 3$\frac{1}{2}$ - 4

→ Frischmannhütte 4; Neue Chemnitzer Hütte 7

△ Luibiskogel (Südl., 3112 m) 1$\frac{3}{4}$; (Nördl., 3090 m) 2; Reiserkogel, 3090 m, 2; Hauerseekogel, 3059 m, 1$\frac{1}{2}$

⛷ kein Stützpunkt, Lawinengefahr!

🚆 Ötztal-Bahnhof

🚌 Umhausen, Längenfeld

🚡 Köfels, Unterried, Oberried 🅿

AV 30/5; FB 251; ÖK 146; Bergverlag Rother: AVF Ötztaler Alpen, GF Ötztaler Alpen

Hochjoch-Hospiz

K. I, 2413 m, erb. 1927,
DAV-S. Berlin
Hauptstraße 23/24
D-10827 Berlin

- ♦ Dietmar Wimmler
  A-6458 Vent/T. Nr. 23
- ℂ Hütte 05254/8108
  (Funk über Haus Stefani)
- ℂ Tal 05254/8151
- ✗ Anfang März bis Anfang Mai,
  Ende Juni bis Ende Sept.
- ⊨ 20 ⊓ 50 ⊔ 16, ♨
- ▒ 8 offen SR
- ↗ Vent, 1896 m – Rofenhöfe 2 - 3
- → Hauslabjoch, 3279 m – Martin-
  Busch-Hütte 5; Vernagthütte 2; Brandenburger Haus 2 - 3
- △ Weißkugel, 3739 m, 5; Mutspitze, 3257 m, 2 - 3; Hintereisspitzen 4; Kreuzspitze,
  3457 m, 3; Saykogel, 3360 m, 3; Finailspitze, 3516 m, 4
- ⟓ nur im Frühjahr ↗ Vent → Hauslabjoch – Martin-Busch-Hütte, Guslarspitzen –
  Vernagthütte △ Weißkugel
- ⛟ Ötztal-Bahnhof
- ⛍ Vent
- ⛝ Vent 🅿

AV 30/2; FB 251, WKS 2; ÖK 172; Bergverlag Rother: AVF Ötztaler Alpen, GF Ötztaler Alpen, WF Ötztal

Hochwildehaus

K. I, 2883 m, erb. 1938/39
DAV-S. Karlsruhe
Willi-Egler-Str. 6
D-76189 Karlsruhe

- ♦ Sigmund Gufler
  A-6456 Obergurgl
  während der Nichtbew.:
  Burgstein 60
  A-6444 Längenfeld/Ötztal
- ℂ Hütte über Langtalereckhütte
  05256/233
- ℂ Tal 05253/5396
- ✗ Anfang März bis Mitte Mai,
  Anfang Juli bis Mitte Sept.
- ⊨ 22 ⊓ 70 ⊔ 20 ♨
- ▒ 10 (Fidelitashütte neben dem
  Hochwildehaus) offen SR

↗ Obergurgl, 1927 m – Langtalereckhütte 4¹/₂
→ Ramolhaus 3; Martin-Busch-Hütte über Schalfkogeljoch, 3375 m, 6; Karlesspitze, 3465 m, 7; Schwärzenjoch, 3331 m – Langtalereckhütte 4
△ Hochwilde, 3482 m, 4; Annakogel, 3336 m, 3; Falschungspitze, 3363 m, 3¹/₂; Karlesspitze, 3465 m, 4; Schalfkogel, 3540 m, 3¹/₂
⚒ nur im Frühjahr ↗ Obergurgl – Langtalereckhütte → Schalfkogeljoch – Martin-Busch-Hütte, Schwärzenjoch – Langtalereckhütte △ Hochwilde, Annakogel, Falschungspitze, Karlesspitze, Schalfkogel
🚉 Ötztal-Bahnhof
🚌 ⇢ Obergurgl 🄿
🎿 Obergurgl – Gaißberg
🛏 von der Langtalereckhütte

AV 30/1; FB 251; ÖK 173; Bergverlag Rother: AVF Ötztaler Alpen, GF Ötztaler Alpen, WF Ötztal

Hohenzollernhaus

K. I, 2123 m, erb. 1924
DAV-S. Starnberg
Postfach 1252
D-82302 Starnberg

🧍 Eduard Althaler
   A-6542 Pfunds/Tirol
℃ Hütte 0663/9159988
   während der Nichtbew.:
   Weglange 11
   A-6354 Serfaus/Tirol
℃ Tal 05476/6658
✗ Ende Juni bis Mitte Okt.
🛏 6 ⌐ 40
🏨 12 offen SR
↗ Pfunds, 971 m, 3¹/₂ - 4
→ Gepatschhaus über Hinterkar-
   joch (Rotschragenjoch) – Kaiserbergtal 6 oder über Riffljoch, 3149 m (vergletschert) 8
△ Glockturm, 3355 m, 4; Hennesiglspitze, 3144 m, 4; Nauderer Hennesiglspitze, 3045 m, 3; Rotschragenspitze, 3113 m, 3¹/₂ - 4; Rifflkarspitze, 3219 m, 3¹/₂; Riffljochturm, 3237 m, 3; Wildnörderer, 3015 m, 2¹/₂
⚒ Spätwinter ↗ Pfunds → Gepatschhaus ⛰ Glockturm, Nauderer Hennesiglspitze, Radurschelschartl
🚉 Landeck
🚌 ⇢ Pfunds/T. 🄿

AV 30/4; FB 253; ÖK 171, 172; Bergverlag Rother: AVF Ötztaler Alpen, GF Ötztaler Alpen

Kaunergrathütte

K. I, 2817 m, erb. 1923
OeAV Akad.S. Graz
Sackstr. 16
A-8010 Graz

- ♦ Gerda Bratschko
  Kaunergrathütte
  A-6481 St. Leonhard/Plange-
  roß
  während der Nichtbew.:
  Tauplitzalm
  A-8982 Tauplitz
- ℂ Hütte 05413/8242
- ℂ Tal 03668/2365/2301
- ✗ Ende Juni bis Mitte Sept.
- ⊨ 8 ⌐ 60 ⌐ 🕮
- ⊞ 12 offen
- ⟋ Plangeroß im Pitztal, 1617 m, 3½
- → zur Verpeilhütte, 2025 m, über Madatschjoch, 3010 m, 2½ - 3; zur Riffelseehütte, 2293 m, Cottbuser Höhenweg 3
- △ Watzespitze, 3533 m, 3½; Verpeilspitze, 3425 m, 2½; Schwabenkopf, 3379 m, 3; Seekarlesschneid, 3208 m, 3
- ⚐ bedingt nur im Frühjahr ⟋ Plangeroß → Verpeilhütte, Riffelseehütte über Seeko-gelscharte und evtl. Rostizkogel △ Schwabenjoch, Madatschjoch
- ⇻ Imst
- ⇛ ⇀ Plangeroß 🅿

AV 30/3, 30/5; FB 251; ÖK 145; Bergverlag Rother: AVF Ötztaler Alpen, GF Ötztaler Alpen

Langtalereckhütte

K. I, 2450 m, erb. 1929/30
DAV-S. Karlsruhe
Willi-Egler-Str. 6
D-76189 Karlsruhe

- ♦ Sigmund Gufler
  A-6456 Obergurgl
  während der Nichtbew.:
  Burgstein 60
  A-6444 Längenfeld/Ötztal
- ℂ Hütte 05256/233
- ℂ Tal 05253/5396
- ✗ Anfang März bis Anfang Mai, Ende Juni bis Ende Sept.
- ⊨ 25 ⌐ 70
- ⊞ 14 offen SR
- ⚡ 220 V ~ 🕮

↗ Obergurgl, 1927 m – Schönwies-Hütte, 2270 m, 2$\frac{1}{2}$
→ Hochwildehaus 2; Ramolhaus 3
△ Vord.-, Mittl.- und Hint. Seelenkogel 3 - 4; Hochebenkamm 2; Hangerer Eisseeko-
   gel 2$\frac{1}{2}$; Langtalerjochspitze 3$\frac{1}{2}$
↺ nur im Frühjahr ↗ Obergurgl → Hochwildehaus △ Seelenkögel, Hochebenkamm,
   Hangerer Eisseekogel 2$\frac{1}{2}$; Hochwilde 4$\frac{1}{2}$; Eiskögele
🚌 Ötztal-Bahnhof
🚐 Obergurgl 🅿
⛷ Obergurgl – Gaißberg

AV 30/1; FB 251; S 2; ÖK 173; Bergverlag Rother: AVF Ötztaler Alpen, GF Ötztaler
Alpen, WF Ötztal

Lehnerjochhütte

K. I, 1959 m, erb. 1930,
erworben von S. Zwickau 1932,
1973 übergegangen an
DAV-S. Ludwigsburg
Postfach 304
D-71603 Ludwigsburg

👤 Lydia Holzknecht
   A-6460 Ritzenried Nr. 104
✆ Hütte 0663/054518
✆ Tal 05414/537
✗ Ende Juni bis Ende Sept., bei
   verbindl. Anmeldung von
   mind. 20 Personen kann die
   Hütte auch Weihnachten bis
   Heilige Drei Könige, an
   Ostern, Pfingsten und sonst. Wochenenden bewirtschaftet werden
🛏 11 ⌐ 37
🏠 4 ♈
↗ Zaunhof, 1377 m, bei Wiese/Pitztal über Ortsteile Außerlehen und Oberlehen 2
   oder Waldaufstieg über Zaunhof-Grüble
→ Erlanger Hütte 4; Frischmannhütte 4$\frac{1}{2}$; Hoher Gemeindekopf, 2750 m – Hochzei-
   gerhaus, 1876 m, 5
△ Schafhimmel 3; Hoher Gemeindekopf 2, Lehnerjoch 1$\frac{3}{4}$, Funduspfeiler 3$\frac{1}{2}$
↺ ↗ Zaunhof-Ortsteil Grüble an der Kapelle rechts, Waldaufstieg △ Lehnerjoch,
   Funduspfeiler
🚌 Imst
🚐 Wiese im Pitztal und Zaunhof
🚐 Zaunhof 🅿 und Ortsteil Hairlach im Pitztal

FB 251; ÖK 145; Bergverlag Rother: AVF Ötztaler Alpen, GF Ötztaler Alpen, WF Ötztal, WF Pitztal

Martin-Busch-Hütte

(Samoar-Hütte)
K. I, 2501 m, erb. 1938-52
DAV-S. Berlin
Hauptstr. 23/24
D-10827 Berlin

- Johann u. Edeltraut Scheiber A-6458 Vent Haus-Nr. 34
- ✆ Tal 05254/8130
- Y zur Hütte
- Ende Juni bis Ende Sept., Anfang März bis Mitte Mai, Pfingsten
- 49 ⊓ 72 ⊔ 40
- 15 offen SR
- 220 V ~
- ↗ Vent, 1893 m, $2^1/_2$ - 3
- → Hochjoch-Hospiz über Saykogel 4; über Hauslabkogel, 3279 m, 5; Schalfkogeljoch, 3375 m – Hochwildehaus 6; Similaunhütte $1^1/_2$
- △ Kreuzspitze $2^1/_2$ - 3; Similaun $3^1/_2$ - 4; Fineilspitze $3^1/_2$ - 4; Hintere Schwärze $4^1/_2$
- Frühjahr ↗ Vent → Hauslabjoch – Hochjoch-Hospiz, Schalfkogeljoch – Hochwildehaus △ Similaun, Hintere Schwärze, Fineilspitze, Hauslabkogel
- Ötztal-Bahnhof
- Vent
- Vent P

AV 30/1, 30/2; FB 251, WKS 2; ÖK 173; Bergverlag Rother: AVF Ötztaler Alpen, GF Ötztaler Alpen, WF Ötztal

Nauderer Skihütte

K. I, 1913 m, erb. 1927
DAV-S. Bremen
Eduard-Grunow-Str. 30
D-28203 Bremen

- Betreuer: Alois Unterrainer A-6543 Nauders 198 (Hotel »Regina«)
- ✆ Tal 05472/259 oder 357
- nicht bew., gj. zu benutzen, Anmeldung bei der Sektion (✆ 0421/72484, Di u. Do 16.00 - 18.00 Uhr)
- ⊓ 12
- erhältlich bei , nach Anmeldung bei der Sektion

∿ 220 V ∿
↗ Nauders, 1363 m, 1¹/₂ - 2; über den Novelles- und Stables-Hof (nur Sommer) 2 - 2¹/₂
→ Tscheyjoch, 2601 m – Nauderer Tscheytal – Alpelalm, 2151 m – Höhenweg über die Nordabhänge des Wildnörderer – Hohenzollernhaus 4
△ Tscheyegg 2; Waldafurnerkopf 3 - 4; Gr. Schafkopf 5; Mataunkopf 4¹/₂ - 5; Piengerkopf 2; Bergkastl-, Plamorder- und Kapaier Sp. ab Goldseen ca. 1 - 1¹/₂
⛷ ↗ Nauders → Tscheytal – Radurscheltal – Hohenzollernhaus △ Waldafurnerkopf, Gr. Schafkopf, Mataunkopf, Piengerkopf, Pistenskilauf Tscheyegg
🚌 Landeck
🚌 Nauders
🚌 Nauders bis zur Kirche 🅿 bei der Post 🅿, im Sommer mit Pkw bis Goldseehütte, dann ¹/₄

AV 30/4; FB 253; ÖK 171; Bergverlag Rother: AVF Ötztaler Alpen, GF Ötztaler Alpen

Oberetteshütte

(ehem. Höllerhütte)
2670 m, erb. 1987/88
AVS-Sektion Mals
Schleis 62
I-39024 Mals

✆ 0473/81655
† Helene Pobitzer-Burgo
    Schleis 71
    I-39024 Mals
✆ Hütte 0473/80280
✆ Tal 0473/81094
✗ Anfang Juli bis Ende Sept.
🛏 54 ⊔ 20
▦ 10 offen
↗ Glieshof, 1820 m, 2¹/₂
→ Kurzras, 2000 m, über Bildstöckljoch 4; Hochjoch-Hospiz über Hintereisjoch, 3471 m, 6; Kurzras über Oberjettesjoch, 3244 m, 3¹/₂
△ Weißkugel, 3739 m, 4¹/₂; Quellspitze, 3385 m, 3; Schwemserspitze, 3456 m, 4; Salurnspitze, 3434 m, 3; Lagaunspitze, 3438 m, 3; Innerer und Äußerer Bären- bartkogel, 3557 m und 3475 m, 4; Freibrunner Spitze, 3355 m, 3¹/₂
⛷ nur im Frühjahr, Weißkugel, Innerer und Äußerer Bärenbartkogel
🚌 Mals – Matsch
🚌 Glieshof 🅿

AV 30/2; FB WKS 2; Bergverlag Rother: AVF Ötztaler Alpen, GF Ötztaler Alpen

Ramolhaus

K. I, 3006 m, erb. 1881-83
DAV-S. Hamburg
Gerhofstr. 32
D-20354 Hamburg

✝ Erich Scheiber
A-6456 Obergurgl/Ötztal 19
✆ Tal 05256/223 und 224
Y zur Hütte
✗ ca. 10. Juli bis 20. Sept.
🛏 26 ⌐ 38
▦ 10 offen SR
↗ Obergurgl, 1927 m, 4
→ Ramoljoch, 3186 m – Vent 3;
Langtalereckhütte 2; Hochwil-
dehaus 1½; Martin-Busch-
Hütte 6
△ Ramolkögel 2½ - 3; Hinterer Spiegelkogel 2 - 2½; Firmisanschneide 2 - 3;
Schalfkogel 3
⊁ kein Stützpunkt
🚌 Ötztal-Bahnhof
🚐 Obergurgl 🅿, Vent 🅿

AV 30/1; FB WKS 2; ÖK 173; Bergverlag Rother: AVF Ötztaler Alpen, GF Ötztaler Alpen, WF Ötztal

Rauhekopfhütte

K. I, 2731 m, erb. 1888
DAV-S. Frankfurt a. M.
Homburger Landstr. 283
D-60433 Frankfurt a. M.

✆ 069/721389
✝ Otto Trippel
Müllerweg 55
D-64850 Schaafheim
✆ 06073/9418
(Anmeldung außerhalb der
Saison nur bei Sektion Frankfurt, sonst über Gepatschhaus)
Y über Gepatschhaus
✆ 05475/215
✗ 1. Juli bis 15. Sept. beaufsichtigt und einfachste Bewirtschaftung
⌐ 23
▦ 12 offen

⌁ 220 V ~ ▦
↗ Gepatschhaus 3
→ Brandenburger Haus 3; Wannetjoch, 3110 m – Taschachhaus 4¹⁄₂; Gepatschjoch, 3241 m – Vernagthütte 5
△ Gr. Rauher Kopf 1; Weißseespitze 2 - 3; Fluchtkogel 3; Hochvernagtspitze (über Gepatschjoch) 3 - 4
⤓ nur im Frühjahr ↗ Brandenburger Haus; Feichten – Gepatschhaus △ Rauher Kopf, Weißseespitze
🚆 Landeck
🚌 🚌 Gepatschhaus (Mautstraße Sommerskigebiet) 🅿

AV 30/2; FB 251, 253; ÖK 172; Bergverlag Rother: AVF Ötztaler Alpen, GF Ötztaler Alpen

Rheinland-Pfalz-Biwak

auf dem Wassertalkogel
K. I, 3247 m, erb. 1974
DAV-S. Mainz
Turmstr. 85
D-55120 Mainz

⌐ 9 ⌐ 2 offen
nur Notunterkunft am Mainzer Höhenweg
↗ Ausgangsort Plangeroß im Pitztal, Ausgangspunkt Chemnitzer Hütte, 2323 m, oder Braunschweiger Hütte, 2759 m
→ der Mainzer Höhenweg wird in der Regel von der Chemnitzer Hütte aus gegangen 🅿 – Chemnitzer Hütte 2 – Weißmaurachjoch 2 – Wassertalkogel 3 - 4 – Gschrappkogel – Wurmsitzkogel – Polleskogel – Pollesjoch – Pitztaler Jöchl – Braunschweiger Hütte 5
⤓ Rettenbachferner – Pollesjoch – Pollestal; Wassertalkogel (auch Puitkogel möglich), Abfahrt nach Huben im Pitztal lawinengefährdet
🚆 Imst
🚌 Mittelberg/Pitztal, hält bei Bedarf auch bei 🅿 Chemnitzer Hütte
🚌 Mittelberg/Plangeroß 🅿

AV 30/3, 30/5; FB 251; ÖK 173; Bergverlag Rother: AVF Ötztaler Alpen, GF Ötztaler Alpen

Riffelseehütte

K. II, 2293 m, erb. 1939
DAV-S. Frankfurt a.M.
Homburger Landstr. 283
D-60433 Frankfurt a.M.

👤 Anita Waibl
   Riffelseehütte
   Mandarfen 39
   A-6481 St. Leonhard
   während der Nichtbew.:
   Piburger Str. 7
   A-6433 Ötz
☎ Hütte 05413/8235
☎ Tal 05252/6474
✗ Mitte Juni bis Mitte Sept. und
   Mitte Dez. bis Mitte April, für
   Gruppen nach Vereinbarung
🛏 12 ⊓ 45
🏠 10 SR 🍴
⚡ 220 V ~ 🍳
🥾 Mandarfen ◟ ¼ bis zur Hütte; Tieflehn, 1682 m, b. Mandarfen – Brücke über den
   Pitzbach – Hirschtal 2½; oder über Taschachalm – Seebachtal 2
→ Taschachhaus 3 - 4; Kaunergrathütte über Cottbuser Höhenweg 3 - 4; Gepatsch-
   haus über Offenbacher Höhenweg (Wurmtaler Joch) 8 - 10; Fuldaer Höhenweg
   zum Taschachhaus 3
△ Seekarlesschneid 4; Seekogel 4 - 5; Rostizkogel; Löcherkogel 4 - 5; Hapmes-
   köpfe 4; Wurmtaler Kopf 4
🎿 🥾 Mandarfen △ Wurmtaler Kopf, Rostizkogel
🚂 Imst
🚌 Mittelberg/Pitztal, Tieflehn oder Mandarfen
🚗 Tieflehn, Mandarfen oder Mit-
   telberg 🅿

AV 30/3, 30/5; FB 251; ÖK 173;
Bergverlag Rother: AVF Ötztaler
Alpen, GF Ötztaler Alpen, WF Pitz-
tal

Selber Haus

im Pitztal, Wald im Pitztal Nr. 79
K. II, 950 m, erb. 1952,
DAV-S. Selb
Albert-Schweitzer-Str. 2a
D-95100 Selb

✗ nicht bew., SV, gj. beaufsichtigt, Belegung nur bei schriftl.
   oder tel. Anmeldung bei Sek-

tion
© 09287/87463
dann gegen Abgabe des Belegungsscheines bei Josef Schuler, Wald im Pitztal Nr. 53 (100 m vor dem Haus) (Kaution: DM 50,- oder ÖS 350,-), nichtangemeldete AV-Mitglieder können gegen Vorlage des AV-Ausweises zwei Nächte im Notlager übernachten (Kaution: DM 50,-)
⊨ 19 ⊏ 8
220 V ~ ▥⊣
Arzl-Wald
→ Hochzeiger Haus 3; Erlanger Hütte (durch das Riegeltal) 3½; Lehnerjochhütte 4
△ Wildgrat, 2974 m, Hochzeiger, 2582 m; Forchheimer Höhenweg – Erlanger Hütte
Skigebiet Jerzens – Hochzeiger, Langlaufloipen und Skilift in Hausnähe
Imst
Arzl-Wald

FB 251; ÖK 145; Bergverlag Rother: AVF Ötztaler Alpen, GF Ötztaler Alpen

Taschachhaus

K. I, 2434 m, erb. alte H. 1874,
neue H. 1899
DAV-S. Frankfurt a. M.
Homburger Landstr. 283
D-60433 Frankfurt a. M.

✝ Bruno Füruter
Weißwald 41
A-6481 St. Leonhard
© Hütte 05413/8239
© Tal 05413/8205 oder 8220
✗ Mitte Juni bis Ende Sept.
⊨ 40 ⊏ 85
▦ 16 offen SR,
Ausbildungsstützpunkt des DAV

Mittelberg, 1740 m, 2½
→ Ölgrubenjoch – Gepatschhaus 4½; Riffelseehütte 3; Mittelbergjoch – Braunschweiger Hütte 4½; Brochkogel 5 oder Taschachjoch – Vernagthütte 6; Wildspitze – Mitterkarjoch – Breslauer Hütte 6; Wannetjoch – Rauhekopfhütte 5
△ Pitztaler Urkund 2; Wildspitze 4 - 5; Bliggspitze 3½; Vord. Ölgrubenspitze 3½; Hint. Ölgrubenspitze 3
nur im Frühjahr ✗ Mittelberg → Braunschweiger Hütte und Vernagthütte △ Wildspitze, Hochvernagtwand, Sexegertenspitze, Hint. Ölgrubenspitze
Imst/Pitztal
Mittelberg oder Tieflehn
Mandarfen Ⓟ oder Mittelberg Ⓟ

AV 30/2, 30/6; FB 251; ÖK 172; Bergverlag Rother: AVF Ötztaler Alpen, GF Ötztaler Alpen, WF Pitztal

Vernagthütte

(Würzburger Haus)
K. I, 2766 m, erb. 1901
DAV-S. Würzburg
(Sport Dillmeier)
Domstr. 12
D-97070 Würzburg

- Martin Scheiber
  Wieshof 2
  A-6458 Vent/Ötztal
- ℂ Tal 05254/8128
- Y zur Hütte
- ✗ Anfang März bis Mitte Mai, Pfingsten, Anfang Juli bis Ende Sept., bei Anmeldung größerer Gruppen auch zwischenzeitlich
- ▭ 48 ⊓ 89 ⊔ 20
- ▦ 16 offen, eigener Bau 30 m entfernt, SR
- ⚡ 220 V ~ ⚡
- ✦ Vent, 1900 m, 3½
- → Breslauer Hütte 2; Hochjoch-Hospiz 2; Brandenburger Haus 2½; Taschachhaus 5; Braunschweiger Hütte 5½; Rauhekopfhütte – Gepatschhaus 6
- △ Wildspitze 4½; Hochvernagtspitze 3 - 4; Fluchtkogel 2½; Kesselwandspitze 2; Guslarspitze 2
- ⚒ nur im Frühjahr ✦ Vent → Brandenburger Haus, Hochjoch-Hospiz, Braunschweiger Hütte, Taschachhaus △ Wildspitze, Fluchtkogel, Hochvernagtspitze, Guslarspitzen
- ⊞ Ötztal-Bahnhof
- ⊟ Vent
- ⟿ Vent 🅿

AV 30/2; FB 251, WKS 2; ÖK 172; Bergverlag Rother: AVF Ötztaler Alpen, GF Ötztaler Alpen, WF Ötztal

Verpeilhütte

K. I, 2025 m, erb. 1906
DAV-S. Frankfurt a. M.
Homburger Landstr. 283
D-60433 Frankfurt a. M.

- Hermine Hafele
  Unterhäuser 46
  A-6524 Feichten/Kaunertal
- ℂ Tal 05475/218 oder 325

Y   zur Hütte
X   Ende Juni bis Mitte Sept. und nach Vereinbarung mit ♠
⊨   4 ⌐ 45
⊞   8 ℒ
↗   Feichten, 1273 m, 1¹/₂ - 2; Verpeilalm ¹/₂
→   Madatschjoch, 3010 m – Kaunergrathütte 3; Verpeiljoch, 2829 m – Trenk-
      wald/Pitztal 5 - 6
△   Schweikert 2¹/₂; Hochrinneck 3¹/₂; Rofelewand 3¹/₂ - 4; Gsallkopf 4; Schwaben-
      kopf 4; Madatschtürme 3¹/₂ - 4
⊥   nur im Frühjahr ↗ Feichten → Kaunergrathütte △ Rofelewand, Mooskopf
⇆   Landeck
⇒   ⇒ Feichten 🅿

AV 30/3; FB 251; ÖK 145; Bergverlag Rother: AVF Ötztaler Alpen, GF Ötztaler Alpen

Talhütte Zwieselstein

K. II, 1472 m, erb. 1925
DAV-S. Regensburg
Postfach 10 03 08
D-93003 Regensburg

      Anmeldung bei der Sektion
✆   0941/560159
✆   Hütte 05254/2763
X   SV, beaufsichtigt, gj. zugäng-
      lich,   eingerichtete   Küche,
      Warmwasser
⊨   13 ⌐ 18 ⌐ 10
⚡   220 V ∼
↗   Fahrstraße bis Zwieselstein
→   Brunnenkogl 4; Nörderkogl 4 - 5
⇆   Ötztal-Bahnhof
⇒   Zwieselstein
⇒   zur Hütte 🅿

AV 31/1; FB 251; ÖK 173; Bergverlag Rother: AVF Ötztaler Alpen, GF Ötztaler Alpen, WF Ötztal

Hütten anderer alpiner Vereine und Privathütten

Bockerhütte, 1717 m, im oberen Spronser Tal, privat (jedoch Vergünstigungen für
AV-Mitglieder), ⊨ 6 ⌐ 10, ↗ Dorf Tirol 3; Gasthof Hochmutte (Bergstation der Seilbahn
von Dorf Tirol herauf) 2¹/₂ △ Mutspitze, 2295 m, 2; Wanderung um die neun Spronser
Seen 2 → Hochganghaus 2¹/₂, ⇆ Meran ⇒ ⇒ Dorf Tirol, bew. Mitte Mai bis Mitte Okt.,
✆ 0473/933385

Fidelitashütte, 2883 m, ⊞ des Hochwildhauses, siehe dort

Frischmannhütte, 2192, im Fundustal, ÖTK, ⊨ 6 ⌐ 54, ✗ Köfels 2½, Umhausen 4, im Winter unzugänglich, ⬛ Ötztal ⬛ ⬛ Köfels, bew. 20. Juni bis 20. Sept, ✆ 0663/58619

Gaislachalm, 1982 m, am Gaislachkogel, privat, ⊨ 30 ⌐ 10, ✗ Sölden 2, Zwieselstein 1½, ⬛ Ötztal ⬛ Sölden ⬛ ⬛ ab Sölden ⅃ bis Gaislachkogel-Mittelstation

Glieshof, Gasthof, 1807 m, ⊨ 40, ✗ 1¾ von Matsch, → Weißkugelhütte, Oberetteshütte, gj. bew., ✆ 0473/82662

Haus Gnaid, 540 m, im Dorf Tirol bei Meran, privat, ⊨ 100, ✗ Meran 1, ⬛ Meran ⬛ ⬛ Dorf Tirol, bew. Anfang März bis Ende Okt., ✆ 0473/93412

Hochfirst-Wirtshaus, 1800 m, an der Timmelsjochstraße, privat, ⊨ 15, ✗ Moos im Passeiertal, Ötztal, ⬛ Ötztal, Meran ⬛ ⬛ zum Haus im Sommer

Hochganghaus, 1839 m, am Waldrand des Hochgangs, privat, ⌐ 30, ✗ Partschins 3; Leiteralm 1½, ⬛ Meran ⬛ Partschins ⬛ Vellau, ⛟ Leiteralm, bew. Mitte Mai bis Ende Okt., ✆ 0473/43310

Hochzeigerhaus, 1876 m, Hochzeiger-Westhang, privat, ⊨ 70 ⌐ 46, ✗ Jerzens 2½, ⬛ Imst ⬛ Jerzens ⬛ ⬛ und ⬛ zum Haus, bew. Weihnachten bis Ende April und Mitte Juni bis Ende Sept., ✆ 05414/335

Kurzras-Alpengasthof, 2011 m, im oberen Schnalstal, privat, ⊨ 60, ✗ Unser-Frau 1½, Bhf. Schnalstal 6, ⬛ Meran-Schnalstal ⬛ ⬛ zum Haus

Lodnerhütte (Rifugio Cima Fiammante), 2259 m, unter dem Tschigat, CAI, ⊨ 10 ⌐ 19 ⌐ 14, ✗ Partschins 4, Bauer Steiner 2½, ⬛ Meran ⬛ ⬛ Partschins, bew. ca. 25. Juni bis Ende Sept., ⊞ 4 offen, ✆ 0473/97367 *967367*

Melager Hütte, 1925 m, oberhalb Melag im Langtauferer Tal, privat, ⊨ 11, ✗ Melag ½ ⬛ ⬛ Mals ⬛ Melag, bew. Anfang April bis Ende Okt., ✆ 0473/83144

Nassereithütte, 1523 m, im Zieltal, privat, ⊨ 6 ⌐ 20, ✗ Partschins, Seilbahn zum Steinerhof ½, ⬛ Schnals ⬛ ⬛ Partschins, bew. 20. Mai bis 20. Okt., ✆ 0473/88085

Rettenbachalm, 2138 m, im Rettenbachtal, privat, ⊨ 18 ⌐ 3, ✗ Sölden 2, Hochsölden 1, ⬛ Ötztal ⬛ Sölden ⬛ bis Berglift Hochsölden

Schöne-Aussicht-Gasthof (Albergo Bella Vista), 2842 m, über dem Schnalstal, privat, ⊨ 34 ⌐ 20, ✗ Kurzras 2, Vent 5, ⬛ Schnalstal Bhf. ⬛ ⬛ Unser Frau i. Schnalstal, Kurzras, Vent, bew. 1. Feb. bis Pfingsten, Ende Juni bis Allerheiligen, ✆ 0473/88048

Similaunhütte, 3019 m, auf dem Niederjoch, privat, ⊨ 40 ⌐ 30, ✗ Vent 4½, Vernagt 3½, Unser-Frau-Tisenhof 3½, ⬛ Schnalstal Bhf. ⬛ ⬛ Unser Frau ⬛ Unser Frau, Tisenhof, Vent, bew. Ende Feb. bis Ende Mai und Mitte Juni bis Anfang Okt., ✆ 04734/89711

Stettinger Hütte (Eisjöchlhütte, Rifugio Petrarca all'Altissimo), 2875 m, unter dem Eisjöchl, CAI, ⌐ 30, ✗ Pfelders 4, Karthaus 4, ⬛ Meran-Naturns ⬛ Karthaus ⬛ Pfelders, Vorderkaser im Pfossertal, bew. Anfang Juli bis Mitte Sept., ⊞ offen, ✆ Tal 0473/643557 (Irmgard Ufler, Υ zur Hütte)

Veneth-Hütte, 1732 m, am Venetberg, oberhalb Zams, privat (Sp. V. Zams), ⊨ 70 ⌐ 10, ↗ Zams, Mittelstation der Venetseilbahn, 🚌 Landeck, Zams ⚌ Zams ⚍ im Sommer zum Haus

Weißkugelhütte (Rifugio Pio XI alla Palla Bianca), 2542 m, im obersten Langtauferertal, CAI, ⊨ 4 ⌐ 40, ↗ Melag 2$\frac{1}{2}$, 🚌 Mals ⚌ Graun ⚍ Melag, bew. Anfang Juli bis Mitte Sept., Ostern bis Mitte Juni Sa./So./Fe., ℂ 0473/633191

Zamser Schihütte, 1770 m, privat, ↗ mit Venetseilbahn bis Hütte, gj. bew., ℂ 05442/2391

Zwickauer Hütte (Planferhütte), 2980 m, im Pfelderer Tal, am Rande des Planferners, CAI, ⊨ 60 ⌐ 30, ↗ Pfelders 4, 🚌 Meran ⚌ ⚍ Pfelders, bew. Anfang Juli bis Ende Sept., ℂ 0473/643545, ⊞ 4 offen

P. Anich Htt.

Rietz · Pfaffenhofen
Stams · Inzing
Silz ·
Haiming · Oberperfuss · Kematen
Dormunder Htt. · Axam
Wald · Roßkogel △ 2646 · Sellrain · Va
Au · Haggen
Kühtai
Bielefelder Htt. (Neue) △ 3007 3016 · St. Sigmund i. Sellrain · Gries i. Sellrain · Hot. · Sa
Oetz · Acherkg. △ · Kemater A. · 24
Sulzkogel · A.-Bichler-Htt. · T
Guben-Schweinfurter-Htt. · Potsdamer Htt. · Kalkkogel △ 2804
Umhausen · Neue Pforzheimer Htt. · △ 2812 Schwarzhorn
Niederthai · Starkenburger Htt.
3287 Breiter △ Grießkogel · Westfalen H. · Oberriß Htt. · Milders · N i.
Unt. Gries · F. Senn Htt. · Krößbach · Pada
Ob.- · Winnebachsee Htt.
Regensburger Htt.
Huben · Schrankogel △ 3497 · 3474 △ Ruderhofsp. · Innsbruc
Amberger Htt. · Ranalt Habicht · 3277 △
Wilde Leck △ 3359 · Sulzenau Htt. · Bremer Htt.
Dresdner Htt. · Nürnberger Htt. · T
Hochstubai Htt. · Wilder Freiger · Schneespitzhtt
Hildesheimer Htt.
Zuckerhütl · Übeltalfernerhtt.
Siegerland Htt. · Maier
Ir
St. Martin
Flading
H. Kreuzsp. △ 2744
Moos · Walten

320

31 Stubaier Alpen

Umgrenzung

Inn von Einmündung Ötztaler Ache bis Innsbruck – Sill (Wipptal) – Brenner – Eisack bis Sterzing – Jaufental – Jaufenpaß – St. Leonhard – Passeiertal – Schönauer Alm – Timmelsjoch – Timmelsbach – Gurgler Ache – Ötztaler Ache bis Einmündung in den Inn

31 Stubaier Alpen

Amberger Hütte

K. I, 2135 m, erb. 1888
DAV-S. Amberg
Kümmersbrucker Str. 2
D-92224 Amberg

- ♦ Herbert Schöpf
  Gries im Sulztal
  Nr. 17
  A-6444 Längenfeld/Ötzt.
- ℗ Hütte 05253/5605
- ℗ Tal 05253/5106
- ✗ Mitte Feb. bis Anfang Mai, Anfang Juli bis Ende Sept.
- ⊨ 12 ⌐ 60 ⌣ 20
- ▩ 14 offen SR
- ⚡ 220 V ∼
- ▥ teilweise
- ✓ Gries im Sulztal, 1573 m, 2¹⁄₂
- → Schwarzenbergjoch, 3104 m, oder Wildgratscharte, 3168 m – Franz-Senn-Hütte 6 - 7; Daunjoch, 3057 m – Dresdner Hütte 5 - 6; Wütenkarsattel, 3115 m – Hochstubaihütte 4; Längentaler Joch, 2991 m – Westfalenhaus 5 - 6; Atterkarjoch, 2970 m – Sölden 5 - 6; Gaislehnscharte, 3054 m – Winnebachseehütte 4 - 5
- △ Schrankogel 4 - 5; Wilde Leck 4¹⁄₂; Kuhscheibe 3; Windacher Daunkogel 4¹⁄₂; Hint. Daunkopf 4¹⁄₂; Mutterberger Seespitze 4¹⁄₂
- ⚒ nur im Frühjahr ✓ Gries im Sulztal → Franz-Senn-Hütte, Dresdner Hütte △ Schrankogel, Kuhscheibe, Daunkögel, Hint. Daunkopf
- 🚂 Ötztal-Bahnhof
- 🚌 Längenfeld – Gries
- 🚗 Gries im Sulztal 🅿

AV 31/1; FB 241; ÖK 147; Bergverlag Rother: AVF Stubaier Alpen, GF Stubaier Alpen, WF Ötztal

Bielefelder Hütte, Neue

K. II, 2150 m, erb. 1953/54
DAV-S. Bielefeld
Marktstr. 28
D-33602 Bielefeld

- ♦ Werner Schöpf
  A-6433 Oetz-Habichen 505
- ℗ Hütte 0663/59109
- ℗ Tal 05252/6101
- ✗ Mitte Juni bis Ende Sept., 20. Dez. bis Mitte April
- ⊨ 36 ⌐ 22 ⌣ 4
- ⚡ 220 V ∼ ▥
- ✓ Oetz, 1068 m – Windegg oder

Acherbergalm $3^1/4$; ⮨ in 2 Sektionen bis Bergstation, von dort $^1/2$; Ochsengarten, 1542 m, $2^1/4$

→ Balbachalm – Iss-Alm – Dortmunder Hütte 3 - 4; Mittertaler Scharte, 2630 m – Dortmunder Hütte 4; Niederreichscharte, 2728 m – Hochreichscharte, 2912 m – Guben-Schweinfurter Hütte 7 - 8

△ Acherkogel 3 - 4; Hochreichkopf 5; Gr. Wechnerkogel 5

⬥ ↗ von Oetz über Windegg △ Roßkopf, Wetterkreuz

🚂 Ötztal-Bahnhof

🚌 Oetz

🚐 Talstation Acherkogelbahn, Ochsengarten 🅿

⬥ Oetz – Hochoetz

FB 251; ÖK 146; Bergverlag Rother: AVF Stubaier Alpen, GF Stubaier Alpen, WF Stubai, WF Ötztal

Bremer Hütte

K. I, 2413 m, erb. 1897
DAV-S. Bremen
Eduard-Grunow-Str. 30
D-28203 Bremen

🜚 Heinrich Pranger
A-6150 Gschnitz 71

✆ Hütte 0663/57545

✆ Tal 05276/292

🍴 Ende Juni bis Ende Sept.

🛏 25 ⌐ 30 ⌐ 10

▦ 8 offen

🚿 Waschraum

↗ Gschnitz, 1242 m, 4; Laponisalm, 1487 m, $2^1/2$

→ Pramarspitze, 2521 m – Innsbrucker Hütte 5 - 6; Simmingjöchl, 2764 m – Nürnberger Hütte 3 - $3^1/2$ (nur Sommer); Magdeburger Hütte (Schneespitzhütte)

△ Innere Wetterspitze $2^1/2$; Feuersteine, Östl. 4, Westl. 4; Schafkampspitze $3^1/2$

⬥ nur im Frühjahr ↗ von der Nürnberger Hütte über Nbg. Scharte, Gschnitz △ Aperer Feuerstein

🚂 Steinach am Brenner

🚐 🚐 Gschnitz Feuerstein 🅿, von Gschnitz – Laponisalm Bedarfsbusverbindung

AV 31/1; FB 241; ÖK 148; Bergverlag Rother: AVF Stubaier Alpen, GF Stubaier Alpen, WF Stubai

Dortmunder Hütte

K. II, 1948 m, erb. 1931/32
DAV-S. Dortmund
Postfach 100212
D-44002 Dortmund

† Fam. Kuen
  A-6183 Kühtai/T.
℗ Hütte 05239/202 oder 224
✗ Anfang Juni bis Ende Okt.,
  Anfang Dez. bis Anfang Mai
⊨ 35 ⊓ 40 ⊔ 5
⚡ 220 V ~ ⊞-⅊

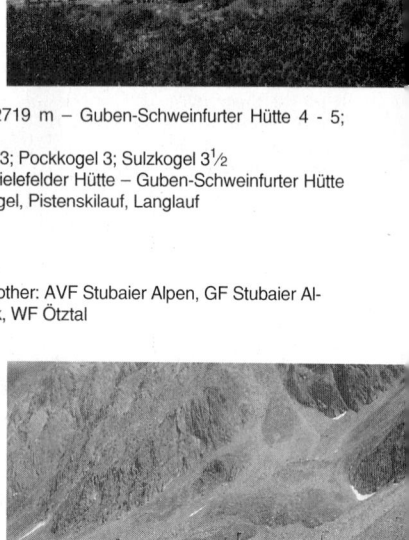

↗ Fahrstraße von Innsbruck und
  Oetz zur Hütte
→ Bielefelder Hütte über Mittertal
  4¹⁄₂; Wörgeltal 4 oder Ochsen-
  garten 3¹⁄₂; Finstertaler Scharte, 2719 m – Guben-Schweinfurter Hütte 4 - 5;
  Peter-Anich-Hütte 5¹⁄₂
△ Pirchkogel 2¹⁄₂ - 3; Gaißkogel 2¹⁄₂ - 3; Pockkogel 3; Sulzkogel 3¹⁄₂
🌂 ↗ Innsbruck, Oetz → Wörgeltal – Bielefelder Hütte – Guben-Schweinfurter Hütte
  △ Sulzkogel, Pirchkogel, Neunerkogel, Pistenskilauf, Langlauf
📞 Innsbruck, Ötztal-Bahnhof
🚌 Kühtai (v. Innsbruck und Oetz)
🚍 Kühtai 🅿

AV 31/1; FB 251; ÖK 146; Bergverlag Rother: AVF Stubaier Alpen, GF Stubaier Alpen, WF Stubai, WF Rund um Innsbruck, WF Ötztal

Dresdner Hütte

K. II, 2302 m, erb. 1875, Neubau
1887
DAV-S. Dresden
Wielandstr. 16
D-71032 Böblingen

† H. u. E. Hofer
  A-6167 Neustift
℗ Hütte 05226/8112
℗ Tal 05226/2717
✗ gj., Juni geschlossen
⊨ 80 ⊓ 100
⚡ 220 V ~ ⊞-⅊
↗ Mutterbergalm, 1728 m, 2
→ Sulzenauhütte (über Peiljoch),
  2676 m, 1³⁄₄; über Trögler 2;
  Daunjoch, 3057 m – Wüten-
karsattel, 3115 m – Hochstubaihütte 5 - 6; Amberger Hütte 5¹⁄₂; Schaufelnieder –

Hildesheimer Hütte 4; Grawagrubennieder, 2880 m – Neue Regensburger Hütte 5¹⁄₂

△ Egesengrat 1¹⁄₄; Trögler 2; Hinterer Daunkopf 3¹⁄₂; Schaufelspitze 3¹⁄₂; Stubaier Wildspitze 4; Zuckerhütl und Wilder Pfaff 4¹⁄₂

⊥ ↗ Mutterbergalm – 🚡 zur Hütte △ Hinterer Daunkopf, Schaufelspitze, Zuckerhütl, Wilder Pfaff; Pistenskilauf, Sommerskilauf; Stubaier Gletscherbahn: Mutterbergalm – Dresdner Hütte (I. Sektion)

🚌 Innsbruck oder Fulpmes (Stubaitalbahn)

🚐 Mutterbergalm 🅿

🚡 Stubaier Gletscherbahn: Mutterbergalm – Dresdner Hütte (I. Sektion)

🚡 Stubaier Eisjoch, 3133 m

AV 31/1; FB 241, S 8; ÖK 173; Bergverlag Rother: AVF Stubaier Alpen, GF Stubaier Alpen, WF Stubai

Franz-Senn-Hütte

K. I, 2147 m, erb. 1885
OeAV-Zweig Innsbruck
Wilhelm-Greil-Str. 15
A-6020 Innsbruck

♦ Horst u. Klara Fankhauser
Postfach 17
A-6167 Neustift 712

© Hütte 05226/2218

© Tal 05226/2500

✗ Mitte Feb. bis Mitte Mai, Mitte Juni bis Anfang Okt.

🛏 80 ⌐ 100

⊞ 12 offen

⚡ 220 V ∼ 〰

↗ Neustift im Stubaital, 1000 m, 4¹⁄₂; Oberiss, 1700 m, 1¹⁄₂

→ Amberger Hütte über Wildgratscharte, 3168 m, vergletschert; Regensburger Hütte über Schrimmennieder, 2706 m; Adolf-Pichler-Hütte über Senderstaljoch, 2489 m; Starkenburger Hütte; Horndalerjoch – Lisens – Westfalenhaus

△ Sommerwand, 2677 m, 2; Rinnenspitze, 3003 m, 3; Ruderhofspitze, 3473 m, 5; Wildes Hinterbergl, 3288 m, 4; Östl. Seespitze, 3416 m, 4; Wilder Turm, 3294 m, 3

⊥ nur im Frühjahr ↗ Neustift → Amberger Hütte △ Ruderhofspitze, Wildes Hinterbergl, Östl. Seespitze

🚌 Fulpmes

🚐 Neustift

🚐 Oberissalpe, 1700 m

AV 31/1, 31/2, 31/5; FB 241; ÖK 147; Bergverlag Rother: AVF Stubaier Alpen, GF Stubaier Alpen, WF Stubai

Guben-Schweinfurter Hütte

K. I, 2034 m, erb. 1912
DAV-Sektionsgemeinschaft
Schweinfurt-Guben
Linsengasse 13
D-97421 Schweinfurt

- ✚ Elfriede Kammerlander
  Tumpen-Siedlung
  A-6433 Oetz
- ✆ Hütte 05255/5702
- ✆ Tal 05255/5792
- ✗ Mitte Juni bis Ende Sept., Ende Feb. bis Ende April
- ⌶ 20 ⌐ 30 ⌐ 12
- ⊞ 24 SR ⌶
- ∿ 220 V ~ ▥
- ✈ Umhausen – Niederthai, 1535 m, 2
- → Finstertaler Scharte, 2779 m – Dortmunder Hütte 5; Zwieselbachjoch, 2870 m – Winnebachseehütte 5; Gleirschjöchl, 2750 m – Pforzheimer Hütte 3 - 4; Hochreichscharte, 2912 m – Bielefelder Hütte 8
- △ Kraspesspitze 3; Hoher Wasserfall $3\frac{1}{2}$; Hochreichkopf $3\frac{1}{2}$; Zwieselbacher Roßkopf 3 - 4; Strahlkogel 6; Larstinggrat 8; Breiter Grieskogel 4 - 5
- ⛷ nur im Frühjahr ✈ Niederthai → Dortmunder Hütte, Winnebachseehütte, Pforzheimer Hütte über Breite Scharte, 2780 m △ Kraspesspitze, Hoher Wasserfall, Hochreichkopf, Breiter Grieskogel
- ⛟ Ötztal-Bahnhof
- ⛟ Umhausen
- ⛟ Niederthai 🅿

AV 31/2; FB 251; ÖK 146; Bergverlag Rother: AVF Stubaier Alpen, GF Stubaier Alpen, WF Ötztal

Hildesheimer Hütte

K. I, 2899 m, erb. 1896
DAV-S. Hildesheim
Schuhstr. 33
D-31134 Hildesheim

- ✚ Gustav Fiegl
  Windau 608
  A-6450 Sölden
- ✆ Hütte 05254/2300
- ✆ Tal 05254/2090
- ✗ Anfang Juli bis Ende Sept.
- ⌶ 24 ⌐ 56 ⌐ ca. 25
- ⊞ 12 offen SR

〜 220 V 〜

↗ Sölden, 1367 m, 5; Gasthaus Fiegl, 1959 m, 3

→ Dresdner Hütte über Schaufelnieder 2½ oder Bildstöckljoch, 3133 m, 3; Siegerlandhütte 4; Warenkarscharte, 3187 m – Hochstubaihütte 3½; Daunscharte, 3156 m – Amberger Hütte 6; Sulzenauhütte 4; Müllerhütte 4

△ Zuckerhütl 3; Wilder Pfaff 3; Schaufelspitze 1½; Stubaier Wildspitze 3; Schußgrubenkogel 1½

⛷ nur im Frühjahr, nur ⌗ ↗ Dresdner Hütte △ Schaufelspitze, Schußgrubenkogel, Östl. Daunkogel

🚍 Ötztal-Bahnhof

🚌 ⟻ Sölden P

AV 31/1; FB 251, S 8; ÖK 173; Bergverlag Rother: AVF Stubaier Alpen, GF Stubaier Alpen, WF Ötztal

Hochstubaihütte

K. I, 3173 m, erb. 1931-1933
DAV-S. Dresden
Wielandstr. 16
D-71032 Böblingen

† Antonia Falkner
Windau-Neubau
A-6450 Sölden

℃ Tal 05254/3240
(Y zur Hütte)

✕ Anfang Juli bis Mitte Sept.

🛏 8 ⌐ 37 ∟ 10

⌗ 6 offen SR

↗ Sölden, 1367 m – Klebaralm, 1985 m – Laubkar 5 - 6; über Gasthaus Fiegl, 1959 m –

Seekar 5 - 6; Gries/Sulztal, 1572 m – Amberger Hütte – Wütenkarsattel, 3115 m, 7 - 8; Stubaier Gletscherbahn 3 - 3½

→ Amberger Hütte 3; Dresdner Hütte über Daunscharte, 3156 m, oder Warenkarscharte – Bildstöckljoch 4 - 5; Warenkarscharte – Hildesheimer Hütte 3 - 4

△ Wilde Leck 2½ - 3; Warenkarseitenspitze 1; Windacher Daunkogel 1½ – Überscheitung des Daunkogelkammes 7 - 8; Hoher Nebelkogel ¼; Stubaier Wildspitze 3½; Östl. Daunkogel 4

⛷ nur im Frühjahr ↗ Amberger Hütte → Amberger-, Hildesheimer-, Dresdner Hütte △ Windacher Daunkogel, Warenkarseitenspitze, Hoher Nebelkogel

🚍 Ötztal-Bahnhof

🚌 ⟻ Sölden P

AV 31/1; FB 251, S 8; ÖK 173; Bergverlag Rother: AVF Stubaier Alpen, GF Stubaier Alpen, WF Rund um Innsbruck, WF Ötztal

Innsbrucker Hütte

K. I, 2369 m, erb. 1884
OeAV-S. Touristenklub Innsbruck
Wilhelm-Greil-Str. 15
A-6020 Innsbruck

- ☦ Franz u. Marlene Egger
  Dorf 561a
  A-6167 Neustift
- ✆ Hütte 05276/295
- ✆ Tal 05226/2930
- ✕ Ende Juni bis Ende Sept.
- ⊨ 40 ⌐ 100 ⌐ 20
- ⊞ 8 offen
- ⌁ 220 V ∼
- ↗ Neder bei Neustift, 964 m, 3 - 4; Gschnitz, 1243 m, 3; Gschnitz, Gasthof Feuerstein 3
- → Bremer Hütte, 2413 m, 5 - 6
- △ Habicht, 3277 m, 3; Kalkwand, 2564 m, 1; Ilmspitze, 2690 m, 3; Klettersteig auf Ilmspitze 3 - 4
- ⧨ Fulpmes, Stubai, Steinach a. Brenner
- ⊟ Gschnitz/Neder
- ⊟ Gschnitz/Neustift/Neder 🅿
  Pinnistal gesperrt für Pkw, Jeep-Linienverkehr Neder – Pinnisalm

FB 241; ÖK 147; Bergverlag Rother: AVF Stubaier Alpen, GF Stubaier Alpen, WF Stubai, WF Rund um Innsbruck

Nürnberger Hütte

K. I, 2297 m, erb. 1886
DAV-S. Nürnberg
Kornmarkt 6
D-90402 Nürnberg

- ☦ Ignaz Siller
  Dorf Nr. 246
  A-6167 Neustift
- ✆ Hütte 05226/2492
- ✆ Tal 05226/2539
- ✕ Mitte Juni bis Anfang Okt.
- ⊨ 50 ⌐ 86 ⌐ 2
- ⊞ 10 offen
- ⌁ 220 V ∼ ⌐
- ↗ Ranalt, 1300 m, 3
- → Niederl, 2680 m – Sulzenau-hütte 2½; Mairspitze, 2781 m – Sulzenauhütte 3½; Simmingjöchl, 2764 m – Bremer Hütte 3½; Wilder Freiger,

3418 m – Becherhaus und Müllerhütte, 3143 m, 5
△ Wilder Freiger, 3418 m, 4; Feuersteine, 3268 m, $3\frac{1}{2}$
⊼ Wilder Freiger, Östl. Feuerstein
🚃 Innsbruck, Fulpmes (Stubaitalbahn)
🚌 Mutterbergalm, Halt bei 🅿 Nürnberger Hütte – B'suchalm
🚐 Ranalt bis 🅿 Nürnberger Hütte – B'suchalm

AV 31/1; FB 241; ÖK 147; Bergverlag Rother: AVF Stubaier Alpen, GF Stubaier Alpen, WF Stubai

Peter-Anich-Hütte

K. I, 1909 m, erb. 1884
OeAV-S. Touristenklub Innsbruck
Wilhelm-Greil-Str. 15
A-6020 Innsbruck

🛉 Cilli Perkofer
  Länge 12
  A-6421 Rietz/Tirol
✆ Tal 05262/63159
✗ Mitte Juni bis Mitte Okt.
⊓ 12 ⊔ 5
⟋ Rietz, 627 m, 3; Pfaffenhofen,
  612 m, 3; Stams, 637 m, über
  Stamser Alm, 1873 m – Kreuz-
  joch, 2595 m, 5 - 6
→ Kühtai, Dortmunder Hütte,
  1948 m, über Rietzer Grieskogel 5
△ Rietzer Grieskogel, 2884 m, 3; Hocheder, 2796 m, über Grieskogel $3\frac{1}{2}$
⊼ nur im Frühjahr ⟋ Rietz, Pfaffenhofen
🚌 Rietz, Telfs-Pfaffenhofen
🚐 🚐 Rietz oder Pfaffenhofen

FB 252; ÖK 116; Bergverlag Rother: AVF Stubaier Alpen, WF Rund um Innsbruck

Rudolf-Pfeningberger-Haus

1400 m, erb. 1965
OeAV-Zweig Innsbruck
Wilhelm-Greil-Str. 15
A-6020 Innsbruck

🛉 Cilli Waldner
  Jugendheim Obernberg
  A-6156 Obernberg a. Brenner
✆ Hütte 05274/475
✆ Tal 05274/463
✗ nur für Jugendgruppen: nach Vereinbarung ganzjährig; Nov. geschlossen
⊓ 80
⚡ 220 V 🔥

➚ Gries a. Br. 1½
→ Österr. Tribulaunhütte über Gstreinjöchl, 2600 m, 3 - 4
△ Kleiner Tribulaun, 2491 m – Obernberger Tribulaun, 2780 m, 4; Lichtsee – Leitnerberg, 2390 m, 2; Eggerberg, 2282 m – Nößlachjoch, 2231 m – Steinach oder Gries gesamt 6 - 7
⇄ den ganzen Winter und im Frühjahr △ Lichtsee-Leitnerberg, Muttekopf, Rötenspitze, Grabenkopf, Geierskragen, Hoher Lorenzberg
🚌 Gries a. Br.
🚌 Obernberg
🚌 beim Heim

FB 241; ÖK 148; Bergverlag Rother: AVF Stubaier Alpen, GF Stubaier Alpen, WF Stubai, WF Rund um Innsbruck

Pforzheimer Hütte, Neue
(Adolf-Witzenmann-Haus)
K. I, 2308 m, erb. 1926
DAV-S. Pforzheim
Witzenmann GmbH
Östl. Karl-Friedrich-Str. 134
D-75175 Pforzheim

† Lampert Winkler
  A-6182 St. Sigmund 33
℡ Hütte 05236/8176
℡ Tal 05236/8203
✗ Mitte Feb. bis Anfang Mai, Mitte Juni bis Ende Sept.
🛏 20 ⌐ 40 ⌐ 25
🔲 14 SR ♀
⚡ 220 V ~ 🖵
➚ St. Sigmund, 1516 m, 2½

→ Gleirschjöchl, 2736 m – Guben-Schweinfurter Hütte 4; Westfalenhaus über Satteljoch, 2700 m – Praxmar – Lisens 5; über Zischgenscharte, 2936 m, 4½ - 5
△ Samerschlag, Metzgerstein 2½; Zischgeles-Spitze 3½; Zwieselbacher Roßkogel 3; Rotgrubenspitze 3; Vord. Grubenwand 4½; Überschreitung Zwieselbacher Grieskogel – Sonnwandspitzen – Gleirscher Fernerkogel 5
⇄ nur im Frühjahr ➚ St. Sigmund → Guben-Schweinfurter Hütte △ Gleirscher Fernerkogel, Samerschlag, Zwieselb. Roßkogel, Rotgrubenspitze, Vord. Grubenwand über Zischgenferner

- 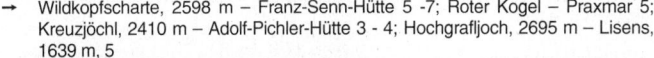 Innsbruck
- St. Sigmund/Sellraintal
- St. Sigmund 🅿

AV 31/2; FB 241; ÖK 146, 147; Bergverlag Rother: AVF Stubaier Alpen, GF Stubaier Alpen

Potsdamer Hütte

K. I, 2012 m, erb. 1931/32
DAV-S. Potsdam-Dinkelsbühl
Segringer Str. 29
D-91550 Dinkelsbühl

- 👤 Alois Mungenast
  A-6181 Sellrain
  während der Nichtbew.:
  Dandlweg 4
  A-6410 Telfs
- ✆ Hütte 05238/2060
- ✆ Tal 05262/66240
- ✗ Ende Jan. bis Sonntag nach Ostern, Mitte Juni bis Anfang Okt.
- ⊨ 18 ⌐ 32
- ⊞ keiner
- ⚡ 220 V ∼
- ↗ Sellrain, 909 m, 3½; Fotscher Bergheim 1¾
- → Wildkopfscharte, 2598 m – Franz-Senn-Hütte 5 -7; Roter Kogel – Praxmar 5; Kreuzjöchl, 2410 m – Adolf-Pichler-Hütte 3 - 4; Hochgrafljoch, 2695 m – Lisens, 1639 m, 5
- △ Roter Kogel 2 - 3; Schwarzhorn 3; Wildkopf 2 - 3; Lisener Villerspitze 4; Sömen 2½ - 3; Hühnereggen 2½ - 3; Gallwieser Mittergrat 3
- ⚴ ↗ Sellrain △ Roter Kogel, Wildkopf, Sömen, Hühnereggen, Gallwieser Mittergrat, Schaflegerkogel, Fotscher Windegg
- ⇔ Innsbruck
- ⇔ Sellrain
- ⇔ Sommer: Bergheim Fotsch, 1520 m 🅿, Winter: Sellrain 🅿; bis Bergheim Fotsch nur mit Erlaubnis der Gemeinde Sellrain

AV 31/2, 31/5; FB 241; ÖK 147; Bergverlag Rother: AVF Stubaier Alpen, GF Stubaier Alpen, WF Stubai

Regensburger Hütte, Neue

K. I, 2286 m, erb. 1930/31
DAV-S. Regensburg
Postfach 100308
D-93003 Regensburg

- ♦ Bgf. Lorenz Knoflach
  A-6167 Neustift-Rain 571
- ℂ Hütte 05226/2520
- ℂ Tal 05226/2349
- ✗ Mitte Juni bis Ende Sept.
- ⊨ 26 ⌐ 70 ⌙ 5
- ⊞ 5 ℒ
- ⌁ 220 V ∼
- ✗ Falbeson, 1220 m, 2½; Neustift, 1100 m, über Milders und Kerachalm 5
- → Schrimmennieder, 2706 m – Franz-Senn-Hütte 4; Grawagrubennieder, 2880 m – Dresdner Hütte 6; Schwarzenbergjoch, 3104 m – Amberger Hütte 6; Hochmoosscharte – Franz-Senn-Hütte 5
- △ Ruderhofspitze 4; Seespitze 3½; Kräulspitze 3 und Knotenspitze 2; Nockwand 4
- ⋏ nur im Frühjahr ⌁ Falbeson → Hochmoosscharte, Franz-Senn-Hütte △ Ruderhofspitze, Seespitzen
- ⚒ Fulpmes
- ⇢ Falbeson 🅿

AV 31/1, 31/5; FB 241; ÖK 147; Bergverlag Rother: AVF Stubaier Alpen, GF Stubaier Alpen, WF Stubai

Siegerlandhütte

K. I, 2710 m, erb. 1930
DAV-S. Siegerland
Freudenberger Str. 281
D-57072 Siegen

- ♦ Hermann Fiegl
  Wohlfahrt 550
  A-6450 Sölden
- Y Hütte 05254/2142
- ℂ Tal 05254/2189
- ✗ Anfang Juli bis ca. 20. Sept.
- ⊨ 26 ⌐ 37 ⌙ 9
- ⊞ 6 offen SR
- ✗ Sölden, 1350 m – Gasthaus Fiegl, 1959 m, 5
- → Hildesheimer Hütte 3; Müller- und Becherhütte über Windachscharte, 2862 m (Grenzüberschreitung)

△ Sonklarspitze 2½ - 3; Zuckerhütl 4; Schrakogel 4; Schwarzwandspitze 2½; Geißkogel 2½ - 3; Scheiblehnkogel 1½; Hint. Kitzkogel 2½ - 3

⚊ gutes Frühjahrsskigebiet ↗ Sölden △ Sonklarspitze, Scheiblehnkogel

⇥ Ötztal-Bahnhof

⇥ ⇢ Sölden 🅿

AV 31/1; FB WKS 8; ÖK 173; Bergverlag Rother: AVF Stubaier Alpen, GF Stubaier Alpen, WF Rund um Innsbruck, WF Ötztal

Starkenburger Hütte

K. I, 2229 m, erb. 1900 bis 1905
DAV-S. Starkenburg
Postfach 110319
D-64218 Darmstadt

🛈 Fridolin Hofer
  Ausserrain 573
  A-6167 Neustift
📞 Hütte 05226/2867
📞 Tal 05226/2683
✗ Mitte Mai bis Mitte Okt.
🛏 13 ⌐ 41 ⌐ 10
▦ (im Bau)
↗ Fulpmes, 935 m – 🚠 Froneben, 1300 m – Fußweg ¾; Neustift, 993 m, 3¼; Froneben Fußweg über Galtalm – Kaserstattalm 2½; Neder b. Neustift, 990 m – Pfurtschellhöfe – Kaserstattalm 3½; Midlers/Bärenbad 3½; Kreuzjochlift-Höhenweg 1¼

→ Adolf-Pichler-Hütte 2; Franz-Senn-Hütte 6 - 7; Schlicker Scharte – Schlicker Alm – Froneben 4

△ Hoher Burgstall 1 - 1½; Schlicker Seespitze 3; Gamskogel 2

⚊ kein Stützpunkt

⇥ Fulpmes

⇥ ⇢ Fulpmes; Neustift, Bärenbad 🅿

⛷ Fulpmes – Froneben, Kreuzjoch

AV 31/5; FB 241; ÖK 147, 148; Bergverlag Rother: AVF Stubaier Alpen, GF Stubaier Alpen, WF Rund um Innsbruck

Sterzinger Haus

am Roßkopf
1930 m, erb. 1975
AVS-Sektion Sterzing
Postfach
I-39049 Sterzing

- Reinhold Oberjakober
  Sterzinger Haus
  Roßkof oder Postfach 73
  I-39049 Sterzing
- Hütte 0472/765301
- Tal 0472/764481
- 1.12. bis Ostern, 1.6. bis 15.10.
- 40 ⊓ 44 ⊔ 15
- 220 V ~
- Sterzing 2½; Gossensaß, 1098 m, 3½; Seilbahn-Bergstation 20 Min.
- Pritscher Alm, 2160 m – Ridnaun 5½ (Ridnauner Höhenweg)
- △ Roßkopf, 2189 m, 1; Telfer Weißen, 2588 m, 3½
- Pistenskilauf am Roßkopf
- Sterzing
- Sterzing
- Sterzing, Talstation Roßkopfbahn
- bis 20 Min. vor Haus

FB WKS 4; ÖK 175; Bergverlag Rother: AVF Stubaier Alpen, GF Stubaier Alpen, WF Stubai

Sulzenauhütte

K. I, 2191 m, erb. 1926, zerstört 1975, Wiederaufbau 1976-78
DAV-S. Leipzig in München
Veldenstr. 18
D-85221 Dachau

- Leo Schöpf
  Kampl Nr. 625
  A-6167 Neustift/Stubai
- Hütte 05226/2432
- Tal 05226/2455
- Anfang Juni bis Ende Sept., Ostern, Pfingsten nur beaufsichtigt
- 28 ⊓ 122 12 SR
- 220 V ~
- Grawa-Alm, 1533 m, 1½ - 2
- Nürnberger Hütte über Niederl, 2680 m, 2½ - 3 oder Mairspitze 3½; Dresdner

Hütte über Peiljoch, 2676 m, 2$\frac{1}{2}$ oder Trögler 3$\frac{1}{2}$; Müllerhütte über Pfaffennieder 3$\frac{1}{2}$

△   Mairspitze 2$\frac{1}{2}$; Gr. Trögler 2; Wilder Freiger 4$\frac{1}{2}$; Wilder Pfaff 4 - 4$\frac{1}{2}$; Zuckerhütl 5

⚒   nur im Frühjahr ✗ nur über Dresdner Hütte – Lange Pfaffennieder △ Zuckerhütl, Wilder Pfaff, Wilder Freiger

🚋   Innsbruck, Fulpmes (Stubaitalbahn, nur Sommer)

🚌   🚐 Grawa-Alm 🅿

AV 31/1; FB 241; ÖK 147; Bergverlag Rother: AVF Stubaier Alpen, GF Stubaier Alpen, WF Stubai

Westfalenhaus

K. I, 2273 m, erb. 1908
DAV-S. Münster/Westfalen
Albersloherweg 14
D-48155 Münster

✝   Rinaldo De Biasio
    Westfalenhaus
    A-6182 Gries/Sellrain
    während der Nichtbew.:
    In der Klamm 73a
    A-6444 Längenfeld/Ötztal

✆   Hütte 05236/267
✆   Tal 05233/5350
✗   Mitte Feb. bis Anfang Mai, Mitte Juni bis Ende Sept.
🛏   15 ⌐ 35 ⌐ 30
▦   9 offen SR
⚡   220 V ~ 🔥
✗   Lisensalm, 1639 m, 2$\frac{1}{2}$
→   Pforzheimer Hütte 4 - 5; Winnebachseehütte 3; Amberger Hütte 4 - 5
△   Winnebacher Weißkogel, 3185 m, 3; Grubenwand, 3175 m, 3$\frac{1}{2}$; Hoher Seeblaskogel, 3235 m, 3; Längentaler Weißer Kogel, 3218 m, 3; Schöntalspitze, 3008, 2$\frac{1}{2}$
⚒   ✗ Lisens (Winterweg benützen) → Winnebachseehütte, Pforzheimer Hütte △ Winnebacher Weißkogel, Hoher Seeblaskogel, Längentaler Weißer Kogel, Lisenser Fernerkogel über Lisensalm, Schöntalspitze
🚋   Innsbruck
🚌   Praxmar
🚐   Lisens 🅿

AV 31/1, 31/5; FB 241; ÖK 146; Bergverlag Rother: AVF Stubaier Alpen, GF Stubaier Alpen, WF Stubai, WF Rund um Innsbruck

Winnebachseehütte

K. I, 2372 m, erb. 1901
DAV-S. Hof/Bayern
Friedrichstr. 25
D-95028 Hof

  Michael Riml
  A-6444 Gries/Sulztal
  Post Längenfeld/Ötztal
ⓒ Hütte 05253/5197
ⓒ Tal 05253/5190
✗ Mitte März bis Mitte April, An-
  fang Juli bis Ende Sept., bei
  Anmeldung von Gruppen auch
  zwischenzeitlich möglich
⊨ 8 ⌐ 33 ⌐ 12
⊞ 14 offen SR
⚡ 220 V ~ ⚡
↗ Gries, 1572 m, 2
→ Winnebachjoch, 2788 m – Westfalenhaus 3½; Zwieselbachjoch, 2870 m –
  Guben-Schweinfurter Hütte 4½; Gaißlehnscharte, 3045 m – Amberger Hütte 5
△ Gänsekragen, 2902 m, 1½; Breiter Grieskogel, 3287 m, 3; Hoher Seeblaskogel,
  3235 m, 3; Larstigspitze, 3173 m, 4; Bachfallenkopf 3; Gaißlehnkogel 4; Winneba-
  cher Weißkogel, 3185 m, 3½; Hohe Winnebachspitze, 3155 m, 3½
🎿 nur im Frühjahr ↗ Gries → Westfalenhaus, Gubener Hütte △ Breiter Grieskogel,
  Winnebacher Weißkogel, Bachfallenferner
🚍 Ötztal-Bahnhof
🚌 Längenfeld/Ötztal
🚌 Gries/Sulztal (i. Frühjahr Schneeketten erf.) 🅿

AV 31/2; FB 241; ÖK 146; Bergverlag Rother: AVF Stubaier Alpen, GF Stubaier Alpen, WF Ötztal

Hütten anderer alpiner Vereine und Privathütten

Adolf-Pichler-Hütte, 1960 m, im Senderstal, westlich der Kalkkögel, Akad. Alpenklub
Innsbruck, ⊨ 25 ⌐ 50, ↗ Grinzens 3, Kemater Alm ¾, 🚍 Kematen 🚌 Grinzens 🚌
Kemater Alm (nur Sommer), bew. Mitte Juni bis Anfang Okt., für angemeldete Gruppen
auch Ostern, Pfingsten und Weihnachten; ⓒ 05238/3194

Axamer Skihütte, 1580 m, unter dem Hoadl, privat (SCL Axams), ⊨ 16 ⌐ 59, ↗
Axams 1½, 🚍 Innsbruck, Axams 🚌 Axams 🚌 zum Haus, gj. bew.

Becherhaus (Rifugio Gino Biasi alla Punta del Bicchiere), 3195 m, auf der Becherspit-
ze, CAI, ⊨ 24 ⌐ 65, ↗ Schönau oder Moos 5½, 🚍 Sterzing 🚌 Moos, Timmelsjochstraße 🚌 Moos oder Schönau, bew. Anfang Juli bis Ende Sept., ⊞ 6 ⚑ bei 👤 Elisabeth
u. Hermann Vantsch, ⓒ Hütte 0472/66377, ⓒ Tal 0472/66884

Birgitzköpflhütte, 2098 m, in den Kalkkögeln, TVN, ⌐ 35, ↗ Axamer Lizum (Lift), 🚌 Innsbruck, Axams 🚌 Schönberg 🚌 Axams, SV, Schlüssel bei TVN, ✆ 0512/584144

Birgitzköpflhaus, Neues, 2098 m, in den Kalkkögeln, TVN, 🛏 34 ⌐ 16, ↗ Sessellift-Bergstation, 🚌 Innsbruck, Axams 🚌 Schönberg 🚌 Axams, bew. Mitte Dez. bis Ende April, Anfang Juli bis Ende Sept., ✆ Hütte 05234/8100

Brunnenkogelhaus, 2737 m, am Vord. Brunnenkogel, ÖTK, 🛏 2 ⌐ 7 ⌐ 6, ↗ Sölden 4, 🚌 Ötztal 🚌 Sölden, 🚌 bis Fieglhütte, bew. Ende Juni bis Ende Sept.

Elferhütte, 2080 m, oberhalb von Neustift an der Bergstation des Elferlifts, privat, 🛏 52, ↗ Neustift, 🚌 Innsbruck 🚌 🚌 Neustift, gj. bew., ✆ 05226/2818

Fieglhütte, 1959 m, im Windachtal bei Sölden, privat, 🛏 20 ⌐ 10, ↗ Sölden 2, 🚌 Ötztal 🚌 Sölden, bew. Anfang Juni bis Ende Sept.

Fotscher Skihütte (Bergheim in der Fotsch), 1520 m, privat im Fotscher Tal, 🛏 40 ⌐ 6, ↗ Sellrain 2, 🚌 Innsbruck 🚌 Sellrain 🚌 zum Haus, gj. bew., ✆ 0663/57377

Grohmannhütte (Übertalfernerhütte), 2254 m, im oberst. Ridnauntal, CAI, ⌐ 10, ↗ Ridnaun 3½, 🚌 Sterzing 🚌 Ridnaun, bew. Mitte Juni bis Ende Sept.

Haggen-Alpengasthof, 1650 m, im oberst. Sellraintal, privat, 🛏 30 ⌐ 20, ↗ Kematen 5½, Gries 1½, 🚌 Kematen 🚌 St. Sigmund 🚌 zum Haus, gj. bew., ✆ 05236/213

Jaufenhaus, 1990 m, auf dem Jaufenpaß, privat, 🛏 58, ↗ Sterzing 3½, 🚌 Sterzing 🚌 🚌 zum Haus ab Sterzing oder Passeiertal, Mitte Mai bis Ende Nov., Weihnachten bis Ende April, ✆ 0472/66622

Lisens-Alpengasthof, 1636 m, am Fuß d. Lisenser Ferner, privat, 🛏 48 ⌐ 25, ↗ Gries i. Sellraintal 2, 🚌 Kematen 🚌 Gries 🚌 zum Haus, bew. Anfang Jan. bis Ende April, Anfang Juni bis Ende Okt. und Weihnachten, ✆ 05236/215

Magdeburger Hütte, Alte (Schneespitzhütte), 2422 m, im oberst. Pflerschtal, CAI, 🛏 36 ⌐ 36, ↗ Innerpflersch 3½, 🚌 Gossensaß 🚌 Pflersch 🚌 Innerpflersch, bew. Mitte Juni bis Anfang Okt., ✆ 0472/762472

Maria-Waldrast-Alpengasthof, 1641 m, östl. d. Serles, privat, 🛏 63 ⌐ 10, ↗ Matrei 2, Fulpmes 2½, 🚌 Matrei oder Fulpmes, 🚌 Fulpmes, Matrei 🚌 Matrei – Maria Waldrast, gj. bew., ✆ 05273/6219

Milderann-Alm, 1671 m, Aufstieg zur Brennerspitze, privat, 🛏 10 ⌐ 10, ✆ Tal 05226/2784

Müllerhütte (Pfaffenniederhütte), 3148 m, zwischen Wild. Freiger und Wild. Pfaff, CAI, 🛏 30 ⌐ 65, ↗ Timmelsjochstraße (WH, Hochfirst) 5 oder Mutterberger Tal, 🚌 Meran, Fulpmes, Sterzing 🚌 🚌 Ranalt, Passeiertal, Maiern (Ridnauntal), bew. Anfang Juli bis Mitte Sept., 🏴 20 offen, ✆ Hütte 0337/451384

Oberißalpe, 1745 m, am Weg von Neustift zur Franz-Senn-Hütte, bei der Talstation des Materialaufzuges, ↗ Neustift im Stubaital 2¾

Padasterjochhaus, 2232 m, an der Kirchdachspitze, TVN, 🛏 27 ⌐ 65, ↗ Steinach am Brenner 3½, Trins 3, 🚌 Steinach 🚌 Trins, bew. Anfang Juli bis Ende Sept., 🏴, ✆ Tal 05276/204

0663/058682 u. 05225/64940

Roßkogelhütte, 1778 m, am Roßkogel, privat (Roßkogel-Lift-Ges.), ⊨ 16 ⌐ 24, ↗ Kematen 2½, im Winter Lift zum Haus, ⇝ Kematen ⇝ Oberperfuß ⇝ Lift-Talstation, gj. bew., ℰ 05232/2561

Schlicker-Alm-Wirtshaus, 1616 m, in der Schlick, privat, ⊨ 53, ↗ Froneben ⇝ ⇝ Fulpmes, Telfs, gj. bew., ℰ 05225/2409

Schneeberghütte, 2355 m, zwisch. Lazacher- und Passeiertal, CAI, ⊨ 18 ⌐ 40, ↗ Maiern im Ridnauntal 5, WH, Saltnus im Passeiertal 2, ⇝ Meran oder Sterzing ⇝ Ridnaun oder Moos ⇝ WH. Saltnus oder Maiern, bew. Anfang Juni bis Mitte Okt., ℰ 0473/643933

Teplitzer Hütte (Hangende-Fernerhütte, Feuersteinhütte), 2586 m, unter dem »Hangenden Ferner«, CAI, ⌐ 67, ↗ Maiern im Ridnauntal, 1417 m, 4, ⇝ Sterzing ⇝ ⇝ Maiern, bew. Anfang Juli bis Ende Sept., ⊞ 8 offen, ℰ 0472/766256 oder 766212

Tribulaunhaus, 2064 m, im oberst. Gschnitztal, TVN, ⊨ 8 ⌐ 60, ↗ Gschnitz 2½, Gries 5, ⇝ Steinach oder Gries am Brenner ⇝ Trins ⇝ Gries, bew. Anfang Juni bis Ende Sept., ⊞, ℰ 05276/252   *0663/9253114*

Tribulaunhütte (Rifugio Cesare Calciati al Tribulaun), 2368 m, westl. d. Tribulaune, CAI, ⊨ 19 ⌐ 26, ↗ Innerpflersch 3, ⇝ Gossensaß oder HSt Pflersch ⇝ Pflersch ⇝ Innerpflersch, bew. Anfang Juli bis Ende Sept., ⊞ 9, ℰ 0472/762470

32 Sarntaler Alpen

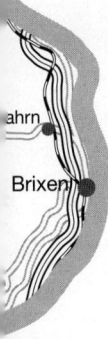

Umgrenzung

St. Leonhard – Jaufenpaß – Jaufental – Sterzing – Eisack bis Einmündung in die
Etsch – Etsch bis Meran – Passeiertal bis St. Leonhard

Meraner Hütte

(Hermann-Gritsch-Haus)
1960 m, erb. 1970
AVS-Sektion Meran
Galileo-Galilei-Str. 45
I-39012 Meran

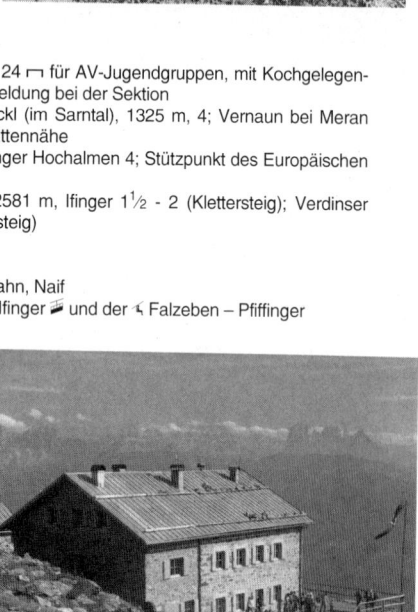

- ✝ Georg Tribus
  Meraner Hütte
  I-39010 Hafling-Meran 2000
  während der Nichtbew.:
  Pardellerweg 17
  I-39020 Kastelbell-Tschars
- ℂ Hütte 0473/99405
- ℂ Tal 0473/624612
- ✗ gj., 1.5. bis 1.6. und 1.11. bis
  20.12. geschlossen, im Winter
  Halbpension obligatorisch
- ⊨ 38 ⊓ 12
- ⤳ 220 V ~ ▦ ⤵, Jugendheim mit 24 ⊓ für AV-Jugendgruppen, mit Kochgelegen-
  heit, WC, Aufenthaltsraum, Anmeldung bei der Sektion
- ⬈ Sarnthein, 961 m, 3½; Aberstückl (im Sarntal), 1325 m, 4; Vernaun bei Meran
  Seilbahn und Gondellift bis in Hüttennähe
- → Hirzerhütte 4; Hafling über Haflinger Hochalmen 4; Stützpunkt des Europäischen
  Fernwanderweges E 5
- △ Kleiner, 2552 m, und Großer, 2581 m, Ifinger 1½ - 2 (Klettersteig); Verdinser
  Plattenspitze, 2680 m, 2 (Klettersteig)
- ⤴ Pistenskilauf Meran 2000
- 🚋 Meran
- 🚌 ⤳ Falzeben, Talstation Ifinger Bahn, Naif
- 🚡 Nähe Hütte, im Sommer nur die Ifinger 🚡 und der ⤴ Falzeben – Pfiffinger

FB S 1; Bergverlag Rother: GF
Sarntaler Alpen

Radlseehaus

2257 m, erb. 1956
AVS-Sektion Brixen
Domplatz 13
Kleines Kulturhaus
I-39042 Brixen

- ✝ Paul Willeit
  Vals 121
  I-39037 Mühlbach
- ℂ Hütte 0472/855230
- ℂ Tal 0472/57215
- ✗ Mitte Mai bis Ende Okt.
- ⊨ 17 ⊓ 40 ⊔ 6

⊞ 6 offen
⚡ 220 V ~
✈ Feldthurns, 851 m, 4, mit Pkw Fahrmöglichkeit bis 1150 m, dann 3; Brixen-Ge-
    reuth bis Perlungerhof, 1380 m, **P**, dann 2¹/₂
→ Klausener Hütte 2; Schalders 3¹/₂
△ Königsangerspitze, 2439 m, ¹/₂; Hundskopf, 2354 m, 10 Min.
⚘ nur im Frühjahr, Königsangerspitze
🚌 Brixen, Klausen
🚋 Feldthurns
🚐 **P** 1150 über Feldthurns – Perlungerhof

FB S 4; Bergverlag Rother: GF Sarntaler Alpen

Hütten anderer alpiner Vereine und Privathütten

Flaggerschartenhütte (Marburg-Siegener Hütte), 2481 m, am Flaggersee, CAI, 🛏 16
⌐ 20, ✈ Mittewald 5 - 6; Durnholzer See 2¹/₂, 🚌 Mittewald 🚐 Durnholz 🚐 Durnholzer
See, ⊞ offen ⊔ 4, bew. Ende Juni bis Ende Sept., ☎ 0471/625251

Hirzerhütte, 1938 m, auf der Tallner Alm, privat, 🛏 35, ✈ Saltaus mit Hirzer-Seilbahn
10 Min., 🚌 Meran 🚐 Saltaus, bew. Anfang Juni bis Ende Okt.

Ifingerhütte, 1815 m, unter dem Ifinger, CAI, ⌐ 14, ✈ Schenna 2¹/₂, Gasthaus Taser
(Bergstation der Seilbahn von Schenna) 1¹/₄, 🚌 Meran 🚐 Schenna 🚐 Talstation
Bergbahn, bew. Mitte Mai bis Ende Okt.

Klausener Hütte, 1919 m, unter der Lorenzispitze, CAI, 🛏 11 ⌐ 30, ✈ Latzfons 2¹/₂,
Durnholzer See 3, 🚌 Klausen 🚐 Latzfons, bew. Mitte Mai bis Ende Okt., übrige Zeit
Sa./So., ⊞ mit der nebenliegenden Sennhütte, ☕ dort ⊔ 9, ☎ 0472/55194

Latzfonser-Kreuz-Hütte, 2300 m, privat, 🛏 4 ⌐ 28, ✈ Reinswald 3¹/₂, Durnholzer See
3, 🚌 Klausen 🚐 Latzfons 🚐 Reinswald, Durnholzer See, bew. Ende Juni bis Ende
Sept., ☎ 0471/839632

Rittner-Horn-Haus, 2260 m, auf dem Rittner Horn, CAI, 🛏 10 ⌐ 23, ✈ Pemmern am
Ritten 2, Barbian 3¹/₂, 🚌 Klobenstein 🚐 Barbian 🚐 Barbian, Pemmern, bew. Anfang
Juni bis Ende Sept. und während der Skisaison, ⊞ 6, ☎ 0471/56207

Rotwandhütte, 1817 m, auf der Haflinger Hochfläche, CAI, 🛏 21, ✈ Falzeben 1¹/₂,
Bergstation Pfiffinger Köpfl 5 Min., 🚌 Meran 🚐 Naiftal (Talstation), gj. bew.,
☎ 0473/99462

Sarner-Scharten-Hütte, 2381 m, direkt an der Sarner Scharte, privat, Wetterschutz-
hütte, offen

INNSBRUCK

Igls

33 Tuxer Alpen

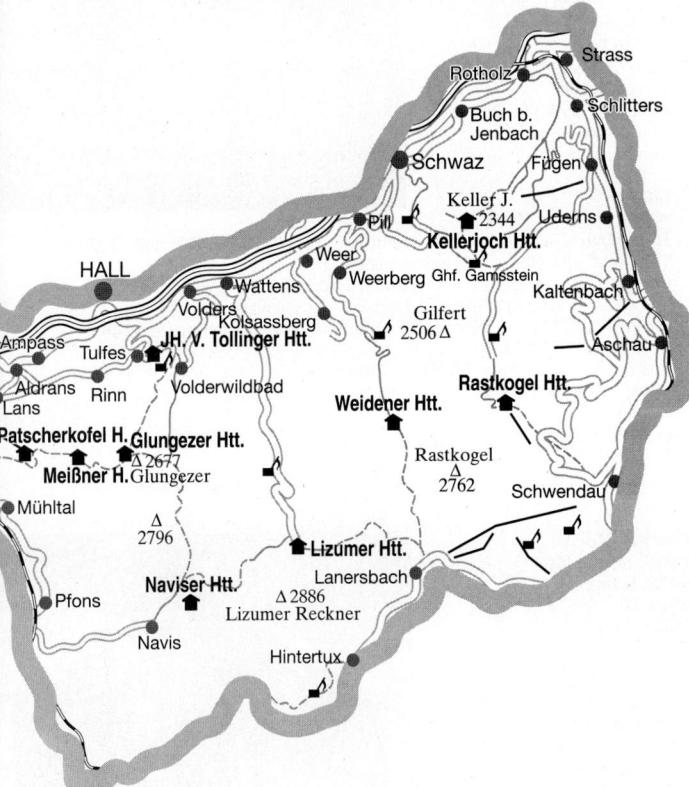

Umgrenzung

Inn von Innsbruck bis Einmündung Ziller – Zillertal bis Mayrhofen – Tuxer Tal bis
Hintertux – Tuxer Joch – Kasererbach – Schmirnbach – Wipptal – Innsbruck

Glungezerhütte

K. I, 2610 m, erb. 1932
OeAV-S. Hall i. Tirol
Schulgasse 6, Postfach 50
A-6060 Hall i. Tirol

- † Lothar u. Helga Gratl
  Schmalzgasse 32
  A-6060 Tulfes
- © Hütte 05223/2221
- © Tal 05223/8743
- ✗ Mitte Juni bis Ende Okt., 25. Dez. bis Mitte April
- ⊨ 3 ⌐ 40 ⌐ 25
- ⊞ 8 offen
- ⏚ 220 V ∼
- ↗ Hall – Tulfes – Windegg – Tulfer Hütte – Tulfeinalm – Glungezerhütte 5 - 6; Luft Tulfes – Tulfeinalm, 2000 m, 1½; Patscherkofelbahn – Glungezerhütte 2½ - 3
- → Glungezer – Kreuzspitze – Rosenjoch – Navisjoch – Lizumer Hütte 5 - 6; Glungezer – Patscherkofel-Schutzhaus 2½ - 3 (Sommer)
- △ Glungezer, 2677 m, ¼; Sonnenspitz, 2639 m, 20 Min.; Kreuzspitze, 2746 m, 2; Rosenjoch, 2796 m, 3
- ⚥ Spätwinter und Frühjahr ↗ Hall – Glungezerhütte, Luft Tulfes → (Frühjahr) Glungezer – Lizumer Hütte △ alle; Kreuzspitze, Rosenjoch
- ♨ Solbad Hall
- ⊨ ⤳ Tulfes
- ↕ ↟ Tulfes – Tulfeinalm

AV 31/5; FB 241; ÖK 118, 148; Bergverlag Rother: WF Rund um Innsbruck

Kellerjochhütte

K. I, 2237 m, erb. 1908
OeAV-S. Schwaz
Marktstr. 20
A-6130 Schwaz

- † Walter Edelbauer
  Anton-Öfner-Str. 19
  A-6130 Schwaz
- © Tal 05242/73750
- ✗ Mitte Juni bis Anfang Okt.
- ⊨ 10 ⌐ 20 ⌐ 7
- ⊞ 8 ⚐
- ⏚ Gas
- ↗ ab Kellerjochbahn 1; Spieljochbahn-Bergstation 2, Schwaz 4; Schellenberg 3
- → Rastkogelhütte 3; Gamsstein-

haus 1
△ Kellerjoch, 2344 m; Gilfert, 2506 m; Kuhmesser, 2264 m
⚒ ↗ Kellerjoch → Hochfügen, Gamssteinhaus
🚋 Schwaz/Tirol
🚌 Grafenast
🚠 Kellerjochbahn Schwaz

AV 5/3; FB 151; ÖK 119; Bergverlag Rother: WF Zillertal

Lizumer Hütte

K. I, 2019 m, erb. 1912
OeAV-S. Hall i. Tirol
Schulgasse 6
A-6060 Hall i. Tirol

♦ Reinhart Fröhlich
  Lizumer Hütte,
  postlagernd
  A-6112 Wattens
  während der Nichtbew.:
  A-6094 Birgitz-Moos
℮ Hütte 05224/52111
℮ Tal 05234/32665
✗ Weihnachten bis Ende April,
  Mitte Juni bis Anfang Okt.
🛏 22 ⌐ 68 ⌐ 10
▦ 20 offen
〰 220 V ~
↗ Wattens – Wattental – Gasthof Walchen – Lizum 5; Lager Walchen 1½ - 2;
  Wattens, 500 m Fahrstraße; Lanersbach, 1250 m – Nasse Tux – Torjoch, 2391 m
  – Lizum 5 - 6; Matrei a.B., 1050 m – Navis, 1343 m – Klammjoch, 2351 m – Lizum,
  bis Navis Fahrstraße, 3½ ab Navis; Volders, 500 m – Voldertal – Navisjoch,
  2479 m – Klammjoch, 2351 m – Lizumer Hütte 7 - 8
→ Lizum – Krowensjoch, 2530 m – Nafinghütte 5; Lizum – Pluderlingsattel, 2743 m
  – Tote Böden – Gschützspitzsattel, 2657 m – Tuxerjochhaus, 2313 m, 6 -7; Lizum
  – Klammjoch, 2351 m – Naviser Jöchl, 2479 m – über Grafmartersp., 2715 m –
  Grünbergerspitze, 2790 m – Rosenjoch, 2796 m – Kreuzspitze, 2746 m –
  Glungezerhütte, 2610 m, 6 - 7
△ Geier, 2857 m, 3; Lizumer Reckner, 2886 m, 3½; Kalkwand, 2826 m, 2½;
  Tarntaler Köpfe, 2757 m, über Klammspitze, 2515 m; Torspitze, 2663 m, 2½
⚒ den ganzen Winter ↗ Wattens – Wattental – Lizum △ Geier, Torspitze
🚋 Fritzens-Wattens
🚌 Wattens
🚠 Lizum, mit eig. Pkw bis Lager Walchen

AV 31/5; FB 151; ÖK 149; Bergverlag Rother: WF Rund um Innsbruck

Meißner Haus

K. II, 1720 m, erb. 1926
DAV-S. Ebersberg-Grafing
Rotter Str. 8
D-85567 Grafing

- ♂ Margarethe Lohr
  Meißner Haus
  Mühltal Nr. 141
  A-6082 Ellbögen
- ✆ Hütte 0663/54016 057132
- ✗ gj. bew., Anfang Nov. bis Mitte
  Dez. geschlossen
- ⊨ 13 ⊓ 80 ⊔ 20
- ⚊ 220 V ~ ▥
- ↗ Mühltal, 1039 m, 2; Patscher-
  kofel-Bergstation, 1954 m, 1½
- → Glungezerhütte über Wh. Boscheben 3 oder über Oberes Viggartal 3 - 3½
- △ Viggarspitze, 2307 m, 2; Morgenkogel, 2607 m, 3; Kreuzspitze, 2746 m, 3½ - 4;
  Glungezer, 2677 m, 3½
- ⚡ ↗ Mühltal, Patscherkofel → Viggartal – Glungezerhütte △ Viggarspitze, Kreuzspit-
  ze, Morgenkogel
- 🚌 Innsbruck
- 🚌 Mühltal, Gem. Ellbögen (von Innsbruck-Bhf. alle 30 Min.)
- 🚗 Mühltal 🅿
- 🚡 Igls – Patscherkofelhaus
- 🎿 zum Patscherkofelgipfel

AV 31/5; FB 241; ÖK 118, 148; Bergverlag Rother: WF Rund um Innsbruck

Naviser Hütte

K. II, 1787 m, erb. 1968 - 1974
Schranzberghaus (Nebengeb.)
OeAV-Akademische S. Innsbruck
Rechengasse 5
A-6020 Innsbruck

- ♂ Edeltraud Gillhoff
  Naviser Hütte
  A-6143 Navis
- ✆ Hütte 05278/209 6209
- ✗ gj. bew., April geschlossen
- ⊨ 31 ⊓ 45
- ⚊ 220 V ~ ▥ ⚙
- ↗ Naviser Gemeindeamt (neben
  der Kirche im Talschluß) führt
  der Schranzbergweg zum
  Schutzhaus 1½

→ über Klammjoch, 2359 m, ins Wattental (Lizumer Hütte); über Mölser Scharte, 2379 m, ins Mölstal und Wattental; über Naviser Jöchl, 2477 m, ins Voldertal, Hintertux (nur im Sommer); Wetterkreuz – Mislkopf Matrei a. Br.; Kreuzjöchl – Schafseitenspitze – Bendelstein – Mauern – Steinach a. Br. (nur im Sommer)

△ Kreuzjöchl, 2536 m, 2¹/₄; Geier, 2857 m; Lizumer Reckner, 2886 m; Tarntaler Köpfe, 2757 m; Sonnenspitze, 2620 m; Grünbergspitze, 2790 m; Mislkopf, 2623 m; Schafseitenspitze, 2604 m; Bendelstein, 2436 m

⌁ den ganzen Winter und im Frühjahr ↗ vom Naviser Gemeindeamt → alle

🚍 🚌 Matrei a. Brenner

🚐 bis zum Gatter des Schranzbergweges 🅿, Ortsende Navis 🅿

AV 31/5; FB 241; ÖK 148; Bergverlag Rother: WF Rund um Innsbruck

Patscherkofelhaus

K. III, 1970 m, erb. 1885
OeAV-S. Touristenklub Innsbruck
Wilhelm-Greil-Str. 15
A-6020 Innsbruck

† Dieter Scherfler
A-6080 Igls

℗ Hütte 0512/377817

✗ gj. bew., gesperrt bei Seil-
bahnüberholung

🛏 30 ⌐ 15

⌁ 220 V ∼ ▥–⌐

↗ Igls, 900 m, Seilbahn Patscherkofel, 1955 m, 2 Min.;
Patsch, 998 m, 2¹/₂

→ Glungezerhütte 3; Meißner
Haus 1¹/₂

△ Patscherkofel, 2247 m, Sessellift; Viggarspitze, 2307 m, 2; Glungezer, 2677 m, 2¹/₂

⌁ den ganzen Winter ↗ Igls, Seilbahn → Glungezerhütte

🚍 Innsbruck, Igls

🚌 🚐 Igls, Patsch

🚐 Igls – Patscherkofel

AV 31/5; FB 241, 333; ÖK 118, 148; Bergverlag Rother: WF Rund um Innsbruck

Rastkogelhütte

K. I, 2124 m, neu erb. 1955
DAV-S. Oberkochen
Zeppelinweg 39
D-73447 Oberkochen

† Martin Wechselberger, Rastkogelhütte, postlagernd
A-6283 Hippach
während der Nichtbew.: A-6290 Mayrhofen-Hochsteg 580

℗ Hütte 05285/2145

33 Tuxer Alpen

☎ Tal 05285/8137

✂ Weihnachten bis Mitte Jan.,
Mitte Feb. bis So. nach Ostern,
Anfang Juni bis Ende Sept.

🛌 30 ⌐ 58 ⌐ 10

█ 3 - 4 offen

ⅎ 220 V ~

✈ Möslwirt, 1500 m, 2$\frac{1}{2}$; Kehre
der Hippacher Höhenstraße,
1900 m, 1; Hochfügen,
1500 m, 2

→ Loassattel (Gamssteinhaus) 3
– Kellerjochhütte 4; Rastkogel
– Nurpenjoch – Weidener Hüt-
te 5; Penkenhäuser 6

△ Rastkogel, 2761 m, 2; Roßkopf,
2573 m, 2; Marchkopf, 2500 m,
1$\frac{1}{2}$; Kraxentrager, 2408 m, 1; Kreuzjoch, 2290 m, $\frac{1}{2}$; Arbiskopf, 2146 m, 1$\frac{1}{2}$

⛷ ✈ Sportalm, 1730 m, Hochfügen → Loassattel – Kellerjoch, Weidener Hütte
△ Rastkogel, Roßkopf, Kraxentrager, Marchkopf, Schlepplift bei der Hütte

🚊 Hippach/Zillertal

🚌 → Sportalm 👯

🚌 Kehre der Hippacher Höhenstraße, 1900 m, 👯, (So.)

FB 151; ÖK 149; Bergverlag Rother: AVF Zillertaler Alpen, 3213, GF Zillertaler Alpen

Vinzenz-Tollinger-Hütte
Jugendbergheim
1100 m, erb. 1932/33
OeAV-S. Hall i. Tirol
Schulgasse 6, Postfach 50
A-6060 Hall i. Tirol

♂ Walter Schaur
Langgasse 9
A-6065 Thaur

☎ Tal 05223/492220

✂ SV, nur Jugendgruppen nach
Anmeldung bei Sektion oder ♂

⌐ 21

ⅎ 220 V ~ ▢

✈ Tulfes, 900 m, $\frac{3}{4}$

△ zur Glungezerhütte und Gipfel

⛷ den ganzen Winter

🚊 Hall i. Tirol

🚌 Tulfes

🚌 Windegg

AV 31/5; FB 241; ÖK 118

Weidener Hütte

K. II, 1856 m, erb. 1927
DAV-S. Weiden/Oberpf.
Schönwerthstr. 6
D-92637 Weiden/Oberpf.

- ✝ Else Schröck
  Weidener Hütte
  A-6133 Weerberg
  während der Nichtbew.:
  Freundsberg 21
  A-6130 Schwaz
- ℂ Hütte 05224/8529
- ℂ Tal 05242/63711
- ✗ gj. bew., Nov. geschlossen
- ⊨ 14 ⌐ 36 ⊔ 4 ▥
- ✦ Weerberg, 882 m, 4; Innerst,
  1287 m, 2; Weer, 548 m, über Kolsaßberg 5; ab Jagerhof 4
- → Geiseljoch, 2291 m – Lanersbach 4; Rastkogel – Rastkogelhütte 5; Krovenzalm –
  Hippoldjoch, 2524 m – Lizumer Hütte 4½; Geiseljoch – Vallruckalm – Lizumer
  Hütte 4½; Rastkogel – Wanglspitze, 2420 m – Penkenjochhaus – Gschößwand-
  hütte 6 (Seilbahn nach Mayrhofen)
- △ Hobar, 2513 m, 2½; Hippoldspitze, 2643 m, 3½; Hirzer, 2725 m, 3; Halselspitze ,
  2579 m, 2¼; Rastkogel, 2761 m, 3½
- ⚐ ✦ Weerberg – Innerst → Lanersbach, Rastkogelhütte, Lizumer Hütte, Gschöß-
  wandhütte △ Hobar, Hippoldspitze, Halselspitze, Rastkogel
- ⊨ Terfens – Weer
- ⊨ Weerberg
- ⊨ Pill – Weerberg – Innerst bzw. Teglau Ⓟ; im Winter Innerst, evtl. Schneeketten erf.
  oder Weer – Ghf. Jagerhof

FB 151; ÖK 149; Bergverlag Rother: WF Rund um Innsbruck

Hütten anderer alpiner Vereine und Privathütten

Gamssteinhaus, 1683 m, am Loassattel, privat, ⊨ 28 ⌐ 30, ⊨ zum Haus, gj. bew.,
ℂ 05242/71117

Gschößwandhaus, 1784 m, auf dem Penken, privat, ⊨ 35 ⌐ 18, ✦ Mayrhofen 3,
Finkenberg 2, ⊨ Mayrhofen (ab hier Penkenseilbahn) ⊨ ⊨ Finkenberg, gj. bew.,
ℂ 05285/2880

Patscherkofel-Naturfreundehaus, 2000 m, am Patscherkofel, TVN, ⊨ 10 (nur für
Gruppen), ✦ Igls 3½, Patsch 3, ab Bergstation Patscherkofelbahn ½, ⊨ Innsbruck ⊨
⊨ Igls, Patsch, SV, Voranmeldung bei LL Wien, Diefenbachgasse 36, A-1150 Wien,
ℂ 0222/831440

Voldertalhütte, 1376 m, im Voldertal, TVN, ⊨ 30, ✦ Hall 3, Volders 2½, Tulfes 2, ⊨
Volders ⊨ ⊨ Tulfes, bew. Anfang Mai bis Ende Okt., ▦, ℂ Tal 05223/221

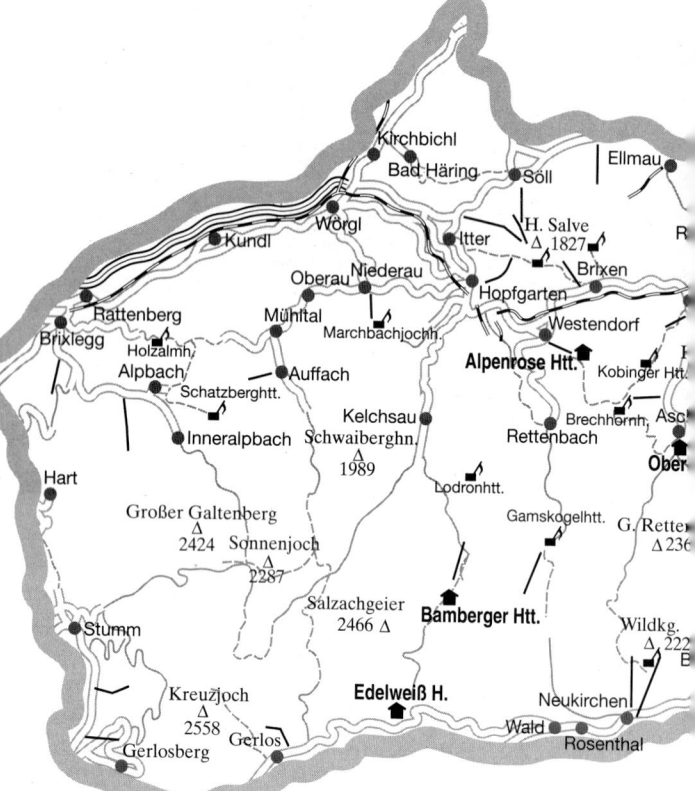

Kirchbichl
Bad Häring
Söll
Ellmau
Wörgl
Kundl
Itter
H. Salve
△ 1827
R
Oberau
Niederau
Brixen
Hopfgarten
Rattenberg
Mühltal
Westendorf
Brixlegg
Marchbachjochh.
Alpenrose Htt.
Holzalmh.
Kobinger Htt.
Alpbach
Auffach
Brechhornh.
Asc
Schatzberghtt.
Kelchsau
Rettenbach
Inneralpbach
Schwaiberghn.
△
1989
Ober
Hart
Lodronhtt.
Großer Galtenberg
Gamskogelhtt.
G. Retten
△
2424
Sonnenjoch
△ 236
△
2287
Salzachgeier
2466 △
Bamberger Htt.
Stumm
Wildkg.
△ 222
Kreuzjoch
B
△
2558
Gerlos
Edelweiß H.
Neukirchen
Gerlosberg
Wald
Rosenthal

352

34 Kitzbüheler Alpen

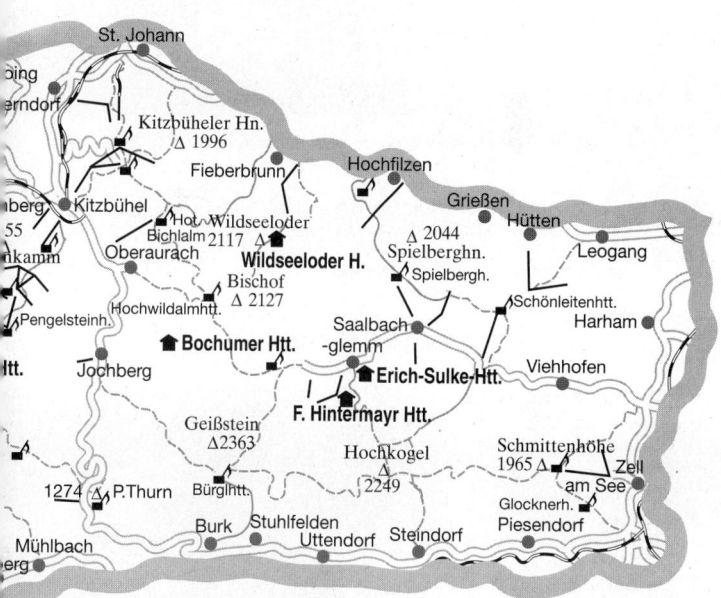

Umgrenzung

Inn von Einmündung Ziller bis Kufstein – Weißachgraben – Ellmau – St. Johann i.T. – Fieberbrunn – Hochfilzen – Saalfelden – Zell am See – Salzach – Gerlospaß – Gerlostal – Zell am Ziller – Ziller bis Einmündung in den Inn

Alpenrosehütte

K. II, 1534 m, erb. 1926
DAV-S. Schorndorf
Frankentobelweg 3
D-73614 Schorndorf

- ♦ Josef Kurz
  Alpenrosehütte
  Nachsöllberg 1
  Postfach 24
  A-6363 Westendorf/Tirol
- ✆ Hütte 05334/6488
- ✗ gj. bew., Mitte April bis Mitte Mai u. Nov.
- 🛏 22 ⌐ 45 ⌐ 5
- ⚡ 220 V ~
- ⁄ Westendorf, 785 m, 2½; Mayerhof, 1100, ¾; ↳-Mittelstation, 1200 m, ¾; ↳-Bergstation, 1780 m, 25 Min. und Liftstation Talkaser 20 Min. Abstieg

- → Brechhornhaus, 1660 m – Oberlandhütte 4 - 5
- △ Nachsöllberg, 1884 m (Nazlberg) 1; Brechhorn, 2031 m, 3½
- 🚶 ⁄ Westendorf △ wie oben; Pistenskilauf
- 🚌 ⇌ Westendorf
- ⇌ im Sommer bis Mayerhof, sonst ↳-Talstation 🅿
- ↳ bis 1780 m (fast am Gipfel des Nachsöllberges)
- ⚡ im Winter bis zur Hütte

AV 34/1; FB 381; ÖK 121; Bergverlag Rother: AVF Kitzbüheler Alpen

Bamberger Hütte, Neue

K. I, 1756 m, erb. 1925
DAV-S. Bamberg
Wetzelstr. 22
D-96047 Bamberg

- ♦ Gabriela Fabbris
  Kelchsau
  A-6361 Hopfgarten i. T.
- Y Hütte 0663/59849
  während der Nichtbew.:
  Brixentaler Str. 4
  A-6361 Hopfgarten
- ✆ Tal 05335/3052
- ✗ 26.12. bis 6.1., im Jan. Wochenende (ab Freitag), 1. Feb. bis Sonntag nach Ostern, 1. Juni (frühestens Pfingsten) bis 10. Okt.

⊓ 90

⌁ 220 V ~ ⅏

↗ Gasthof Wegscheid, 1144 m, 1½ - 2; Alte Gerlosstraße zwischen Paß und Gasthof Ronach (nördlichste Schleife, ca. 1500 m) zum Salzachjoch, 1983 m, 2¼; Abstieg zur Hütte ½

→ Schafsiedl – Erlahütte 3½; Überlebenscharte, 2282 m – Alpengasthof Moderstock 4; Höhenweg Salzachgeier – Königsleiten geplant

△ Tristkopf, 2362 m, 2; Baumgartengeier, 2392 m, 2¾; Kröndlhorn, 2444 m, 2½; Schafsiedl, 2449 m, 2½; Salzachgeier, 2466 m, 2½ - 3

⚒ ↗ Wegscheid, Gerlos △ Tristkopf, Kröndlhorn, Schafsiedl, Salzachgeier

🚠 Hopfgarten/Brixental

🚌 Kelchsau

🚌 Ghs. Wegscheid 🅿

AV 34/1; FB 381; ÖK 121; Bergverlag Rother: AVF Kitzbüheler Alpen

Bochumer Hütte (Kelchalm-Berghaus)

K. I, 1432 m, erb. 1832
DAV-S. Bochum
Josephinenstr. 67
D-44807 Bochum

⚲ Kaspar u. Lisi Auberger
Stangen 35
A-6370 Aurach b. Kitzbühel

℆ Hütte 0663/56621

℆ Tal 05356/4763

✗ gj. bew.

🛏 22 ⊓ 48

⌁ 110 V = u. 220 V ~ ⅏ ⌁

↗ Hechenmoos, 826 m, 1½; im Sommer ab Ruine ½

→ Rauber – Saalkogel – Oberreiterjoch – Henlabjoch – Hochwildalmhütte 4, weiter zum Wildseeloderhaus 4; Tor, 1931 m – Bürglhütte 4; Laubkogel – Hahnenkampl – Rauber – Tristkogel – Tor – Oberkaser Alm 5; Tor – Torsee – Teufelssprung – Gamshag – Gr. Schütz – Niederkaser Alm 5

△ Rauber, 1973 m, 1½; Laubkogel, 1760 m, 1½; Saalkogel, 2007 m, 1¾; Tristkogel, 2095 m, 2; Gamshag, 2178 m, 2½; Gr. Schütz, 2069 m, 2½; Staffkogel, 2115 m, 3; Geißstein, 2363 m, 4

⚒ ↗ Hechenmoos → alle oben genannten △ Rauber, Saalkogel, Staffkogel, Laubkogel, Gamshag, Schütz, Übergang ins Hinterglemmtal

🚠 Kitzbühel

🚌 Hechenmoos (Weiler Wiesenegg)

🚌 Sommer: Wieseneggtal bis Ruine 🅿, Winter: Kapelle 🅿

AV 34/2; FB 382; ÖK 122; Bergverlag Rother: AVF Kitzbüheler Alpen, WF Pinzgau

Edelweißhaus – Königsleiten

K. II, 1635 m, erb. 1972
OeAV-S. Edelweiß
Walfischgasse 12
A-1010 Wien

- Erwin Hüttisch
  A-5742 Wald i. Pinzgau
- Hütte 06564/8297
  während der Nichtbew.:
  Aberg 10
  A-5761 Maria Alm
- gj. bew., Mai und Nov. geschlossen
- 74 ⌐ 21
- 220 V ~ ▦ ⌐
- Wald im Pinzgau, 884 m, Gerlospaß PA, 1507 m; Gerlos, 1246 m, Gerlospaß PA, 1507 m
- Salzachjoch, 1983 m – Neue Bamberger Hütte, 1756 m, 3; Finkau, 1424 m – Wildgerlostal – Zittauer Hütte, 2329 m, 4
- Königsleiten, 2315 m, Falschriedel, 2420 m, 3; Ochsenkopf, 2470 m, 4
- den ganzen Winter, Pistenskilauf ↗ beide △ Königsleiten, Falschriedel, Ochsenkopf
- Krimml, Wald im Pinzgau, Zell am Ziller
- Sessellift Königsleiten
- bis zum Haus

AV 34/1; Bergverlag Rother: AVF Kitzbüheler Alpen

Erich-Sulke-Hütte

(früher Akademikerhütte)
K. II, 1100 m, erb. 1963
OeAV-Akademische S. Wien
Maria-Theresien-Str. 3
A-1090 Wien

- Fam. Embacher
  (nur Aufsicht)
  A-5754 Hinterglemm 126
- Hütte 06541/520
- SV ganzjährig
- 10 ⌐ 28
- 220 V ~ ▦
- mit Pkw bis Hütte
- nach Stuhlfelden/Oberpinzgau
  über Stoffenscharte, 2016 m –
  Scharte, 2129 m, 4½; Aurach-Kitzbühel über Saaljoch, 1876 m – Bochumer Hütte

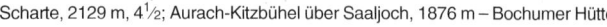

6; Aurach-Kitzbühel über Henlabjoch, 1863 m, 6; Pfaffenschwendt über Bernkogel, 1740 m – Schanze, 1332 m, 5
△ alle Gipfel der Umrahmung des Saalbach-Hinterglemmer Tales
🔾 den ganzen Winter ↗ mit Pkw zur Hütte → alle △ alle
🚍 Zell am See
🚌 Hinterglemm-Auheim
🚐 bis zur Hütte 🅿

AV 34/2; FB 382; ÖK 123; Bergverlag Rother: AVF Kitzbüheler Alpen

Fritz-Hintermayr-Hütte

K. II, 1320 m, erb. 1959
DAV-S. Noris
Jakobstr.50
D-90402 Nürnberg

♦ Andy u. Maria Bauer
   A-5754   Hinterglemm-Saalbach 172
✆ Hütte 06541/326
✗ gj. bew., vom 10. Okt. bis 10. Dez. geschlossen
🛏 16 ⌐ 28
⚡ 220 V ▥ ⎱
↗ Hinterglemm, 1000 m, ½; Zwölferkogel-Mittelstation: Abstieg ¼
→ Pinzgauer Spaziergang zur Schmittenhöhe 5
△ Zwölferkogel, 1984 m, 1½; Hochkogel, 2249 m, 4; Schattberg, 2095 m, 3
🔾 ↗ Hinterglemm → Pinzgauer Spaziergang △ Zwölferkogel, Hochkogel, Schattberg, Pistenskilauf
🚍 Zell am See
🚌 Hinterglemm
🚐 Brücke am Schwarzbachgraben 🅿, Hinterglemm 🅿
🚡 Zwölferkogel-Mittelstation

AV 34/2; FB 382; ÖK 123; Bergverlag Rother: AVF Kitzbüheler Alpen, WF Pinzgau

Oberlandhütte

K. II, 1014 m, erb. 1928
DAV-S. Oberland
Tal 42
D-80331 München

♦ Franz Schurl
   Oberlandhütte
   Falkensteinweg 35
   A-6365 Kirchberg
✆ Hütte 05357/8113

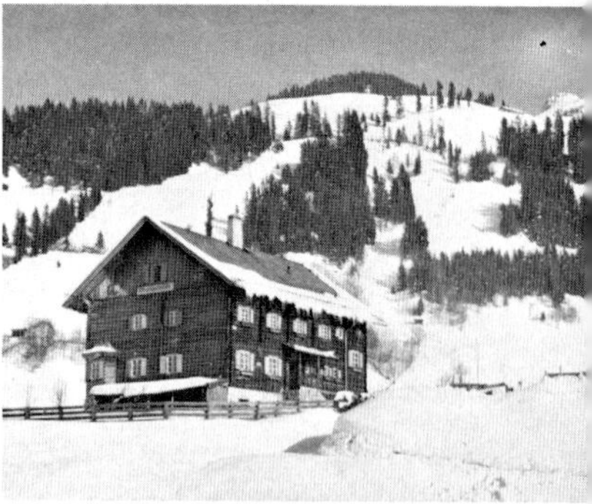

✗ gj. bew., ab Sonntag nach Ostern 3 Wochen u. im Nov. 3 Wochen geschlossen
🛏 34 ⌐ 35
220 V ~
↗ am Ortsrand von Aschau
→ Pengelsteinhaus oder Ehrenbachhöhe 3 - 3½; Trattenbachalm 3½; Wildkogelhaus über Geigenscharte, 2031 m, oder Stangenjoch, 1713 m, 5 - 6; Brechhornhaus 3; Kobinger Hütte 2
△ Gr. Rettenstein, 2384 m, 4; Kl. Rettenstein, 2217 m, 3½; Schwarzer Kogl, 2030 m, 3; Pengelstein, 1930 m, 4; Spießnägel, 1881 m, 2½; Brechhorn, 2031 m, 3; Floch, 2057 m, 4; Tanzkogel, 2100 m, 4
→ Trattenbachalm, Wildkogelhaus, Brechhornhaus Schwarzer Kogl, Pengelstein, Spießnägel, Brechhorn, Floch, Tanzkogel; Pistenskilauf, Aschau, Kirchberg und Kitzbühel
Kirchberg/Tirol
Aschau im Spertental
zur Hütte P

AV 34/1, 34/2; FB 381; ÖK 121, 122; Bergverlag Rother: AVF Kitzbüheler Alpen

Wildseeloderhaus

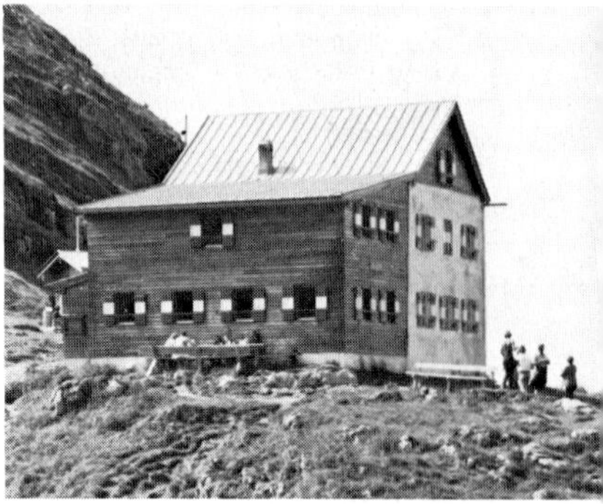

K. I, 1854 m, erb. 1892
OeAV-S. Fieberbrunn
Simon Trixl
Spielbergstr. 8
A-6391 Fieberbrunn

Stefan Hasenauer
Schradlbühel 1
A-6391 Fieberbrunn
✆ Hütte 0663/57633
✆ Tal 05354/6823
✗ Mitte Juni bis Ende Sept., später auf Anfrage
🛏 2 ⌐ 40
3 offen, nur Notraum, keine Heizmöglichkeit
↗ Lärchfilzhochalm 1¾
→ Bochumer Hütte (Kelchalm) 5; Hochwildalm 3½
△ Wildseeloder, 2117 m

⅄ △ Wildseeloder, Hochhörndler (Henne)
 ⇔ Fieberbrunn
 ⇔ Pfaffenschwendt, Lärchfilzhochalm
⅄ Streuböden – Lärchfilzkogel
AV 34/2; FB 382; ÖK 122; Bergverlag Rother: AVF Kitzbüheler Alpen

Hütten anderer alpiner Vereine und Privathütten

Anton-Graf-Hütte, 1450 m, TVN, ⊫ 50 ⊓ 20, ✗ Niederau 1¹/₂, Bergstation Markbachjoch 20 Min., ⇔ Wörgl ⇔ ⇔ Niederau, gj. bew., ℂ 05339/8314

Asitzhütte, 1758 m, am Asitzkogel, privat, ⊫ 45, ✗ Leogang 3, Hochfilzen 5, Berglift Saalbach 3, ⇔ ⇔ Leogang ⇔ Leogang und Hütten (Lift), bew. Anfang Juni bis Mitte Okt. und Mitte Dez. bis Ende April, ℂ 06583/232

Bichlalm-Berghotel, 1670 m, am Hochetzkogel, privat, ⊫ 80 ⊓ 15, ✗ Kitzbühel 2¹/₂, ⇔ Kitzbühel ⇔ Seilbahn-Talstation ⇔ Ghs. Obersteigen

Brechhornhaus, 1660 m, im Spertental, privat, ⊫ 30 ⊓ 20, ✗ Spertental-Usterberg 3 (Alpenroselift 1¹/₂), ⇔ Kirchberg/Tirol ⇔ Spertental ⇔ Usterberg, bew. Mitte Dez. bis Ende Okt., ℂ 0663/59342

Breifußalm, 1700 m, am Zwölferkogel, privat, ⊫ 11 ⊓ 25, ✗ Saalbach 3, ⇔ Maishofen ⇔ Saalbach ⇔ Saalbach (Zwölferkogel), bew. Mitte Dez. bis Ende April

Bürglhütte, 1699 m, südl. des Gaissteins, privat, ⊫ 15 ⊓ 20, ✗ Mittersill 2¹/₂, ⇔ Mittersill oder Stuhlfelden ⇔ Stuhlfelden ⇔ Hütte, bew. Anfang Juni bis Mitte Okt., ℂ 06522/4526

Dr.-Karl-Renner-Haus, 1105 m, in der Hinterglemm, TVN, ⊫ 90, ✗ Saalbach 1¹/₄, Busendstation ¹/₄, ⇔ Maishofen ⇔ Hinterglemm ⇔ 🅿 kurz vor dem Haus, gj. bew., ℂ 06541/302

Erlahütte, 1220 m, im Langen Grund, privat, ⊓ 5, ✗ Kelchsau 2¹/₂; Ghs. Moderstock 1, ⇔ Boden ⇔ Kelchsau ⇔ zur Hütte, im Sommer bew.

Gadenstätt-Almhütte, 1361 m, TVN, ⊓ 10, ✗ Sausteigen bei Maishofen 20 Min., SV, Schlüssel bei Herbert Fersterer, Kirchham 228, A-5751 Maishofen, ℂ 06542/8319

Gamskogelhütte (ehem. Brennhütte), 1209 m, privat, ⊫ 21, ✗ Westendorf 3, Rettenbach 1¹/₂, ⇔ Windau ⇔ Rettenbach ✗ zum Haus, bew. Mitte Mai bis Ende Sept.

Hochwildalmhütte, 1557 m, auf der Hochwildalpe, TVN, ⊓ 12, ✗ Kitzbühel 3, Aurach 2, ⇔ Kitzbühel ⇔ ⇔ Aurach, bew. Anfang Juni bis Ende Okt., ℂ 0663/53772

Holzalmhaus, 1447 m, nördl. der Gratlspitze, privat, ⊫ 30, ✗ Brixlegg 2¹/₂, ⇔ ⇔ Brixlegg ⇔ bis zum Haus, bew. Anfang Mai bis Ende Okt., ℂ 05356/71171

Kobingerhütte, 1532 m, auf d. Haarlosanger, privat, ⊫ 20 ⊓ 14, ✗ Aschau 1¹/₂, Gaisberglift 1, ⇔ Kirchberg/Tirol ⇔ ⇔ Aschau, gj. bew.

Marxtenalm-Gasthaus, 1809 m, am Schattberg, privat, ⊨🅒 ⌐ 40, ↗ Iglsberg, Saalbach (Schattberglift ½), 🚍 Maishofen ⊷ Saalbach

Münchner Haus, 1456 m, am Wiedersberger Horn, TVN, ⊨ 16 ⌐ 20, ↗ Alpbachtal-Bergbahn-Mittelstation 10 Min., 🚍 Brixlegg oder Fügen ⊷ Alpbachtal-Achenwirt, SV, Sa./So. bei Liftbetrieb beaufsichtigt, 🕽 05356/234

Paß-Thurn-Gasthaus, 1273 m, am Paß Thurn, privat, ⊨ 31, ↗ Mittersill 2¾, Kitzbühel 4, 🚍 Mittersill, Kitzbühel ⊷ zum Haus, gj. bew.

Pinzgauer Hütte, 1695 m, südwestlich d. Schmittenhöhe, TVN, ⊨ 24 ⌐ 25, ↗ Piesendorf 2, Zell am See 2¾, Bergstation ½, 🚍 Zell am See, Piesendorf ⊷ Piesendorf, Zell am See ⊷ Schmittenhöhe-Seilbahn, Talstation, gj. bew., 🕽 05649/7861

Salve-Haus, 1829 m, unter der Hohen Salve, privat, ⊨ 20 ⌐ 15, ↗ Hopfengartenlift 1, Lauterbach 3, Hopfengarten 3¼, 🚍 Lauterbach, Hopfengarten ⊷ Lauterbach, Hopfengarten, gj. bew.

Schmittenhöhe-Alpengasthof, 1968 m, auf der Schmittenhöhe, privat, ⊨ 124, ↗ Zell am See 3¼, 🚍 Zell am See ⊷ und Lift z. Hs., bew. Mitte Dez. bis Mitte Okt., 🕽 06542/2489

Schönleitenhütte, 1804 m, am Schönleitenkopf, privat, ⊨ 40 ⌐ 40, ↗ Saalbach, Iglsberg 2 - 3, Kohlmaislift 1¼, 🚍 Maishofen ⊷ Saalbach, Iglsberg, Winter Abfahrt zur Hütte v. Asitz, bew. Dez. bis Mitte April, 20. Juni bis Mitte Okt., 🕽 06541/7229

Spielberghaus, 1311 m, auf der Schanz, privat, ⊨ 25 ⌐ 15, ↗ Saalbach 1½, Fieberbrunn 1½, 🚍 Maishofen, Hochfilzen ⊷ Saalbach, Fieberbrunn ⊷ zum Haus

Steinberghaus, 889 m, in der Windau, privat, ⌐ 32, ↗ Westendorf 2, Rettenbach ½, ⊷ bis zum Haus, gj. bew., 🕽 05334/2534

Wiedersbergerhornhaus, 1100 m, unter dem Wiedersbergerhorn, privat, ⊨ 20, ↗ Inneralpbach 1, 🚍 Brixlegg ⊷ Inneralpbach ⊷ z. Hs., gj. bew., 🕽 05336/26112

Wiegenalm, 1520 m, am Gampenkogel, privat, ⊨ 10 ⌐ 15, ↗ Spertental, Aschau oder Lauterbach je 2, Gaisberglift 1, 🚍 ⊷ Kirchberg/Tirol

Wildkogelhaus, 2007 m, südl. des Wildkogels, privat, ⊨ 45 ⌐ 21, ↗ Neukirchen a. Gr. Venediger, 856 m, 3; von der Bergstation ½, 🚍 ⊷ Neukirchen a. Gr. Venediger, bew. Weihnachten bis Sonntag nach Ostern, Mitte Juni bis Anfang Okt., 🕽 06565/6672

Hainzenberg

Gerloss

Mayrhofen

Bra

Wh. Lackner-
brunn

Edel Htt.

Gams Htt.

Ahor

Ginzling

Sti

H. Riffler
△3231

Steinbockhaus

Spannagelhaus

Friesenberg H.

Ghf. Braitlahner
Zsigmondyspitze
△3089

St. Jodok
a. Brenner

Geraer Htt.

△

3107 △

Greiz

Olpener Htt.

G. Löffler

Dominikus-
haus

Berliner Htt. 3379

Schwarzenstein

Brennerpaß

Landshuter
Europa
Htt.

Furtschagl H.

3480

△

3369

Hochfeiler

G. Möseler

△2776
Wolfendorn

Hochferner Biwak

Neveserjochhtt.

St. Jakob

Hochfeiler Hütte

Weißenbach

Amthornspitze

Kematen

Eisbruggjochhtt.

△
2749

Sterzinger Htt.

W. Brenninger-
Biwak

Lappach

Speikboden
△   Sa
2517   Mühl

Wiesen

3132 △
Wilde Kreuzsp.

Brixner Htt.

Mühlwald

Trens

Pfunders

H. Grubbachsp.
△
2809

Tiefenrasten Htt. 2418

Mauls

△
Sambock

Vals

Weitental

Terenten

N. Vintl

St. Sigmund   St. Geo

Mittewald

Pfalzen

Mühlbach

Kiens

Schabs

362

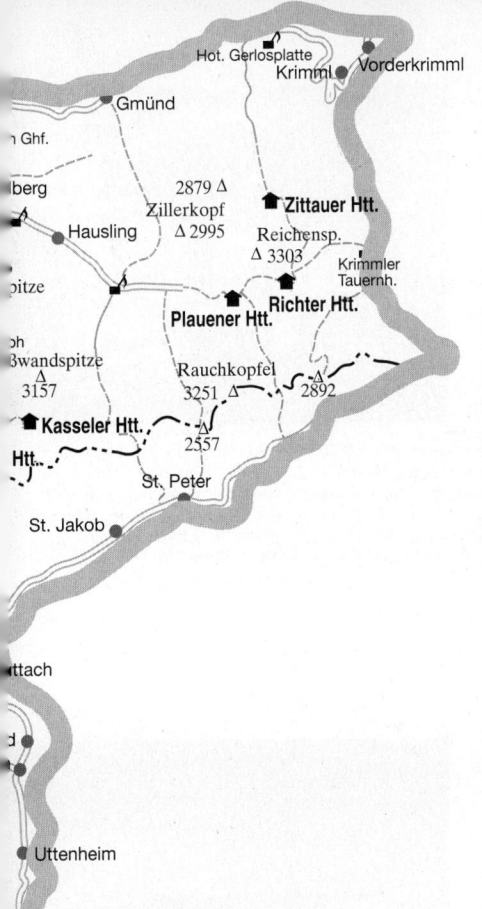

35

Ziller-
taler
Alpen

Umgrenzung

ell am Ziller – Gerlostal – Gerlospaß – Salzach bis Einmündung Krimmler Ache –
Krimmler Tal – Birnlücke – Prettau – Ahrntal – Tauferer Tal – Bruneck – Rienz
bis Einmündung in den Eisack – Eisack – Brenner – Wipptal bis Einmündung
Schmirnbach – Schmirntal – Kasererbach – Tuxer Joch – Tuxer Tal bis Mayrhofen – Zillertal bis Zell a. Z.

Berliner Hütte
K. I, 2040 m, erb. 1879
DAV-S. Berlin
Hauptstraße 23/24
D-10827 Berlin

  ♦ Gerhard u. Rosemarie Hörhager
    A-6295 Ginzling Nr. 45
  ℡ Hütte 05286/223
  ℡ Tal 05266/240
  ✗ Mitte Juni bis Ende Sept.
  ⊨ 16 ⌐ 89 ⌐ 17
  ⊞ 14 offen
  ✗ Breitlahner, 1251 m, 3
  → Berliner Höhenweg – Schönbichler Scharte, 3081 m, – Furtschaglhaus 6; Nördl. Mörchenscharte, 2870 m – Greizer Hütte 6; Melkerscharte, 2812 m – Gunggltal (Jagdh. Maxhütte, 1445 m) – Ginzling 6; Roßruggscharte, 3229 m – Chemnitzer Hütte 5; Schwarzensteinhütte 5
  △ Schwarzsee 1½; Schönbichler Horn, 3133 m, 4; Gr. Möseler, 3478 m, 6; Turnerkamp, 3418 m, 6 - 7; Berliner Spitze (Dritte Hornspitze) 4; Schwarzenstein, 3368 m, 4 - 5; Gr. Mörchner, 3283 m, 4; Zsigmondyspitze, 3087 m, 3½
  ⚘ nur im Frühjahr ✗ Breitlahner △ Möseler, Hornspitzen, Schwarzenstein, Mörchner
  ᗏ Mayrhofen (Zillertalbahn) oder Jenbach
  ᗏ Breitlahner
  ᗏ Breitlahner 🅿

AV 35/1, 35/2; FB 152; ÖK 149, 150; Bergverlag Rother: AVF Zillertaler Alpen, GF Zillertaler Alpen, WF Zillertal

Brixner Hütte
2300 m, erb. 1973
AVS-S. Brixen
Domplatz 13
Kleines Kulturhaus
I-39042 Brixen

  ♦ Fam. Oberhofer
    Haus Schönblick 87
    I-39037 Mühlbach-Vals
  Y Hütte 0472/57131
  ℡ Tal 0472/57171
  ✗ Anfang Juli bis Mitte Okt.
  ⊨ 8 ⌐ 35 ⌐ 5
  ⊞ keiner ∼
  ⚡ 220 V ∼
  ✗ Fane-Alm, 1739 m, 1½; Mühlbach, 837 m, 5

→ Edelrauthütte (Pfunderer Höhenweg) 7; Sterzinger Hütte 4$\frac{1}{2}$
△ Wilde Kreuzspitze, 3134 m, 2$\frac{1}{2}$; Wurmaulspitze, 3022 m, 2$\frac{1}{2}$ - 3; Grabspitze, 3058 m, 4$\frac{1}{2}$
⚹ nur im Frühjahr △ Wilde Kreuzspitze, Wurmaulspitze
🚋 Mühlbach
🚌 Fane-Alm

FB WKS 4; ÖK 176; Bergverlag Rother: AVF Zillertaler Alpen, GF Zillertaler Alpen

Edel-(Karl-von-)Hütte

K. I, 2238 m, erb. 1889
DAV-S. Würzburg
Domstr. 13
D-97070 Würzburg

🛉 Franz u. Anneliese Hauser
   Dorf 177
   A-6283 Hippach/Schwendau
📞 Tal 05285/3114
✗ Mitte Juni bis Ende Sept.
🛏 12 ⌐ 70 ⌐ 10
↗ Mayrhofen, 650 m, über Ghs.
   Alpenrose 4; über Zillergrund –
   Ahornach-Alpe, 1549 m, 5;
   Hauserer Berg – Filzenalpe 5;
   über Stilluppgrund – »Eberla-
   ste« – Filzenalpe 4; Ahornbahn: Mayrhofen – Filzenalpe, 1955 m, dann 1
→ Kasseler Hütte über Popbergnieder, 2448 m – Krummschnabelschneid, 2478 m –
   Sammerschartl, 2392 m – Nofertensmauer, 2277 m – Samerkarjöchl, 2094 m, 6
   (= Aschaffenburger Höhensteig)
△ Ahornspitze, 2976 m, 3; Toreckenkopf $\frac{1}{2}$; Popbergspitze, 2889 m, 3; Wilhelmer,
   2938 m, 4; Mugler, 2955 m, 4$\frac{1}{2}$; Grundschartner, 3064 m, 5$\frac{1}{2}$
⚹ kein Stützpunkt
🚋 Mayrhofen (Zillertalbahn) oder Jenbach
🚌 🚌 Mayrhofen 🅿
🚡 Ahornbahn Mayrhofen – Filzenalpe

AV 35/2; FB 152; ÖK 150; Bergverlag Rother: AVF Zillertaler Alpen, GF Zillertaler Alpen, WF Zillertal

Friesenberghaus

K. I, 2498 m, erb. 1928 - 30
DAV-S. Berlin
Hauptstraße 23/24
D-10827 Berlin

🛉 Leo Berger
   Friesenberghaus
   A-6295 Ginzling

während der Nichtbew.:
Hubangerweg 32/5
A-6091 Götzens

© Tal 05234/33717
Y von Gasthof Breitlahner
✕ Mitte Juni bis Ende Sept.
🛏 11 ⌐ 30 ⌐ 15
▦ keiner
∿ 220 V ∼ ⌐
↗ Schlegeisspeicher, 1785 m –
Friesenbergkar 2
→ Friesenbergscharte, 2904 m –
Spannaglhaus 3 - 4; Olperer-
hütte 2; Berliner Weg – Olpe-
rerhütte – Berliner Weg –
Gamshütte 7
△ Petersköpfl, 2677 m, ½; Ho-
her Riffler, 3228 m, 2½ - 3; Gefrorene Wandspitze, 3286 m, 3 - 4
⚒ kein Stützpunkt
🚍 Mayrhofen (Zillertalbahn) oder Jenbach
🚐 ⇢ Schlegeisspeicher (Dominikushütte) 🅿

AV 35/1, 35/2; FB 152; ÖK 149; Bergverlag Rother: AVF Zillertaler Alpen, GF Zillertaler Alpen

Furtschaglhaus

K. I, 2295 m, erb. 1889
DAV-S. Berlin
Hauptstraße 23/24
D-10827 Berlin

† Helmut u. Margit Heiß
Dornauberg 123
A-6295 Ginzling
während der Nichtbew.:
Angerstr. 9
A-6121 Baumkirchen
© Tal 05224/20585
✕ Anfang Juli bis Ende Sept.
⌐ 119 ⌐ 12
▦ 12 offen
∿ 220 V ∼
↗ Schlegeisspeicher, 1785 m, 2½
→ Berliner Höhenweg – Schönbichler Scharte, 3081 m – Berliner Hütte 6 - 7;
Schlegeisspeicher – Olpererhütte oder Friesenberghaus 4
△ Schönbichler Horn, 3133 m, 2½; Furtschaglspitze, 3188 m, 3½; Gr. Greiner,
3199 m, 4; Gr. Möseler, 3478 m, 4; Hoher Weißzint, 3371 m, 4½; Hochfeiler,
3510 m, 6 - 10

🌂 kein Stützpunkt
🚋 Mayrhofen (Zillertalbahn) oder Jenbach
🚂 🚌 Schlegeisstausee 🅿

AV 35/1; FB 152; ÖK 149, 176; Bergverlag Rother: AVF Zillertaler Alpen, GF Zillertaler Alpen, WF Zillertal

Gamshütte

K. I, 1916 m, erb. 1927
DAV-S. Otterfing
Johann Fischhaber
Hochstr. 4a
D-82024 Taufkirchen

🧍 Helga Pavičič
   A-6295 Ginzling 24
✆ Tal 05286/291
✗ Mitte Juni bis 20. Sept.
⊓ 40
⊞ keiner
↗ Finkenberg, 855 m, 3; Ginzling, Gasthaus Gamsgrube, 989 m, 3
→ Berliner Höhenweg – Oberböden (Gasthaus über Ginzling, 1500 m) 3; Friesenberghaus 7 - 8
△ Grinbergspitzen, 2884 m, Vordere, Mittlere 2 - 2½, Hintere 2½ - 3
🌂 kein Stützpunkt
🚋 Mayrhofen (Zillertalbahn) oder Jenbach
🚂 🚌 Finkenberg 🅿

AV 35/1, 35/2; FB 152; ÖK 149, 150; Bergverlag Rother: AVF Zillertaler Alpen, GF Zillertaler Alpen, WF Zillertal

Geraer Hütte

K. I, 2324 m, erb. 1897
DAV-S. Landshut
Höfatsweg 1
D-84034 Landshut

🧍 Günther Hofmann
   postlagernd
   Geraer Hütte
   A-6154 St. Jodok/Vals
   während der Nichtbew.:
   A-6156 Gries a. Brenner Nr. 57
✆ Hütte 0663/57466; 975 73 82
✆ 05274/8102
✗ Ende Juni bis Ende Sept.

🛏 18 ⌐ 80 ⌐ 10
🏨 12 offen
⚡ 220 V ∼
🥾 St. Jodok am Brenner, 1129 m, durch das Valser Tal, 4; über Innerschmirn –
Steinernes Lamm, 2430 m, 5 - 6
→ Tuxer-Joch-Haus 4 - 5; Wildlahnerscharte, 3220 m – Olpererhütte oder Span-
naglhaus 5 - 6; Alpeiner Scharte, 2957 m – Olpererhütte 4¹⁄₂; Schlegeisspeicher –
Dominikushütte, 1684 m, 4¹⁄₂; Pfitscher Joch, 2250 m, offizieller Grenzübergang
4¹⁄₂ – Landshuter Hütte 2¹⁄₂
△ Olperer, 3476 m; Fußstein, 3381 m, 3¹⁄₂ - 4¹⁄₂; Schrammacher, 3411 m, 6 - 7
🎿 ↗ St. Jodok – Valser Tal oder Schmirntal → Spannaglhaus △ Olperer
🚂 Steinach/Br.
🚌 St. Jodok, Schmirn
🚌 Gasth. Touristenrast oder Innerschmirn 🅿

AV 35/1; FB 152; ÖK 149; Bergverlag Rother: AVF Zillertaler Alpen, GF Zillertaler Alpen, WF Zillertal

Greizer Hütte

K. I, 2226 m, erb. 1893
DAV-S. Greiz (Sitz Marktredwitz)
Walter Wenisch
Wildgartenstr. 19
D-95566 Mitterteich

✝ Herbert Schneeberger
Gasthof Brücke
A-6290 Mayrhofen
☎ Hütte 0663/56251
☎ Tal 05285/2232
✗ Anfang Juli bis ca. 20. Sept.
🛏 24 ⌐ 52 ⌐ 14
🏨 14 offen
⚡ 220 V ∼
🥾 Ginzling, 989 m, 4; Tristen-
bachalm , 1160 m, 3 - 3¹⁄₂
→ Kasseler Hütte 4 - 5; Grüne-Wand-Haus 2 - 3; Nördl. Mörchenscharte, 2870 m –
Berliner Hütte 5; Floitenkees – Tribbachsattel – Schwarzenstein – Berliner Hütte 6
- 7; Schwarzensteinhütte – Ahrntal
△ Gr. Löffler, 3376 m, 3; Gigalitz, 3002 m, 2; Lapenspitze, 2992 m, 2; Floitenspitze,
3194 m, 3; Schwarzenstein, 3368 m, 3 - 4; Gr. Mörchner, 3283 m, 3 - 4;
Zsigmondyspitze (Feldkopf), 3087 m, 4
🎿 nur im Frühjahr ↗ Floitental (sehr lawinengefährlich!), sicherer über Berliner Hütte
– Tribbenbachsattel – Floitenkees △ Gr. Löffler, Floitenspitze, Schwarzenstein,
Mörchner
🚂 Mayrhofen (Zillertalbahn) oder Jenbach
🚌 Ginzling, Tristenbachalm 🅿

AV 35/2; FB 152; ÖK 150; Bergverlag Rother: AVF Zillertaler Alpen, GF Zillertaler Alpen

Hochfeilerhütte

2710 m, erb. 1986 an der Stelle der ehem. Wiener Hütte
AVS-S. Sterzing
Postfach
I-39049 Sterzing

- Annelies Mittermair
  Weg in die Vill 30
  I-39049 Sterzing
- © Hütte 0472/66071
- © Tal 0472/765824
- ✗ Ende Juni bis Anfang Okt.
- ⌁ 30 ⌐ 50 ⌐ 20
- ⊞ 6 offen
- ⚡ 220 V ∼
- ↗ 3. Kehre der Pfitscher-Joch-Straße, 1718 m, 3
- → Pfitscher-Joch-Haus, 2250 m, 5; Edelrauthütte, 2545 m, 2½
- △ Hochfeiler, 3510 m, 2½; Hochferner, 3473 m, 3; Hoher Weißzint, 3371 m, 3
- ⛟ Sterzing
- ⛟ Sterzing – Pfitsch – St. Jakob
- ⛟ Pfitscher-Joch-Straße 3. Kehre

AV 35/1; Bergverlag Rother: AVF Zillertaler Alpen, GF Zillertaler Alpen

Hochferner-Biwak

(Günther-Messner-Biwak)
2429 m, erb. 1971
AVS-S. Sterzing
Postfach
I-39049 Sterzing

- ⌐ 9 offen
- ↗ 5. Kehre der Pfitscher-Joch-Straße 2½
- → Pfitscher-Joch-Haus 2
- △ Haupenhöhe, 3040 m, 2; Hochfernerspitze, 3463 m, 6 - 7; Hochsteller, 3097 m, 2
- ⚐ kein Skigebiet!
- ⛟ Sterzing
- ⛟ St. Jakob in Pfitsch
- ⛟ 5. Kehre der Pfitscher-Joch-Straße

AV 35/1; FB WKS 4; ÖK 176; Bergverlag Rother: AVF Zillertaler Alpen, GF Zillertaler Alpen

Kasseler Hütte

K. I, 2177 m, erb. 1927
DAV-S. Kassel
Friedrichstr. 16
D-34117 Kassel

- ✝ Ingeborg Mair
  Stilluppklamm 807
  A-6290 Mayrhofen
- ✆ Tal 05285/8192
- ✗ Mitte Juni bis Ende Sept.
- ⌷ 30 ⌐ 78 ⌐ 10
- ⌗ 6 offen SR
- ⚡ 220 V ~
- ↗ Mayrhofen, 628 m, 6; Grüne-
  Wand-Haus 2; über Eisen-
  klamm 3
- → Lapenscharte, 2700 m – Greizer Hütte 4 - 5; Aschaffenburger Höhenweg,
  AV-Weg Nr. 519 – Edelhütte, ca. 15 km 8 - 10
- △ Wollbachspitze, 3210 m, und Hintere Stangenspitze, 3223 m, 3 - 4; Grüne Wand,
  2946 m, 2$\frac{1}{2}$; Keilbachspitze, 3093 m, 3 - 4; Gr. Löffler, 3376 m, 6 - 8
- 🚌 Mayrhofen oder Jenbach
- 🚍 Mayrhofen
- 🚗 Stillupp-Stausee 🅿

AV 35/2; FB 152; ÖK 150; Bergverlag Rother: AVF Zillertaler Alpen, GF Zillertaler Alpen, WF Zillertal

Landshuter Europa Hütte

K. I, 2693 m, erb. 1889, gemeinsame Sanierung DAV/CAI 1987/88
DAV-S. Landshut und
CAI S. Sterzing
Höfatsweg 1
D-84034 Landshut

- ✝ Helmut u. Josefine Holzer
  I-39040 St. Jakob/Pfitsch über
  Sterzing Nr.78
- ✆ Hütte 0472/66076 646076
- ✆ Tal 0472/60156
- ✗ ca. 20. Juni bis ca. 20. Sept.
- ⌷ 32 ⌐ 60 ⌐ 8
- ⌗ 10 offen
- ↗ Brennersee 4$\frac{1}{2}$; Ghf. Touristenrast im Valser Tal (Geist-
  beckweg) 5; Platz im Pfitscher Tal 3; Pfitscher Joch, 2277 m, offizieller Grenzübergang, 2$\frac{1}{2}$

→   Pfitscher Joch 2 (Landshuter Höhenweg) – Schlegeisstausee/Dominikushütte,
     1684 m, 1½ – Furtschlaglhaus 2 - 2½ oder Olpererhütte 2; Pfitscher Joch –
     Alpeiner Scharte, 2957 m – Geraer Hütte 5 - 6
△   Kraxentrager, 2998 m, 1; Höhenwanderung Wildseespitze, 2733 m Wolfendorn,
     2776 m – Flatschspitze, 2561 m – Rollspitze, 2800 m – Hühnerspiel (Amthorspit-
     ze), 2749 m
⚲ ↗ Brennersee → Pfitscher Joch △ Kraxentrager: hochalpine Tour, nur für geübte
     Fahrer
🚆 Brennersee, Brenner, Sterzing
🚌 St. Jakob, Pfitsch
🚐 Brennersee 🅿, Brennersee, Ghf. Touristenrast 🅿, Pfitscher Tal bis Joch 🅿

FB 152; ÖK 149; Bergverlag Rother: AVF Zillertaler Alpen, GF Südtirol 3, GF Zillertaler Alpen

Olpererhütte

K. I, 2389 m, erb. 1881
DAV-S. Berlin
Hauptstraße 23/24
D-10827 Berlin

⚑   Franz Lämmerhofer
     A-6295 Ginzling
     während der Nichtbew.:
     DAV-Haus Obertauern
     A-5562 Obertauern
✆ 06456/307
✗ Anfang Juni bis Anfang Okt.
     (wetterbedingt)
⌐ 42 ⌐ 6
▦ 14 offen
     (keine Heiz- und Kochmöglich-
     keit)
↗ Schlegeisspeicher, 1785 m, 1½
→   Alpeiner Scharte, 2957 m – Geraer Hütte 4; Berliner Weg – Friesenberghaus 2;
     Gamshütte 9; Riepensattel, 3056 m – Spannaglhaus 4 - 5; Berliner Weg –
     Schlegeisgrund – Furtschlaglhaus 4
△   Olperer, 3476 m, 3; Gefrorene Wandspitze, 3286 m, 2½; Fußstein, 3381 m, 4;
     Schrammacher, 3411 m, 6
⚲ kein Stützpunkt
🚆 Mayrhofen (Zillertalbahn) oder Jenbach
🚐 🚐 Schlegeisstausee 🅿

AV 35/1; FB 152; ÖK 149; Bergverlag Rother: AVF Zillertaler Alpen, GF Zillertaler Alpen, WF Zillertal

Plauener Hütte

K. I, 2363 m, erb. 1898/99
DAV-S. Plauen-Vogtland
Peter Müller
Hasenbergsteige 15
D-70178 Stuttgart

- ♂ Gisela Eiter
  A-6426 Roppen Nr. 135
- Ⓒ Hütte 0663/54459
- Ⓒ Tal 05417/5167
- ╳ Mitte Juni bis Ende Sept. (witterungsbedingt)
- 🛌 11 ⎵ 61
- ▣ 10 (im Winter offen)
- ⏦ 220 V ∼
- ➚ Ghf. Bärenbad – Staumauerkrone – Tunnel – Keesbach 2
- ➜ Gamsscharte, 2991 m – Richterhütte 3; Zillerplattenscharte, 2874 m – Windbachtal – Krimmler Tauernhaus, 1622 m, 6; Heiliggeistjöchl – Kasern (Ahrntal) 4½; Birnlückenhütte 8
- △ Wildgerlosspitze, 3280 m, 4; Reichenspitze, 3303 m, 3½; Richterspitze, 3054 m, 2½; Spaten, 2956 m, 4; Zillerplattenspitze, 3147 m, 3½
- ⛷ nur im Frühjahr ➚ Mayrhofen – Bärenbad △ Wildgerlosspitze, Reichenspitze, Zillerplattenspitze
- 🚊 Mayrhofen (Zillertalbahn) oder Jenbach
- 🚌 Mayrhofen, Bärenbad
- 🚌 Mayrhofen, Bärenbad (Maut)

AV 35/3; FB 152; ÖK 150; Bergverlag Rother: AVF Zillertaler Alpen, GF Zillertaler Alpen, WF Zillertal

Richterhütte

K. I, 2374 m, erb. 1927
DAV-S. Bergfreunde Rheydt
Heerstr. 84
D-41199 Mönchengladbach

- ♂ Notbuga Bachmaier
  A-5743 Krimml 72
- Ⓒ Tal 06564/328
- ╳ Mitte Juni bis Ende Sept.
- 🛌 18 ⎵ 36 ⎷ 16
- ▣ 8 offen SR
- ⏦ 220 V ∼
- ➚ Krimml, 1060 m – Krimmler Tauernhaus, 1631 m, 5 - 5½
- ➜ Gamsscharte   (Unterstands-

hütte), 2976 m – Plauener Hütte 4; Rheydter Höhenweg: Windbachscharte – Eissee – Zillerplattenscharte – Plauener Hütte 5 - 6; Roßkarscharte, 2687 m – Zittauer Hütte 3 - 4; Krimmler Tauern, 2634 m, $4^1/_2$ - 5 (Grenzübergang erlaubt); Neugersdorfer Hütte (Ruine) – Lausitzer Höhenweg – Birnlücke – Birnlückenhütte

△ Richterspitze, 3054 m, 2 - $2^1/_2$; Reichenspitze, 3303 m, 4; Zillerspitze, 3091 m, $2^1/_2$; Zillerplattenspitze, 3147 m, 4; Schwarze Wand (Südl.), 3045 m, 4; Spaten, 2956 m, Rheydterspitze (frühere Warze!), 2802 m, 2

⚲ △ Reichenspitze, Rainbachspitze

🚄 Krimml Bahnhof

🚌 Krimml Ort

🚐 Krimml 🅿

AV 35/3; FB 152; ÖK 151; Bergverlag Rother: AVF Zillertaler Alpen, GF Zillertaler Alpen, WF Zillertal

Sterzinger Hütte

2344 m, erb. 1888
AVS-S. Sterzing
Postfach
I-39049 Sterzing

⚲ Hüttenwart: Walter Schölzhorn
  Weg in die Vill 4
  I-39049 Sterzing

📞 Tal 0472/765777 oder 764625

🛏 12 ⌴ 8

▦

🍴 erhältlich bei ⚲

⟋ Burgum im Pfitsch, 1374 m, $2^1/_2$

→ Wilde Kreuzspitze, 3132 m, $2^1/_2$; Blickenspitze, 2985 m, 2

△ Brixner Hütte, 3

⚲ Wilde Kreuzspitze

🚄 Sterzing

🚐 🚌 Burgum

FB WKS 4; ÖK 175; Bergverlag Rother: AVF Zillertaler Alpen, GF Zillertaler Alpen

Tiefenrastenhütte

(an Stelle der früh. Fritz-Walde-Hütte)
2312 m, erb. 1978
AVS-S. Brixen
Domplatz 13, Kleines Kulturhaus
I-39042 Brixen

⚲ Fam. Volgger
  Eggerseiterstr. 5
  I-39030 Pfunders-Vintl

35   Zillertaler Alpen

© Hütte 0474/592111
© Tal 0472/59152
✗ Anfang Juli bis Anfang Okt.
⊨ 11 ⌐ 30 ⌐ 10
⊞ 6
～ 220 V ～⚡
↗ Ast bei Terenten, 1234 m, 3½;
   Alpeggeralm 2
→ Edelrauthütte 6 -7 (nur für Ge-
   übte!); Stützpunkt des Pfunde-
   rer Höhenweges
△ Hochgrubbachspitze, 2809 m,
   1½; Gamsburg, 2694 m, 1½;
   Kempspitze, 2704 m, 1; Ei-
   dechsspitze, 2738 m, 1½
🚌 Nieder-Vintl
🚍 Terenten
🚍 Alpeggeralm, 1500 m Ⓟ

FB WKS 3; ÖK 176; Bergverlag Rother: AVF Zillertaler Alpen, GF Zillertaler Alpen

Biwak »Walter Brennin-ger«

2150 m, erb. 1978
AVS-S. Brixen
Domplatz 13
Kleines Kulturhaus
I-39042 Brixen

⌐ 8 offen
↗ Brixner Hütte, 2300 m, 4½;
   Edelrauthütte, 2545 m, 2½
→ Stützpunkt am Pfunderer Hö-
   henweg
🚌 Nieder-Vintl
🚍 Pfunders
🚍 Pfunders

FB WKS 4; ÖK 176; Bergverlag
Rother: AVF Zillertaler Alpen, GF Zillertaler Alpen

Zittauer Hütte

K. I, 2329 m, erb. 1901
OeAV-S. Warnsdorf/Krimml
A-5743 Krimml

🏕 Peter u. Gisela Kirchner
   Dorf 32
   A-5732 Mühlbach

© Hütte 06564/8262
© Tal 06566/474
✗ Mitte Juni bis Ende Sept.
🛏 6 ⌐ 55
🏢 14 offen SR
⚡ 220 V ~
↗ Finkau-Alpe (Ghs., am Ende des Durlaßboden-Stausees), 1422 m, 3; Gerlos, 1253 m, 5
→ Richterhütte, 2374 m, über Roßkarscharte, 2690 m, 3 - 4; Krimmler Tauernhaus, 1622 m, im Krimmler Achental übe Rainbachscharte, 2720 m (nur für Geübte!)
△ Roßkopf, 2844 m; Reichenspitze, 3303 m, 4 - 5; Gabler (Gabelkopf), 3260 m, Wildgerlosspitze, 3280 m, 5
🦌 kein Stützpunkt
🚌 Krimml im Pinzgau, Zell am Ziller
🚌 Gerlos Ort bzw. Gerlos-Hochalpenstraße-Mautstelle
🚌 Sommer: Finkau-Alpe (Ghs.)

AV 35/3; FB 152; ÖK 151; Bergverlag Rother: AVF Zillertaler Alpen, GF Zillertaler Alpen, WF Zillertal

Hütten anderer alpiner Vereine und Privathütten

Alpenrose-Wirtshaus, 1875 m, im Hinteren Zemmgrund, privat, 🛏 60 ⌐ 30, ↗ Ginzling 4, Breitlahner 2, 🚌 🚌 Mayrhofen 🚌 Breitlahner, bew. Anfang Juni bis Ende Sept., © 05286/222

Birnlückenhütte, 2441 m, im hinteren Ahrntal, CAI, 🛏 25 ⌐ 31, ↗ Kasern, 3, 🚌 Bruneck 🚌 🚌 Kasern, 🏢 6 offen, bew. Anfang Juli bis Ende Sept., © 0474/654140

Brandbergkolmhaus, 1845 m, am Fuße des Brandberger Kolms, privat, 🛏 20, ↗ Brandberg 1½, 🚌 🚌 Mayrhofen 🚌 Brandberg, © 05285/3175, bew. Ende Mai bis Anfang Okt.

Chemnitzer Hütte, Alte (Nevesjochhütte), 2419 m, am Nevessattel, CAI, 🛏 12 ⌐ 56, ↗ Luttach 4, Lappach 3, 🚌 Bruneck 🚌 🚌 Lappach oder Luttach, 🏢 8, bew. Mitte Juni bis Mitte Okt., © 0474/652344

Dominikushütte, 1805 m, am Schlegeisstausee, privat, 🛏 13 ⌐ 11, ↗ Ginzling 4½, Breitlahner 2, 🚌 🚌 Mayrhofen 🚌 Schlegeisstausee 🚌 z. Hs., bew. Mitte Mai bis Mitte Okt., © 05286/216

Edelrauthütte (Eisbruggjochhütte), 2545 m, am Eisbruggjoch, CAI, 🛏 17 ⌐ 30, ↗

Pfunders 4$\frac{1}{2}$, Mühlwald-Lappach 4, 🚌 Nieder-Vintl oder Bruneck 🚡 🚠 Pfunders oder Lappach, 🏔, bew. Mitte Juni bis Anfang Okt., ✆ 0472/653230

Enzianhütte, 1903 m, an der Zirogalm, privat, 🛏 36, ↗ Brennerbad 1$\frac{1}{2}$, 🚌 🚠 Brennerbad 🚠 z. Hs., bew. Dez. bis April, Juni bis Okt., ✆ 0472/761224

Filzstein-Alpengasthaus, 1641 m, auf der Gerlosplatte, privat, 🛏 35 🛌 20, ↗ Krimml 2, Gerlos 3, 🚌 Vorderkrimml 🚠 Krimml 🚠 Gerlospaß, Krimml, gj. bew.

Unterstand in der Gamsscharte, 2976 m, DAV-S. Bergfreunde Rheydt, nur offener Unterstand, keine Lager, → Richterhütte 1$\frac{1}{2}$, Plauener Hütte 1$\frac{1}{2}$

Gerlosstein-Berggasthaus, 1682 m, an der Gerlossteinwand, privat, 🛏 40, ↗ Ötschen 2, 🚌 Zell am Ziller 🛏 Ötschen (Personenseilbahn in Hüttennähe) 🚠 z. Hs., bew. Mitte Dez. bis Ende April, Mitte Mai bis Ende Okt., ✆ 05282/2419 oder 2501

Grawandhaus, 1640 m, im Zemmgrund, privat, 🛏 25 🛌 10, ↗ Ginzling 5, Breitlahner 1$\frac{1}{2}$, 🚌 🚠 Mayrhofen 🚠 Breitlahner, bew. Mitte Juni bis Anfang Okt., ✆ 05286/213

Grünewaldhütte, 1438 m, im inn. Stillupptal, privat, 🛏 14 🛌 15, ↗ Mayrhofen 4, 🚌 Mayrhofen 🚠 z. Hs., bew. Mitte Mai bis Ende Sept.

Hühnerspielhütte, 1868 m, auf der Hühnerspielalm, privat, 🛏 3 🛌 7, ↗ Gossensaß 2$\frac{1}{2}$, 🚌 🚠 Gossensaß 🚠 Gossensaß (Sessellift z. Hs.)

In der Au, Gasthaus, 1270 m, an der Mündung des Sondergrundes in den Zillergrund, privat, 🛏 6, ↗ Mayrhofen 3, 🚌 🚠 Mayrhofen 🚠 z. Hs., gj. bew., ✆ 05285/2444

Kasern-Wirtshaus, 1625 m, im inn. Schmirntal, privat, 🛏 16, ↗ St. Jodok 3$\frac{1}{2}$, 🚌 St. Jodok a. Brenner 🚠 Schmirn 🚠 Innerschmirn

Krimmler Tauernhaus, 1631 m, im Krimmler Achental, privat, 🛏 30 🛌 36, ↗ Krimml 3 (ab Achenfälle Wegegeld), 🚌 🚠 Krimml 🚠 Hinterkrimml, gj. bew., ✆ 06564/8237

Penkenhaus, 1810 m, am Penkenberg, privat, 🛏 12 🛌 15, ↗ Astegg 3$\frac{1}{2}$, 🚌 🚠 Mayrhofen 🚠 Astegg, 🚡 Penken 1, gj. bew., ✆ 05285/2278 oder 2881

Pfitscher-Joch-Haus (Rif. Passo di Vizze), 2248 m, am Pfitscher Joch (Landesgrenze), privat, 🛏 30, ↗ St. Jakob (Pfitscher Tal) 1$\frac{3}{4}$, 🚌 Sterzing 🚠 St. Jakob 🚠 z. Hs., bew. Anfang Juli bis Ende Sept., ✆ 0472/60119

Schwarzensteinhütte (Rif. Sasso Nero), 2922 m, Schwarzenstein-Osthang, CAI, 🛏 30 🛌 40, ↗ Luttach 5$\frac{1}{2}$, 🚌 Bruneck 🚠 Luttach oder St. Johann i. Ahrntal, bew. Anfang Juli bis Mitte Sept., ✆ 0474/671160

Spannaglhaus, 2531 m, auf dem Tuxer Ferner, ÖTK, 🛏 26 🛌 22 🛏 10, ↗ Hintertux 3$\frac{1}{2}$, Bergstation 10 Min, 🚌✆🚠 Mayrhofen 🚠 🚠 Hintertux, gj. bew., ✆ 05287/251

Stein-Berggasthof, 1535 m, im Pfitscher Tal, privat, 🛏 10, ↗ Pitscher Tal, 🚌 Sterzing 🚠 St. Jakob 🚠 z. Hs.

Tuxer-Joch-Haus, 2313 m, auf dem Tuxer Joch, ÖTK, 🛏 16 🛌 26 🛏 10, ↗ Hintertux 2$\frac{1}{2}$, Schmirn-Kasern, 🚌 🚠 Mayrhofen, St. Jakob a. Brenner 🚠 Hintertux, Schmirn 🚠 Kasern oder Hintertux, bew. Mitte Juni bis Anfang Okt., ✆ 05287/216

36 Venediger-gruppe

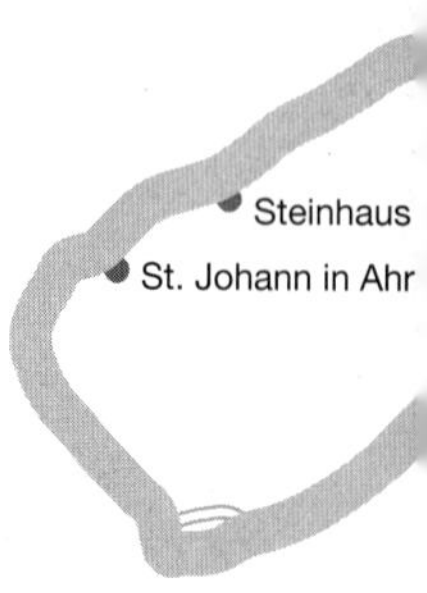

Steinhaus

St. Johann in Ahr

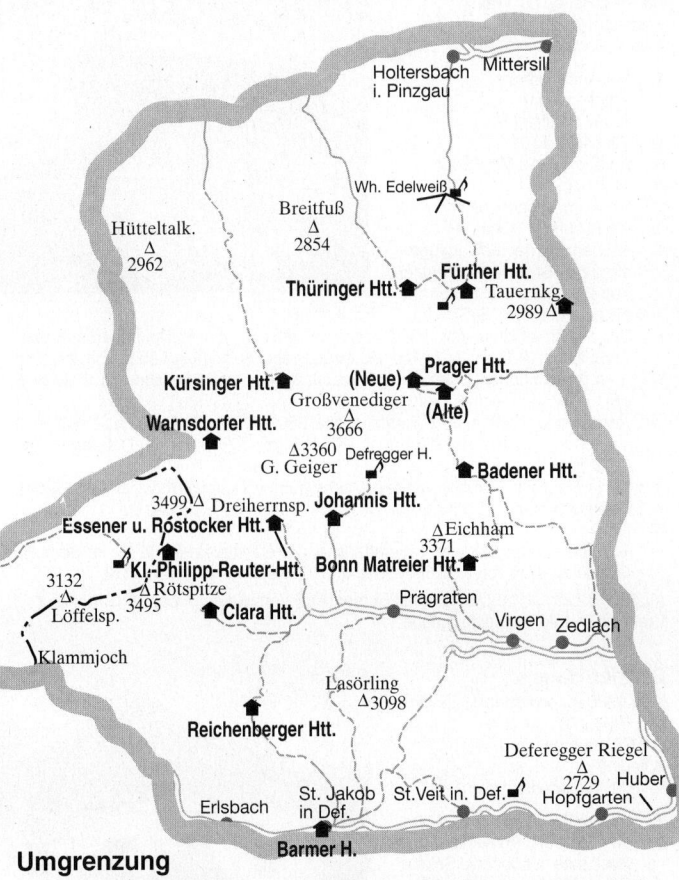

Umgrenzung

Krimml – Salzach bis Mittersill – Felberbach – Felbertauern – Tauernbach -
Matrei i.O. – Isel bis Huben – Schwarzach – Jagdhausalm – Klammljoch –
Klammlbach – Sand in Taufers – Ahrntal – Prettau – Birnlücke – Krimmler
Achental – Krimml

Badener Hütte

K. I, 2608 m, erb. 1911
OeAV-S. Baden bei Wien
Postfach 10
A-2500 Baden bei Wien

☝ Marianne Wibmer
Amoserweg 9
A-9971 Matrei/Ostt.
℡ Tal 04875/6791
✗ Anfang Juli bis Mitte Sept.
⊨ 17 ⌐ 31
⊞ 8 - 10 im Nebenhaus
♀ (50 m südl. d. Hütte) SR
✗ Gruben an der Felbertauernstraße, 1164 m, 4 - 6; Matreier
Tauernhaus, 1512 m (Straße
bis Innergschlöß), 5 - 7
→ Bonn-Matreier-Hütte über Galtenscharte, 2884 m, 4 - 6; Defreggerhaus über
Froßnitztörl, 3114 m, 3 - 5; Alte und Neue Prager Hütte über Löbbentörl, 2770 m,
3 - 4; Neue Fürther Hütte über Löbbentörl, 2770 m, und Sandebentörl, 2753 m, 6
- 8
△ Kristallwand, 3329 m, 2 - 3$\frac{1}{2}$; Weißspitze, 3300 m, 3 - 4; Hohe Achsel, 3161 m, 3
- 4; Innerer Knorrkogel, 2884 m, 2; Wildenkogel, 3022 m, 3 - 4; Dabernitzkogel,
2972 m, 3 - 4
⚒ nur im Frühjahr ✗ Gruben, Matreier Tauernhaus → Defreggerhaus △ Kristallwand,
Dabernitzkogel
🚑 Lienz
🚌 🚌 Gruben oder Matreier Tauernhaus a. d. Felbertauernstraße 🅿, im Sommer
Gschlößer Weg von 6.00 bis 8.30 und 17.00 bis 19.00 gegen Maut 🅿

AV 36; FB 123; ÖK 152; Bergverlag Rother: AVF Venedigergruppe, GF Glockner-,
Granatspitz- und Venedigergruppe

Barmer Haus

K. II, 1380 m, erworben 1925, Um-
bau 1968 - 72
DAV-S. Barmen
Höfen 13
D-42277 Wuppertal

℡ 0202/643177 (nur Freitag von
18 - 20 Uhr), Anmeldung und
Auskünfte nur über die Sektion
✗ Ende Juni bis Mitte Okt.,
20.12. bis 14 Tage nach
Ostern, SV-Küche
⊨ 22 ⌐ 20

↝ 220 V ∼ ▦▬↘
geeignet für Familienaufenthalt und Gruppen
↗ im Ort St. Jakob in Defreggen
↪ Barmer Hütte, ab Patscher Alm 3; Neue Reichenberger Hütte $3^1/_2$
△ Wetterkreuz, 2233 m, $2^1/_2$; Weißes Beil, 2767 m, $3^1/_2$; Seespitze, 3021 m, 5 - 6;
Leppleskofel, 2820 m, $4^1/_2$
⊀ Dez. bis Ostern ↗ Brunnalm-Staller-Sattelgebiet △ Pistenskilauf
▦ Lienz/Ostt.
▬ St. Jakob i. Def., Straße auch im Winter geräumt und ständige Postautoverbindung von Lienz
▬ St. Jakob, Erlerbach, Staller Sattel 🅿

FB 123, S 3; ÖK 177; Bergverlag Rother: AVF Venedigergruppe, GF Glockner-, Granatspitz- und Venedigergruppe

Bonn-Matreier-Hütte
K. I, 2750 m, erb. 1932
DAV-S. Bonn
Postfach 2266
D-53012 Bonn
und OeAV-S. Matrei/Osttirol
Postfach 23
A-9971 Matrei/Ostt.

✝ Stefan u. Margit Mühlburger
Mellitz
A-9972 Virgen
℗ Hütte 04874/5577
℗ Tal 04874/5478
✗ 20. Juni bis 20. Sept.
▭ 19 ⌐ 34 ∟ 8
▦ 8 ℒ

↗ Virgen-Obermauern, 1300 m, $3^1/_2$; Prägraten, 1303 m, $4^1/_2$
→ Badener Hütte $3^1/_2$; Eisseehütte 3; Wallhorntörl, 3025 m – Defreggerhaus 6;
Zopetscharte – Johannishütte 6
△ Eichham, 3371 m, $3^1/_2$ - 4; Sailkopf, 3209 m, $1^1/_2$; Rauhkopf, 3070 m, 1
⊀ kein Stützpunkt
▦ Lienz/Osttirol
▬ Virgen-Obermauern
▬ Obermauern bei Virgen, Prägraten 🅿

AV 36; FB 123; ÖK 152; Bergverlag Rother: AVF Venedigergruppe, GF Glockner-, Granatspitz- und Venedigergruppe, WF Osttirol, WF Tauern-Höhenweg

Clarahütte

K. I, 2038 m, erb. 1872
DAV-S. Essen
Postfach 100835
D-45008 Essen

- ✝ Paula Brandstätter
  St. Andrä 45b
  A-9974 Prägraten
- ℭ Tal 04877/5261
- Y zur Hütte
- ✗ Anfang Juli bis Ende Sept.
- ⌐ 20 ⌐ 5
- ⊞ 5 (im Winter meist unzugäng-lich, liegt unter Schnee) ⌐
- ↗ Hinterbichl, 1331 m, 4; Stre-den, 3
- → Dabertal – Neue Reichenberger Hütte, 5½; Reggentörl, 3052 m – Essener und Rostocker Hütte, 7; Kleine Philipp-Reuter-Hütte, 2690 m, 2½; Vord. Umbaltörl, 2928 m – Lenkjöchlhütte, 2590 m, 5 (Grenzüberschreitung)
- △ Daberspitze (Hohe Saile), 3401 m, 6 - 7; Rötspitze, 3495 m, 5; Dreiherrnspitze, 3499 m, 5½ - 6; Simonyspitzen, 3488 m, 4 - 5; Malhamspitzen, 3373 m, 6; Quirl, 3151 m, 5 - 6
- ⋏ kein Skigebiet, sehr lawinengefährlich
- ⇥ Lienz/Osttirol
- ⇥ Sommer bis Streden 🅿, sonst bis Hinterbichl
- ⇥ Streden 🅿

AV 36; FB 123; ÖK 152; Bergverlag Rother: AVF Venedigergruppe, GF Glockner-, Granatspitz- und Venedigergruppe, WF Osttirol

Essener u. Rostocker Hütte

K. I, 2208 m; Rostocker Hütte, erb. 1912; Essener Hütte, erb. 1962 - 64
DAV-S. Essen und
DAV-S. Main-Spessart
Stubertal 17
D-45149 Essen

- ✝ Friedl Steiner
  St. Andrä 3A
  A-9974 Prägraten/Ostt.
- ℭ Hütte 04877/5101
- ℭ Tal 04877/5473
- ✗ 14 Tage vor Ostern bis Pfing-sten, Anfang Juni bis Ende Sept.

⊨ 44 ⌐ 86
❊ 18 offen SR
⚡ 220 V ~ ▥
✦ Hinterbichl, 1331 m, 2¹/₂
→ Türmljoch, 2790 m – Johannishütte, 2121 m – Defreggerhaus, 2962 m, 6;
Reggentörl, 3052 m – Clarahütte, 2038 m, 5¹/₂; Maurertörl, 3108 m – Warnsdorfer
Hütte, 2336 m, 4¹/₂; Maurertörl – Kürsingerhütte, 2549 m, 5¹/₂
△ Malhamspitzen, 3373 m, 4¹/₂; Dreiherrnspitze, 3499 m, 5¹/₂ - 6; Simonyspitzen,
3488 m, 4; Maurerkeesköpfe, 3323 m, 4¹/₂; Gr. Geiger, 3360 m, 4; Gr. Happ,
3350 m, 3¹/₂; Rostockeck, 2749 m (Rundwanderweg), 2¹/₂
⚑ hervorragendes Hochtourengebiet (nur im Frühjahr) ✦ Hinterbichl, Streden →
Maurertörl → Kürsinger- und Warnsdorfer Hütte △ wie im Sommer
⇷ Lienz/Osttirol
⇶ bis Streden (nur Sommer, sonst Prägraten)
⇸ Hinterbichl 🅿, Streden 🅿

AV 36; FB 123; ÖK 152; Bergverlag Rother: AVF Venedigergruppe, GF Glockner-,
Granatspitz- und Venedigergruppe, WF Osttirol, WF Tauern-Höhenweg

Fürther Hütte, Neue

K. I, 2201 m, erb. 1928/29
DAV-S. Fürth
Blumenstr.27
D-90762 Fürth

♦ Johann Scheuerer
u. Gabriele Schiemer
Wenns 33
A-5733 Bramberg
✆ Hütte 06562/8390
✆ Tal 06566/344
✗ Ende Juni bis Anfang Okt.
⊨ 30 ⌐ 42 ⌐ 15
❊ 8 offen SR
⚡ 220 V ~
✦ Hollersbach, 804 m, 5¹/₂; In-
nergschlöß/Tauerntal, 1691 m – Sandebentörl, 2753 m, 6; mit Taxi von Hollersbach bis Ottacher-Alm, dann 3¹/₂
→ Sandebentörl – Neue Prager Hütte 7 - 8; St.-Pöltener-Hütte 6 - 7; Larmkogelscharte, 2934 m – Thüringer Hütte 3¹/₂
△ Larmkogel, 3022 m, 3; Abretterkopf, 2980 m, 3
⚑ kein Stützpunkt
⇷ ⇶ ⇸ Hollersbach/Pinzgau 🅿
⇸ bis Edelweißhütte, 1291 m

AV 36; FB 123; ÖK 152; Bergverlag Rother: AVF Venedigergruppe, GF Glockner-,
Granatspitz- und Venedigergruppe

Johannishütte

K. I, 2121 m, erb. 1857
DAV-S. Oberland
Tal 42
D-80331 München

- ♀ Ferd. Berger
  St. Andrä 54
  A-9974 Prägraten/Osttirol
- ℰ Tal 04877/5283
- ✗ Mitte Juni bis Mitte Okt.
- ⇥ 8 ⊓ 24 ⊔ 8
- ⌗ z.Z. keiner
- ⤢ Hinterbichl, 1331 m, 2¹⁄₂
- → Türmljoch, 2790 m – Essener u. Rostocker Hütte 3 - 4; Obersulzbachtörl, 2922 m – Kürsingerhütte 5; Defreggerhaus 2¹⁄₂ – Rainertörl, 3422 m – Neue Prager Hütte 4¹⁄₂ - 5; Frosnitztörl, 3114 m, Badener Hütte, 5; Timmeltal – Bonn-Matreier-Hütte 5; Sajathütte 3
- △ Großvenediger, 3674 m, 5; Rainerhorn, 3560 m, 4¹⁄₂; Großer Geiger, 3360 m, 6; Zopetspitze, 3198 m, 3
- ⛷ nur im Frühjahr ⤢ Hinterbichl → Kürsingerhütte, Neue Prager Hütte △ Großvenediger, Rainerhorn, Gr. Geiger
- ⇌ Lienz/Osttirol
- ⇌ Sommer: bis Hinterbichl, Winter: bis Prägraten
- ⇌ Hinterbichl 🅿
- ⇌ bis Steinbruch im Dorfertal (Anfragen bei ♀ oder Gasthof Islitzer, Hinterbichl)

AV 36; FB 123; ÖK 152; Bergverlag Rother: AVF Venedigergruppe, GF Glockner-, Granatspitz- und Venedigergruppe, WF Osttirol, WF Tauern-Höhenweg

Kürsingerhütte

K. I, 2558 m, erb. 1885
OeAV-S. Salzburg
Nonntaler Hauptstraße 86
A-5020 Salzburg

- ♀ Josef u. Karin Hetz
  A-5741 Neukirchen a. Großvenediger
  während der Nichtbew.:
  Hahneckstr. 4
  A-5700 Zell am See
- ℰ Hütte 06565/6450
- ℰ Tal 06542/6855
- ✗ 14 Tage vor Ostern bis Ende Sept.
- ⇥ 50 ⊓ 100 ⊔ 50

⊞ 16 offen SR
⚡ 220 V ~ ▦
🠕 Neukirchen a. Großvenediger, 835 m, 6 - 7; Hopffeldboden 5
🠖 über Krimmler Törl zur Warnsdorfer Hütte 3 - 4; über Maurertörl zur Essener u. Rostocker Hütte 4 - 5; über Obersulzbachtörl zur Johannishütte 3 - 4; über Venedigerscharte zur Prager Hütte 4 - 5
△ Keeskogel, 3291 m, 3; Großvenediger, 3674 m, über Venedigerscharte 4 - 5; Großer Geiger, 3360 m, über Maurertörl 4 - 5; Schlieferspitze, 3289 m, 4 - 5; Sonntagskopf, 3125 m, 3 - 4; Gamsspitzl, 2888 m, 3; Bachmayrspitze, 3119 m, 3
🎿 nur im Frühjahr 🠕 Neukirchen – Krimmler Törl, Maurertörl, Venedigerscharte △ alle
🚆 Neukirchen bzw. Bhf. Rosental
🚌 Neukirchen bzw. Rosental
🚐 bis Hopffeldboden
🅿 Sulzau, beim Taleingang Hopffeldboden

AV 36; FB 123; ÖK 151; Bergverlag Rother: AVF Venedigergruppe, GF Glockner-, Granatspitz- und Venedigergruppe, WF Tauern-Höhenweg

Kleine Philipp-Reuter-Hütte

K. I, 2690 m, Ersatzbau 1978
DAV-S. Essen
Postfach 100835
D-45008 Essen

✗ nicht bew., Kochgelegenheit, beaufsichtigt vom Hüttenwirt der Clarahütte
⊓ 8
⚷ (Clarahütte oder Essener u. Rostocker Hütte)
🠕 Hinterbichl 6$\frac{1}{2}$; 🅿 Streden 5$\frac{1}{2}$; Clarahütte 2$\frac{1}{2}$
🠖 Reggentörl, 3052 m – Essener u. Rostocker Hütte, 2208 m, 5; Vord. Umbaltörl, 2928 m – Lenkjöchlhütte, 2590 m, 2$\frac{1}{2}$ (Grenzüberschreitung)
△ Rötspitze, 3495 m, 3; Dreiherrnspitze, 3499 m, 3$\frac{1}{2}$ - 4; Simonyspitzen, 3488 m, 3 - 4; Malhamspitzen, 3373 m, 4
🎿 kein Winterstützpunkt, Zugang äußerst lawinengefährlich
🚆 Lienz/Osttirol
🚌 Sommer: bis 🅿 Streden, sonst bis Hinterbichl
🚐 Streden 🅿

AV 35/3, 36; FB 123; ÖK 151; Bergverlag Rother: AVF Venedigergruppe, GF Glockner-, Granatspitz- und Venedigergruppe

Prager Hütte, Alte

K. I, 2489 m, erb. 1872, neu erb. 1877, nach Zerstörung durch Lawine neu instand gesetzt 1972
DAV-S. Oberland
Tal 42
D-80331 München

- ♦ siehe Neue Prager Hütte
- ✕ Jausenstation einfach, Anfang Juli bis Ende Sept.
- ⌐ 12 ⌐ 10 (im ❇)
- ❇ 10 offen SR
- ➚ Innergschlöß 3
- → Neue Prager Hütte 1; Neue Fürther Hütte 5; Badener Hütte 3¹/₂ - 4; St. Pöltener Hütte 5
- △ ⚲ siehe Neue Prager Hütte
- ⇄ Lienz oder Mittelsill
- ⇒ Matreier Tauernhaus (nur Sommer, sonst Matrei)
- ⇒ Matreier Tauernhaus 🅿, im Sommer Gschlößer Weg von 6.00 bis 8.30 und 17.00 bis 19.00 gegen Maut, 🅿

AV 36; FB 121, 123; ÖK 152; Bergverlag Rother: AVF Venedigergruppe, GF Glockner-, Granatspitz- und Venedigergruppe, WF Osttirol, WF Tauern-Höhenweg

Prager Hütte, Neue

K. I, 2796 m, erb. 1904
DAV-S. Oberland
Tal 42
D-80331 München

- ♦ Walter Oblasser
  Moosweg 7
  A-9971 Matrei/Ostt.
- ✆ Hütte 04875/8840   0043
- ✆ Tal 04875/6189
- ✕ Anfang Juli bis Ende Sept., Pfingsten
- ⍤ 43 ⌐ 42 ⌐ 18
- ❇ 10 offen, Holzvorrat, SR
- ➚ Matreier Tauernhaus, 1512 m, 4 - 5; Innergschlöß, 1725 m, 3 - 4
- → St.-Pöltener-Hütte 6; Badener Hütte 3¹/₂; Fürther Hütte 5 - 6; Venedigerscharte, 3414 m – Kürsingerhütte 4; Rainertörl, 3422 m – Defreggerhaus 4; Thüringer Hütte 6 - 7
- △ Großvenediger, 3674 m, 3¹/₂; Kleinvenediger, 3477 m, 3; Rainerhorn, 3560 m,

3¹/₂; Schwarze Wand, 3511 m, 4; Hoher Zaun, 3467 m, 4¹/₂; Kristallwand, 3329 m, 5¹/₂; Inn. Kesselkopf, 2897 m, ¹/₂

⚲ nur im Frühjahr ↗ Matreier Tauernhaus △ Groß- und Kleinvenediger, Rainerhorn, Schwarze Wand

🚌 Lienz oder Mittelsill

🚆 Matreier Tauernhaus (nur Sommer, sonst Matrei)

🚐 Matreier Tauernhaus 🅿, im Sommer Gschlößer Weg von 6.00 bis 8.30 und 17.00 bis 19.00 gegen Maut, 🅿

AV 36; FB 121, 123; ÖK 152; Bergverlag Rother: AVF Venedigergruppe, GF Glockner-, Granatspitz- und Venedigergruppe, WF Osttirol, WF Tauern-Höhenweg

Reichenberger Hütte, Neue

K. I, 2586 m, erb. 1926
DAV-S. Reichenberg
Helmut Kneitschel
Wasserburger Str. 66
D-83530 Schnaitsee

👤 Johann Feldner
A-9963 St. Jakob i. Def.
während der Nichtbew.:
Bichl 2
A-9974 Prägaten

✆ Tal 04877/5562

✗ Mitte Juni bis Ende Sept. (je nach Witterung)

🛏 21 ⊓ 29 ⊔ 10

▦ 29 ♨

⚡ 220 V ∼

↗ St. Jakob i. Def., 1389 m, über Trojeralm oder Dürfelder Alm 3 - 4; Hinterbichl, 1331 m, über Pebellalm und Stürmitzer Alm 3 - 4

→ Clarahütte, 2038 m, über Daberlenke, 2631 m, und durchs Dabertal 3 - 4; Patscher Alm, 1667 m, über Rotenmanntörl, 2997 m, Seebachalm, 1887 m, 6 - 7; Lasnitzenalm, 1887 m, über Rote Lenke, 2794 m, und Kriselachtörl, 2647 m, 3 - 4; Bergerseehütte, 2182 m, über Lasnitzenalm 5 - 6

△ Bachlenkenkopf, 2759 m, ¹/₂; Gösleswand, 2912 m, 1; Finsterkarspitze, 3028 m, 1; Heinzenspitze, 2930, 1; Kesselpater, 2985 m, 2; Reichenberger Spitze, 3030 m, 2 - 3; Rosenspitze, 3060 m, 2 - 3; Graue Wand, 2816 m, 1; Keeseck, 3173, 2 - 3

⚲ kein Stützpunkt

🚌 Lienz/Ostt.

🚐 St. Jakob, Hinterbichl 🅿

FB 123; ÖK 177; Bergverlag Rother: AVF Venedigergruppe, GF Glockner-, Granatspitz- und Venedigergruppe, WF Osttirol

Thüringer Hütte, Neue

K. I, 2240 m, erb. 1971/72
DAV-S. Oberkochen
Zeppelinweg 39
D-73447 Oberkochen

- ♦ Ingeborg Gruber
  Neue Thüringer Hütte
  A-5733 Bramberg
  während der Nichtbew.:
  A-5725 Stuhlfelden Nr. 205
- ℂ Hütte 06566/555
- ℂ Tal 06562/4452
- ✗ Ende Juni bis Ende Sept.
- ⊨ 30 ⌐ 50 ⌐ 10
- ⊞ 6 offen
- ⌁ 220 V ∼
- ✗ Gasthof Habachklause, 867 m, 5½
- → Larmkogelscharte, 2934 m – Fürther Hütte 3; Schwarzkopfscharte, 2867 m – Neue Prager Hütte 5½
- △ Larmkogel, 3022 m, 2; Roßlahnerkopf, 2859 m, 2; Schwarzkopf, 2997 m; Hohe Fürlegg, 3244 m, 5; Kratzenberg, 3023 m, 3½; Plattiger Habach 3
- ⌂ kein Stützpunkt
- ⤬ Bramberg/Habach
- ⥱ Gasthof Weyerhof
- ⥱ Gasthof Habachklause 🅿

AV 36; FB 121; ÖK 152; Bergverlag Rother: AVF Venedigergruppe, GF Glockner-, Granatspitz- und Venedigergruppe

Warnsdorfer Hütte

K. I, 2336 m, erb. 1891
OeAV-S. Warnsdorf/Krimml
A-5743 Krimml

- ♦ Ernst und Andrea Meschik
  Oberkrimml 30
  A-5743 Krimml
  während der Nichtbew.:
  Dorf 78
  A-5761 Maria Alm
- ℂ Hütte 06564/8241
- ℂ Tal 06584/7676
- ✗ Mitte Juni bis Ende Sept.
- ⊨ 15 ⌐ 50 ⌐ 12
- ⊞ 16 offen SR
- ⌁ 220 V ∼
- ✗ Krimml, 1072 m, über Krimmler Wasserfallweg – Krimmler Achental; Stützpunkte:

Ghs. Schönangerl am 2. Wasserfall, Hölzlahneralpe, Ghs. Krimmler Tauernhaus, 1622 m, 6; bis Innerkeesalpe auch Fahrmöglichkeit, dann 2

→ Kürsingerhütte, 2547 m – Krimmler Törl, 2789 m, $3^1/2$; über Gamsspitzl, 2888 m, $^3/4$ länger; Essener u. Rostocker Hütte über Maurertörl, 3108 m, 4; Birnlückenhütte, 2441 m, 4 (Grenzübergang)

△ Gamsspitzl, 2888 m, $1^1/2$; Hoher Sonntagskopf, 3129 m; Schlieferspitze, 3289 m, $3^1/2$ - 4; Maurerkeeskopfgrat, 3205 m, $4^1/2$ - 5; Gr. Geiger, 3360 m; Simonyspitze, 3488 m, 6; Großvenediger, 3674 m, 7; Dreiherrnspitze, 3499 m, 8

⤛ nur im Frühjahr ✗ Krimml – Kürsingerhütte △ Gamsspitzl, Hoher Sonntagskopf, Schlieferspitze

🚅 ⊨ ⇌ Krimml/Pinzgau 🅿

🚌 bis Innerkeesalpe

AV 36; FB 123; ÖK 151; Bergverlag Rother: AVF Venedigergruppe, GF Glockner-, Granatspitz- und Venedigergruppe, WF Tauern-Höhenweg

Hütten anderer alpiner Vereine und Privathütten

Bergeralm, 1845 m, auf dem Nordostrücken des Bergerkogels, privat, ⊨ 25, ✗ Virgen $1^1/2$, Prägraten 2, 🚅 Lienz/Osttirol ⇌ Virgen, Prägraten. bew. Anfang Juni bis Ende Sept., ☎ 04874/5458

Bergerseehütte, 2182 m, am Bergersee, privat, ⌐ 25, ✗ Prägraten $2^1/2$, 🚅 Lienz ⇌ Prägraten, bew. Anfang Juni bis Ende Sept., ☎ 04877/5232

Berndlalm, 1500 m, im Obersulzbachtal, privat, ⊨ 27, ✗ Rosental $2^1/2$, 🚅 Rosental a. Venediger ⇌ Neukirchen, bew. Anfang März bis Ende Sept., ☎ 0663/68254

Defreggerhaus, 2962 m, am Mullwitzaderl, ÖTK, ⊨ 34 ⌐ 60 ⌐ 26, ✗ Hinterbichl 5, 🚅 Lienz (nur Sommer, sonst Prägraten) ⇌ Hinterbichl, Prägraten, bew. Anfang Juli bis Ende Sept., Ostern, Pfingsten, ⊞ offen, ☎ 0663/58530

Eisseehütte, 2520 m, im hinteren Timmeltal, privat, ⊨ 14 ⌐ 31, ✗ Prägraten/St. Andrä $3^1/2$, 🚅 Lienz ⇌ Prägraten, bew. Anfang Juni bis Mitte Okt. (Ostern auf Anfrage), ☎ 0663/57161

Lasörlinghütte, 2350 m, im hinteren Mullwitztal, privat, ⊨ 30 ⌐ 40, ✗ Virgen 3, Reichenberger Hütte 3, Bergerseehütte 3, Lasörling, 3098 m, $2^1/2$, 🚅 Lienz ⇌ Virgen, bew. Mitte Mai bis Mitte Okt., im Winter je nach Schneelage, bei vorheriger Anmeldung offen, AV-Ermäßigung, ☎ 0663/57063

Laßnitzenhütte, 1887, im Laßnitzental, privat, ⊨ 10 ⌐ 10, ✗ Prägraten $1^1/2$, Taxi z. Hütte, 🚅 Lienz/Osttirol ⇌ Prägraten, bew. Anfang Juni bis 20. Okt., ☎ 04877/5252

Lenkjöchlhütte (Rif. Giogo Lungo), 2603 m, im hinteren Ahrntal, CAI, ⊨ 32 ⌐ 22, ✗ Kasern im Ahrntal $3^1/2$, 🚅 Bruneck ⇌ Kasern, bew. Anfang Juli bis Ende Sept., ☎ 0474/654144

Matreier Tauernhaus, 1512 m, südl. d. Felbertauern, privat, ⊨ 60, ✗ Matrei/Osttirol 4, 🚅 Lienz/Osttirol ⇌ Matrei, z. Hs., gj. bew., ☎ 04875/8811

Niljochhütte, 1990, im Niltal, privat, ⊓ 25, ↗ Obermauern 1½, 🚏 Lienz/Osttirol ➡ Virgen ➡ Obermauern, bew. Mitte Mai bis Mitte Okt., ✆ 04877/5440

Obersulzbachhütte, 1742 m, im Obersulzbachtal, OeAV, 🛏 nur BRD-Diensthütte, ↗ Neukirchen 4½, Rosental 4, 🚏 Rosental ➡ Neukirchen ➡ Hopffeldboden, kleine Notunterkunft für Besucher vorhanden

Postalm, 1699 m, im Obersulzbachtal, privat, 🛏 20 ⊓ 10, ↗ Rosental 3¾, Bichl 4, 🚏 ➡ Rosental a. Venediger ➡ Siggen, bew. Anfang März bis Ende Sept., ✆ 06565/6520

Sajathütte, 2600 m, im Felskessel des Sajat, privat, 🛏 36 ⊓ 14, ↗ Prägraten 4½, Bichl 4, 🚏 Lienz ➡ Prägraten ➡ Bichl, bew. Mitte Juni bis Mitte Okt., ✆ 04877/6369

Venedigerhaus (Innergschlöß), 1725 m, im Tauerntal, privat, 🛏 24 ⊓ 8, ↗ Tauernhaus 1½, Matrei 4½, 🚏 Lienz ➡ ➡ Matreier Tauernhaus, bew. Mitte Mai bis Ende Sept., ✆ 04875/8820

Wetterkreuzhütte, 2106 m, privat, ⊓ 20, ↗ Virgen 3, Taxidienst zur Hütte, 🚏 Lienz/Osttirol ➡ ➡ Virgen, bew. Anfang Juni bis Ende Sept. und über Ostern, ✆ 04874/5227

Zupalseehütte, 2350 m, privat, 🛏 30 ⊓ 10, ↗ Virgen 4, Taxi bis Wetterkreuzhütte, von dort 1, 🚏 Lienz/Osttirol ➡ ➡ Virgen, bew. Mitte Juni bis 20. Okt., ✆ 04874/5227

37 Rieserferner-gruppe

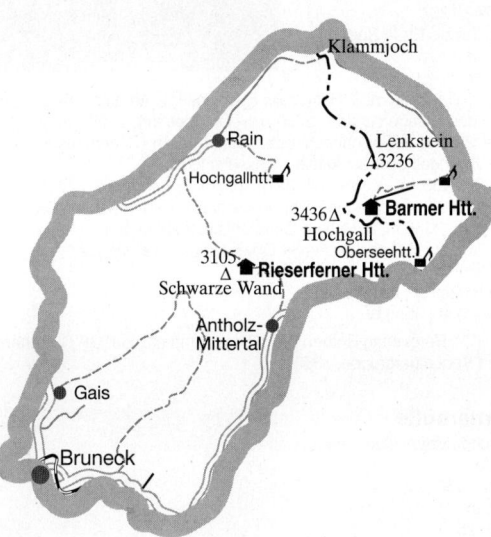

Umgrenzung

Klammljoch – Jagdhausalm – Schwarzach – Einmündung Staller Almbach –
Staller Almbach – Staller Sattel – Antholzer Tal – Olang – Rienz bis Bruneck –
Tauferer Tal – Sand in Taufers – Raintal – Knuttental – Klammljoch

Barmer Hütte

K. I, 2610 m, erb. 1956 - 60
DAV-S. Barmen
Höfen 13
D-42277 Wuppertal

 ♦ Udo Schmidt
    Oberrotte
    A-9963 St. Jakob i. Defr.
 ℃ Hütte 0663/55999
    während der Nichtbew.:
    Casinostr. 36
    D-56154 Buchholz
 ℃ Tal 06742/1264
 ✗ Anfang Juli bis Ende Sept.
 🛏 24 ⌐ 30 ⌐ 10
 ▦ 4 - 5 offen
 ↗ Patscher Alm, 1800 m, 3; Haltestelle Erlsbach $3^1/_2$; Antholzer See $3^1/_2$
 → Almer Kees – Jägerscharte, 2780 m – Oberseehütte, 2084 m, 3 - 4; Roßhorn-
    scharte, 2916 m – Fleischbachkees – Seebachalm – Oberhausalm 5 - 6; Barmer
    Hütte – Hochgall oder Lenkstein – Kasseler Hütte 5
 △ Hochgall, 3435 m, 3; Wildgall, 3272 m, 6 - 8; Lenkstein, 3171 m, 3; Patscher
    Schneid: Gratüberschreitung Roßhornscharte – Fennereck – Barmer Spitze 5;
    Almer Horn, 2986 m, 2; Mittlere Ohrenspitze, 3005 m, $2^1/_2$
 ⚒ nur im Frühjahr ↗ Patscher Alm → Oberseehütte △ Hochgall
 🚑 Lienz/Osttirol
 🚌 Erlsbach über St. Jakob i. Defr.
 🚗 Patscher Alm (Ghs.) 🅿

FB S 3; ÖK 177; Bergverlag Rother: AVF Rieserfernergruppe, GF Glockner-, Gra-
natspitz- und Venedigergruppe, 3354

Rieserfernerhütte

(Hanns-Forcher-Mayr-Hütte, ehem.
Fürther Hütte)
2792 m, erb. 1980
AVS-S. Bozen
Bindergasse 25
I-39100 Bozen
und AVS-S. Bruneck
An der Kaiserwarte 4
I-39031 Bruneck

 ♦ Gottfried Leitgeb
    Neurauth 25
    I-39030 Antholz-Mittertal
 ℃ Hütte 0474/42125
 ℃ Tal 0474/42228

X Ende Juni bis Ende Sept.
⌂ 25 ⌐ 20 ⌐ 20
▦ 20 offen
⚡ 220 V ~ ▦ ⌐
↗ Antholz 3; Rein 3$\frac{1}{2}$
→ Kasseler Hütte (Hochgallhütte) 4
△ Schneebiger Nock, 3358 m, 2$\frac{1}{2}$; Fernerköpfl, 3248 m, 2; Morgenkofl, 3070 m, $\frac{1}{2}$
🚌 Bruneck, Olang
🚌 Antholz-Mittertal
🚌 Antholz-Mittertal, Rein

FB 123; ÖK 177; Bergverlag Rother: AVF Rieserfernergruppe, 3354

Hütten anderer alpiner Vereine und Privathütten

Antholzer-See-Enzianhütte, 1650 m, im ob. Antholzer Tal, privat, ⌂ 10, im Antholzer Tal, 🚌 Olang 🚌 Antholz 🚶 z. Hs.

Kasseler Hütte, Alte (Hochgallhütte), 2274 m, am Fuße des Hochgalls, CAI, ⌂ 45 ⌐ 25, ↗ Rein 2$\frac{1}{4}$, Antholz-Mittertal 6, 🚌 Bruneck oder Olang 🚌 🚶 Rein oder Antholz-Mittertal, bew. Mitte März bis Mitte Mai und Mitte Juni bis Ende Sept., ✆ 0474/672550

Oberseehütte (Staller-See-Hütte), 2084 m, am Obersee (Staller Sattel), privat, ⌂ 20 ⌐ 10, ↗ Erlsbach 2, 🚌 Olang, Lienz 🚌 🚶 Erlsbach oder Antholz-Obertal bzw. bis Hütte, bew. Mitte Mai bis Ende Okt., ✆ 04852/32013

Patscher Hütte, 1675 m, auf der Patscher Alm, privat, ⌂ 10, ↗ St. Jakob 2$\frac{1}{2}$, Erlsbach $\frac{3}{4}$, 🚌 Lienz 🚌 St. Jakob im Defreggental, Erlsbach 🚶 z. Hs. (Maut), bew. Anfang Mai bis Ende Okt.

Erlsbach

Staller Sttl.
Rote Wand
△
2818

Antholz-
Mittertal

St. Magdalena

Toblacher
Pfannhorn
2663

N. Rasen   Niederplanken

Welsberg

Toblach

38 Villgratner Berge

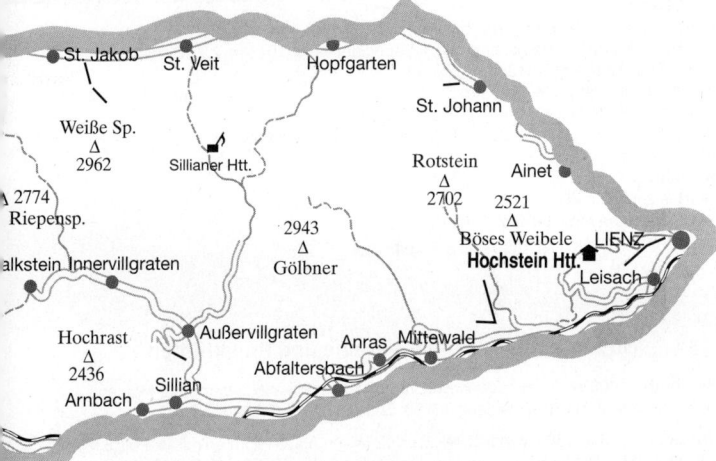

Umgrenzung

Staller Sattel – Staller Almbach – Schwarzbach bis Einmündung in die Isel – Isel bis Lienz – Drautal – Toblach – Rienz bis Olang – Antholzer Tal – Staller Sattel

Hochsteinhütte

K. III, 2023 m, erb. 1895,
Wiederaufbau 1920
OeAV-S. Lienz
Defreggerstr. 11
A-9900 Lienz

- ✝ Bernhard Rautter
  Weidachweg 22
  A-9900 Debant
- ℂ Hütte 0663/55843
- ℂ Tal 04852/61880
- ✗ Ende April bis Mitte Okt., Mitte Dez. bis Ende März, in der Zwischenzeit bei Schönwetter
- 🛏 9 ⌐ 20
- ⚡ 220 V ~
- ✗ Mit Pkw über Bannberg bis Parkplatz (Maut), ca. 8 Min. zur Hütte; über Schloßberg 3½; Bergstation des 🚠 Venedigerwarte, 1015 m, 2½; Bergstation des 🚠 Leisacher Alm, 1510 m, 1½
- → Ainet über Hochstein 4
- △ Böses Weibele, 2521 m, 1½; Rotsteinberg, 2696 m, 4
- 🎿 den ganzen Winter ✗ alle → Böses Weibele △ Böses Weibele
- 🚌 Thal/Aßling
- 🚂 Aßling
- 🚐 bis zur Hütte 🅿
- 🚠 Venedigerwarte, Leisacher Alm

AV 41; FB 182; ÖK 179; Bergverlag Rother: 3241

Hütten anderer alpiner Vereine und Privathütten

Bloshütte, 1800 m, im inn. Zwenewaldtal, privat, 🛏 24, ✗ Hopfgarten 2, 🚌 Lienz 🚐 Hopfgarten 🚐 z. Hs., bew. Anfang Juli bis Ende Sept., ℂ 04872/215004

Volkzeiner Hütte, 1886 m, privat, 🛏 22 ⌐ 12, ✗ von Außervillgraten mit Pkw bis 5 Min. vor Haus, 🚌 Sillian 🚐 Außervillgraten, bew. 20. Juni bis 10. Okt., ℂ 04843/5224

39 Granatspitz-gruppe

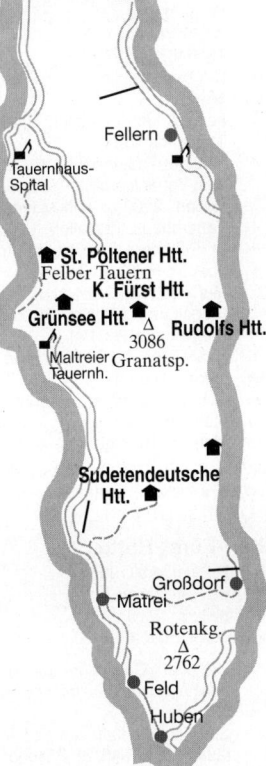

Umgrenzung

Salzach von Mittersill bis Uttendorf – Stubachtal – Enzingerboden – Grünsee – Weißenbach – Weißsee – Kalser Tauern – Dorfer See – Dorfer Tal – Kals – Kalserbach bis Einmündung in die Isel – Isel bis Matrei i.O. – Tauernbach – Felbertauern – Felbertal – Mittersill

Grünseehütte

K. I, 2235 m, erb. 1969
OeAV-S. Matrei/Osttirol
Postfach 23
A-9971 Matrei

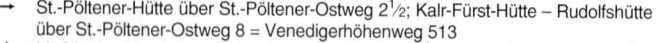

- ✝ Josef Girstmair
  Webergasse 1
  A-9971 Matrei i. O.
- ✆ Tal 04875/6557
- ✗ SV, beaufsichtigt
- ⊔ 16
- ♨ beim ✝, Heizmaterial u. Solarlicht vorhanden
- ↗ Matreier Tauernhaus, 1512 m, 2½; Venedigerblick – Liftbergstation, 2000 m (Lift Matreier Tauernhaus, Talstation) 1
- → St.-Pöltener-Hütte über St.-Pöltener-Ostweg 2½; Kalr-Fürst-Hütte – Rudolfshütte über St.-Pöltener-Ostweg 8 = Venedigerhöhenweg 513
- △ Meßlingkogel, 2624 m, 2; Hochgasser, 2922 m, 2½; Bärenköpfe, 2863 m, 2½; Riegelturm, 2742 m, 3; Teufelsspitz, 2818 m, 3; Daberkögele, 2702 m, 1½; Riegelkogel, 2921 m, 2
- ☃ Spätwinter und Frühjahr ↗ beide → beide △ Hochgasser, Daberkögele
- 🚂 Lienz, Mittersill
- 🚌 Sommer: Matreier Tauernhaus, Winter: Matrei
- 🚌 Matreier Tauernhaus
- ☎ Matreier Tauernhaus – 2000 m (nur im Sommer)

AV 36, 39; FB 123; ÖK 152; Bergverlag Rother: AVF Glockner- und Granatspitzgruppe, GF Glockner-, Granatspitz- und Venedigergruppe, WF Osttirol

Karl-Fürst-Hütte

K. I, 2629 m, erb. 1936
OeAV-S. St. Pölten
Völklplatz 3
A-3100 St. Pölten

- ✗ SV, offen, Gaskocher mit Kartusche, Strom (Elektrovoltaik)
- ⊓ 12
- ↗ St.-Pöltener-Hütte am Felbertauern über den St.-Pöltener-Ostweg 7; Rudolfshütte 6; Sessellift-Bergstation Matreier Tauernhaus zum St.-Pöltener-Ostweg 7; Felbertauernstraße (Süd) durch das Landecktal – Landeckalm – Schändlasee 5

- ⚞ kein Stützpunkt
- ⛟ Mittersill
- ⛟ Lienz
- ⛟ Matreier Tauernhaus

AV 39; ÖK 152; Bergverlag Rother: AVF Glockner- und Granatspitzgruppe, GF Glockner-, Granatspitz- und Venedigergruppe, WF Tauern-Höhenweg

Rudolfshütte

K. II, 2315 m, erb. 1958
Alpinzentrum des OeAV
Wilhelm-Greil-Str. 15
A-6010 Innsbruck
Geschäftsführer:
Hans Gregoritsch
Alpinzentrum Rudolfshütte
A-5723 Uttendorf/Weißsee

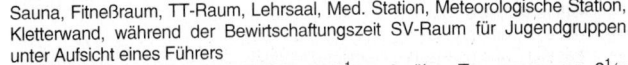

- ☎ Hütte 06563/8221
  Fax 06563/822159
- ✗ Weihnachten bis Ende April, Ende Juni bis Anfang Okt.
- ⊨ 200 ⌐ 53
- ▨ 20, Betreuung durch Wetterwart (nur in alpinen Notsituationen)
- ⟿ 220 V ∼ ▥⌐

Sauna, Fitneßraum, TT-Raum, Lehrsaal, Med. Station, Meteorologische Station, Kletterwand, während der Bewirtschaftungszeit SV-Raum für Jugendgruppen unter Aufsicht eines Führers

- ↗ Enzingerboden, 1479 m, über Grünsee 2½ - 3, über Tauernmoossee 3½; Seilbahnstation, 2320 m, in Hütte
- → Kalser Tauern, 2513 m – Kals 4½ - 5; Kapruner Törl, 2639 m – Mooserboden 4; zur Oberwalderhütte, 2973 m, über Ob. Ödenwinkelscharte, 3228 m, 6; zur St.-Pöltener-Hütte, 2481 m, über Granatscharte – Karl-Fürst-Hütte 7 - 10; zur Krefelder Hütte, 2294 m, über das Kleetörl, 2372 m, 6 - 8; zur Stüdlhütte, 2801 m, über Ob. Ödenwinkelscharte, 3228 m, und Romariswandkopf, 3426 m, 8 - 10, Sudetendeutsche Hütte, 2650 m, 6
- △ Sonnblick, (Landecker) 3087 m, 3; Granatspitze, 3085 m, 3; Tauernkopf, 2672 m, 1½; Medelzkopf, 2761 m, 1½; Hoher Kasten, 3192 m, 6 -7; Johannisberg, 3460 m, üb. Ob. Ödenwinkelscharte 5 - 6; Totenkopf, 3173 m, 3½ - 4; Hohe Riffl, 3345 m, 5; Hocheiser, 3206 m, 5½ - 6
- ⚞ den ganzen Winter ↗ Enzingerboden △ Sonnblick, Medelzkopf, Kalser Tauern
- ⛟ Uttendorf/Stubachtal
- ⛟ Enzingerboden
- ⛟ Enzingerboden – Weißsee

AV 39, 40; FB 122; ÖK 153; Bergverlag Rother: AVF Glockner- u. Granatspitzgruppe, GF Glockner-, Granatspitz- u. Venedigergruppe, WF Tauern-Höhenweg, WF Osttirol

St.-Pöltener-Hütte

K. I, 2481 m, erb. 1922
OeAV-S. St. Pölten
Völklplatz 3
A-3100 St. Pölten

✝ Gita u. Helmut Strohmaier
   St.-Pöltener-Hütte
   A-5730 Mittersill
ℂ Hütte 06562/265
   während der Nichtbew.:
   Altenhof 76
   A-5622 Goldegg
ℂ Tal 06415/8539
✗ Ende Juni bis Ende Sept.
🛏 18 ⌐ 59
🏠 13 ☕ SR
↗ Bergstation Sessellift Venedigerblick, 2000 m, 2; Matreier Tauernhaus, 1512 m, 3;
   Matreier Tauernhaus über Bergstation d. Sesselliftes Grün-, Schwarz- u. Grausee
   3½; ab Bergstation Sessellift über Ostweg 2½
→ Neue Fürther Hütte, 2201 m, über St.-Pöltener-Westweg – Sandebentörl, 2753 m,
   4 - 5; Neue Prager Hütte, 2796 m, über St.-Pöltener-Westweg – Vitragenkees 5 -
   6; Rudolfshütte, 2315 m, über Karl-Fürst-Hütte am St.-Pöltener-Ostweg 10 - 14
△ Tauernkogel, 2989 m, 1½; Hochgasser, 2922 m, 2; Hörndl, 2852 m, 2; Meßling-
   kogel, 2624 m, 1; Landeckkopf, 2898 m, 6 - 8
🎿 nur im Frühjahr ↗ Bergstation d. Sesselliftes, Matreier Tauernhaus △ Hochgasser,
   Hörndl
🚌 Mittersill/Oberpinzgau
🚐 Matreier Tauernhaus
🚐 Matreier Tauernhaus, Hintersee im Felbertal
🚡 Matreier Tauernhaus – 2000 m (nur im Sommer)

AV 39; FB 122; ÖK 152; Bergverlag Rother: AVF Glockner- und Granatspitzgruppe,
GF Glockner-, Granatspitz- und Venedigergruppe, WF Tauern-Höhenweg, WF Osttirol

Sudetendeutsche Hütte

K. I, 2650 m, erb. 1929
DAV-S. Sudeten
Föhrenweg 23
D-73732 Esslingen

✝ Martha Steiner
   Obere Steineralm
   A-9971 Matrei i. O.
ℂ Hütte 04875/6466
ℂ Tal 04875/6056
✗ Anfang Juli bis Ende Sept.

☐ 22 ⌐ 30
⊞ 8 offen SR
↗ Felbertauernstraße (Lublass),
1160 m – Stein – Steiner Alm,
1909 m, 4$\frac{1}{2}$; Glanz, 1545 m –
Steiner Alm, 1909 m, 3$\frac{1}{2}$; Ma-
trei i.O./Bergstation Goldried-
Sesselbahn, 1941 m – Kals-
Matreier-Törl, 2207 m –
Sudetendeutscher Höhenweg
– Dürrenfeldscharte, 2823 m,
4$\frac{1}{2}$; Kals a.G./Bergstation
Glocknerblick-Sesselbahn,
1941 m – Aussig-Teplitzer
Weg – Sudetendeutscher Hö-
henweg – Dürrenfeldscharte,
2823 m, 3$\frac{1}{2}$
→ Silesia-Weg – Kalser Tauern – Alpinzentrum Rudolfshütte 6; Kalser Tauern-
haus 4; Dr.-Karl-Jirsch-Weg – Matreier Tauernhaus 5; Sudetendeutscher Höhenweg –
Kals-Matreier-Törl-Haus 3$\frac{1}{2}$
△ Kl. und Gr. Muntanitz, 3232 m, 2; Vorderer Kendlkopf, 3088 m, 2; Gradötz,
3063 m, 1$\frac{1}{2}$
⅄ nur Frühjahrsskilauf
⛑ Lienz
🚌 Matrei-Felbertauernstraße (Lublass), Kals-Großdorf
🅿 Matrei-Felbertauernstraße (Lublass), Matrei-Glanz, Kals-Großdor

AV 39; FB 123; ÖK 152; Bergverlag Rother: AVF Glockner- und Granatspitzgruppe,
GF Glockner-, Granatspitz- und Venedigergruppe, WF Tauern-Höhenweg, WF Osttirol

Hütten anderer alpiner Vereine und Privathütten

Kals-Matreier-Törl-Haus, 2207 m, auf dem Törl oberh. Kals, privat, ☐ 14 ⌐ 9, ↗ Kals
2$\frac{1}{2}$, Matrei 3$\frac{1}{2}$, Bergstation Glocknerblick 1, Bergstation Goldried-Sesselbahn 1, ⛑
Lienz 🚌 Matrei, Kals-Großdorf 🅿 Matrei, Kals-Großdorf, bew. Anfang Juli bis Ende
Sept.

40 Glockner-gruppe

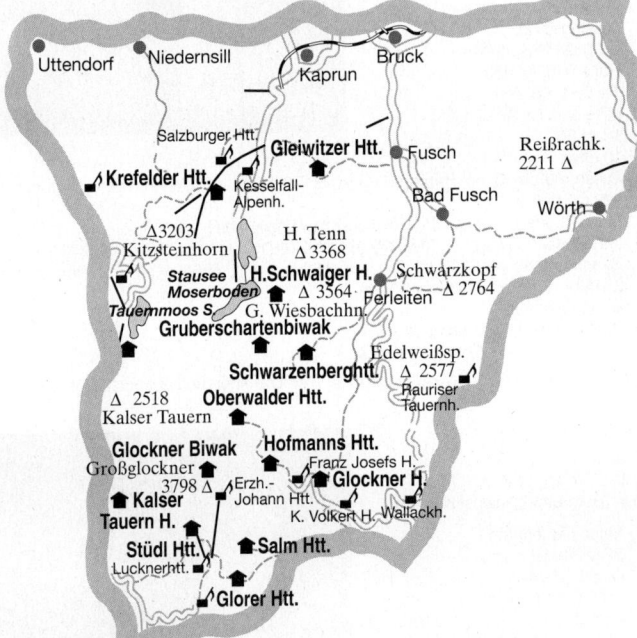

Uttendorf • Niedersill • Bruck
Kaprun

Salzburger Htt.
Gleiwitzer Htt. • Fusch
▲Krefelder Htt.
Kesselfall-
Alpenh.
Bad Fusch • Wörth

Reißrachk.
2211 △

△3203
Kitzsteinhorn
H. Tenn
△ 3368
Schwarzkopf
△ 2764

*Stausee
Moserboden* • H.Schwaiger H.
▲ 3564
Ferleiten

Tauernmoos S.
G. Wiesbachhn.
Gruberschartenbiwak

Edelweißsp.
△ 2577
Rauriser
Tauernh.

Schwarzenberghtt.
△ 2518
Kalser Tauern
Oberwalder Htt.

Glockner Biwak
Großglockner
3798 △
Hofmanns Htt.
Franz Josefs H.
Glockner H.
Erzh.-
Johann Htt.
▲Kalser
Tauern H.
K. Völker H. Wallackh.
Stüdl Htt.
Lucknerhtt.
Salm Htt.
Glorer Htt.

Umgrenzung

Salzach von Uttendorf bis Taxenbach – Rauriser Tal bis Wörth – Seidlwinklital –
Hochtor – Tauernbach – Möll bis Einmündung Leiterbach – Leitertal bis Einmün-
dung Moosbach – Moosbach – Peischlachtörl – Peischlachbach – Kals – Kalser
Bach – Dorfer Tal – Dorfer See – Kalser Tauern – Weißsee – Weißenbach –
Grünsee – Enzingerboden – Stubachtal – Uttendorf

Gleiwitzer Hütte

K. I, 2176 m, erb. 1900
DAV-S. Tittmoning
Nonnreit 10
D-84529 Tittmoning

- ♦ Detlef Schulz u.
  Gabriele Berg
  Gleiwitzer Hütte
  A-5672 Fusch 210
  während der Nichtbew.:
  Lessingstr. 23
  D-83024 Rosenheim
- ☎ Hütte 0663/69039
- ☎ Tal 08031/87851
- ✗ Mitte Juni bis Anfang Okt.
- ⊨ 13 ⊏ 66
- ⊞ 15 offen
- ⟋ Fusch, 809 m, 3 - 4; Kaprun, 763 m, 5; Talstation Kitzsteinhorn-Gletscherbahn, 928 m, 4 - 5
- → Mooserboden, 2020 m, 6 – Heinrich-Schwaiger-Haus 8 - 9
- △ Imbachhorn, 2472 m, 1; Messerfeldkopf, 2446 m, ¹/₂; Vord. Spitzbrett, 2731 m, 1; Bauernbrachkopf, 3125 m, 3¹/₂ - 4; Hoher Tenn, 3368 m, 4 - 5; Rötenzink, 2515 m, 1; Krapfbachkopf, 2715 m, 2
- ⋏ kein Stützpunkt
- ⇆ Bruck an der Glocknerstraße
- ⇒ ⇠ Fusch an der Glocknerstraße 🅿

AV 40; FB 122; ÖK 153; Bergverlag Rother: AVF Glockner- und Granatspitzgruppe

Glockner-Biwak

K. I, 3260 m, erb. 1958
OeAV-S. Villach und
Österr. Bergrettungsdienst Kärnten

- ♦ Anton Lindermuth
  Birkenweg 2
  A-9586 Fürnitz
- ☎ Tal 04257/2414
- ⊔ 6 offen
- ⟋ Oberwalderhütte 2¹/₂; Franz-Josefs-Haus 3; Hofmannshütte 2¹/₂ (schwierig, III!)
- △ Großglockner, 3798 m
- ⇆ Lienz, Bruck-Fusch
- ⇒ ⇠ Franz-Josefs-Haus (Mautstraße)

AV 40; FB 122; ÖK 153; Bergverlag Rother: AVF Glockner- und Granatspitzgruppe

Glocknerhaus

K. III, 2132 m, erb. 1876
OeAV-S. Klagenfurt
Lidmanskygasse 2
A-9020 Klagenfurt

†   Fam. Koller
    Glocknerhaus
    A-9844 Heiligenblut
✆   Hütte 04824/2516
    während der Nichtbew.:
    Amlach 34
    A-9900 Lienz
✆   Tal 04852/62488
✗   Mitte Mai bis Mitte Okt.
🛏   48 ⌐ 40
▦   8 offen
⚡   220 V ~
↗   Heiligenblut – Haritzersteig 3
→   Stockerscharte – Stüdlhütte 3; Oberwalderhütte 3; Hochtor – Scharek (Bergstation) 5; Klagenfurter Jubiläumsweg: Pfandlscharte – Hochtor – Krumlkeesscharte (Biwak) – Hocharn (weiter Sonnblick oder Fleißtal) 10 - 12; Gletscherweg Pasterze 3
△   Racherin, 3093 m – Wasserradkopf, 3032 m, 3; Spielmann, 3027 m, 3; Sonnenwelleck, 3266 m, 3$\frac{1}{2}$; Leiterköpfe, 2483 m, 2602 m, 2891 m, 1$\frac{1}{2}$ - 3 (Vord., Mittl., Hint.); Großglockner, 3798 m, 6 - 7
⚒   nur im Frühjahr
🚌   Lienz, Zell am See, Bruck – Fusch
🚐   Glocknerhaus (Mautstraße)

AV 40; FB 122; ÖK 153; Bergverlag Rother: AVF Glockner- und Granatspitzgruppe, GF Glockner-, Granatspitz- und Venedigergruppe, WF Tauern-Höhenweg

Glorerhütte

K. I, 2462 m, erb. 1887
DAV-S. Eichstätt
Marktplatz 15
D-85072 Eichstätt

†   Christian Oberlohr
    A-9981 Kals a. G.
✆   Hütte 0663/59210
✆   Tal 04876/291
✗   Mitte Juni bis Anfang Okt.
🛏   14 ⌐ 48 ⌐ 10
▦   4 offen SR
⚡   220 V ~
↗   Kals, 1325 m, 4; N. Lucknerhaus, 1984 m, 2; Heiligenblut,

1288 m, 5
→ Stüdlhütte 2 - 2$\frac{1}{2}$; N. Lucknerhaus – Lucknerhütte, 2227 m, 2$\frac{1}{2}$; Salmhütte 1$\frac{1}{2}$ –
Hohenwartscharte, 3183 m – Adlersruhe (Erzherzog-Johann-Hütte, 3454 m) 4$\frac{1}{2}$;
Salmhütte – Stockerscharte, 2442 m – Pasterze – Glocknerhaus 5; Elberfelder
Hütte 4$\frac{1}{2}$
△ Glocknerblick über der Hütte, 2707 m, $\frac{1}{4}$; Medlspitze, 2678 m, $\frac{1}{2}$; Kasteneck,
2824 m, 1; Böses Weibele, 3121 m 4; Großglockner, 3798 m, über Burgwart-
scharte oder Hohenwartscharte
⚒ nur im Frühjahr, Hütte nicht benützbar
🚉 Lienz/Osttirol
🚌 🚐 Kals a. Großglockner 🅿
🚕 Lucknerhaus (Seilbahntelefon)

AV 40, 41; FB 122; ÖK 153; Bergverlag Rother: AVF Glockner- und Granatspitzgruppe,
GF Glockner-, Granatspitz- und Venedigergruppe, WF Osttirol, WF Tauern-Höhenweg

Gruberscharten-Biwak

K. I, 3100 m, erb. 1970
OeAV-S. ÖGV
Lerchenfelder Str. 28
A-1080 Wien

✗ Biwak offen
⊓ 9, 18 Decken
↗ Ferleiten, 1152 m, über
Schwarzenberghütte 6$\frac{1}{2}$
→ Oberwalderhütte, 2973 m, 2$\frac{1}{2}$;
Heinrich-Schwaiger-Haus,
2802 m, 3; Schwarzenberg-
hütte (ehem. Mainzer Hütte)
1$\frac{1}{2}$
△ Gr. Bärenkopf, 3406 m, 1;
Hohe Dock, 3348 m, 1; Klok-
kerin, 3422 m, 1
⚒ kein Stützpunkt
🚌 Bruck – Fusch – Kaprun

AV 40; FB 122; ÖK 153; Bergverlag Rother: AVF Glockner- und Granatspitzgruppe,
GF Glockner-, Granatspitz- und Venedigergruppe

Heinrich-Schwaiger-Haus

K. I, 2802 m, erb. 1902
DAV-S. München
Goethestr. 21
D-80336 München

✝ Bartl Goller
Heinrich-Schwaiger-Haus
A-5710 Kaprun

während der Nichtbew.:
Gasthaus Alpenhof
A-5730 Mittersill

℗ Hütte 06547/8662
℗ Tal 06562/4349
✗ Mitte Juni bis Ende Sept.
🛏 14 ⌐ 64
🍴 20 SR ☕
↗ Mooserboden, 2020 m, 2¼

→ Hirschelweg – Kempsenkopf,
3090 m – Jägerscharte – Gleiwitzer Hütte 7 - 8; Fochezkopf,
3165 m – Wielinger Scharte,
3265 m – Gruberscharte,
3092 m – Keilscharte, 3230 m
– Oberwalderhütte 6; Wielinger Scharte – NO – dann S-

Flanke des Bratschenkopfes, 3265 m – Hochgruberkees – Schwarzenberghütte 5
△ Gr. Wiesbachhorn über Kaindlgrat, 3570 m, 2½ - 3; Bratschenkopf, 3404 m, und
  Klockerin, 3422 m, 3 - 3½
⚲ kein Stützpunkt
🚍 Kaprun
🚐 🚶 Hotel Kesselfall-Alpenhaus 🅿
🚐 Zubringerbus »Untere Bergstraße« (1,6 km) – Lärchwand-Aufzug – Bus »Obere
  Bergstraße« bis Mooserboden

AV 40; FB 122; ÖK 153; Bergverlag Rother: AVF Glockner- und Granatspitzgruppe,
GF Glockner-, Granatspitz- und Venedigergruppe

Hofmannshütte

K. I, 2444 m, erb. 1860
OeAV-Akademische S. Wien
Maria-Theresien-Str. 3
A-1090 Wien

♦ Josef Fleißner-Rieger
  Hofmannshütte
  A-9844 Heiligenblut
  während der Nichtbew.:
  Rannach 6
  A-9843 Großkirchheim
℗ Hütte 04824/2575
℗ Tal 05285/3977
✗ Ende Mai bis Ende Sept./An-
  fang Okt.
🛏 16 ⌐ 50 ⌐ 25
🍴 20 offen SR
⚡ 220 V ~ (Solar, zumind. abends)

↗ 🅿 Franz-Josefs-Höhe a.d. Großglocknerstraße, 2312 m, ½; im Winter gesperrt, dann Abstieg zur Pasterze und Aufstieg zur Hütte 2

→ Heinrich-Schwaiger-Haus, 2802 m, über Bockkarscharte, 3039 m – Ob. Bockkarscharte, 3200 m – Gruberscharte, 3083 m – Klockerin, 3422 m – Wielingerscharte, 3255 m, 7; Rudolfshütte, 2315 m, über Oberwalderhütte, 2973 m – Ob. Ödenwinkelscharte, 3228 m, 6; Mooserboden, Heidnische Kirche, 2051 m, über Oberwalderhütte, 2973 m – Riffeltor, 3116 m, 4½; Salmhütte, 2644 m, über Hofmannsweg – Hohenwartscharte, 3182 m, 5; Stüdlhütte, 2801 m, über Hofmannsweg – Erzherzog-Johann-Hütte, 3454 m, 5

△ Großglockner, 3798 m, 6; Johannisberg, 3463 m, 4; Fuschenkarfopf, 3336 m, 3; Freiwandspitze, 3053 m, 3

⛷ nur im Frühjahr ↗ nur über Pasterze → Rudolfshütte, Mooserboden △ Großglockner, Johannisberg

🚆 Zell am See bzw. Villach

🚌 ⇒ Franz-Josefs-Höhe (Mautstraße) 🅿

AV 40; FB 122; ÖK 153; Bergverlag Rother: AVF Glockner- und Granatspitzgruppe, GF Glockner-, Granatspitz- und Venedigergruppe, WF Tauern-Höhenweg

Kalser Tauernhaus

K. I, 1755 m, erb. 1928 - 30 vom Verein Kalser Bergführer, übernommen 1963
DAV-S. Mönchengladbach
Hauptstr. 172
D-41236 Mönchengladbach

🚹 Gerlinde Gliber
Lana 9
A-9981 Kals 0663/857090

© Tal 04876/283 oder 393

✕ Mitte Juni bis Ende Sept.

🛏 22 ⌐ 25

▦ keiner

⚡ 110 V =

↗ Kals-Taurer, 1521 m, 1½; Kals, 1325 m, 2½

→ Kalser Tauern, 2518 m – Rudolfshütte 4½; Sudetendeutsche Hütte, 2650 m, 3½; Tauernhaus – Dorfer Tal – Teischnitztal – Stüdlhütte ca. 5½ (v. Ghs. Taurer/Spöttling 4½)

△ Spinnevitrolkopf, 2483 m, 2½; Aderspitze, 2989 m, 4; Rosmariswandkopf, 3508 m, 5½; Schneewinkelkopf, 2483 m, 5½; Eiskögele, 3436 m, 5½; Hoher Kasten, 3197 m, 5

⛷ kein Stützpunkt ↗ durch die Daberklamm nicht möglich

🚆 Lienz/Osttirol

🚌 ⇒ Kals-Taurer 🅿

AV 39, 40; FB 122; ÖK 153; Bergverlag Rother: AVF Glockner- und Granatspitzgruppe, GF Glockner-, Granatspitz- und Venedigergruppe, WF Osttirol, WF Tauern-Höhenweg

Krefelder Hütte

K. II, 2295 m, erb. 1908
DAV-S. Krefeld
Roonstr. 102
D-47799 Krefeld

- ⚕ Heidi Rattenberger
  Krefelder Hütte
  A-5710 Kaprun
  während der Nichtbew.:
  A-5722 Niedernsill 110
- ℂ Hütte 06547/8621361
- ℂ Tal 06548/8396
- ✗ Dez bis Mai, Juli bis Ende Sept.
- ⊨ 30 ⌐ 50
- ⌇ 220 V ~ ⎍ ↰
- ↗ Ghs. Wüstelau, 874, 4; Kaprun – Maiskogel-Seilbahn, 1545 m, 3; Gletscherbahn – Station Salzburger Hütte, 1897 m, 1$\frac{1}{2}$; Gletscherbahn Kaprun – Alpin-Center, dann Abstieg $\frac{1}{2}$; Niedernsill, 769 m – Schaumberg-Mittenalm – Lakarscharte, 2488 m, 6
- → Rudolfshütte – Krefelder Weg 6 - 7; Mooserboden, 2108 m, über Kammerscharte, 2689 m, 3$\frac{1}{2}$; Heinrich-Schwaiger-Haus, 2802 m, über Mooserboden 6
- △ Kitzsteinhorn, 3202 m, 3; Gr. Schmiedinger, 2960 m, 2; Maurerkogel, 2995 m, 2; Lakarschneid, 2644 m, 2; Gr. Arche, 2453 m, 3; Bombachkopf, 2516 m, 2$\frac{1}{2}$; Geißstein, 2230 m, $\frac{1}{2}$
- ⚡↗ Wüstelau, Gletscherbahnen △ Kitzsteinhorn, Gr. Schmiedinger, Maurerkogel
- 🚌 Zell am See
- 🚐 Talstation Gletscherbahn Kaprun
- 🚠 ⛷ Gletscherbahn

AV 40; FB 122; ÖK 153; Bergverlag Rother: AVF Glockner- und Granatspitzgruppe

Oberwalderhütte

K. I, 2973 m, erb. 1910
OeAV-S. Austria
Rotenturmstr. 14
A-1010 Wien

- ⚕ Peter Oberhauser
  Loferer Str. 16
  A-5760 Saalfelden
- ℂ Hütte 04824/2546
- ℂ Tal 06582/2477
- ✗ Pfingsten, Anfang Juni bis Ende Sept.
- ⊨ 46 ⌐ 63 ⌐ 30
- ⊞ 10 SR ⛷
- ⌇ 220 V ~

↗   ⓟ Franz-Josefs-Höhe 2¹/₂ - 3; Heiligenblut 6

→   Rudolfshütte, 2315 m, über Ob. Ödenwinkelscharte, 3228 m, 4 - 5; Heinrich-Schwaiger-Haus 5 - 6, über Bockkar-, 3038 m, Gruber-, 3092 m, und Wielinger-scharte, 3267 m, zur Erzherzog-Johann-Hütte, 3454 m, 5 - 6; Rudolfshütte, 2315 m, über Ob. Ödenwinkelscharte, 3228 m – Stüdlhütte, 2801 m, über P 3426 zwischen Romariswandkopf und Teufelskamp 6 - 6¹/₂

△   Großglockner, 3798 m, über Hofmannsweg – Erzherzog-Johann-Hütte 3¹/₂; Glocknerwand, 3721 m, über Glocknerwandkamp 4¹/₂; Romariswandkopf, 3508 m, 4 - 4¹/₂; Eiskögele, 3436 m, 3¹/₂ - 4; Johannisberg, 3463 m, 3; Bärenkopf, Vord. 3250 m, Mittl. 3357 m, 1¹/₂ - 2; Gr. Wiesbachhorn, 3570 m, über Bockkar- und Keilscharte – Klockerin 5 - 6; Fuscherkarkopf, 3336 m, über Fuscherkarscharte 2¹/₂

⚶   nur im Frühjahr

🚍   Bruck – Fusch bzw. Lenz

🚌   ⇢ Franz-Josefs-Höhe ⓟ

AV 40; FB 122; ÖK 153; Bergverlag Rother: AVF Glockner- und Granatspitzgruppe, GF Glockner-, Granatspitz- und Venedigergruppe, WF Tauern-Höhenweg

Salmhütte

K. I, 2644 m, erb. 1928
OeAV-S. Wien
Rahlgasse 6, II/14
A-1060 Wien VI

✝   Ernst Mühl
    Salmhütte
    A-9981 Kals

✆   Hütte 04824/2089
    während der Nichtbew.:
    Rahlgasse 6/14
    A-1060 Wien

✗   Anfang Juli bis Ende Sept.

🛏   30 ⌐ 31 ⌐ 5

🔲   4 ♨

↗   Glocknerhaus – Margaritzen-sperre – Stockerscharte 3; Heiligenblut – Leitertal 5; Kals – Zufahrt bis Lucknerhaus, 1984 m – Glorerhütte 3

→   Erzherzog-Johann-Hütte auf der Adlersruhe über Hohenwartscharte, 3183 m, 3¹/₂; Stüdlhütte über Pfortschscharte, 2825 m, 4 - 5; Franz-Josefs-Haus, Hofmannshütte über Stockerscharte, 2443 m, 3 - 4; Glorerhütte am Bergertörl 1¹/₂

△   Großglockner, 3798 m, 5; Hohenwartkopf, 3310 m, 2; Schwerteck, 3247 m, 1¹/₂; Leiterköpfe, 2891 m, 4¹/₂; Kellersberg, 3267 m, 3

⚶   kein Stützpunkt

🚍   Lienz oder Zell am See

🚌   ⇢ Glocknerhaus ⓟ, Heiligenblut ⓟ, Lucknerhaus ⓟ

AV 40, 41; FB 122; ÖK 153; Bergverlag Rother: AVF Glockner- und Granatspitzgruppe, GF Glockner-, Granatspitz- und Venedigergruppe, WF Tauern-Höhenweg

Schwarzenberghütte

(ehem. Mainzer Hütte)
K. I, 2269 m, erb. 1882,
neuerbaut 1986
OeAV-S. ÖGV
Lerchenfelder Str. 28
A-1080 Wien

✝   Hans Schernthaner
     Glocknerstr. 41
     A-5672 Fusch
✆   Hütte 06546/387
✆   Tal 06545/6145
✕   Mitte Juni bis Mitte Okt.
⊓   28
↗   Ferleiten, 1152 m, »Mainzer
     Weg«, $3^1/2$
→   Oberwalderhütte, 2973 m, $3^1/2$
△   Hohe Dock, 3348 m, 3; Vord. Bratschenkopf, 3400 m, $4^1/2$; Wiesbachhorn,
     3570 m, über Bratschenkopfsteig 4 - 5; Gr. Bärenkopf, 3406 m, über Gruberschar-
     te 4 - 5
⌕   kein Stützpunkt
🚌   Bruck an der Glocknerstraße
🚌   Ferleiten

AV 40; FB 122; ÖK 153; Bergverlag Rother: AVF Glockner- und Granatspitzgruppe,
GF Glockner-, Granatspitz- und Venedigergruppe

Stüdlhütte

K. I, 2801 m, erb. 1868
DAV-S. Oberland
Tal 42
D-80331 München

✝   Rupert Huter
     Lesacher Hof
     A-9981 Kals
✆   Hütte 04876/209   8209
✆   Tal 04876/270
✕   Ende Juni bis Ende Sept.,
     Ostern
🛏   20 ⊓ 62 ⊔ 30
▨   16 offen SR
↗   Kals, 1325 m – Lucknerhaus,
     1984 m – Lucknerhütte,
     2227 m, 5; Kals – Spöttling –
     Teischnitztal $4^1/2$
→   Erzherzog-Johann-Hütte auf der Adlersruhe $2^1/2$ - 3; Glorerhütte $2^1/2$; Salmhütte 4;

40   Glocknergruppe

Kalser Tauernhaus 5$^{1}/_{2}$

△ Blaue Wand, 2912 m, $^{1}/_{2}$; Schere, 3031 m, $^{3}/_{4}$; Großglockner-Südlgrat (III) 4$^{1}/_{2}$ - 5; Gramul, 3271 m, 2; Romariswandkopf, 3508 m, 4

⚒ △ Großglockner, Romariswandkopf

🚏 Lienz/Osttirol

🚌 Kals am Großglockner 🅿

🚌 Lucknerhaus 🅿 (Kalser Glocknerstraße, Mautstraße)

AV 40; FB 122; ÖK 153; Bergverlag Rother: AVF Glockner- und Granatspitzgruppe, GF Glockner-, Granatspitz- und Venedigergruppe, WF Tauern-Höhenweg, WF Osttirol

Hütten anderer alpiner Vereine und Privathütten

Erzherzog-Johann-Hütte (Adlersruhe), 3454 m, auf der Adlersruhe, ÖAK, 🛏 230 Betten und Matr., ↗ Kals 7, Lucknerhaus (Mautstraße von Kals) 5, Heiligenblut – Franz-Josefs-Haus 4, 🚏 Lienz oder Bruck-Fusch 🚌 Heiligenblut oder Bruck-Fusch bis Franz-Josefs-Haus (Maut), bew. Anfang Juli bis Ende Sept., ✉ offen, ✆ 04876/500 *8500*

Franz-Josefs-Haus (Hotel), 2362 m, unter der Freiwandspitze, privat, 🛏 220 ⊓ 54, über die Glocknerstraße (Maut), 🚏 Lienz oder Bruck-Fusch 🚌 🚐 z. Hs., bew. Mitte Mai bis Ende Sept., ✆ 04824/2512

Fuschertörlhaus, 2445 m, am Fuschertörl, privat, 🛏 30, ↗ über die Glocknerstraße, 🚏 Lienz oder Bruck-Fusch 🚌 🚐 z. Hs., bew. Mitte Mai bis Ende Sept.

Karl-Volkert-Haus, 2154 m, an der Glocknerstraße, privat, 🛏 125, ↗ Heiligenblut 1, 🚏 Zell am See oder Lienz 🚌 z. Hs., bew. Anfang Juni bis Anfang Okt., ✆ 04824/2518 oder 2044

Lucknerhaus, Neues, 1984 m, im Ködnitztal, privat, 🛏 32 ⊓ 20, ↗ Kals 1$^{1}/_{2}$, 🚏 Lienz 🚌 Kals 🚐 Kals (🚌 zum Haus), bew. Anfang Juni bis Ende Sept. und Wintersaison, ✆ 04876/291 oder 277

Lucknerhütte, *8555* 2227 m, im Ködnitztal, privat, 🛏 12, ↗ Kals 2$^{1}/_{2}$, 🚏 Lienz 🚌 Kals 🚐 Kals (Transport bis Neues Lucknerhaus), bew. Anfang Juli bis Mitte Sept. *04876/8455*

Pasterzenhaus, 2130 m, an der Glocknerstraße, privat, 🛏 40 ⊓ 20, ↗ Glocknerhaus, 🚏 Lienz oder Bruck-Fusch 🚌 🚐 Glocknerhaus, bew. Mitte Mai bis Ende Sept.

Salzburger Hütte, 1860 m, am Kitzsteinhorn, ÖTK, 🛏 7 ⊓ 7, ↗ Wüstelau 2$^{1}/_{2}$, Kaprun-Kesselfall 2$^{1}/_{2}$, 🚏 Kaprun 🚐 Kesselfall, Mitte Juni bis Ende Sept. und im Winter, wenn Piste befahrbar, ✆ 06549/349 (Fr. Klawunn)

Wallackhaus, 2350 m, am Hochtortunnel-Südausgang, privat, 🛏 70, á an der Glocknerstraße, 🚏 Bruck-Fusch 🚌 🚐 z. Hs., bew. Mitte Mai bis Anfang Okt, ✆ 04824/2223

41 Schober-gruppe

Umgrenzung

Möll von Einmündung Leiterbach bis Winklern – Iselsberg – Iseltal von Lienz bis Huben – Kalser Bach bis Kals – Ködnitzbach – Peischlachbach – Peischlachtörl – Moosbach – Leiterbach bis Einmündung in die Möll

Adolf-Noßberger-Hütte

K. I, 2488 m, erb. 1930/31
OeAV-S. Wiener Lehrer
Josefsgasse 12/E
A-1080 Wien

- ♦ Johanna Hinterreitner
  Putschall
  A-9843 Großkirchheim
  während der Nichtbew.:
  Ramsau 229
  A-4564 Klaus
- ℰ Tal 07585/567
- ✗ Ende Juni bis Mitte Sept.
- ⏏ 14 ⌐ 22
- ❀ 8 ⍦
- ➚ Putschall im Mölltal, 1053 m,
  durch das Gradental 4½; Bemützung eines Holzbringungsweges mit ⇢ verkürzt Anstieg um 2; Döllach im Mölltal, 1024 m, über Förstersteig, bei etwa 1600 m Einmündung in Weg Putschall 5½
- → Lienzer Hütte, 1977 m, 3 und weiter Hochschoberhütte, 2322 m, 3; Wangenitzseehütte, 2508 m, 4; Wangenitzseehütte über Hohe Gradenscharte, 2803 m (»Holländerweg«) 3; Elberfelder Hütte, 2346 m, über Klammerscharte, 2930 m, 4
- △ Keeskopf, 3081 m, 2; Weißwandspitze, 2916 m, 2; Petzeck, 3283 m – Petzeckscharte, 3034 m, 3½
- ⚐ △ Keeskopf, Weißwandspitze
- 🚌 Lienz
- 🚍 Putschall
- 🚐 Gradenalm 🅿

AV 41; FB 181; ÖK 179; Bergverlag Rother: AVF Schobergruppe

Bubenreuther Hütte

K. seH, 1828 m, erb. 1969 - 71
DAV-S. Eger und Egerland,
Sitz Bubenreuth
Waldstr. 8
D-91301 Forchheim
Sektionshütte, doch werden im Rahmen der Möglichkeiten auch Mitglieder anderer Sektionen aufgenommen.

- ♦ Horst Schubert
  Hertleinstr. 16
  D-91052 Erlangen
- ℰ Tal 09131/820304
- ✗ SV, Anfang Juni bis Mitte Okt.,

Kochgelegenheit
- 🛏 12 ⌐ 20 ⌐ 5 ‼
- 220 V ~
- ↗ Unterlesach 1½, von Kals, 1325 m, 2½; Oberlesach 1
- → Hochschober-, Lienzer, Elberfelder und Glorer Hütte
- △ Hochschober, 3240 m; Glödis, 3206 m; Roter Knopf, 3281 m; Böses Weibele, 3121 m
- 🚌 Lienz
- 🚌 Kals
- 🚌 Oberlesach, Kals 🅿

AV 41; FB 181; ÖK 153; Bergverlag Rother: AVF Schobergruppe

Elberfelder Hütte

K. I, 2340 m, erb. 1928
DAV-S. Elberfeld
Luisenstr. 108
D-42103 Wuppertal

- † A. Rupitsch
  Winkel 22
  A-9844 Heiligenblut
- ℂ Hütte 04824/2545
- ℂ Tal 04824/2407
- ✗ Anfang Juli bis Mitte Sept.
- 🛏 12 ⌐ 46 ⌐ 10
- ▦ 5 offen SR
- 220 V ~ ▥
- ↗ Heiligenblut, 1288 m, 4 - 5
- → Wiener Höhenweg – Glorer Hütte 4½; Gößnitztörl, 2737 m – Lienzer Hütte 3 – Leibnitztörl, 2591 m – Hochschoberhütte 6; Hornscharte, 2958 m, oder Klammerscharte, 2930 m – Adolf-Noßberger-Hütte 3½ - 4
- △ Böses Weibele, 3121 m, 3; Gößnitzkopf, 3096 m, 3; Kreuzkopf, 3103 m, 2½; Klammerköpfe, 3163 m, 3; Roter Knopf, 3281 m, 3½; Hornkopf, 3251 m, 3¾; Glödis, 3206 m, 5½
- ⛷ nur im Frühjahr ↗ Heiligenblut → Glorer Hütte, Lienzer Hütte △ Böses Weibele, Roter Knopf, Gößnitzkopf
- 🚌 Dölsach oder Zell am See
- 🚌 Heiligenblut
- 🚌 Heiligenblut-Winkel 🅿

AV 41; FB 181; ÖK 179; Bergverlag Rother: AVF Schobergruppe

Gernot-Röhrl-Biwak

K. I, 2940 m, erb. 1973
am Kesselkees-Sattel
OeAV-S. Lienz
Defreggerstr. 11
A-9900 Lienz

⌐ 8
↗ Kals, 1325 m, über Peischlachtörl, 2490 m, 6
→ Elberfelder Hütte 1¹/₂; Glorer Hütte 2¹/₂ = Wiener Höhenweg
△ Böses Weibele, 3121 m, ¹/₂; Bubenreuther Hütte 3 = Fr.-Senders-Weg
🚌 Lienz
🚃 🚍 Kals

AV 41; FB 181; ÖK 153; Bergverlag Rother: AVF Schobergruppe

Gößnitzkopf-Biwak

K. I, 2800 m, erb. 1977, 8 - 10 Min.
westlich der Gößnitzscharte, am
Fuße des Gönitzkopf-Südostgrates
(markiert)
OeAV-S. Lienz
Defreggerstr. 11
A-9900 Lienz

⌐ 8 - 10
↗ Lienzer Hütte 2¹/₂; Elberfelder Hütte 1¹/₂ = Elberfelder Weg
△ Gößnitzkopf, 3096 m, 1; Glödis, 3206 m, 3; Klammerköpfe, 3163 m, 1¹/₂ - 2
🚌 Lienz oder Dölsach
🚃 Lienz oder Heiligenblut
🚍 Seichenbrunn 🅿 oder 🅿 Heiligenblut-Winkel

AV 41; FB 181; ÖK 179; Bergverlag Rother: AVF Schobergruppe

Hochschoberhütte

K. I, 2322 m, erb. 1921/22, Neubau nach Brand 1985/86
OeAV-S. Wiener Lehrer
Josefsgasse 12
A-1080 Wien

🚶 Maria Rainer
A-9951 Ainet

© Hütte 0663/57722
während der Nichtbew.:
A-9932 Innervillgraten Hs.-Nr.
59b

© Tal 04843/5285

✗ Ende Juni bis Ende Sept.

🛏 12 ⌐ 45

🏠 8 offen

➚ Ainet, 755, über Gwabl,
985 m, und Oberfercher,
1454 m, 5; bei Benützung des
Fahrweges bis zur Schranke,
1640 m, 🅿, verkürzt sich die
Gehzeit auf 2½; St. Johann i.
Walde und auf Waldsteig
(nicht zu empfehlen) nach
Oberleibnig, 1243 m

→ Lienzer Hütte, 1977 m – Leibnitztörl, 2591 m, 2¾; weiter zur Adolf-Noßberger-
Hütte, 2488 m – Niedere Gradenscharte, 2796 m, 3½; weiter zur Elberfelder
Hütte, 2340 m – Gößnitzscharte, 2737 m, 3½; Lienzer Hütte, 1977 m – Mirnitz-
scharte, 2743 m, 3½

△ Hochschober, 3240 m, 4; Hoher und Niederer Prijakt, 3064/3056 m, 2¾; Rotspitze, 3101 m, 2¾; Törlkopf, 2755 m – Westl. Leibnitztörl, 2573 m, 1½; Gr. u. Kl.
Mirnitzspitze, 2985/2906 m, 3¾

⟁ △ Hochschober, Hoher Prijakt, Rotspitze

🚋 Lienz

🚍 Ainet

🚍 🅿 bei den Schranken, 1640 m

AV 41; FB 181; ÖK 179; Bergverlag Rother: AVF Schobergruppe, WF Osttirol

Lienzer Hütte

K. I, 1977 m, erb. 1892
OeAV-S. Lienz
Defreggerstr. 11
A-9900 Lienz

♦ Georg u. Berni Baumgartner
A-9990 Nußdorf-Debant Nr. 94
während der Nichtbew.:
Neubau
A-9900 Obergaimberg

© Hütte 0663/58452

© Tal 04852/63097

✗ Mitte Juni bis Ende Sept.

🛏 37 ⌐ 58

🏠 10 ♀

⚡ 220 V ∼

↗ Lienz über Gasthaus »In der Sag«, 1140 m, 6; Glockner-Bundesstraße (Postauto-Haltestelle) 4¹⁄₂; mit Pkw bis Seichenbrunn, dann ³⁄₄; Zettersfeld (Bergstation der Gondelbahn, 1812 m) über Lienzer Höhenweg 4

→ Leibnitztörl, 2591 m – Hochschoberhütte, 2322 m, 3; Gößnitztörl, 2737 m – Elberfelder Hütte, 2340 m, 3¹⁄₂; Niedere Gradenscharte, 2796 m – Adolf-Noßberger-Hütte, 2488 m, 3; Untere Seescharte, 2533 m – Wangenitzseehütte, 2508 m, 2¹⁄₂

△ Hochschober, 3240 m, über Franz-Keil-Weg 4; Törlkopf, 2755 m, über Franz-Keil-Weg 1¹⁄₂; Keeskopf, 3081 m, über Adolf-Noßberger-Weg 3¹⁄₂

⊥ nur im Frühjahr ↗ Lienz – Ghs. Seichenbrunn, Zettersfeld → alle △ alle

🚎 Lienz

🚌 Debant

🚌 Seichenbrunn 🅿

🚠 Zettersfeld

AV 41; FB 181; ÖK 179; Bergverlag Rother: AVF Schobergruppe, WF Osttirol

Wangenitzseehütte

K. I, 2508 m, erb. 1966
Nederlandse Bergsportvereniging
(Zweigverein des OeAV)
van-Aerssen-Straat 178
NL-2582 JT. Den Haag

♦ Josef Unterwurzacher
St. Andrä 72
A-9974 Prägraten

✆ Hütte 04826/229

✆ Tal 04877/5279

✗ Mitte Juni bis Mitte Sept.

🛏 25 ⌐ 38 ⌐ 20

▦ 16 offen SR

⚡ 220 V ~ 🔌

↗ Mörtschach, 934 m, durch das Wangenitztal – Wangenitzalm, 1371 m, (mit Pkw erreichbar) 5; Iselsberg, 1207 m – Raneralm, 1903 m, (mit Pkw) 5; Debanttal, Seichenbrunn (Talstation der Materialseilbahn), 1750 m, (mit Pkw) von Talstation 2³⁄₄; Klettersteig Kammerbühel – Wangenitzseehütte, auch erreichbar über Familienweg (Weg Wangenitzalm – Raneralm) 6

→ Lienzer Hütte – Untere Seescharte 2¹⁄₂; Adolf-Noßberger-Hütte über Kreuzseescharte und Niedere Gradenscharte 3¹⁄₂; Adolf-Noßberger-Hütte über Kreuzseescharte und Hohe Gradenscharte 3¹⁄₂

△ Petzeck, 3283 m, 2¹⁄₂; Perschitzschneid, 2782 m; Hoher Perschitzkopf, 3125 m; Kruckelkopf, 3181 m; Gaiskofel, 2816 m; Himmelwand, 2786 m; Seichenkopf, 2916 m; Georgskopf, 3090 m; Gr. Friedrichskopf, 3134 m

⊥ Kruckelkopf

🚎 Lienz

🚌 Mörtschach, Iselsberg

⇌ Wangenitzalm, Seichenbrunn, Raneralm, Kammerbühl

AV 41; FB 181; ÖK 179; Bergverlag Rother: AVF Schobergruppe

Winklerner Alm

Jugendheim
K. I, 1905 m, erb. 1957 - 69
OeV-S. Winklern
Postfach 7
A-9841 Winklern

♦ Karl Schlacher
  A-9841 Winklern i. M.
✆ Hütte 0663/41427
✆ Tal 04822/242
✗ Anfang Juni bis Ende Sept.
⊓ 20
↗ zur Hütte mit ⇌
→ Wangenitzseehütte (Alpin-
  steig, Klettersteigerfahrung
  notwendig!) 5; Pichler Alm 1
△ Straßboden, 2401 m, 2½; Großbohn, 2691 m, 3½
🚑 Lienz
🚍 Winklern
⇌ Winklerner Alm 🅿

AV 41; FB 181; ÖK 179, 180; Bergverlag Rother: AVF Schobergruppe

Hütten anderer alpiner Vereine und Privathütten

Lesachalmhütte, 1828 m, privat, ⊓ 20, ↗ Lesach 2½, ⇌ Unter- bzw. Oberlesach,
bew. Mitte Juni bis Ende Sept.
Lesachriegelhütte, 2120 m, auf dem westl. Ausläufer der Schönleitenspitze, privat, 🛏
5, ↗ Kals 2½, Unterlesach 2, 🚑 Lienz ⇌ ⇌ Unterlesach, Kals, bew. Anfang Juni bis
Ende Sept., ✆ 04876/265

Vinzenz-Biedner-Hütte, 1800 m, auf der Zettersfeld-Bergstation, TVN, 🛏 8 ⊓ 12, ↗
Lienz – Zettersfeld 🚡 ½, Faschingsalm ½, 🚑 ⇌ Lienz ⇌ Zettersfeld und Faschingsalm, bew. Mitte Juni bis Ende Sept.

Zettersfeldhütte, 1815 m, auf dem Zettersfeld, ÖTK, 🛏 17 ⊓ 22, ↗ Lienz 3½, mit
Zettersfeldbahn ¼, nur begrenzt zugänglich

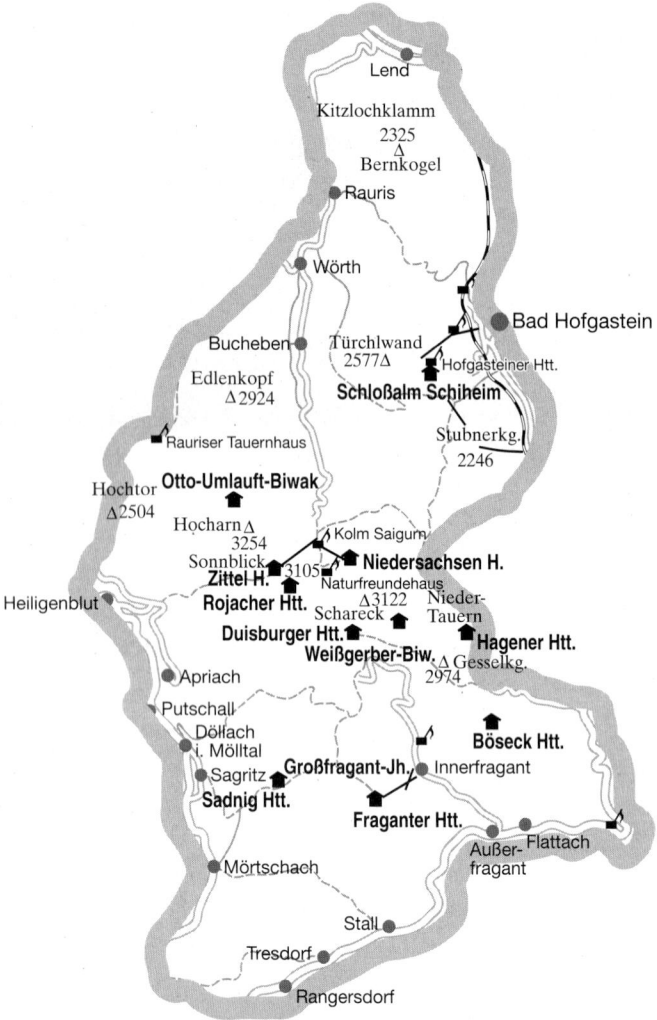

Lend

Kitzlochklamm
2325
△
Bernkogel

Rauris

Wörth

Bad Hofgastein

Bucheben
Türchlwand
2577△
Hofgasteiner Htt.
Schloßalm Schiheim

Edlenkopf
△2924

Raruiser Tauernhaus
Stubnerkg.
2246

Hochtor
△2504
Otto-Umlauft-Biwak

Hocharn △
3254
Kolm Saigurn

Sonnblick
3105
Niedersachsen H.

Zittel H.
Naturfreundehaus
△3122
Nieder-
Tauern

Rojacher Htt.
Schareck

Heiligenblut
Duisburger Htt.
Hagener Htt.

Weißgerber-Biw.
△ Gesselkg.
2974

Apriach

Putschall
Böseck Htt.

Döllach
i. Mölltal
Großfragant-Jh.
Innerfragant

Sagritz
Sadnig Htt.
Fraganter Htt.

Mörtschach
Außer-
fragant
Flattach

Stall

Tresdorf

Rangersdorf

426

42 Goldberg-
gruppe

Umgrenzung

Salzach von Taxenbach bis Einmündung Gasteiner Ache – Gasteiner Ache –
Naßfeld – Niederer Tauern – Mallnitzbach bis Einmündung in die Möll – Mölltal
bis Heiligenblut – Tauernbach – Hochtor – Seidlwinkltal – Rauriser Tal – Taxenbach

Böseckhütte

K. I, 2594 m, erb. 1932,
renov. 1989
DAV-S. Hagen
Postfach 746
D-58007 Hagen

╳ offene Notunterkunft

ℿ 6 offen

↗ Mallnitz-Häusleralm-Bergstat
ion, 1900 m, über Lonza 3;
Hagener Hütte über Feldseescharte 5

→ Hagener Hütte, 2446 m –
Oschenikscharte – Astrom-
scharte – Feldseescharte –
Feldseekopf, 2864 m, 5; Duis-
burger Hütte, 2572 m – Feldseescharte 5$^{1}/_{2}$; Abstieg über Ochenisee in das
Fraganttal 2

△ Böseck, 2854 m, $^{3}/_{4}$

⚑ kein Stützpunkt

🚉 🚌 🚐 Mallnitz 🅿

AV 42; ÖK 180, 181; Bergverlag Rother: AVF Ankogel- und Goldberggruppe

Duisburger Hütte

K. II, 2572 m, erb. 1910
DAV-S. Duisburg
Lindenstr. 31
D-47249 Duisburg

⚕ Christine Strasser
postlagernd
A-9831 Flattach
während der Nichtbew.:
Fischertratten 43
A-9853 Gmünd/Kärnten

☎ Hütte 0663/48944

☎ Tal 04732/3464

╳ Anfang Juli bis Ende Sept.

🛌 8 ℿ 27 ⊔ 14

▦ 14 offen

↗ Innerfragant – Badmeister, 1184 m, 5; Mallnitz, 1190 – Feldseescharte, 2712 m,
7; Kolm-Saigurn, 1598 m – Naturfreundehaus Neubau – Fraganter Scharte,
2752 m, 5; Ende Wurtenstraße $^{3}/_{4}$

→ Feldseescharte – Hagener Hütte 4; Schareck – Herzog Ernst, 2933 m –
Niedersachsenhaus 5; Weißsee – Schwarzsee – Saustellscharte, 2560 m –
Ochsentrieb, 2651 m – Schobertörl, 2355 m – Fraganter Hütte 6; Fraganter

Scharte, 2752 m – Rojacher Hütte – Zittelhaus 5

△ Schareck, 3122 m, 2; Weinflaschenkopf, 3013 m, 1½; Weißseekopf, 2910 m, 5

⚒ △ Kolm-Saigurn – Schareck

🚌 Mallnitz

🚐 Innerfragant – Badmeister

🚐 Ende Mautstraße Mölltalgletscher 🅿

AV 42; ÖK 154; Bergverlag Rother: AVF Ankogel- und Goldberggruppe, WF Tauern-Höhenweg

Fraganter Hütte

K. I, 1810 m, erb. 1970
OeAV-S. Klagenfurt
Lidmannskygasse 2
A-9020 Klagenfurt

† Anton Unterweger
  Großfragant
  A-9831 Flattach/Mölltal
  während der Nichtbew.:
  Kurierdorf 5
  A-9831 Flattach/Mölltal

✆ Hütte 04785/396

✆ Tal 04785/445

✗ 20.12. - 7.1. und 2.2. - 22.4.,
  25.5. - 15.10.

🛏 42 ⊓ 44

🚻 keiner

⚡ 220 V ~ Licht 🎞🍴

↗ Innerfragant 1½; Außerfragant, 724 m – Laas, 839 m – über Bauer Pacher – Eggereben-Hütte, 1679 m – Kreuzboden, 1889 m, 3½

→ Sadnighaus, 1950 m – Schobertörl, 2355 m, 3½; Duisburger Hütte über Schobertörl – Ochsentrieb, 2651 m Bogenitzen – Saustellscharte, 2560 m – Schwarzsee 6½

△ Gr. Sadnig, 2745 m, 2½; Makerni, 2644 m, 1½; Hirtenkopf, 2605 m, 2; Striedenkopf, 2602 m; Klenitzen, 2440 m; Zeneberg, 2199 m, 2; Stellkopfkamm, Stellkopf, 2851 m, 2¾

⚒ den ganzen Winter ↗ alle → beide △ alle

🚌 Mallnitz

🚐 Außerfragant

🚐 Innerfragant; Sommer auch Außerfragant bis Rollweg (Schranken)

AV 42; ÖK 180; Bergverlag Rother: AVF Ankogel- und Goldberggruppe

OeAV-Jugendherberge Großfragant

1770 m, erb. 1931/32
OeAV-S. Klagenfurt
Lidmannskygasse 2
A-9020 Klagenfurt

✆   0463/513056
✗   SV
⊓   35
     Jugendheim, wird nur an AV-
     Jugendgruppen gegen Voran-
     meldung vermietet
⚡ 220 V ▨ ⌇
✦ Innerfragant 1½
→ Sadnighaus 3½; Duisburger
    Hütte 6½
△ Gr. Sadnig, 2745 m, 2½; Makerni, 2644 m, 1½; Hirtenkopf, 2605 m, 2; Strieden-
    kopf, 2602 m; Stellkopf, 2851 m, 3½
⛷ den ganzen Winter, alle Gipfel
🚍 Mallnitz
🚂 Außerfragant
🚐 Innerfragant; Sommer auch Außerfragant bis Rollweg (Schranken)

AV 42; ÖK 180, 181; Bergverlag Rother: AVF Ankogel- und Goldberggruppe

Hagener Hütte

K. I, 2446 m, erb. 1912
DAV-S. Hagen
Postfach 746
D-58007 Hagen

⚲   Emilie Aschbacher
     Hagener Hütte, postlagernd
     A-9822 Mallnitz
     während der Nichtbew.:
     Dornbach 6
     A-9853 Gmünd/Kärnten
✆   Hütte 0663/47613
✆   Tal 04732/2597
✗   Anfang Juli bis Anfang Okt.
🛏 16 ⊓ 27 ⊔ 10
▦ 6 offen
✦ Mallnitz, 1190 m, 4; Böckstein,
    1127 m, 4½; Sportgastein (Naßfeld, 1588 m), 2¾; Mallnitz – Sessellift-Bergsta-
    tion – Häusleralm, 1872 m, Böseckhütte – Feldseescharte 7
→ Mindener Hütte – Korntauern, 2476 m (Abzweigung nach Böckstein und Mallnitz)
    – Hannoverhaus 6; Duisburger Hütte über Feldseescharte, 2712 m, 4; über

Vorderen Gesselkopf 6
△ Vorderer Gesselkopf, 2974 m, 2
🚶 ↗ Mallnitz → Duisburger Hütte
🚌 Mallnitz, Böckstein (Haltestelle 1152 m)
🚋 🚐 Sportgastein-Naßfeld 🅿 gebührenpflichtig, Mallnitz-Jamnigalm 🅿

AV 42; ÖK 154, 155; Bergverlag Rother: AVF Ankogel- und Goldberggruppe, WF
Tauern-Höhenweg

Hamburger Skiheim Schloßalm

K. II, 1970 m, erb. 1935/36
DAV-S. Hamburg
Gerhofstr. 32
D-20354 Hamburg

🛉 Brigitte Guelmami
  Skiheim Schloßalm
  Postfach 22
  A-5630 Bad Hofgastein
℃ Hütte 06432/6282
℃ Tal 06432/8472
✗ Ende Nov. bis Ende April, im
  Sommer geschlossen
🛏 40
⚡ 220 V ～ 🎞
↗ Bad Hofgastein, 870 m, 3; Endstation des Schloßalm-Sessellifts, 10 Min.
△ Türchlwand, 2573 m, 2 - 2¹⁄₂
🚶 ↗ Seilbahn von Hofgastein △ Pistenskilauf
🚌 Bad Hofgastein
🚋 🚐 dto., Talst. Standseilbahn 🅿
🚠 in 2 Teilstrecken zur Schloß-
  alm, 3 🎿 und 4 🎿 im Schloß-
  almgebiet

ÖK 155; Bergverlag Rother: AVF
Ankogel- und Goldberggruppe

Niedersachsenhaus

K. I, 2471 m, erb. 1926, Neubau
1987
DAV-S. Hannover
Walter-Gieseking-Str. 4
D-30159 Hannover

🛉 Christine Rieder
  Niedersachsenhaus
  postlagernd, Kolm-Saigurn
  A-5661 Rauris

während der Nichtbew.:
An der Kirche 48
A-9854 Malta/Kärnten
Y   06544/8103
(über Naturfreundehaus)
℗   Tal 04733/365
✗   Mitte Juni bis Sept., bei Schönwetter 2 Wochen im Okt.
⊨   12 ⌐ 46 ⌐ 14
⊞   6 offen SR
⚡ 220 V ∼ ▥
✗   Kolm-Saigurn, 1598 m, 2½; Böckstein, 1131 m – Sportgastein 4; Sportgastein, 1588 m, 2½; Badgastein – Stubnerkogel, 2240 m, über Miesbichl- und Pochkarscharte 6
→   Rojacher Hütte – Zittelhaus 5; Schareck – Duisburger Hütte 4; Sportgastein – Hagener Hütte 4 – Hannoverhaus 11
△   Herzog Ernst, 2933 m – Schareck, 3122 m, 3; Hoher Sonnblick, 3105 m, 5
⚶   kein Stützpunkt
🚌 Taxenbach (Bischofshofen – Zell am See), Böckstein
🚐 Kolm-Saigurn u. Sportgastein
🚐 dto. (Gasteiner Alpenstr. Böckstein – Sportgastein 🅿 gebührenpflichtig)

AV 42; ÖK 154; Bergverlag Rother: AVF Ankogel- und Goldberggruppe, WF Tauern-Höhenweg

Otto-Umlauft-Biwak

am Hocharn-Westgrat
K. I, 2987 m, erb. 1973
OeAV-S. Klagenfurt
Lidmannskygasse 2
A-9020 Klagenfurt

⌐   8 offen,
     kein Trinkwasser, Gaskocher
     mit Kartuschen vorhanden
✗   Glocknerstraße ab Hochtor 7;
     Kolm-Saigurn über Hocharn 6;
     Großes Fleißtal ab Naßfeld
     3½
→   Biwak-Weißenbachscharte 4
△   Hocharn, 3254 m, 1½; Arlthöhe, 3084 m; Krummelkeeskopf, 3103 m
🚌 Taxenbach
🚐 Kolm-Saigurn, Hochtor (Glocknerstraße)
🚐 Kolm-Saigurn und Hochtor

AV 42; FB 181; ÖK 153; Bergverlag Rother: AVF Ankogel- und Goldberggruppe, WF Tauern-Höhenweg

Rojacher Hütte
2718 m, erb. 1898
OeAV-S. Rauris
Marktstr. 49
A-5661 Rauris

- ♦ Melitta Maislinger
  A-5661 Rauris/Kolm-Saigurn
  während der Nichtbew.:
  Sachsenheimstr. 6
  A-5161 Elixhausen
- ℘ Tal 0662/58382
- ✗ Anfang Juli bis Ende Sept.,
  einfach bew.
- ⊓ 10
- ➚ Kolm-Saigurn, 1598 m, 3
- → Zittelhaus 3; Duisburger Hütte
  3; Niedersachsenhaus 3
- △ Sonnblick, 3105 m, 2; Hocharn, 3254 m, 4; Schareck, 3122 m, 1½
- ⛷ nur im Frühjahr: Sonnblick, Schareck, Hocharn
- 🚂 Taxenbach (Bischofshofen – Zell am See)
- 🚌 Kolm-Saigurn (nur Sommer)
- 🚗 1,5 km vor Kolm-Saigurn bis 🅿 (Lenzanger), im Frühjahr evtl. nur bis Bodenhaus

AV 42; FB 181; ÖK 153; Bergverlag Rother: AVF Ankogel- und Goldberggruppe, WF
Tauern-Höhenweg

Weißgerber-Biwak
auf der Feldseescharte
K. I, 2712 m, erb. 1968
DAV-S. Duisburg
Lindenstr. 31
D-47249 Duisburg
offener Unterstand

- ➚ Hagener Hütte 1; Duisburger
  Hütte, Jamnighütte
- △ Feldseekopf, 2864 m, Vorde-
  rer Gesselkopf, 2974 m;
  Kammspitze 2757 m
- 🚂 Mallnitz, Böckstein (Haltestelle
  1152 m)
- 🚗 🚌 Mallnitz, Sportgastein-Naß-
  feld 🅿 gebührenpflichtig (Jam-
  nigalm)

AV 42; ÖK 181; Bergverlag Rother: AVF Ankogel- und Goldberggruppe, WF Tauern-
Höhenweg

Zittelhaus

K. I, 3105 m, erb. 1886
OeAV-S. Rauris
Marktstr. 49
A-5661 Rauris

🕈 Christian Gerstgraser
 Zittelhaus
 A-5661 Rauris/Kolm-Saigurn
 während der Nichtbew.:
 Wörtherberg 33
 A-5661 Rauris
📞 Hütte 06544/6412
📞 Tal 06544/7143
✕ Anfang Juli bis Ende Sept.
🛏 25 ⌐ 70 ⌐ 10
🏢 10, Schlüssel und Betreuung
 durch die Bediensteten des Observatoriums
⚡ 220 V ∼
➚ Kolm-Saigurn, 1598 m – Rojacher Hütte 5; Heiligenblut, 1288 m – Fleißkehre,
 1522 m, der Glocknerstraße – Gasthaus »Alter Pocher«, Döllach 7
→ Rojacher Hütte – Niedere Scharte, 2695 m – Duisburger Hütte; Rojacher Hütte –
 Naturfreundehaus Neubau – Niedersachsenhaus 4
△ Goldbergspitze, 3072 m, 1; Hocharn, 3254 m, 3 - 4; Schareck, 3122 m, 4
🎿 nur im Frühjahr ➚ Kolm-Saigurn, Heiligenblut
🚌 Taxenbach (Bischofshofen – Zell am See)
🚐 Kolm-Saigurn (nur Sommerfahrplan), Heiligenblut – Fleißkehre
🚗 1,5 km vor Kolm-Saigurn bis 🅿 (Lenzanger), im Frühjahr evtl. nur bis Bodenhaus,
 Fleißkehre 🅿

AV 42; ÖK 153; Bergverlag Rother: AVF Ankogel- und Goldberggruppe, WF Tauern-
Höhenweg

Hütten anderer alpiner Vereine und Privathütten

Ammerhof, 1628 m, im inn. Rauriser Tal, AV-Ermäßigung, 🛏 30 ⌐ 18, ➚ Zell am See,
Taxenbach, 🚌 Zell am See, Taxenbach 🚗 🚗 im Sommer: z. Hs., im Winter bis Wörth,
bew. Ostern bis Ende Okt., 📞 06544/8112

Hofgasteiner Haus, 1950 m, Ferienheim und Bergrestaurant auf der Schloßalm, TVN,
🛏 60, ➚ Hofgastein 2½, Berglift-Bergstation, 🚌 🚗 Bad Hofgastein, bew. Anfang
Dez. bis Ostern, im Sommer: Juli und August, 📞 06432/8350

Holler-Stöckl und Dr.-Hernaus-Stöckl, 1765 m, Nebenhütte der Fraganter Jugendherberge, OeAV, 🛏 5 + 5, ➚ Innerfragant, 🚌 Mallnitz 🚗 Außerfragant 🚗 Innerfragant

Kolm-Saigurn-NF-Haus, 1598 m, im Rauriser Tal, TVN, 🛏 60 ⌐ 35, ➚ Wörth 4,
Bodenhaus 1½, 🚌 Taxenbach 🚗 🚗 im Winter bis Wörth, im Sommer zum Haus, gj.
bew., 📞 06544/8103

Neubau-NF-Haus, 2175 m, am Fuße des Sonnblicks, TVN, ⊨ 4 ⌐ 32, ↗ Kolm-Saigurn 1½, 🚌 Taxenbach 🚍 🚍 im Winter bis Wörth, im Sommer Kolm-Saigurn, bew.
Anfang März bis Ende Okt., ⊞ (ohne Heizmöglichkeit)

Sadnighaus, 1880 m, privat, ⊨ 21 ⌐ 20, 🚌 Lienz, Obervellach 🚍 Mörtschach 🚍 bis
zum Haus, bew. Ostern bis Ende Okt., sonst nur für Gruppen, ✆ 04852/63052

Salsenhütte, 1790 m, Nähe der Stubnerkogel-Bergbahn-Mittelstation, TVN, ⌐ 12, ↗
Badgastein 2, Böckstein 2, Stubnerkogel-Mittelstation, 🚌 Badgastein oder Böckstein
🚍 🚍 Talstation Stubnerkogelbahn, SV, ⚑ bei ✝, ✆ 06434/30614

Valeriehaus, 1588 m, im Naßfeld, privat, ⊨ 10 ⌐ 50, ↗ Böckstein 2, 🚍 🚍 Böckstein,
gj. bew.

Weißseehaus, 2350 m, TVN, ⊨ 18 ⌐ 6, 🚍 Zufahrt ab Innerfragant bis zum Haus,
bew. Ende Juni bis Ende Sept., ✆ 04785/29115

Anna-
Schutzh.
Dölsach

43 Kreuzeck-
gruppe

Umgrenzung

Möll von Winklern bis Sachsenburg – Drau von Sachsenburg bis Lienz –
Iselsberg – Winklern

Feldnerhütte

K. I, 2182 m, erb. 1885,
Neubau 1989
OeAV-S. Steinnelke
Norbert Jaksch
Breitenfurter Str. 535 - 537
A-1238 Wien-Kalksburg

- **†** Dietlinde Leitner
  Hauptstr. 25
  A-9761 Greifenburg
- **℅** Tal 04712/790
- **✗** Anfang Juli bis Mitte Sept.
- **⊨** 9 ⌐ 16 ⌐ 10
- **⊞** 6 offen SR
- **↗** Greifenburg, 600 m, 7; mit
  Pkw bis Gnoppnitz, Hinter
  Häuser, dann 4 - 5
- **→** Salzkofelhütte (Heinrich-Hecht-Weg) 6; Hugo-Gerbers-Hütte 6; Polinikhütte 10 -
  12; Teuchl (Alpenheim) 4
- **△** Kreuzeck, 2702 m, 1½; Dechant, 2609 m, 1¼; Hochkreuz, 2708 m, 3; Tristen,
  2535 m, 3
- **⚒** kein Stützpunkt
- **🚌** 🚌 Greifenburg
- **🚌** Gnoppnitz

ÖK 181

Hugo-Gerbers-Hütte

K. I, 2355 m, erb. 1910
OeAV-S. ÖGV
Lerchenfelder Str. 28
A-1080 Wien

- **†** Fam. Haßler
  Simmerlach 27
  A-9781 Oberdrauburg
- **℅** Hütte 04710/2668
- **✗** Ende Juni bis Mitte Sept.
- **⌐** 30 ⌐ 20
  Hütte offen
- **↗** Oberdrauburg, 629 m, 5½;
  Zwickelberg-Strieden   3½;
  Leppener Alm 2; Weneberger
  Alm 2
- **→** Feldnerhütte, 2182 m, über
  Hochkreuz, 2708 m, 5; Anna-Schutzhaus, 1991 m, über Ziethenkopf, 2484 m, 6
- **△** Kreuzelhöhe, 2623 m, ¾; Hochkreuz, 2708 m, 2; Scharnik, 2655 m, 2

⚲ 🏃→ alle
🚌 🚍 Oberdrauburg
🚶 über Zwickenberg-Strieden, Leppener Alm, Weneberger Alm
ÖK 180

Polinikhütte

K. I, 1873 m, erb. 1887
OeAV-S. Mölltal
A-9821 Obervellach 11a

👤 Arnold Beer
Semslach
A-9821 Obervellach
℅ Hütte 0663/847573
✗ Mitte Juni bis Ende Sept.
🛏 15 ⊓ 20 ⊔ 10
🏃 Obervellach – Polinikhütte 3;
Jägerhütte 1½; Obervellach –
Wurzenalm (mit Pkw), dann
1½; Flattach, Schmelzhütte –
Raggaalm – Polinikhütte 7;
Napplach – Teuchl – Polinik 7
→ Polinik – Feldnerhütte 11; Polinik – Raggaalm – Flattach 7; Polinik – Teuchl –
Napplach 7
△ Polinik, 2784 m, 3; Ebeneck, 2122 m, 1½; Rauchkopf, 2176 m, 2; Gamskar,
2580 m, 2½
🚌 Obervellach/Tauernbahn
🚍 Obervellach
🚶 Jägerhütte, Wurzenalm
ÖK 181

Salzkofelhütte

K. I, 1987 m, erb. 1907
OeAV-S. Steinnelke
Norbert Jaksch
Breitenfurter Str. 535 - 537
A-1238 Wien-Kalksburg

👤 Josef Schmölzer
Göriach 30
A-9812 Pusarnitz
℅ Tal 04769/2147
✗ Ende Juni bis Mitte Sept.
🛏 20 ⊓ 10
🔲 6 ♨
🏃 Möllbrücke, 550 m, 5½; Sach-
senburg, 550 m, 5½; Kolbnitz,

600 m, (Schrägaufzug) 5 bzw. 4
→ Feldnerhütte (Heinrich-Hecht-Weg) 6; Teuchl (Alpenheim) 4; Rottensteiner Tal 4, nach Greifenburg 7; Rundgang: Salzkofel – Mittagsspitze – Salztörlhütte 4; Stagor – Steinfeld 6
△ Salzkofel, 2498 m, 1¼; Grakofel, 2551 m, 3; Geyerspitze, 2403 m, 2; Stagor, 2288 m, 5
🛉 kein Stützpunkt
🚌 🚃 Möllbrücke, Sachsenburg, Kolbnitz
🚌 bis Gasthof Ambros, Straßenbeginn beim Bahnhof Sachsenburg, Abzweigung Freibad

ÖK 181

Hütten anderer alpiner Vereine und Privathütten

Anna-Schutzhaus, 1991 m, auf dem Ederplan, ÖTK, 🛏 27, ↗ Dölsach 3; Iselsberg 2½, Winklern 3, 🚌 Dölsach 🚃 Iselsberg 🚌 Winklern, bew. Mitte Juni bis Ende Sept.

Hochtristen-Schutzhaus, 1697 m, auf der Oberbergalm, privat, 🛏 30 u. Matr., ↗ Berg 3½, Oberberg 1¾, 🚌 Berg a. d. Drau, Dellach 🚃 Dellach oder Berg 🚌 zur Hütte, bew. Anfang Juni bis Anfang Sept.

Sattleggerhütte, 1665 m, auf der Embergeralm, privat, 🛏 40, ↗ Weißensee 3, 🚌 Greifenburg 🚃 Greifenburg-Weißensee 🚌 Emberg, bew. Mitte Juni bis Mitte Sept., ✆ 04712/433

Schwarzach i. Pongau

Höllwand
Δ 2287

Berglandh.

Dorfgastein   Großarl

Bad
Hofgastein   Hüttschlag

Bad Gasteiner Htt.

2260

Murtörl   **Albert-Biwak**

Badgastein

Arlscharte
Δ 2259   **Retgüldensee Htt.**

Ali-lanti-Biwak

Hoher-   3076
Tauern Ankoge   **Kattowitzer Htt.**   Δ Hafner
        2469   Δ3246
Gamskarlsp. Δ   **Osnabrücker Htt.**   Oberdorf
    2832Δ   **Hannover H.**

                Hochalmspitze
Hagener Htt.   Δ3360   **Gmündner Htt.**

Mindener Htt. Celler Htt.   **Villacher Htt.**
                    Gießener Htt.   Pflüglhof
        A.v.Schmid H.   Kohlmayralm   Koschach
            Kaponig-Biwak

                                    Malta   **F. Kordon Htt.**
        Moos-Htt.   2965
Obervellach   Δ
            Reißeck

Penk   **Reißeck Htt.**   Gmünd

            Bergfried Htt.   Trebesing
                        Altersburg
Unterkolbnitz
Mühldorf   Pusarnitz

                Lieserhm.

                    Spittal
                    a. d. Drau

442

44 Ankogel-gruppe

Umgrenzung

Salzach von Einmündung Gasteiner Ache bis Einmündung Großarlbach – Groß-
arlbach bis Einmündung Kreealpenbach – Murtörl – Mur bis St. Michael –
Klausgraben – Katschberghöhe – Katschbach – Lieser bis Einmündung in die
Drau – Drau bis Einmündung Möll – Mölltal bis Einmündung Mallnitzbach –
Mallnitzbach – Niederer Tauern – Gasteiner Ache bis Einmündung in die Salzach

Albert-Biwak

K. I, 2420 m, erb. 1986
OeAV-S. Edelweiß
Walfischgasse 12
A-1010 Wien

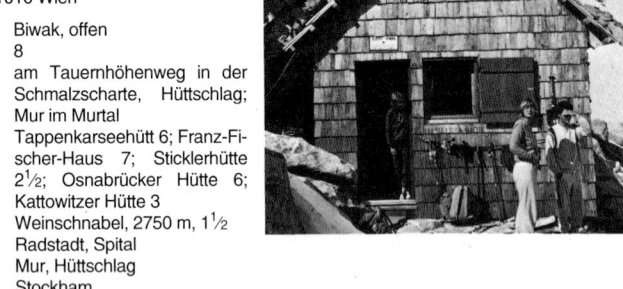

- ✗ Biwak, offen
- ⊓ 8
- ↗ am Tauernhöhenweg in der Schmalzscharte, Hüttschlag; Mur im Murtal
- → Tappenkarseehütt 6; Franz-Fischer-Haus 7; Sticklerhütte 2½; Osnabrücker Hütte 6; Kattowitzer Hütte 3
- △ Weinschnabel, 2750 m, 1½
- 🚌 Radstadt, Spital
- 🚌 Mur, Hüttschlag
- 🚌 Stockham

ÖK 156; Bergverlag Rother: AVF Ankogel- und Goldberggruppe, WF Tauern-Höhenweg

Ali-lanti-Biwak

auf der Kleinelendscharte
K. I, 2663 m, erb. 1974
OeAV-Zweig Badgastein
c/o Dr. Wolfgang Schachinger
Straubinger Platz 5
A-5640 Badgastein

- ✗ offen, Kochgelegenheit
- ⊓ 4
- ↗ Prossau-Gsh. – Bocksteinleiten 4 - 4½; Osnabrücker Hütte – Großelendtal 3½ - 4
- → Prossau-Gsh. – Ali-lanti-Biwak – Osnabrücker Hütte 7 - 8
- △ Keeskogel, 2884 m; Jagerkogel, 2748 m; Steinbachkogel, 2810 m; Tischlerkarkopf, 3002 m; Tischerspitze, 3003 m; Zwölferspitze, 2773 m
- 🚌 Badgastein
- 🚌 Badgastein-Kötschachtal
- 🚌 Badgastein-Kötschachtal

AV 44; ÖK 155; Bergverlag Rother: AVF Ankogel- und Goldberggruppe

Arthur-von-Schmid-Haus

K. I, 2281 m, erb. 1910/11
OeAV-S. Graz
Sackstraße 16
A-8010 Graz

♀ Anneliese Fleißner
A-9822 Mallnitz

Y Hütte 04784/655
(Fam. Unterrainer)
während der Nichtbew.:
Ranach 6
A-9843 Großkirchheim

✗ Mitte Juni bis Ende Sept.

🛋 18 ┐ 46 ┕ 30

⚑ 15 offen SR

⇝ 220 V ~

✈ Mallnitz, 1190 m, 4; Konradhütte 2

→ Gießener Hütte, 2215 m, über Mallnitzer Scharte, 2672 m, 2½; Reißeckhütte, 2381 m, über Kaponigtörl, 2690 m, 8; Kaponig-Biwak, 2537 m, 2

△ Säuleck, 3086 m, 2½; Hochalmspitze, 3360 m, über Detmolder Grat 5 - 6; Hochalmspitze, 3360 m, über Steinerne Mannl, 3125 m, 6 - 7

⛷ nur im Frühjahr ✈ Mallnitz – Konradhütte → Gießener Hütte, Reißeckhütte △ Säuleck, Hochalmspitze, über Steinerne Mannl

🚌 Mallnitz

🚃 Mallnitz

🚘 Mallnitz bis Schranke kurz vor Konradhütte

🚝 Ankoelbahn Häuselalm Mallnitz, Ankogel

AV 44; ÖK 155, 181; Bergverlag Rother: AVF Ankogel- und Goldberggruppe

Badgasteiner Hütte

(Gamskarkogelhütte)
K. I, 2465 m, erb. 1932
OeAV-Zweig Badgastein
c/o Dr. Wolfgang Schachinger
Straubinger Platz 5
A-5640 Badgastein

♀ Ernst Philippitsch
A-5630 Bad Hofgastein
während der Nichtbew.:
Josefstätterstr. 7/20
A-1080 Wien

☎ Hütte 0663/891076

☎ Tal 0222/4278725

✗ Mitte Juni bis Ende Sept.

🛋 7 ┐ 19

⚑ 4 offen

⬈ Badgastein, 1084 m – Hoteldorf Grüner Baum, 1125 m – Poser Höhe, 1642 m –
    Tofererscharte, 2090 m – Gamskarkogel, 2467 m, 4½; Badgastein – Schnöll-Le-
    hen, 1080 m – Poser Höhe, 1642 m – Tofererscharte, 2090 m – Gamskarkogel 4½;
    Hofgastein, 858 m – Annenkaffee, 1079 m, Rastötzenalm, 1743 m – Gamskarko-
    gel, 2467 m, 4½; Hütschlag, 1030 m – Toferer Alm, 1612 m – Tofererscharte,
    2090 m – Gamskarkogel, 2467 m, 4

🏔 kein Stützpunkt
🚌 Badgastein
🚂 Badgastein-Kötschachtal
🚐 Hoteldorf Grüner Baum

ÖK 155; Bergverlag Rother: AVF Ankogel- und Goldberggruppe

Bergfriedhütte

K. I, 1800 m, erb. 1935
OeAV-S. Spittal/Drau
A-9800 Spittal/Drau

👤 Adele Cottogni, Lieserrain 4a
    A-9800 Spittal/Drau
📞 Hütte 0663/847445
📞 Tal 04762/37353
✗ Anfang Juli bis Anfang Sept.
🛏 2 ⌐ 30 ⌐ 10
🍴 bei 👤
⬈ Trebesing, 800 m – Neuschitz,
    1200 m, 3 (ab Güterweg 1½);
    Altersberg, 1000 m, 2½; ab
    Parkplatz, 1400 m, 1
→ Steinkopf – Kohlmaierhütte 2;
    Reißeckhütte 4
△ Gmeineck, 2587 m, 2; Stoder,
    2424 m, 1½
🏔 den ganzen Winter ⬈ beide →
    Steinkopf △ beide
🚌 Spittal/Millstätter See
🚂 Trebesing
🚐 Neuschitz

FB 221; ÖK 183; Bergverlag Rother: AVF Ankogel- und Goldberggruppe

Celler Hütte

K. I, 2240 m, erb. 1964
DAV-S. Celle
Mauernstr. 5
D-29223 Celle

👤 Auskunft bei Otto Gruber
    A-9822 Mallnitz Hs.-Nr. 95

🕿 Tal 04784/545
✗ SV
⊓ 10 offen; im Winter verschlossen; Gaskocher, Ofen mit Holz, Quelle 100 m entfernt
Y für Notfälle
↗ Hannoverhaus, 2719 m, 3 - 4; Mallnitz-Seebachtal – Schwußnerhütte, 1400 m, 5; Gießener Hütte, 2215 m – Lassacher Winkelscharte, 2862 m, 4 (nur für Geübte mit alpiner Ausrüstung)
△ Celler Spitze, 2853 m, 2; Hochalmspitze, 3360 m, 6
⚒ kein Stützpunkt
🚍 Mallnitz
🚌 Talstation Ankogelbahn (Seebachtal)
➡ Ankogelbahn **P**
✈ Ankogelbahn – Hannoverhaus

AV 44; ÖK 181; Bergverlag Rother: AVF Ankogel- und Goldberggruppe

Frido-Kordon-Hütte

K. III, 1649 m, erb. 1937
OeAV-S. Gmünd
Johann Jury
A-9854 Malta Nr. 77

👤 Willi Staudacher
   Treffenboden 17
   A-9853 Gmünd
🕿 Hütte 04733/528
🕿 Tal 04732/2325
✗ Anfang Mai bis Ende Okt., Weihnachten bis Ostern
🛏 10 ⊓ 15
↝ 〰
↗ Gmünd – Kreuschlach 3
→ Stubeck (Almgebiet)
△ Stubeck, 2365 m, Almwanderwege, Ausgangspunkt für Wanderung Poisnigspitze – Wandspitze – Reitereck über den neuangelegten und versicherten »Maurilius-Mayr-Weg«
⚒ den ganzen Winter ↗ Gmünd – Kreuschlach △ Stubeck
🚍 Spittal/Millstätter See
🚌 Gmünd
➡ im Sommer bis zur Hütte

FB 221; ÖK 182; Bergverlag Rother: AVF Ankogel- und Goldberggruppe

Gießener Hütte

K. I, 2215 m, erb. 1913, 1975 durch
Lawine zerstört, 1976/77 neu auf-
gebaut
DAV-S. Gießen-Oberhessen
Schillerstr. 34
D-35396 Gießen

† Otmar Baier
Brandstatt 13
A-9854 Malta

℗ Tal 04733/336

✗ Anfang Juli bis Ende Sept.

⊨ 24 ⌐ 4 2 ⌐ 34 + 12 im ⊞

⊞ 12 offen SR
(Schlüssel während der Bewirtschaftungszeit beim †)

↝ 220 V ~ ⌐

↗ Malta – Zirmhof – Kohlmayrhütte (Fahrweg benützen, alter Weg verfallen) – Ob.
Thomanbaueralm, dann 1½

→ Mallnitzer Scharte, 2672 m – Arthur-von-Schmid-Haus 3½; Lassacher-(Winkl-)
Scharte, 2862 m – Celler Hütte, 2230 m, 4; Hannoverhaus 7 - 8; Steinerne Mannl,
3123 m – Preimlscharte, 2966 m – Osnabrücker Hütte 6; Kaponigtörl, 2692 m –
Zwenberger Törl, 2729 m – Reißeckhütte 8

△ Hochalmspitze, 3360 m, 3½; Säuleck, 3086 m, 3½; Schneewinkelspitze, 3015 m,
2½; Winterleitenkopf ¾

⌁ kein Stützpunkt

⊷ Spittal/Drau

⊨ Malta, Ghs. Zirmhof oder Pflüglhof

⊷ Ob. Thomanbaueralm P, Kohlmayralm P

AV 44; ÖK 181, 182; Bergverlag Rother: AVF Ankogel- und Goldberggruppe

Gmündner Hütte

K. III, 1185 m, erb. 1867
OeAV-S. Gmünd
Johann Jury
A-9854 Malta Nr. 77

† Gerlinde Maier
Schlatzing 2
A-9854 Malta

℗ Tal 04733/391

✗ Anfang Mai bis Ende Okt.

⊨ 15 ⌐ 10 ⌐ 10

↝ ~ ⌐

↗ ,Pflüglhof – Malta, 900 m, 2

→ Kattowitzer Hütte 3; Osnabrük-

△ Gr. Hafner, 3076 m; Hochalmspitze 3360 m
⟟ bedingt, nur im Frühjahr ⟋ Pflüglhof
🚌 Spittal/Millstätter See
🚌 Gmünd und Pflüglhof (Malta)
🚗 bis zur Hütte (Maut)

ker Hütte 5$^1/_2$; Villacher Hütte 3

AV 44; ÖK 181, 182; Bergverlag Rother: AVF Ankogel- und Goldberggruppe

Hannoverhaus

K. I, 2719 m, erb. 1911
DAV-S. Hannover
Walter-Gieseking-Str. 4
D-30159 Hannover

🛈 Anton Fleissner-Rieger
Hannoverhaus
postlagernd
A-9822 Mallnitz
✆ Hütte 0663/41241
während der Nichtbew.:
Lassach 41
A-9842 Mörtschach
✕ Anfang Juli bis Ende Sept.
🛏 35 ⊓ 35 ⊔ 10
▦ 6 offen (nur Notunterkunft)
⚡ 220 V ~
⟋ Bergstation d. Ankogelbahn 80 m unterhalb des Hauses; Böckstein, 1127 m –
Anlauftal – Korntauern, 2476 m, 6; Mallnitz, 1190 m, 5 - 6
→ Mindener Hütte 3 – Hagener Hütte 7 – Niedersachsenhaus 11; Celler Hütte 2 –
Großelendscharte, 2674 m Osnabrücker Hütte 4; Lassacher-(Winkl-)Scharte,
2862 m – Gießener Hütte 7
△ Ankogel, 3250 m, 3; Gamskarlspitze, 2832 m, 4; Hochalmspitze, 3360 m, 5;
Kärlspitze, 2936 m, 3 - 4
⟟ ⟋ Ankogelbahn △ Pisten- und Sommerskilauf (Lassacher Kees)
🚌 Mallnitz, Autoüberstellzug von Böckstein und zurück
🚌 ⟶ Talstation Ankogelbahn 🅿
🛶 Seebachtal – 80 m unter Hannoverhaus

AV 44; ÖK 155; Bergverlag Rother: AVF Ankogel- und Goldberggruppe, WF Tauern-Höhenweg

Kaponig-Biwak

K. I, 2537 m, erb. 1971
OeAV-S. Graz
Sackstraße 16
A-8010 Graz
offene Unterstandshütte, kein Lager

✗ Arthur-von-Schmid-Haus,
   2281 m, 2; Reißeckhütte,
   2381 m, 5; Gießener Hütte,
   2215 m, 3
→ Moosboden-Kaponiggraben –
   Bhf. Obervellach, 1096 m, 4½
⊥ kein Stützpunkt
🚐 Mallnitz, Obervellach
🚌 Mallnitz
🚟 Kolbnitz – Reißeck

AV 44; ÖK 181; Bergverlag Rother: AVF Ankogel- und Goldberggruppe

Kattowitzer Hütte

K. I, 2360 m, erb. 1929/30
DAV-S. Kattowitz
Marktstr. 4
D-38259 Salzgitter

♦ Margarethe Stimnicker
  Kattowitzer Hütte
  Brandstatt 2
  A-9854 Malta
  während der Nichtbew.:
  Stappitz 55
  A-9822 Mallnitz
℗ Tal 04784/647
✗ Ende Juni bis Ende Sept.
🛏 7 ⊓ 39 ⊔ 8
🏚 8 offen SR
✗ Malta – Pflüglhof, 854 m – Gmünder Hütte, 1185 m, 5 - 5½; ab Gmünder Hütte 3 - 3½;
  Kölnbreinsperre – Salzgittersteig 2½; Zundelscher Forstweg über Moaralm 2½
→ Osnabrücker Hütte 4; Wastelkarscharte, 2720 m – Rotgüldenseehütte 3 - 4;
  Weinschnabel – Sticklerhütte 7; Arlscharte, 2258 m – Großarltal 7 - 8
△ Gr. u. Kl. Hafner, 3076/3017 m, 2 - 2½; Gr. Sonnblick, 3030 m, 2½ - 3;
  Kölnbreinspitze, 2934 m, 3; Weinschnabel, 2753 m, 4
⊥ kein Stützpunkt
🚐 Spittal/Drau
🚌 Pflüglhof, Gmünder Hütte, Kölnbreinsperre
🚗 Gmünder Hütte, Zundelscher Forstweg (Maut) 🅿, Kölnbreinsperre (Maut) 🅿

AV 44; ÖK 155, 156; Bergverlag Rother: AVF Ankogel- und Goldberggruppe

Mindener Hütte

K. I, 2428 m, erb. 1925
DAV-S. Minden/Westf.
Am Heidehof 11
D-32425 Minden

- ✝ Betreuer:
  Hermann Unterrainer
  A-9822 Mallnitz Nr. 45
- ☎ Tal 04784/271
- ╳ SV, geöffnet von Mitte Juni bis Mitte Sept., ✁ bei ✝
- Y für Notfälle in der Hütte
- ▁ 12 ┛ 12
  Mitnahme von Holz oder Briketts aus dem Depot an der Kreuzung des Höhenweges von Hannoverhaus und der Mittelstation der Ankogelbahn erbeten, Trinkwasser bei der Hütte.
- ➚ Mallnitz, 1190 m, über Stockeralm – Woisken 4¹/₂ oder Gutenbrunn – Hindenburghöhe, 2316 m, 4¹/₂; über Seebachtal – Wh. Hochalmblick, 1926 m (Mittelstation d. Ankogelbahn) – Kl. Tauernsee – Göttinger Weg 4; Böckstein, 1127 m – Korntauern, 2476 m – Göttinger Weg 5¹/₂
- → Hannoverhaus 4; Hagener Hütte 4
- △ Gamskarlspitze, 2832 m, 1³/₄
- ⛜ nicht zugänglich
- 🚌 🚋 Mallnitz
- Stockeralm 🅿, 1285 m, oder Talstation d. Ankogelbahn

AV 42; ÖK 155; Bergverlag Rother: AVF Ankogel- und Goldberggruppe, WF Tauern-Höhenweg

Mooshütte

in der Nähe des Hochalmsees,
K. I, 2320 m, erb. 1969
OeAV-S. Spittal/Drau
Brückenstr. 6
A-9800 Spittal/Drau

- ✝ Walter Pehap
  Unterkolbnitz
  A-9815 Kolbnitz
- ☎ Tal 04783/2466
- ╳ SV
- ▁ 8
- ∾ 220 V ~ ▣-➚
- ␈ 1. Mai bis 1. Okt.; im Winter ✁ (beim ✝)

↗ mit Reißeckbahn (4 Min. v. Bahnhof) bis Seenplateau 1 Std. Fahrzeit, dann über Rieckentörl 2; mit Reißeckbahn bis Pumpstation Hattelberg, von dort durch den Rieckengraben nach Zandlacher Boden über den Grasrücken, Untere Mooshütte – Obere Mooshütte 4$\frac{1}{2}$

→ Reißeckhütte 2; Arthur-von-Schmid-Haus 7

△ Gr. Reißeck, 2965 m; Gamolnigspitze, 2788 m; Ritterspitzen, 2907 m

🚶 ↗ Kolbnitz – über Rieckentörl

🚌 🚐 🚐 Kolbnitz, Reißeckbahn **P**

🚡 Reißeckbahn – Seenplateau

AV 44; ÖK 181, 182; Bergverlag Rother: AVF Ankogel- und Goldberggruppe

Osnabrücker Hütte

K. I, 2040 m, erb. 1931
DAV-S. Osnabrück
Rolandsmauer 24
D-49074 Osnabrück

† Horst Welz
Brandstatt 23
A-9854 Malta/Kärnten

✆ Tal 04733/351

✗ Anfang Juli bis Ende Sept.

🛏 31 ⊓ 34 ⊔ 12

▦ 14 offen SR

↗ Gmünd – Malta – Falleralm, 908 m, über Gmünder Hütte 7; ab Gmünder Hütte 6; ab Staumauer 2; Bergstation Ankogelbahn, 2626 m (Hannoverhaus) – Großelendscharte, 2674 m, 4

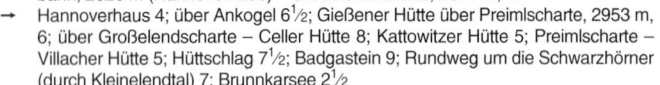

→ Hannoverhaus 4; über Ankogel 6$\frac{1}{2}$; Gießener Hütte über Preimlscharte, 2953 m, 6; über Großelendscharte – Celler Hütte 8; Kattowitzer Hütte 5; Preimlscharte – Villacher Hütte 5; Hüttschlag 7$\frac{1}{2}$; Badgastein 9; Rundweg um die Schwarzhörner (durch Kleinelendtal) 7; Brunnkarsee 2$\frac{1}{2}$

△ Hochalmspitze, 3360 m, 4$\frac{1}{2}$ - 5; Ankogel, 3250 m, 3 - 4; Preimlspitze, 3133 m, 3$\frac{1}{2}$; Schwarzhornspitzen 3$\frac{1}{2}$; Kälberspitze, 2838 m, 2$\frac{1}{2}$; Kärlspitze, 2936 m, 3$\frac{1}{2}$

🚶 nur im Frühjahr → Hannoverhaus △ Hochalmspitze, Kälberspitze

🚌 Mallnitz, Spittal/Drau

🚐 🚐 Staumauer (Maut) **P**

🚡 Mallnitz – Hannoverhaus (zeitweise außer Betrieb)

AV 44; ÖK 182; Bergverlag Rother: AVF Ankogel- und Goldberggruppe, WF Tauern-Höhenweg

Reißeckhütte

K. II, 2381 m, erb. 1908
OeAV-S. ÖGV
Lerchenfelder Str. 28
A-1080 Wien

- ⚐ Johann Pschernig
  A-9815 Kolbnitz
- ℂ Hütte 04783/2420-350
  während der Nichtbew.:
  Gries 15
  A-9854 Malta
- ℂ Tal 04784/4384
- ✗ Weihnachten bis Ostern,
  20. Juni bis Ende Sept.
- ⊨ 8 ⊏ 35
- ↝ 220 V ～ ▥
- ↗ Mühldorf, 589 m, 5¹/₂; Kolbnitz, 614 m, mit »Reißeckbahn« und »Höhenbahn« ¹/₂
- → Arthur-von-Schmid-Haus, 2281 m, über Rieckentörl, 2525 m – Zwenberger
  Scharte, 2646 m – Kaponigtörl, 2692 m, 10; Gießener Hütte, 2215 m, Rieckentörl,
  2525 m – Zwenberger Scharte, 2646 m – Kaponigtörl, 2692 m, 9; Obere Moos-
  hütte, 2320 m, (an den Übergängen 1 und 2) 3
- △ Hochkedl, 2580 m, 1¹/₄; Radlkopf, 2744 m, 2; Riedbock, 2822 m, 2¹/₂; Gr.
  Reißeck, 2965 m, 3; Gr. Stapnik, 2892 m, 3¹/₄; Zauberernock, 2944 m, 4
- ⛷ den ganzen Winter ↗ Kolbnitz, Mühldorf △ Radlkopf, Riedbock, Gr. Reißeck,
  Zauberernock
- 🚌 🚐 Kolbnitz
- 🚠 Reißeck-Höhenbahn

ÖK 181, 182; Bergverlag Rother: AVF Ankogel- und Goldberggruppe

Rotgüldenseehütte

K. I, 1702 m, erworben 1958
OeAV-S. Graz
Sackstraße 16
A-8010 Graz

- ℂ Hütte 06479/348
- ✗ bis auf weiteres kein Betrieb!
  Neubau, Eröffnung 1995
- ⊨ 8 ⊏ 40 ⊔ 10
- ↝ 220 V ～
- ↗ Rotgüldensee-Aufstieg,
  Arsenhaus, 1330 m, 1
- → Sticklerhütte über Schrovinscharte, 2000 m, 4; Kattowitzer Hütte über Wastelkarscharte, 2720 m, 4¹/₂; Unterer
  – Oberer Rotgüldensee,

2000 m, 1¼

△ Großer Hafner, 3076 m, 4¾; Silbereck, 2804 m, 4

🚍 Tamsweg

🚍 🚐 Rotgüldensee-Aufstieg 🅿 Arsenhaus

AV 44; ÖK 166; Bergverlag Rother: AVF Ankogel- und Goldberggruppe, WF Tauern-Höhenweg

Villacher Hütte

K. I, 2194 m, erb. 1881
OeAV-Zweig Villach
Schanzgasse 3
A-9500 Villach

✗ nicht bew.

⊓ 16 ⊔ 6

🔆 4 (Notquartier im Zubau)

↗ Mautstelle   Faller-Hütte,
860 m, 3½

→ Osnabrücker Hütte über Hochalmkees – Preimelscharte,
2952 m, Abstieg über Große-
lendkees – Osnabrücker Hütte, 2040 m; Gießener Hütte –
Hochalmkees über Steinerne-Mannl-Scharte, 3125 m – Trippkees zur Gießener
Hütte, 2215 m, Gmünder Hütte, 1185 m

△ Hochalmspitze, 3360 m, 3½; Preimelspitze, 3133 m, 2

🎿 den ganzen Winter ↗ Gmünder Hütte, Forstweg – Villacher Hütte → Osnabrücker
Hütte △ Hochalmspitze, Preimelspitze

🚍 Spittal/Drau

🚐 Pflüglhof, 847 m

🚐 Gmünder Hütte, 1210 m (Maut)

AV 44; ÖK 181, 182; Bergverlag Rother: AVF Ankogel- und Goldberggruppe

Hütten anderer alpiner Vereine und Privathütten

Adlerhorst, 2333 m, auf dem Seeplateau d. Reißeckkraftwerkes,TVN, 🚍 23 ⊓ 7,
Reißeck-Höhenbahn-Bergstation ¼, 🚍 🚐 🚐 Kolbnitz, SV, Voranmeldung an Willi
Dorner, Nußdorf 17, A-9701 Rothenturn, ✆ 04767/517

Gmeineck-Alpengasthaus, 1530 m, im Hintereggergraben, privat, 🚍 25 ⊓ 20, ↗
Lendorf 3, Pusarnitz 3, 🚍 🚐 Lendorf 🚐 Lieserhof bis unter das Haus, bew. Anfang Juni
bis Ende Sept., 🚍 04762/3838

Hochalmblick-Alpengasthaus, 1938 m, im Seebachtal, privat, 🚍 20 ⊓ 10, ↗ Mallnitz
2, 🚍 🚐 Mallnitz 🚐 Mallnitz bis Seebachtal → 🚠 (Mittelstation) zur Hütte, gj. bew.

Ranacher Haus, 1200 m, Stappitz, TVN, ⮞ 15, ⬈ Mallnitz 20 Min., Bedarfshaltestelle Tauerntunnel 5 Min., ⮞ bis zum Haus, SV, Voranmeldung bei OGr. Wien, Fachgruppe Ostbahn 11, Grillgasse 48, A-1110 Wien, ✆ 0222/5650/5965

Schwußnerhütte, 1400 m, im Seebachtal, privat, ⮞ 12, ⬈ Mallnitz 2, ⮞ ⮞ Mallnitz ⮞ zum Haus, bew. Mitte Mai bis Mitte Okt.

Wolligerhütte, 1576 m, auf der Roßkopfalm, privat, ⮞ 15 ⬅ 15, ⬈ Mallnitz 1½, ⮞ ⮞ Mallnitz ⮞ zum Haus, gj. bew.

Zandlacher Hütte, 1525 m, im Rieckengraben, privat, ⮞ 8 ⬅ 11, ⬈ Kolbnitz 2½, Reißeck-Höhenbahn, Station Hattelberg 1½, ⮞ ⮞ Kolbnitz ⮞ (evtl.) zum Haus, bew. Mitte Juni bis Mitte Sept.

St. Johann
i. Pongau

45a Radstädter Tauern

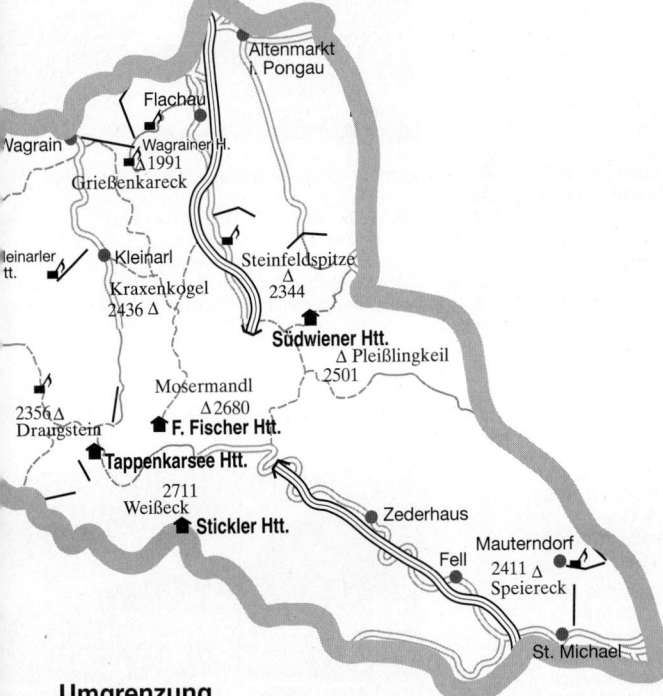

Umgrenzung

Wagrainer Bach von der Einmündung in die Salzach – Wagrainer Höhe – Litzlingbach bis Einmündung in die Enns – Enns bis Radstadt – nördl. Taurachtal – Obertauern – südl. Taurachtal – Mauterndorf – Neuseß – Mur – Murtörl – Kreealpenbach – Großarlbach bis Einmündung in die Salzach – Salzach bis Einmündung Wagrainer Bach

Franz-Fischer-Hütte

K. I, 2020 m, erb. 1965
OeAV-S. Tauriskia
Alpenvereins-Zentrum Edelweiß
Walfischgasse 12
A-1010 Wien

- ♦ Alfred Gruber
  Dorf Anger 128
  postlagernd
  A-5584 Zederhaus
- ✆ Hütte 06478/393
- ✆ Tal 06478/479
- ✗ Anfang Juli bis Ende Sept.
- ⌷ 18 ⌐ 22 ⌐ 10
- ▦ 10 offen
- ⟿ 220 V ∼
- ↗ Untere Essalm 1¼; Kleinarl – Jägernsee – Tappenkarsee oder Flachau – über Neuklar – Windischscharte
- → Taferlscharte zur Südwiener Hütte, 1802 m, 6 - 7; Weißgrubenscharte zur Tappenkarseehütte, 1820 m, 2 - 2½; Riedingscharte zur Sticklerhütte, 1750 m, 4
- △ Mosermandl, 2680 m, 2½; Faulkogel, 2654 m, 4; Stierkarkopf, 2365 m, 1; Wildkarhöhe, 2514 m, über Stierkarkopf 2; Rothorn, 2522 m, 3
- ⛷ nur im Frühjahr ↗ Bhf. St. Johann i.P., Bhf. Radstadt → Taferlscharte, Weißgrubenscharte △ Mosermandl
- ⇝ Mauterndorf, St. Johann i.P.
- ⇥ Zederhaus, Kleinarl
- ⇒ Untere Essalm

ÖK 126; Bergverlag Rother: AVF Niedere Tauern, WF Tauern-Höhenweg

Sticklerhütte

K. I, 1750 m, erb. 1969
OeAV-S. Graz
Sackstraße 16
A-8010 Graz

- ♦ Gerhard Moser
  A-5583 Muhr
  während der Nichtbew.:
  Zankwarn 129
  A-5571 Mariapfarr
- ✆ Hütte 06479/349
- ✆ Tal 06473/7425
- ✗ Mitte Juni bis Ende Sept., bei Schönwetter evtl. länger
- ⌷ 22 ⌐ 26 ⌐ 10
- ⟿ 220 V ∼ ▦
- ↗ Rotgüldensee-Aufstieg, Ar-

senhaus (Postautohaltestelle), 1330 m, $2\frac{1}{2}$; Mauritzenalm $\frac{3}{4}$; Zalussenalm $\frac{1}{2}$
→   Rotgüldenseehütte über Schrovinscharte, 2000 m, 4; Kattowitzer Hütte über Murquelle – Schmalzscharte, 2444 m – Weinschnabel, 2750 m – Gamsleitenkar 8; Tappenkarseehütte über Murtörl, 2260 m – Nebelkarscharte, 2453 m, $4\frac{1}{2}$; Franz-Fischer-Hütte über Riedlingscharte, 2275 m – Zauneralm $5\frac{1}{2}$
△   Weißeck, 2711 m, $2\frac{1}{2}$
☇   nur im Frühjahr ↗ Arsenhaus → Tappenkarseehütte, Franz-Fischer-Hütte △ Weißeck
🚌   Tamsweg
🚐   Arsenhaus
🚗   bis zur Schrankenanlage
AV 45/2; ÖK 156; Bergverlag Rother: AVF Niedere Tauern, WF Tauern-Höhenweg

Südwiener Hütte

K. I, 1802 m, erb. 1927
OeAV-S. ÖGV
Lerchenfelder Str. 28
A-1080 Wien

🛈   Kurt Schmoltner
    A-5561 Untertauern
📞   Hütte 0663/26741
    während der Nichtbew.:
    Czerninggasse 12/17
    A-1020 Wien
📞   Tal 0222/267611
✕   Anfang Juli bis Ende Sept.
🛏   25 ⌐ 35 ⌐ 5
▨   6 offen, keine Heizmöglichkeit
⚡   220 V ∼ ▥
↗   Gnadenbrücke, 1266, $1\frac{1}{2}$; Hintergnadenalm, 1326 m, 1; Obertauern, 1664 m, »Hirschwandsteig« 2; Flachau, 927 m, 3
→   Franz-Fischer-Hütte, 2020 m, »Tauernhöhenweg« Taferlscharte, 2236 m, $5\frac{1}{2}$; Radstädter Tauernpaß, 1739 m, über den Wildsee, 1925 m, 4; Radstädter Tauernpaß, 1739 m, über Gr. Pleißlingkeil, 2501 m – Hintere Großwand, 2436 m – Glöcknerin, 2432 m – Zehnerkarspitze, 2381 m, 6
△   Spirtzinger, 2066 m – Spazeck, 2065 m, 1; Kl. Pleißlingkeil, 2418 m, $2\frac{1}{4}$; Gr. Pleißlingkeil, 2501 m, $2\frac{1}{2}$; Hintere Großwand, 2436 m, 3; Glöcknerin, 2432 m, $3\frac{1}{2}$; Hengst, 2074 m, 1; Steinfeldspitze, 2344 m, 2
☇   den ganzen Winter ↗ Gnadenbrücke △ Spirtzinger, Kl. Pleißlingkeil, Gr. Pleißlingkeil, Hengst
🚌   Radstadt
🚐   Gnadenbrücke
🚗   Hintergnadenalm
AV 45/2; ÖK 126, 156; Bergverlag Rother: AVF Niedere Tauern, WF Tauern-Höhenweg, WF Dachstein-Tauern-Region

Tappenkarseehütte

K. I, 1820 m, erb. 1953/54
OeAV-S. Edelweiß
Walfischgasse 12
A-1010 Wien

† Erich Eichholzer
  Tappenkarseehütte
  A-5602 Wagrain
  während der Nichtbew.:
  Neuburg 26
  A-5532 Filzmoos
℗ Hütte 06418/308
℗ Tal 06453/510
✗ Mitte Juni bis Ende Sept.
⊨ 36 ⌐ 39 ⌐ 5
⊞ 14 ⌑
⚡ 220 V ∼ 🍴
✗ Kleinarl, 1008 m, 4; Jägersee, 1097 m, 3; Schwabalm, Kfz. Talstation Materialseilbahn, 1220 m, 2
→ Weißgrubenscharte, 2257 m – Franz-Fischer-Hütte, 2020 m, 3; Haselloch, 2257 m – Königsalm, 1666 m – Wald, 1328 m – Zedernhaus, 1205 m 4 - 5; Karteistörl, 2149 m – Hüttschlag, 1020 m, 4; Draugsteintörl, 2077 m – Filzmoossattel, 2064 m – Großarl, 920 m, 5 - 6; Haselstein, 2153 m – Nebelkarscharte – Murtörl, 2260 m – Sticklerhütte, 1750 m, 6 - 7; Nebelkarscharte – Murtörl, 2260 m – Schmalzscharte, 2444 m – Weinschnabel, 2750 m – Osnabrücker Hütte, 2040 m – Kattowitzer Hütte, 2360 m, 12 - 14
△ Weißgrubenkopf, 2369 m, 2; Gurenstein, 2220 m, 1½; Glingspitze, 2433 m, 2½; Nebelkareck, 2536 m, 4; Draugstein, 2356 m, 3
⊥ kein Stützpunkt
🚋 St. Johann i.P.
🚌 Jägersee
🚌 Schwabalm

ÖK 155; Bergverlag Rother: AVF Niedere Tauern, WF Tauern-Höhenweg

Hütten anderer alpiner Vereine und Privathütten

Filzmoosalm, 1710 m, im Ellmautal, privat, ⊨ 30 ⌐ 70, ✗ Großarl 3, Grundalm 1, 🚋 St. Johann i.P. 🚌 Großarl 🚌 Grundalm, bew. Anfang Juli bis Ende Sept.

Grießenkarhaus, 1629 m, am Grießenkareck, TVN, ⊨ 6 ⌐ 50, ✗ Flachau 1½, Wagrain 2½, auch mit Lift, 🚋 St. Johann i. Pongau, Altenmarkt 🚌 Wagrain 🚌 zum Haus im Sommer (Maut), gj. bew., Nov. geschlossen, ℗ 06457/2575

Kleinarler Hütte, 1754 m, privat, ⊨ 34 ⌐ 20, ✗ Mitterkleinarl 2½, 🚋 St. Johann i. Pongau 🚌 Mitterkleinarl, bew. Anfang Juni bis Anfang Okt., Mitte Dez. bis Mitte April, ℗ 06418/353

Reiteralmhütte, 1750 m, auf der Gasselhöhe, privat, ⬛ 24 und ⌐, ↗ Pichl a. d. Enns 3, ▦ ▬ Pichl ➥ zum Haus, bew. Mitte Juni bis Anfang Okt., Anfang Dez. bis Anfang Mai, ✆ 06454/236

Speiereckhütte, 2066 m, auf d. Großeck, ÖTK, ⌐ 15, ↗ St. Michael $3\frac{1}{4}$, Mauterndorf $2\frac{1}{2}$, ab dort Sessellift, ▦ ▬ ➥ Mauterndorf, bew. Mitte Dez. bis Woche nach Ostern, Mitte Juni bis Mitte Sept., ✆ 0663/67502

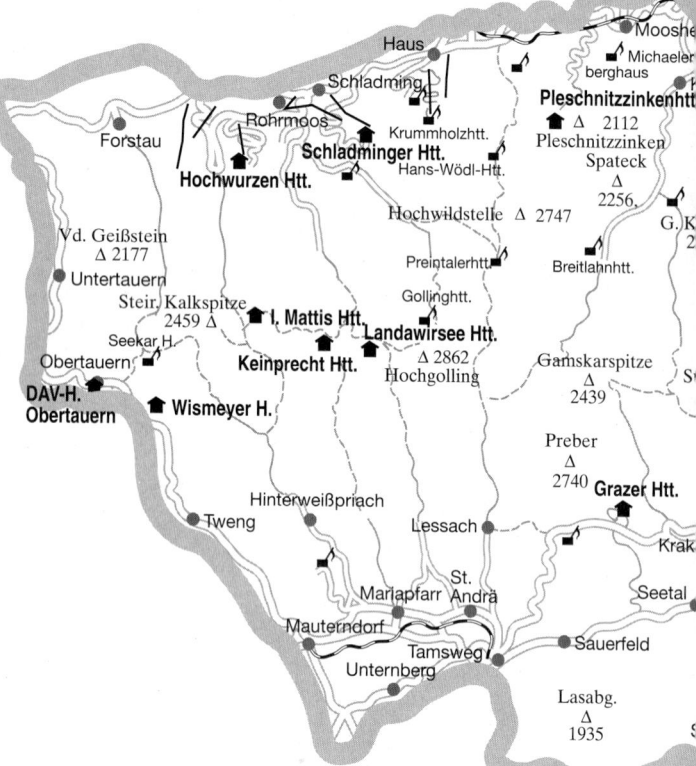

Moosh

Michaeler
berghaus

Haus

Schladming

Pleschnitzinkenhtt.

Rohrmoos

Krummholzhtt.

△ 2112
Pleschnitzinken
Spateck

Forstau

Schladminger Htt.

Hochwurzen Htt.

Hans-Wödl-Htt.

△
2256

Hochwildstelle △ 2747

G. K

Vd. Geißstein
△ 2177

Untertauern

Preintalerhtt.

Breitlahnhtt.

Steir. Kalkspitze
2459 △

I. Mattis Htt.

Gollinghtt.

Seekar H.

Landawirsee Htt.

Keinprecht Htt.

Obertauern

△ 2862
Hochgolling

Gamskarspitze
△
2439

S

DAV-H.
Obertauern

Wismeyer H.

Preber
△
2740

Grazer Htt.

Hinterweißpriach

Tweng

Lessach

Krak

St.
Andrä

Seetal

Mariapfarr

Mauterndorf

Tamsweg

Sauerfeld

Unternberg

Lasabg.
△
1935

S

462

45b Schladminger Tauern

Umgrenzung

Enns von Radstadt bis Einmündung Großsölkbach – Großsölkbach – Sölker Paß – Katschbach bis Einmündung in die Mur – Mur bis Oberbaierdorf – Neuseß – Mauterndorf – südl. Taurachtal – nördl. Taurachtal – Radstadt

Grazer Hütte

K. I, 1897 m, erb. 1894
OeAV-S. Graz
Sackstraße 16
A-8010 Graz

- ♦ Hubert Siebenhofer
  A-8854 Krakauebene 56
- ℂ Tal 03535/600
- ✗ Anfang Juni bis Ende Sept.
- ⊓ 16 ⊔ 10
- ⊞ keiner
- ↗ Gappmayeranger, 1550 m – Grazer Steig 1; Prebersee, 1510 m – Grazer Steig 1½ - 2; Klausen, 1300 m, 1½
- → Breitlahnhütte, 1104 m – Prebertörl, 2193 m, 6; Rudolf-Schober-Hütte, 1667 m – Rantentörl, 2153 m, 10
- △ Preber, 2741 m, 2; Roteck, 2743 m, 3
- ⛷ nur im Frühjahr ↗ alle → Breitlahnhütte △ Preber
- 🚌 Tamsweg
- 🚐 Prebersee
- 🚐 Gappmayeranger 🅿

AV 45/3; ÖK 158; Bergverlag Rother: AVF Niedere Tauern, WF Tauern-Höhenweg

Hochwurzenhütte

K. III, 1852 m, erb. 1920
OeAV-S. Schladming
Europaplatz 613
A-8970 Schladming

- ♦ Gottlieb Stocker
  Rohrmoos 61 bzw. 29
  A-8970 Schladming
- ℂ Hütte 03687/61177
- ℂ Tal 03687/61289
- ✗ Anfang Juni bis Ende Okt., Anfang Dez. bis Mitte April
- ⊨ 4 ⊓ 9
- ⚡ 220 V ∼ ▦ 🎇
- ↗ Schladming, 740 m – Rohrmoos, 1000 m – Hochwurzenstraße 3 - 4; Schladming – Rohrmoos 3; Schladming – Untertal, 1000 m, 3½; Schladming – Rohrmoos-Winterer, 1130 m – Unt. Neudeggalm, 1596 m – Latterfußsattel, 1791 m – Roßfeld, 1919 m – Hüttecksattel, 1744 m – Hochwurzen, 1850 m, 6
- → Panoramaweg rund um die Hochwurzen und Kleine Wurzen ¾; Ignaz-Mattis-Hüt-

te am Giglachsee, 1986 m, 5
- △ Roßfeld, 1919 m, 1½; Guschen, 1983 m, über Latterfußsattel, 1791 m, 2; Schiedeck, 2339 m, über Roßfeld – Guschen – Hochfeldmandl 3½
- 🎿 den ganzen Winter ↗ Hochwurzenstraße, Schladming – Rohrmoos △ Roßfeld, Guschen, Schiedeck
- 🚌 🚃 Schladming
- 🚗 Parkplatz Hochwurzen
- 🚠 Kabinenbahn direkt zur Hütte

AV 45/2; ÖK 127; Bergverlag Rother: AVF Niedere Tauern, WF Dachstein-Tauern-Region

Ignaz-Mattis-Hütte

am Giglachsee
K. I, 1986 m, erb. 1910
OeAV-S. Wien
Rahlgasse 6, II/14
A-1060 Wien VI

- ✝ Reinhard Keinprecht
  Untertal 70
  A-8970 Schladming
- ✆ Tal 03687/61262
- ✗ Mitte Juni bis Anfang Okt.
- 🛏 14 ⌐ 56 ⌐ 10
- ⊞ 16 ☕
- ↗ Ursprungalm, 1604 m, über Preuneggsattel, 1½; Hopfriesen, 1040 m, (Giglachtal) 3; Rohrmoos, 1150 m, über Latterfußsattel – Schneider – Schiedeck 6; Weißpriach oder Mariapfarr durch das Weißpriach- und Znachtal über Znach- und Preuneggsattel 7 - 8
- → Seekarhaus über Ahkarscharte, 2315 m; Keinprechthütte über Rotmandlspitze – Rotmandlscharte – Krugeckscharte; Hochwurzenhütte über Höhenweg Schiedeck – Schneider – Latterfußsattel – Roßfeld; Duisitzseehütte über Ferchtlhöhe
- △ Steirische Kalkspitze, 2459 m; Lungauer Kalkspitze, 2471 m; Engelkarspitze, 2518 m; Kampspitze, 2390 m; Rotmandlspitze, 2453 m
- 🎿 kein Stützpunkt
- 🚌 🚃 Schladming
- 🚗 Ursprungalm

AV 45/2; ÖK 127; Bergverlag Rother: AVF Niedere Tauern, WF Tauern-Höhenweg, WF Dachstein-Tauern-Region

Keinprechthütte

K. I, 1872 m, erb. 1902
OeAV-S. Wien
Rahlgasse 6, II/14
A-1060 Wien VI

♏ Grete Zechmann
   Untertal 5
   A-8970 Schladming
℗ Tal 03687/61281
✗ Mitte Juni bis Ende Sept.
⌐ 52 ⌣ 10
▦ 6 SR
   ℒ

↗ Hopfriesen, 1040 m, oder Eschachboden, 1100 m, 3 bzw. 2½; Tamsweg (Station der Murtalbahn) – Mariapfarr – Liegnitztal – Liegnitzhöhe 6

→ Ignaz-Mattis-Hütte über Krugeck- und Rotmandlscharte 2¾; Gollinghütte über Trockenbrotscharte – Landawirseehütte – Gollingscharte 5; Duisitzseehütte über Neualm 2

△ Zinkwand, 2442 m; Vetternspitze, 2524 m; Sauberg, 2520 m; Krugeck, 2428 m; Graunock, 2477 m; Pietrach, 2396 m – Kübel, 2354 m; Rotmandlspitze, 2453 m

⌁ kein Stützpunkt
🚌 Schladming, Tamsweg
🚐 Hopfriesen
🚐 Eschachboden

AV 45/2; ÖK 127; Bergverlag Rother: AVF Niedere Tauern, WF Dachstein-Tauern-Region, WF Tauern-Höhenweg

Landawirseehütte

K. I, 1985 m, erb. 1911
OeAV-S. Zweig Lungau
Zinsgasse 519
A-5580 Tamsweg

♏ Albert Essl
   A-5571 Mariapfarr Hs.-Nr. 223
℗ Hütte 06483/245
℗ Tal 06473/7197
✗ Mitte Juni bis Ende Sept.
⌐ 10 ⌐ 35 ⌣ 10
▦ 4 ℒ
⚡ 220 V ∼

↗ Murtal, Unt. Piendlalm 3 - 3½; Vord. Göriachalmen 2; Ennstal, Schladming, 740 m, ins Obertal bis Hopfriesen, Neualm, Trockenbrotscharte $4^1/_2$

→ Gollingscharte, 2326 m – Gollinghütte, 1641 m, $3^1/_2$; Trockenbrotscharte, 2237 m – Keinprechthütte, 1872 m, $1^1/_2$; Rundgang: Ob. Landawirsee – Krautgartenscharte – Pietrach – Trockenbrotscharte – Hütte $2^1/_2$

△ Hochgolling, 2863 m, 4; Pietrach, 2396 m, $1^3/_4$; Zwerfenberg, 2642 m, 3; Kübel, 2354 m; Samspitzen, 2381 m, $1^1/_2$; Scharnock, 2498 m, $2^1/_4$; Rotsandspitze, 2481 m, $1^1/_2$; Hoher Wagen, 2320 m, $1^1/_2$

⚲ kein Stützpunkt, lawinengefährlicher Zugang

🚂 Tamsweg

🚌 St. Andrä, Mariapfarr; v. 10.7. - 9.9. 2x täglich mit Kleinbussen Vord. Göriachalmen

🚗 Untere Piendlalm, Vord. Göriachalmen für Übernachtungsgäste möglich, auf eigene Gefahr!

AV 45/2; ÖK 127; Bergverlag Rother: AVF Niedere Tauern, WF Dachstein-Tauern-Region, WF Tauern-Höhenweg

DAV-Haus Obertauern

K. II, 1738 m, erb. 1969/70
DAV
von-Kahr-Str. 2 - 4
D-80997 München

† Franz Lämmerhofer
A-5562 Obertauern

℗ Hütte 06456/307

✗ Ende Nov. bis Anfang Mai

🛏 70 ⊓ 16

〰 220 V ∼ 🍳 🚿

Etagenduschen

↗ An der Tauernpaßstraße

→ Seekarhaus $^1/_2$; Südwiener Hütte über Felseralm (Hirschwandsteig) $1^1/_2$ - 2; über Wildsee $3^1/_2$

△ Gr. Kesselspitze, 2358 m; Gamsleitenspitze, 2357 m, $1^1/_2$; Zehnerkarspitze von der Liftstation 1; Überg. z. Glöcknerin, 2361 m, 1 - 2; – Großwand, 2436 m, $^1/_2$ – Gr. Pleißlingkeil, 2501 m, $^1/_2$; Seekarspitze, 2350 m; Seekareck, 2217 m, 2; Hundskogel, 2234 m; Plattenspitz, 2293 m – Gamskarlspitze, 2411 m, $1^1/_2$; Gurpitscheck, 2526 m, $3^1/_2$

⚲ Pistenskilauf, Frühjahrstouren, Langlaufloipen, Spazierwege

🚂 Radstadt

🚌 Obertauern

🚗 zum Haus, im Winter Schneeketten erforderlich 🅿

AV 45/2; ÖK 126; Bergverlag Rother: AVF Niedere Tauern, WF Dachstein-Tauern-Region

45b   Schladminger Tauern

Pleschnitzzinkenhütte

K. I, 1927 m, erb. 1927
OeAV-S. Pruggern
A-8965 Pruggern 212/7

- ✝ Johann Tschachler
  A-8965 Pruggern 212/7
- ℂ Tal 03685/23867
- ✗ SV
- ⊓ 10
- ▦ Ofen im Lager
- ℒ bei der Sektion erhältlich
- ↗ Pruggern über Bottinghaus zur
  Hütte 2½; Bottinghaus 1; Aich-
  Assach über Gössenberg 3
- △ Pleschnitzzinken, 2111 m,
  Scheibleck, 2121 m
- ❀ den ganzen Winter ↗ bei den Galsterbergalmliften △ Kalteck, Pleschnitzzinken
- ⇥ Schnellzugstat. Gröbming, Personenzug: Pruggern und Aich-Assach
- ➡ Pruggern und Aich
- ➡ bis Bottinghaus-Parkplatz (Maut)

AV 45/3; ÖK 127; Bergverlag Rother: AVF Niedere Tauern, WF Dachstein-Tauern-
Region

Rudolf-Schober-Hütte

K. I, 1667 m, erb. 1895
OeAV-S. Stuhlecker
Bernardgasse 19
A-1070 Wien

- ✝ Josef Maier jun.
  Rudolf-Schober-Hütte
  A-8854 Krakaudorf
  während der Nichtbew.:
  Franz-Pichler-Str. 31
  A-8160 Weiz
- ✗ Anfang Juni bis Ende Sept.
- ⊨ 10 ⊓ 16 ⊔ 6
- ▦ 6 ℒ
- ↗ Krakaudorf, 1180 m, über
  Etrachsee 2½ - 3
- → Schimpelscharte, 2000 m, St.
  Nikolai 5
- △ Bauleiteck, 2424 m, 2½; Süßleiteck, 2507 m, 3; Predigtstuhl, 2543 m, 6; Rupp-
  rechtseck, 2591 m, 3
- ❀ kein Stützpunkt
- ⇥ Murau

468

- Krakaudorf
- bis Etrachsee

AV 45/3; ÖK 158; Bergverlag Rother: AVF Niedere Tauern, WF Tauern-Höhenweg

Schladminger Hütte

K. II, 1830 m, erb. 1925
OeAV-S. Schladming
Europaplatz 613
A-8970 Schladming

- † Fritz Gerhardter
  Fastenberg 35
  A-8970 Schladming
- ℰ Hütte 03687/22639
- ℰ Tal 03687/61347
- ✗ 8. Dez. bis Mitte April, Anfang Juni bis Ende Okt.
- ⊨ 8 ⌐ 7
- ⚡ 220 V ~ ▥ ⚡
- ⏶ Schladming, 740 m, Kabinenseilbahn, $^1/_2$; Schladming, Planaistraße, Fahrzeit $^3/_4$; Schladming 2$^1/_2$, Schladming – Untertal, 900 m, 2$^1/_2$
- → Panoramaweg (Forstlicher Lehrwanderweg) auf 1800 m, 1; Krummholzhütte – Gföll – Dürrenbachtal 3; Preintaler Hütte, 1656 m, über den Höhenweg 7; Hans-Wödl-Hütte, Höhenweg, 5 - 6
- △ Planaigipfel, 1894 m, $^1/_4$; Krahbergzinken, 2134 m, 1$^1/_2$
- ⛷ den ganzen Winter ⏶ Seilbahn, Krummholzhütte △ beide
- ⇥ Schladming
- ⇥ Schladminger Hütte
- ⚞ Schladminger Hütte

AV 45/2; ÖK 127; Bergverlag Rother: AVF Niedere Tauern

Wismeyerhaus

K. II, 1670 m, erb. 1969
OeAV-S. Edelweiß
Walfischgasse 12
A-1010 Wien

- † Rudolf Fasswald
  A-5562 Obertauern
- ℰ Hütte 06456/220
- ✗ gj. bew., Mai und Nov. geschlossen
- ⊨ 56 ⌐ 33
- ⚡ 220 V ~ ▥ ⚡
- ⏶ Obertauern PA Haltestelle

Plattenkar, 1675 m, bis zum Haus 5 Min.

→   Seekarhaus, 1797 m – Seekarscharte, 2010 m – Oberhüttensattel, 1866 m –
Ahkarscharte, 2315 m – Ignaz-Mattis-Hütte, 1986 m, 4$\frac{1}{2}$; Hirschwandsteig –
Südwiener Hütte, 1802 m, 2$\frac{1}{2}$; Wildsee, 1925 m – Südwiener Hütte, 1802 m

△   Gamskarlspitze, 2411 m, 2; Gurpitscheck, 2526 m, 4; und zahlreiche Gipfel im
Rahmen des Radstädter Tauernpasses

⊁   den ganzen Winter ╱ beide → Seekarhaus
Pistenskilauf, Langlaufloipen

🚍   Radstadt

🚌   Obertauern

🚐   bis zur Hütte

AV 45/2; ÖK 127, 156; Bergverlag Rother: AVF Niedere Tauern, WF Dachstein-Tauern-Region, WF Tauern-Höhenweg

Hütten anderer alpiner Vereine und Privathütten

Dr.-Theodor-Körner-Haus, 1802 m, an der Tauernpaßhöhe, TVN, ⊨ 110 ⌐ 10, ╱
Tauernpaß $\frac{1}{4}$, Untertauern 2$\frac{1}{2}$, 🚍 Radstadt 🚌 🚐 Tauernpaß, Untertauern, bew.
Anfang Juni bis Ende Sept., Anfang Dez. bis Ende April, ⊨ 06456/202

Gollinghütte, 1641 m, im Steinriesental, Alp. Ges. »Preintaler«, ⊨ 12 ⌐ 70, ╱
Schladming 5, Weiße Wand 2$\frac{1}{2}$ (im Winter unzugänglich), 🚍🚌 Schladming 🚐 Weiße
Wand, bew. Mitte Juni bis Ende Sept., ⊨ 03687/61350

Hans-Ladreiter-Haus, 1680 m, auf d. Planai, TVN, ⌐ 20, ╱ Schladming 3, 🚍🚌
Schladming 🚐 zum Haus (Mautstraße), SV, Voranmeldung bei Heinz Stienen,
Bergwerkstr. 550, A-8970 Schladming, ✆ 03687/23657

Hans-Wödl-Hütte, 1523 m, im Seewigtal, Alp. Ges. »Preintaler«, ⊨ 9 ⌐ 48, ╱
Seewigtal-Bodensee 1, Haus 3, 🚍🚌 Aich 🚐 Seewigtal bis Bodensee, bew. Mitte Juni
bis Ende Sept., ✆ 03686/4223

Hauser-Kaibling-Alm, 1778 m, am Hauser Kaibling, TVN, ⊨ 26, ╱ Haus 1$\frac{1}{2}$,
Personenseilbahn Krummholzhütte $\frac{1}{2}$, 🚍🚌 🚐 Haus, gj. bew., ✆ 03686/2278

Kaiblingalmhütte, 1778 m, am Hauser Kaibling, TVN, ⊨ 8 ⌐ 10, ╱ Haus 1$\frac{1}{2}$, Lift
Krummholzhütte $\frac{1}{2}$, 🚍🚌 🚐 Haus, SV, Anmeldung bei Hellmut Walcher, Marktstr. 45,
A-8967 Haus, ✆ 03686/2643

Krummholzhütte, 1838 m, auf dem Hauser Kaibling, AG Krummholz, ⊨ 27 ⌐ 10, ╱
Haus 2$\frac{1}{2}$, mit Lift z. Hs., 🚍🚌 🚐 Haus, gj. bew., ✆ 03686/2317

Preintaler Hütte, 1656 m, auf der Waldhornalm, Alp. Ges. »Preintaler«, ⊨ 16 ⌐ 140,
╱ Schladming 5$\frac{1}{2}$, Weiße Wand 2$\frac{1}{2}$ (im Winter unzugänglich), 🚍🚌 Schladming 🚐
Weiße Wand, bew. Mitte Juni bis Ende Sept., ⊨ 03687/61177

Seekarhaus, 1797 m, Nähe Obertauern, privat, ⊨ 56 ⌐ 31, ╱ Obertauern $\frac{1}{2}$, 🚍🚌
Radstadt, Mautendorf 🚌 🚐 Obertauern, gj. bew., Mai und Juni geschlossen,
✆ 06456/213

Vindobona-Haus, 1718 m, auf dem Radstädter Tauernpaß, ÖTK, ⊨ 70 ⌐ 5, ↗ Obertauern ¼, ⊞ Radstadt, Mautendorf ⊟ ⊟ Obertauern, 1. Dez. bis 30. April durchgehend, © 06456/219

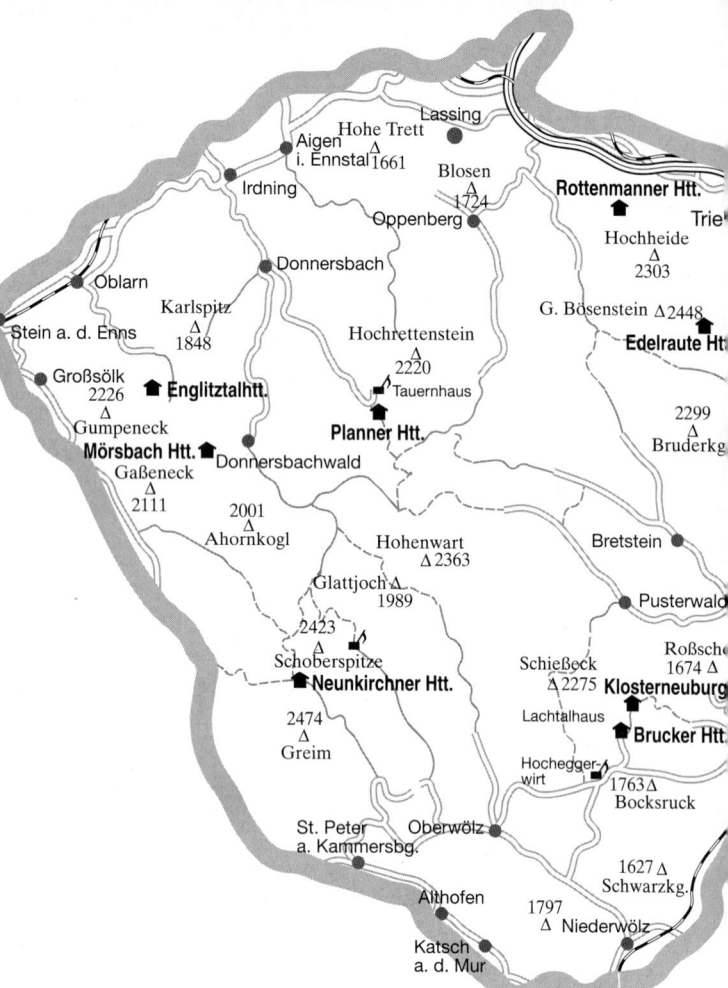

Lassing

Hohe Trett

Aigen
i. Ennstal △ 1661

Blosen
△ 1724

Rottenmanner Htt.

Irdning

Oppenberg

Trie

Hochheide
△ 2303

Donnersbach

G. Bösenstein △ 2448

Oblarn

Karlspitz
△ 1848

Hochrettenstein
△ 2220

Edelraute Ht

Stein a. d. Enns

Großsölk
2226
△
Gumpeneck

Englitzthtt.

△ Tauernhaus

Planner Htt.

2299
△
Bruderk

Mörsbach Htt.

Gaßeneck
△ 2111

Donnersbachwald

2001
△
Ahornkogl

Hohenwart
△ 2363

Bretstein

Glattjoch △
1989

Pusterwal

2423
△
Schoberspitze

Neunkirchner Htt.

Schießeck
△ 2275

Roßsche
1674 △

Klosterneuburg

2474
△
Greim

Lachtalhaus

Brucker Htt

Hochegger-
wirt

1763 △
Bocksruck

St. Peter
a. Kammersbg.

Oberwölz

Aithofen

1627 △
Schwarzkg.

1797
△ Niederwölz

Katsch
a. d. Mur

472

45c Rottenmanner und Wölzer Tauern

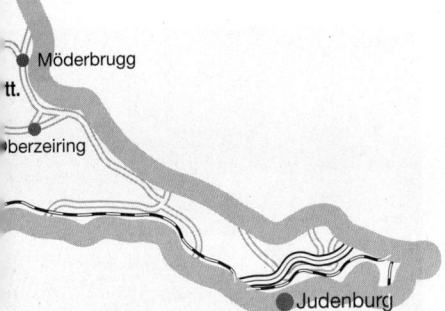

Umgrenzung

Enns von Großsölkbach bis Einmündung Paltenbach – Paltenbach bis Trieben – Triebenbach bis Einmündung Tauernbach – Hohentauern – Pölsbach bis Einmündung in die Mur – Mur bis Einmündung Katschbach – Katschbach – Sölker Paß – Großsölkbach bis Einmündung in die Enns

473

Brucker Hütte

K. II, 1605 m, erb. 1955
OeAV-S. Bruck a. d. Mur
Pischkerstr. 8
A-8600 Bruck/Mur

- � Heimo Edlinger
  Schönberg-Lachtal 276
  A-8831 Niederwölz
- ℂ Hütte 03587/206
- ✗ gj. bew., Urlaubssperren April
  bis Mai und Nov.
- 🛏 31 ⌐ 10
- 🚿 (kalt und warm)
- ⚡ 220 V ~ 🕮
- ✗ Schiltern 2½; Oberwölz 2½;
  Oberzeiring 3
- → Klosterneuburger Hütte 1 – Tanzstatt ½ – Pusterwald 3
- △ Roßalm, 1894 m, 1; Schießeck, 2275 m, 2½; Zinken, 2222 m, 2
- 🎿 den ganzen Winter
- 👟 6
- 🚂 Niederwölz
- 🚌 Schiltern, Oberwölz
- 🚗 bis zum Haus 🅿

ÖK 160; Bergverlag Rother: AVF Niedere Tauern

Edelrautehütte

auf der Scheibalm
K. II, 1725 m, erb. 1926
OeAV-S. Austria
Rotenturmstr. 14
A-1010 Wien

- ♦ Gertraud Rieger
  Edelrautehütte
  A-8785 Hohentauern
- ℂ Hütte 0663/37207
- ✗ gj. bew., Urlaubssperren
  April/Nov.
- 🛏 20 ⌐ 64
- ⚡ 220 V ~ 🕮
- ✗ Trieben, 708 m, durch den
  Sunk 3½; Hohentauern,
  1265 m, 1½; Parkplatz am
  Ende der Mautstraße (Beginn in Hohentauern) 15 Min.
- → Rottenmanner Hütte, 1650 m, über Gr. Bösenstein, 2449 m; Dreisteckengrat –
  Hochhaide, 2363 m, 8 - 9; Planner, 1575 m, über Kl. Bösenstein – Perzwurzleiten

– Polster, 1815 m – Zirkenkogel, 2337 m – Hochschwung, 2199 m – Breiteckkoppe, 2142 m, 10 - 12; Langmannweg (Rundgang) – Gr. Hengst, 2154 m – Kl. Bösenstein, 2379 m – Gr. Bösenstein, 2449 m – Edelrautehütte 4

△ Gr. Bösenstein (Gr. Pölsenstein), 2449 m, 2; Sonntagskarspitze, 2355 m, über Jägersharte 3; Gr. Hengst, 2154 m, 1¼

⚒ den ganzen Winter ↗ Hohentauern, 🅿 Mautstraße → Bösenstein, Langmannweg △ Sonntagskarspitze, Hengst

🚐 Trieben

🚌 Hohentauern

🚗 Mautstraße bis 🅿

⚓

ÖK 130; Bergverlag Rother: AVF Niedere Tauern, WF Tauern-Höhenweg

Englitztalhütte

K. I, 1328 m, erb. 1961
OeAV-S. Öblarn
Schattenberg 133
A-8960 Öblarn

⚲ Johann Stieg
     A-8960 Öblarn 174

✆ Tal 03684/2430

✕ SV, teilweise beaufsichtigt

⌐ 30

▨ 12 SR ♨

↗ Öblarn durch das Walchental
     2½; Kupferschmiedwiese 🅿 1

→ Rammertal über Lämmertörl,
     1970 m – Mörsbachhütte,
     1300 m – Donnersbachwald 4;
     Hangofen, 2056 m – Lämmertörlkopf, 2048 m – Lämmertörl, Rammertal – Englitztal 3½; Gumpeneck, 2226 m – Schröckenzinken – Gumpenriedel – Schupfenalm, 1300 m – Öblarn; Gumpeneck, 2226 m – Salzkleck – Schönwetterhütte, 1400 m – Großsölk 4½; Hangofensattel – Pleschnitzenalm – Ödwirt im Großsölktal 3

△ Hangofen, 1900 m, 1½; Gumpeneck, 2226 m, 3½; Mittereck, 2000 m, 2

⚒ den ganzen Winter ↗ Öblarn → Rammertal, Hangofen △ alle

🚌 Öblarn

🚗 Walchental, Kupferschmiedwiese 🅿

AV 45/3; ÖK 128; Bergverlag Rother: AVF Niedere Tauern

Klosterneuburger Hütte

K. I, 1902 m, erb. 1931
OeAV-S. ÖGV
Lerchenfelder Str. 28
A-1080 Wien

- Oliver Kotzinger
  Zeiringgraben 54
  A-8672 Oberzeiring
- ℰ Hütte 03572/4535
- ✗ Anfang Juni bis Ende Okt.,
  Mitte Dez. bis Osterdienstag
- ⊨ 11 ⌐ 23
- ⟿ 220 V ▨
- ↗ Oberzeiring, 932 m, 4; Ober-zeiring, Zeiringgraben 3½; Lachtal, 1570 m, 1; Puster-wald, 1073 m, 3
- → Brucker Hütte, 1605 m, 1; Lachtalhaus, 1570 m, 1; Oberzeiring, 932 m, über Hirzeck, 1836 m, 3
- △ Hoher Zinken, 2222 m, 1; Schießeck, 2275 m, 1½
- ⟲ den ganzen Winter ↗ Oberzeiring, Straße Lachtal △ Hoher Zinken, Schießeck
- ⇝ Niederwölz – Oberwölz
- ⇒ Lachtal
- ⇻ Oberzeiring (Maut) zur Hütte
- ⚑ Lachtal – Schönberg

ÖK 130; Bergverlag Rother: AVF Niedere Tauern

Mörsbachhütte

K. I, 1300 m, erb. 1962
OeAV-S. Graz
Sackstraße 16
A-8010 Graz

- Veronika Dürr
  A-8953 Donnersbachwald
- ℰ Hütte 03680/240
- ℰ Tal 03680/211
- ✗ gj. bew., Mai u. Nov. geschlos-sen
- ⊨ 13 ⌐ 42
- ⟿ 220 V ∼ ▨
- ↗ Donnersbachwald, 979 m, 1; Wildfütterung, 1050 m, 40 Min.; Riesner Krischpen, 1920 m, 1½
- → Gstemmerscharte, 1908 m – Mössa im Sölktal, 994 m, 3½; Lämmertörlkopf,

2048 m – Englitztalhütte, 1328 m – Öblarn, 679 m, 6; Gstemmerscharte – Mössnakar – Hörbling, 1100 m – Gsengalm, 1300 m – Neunkirchner Hütte, 1525 m

△ Lämmertörlkopf, 2046 m, 2; Plessnitzenkopf, 2100 m, 2; Sonntagskarspitze, 2036 m, 2½; Gstemmerzinken, 2015 m, 2½; Bärneck, 2055 m, 2½; Hochwart, 2299 m, 4½; Riesner Krischpen, 1920 m, 2½; Mörsbachspitze, 1992 m, 1¾

🚶 den ganzen Winter ↗ Donnersbachwald → Gstemmerscharte, Lämmertörlkopf 🏠 Lämmertörlkopf, Plessnitzenkopf, Sonntagskarspitze, Gstemmerzinken, Bärneck, Riesner Krischpen

🚆 Stainach-Irdning

🚌 🚍 Donnersbachwald **P**.
   P für Pkw bei Wildfütterung

🎿 ⚡ am Riesner Krischpen

AV 45/3; ÖK 128; Bergverlag Rother: AVF Niedere Tauern, WF Tauern-Höhenweg

Neunkirchner Hütte

K. I, 1525 m, erb. 1926
OeAV-S. ÖGV
Gruppe Neunkirchen
Prof. Franz Pfeffer
Dr.-Stockhammer-Gasse 6
A-2620 Neunkirchen

✝ Auskünfte bei
   Herbert Faber
   Bahnstr. 19
   A-2620 Neunkirchen

✆ Tal 03581/380
✗ nicht bew.
🛏 22 ┌─┐ 10
♨ im Sommer Knollialm, im Winter Haus Leitner-Knolli

↗ Winklern/Knappsäge 4½; Eselsberg 2
→ St. Nikolai im Sölktal, 1126 m, über Haseneckscharte, 2205 m, 4½; Donners-
   bachwald, 979 m, über Idlereckscharte, 2144 m, 6; Fussihütte, 1529 m, über
   Knollischarte, 2169 m
△ Hochstubofen, 2385 m, 2½; Schoberspitze, 2423 m, 3; Greimberg, 2474 m, 3½;
   Rettelkirchspitze, 2475 m, 3
🚆 Niederwölz – Oberwölz
🚌 Winklern/Knappsäge
🚍 zur Hütte

AV 45/3; ÖK 129, 159; Bergverlag Rother: AVF Niedere Tauern, WF Tauern-Höhenweg

Plannerhütte

K. II, 1575 m, erb. 1908
OeAV-S. Reichenstein
Rahlgasse 6/II/14
A-1060 Wien VI

⚥ Günther Gutschi
  Plannerhütte
  A-8953 Donnersbach
℡ Hütte 03683/8196
✗ Mitte Dez. bis Mitte April und
  Anfang Juni bis Anfang Nov.
🛏 22 ⌐ 24
⚡ 220 V ~ 〰
✈ Donnersbach, 890 m, Alpen-
  straße (Mautgebühr für Fahr-
  zeuge) 3½
→ Mörsbachhütte, über Karlspitze, 2080 m – Donnersbachwald, 979 m, 5 - 5½;
  Neunkirchner Hütte über Plientensattel, 1902 m – Riedler, 1108 m – Idlereck-
  scharte, 2158 m, 8 - 9; Klosterneuburger Hütte über Plientensattel, 1902 m –
  Breiteckkoppe, 2142 m – Hohenwart, 2361 m – Schießeck, 2276 m, 12 - 14;
  Edelrautehütte über Breiteckkoppe, 2142 m – Seitner Zinken, 2165 m – Gr.
  Bösenstein, 2449 m, 10 - 12; Oppenberg über Hochrettelstein, 2217 m, 5½ - 6
△ Hochrettelstein, 2217 m, 2 - 2½; Schoberspitze, 2125 m, 2½ - 3; Breiteckkoppe,
  2142 m, 2½ - 3; Vord. Gstemmerspitze, 2100 m, 1; Gr. Rotbühel, 2018 m, 1;
  Jochspitze, 2000 m, 1; Schreinl, 2145 m, 2½
⛷ den ganzen Winter ✈ Donnersbach → Mörsbachhütte △ alle
🚌 Stainach-Irdning
🚌 Donnersbach
🚌 bis zur Hütte

ÖK 129; Bergverlag Rother: AVF Niedere Tauern, WF Tauern-Höhenweg

Rottenmanner Hütte

K. I, 1650 m, erb. 1952, Neubau
1983-84
OeAV-S. Rottenmann
Karl Schnuderl
Büschendorf 37
A-8786 Rottenmann

⚥ Gabriele Exenberger
  St. Georgen 60
  A-8786 Rottenmann
℡ Hütte 0663/37221
✗ Pfingsten bis Mitte Okt., 25.12.
  bis 2.1.
🛏 20 ⌐ 35 ⊔ 12

⌗ 6 offen
⚡ 220 V ~ ▥
✗ Rottenmann 2$\frac{1}{2}$; Pichelstein 1
→ Edelrautehütte, Plannerhütte
△ Gr. Bösenstein, 2449 m; Seekoppe, 2002 m; Moserspitze, 2268 m; Hochhaide, 2362 m; Stein am Mandl, 2043 m
🚍 Rottenmann-Stadt
🚍 Rottenmann
🚍 Pichelstein (im Sommer)

ÖK 99; Bergverlag Rother: AVF Niedere Tauern

Hütten anderer alpiner Vereine und Privathütten

Heinrich-Kern-Haus, 1265 m, an der Hohentauernstraße, privat, 🛏 54, ✗ Trieben 1$\frac{1}{2}$, 🚍 🚍 Trieben 🚍 bis zum Haus, gj. bew., ✆ 03618/294

Lachtalhaus-Hotel, 1650 m, im Gr. Lachtal, privat, 🛏 90, ✗ Niederwölz, 🚍 Niederwölz, Scheifling, Unzmarkt 🚍 🚍 zum Haus, bew. Anfang Juni bis Ende Sept., Anfang Dez. bis So. nach Ostern, ✆ 03587/210

Hohenlaue

G. Griesst

Kessele

Möderbru

St. Oswa

45d Seckauer Tauern

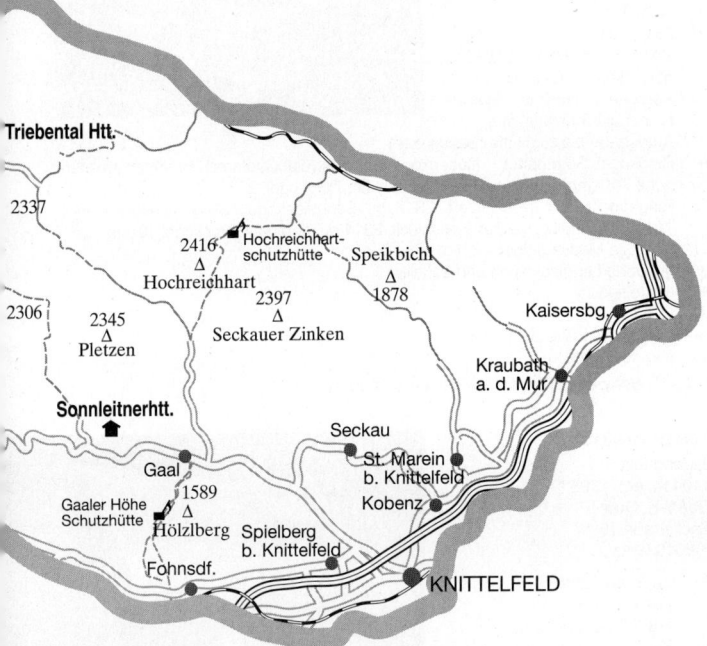

Umgrenzung

Paltenbach von Trieben bis Schoberpaß – Liesingbach bis Einmündung in die Mur – Mur von St. Michael bis Einmündung Pölsbach – Pölstal – Hohentauern – Tauernbach – Triebenbach – Trieben

45d   Seckauer Tauern

Sonnleitnerhütte

Jugendheim, 1215 m
OeAV-S. Knittelfeld
Schützengasse 3
A-8720 Knittelfeld

- ♦ Kurz Hofer
  Kapuzinerplatz 3
  A-8720 Knittelfeld
- ☎ Tal 03512/72317
- ✗ SV, nur gegen Anmeldung beim ♦
- ⊓ 25 ⊔ 10
- ⚡ 220 V ∼ ⚡, Kohle- und Gasherd, kompl. Geschirr für 30 Personen, Dusche, Waschraum mit Warmwasser
- ↗ Autostraße bis zur Hütte (Sackgasse)
- → Ringkogel, Sommertörl – Rosenkogel – St. Oswald, Gaalereck-Bärental; Wallnerhube – Kleinangerhütte – Repenstein – Gr. Ringkogel, 2277 m
- △ Ringkogel, 2277 m; Pletzen, 2342 m; Sonntagskogel, 2345 m; Rosenkogel, 1819 m; Glaneck, 1923 m; Kesseleck, 2314 m; Hintertal-Gamskögel, Krugspitze – Krugsee-Mödringkogel
- ⚐ gespurte Langlaufloipen und 2 Skilifte
- 🚃 Knittelfeld
- 🚌 Gaal
- 🚌 Zufahrt bis Hütte So. und Wi.
- ⚹ von der Hütte ¼

ÖK 131; Bergverlag Rother: AVF Niedere Tauern

Triebentalhütte

Jugendheim
1104 m, erb. 1928
OeAV-S. Graz
Sackstraße 16
A-8010 Graz

- ♦ Gertrude Schöttel
  Triebental 55
  A-8785 Hohentauern
- ✗ SV
- ⊓ 18
- ⚡ ▥ ⚡
- ⚹ und Anmeldungen bei Frau Gertrude Schöttel (50 m von der Hütte entfernt)
- ☎ 03618/268

↗ Liesingtal, Ingering, Gaal, Pölstal
△ Gamskögl, 2365 m; Griesstein, 2338 m; Geierkogel, 2237 m
🚂 Trieben
🚌 Gasthof Brodjäger
🚋 zum Haus

ÖK 130; Bergverlag Rother: AVF Niedere Tauern

Hütten anderer alpiner Vereine und Privathütten

Fohnsdorfer Hütte, 1517 m, auf der Gaaler Höhe, TVN, 🛏 6 ⌐ 20, ↗ Fohnsdorf 2¾, Ingering 1½, Dietersdorf 2½, Schönberg 4½, 🚂 🚌 Fohnsdorf 🚋 Ingering, bew. Sa./So./Fe. von Anfang Mai bis Ende Sept., Auskunft ✆ 03573/2431/215

Hochreichart-Schutzhaus, 1483 m, auf der Stubenalm, ÖTK, 🛏 11 ⌐ 27, ↗ Mautern 3, 🚂 Ehrnau 🚌 Liesingau 🚋 Liesingau-Holzlagerlatz 1 (mit Genehmigung), Mitte Mai bis Mitte Okt., Sa./So. bew., an Feiertagen nur bei Voranmeldung größerer Gruppen, Anfragen ✆ 03843/2425

Umgrenzung

Mur von St. Michael bis Teufenbach – Neumarkter Sattel – Neumarkt i. St. –
Olsabach bis Einmündung in die Metznitz – Metznitz bis Einmündung in die Gurk
– Gurk bis Einmündung in die Drau – Drau bis Einmündung der Lieser – Lieser
bis Einmündung Katschbach – Katschbach –
Katschbergpaß – Klausgraben –
Mur

46a Nockberge

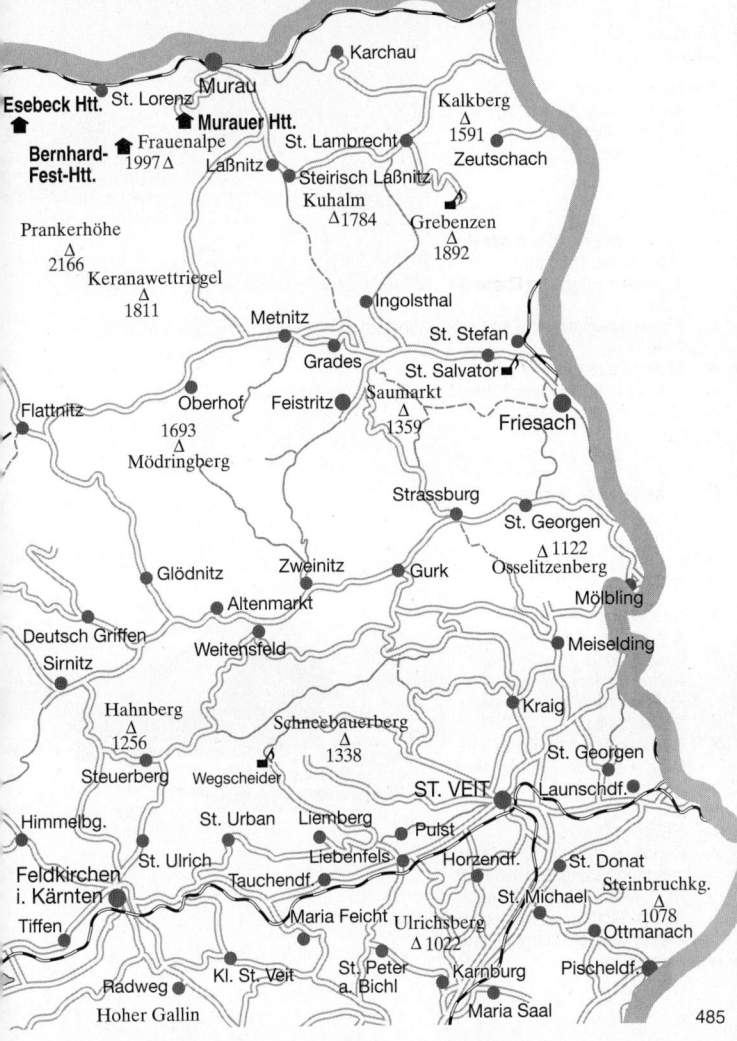

Karchau

Murau
Esebeck Htt. St. Lorenz
Kalkberg
△ 1591
Zeutschach

Murauer Htt.
Bernhard-
Fest-Htt.   Frauenalpe
1997 △   Laßnitz   St. Lambrecht

Steirisch Laßnitz
Kuhalm
△ 1784   Grebenzen
△ 1892

Prankerhöhe
△
2166   Keranawettriegel
△
1811   Ingolsthal

Metnitz   St. Stefan

Grades   St. Salvator

Oberhof   Feistritz   Saumarkt
△
1359   Friesach

Flattnitz   1693
△
Mödringberg

Strassburg
St. Georgen
△ 1122
Glödnitz   Zweinitz   Gurk   Osselitzenberg

Altenmarkt   Mölbling

Deutsch Griffen   Meiselding
Sirnitz   Weitensfeld

Hahnberg
△
1256   Schneebauerberg
△
1338   Kraig

Steuerberg   Wegscheider   St. Georgen

Himmelbg.   St. Urban   Liemberg   ST. VEIT   Launschdf.

Pulst
Feldkirchen   St. Ulrich   Liebenfels   Horzendf.   St. Donat
i. Kärnten   Tauchendf.   Steinbruchkg.
△
Tiffen   Maria Feicht   St. Michael   1078
Ulrichsberg   Ottmanach
△ 1022
Radweg   Kl. St. Veit   St. Peter   Karnburg   Pischeldf.
a. Bichl
Hoher Gallin   Maria Saal

Bernhard-Fest-Hütte

K. I, 1985 m, erb. 1932
OeAV-S. Murau
Am Turnhof 14
A-8850 Murau

- ♦ Norbert Krapfl
  Am Hammer 23
  A-8850 Murau
- ✆ Tal 03532/3160
- ✗ SV
- ⌐ 12
- ♦
- ↗ Murau, 829 m, 3; von der Murauer Hütte, 1680 m, 1
- → Turnhofer Hütte und Esebeck-hütte
- △ Frauenalpegipfel, 1997 m; Ackerlhöhe, 2044 m; Prankerhöhe, 2189 m; Kirbisch, 2142 m
- ₪ Murau-Stolzalpe
- ═ im Winter: bis Murauer Hütte, sonst Bhf. Murau-Stolzalpe
- ₪ Murauer Hütte

ÖK 159

Bonner Hütte, Neue

K. II, 1712 m, erb. 1924/48
DAV-S. Bonn
Postfach 2266
D-53012 Bonn

- ♦ Gert Schiefer
  A-9863 Rennweg-Frankenberg
- ✆ 0663/845191
  während der Nichtbew.:
  St. Peter 15, A-9863 Rennweg
- ✆ Tal 04734/214
- ✗ Weihnachten bis Anfang Jan., Mitte Feb. bis Ostern, Mitte Juni bis Mitte Okt.
- ⌐ 29 ⌐ 6
- ⚏ ~ 🍴 ⚒
- ↗ Rennweg, 1200 m, 2; St. Margarethen i. Lungau, 1065 m, 2
- → Dr.-J.-Mehrl-Hütte, 1720 m, 5
- △ Aineck, 2210 m, 1½; Katschberg, 1641 m, 3
- ⚐ ↗ Rennweg, St. Margarethen
- ₪ Spittau/Drau

486

- Rennweg
- im Sommer zur Hütte (nur für berggewohnte Fahrer **P**)

ÖK 157

Dr.-Josef-Mehrl-Hütte

K. II, 1720 m, erb. 1935
OeAV-S. Wien
Rahlgasse 6, II/14
A-1060 Wien

- Emilie Aschbacher
  A-9862 Kremsbrücke
- Hütte 04736/320
  während der Nichtbew.:
  Dornbach 6
  A-9853 Gmünd
- Tal 04732/2597
- Anfang Juli bis Ende Sept.,
  Weihnachten bis Sonntag
  nach Ostern
- 19 ⌐ 29
- ⌐
- Innerkrems, 1460 m, 1; Bundschuh, 1300 m, Bahnst. Ramstein – Thomatal der Murtalbahn, Fahrstraße bis Hütte; Karneralm, 1893 m, 1
- Turracher Höhe über den Königstuhl 7; Klatschberghöhe über Gaipahöhe – Schwarzwand – Aineck 8; Stubennock – Firesenhalshöhe – Königstuhl – Rosaninscharte 4; Ochsenriegel – Schilchernock – Klölingnock – Mühlhauser Höhe 5; Grünleitennock – Peitlernock – Pressingberg – Heiligenbachgraben 6; Mattehanshöhe – Zechnerhöhe – Gaipahöhe – Gmeinnock – Lenzenbühel 5
- △ Mattehanshöhe, 2072 m, 1; Sauerreggnock, 2233 m, 3; Grünleitennock 2$\frac{1}{2}$; Königstuhl, 2331 m, 2$\frac{1}{2}$; Zechnerhöhe, 2176 m – Gaipahöhe, 2187 m, 2 - 2$\frac{1}{2}$; Kilnprein, 2410 m, über Hagleiten 4$\frac{1}{2}$
- 🎿 den ganzen Winter ↗ alle → alle △ alle
- Ramingstein – Thomatal der Murtalbahn bzw. Spittal/Millstätter See
- Kremsbrücke
- bis zur Hütte

FB 222; ÖK 183

Esebeckhütte

K. I, 1747 m, erb. 1911
OeAV-S. Murau
Am Turnhof 14
A-8850 Murau

- Helidor Voggenberger
  Monspergstr. 17
  A-8850 Murau

46a Nockberge

- © Tal 03532/2020
- ✕ SV
- ⊓ 20
- ⌗ 10 ⌇
- ⟋ Stadl, St. Lorenzen 3¹/₂; Rieglerhütte 20 Min.
- → Murauer Hütte
- △ Kreischberg, 1981 m; Kirbisch, 2142 m; Goldachnock, 2191 m; Prankerhöhe, 2166 m
- ⤴ den ganzen Winter, 2 ⛷, 3 ⛷, Skischule
- ⇔ Stadl-Kaltwasser
- ⇔ St. Lorenzen, Stadl
- ⇔ St. Lorenzen, Stadl, im Sommer bis Rieglerhütte
- ⛷ Kreischberg

ÖK 158

Gerlitzenhütte

K. I, 1580 m, erb. 1928
OeAV-Zweig Villach
Schanzgasse 3
A-9500 Villach

- © 04242/289584
- ✕ SV
- ⊓ 9 ⊔ 3, ⌇
- ⟋ Gerlitzenlift I, 1660 m, ³/₄; Treffen bei Villach, 543 m, Fahrstraße (Maut) bis Hüttennähe ¹/₂ (im Winter schneefrei gehalten bis Lift I)

- → Stifterboden, 1675 m – Arriach, 800 m, 3; Steinwenderhütte, 1470 m – Hinterbuchholz-Hütte – Stifterboden und zurück 3 - 4; Pöllingerhütte – Lift I – Berger Hotels, 1764 m – Gerlitzen, 1909 m – Stifterboden zurück 4
- △ Gerlitzen, 1909 m, 1¹/₄
- ⤴ den ganzen Winter ⟋ beide → alle △ Gerlitzen
- ⇔ Annenheim/Ossiacher See, 526 m, von hier Anschluß an Kabinen-Seilbahn, Lifte
- ⇔ Treffen bei Villach
- ⇔ bis ¹/₂ vor die Hütte
- ⇍ Kanzel
- ⛷ Pöllingerhütte

FB 233; ÖK 201; Bergverlag Rother: WF Kärnten

Millstätter Hütte

K. I, 1880 m, erb. 1907
OeAV-S. Millstatt
Fischergasse 138
A-9872 Millstatt

- ♦ Manfred Faschauner
  Schwaigerschaft 15
  A-9872 Millstatt
- ✆ Tal 04766/2234
- ✗ Anfang Juni bis ca. 10. Okt.,
  übrige Zeit auf Voranmeldung
- ⊫ 6 ⌐ 10
- ⊞ 10 SR (z. Z. noch Sonderschloß, erhältlich bei ♦ oder
  Sektion)
- ⌁ 220 V ~ ▥
- ⟋ Millstatt, 580 m, über Schlucht, 3½; Millstatt, Auffahrt über Öttern zur Schwaiger-
  hütte ½, Fußweg ¾; Seeboden, Auffahrt zur Sommeregger Hütte am Tschiernock über Alexanderhütte, 1800 m, Auffahrt ½, Fußweg 1½; Seeboden, Auffahrt
  zur Liftstation am Tschiernock, 1800 m, über den Tschiernock-Hochpalfennock,
  2000 m, zur Hütte, Auffahrt
- → Alexanderhütte, 1880 m, ½; Pichlhütte 1; Lammersdorfer Hütte, 1644 m, 2½;
  Hochpalfennock, 2099 m – Sommeregger Hütte, 1695 m, 1½; Törl, 1908 m –
  Riegelalm – Nöring SHC – Radentheim 3½
- △ Hochpalfennock, 2099 m, ¾; Kamplnock, 2101 m, ¾
- ⅄ den ganzen Winter ⟋ alle → Alexanderhütte, Lammersdorfer Hütte, Hochpalfen-
  nock △ beide
- ⇥ Spittal/Drau
- ⇥ Millstatt
- ⇥ Öttern – Schwaigerhütte

FB 221; ÖK 182, 183; Bergverlag
Rother: WF Kärnten

Murauer Hütte

K. III, 1680 m, erb. 1905/06
OeAV-S. Murau
Am Turnhof 14
A-8850 Murau

- ♦ Hans u. Martina Pernthaler
  Murauer Hütte
  A-8850 Murau
- ✆ Hütte 03532/2733
- ✗ gj. bew., Nov. und April bzw.
  nach Ostern geschlossen
- ⊫ 13 ⌐ 25
- ⌁ 220 V ▥

46a Nockberge

↗ Murau, 829 m, 2, Zufahrt mit Pkw zur Hütte
⇥ Turnhofer Hütte und Esebeckhütte; Murau über Schwarnbrunnhöhe, 2122 m, nach Flattnitz WW 09
△ Frauenalpegipfel, 1997 m, 1; Goldachnock, 2171 m, Ackerlhöhe, 2044 m; Prankerhöhe, 2166 m
⋨ ab Anfang Dez. bis Mitte April schneesicher, 4 ⋌, Skischule
🚌 Murau-Stolzalpe
🚍 im Winter: bis Murauer Hütte, sonst Bhf. Murau-Stolzalpe
🚗 Parkplatz vor der Hütte
ÖK 159

Hütten anderer alpiner Vereine und Privathütten

Erlacher Hütte, 1655 m, im Langalmtal, privat, 🛏 54, ↗ Kleinkirchheim, Radenthein je 3, 🚌 Spittal/Drau 🚍 Kleinkirchheim, Radenthein 🚗 bis zur Hütte, bew. Mai bis Ende Okt., ✆ 04246/24107

Falkert-Schutzhaus, 1552 m, privat, 🛏 15 ⌐ 20, ↗ St. Oswald 1, Kleinkirchheim 2, 🚌 Spittal 🚗 St. Oswald 🚗 zum Haus (im Sommer)

Geigerhütte, 1750 m, am Wöllacher Nock, privat, 🛏 15 ⌐ 20, ↗ Arriach 3, 🚌 Feldkirchen 🚍 Arriach 🚗 zum Haus

Grebenzen-Schutzhaus, 1648 m, am Nordhang d. Grebenzen, ÖTK, 🛏 19 ⌐ 21 ⌣ 2, ↗ St. Lamprecht 2, 🚌 Mariahof-St. Lamprecht 🚍 St. Lamprecht 🚗 auf der Grebenzenstraße (Maut) 45 Min., gj. bew., Ostern bis Pfingsten und 15. Okt. bis 30. Nov. geschlossen, ✆ 03585/2510

Karneralm, 1893 m, in d. Klöling, privat, 🛏 50 ⌐ 15, ↗ Ramingstein 3½, 🚌 🚍 Ramingstein 🚗 zum Haus

Rosatinhütte, 1750 m, an der Turracher Höhe, privat, 🛏 120, ↗ Turracher Höhe 1, 🚌 Predlitz-Turrach 🚍 🚗 Turrach, bew. Mitte Dez. bis Ostern, Mitte Sept. bis Ende Okt., ✆ 03533/206

Steinwenderhütte, 1457 m, Gerlitzen-Westseite, privat, 🛏 35 ⌐ 15, ↗ Treffen 2½, Kanzelbahn 1¼, 🚌 Bodendorf 🚍 Treffen 🚗 Kanzelbahn, bew. Anfang Juni bis Mitte Okt., Mitte Okt. bis Mitte Jan.

Trangonihütte, 1667 m, am Wöllacher Nock, TVN, 🛏 20 ⌐ 20, ↗ Afritz oder Feld am See 2½, 🚌 Villach 🚍 Afritz 🚗 zum Haus, bew. Juni bis Sept.

Walderhütte, 1950 m, am Wöllacher Nock, privat, 🛏 16, ↗ Arriach 3, 🚌 Villach, St. Rupprecht 🚍 🚗 Arriach

46b Lavanttaler Alpen

Umgrenzung

Mur von Teufenbach bis Spielfeld – Marburg (Maribor) – Drau bis Einmündung Gurk – Gurk bis Einmündung Metnitz – Metnitz bis Einmündung Olsabach – Neumarkt i. St. – Neumarkter Sattel – Teufenbach

Brendlhütte

K. I, 1566 m, gepachtet seit 1924
OeAV-S. Graz
Sackstraße 16
A-8010 Graz

- ✝ Gerda Krügerl
  A-8541 Schwanberg
  während der Nichtbew.:
  A-8551 Unterfresen 36
- ✆ Tal 03468/428
- ✗ Anfang Juni bis Ende Sept.
- ⊨ 14 ⌐ 38
- ↗ Schwanberg, 500 m, 4$\frac{1}{2}$; St. Anna oberh. Schwanberg, 1037 m, 2$\frac{1}{2}$; Liechtensteinsäge, 1200 m, 1; St. Oswald oberh. Eibiswald, 747 m – Jägerwirt, 1319 m, 2$\frac{1}{2}$
- → Koralpenhaus, 1962 m, 2$\frac{1}{2}$ - 3; Gregormichl – Glashütten, 1275 m, 3; Soboth, 1070 m, 6
- △ Großer Speikkogel, 2141 m, 2$\frac{1}{2}$; Wolscheneck, 1699 m, $\frac{1}{4}$
- ⟳ den ganzen Winter ↗ alle → Koralpenhaus △ Gr. Speikkogel
- ⊞ Schwanberg
- ⊟ Schwanberg, St. Oswald
- ⊟ Liechtensteinsäge 🅿
- ⏚ Gregormichlalm

ÖK 188

Carl-Hermann-Notunter-kunft

in der Fensteralmhütte
K. I, erb. 1988
OeAV-S. Weitwanderer
Thaliastraße 159/3/16
A-1160 Wien

- ✗ SV, gj., geschlossen Mitte Sept. bis Mitte Okt.
- ⌐ 8 ⏚
- ↗ Leoben, 541 m, 5$\frac{1}{2}$; Frohnleiten, 438 m, 4$\frac{1}{2}$; Übelbach, 571 m, 3$\frac{1}{2}$
- → Gleinalmhaus, 1586 m, 5$\frac{1}{2}$; J.-Hans-Prosl-Schutzhaus, 1630 m, 4$\frac{1}{2}$
- △ Fensteralm, 1642 m, Eiblkogel, 1831 m
- ⟳ kein Stützpunkt

🚉 Leoben, Frohnleiten, Übelbach
🚌 Kleintal Ghs. Triebl

ÖK 133

Emil-Stöhr-Hütte

(Hirschegger Hütte)
K. seH, 1241 m, gepachtet seit 1933
OeAV-S. Kirchbach
Franz List
Zerlach 69a
A-8082 Kirchbach i. Stmk.

- ✆ 03116/2472
- ✗ SV, Verpflegungsmöglichkeit beim angrenzenden Gasthof »Pongratzwirt«: (✆ 03141/311)
- 🛏 17
- 220 V ~ 🍳
- 🔑 Schlüssel nur mit Bewilligung der Sektion beim »Pongratzwirt«
- ↗ Hirschegg, 896 m, 1/2; Fahrstraße bis zur Hütte
- → Bartholomäalpe, 1775 m – Peterer Riegel, 1962 m – Salzstiegelhaus, 1553 m, 5; Bartholomäalpe – Hirschegger Alpe – Lahnofen, 1523 m – Packsattel, 1169 m, 5; Bartholomäalpe – Hirschegg 5; Hirschegg – Neuhäuslwirt, 1190 m – Altes Almhaus, 1650 m, 3 1/2
- △ Hirschegger Alpe, 1935 m; Speikkogel, 1993 m; Amerinkogel, 2186 m
- 🎿 den ganzen Winter ↗ Hirschegg, Fahrstraße → alle △ Hirschegger Alpe
- 🚉 Köflach
- 🚌 Hirschegg
- 🚗 bis zur Hütte 🅿
- 🎿 1 Schlepplift bei der Hütte, weitere Lifte in der Nähe (Hirschegg, Salzstiegel)

ÖK 162, 188

Grünangerhütte

K. I, 1575 m, erb. 1951
OeAV-S. Deutschlandsberg
Hauptplatz 1
A-8530 Deutschlandsberg

- 🛎 Hildegard Grafoner
  Kalkgrub 68
  A-8541 Schwanberg
- ✆ Hütte 0663/839723
- ✆ Tal 03467/7606

46b Lavanttaler Alpen

✗ 1. Juni bis 15. Sept., übrige Zeit: Sa./So., 15. Sept. bis 15. Okt. geschlossen
🛏 13 ⌐ 25 ⌙ 15
▥ ⌐
↗ Glashütten, 1274 m, 1½; Landesstraße Glashütten – Weinebene, ab Reihkehre, 1550 m, ¾
→ Koralpenhaus, 1962 m, über den Gr. Speikkogel, 2141 m, 2½; Schwanberger Brendlhütte, 1566 m, 4
△ Gr. Speikkogel, 2141 m, 2
⌂ Übungshang 1000 m Länge, 215 m Höhenunterschied
🚌 Deutschlandsberg
🚍 Glashütten
🚐 Glashütten – Landesstraße, Reihkehre **P**

ÖK 188

Kapunerhütte

(Unterstandshütte)
K. I, 1003 m, erb. 1965
OeAV-S. Graz
Sackstraße 16
A-8010 Graz

▦ Tagraum frei zugänglich
↗ Eibiswald, 365 m, 2; für Pkw auch Radlpaß, entlang der jug. Grenze 1
→ Jugendherberge am Remschnigg 5
△ Kapunerrundweg zum Kapunerkogel ¼
⌂ kein Stützpunkt
🚌 Wies-Eibiswald
🚍 Eibiswald
🚐 Radlpaß **P**

ÖK 206

Dr.-Otto-Koren-Hütte

am Gaberl (AV-Jugendheim)
1550 m, erb. 1980
OeAV-S. Köflach
Agathon Koren
(Fotohandlung)
A-8580 Köflach

✆ 03144/3555
✗ SV, jg., die Hütte steht allen AV-Jugendgruppen unter Leitung eines Jugendführers und

allen AV-Mitgliedern, nach An-
meldung in der Geschäftsstel-
le der Sektion, zur Verfügung
⊓   22 ⊔ 6
∿   220 V ▥
↗   Köflach 2; Salla 2; Bushalte-
    stelle auf der Paßhöhe 1 Min.
→   Altes Almhaus, 1649 m, 1; Os-
    kar-Schauer-Haus 3; Stein-
    planhütte 3
△   Rappoldkogel, 1929 m, 2½;
    Mering, 2186 m, 5
⚡   den ganzen Winter △ Rap-
    poldkogel, mehrere Lifte beim
    Haus und in der näheren Um-
    gebung
🚍 Köflach
🚌 ⇒ Nähe Hütte 🅿
ÖK 162

Köhlerhütte

K. I, 1855 m, erworben 1955
OeAV-S. Gratkorn-Gratwein
Postfach 23
A-8112 Gratwein

✆   03124/51200 oder 22255
    (Hüttenwart Karl Oberbichler)
✕   SV, 1.6. bis 30.9. Sa./So., Auf-
    sicht
⊓   30
∿   24 V ═
    ↟
↗   Obdach, 872 m – Warbach –
    Perwolf, Knebelbauer – Wald-
    heim 2½; weiter Türkenkreuz
    – Hütte 1; Obdach – Fassl –

St. Anna, 1829 m, 1½; weiter zur Waldheimhütte 1½; St. Wolfgang, 1100 m –
Dittmaier Hube – Rothaidehütte, 1850 m, 2½; weiter bis Türkenkreuz – Köhlerhüt-
te ½
→   Lavantsee, 2046 m – Zirbitzkogel, 2396 m – Scharfes Eck, 2366 m – Kreiskogel,
    2306 m – Winterleitenhütte, 1843 m, 4½; Türkenkreuz – Wildsee, 1995 m – Weite
    Alm – Fuchskogel, 2215 m – Zirbitzkogel – Zirbitzkogelhaus – Geierkogel, 2185 m
    – Türkenkreuz – Hütte 4; Lavantsee, 2046 m – Zirbitzkogel – Winterleitensee –
    Winterleitenhütte, 1800 m, 4
△   Zirbitzkogel, 2396 m, 1½; Fuchskogel, 2215 m, 1; Geierkogel, 2185 m, 1
⚡   den ganzen Winter ↗ alle → alle △ alle

497

🚏 Obdach
🚏 St. Anna a. Lavantegg
🚌 Rothaidehütte, nur im Sommer Waldheimhütte
ÖK 161, 187

Koralpenhaus

K. II, 1962 m, erb. 1874
OeAV-S. Wolfsberg
Schleifenstr. 14
A-9400 Wolfsberg

🛏 Ernst Kucharz
   Koralpenhaus
   A-9431 St. Stefan
   während der Nichtbew.:
   Parschingerst. 72
   A-8605 Kapfenberg
📞 Hütte 04357/2210
📞 Tal 03862/31923
✗ Mitte Mai bis Mitte Okt., Mitte
   Dez. bis Mitte April
🛏 25 ⌐ 62
🏢 4 offen
⚡ 220 V ~ 🍴

↗ Wolfsberg, 460 m, über Jager am Eck, Alpenghs. »Waldrast« 5; St. Stefan,
  433 m, über Rieding, »Waldrast« 5; Eitweg, 559 m, über Goding, 4; Koglereck,
  1350 m – WH Brandel, Jauksattel 6; Stoffhütte, 1441 m – Wildbachalm –
  Weinebene, Grillitschhütte 6; Eibiswald, 362 m – St. Oswald – Brendlhütte 8 - 9;
  Deutschlandsberg, 372 m – Trahütten, Glashütten, Grünangerhütte 8 - 9
→ Scheibstatt, 2041 m – Garanas – Brendlhütte, 1566 m, 2½; Jägerwirt – St.
  Oswald – Eibiswald gesamt 7; Lavanttaler Höhenweg – zum Gr. Speikkogel,
  2141 m – Hühnerstützen – Grillitschhütte, 1745 m – Weinebene, 1666 m –
  Wildbachalm, 1805 m – Stoffhütte, 1442 m gesamt 6
△ Gr. Speikkogel, 2141 m, ½; Hühnerstützen, 1979 m, 1½; Kleinalpe, 1763 m, 2
🎿 den ganzen Winter ↗ alle → alle △ alle
🚏 Wolfsberg, St. Stefan
🚌 Maildorf (Juli u. Aug. zum Haus)
🚌 Hipfelhütte und Goding 🅿
ÖK 188

Wolfsberger Hütte

(Saualpenschutzhaus)
K. I, 1825 m, erb. 1911/12
OeAV-S. Wolfsberg
Schleifenstr. 14
A-9400 Wolfsberg

- Hans Putzer
  Aichberg 79
  A-9431 St. Stefan
  während der Nichtbew.:
  A-9412 St. Margarethen 118
- Hütte 0663/47507
- Tal 04352/54233
- Mitte Mai bis Ende Sept.
- 8 ⊓ 20
- ⊶ ▥⌐ᒻ
- 6 SR ⌖ (60 m südl. und etwas tiefer als die Hütte)
  Kontrollstelle Lavanttaler Höhenweg und Eisenwurzenweg
- ⟋ Wolfsberg, 460 m, Gieselhütte, Lading, Zechhütte 5; Klippitztörlhütte, 1644 m, Forstalpe, Ladinger Spitze 4; Griffnerberg, 705 m, St. Leonhard 5; Eberstein, 568 m, St. Oswald, Druckerhütte 4; Diex, 1152 m, Ofenstratten, Gr. Sauofen 4
- → Lavanttaler Höhenweg zur Klippitztörlhütte, 1644 m – Ladinger Spitze, 2079 m – Kienberg, 2050 m – Forstalpe, 2034 m, 4; Lavanttaler Höhenweg über Ofenratten – St. Leonhard, 1224 m – Griffnerberg 4 1/2; zur Druckerhütte + 1 1/4; Offnerhütte – Zechhütte – Bucheggerhütte – Reisbergerhütte – Pöllingerhütte – zurück 3; Speikkogel – Karawankenblick – Steinerhütte – Wolfsberger Hütte 3 1/2
- △ Ladinger Spitze, 2079 m, 3/4; Gertrusk, 2044 m, 1 1/4; Gr. Sauofen, 1895 m, 3/4
- ⬈ den ganzen Winter ⟋ alle → alle △ alle
- ⇥ Eberstein und Wolfsberg
- ⇥ Pollheim/Lading
- ⇥ im Sommer bis 20 Min. unterhalb der Hütte 🄿

ÖK 187; Bergverlag Rother: WF Kärnten

Zirbenwaldhütte

K. I, 1610 m, gekauft 1952, erb. 1938
OeAV-S. Fohnsdorf
Hauptstr. 2
A-8753 Fohnsdorf

- Hütte 03578/879
- SV, gj.
- ⊓ 33
- ⊶ 24 = ▥
- ⌖ und Anmeldung bei
  Ilse Potutschnig
  Hauptstraße 2
  A-8753 Fohnsdorf
- 03573/211720 (nur Vormittag)

➚ Obdach 4; St. Wolfgang 1; Judenburg, 708 m – Oberweg-Reiterbauer – Schmelz, 1610 m, 4

➙ Zirbenwaldhütte – Schmelz, 1515 m – Winterleitenhütte, 1800 m, 1½; Lindertal – Rothaide – Köhlerhütte, 1855 m, 3; Lindertal – Zirbitzkogel-Schutzhaus, 2376 m, 2½

△ Zirbitzkogel, 2396 m – Schreibersteig – Schlosserkogel 2½; Schlosserkogel, 2360 m, 2

⋏ den ganzen Winter ➚ beide ➙ Zirbenwaldhütte – Lindertal – Zirbitzkogel-Schutzhaus, Lindertal – Rothaide △ beide

🚌 Obdach

🚍 St. Wolfgang

🚐 bis zur Hütte

⋏ 4

ÖK 161

Hütten anderer alpiner Vereine und Privathütten

Altes Almhaus, 1649 m, am Wölkerkogel, privat, 🛏 40 ⊓ 16, ➚ Köflach 4, 🚌 Köflach 🚐 Gaberl 🚐 zum Haus, SV, Getränke vorhanden, Sa./So. und Schulferien beaufsichtigt, ✆ 03147/212

Barbarahaus, 1307 m, auf den Ochsenkogel, TVN, 🛏 34 ⊓ 10, ➚ Köflach 4½, Pack ½, 🚌 🚐 Köflach 🚐 bis Landesgrenze, dann ¼ zum Haus, SV, Getränke erhältlich, Sa./So., Schulferien durchgehend, ✆ 03146/8121

Breitofnerhütte, 1720 m, auf der Gr. Saualpe, privat, 🛏 18 ⊓ 45, ➚ Wieting 2½, 🚌 🚐 Wieting

Giesslhütte, 1350 m, Saualpe-Ostseite, privat, 🛏 25, ➚ St. Stefan 2½, 🚌 🚐 🚐 St. Stefan i. Lavanttal, gj. bew., ✆ 04352/4250

Gleinalpenhaus, 1589 m, auf dem Gleinalpsattel, privat, 🛏 18 ⊓ 35, ➚ Neuhof 2, 🚌 Übelbach 🚐 Neuhof 🚐 zum Haus, bew. Anfang Juni bis Ende Sept.

Göslerhütte, OeAV-Vertragshaus, 1666 m, auf der Weinebene, Koralpe, privat, 🛏 24 ⊓ 30, ➙ Stoffhütte 2½; Grillitschhütte 1¼, Koralpenhaus 2½, Grünangerhütte 2¼, Brendlhütte 5½ △ Gr. Speikkogel 2½, Handalpe ½, Glashüttenkogel ¾, Bärofen 2½, ⋏ Lifte beim Haus, 🚌 Deutschlandsberg 🚐 Glashütten, Weinebene 🚐 bis zum Haus, gj. bew., Mai und Nov. geschlossen, ✆ 04352/71200

Grillitschhütte, 1745 m, am Koralpenspeikkogel, privat, 🛏 20, ➚ Wolfsberg 5, Frantschach 4, 🚌 🚐 Wolfsberg, Frantschach, bew. Mitte Mai bis Anfang Okt.

Hipfelhütte, 1650 m, an der Koralpe, privat, 🛏 25, ➚ Wolfsberg, St. Stefan je 3, 🚌 🚐 Wolfsberg, St. Stefan 🚐 zum Haus, ✆ 04352/430611

Hochanger-Schutzhaus, 1312 m, auf dem Brucker Hochanger, TVN, 🛏 14 ⊓ 15, ➚ Bruck 2¾, Griesbrücke 1¼, 🚌 🚐 Bruck a.d. Mur 🚐 Griesbrücke, Mitte April bis Mitte Okt. und Weihnachten durchgehend, sonst Sa./So./Fei bew., ✆ 03862/33132

J.-Hans-Prosl-Schutzhaus, 1630 m, auf d. Mugel, ÖTK, 🛏 12 ⊓ 15, ↗ Niklasdorf 2½, Leoben 3, 🚂 🚌 🚗 Leoben, Niklasdorf, gj. bew., ✆ 03842/82680

Klippitztörlhütte, 1644 m, am Klippitztörl, TVN, 🛏 30, ↗ Wiesenau 4, Lölling 2, 🚂 Wiesenau 🚌 St. Leonhard 🚗 zum Haus, gj. bew., ✆ 04350/8123

Oskar-Schauer-Sattelhaus, 1409 m, an der Terenbachalpe, TVN, 🛏 24 ⊓ 60, ↗ Gasthaus Sagmüller 1½, Katzbachbrücke 2¼ → Gaberlhaus 3, Steinplanhaus 2½, Gleinalpenschutzhaus 2½, Zeißmannhütte 1½ ⩩ Terenbachalpe 1, Roßbachkogel 2, Steinplan 2½, 🚂 Köflach, Judenburg 🚌 Katzbachbrücke 🚗 bis zum Haus, bew. Mitte Mai bis Ende Okt. sowie Ostern und Weihnachten, ✆ 03144/8291

Salzstiegelhaus, 1553 m, auf dem Hirschegger Gatterl, privat, 🛏 48 ⊓ 30, ↗ Klein-Feistritz 2½, 🚂 Feistritz 🚌 Klein-Feistritz 🚗 zum Haus, gj. bew., ✆ 03141/248

Steinplan-Schutzhaus, 1671 m, auf d. Steinplan (Gleinalpen), TVN, 🛏 9 ⊓ 31, ↗ Knittelfeld 3½, Gaberl 3, Gobernitz ¼, Klein-Lobning 2½, 🚂 Knittelfeld 🚌 Klein-Lobning u. Gaberl 🚗 Gobernitz, Anfang Mai bis Ende Okt. Sa./So./Fe. bew., bei Voranmeldung von Gruppen auch durchgehend, ✆ 03512/6684, ✆ Hütte 03512/72110

Tonnerhütte, 1650 m, am Zirbitzkogel, privat, 🛏 30 (Du/WC) ⊓ 24, ↗ Mühlen 2, 🚂 Neumarkt 🚌 Mühlen, bew. Weihnachten bis Ostern, 15.5. bis 30.10., ✆ 03584/3250

Waldheimhütte »Kaseralm«, 1613 m, am Zirbitzkogel, privat, 🛏 30, ↗ Obdach 2½, St. Anna 1¼, 🚂 Obdach 🚌 Obdach (ab hier 🚙) 🚗 St. Anna am Lavantegg, gj. bew., Luise Grillitsch, ✆ 03578/8205

Weinebene, Haus, 1630 m, Koralpe, TVN, 🛏 26 ⊓ 15, ↗ Glashütten 2, 🚂 Deutschlandsberg 🚗 zum Haus, gj. bew., ✆ 04352/71471

Winterleitenhütte, 1800 m, am Kl. Winterleitensee, TVN, 🛏 42, ↗ Schmelz ½,Reiterbauer 2½, 🚂 Judenburg, Obdach 🚌 Reiterbauer, Gasth. Schmelz 🚗 200 m unterhalb der Hütte, gj. bew., ✆ 03578/8210

Zirbitzkogel-Schutzhaus, 2376 m, auf dem Zirbitzkogel, ÖTK, 🛏 18 ⊓ 10, ↗ Obdach 4, St. Anna oder St. Wolfgang je 3, 🚂 🚌 Obdach 🚗 St. Anna a. Lavantegg, Gasth. Schmelz, bew. 20. Juni bis 20. Sept. durchgehend, übrige Zeit Sa./So./Fe. je nach Wetterlage, ✆ 03578/8205

Gr

Steinhaus
a. Semmering
Trattenba

K. Lechner H.
A. Günther H.

St.
a. V

Mürzzuschlag
1176

Langenwang Bärenkogel
Krieglach

Pfaffensattel
1372

Hergott-
schnitzerhtt.

Roseggerh.

Wetterkogler Htt.

Mitterdorf
i. Mürztal

Wartberg
i. Mürztal

L. Wittmaier Htt.

St. Kathrein
a. Hauenstein

Waldheimat
Schutzhütte
Stenglaim

Ratten

St. Jacob
a. Walde

Mönichwal

Allerheiligen
i. Mürztal

Stanz
i. Mürztal

Teufelstein
1498

Falkenstein

Waldbach

Schwarzkogel
1443

Fischbach

Wenigzell

St. Lorenzer
a. Wechse

Vorau

Frauenberg

O. Kernstock H.

St. Jacob

Wh.
Am Straßberg

Strallegg

Roh
a. d. L

Gasen

Miesenbach

Kreuzwirt

Masenberg
1261

Grafe
b. Ha

Schüsserl-
brunn

Plankogel
1531

Felix-Bacher-Htt.

Birkfeld

Kernstock Htt.

Perneqg
a. d. Mur

Mixnitz

Gaston-
Lippit-
Htt.

Heilbrunn

Koglhof

St. Kathrein
a. Offenegg

Pöllau

Har

Fladnitz
a. d. Teichalm

Passail

Wittgrüberhof

Anger

Schildbach

Ob

Ponigl

Oberfeistritz

Stubenberg

Arzberg

Naas

Oberfladnitz

Kulm
975

St. Johann
b. Heberstein

Ka
Geis

Peggau

Semrach

Haselbach
b. Weiz

Puch
b. Weiz

Ebersd
S

Schöckl
1445

Mortantsch

Weiz

Etzerdorf

Hirnsdorf

Ne
b. S

Stubenberg H.

Predning

Pischelsdf.
i. d. Stm.

Blaindorf

Ho
br

St. Radegund
b. Graz

Unterfladnitz

Großpesendf.

Großsteinbach

Kumberg

St. Ruprecht
a. d. Raab

Gratkorn

Eggersdorf
b. Graz

Mariatrost

Laßnitztal

GRAZ

Laßnitzhöhe

Gleisdorf

Großhart

Sinabelkirchen

Kal
b.

Nesteltal
i. Ilztal

47

Randgebirge östlich der Mur

Umgrenzung

Bruck an der Mur – Mürz bis Mürzzuschlag – Semmering – Schottwien – Gloggnitz – Neunkirchen – Steinfeld – Wiener Becken – Bruck a. d. Leitha – Neusiedler See – Ungarische Tiefebene – Mur bis Einmündung der Mürz

Alois-Günther-Haus

K. I, 1782 m, erb. 1914/19
OeAV-S. Edelweiß
Walfischgasse 12
A-1010 Wien

- Rudolfine Liebscher
  Untere Waldrandsiedlung 35
  A-8680 Mürzzuschlag
- Hütte 03853/300
- Tal 03852/2937
- gj. bew., geschlossen im April und von Anfang Nov. bis Mitte Dez.
- 24 ⌐ 76
- 10 offen
- 220 V ~ ▥ ⚒
- Steinhaus, 839 m – Hocheck, 1489 m, 3; Pfaffensattel, PA, 1372 m, 1½; Spittal a. Semmering, 778 m, 3; Hühnerkogel, 1370 m, 1½; Rettenegg, 862 m, 3
- Pretulalpe, 1653 m – Alpl PA, 1078 m, 4½; Pfaffensattel, 1372 m – Feistritzsattel, 1287 m – Hochwechsel, 1738 m, 5; Feistritzsattel, 1287 m – Sonnwendstein, 1523 m – Semmering, 885 m
- den ganzen Winter ↗ alle → alle
- Spittal a. S.
- Pfaffensattel
- Sommer bis zur Hütte (Maut), Winter bis Pfaffensattel
- Spittal – Friedrichshütte

FB 022; ÖK 104

Felix-Bacher-Hütte

K. seH, 1306 m, erb. 1981
OeAV-S. St. Margarethen a.d.R.
A-8311 Markt Hartmannsdorf

- Norbert Konrad
  A-8321 St. Margarethen 161
- 03115/3841
- SV, Anmeldung und Schlüssel beim ♦
- 51
- 220 V ~ ▥
- Gasen 2
- Weizer Hütte ¼, Straßeggsattel 2½
- Plankogel, 1531 m, ½; Siebenkogel, 1409 m, ½; Osser, 1548 m, 1½

- 🎿 Schlepplifte und Loipen
- 🚐 Mixnitz
- 🚐 Sommeralm, Station Felix-Bacher-Hütte
- 🚐 zur Hütte

ÖK 134

Karl-Lechner-Haus

K. I, 1450 m, erb. 1907
OeAV-S. Stuhlecker
Bernardgasse 19
A-1070 Wien

- 🛉 H. Sennfellner
  Klostergasse 3
  A-3021 Pressbaum
- ✗ Pfingsten bis Ende Okt. nur Sa./So.
- ⊓ 2 ⊔ 24
- ▦ nur Notunterstand offen
- ➚ Spittal/Semmering 2; Pfaffensattel, 1372 m, 1
- → Alois-Günther-Haus, Gipfel des Stuhleck 1
- 🎿 kein Stützpunkt
- 🚐 Spittal/Semmering
- 🚐 🚐 Pfaffensattel
- 🎿 Spittal – Hühnerkogel

FB 022; ÖK 104

Leopold-Wittmaier-Hütte

Jugendheim
K. I, 1480 m, erb. 1927
OeAV-S. Wartberg
Heinrich Sterlinger
Grund 6
A-8661 Wartberg

- 🛉 Adolf Taferner
  A-8661 Wartberg Nr. 49
- ✆ 03858/2659
- ✆ Hütte 03858/2770
- ✗ SV, gj., Sa./So./Fe. baufsichtigt, Getränkeausgabe; wochenweise Betreuung nach Vereinbarung
- 🛏 5 ⊓ 30 ⊔ 20
- ▦ 4 SR 🎿

🏠 ⌐┐

↗ Wartberg-Mürztal, 575 m, 2; Mitterdorf-Veitsch, 589 m, 2; Kindberg, 555 m, 4; Auf
der Schanz bei Fischbach, Schanzwirt, 1226 m, 1; Stanz im Mürztal, 668 m, 2$\frac{1}{2}$;
Krieglach, 626 m – Wolfriegl 3$\frac{1}{2}$

→ Waldheimatschutzhaus a. d. Stanglalm, 1484 m, 20 Min.; Teufelstein, 1499 m,
2$\frac{1}{2}$; Alpl bei Krieglach, 1161 m, Waldschule; Weiterwanderung über Route 3 auf
die Pretulalpe, 1653 m, und Stuhleck, 1782 m, 5

△ Wanderwege

⚓ den ganzen Winter ↗ Wartberg, Mitterdorf → alle

🚌 Wartberg, Kindberg, Mitterdorf (alle Mürztal)

🚃 Wartberg-Mürztal

🚙 Wartberg, Spregnitz (Hiasbauer)

FB 021; ÖK 103

Gaston-Lippitt-Hütte

(Teichalmhütte)
K. seH, 1200 m, erb. 1935
OeAV-S. Mixnitz
A-8131 Mixnitz

🛈 Anfragen bei
Gerhard Jantscher
Laufnitzdorf 75
A-8130 Frohnleiten

✆ Tal 03126/3111

✗ SV, Benützung nur nach Voranmeldung

🛏 4 ⌐ 17

⚡ 220 V ~ 🏠

🛒 bei Shell-Tankstelle,
Kaufhaus Gottfried Pichler
A-8615 St. Erhard,
und bei 🛈

↗ Mixnitz-Bärenschützklamm vom Parkplatz über Hans-Kerl-Hütte ca. 4; Mixnitz-Bä-
renschützklamm zum Steindlwirt, Bucheben, Rote Wand, Tyrnauer Alpe ca. 4$\frac{1}{2}$;
Breitenau, 600 m, Schafferwerke oder St. Jakob über Zirbisegger, 1000 m,
Schüsserlbrunn, 1300 m – Hochlantsch, 1723 m – Teichalmhütte 5

→ Hochlantsch – Schüsserlbrunn – »Guter Hirte« – Teichalmhütte 5

△ Hochlantsch, 1723 m, 1$\frac{1}{2}$; Rote Wand, 1500 m, 2; Heulantsch, 1500 m, $\frac{3}{4}$; Osser
1

⚓ den ganzen Winter ↗ Steindlwirt, Breitenau → Hochlantsch △ Hochlantsch, Rote
Wand, Heulantsch, Osser

🚌 Mixnitz

🚃 🚙 Teichalm

FB 131; ÖK 134

Ottokar-Kernstock-Haus

K. I, 1619 m, erb. 1950/51
OeAV-S. Bruck a. d. Mur
Pischkerstr.8
A-8600 Bruck/Mur

- ♦ Helmut Zöbinger
  Fraunedergasse 29
  A-8600 Bruck a. d. Mur
- ℭ Hütte 03862/53289
- ✗ Anfang Mai bis Anfang Okt.,
  Weihnachten,   Neujahr,
  Ostern, ansonsten nur zu den
  Wochenenden
- ⊨ 14 ⌐ 13
- ⏦ 220 V ∼
- ▥ Warmluft-Zentralheizung
- ↗ Bruck/Mur, Kapfenberg, St. Marein/Mürztal, Pernegg und Schafferwerke je 3 bis
  3½; Frauenberg 1¾; Pischkalm 1½
- → Buchecksattel – Eiweggsattel – Hochschlag, 1582 m – Strassegg (Weitwander-
  weg 021)
- △ Rennfeldgipfel, 1630 m
- ⛷ Übungsgelände ↗ Abfahrt über Pischkalm nach Bruck/Mur
- 🚌 🚃 Bruck/Mur, Kapfenberg, St. Marein/Mürztal, Pernegg
- 🚗 Kapfenberg – Frauenberg 🅿, Bruck/Mur – Pischkalm 🅿

FB 131; ÖK 133, 134

Stubenberghaus

K. III, 1445 m, erb. 1886 - 90
OeAV-S. Graz
Sackstr. 16
A-8010 Graz

- ♦ Udo Steiner u. Isabella Tösch
  A-8061 St. Radegund
- ℭ Hütte 03132/2210
- ✗ gj. bew., ab Montag nach
  »Dreikönig« für 14 Tage geschlossen
- ⊨ 14 ⌐ 36
- ⏦ 220 V ∼ ▥ ⌁
- ↗ Schöckel-Bergstation,

1445 m, 5 Min.; St. Radegund,
787 m, 1½; Nordlift-Talstation,
1050 m, 1¼; Fuß der Leber,
478 m – Steingraben oder Langer Weg – Göstinger Jagdhütte, 1119 m, 2½;
Schöckelkreuz, 1125 m (Maut) – Schöckelkopf, 1423 m, 1

→   Schöckel-Plateau-Wanderung 1; Theiglkeusche, 1000 m – Kesselfall – Semriach, 709 m, 2$\frac{1}{2}$; Schöckelbartl, 1031 m – Quellenweg – St. Radegund, 718 m, 2$\frac{1}{4}$; St. Radegund – Wiesenweg nach Graz – Mariatrost 3$\frac{1}{2}$

⚒   den ganzen Winter ↗ alle → Schöckel-Plateau, Schöckelbartl

🚍   Graz-Hbf.

🚌   St. Radegund, Talstation

🚌   St. Radegund, Seilbahnstation Ⓟ

🚡   St. Radegund – Schöckel

🌲   2 nahe dem Haus

FB 131; ÖK 164

Wetterkoglerhaus

K. I, 1743 m, erb. 1899
OeAV-S. ÖGV
Lerchenfelder Str. 28
A-1080 Wien

♦   Herbert Steiner
     Freistritzwald 13
     A-8674 Rettenegg

℡   Hütte 03336/4224

℡   Tal 03173/8295

✗   Anfang Mai bis Ende Okt.

🛏   13 ⌐ 42

▦   4 offen

〰   220 V ∼

↗   Mönichkirchen-Ort, 967 m, 3$\frac{1}{2}$; Berglift Mönichkirchen bis Mönichkirchner Schwaig, 1183 m, dann über Hallerhaus, Mariensee, 815 m, 2$\frac{1}{2}$; Kirchberg, 581 m (Pkw bis Steyersberger Schwaig, 1367 m), dann 1$\frac{1}{2}$; Waldbach, 626 m, und Mönichwald, 574 m, Straße

→   Hergottschnitzerhütte, 1318 m, über Schwarzer Herrgott 3$\frac{1}{2}$; Alois-Günther-Haus, 1782 m, über Feistritzsattel, 1290 m – Pfaffensattel, 1372 m, 5$\frac{1}{2}$

△   Hochwechsel, 1743 m, auf dem Gipfel das Wetterkogelhaus

⚒   den ganzen Winter ↗ Mönichkirchen-Ort, Waldbach, Mönichwald, Mariensee → beide △ Hochwechsel

🚍   Aspang bzw. Mönichkirchen

🚌   Mariensee bzw. Mönichkirchen-Ort

🚗   von Waldbach bzw. Mönichwald Mautstraße zum Haus

🎿   Mönichwald-Ort – Mö.-Schwaig

ÖK 105, 136

Wittgruberhof

Jugendheim
904 m, erb. 1976
OeAV-S. Weiz
Radmannsdorfgasse 26
A-8160 Weiz

- Erwin Pichler
  A-8184 Feistritz Nr. 55
- ℅ Hütte 03172/5580
- ✗ Anfang März bis Ende Sept.
- ⊨ 10 ⌐ 35
- ↗ Gschnaiderkreuz ¼; Anger 1½
- → Eibisberg 2
- △ Hohe Zetz, 1264 m, 1; Zetz, 1274 m, 1½
- ⊥ Lift beim Haus, Loipen
- ⊶ Weiz
- ⊷ Weiz
- ⇢ zum Haus

ÖK 135

**Abbildung lag bei
Redaktionsschluß
noch nicht vor**

Hütten anderer alpiner Vereine und Privathütten

Bendlerhöhe, 1235 m, Zetzgebiet, TVN, ⊨ 10, ↗ Anger 3, Weiz 4, St. Kathrein 1¼, Schmied ¼, ⊶ Weiz ⇢ Schmied i. d. Weiz, 15 Min. zum Haus, SV, Voranmeldung bei Dorli Springenschmidt, Brunnfeldgasse 1, A-8160 Weiz, ℅ 03172/41523

Feistritzer Schwaig, 1380 m, am Kampstein, privat, ⊨ 11 ⌐ 20, ↗ Mariensee 2, ⊶ Aspang ⊷ ⇢ Mariensee

Friedrichshütte, 1440 m, auf dem Hühnerkogel, privat, ⊨ + /⌐ 30, ↗ ⊶ ⊷ ⇢ Spittal a. Semmering, Sessellift

Ganzalmhaus, Neues, 1381 m, an der Pretulalpe, TVN, ⊨ 15 ⌐ 30, ↗ Hönigsberg 3, Mürzzuschlag, Langenwang je 4, ⊶ ⊷ Hönigsberg, Mürzzuschlag, Langenwang ⇢ zum Haus, bew. Anfang Juli bis Ende Sept., übrige Zeit Sa./So., ℅ 03854/5270

Ganzalmhütte, 1380 m, neben dem Ganzalmhaus, TVN, ⌐ 20, ↗ Hönigsberg 2½, Bärenkogelhaus 1, ⊶ ⊷ Hönigsberg ⇢ zur Hütte, SV, ⌁ bei Hr. Haas, A-8682 Hönigsberg, ℅ 03852/300354

Hallerhaus, 1420 m, an der Steinernen Stiege, privat (Alp. Ges. Die Haller), ⊨ 40 ⌐ 30, ↗ Mönichkirchen 1½, ab Lift ¾, ⊶ Aspang, Friedberg ⊷ ⇢ Mönichkirchen, gj. bew., ℅ 02649/230

Naturfreundehaus Haselbach-Forschungsstätte, Raabklamm, 633 m, Weizer

Bergland, TVN, ⊨ 24 ⊓ 20, ↗ Weiz 1½, SV, Voranmeldung bei Sepp Kalcher, Marburger Str. 75, A-8160 Weiz, ✆ 03172/3407

Hauereckhütte, 1270 m, i. d. Walheimat, ÖTK, ⊨ 5 ⊓ 16, ↗ Alpl 1½, ⇔ Krieglach, Langenwang ⇒ ⇒ Alpl, SV, fallweise beaufsichtigt, Anmeldung bei Ferdinand Drahoss, Hausfeldstr. 120, A-1220 Wien, ✆ 0222/2237103

Herrgottschnitzerhütte, 1318 m, am Kampstein, Alp. Ges. Herrgottschnitzer, ⊨ 24 ⊓ 25, ↗ St.-Corona-Lift ¼, Unternberg 1½, ⇔ Aspang ⇒ ⇒ St. Corona

Johann-Waller-Hütte, 1200 m, am Schöckel, TVN, ⊓ 30, ↗ Buch 1¾, St. Radegund 1½, Schöckel ½, ⇔ Buch, St. Radegund ⇒ Buch ⇒ Schöckel (Mautstraße), SV, Sa./So. beaufsichtigt, Voranmeldung bei Sekretariat TVN, Stempfergasse 6/I, A-8020 Graz, ✆ 0316/826265

Kampsteiner Schwaig, 1495 m, unter dem Kampstein, privat, ⊨ 24 ⊓ 15, ↗ Mariensee 2, St. Corona 2, ⇔ Aspang ⇒ Mariensee, St. Corona ⇒ Mariensee, bew. Anfang Mai bis Ende Okt., ✆ 02642/237599

Kernstockhütte, 1261 m, auf dem Masenberggipfel, ÖTK, privat, ⊨ 6 ⊓ 26, ↗ Hartberg 3½, Pöllau oder Vorau je 2, ⇔ Hartberg ⇒ Pöllau, Vorau ⇒ zum Haus, gj. bew., ✆ 03337/700

Kulm-Berggasthaus, 976 m, auf dem Kulmberg, privat, ⊨ 30, ↗ Puch b. Weizen, Höfling 1, ⇔ Hart-Puch ⇒ ⇒ Puch, gj. bew., ✆ 03177/2410

Neuwaldhütte, 1050 m, am Kampstein, TVN, ⊨ 19 ⊓ 7, ↗ Aspang 2, Mariensee 20 Min., ⇔ Aspang ⇒ St. Peter, Mariensee ⇒ zum Haus (Pkw), SV, Voranmeldung bei OG Wr. Neustadt, S. Eisenbahner, Schlöglgasse 24, A-2700 Wiener Neustadt, ✆ 02622/27996

Rosegger-Schutzhaus, 1653 m, auf der Petrulalpe, TVN, ⊨ 10 ⊓ 20, ↗ Ratten 3½, Mürzzuschlag 3, Rettenegg 2½, ⇔ ⇒ Mürzzuschlag ⇒ zum Haus (Maut ab Ratten), Mai bis Okt. durchgehend bew., sonst nur Sa./So. und Ferienzeit, Anfang Nov. bis 24. Dez. geschlossen, ✆ 03170/522

Semmering-Schutzhaus, 975 m, südl. des Semmeringpasses, ÖBV, ⊨ 35 ⊓ 25, ↗ am Semmeringpaß, ab Bhf. ½, ⇔ ⇒ ⇒ Semmering, gj. bew., ✆ 02664/232

Sonnwendstein-Alpenhaus, 1523 m, am Sonnwendstein, privat, ⊨ 40, ↗ Semmering 1¼, ⇔ ⇒ Semmering ⇒ Semmering und Lift, gj. bew., ✆ 02664/232

Waldheimat-Schutzhaus, 1470 m, auf der Stanglalm, privat, ⊨ 32 ⊓ 30, ↗ Wartberg, Mitterdorf je 2½, Schanz 2, ⇔ Wartberg, Mitterdorf ⇒ ⇒ Gasthaus Schanz bei Stanz, gj. bew., ✆ 03865/8205

56 Gailtaler Alpen

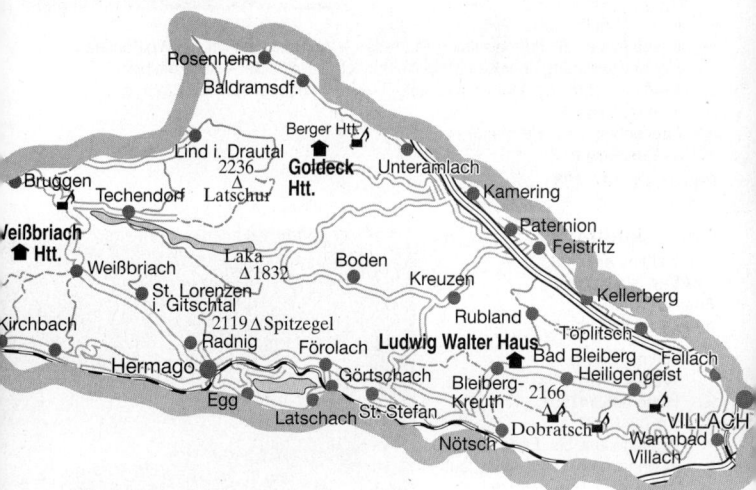

Umgrenzung

Drau von Einmündung Gailbach bis zur Einmündung der Gail – Gail – Kartitscher
Sattel – Gailbach bis Einmündung in die Drau

E.T.-Compton-Hütte

K. I, 1650 m, erb. 1925 - 28
OeAV-S. Austria
Rotenturmstr. 14
A-1010 Wien

- ♦   Anny Pichler
  Laurinweg 1
  A-9900 Lienz
- ℂ   Hütte 04712/784
- ℂ   Tal 04852/63785
- ✗   Mitte Juni bis Ende Sept.
- ⊨   8 ⌐ 11
- ⊞   10 ℉
- ↗   Greifenburg-Weißensee über
  Bruggen-Pirkebner 3$\frac{1}{2}$; Weiß-
  briach über Pfarreben 3$\frac{1}{2}$
- →   Pließalm $\frac{3}{4}$ – Stoffenhoisalm 1; Pfarreben – Weißbacher Alm 1 – Weißensee 3;
  Höhenwanderung über Komitsch-Weißbriach 3; Reißkofel – Reißkofelbad 5
- △   Reißkofel, 2371 m, über Padiaursteig 3 - 3$\frac{1}{2}$; Grafendorfer Kofel, 2320 m, 3 - 4
- ⊥   kein Stützpunkt
- ⇥   Greifenburg bzw. Hermagor
- ⇥   ⇥ Weißbriach

FB 223; ÖK 197, 198

Goldeckhütte

K. I, 1929 m, erb. 1889
OeAV-S. Spittal/Drau
Brückenstr. 6
A-9800 Spittal/Drau

- ♦   Helmut Haider
  A-8544 Brunn 334
- ℂ   Hütte 0663/47592
- ℂ   Tal 03465/2711
- ✗   Anfang Juni bis Ende Sept.,
  Weihnachten bis Ostern auf
  Anfrage
- ⊨   8 ⌐ 20 ⌐ 10
- ⊞   5 ℉
- ↗   Goldeckseilbahn-Mittelstation
  1; Goldeck-Bergstation $\frac{1}{2}$ Ab-
  stieg; Höhenweg über Gold-
  eckspitz 1
- →   Weißensee 6; Goldeckgipfel – Siflitzgraben – Drautal 2; Stockenboigraben –
  Weißensee-Ostufer 2; Martenock über Niederalm - Zlan – unters Drautal 2$\frac{1}{2}$
- △   Staff, 2218 m, 2$\frac{1}{2}$; Eckwand, 2221 m, 2; Latschur, 2236 m, 2$\frac{1}{2}$

🥾 den ganzen Winter ↗ beide → Weißensee, übrige △ Staff, Abfahrt nach Kleblach, Nahe Skischaukel Goldeck
🚌 Spittal/Drau – Millstätter See
🚃 Spittal Bahnhof
🚗 auf Goldeckstraße bis 30 Min. vor Hütte
🚠 Goldeckseilbahn, Gepäcktransport, Anfrage bei Sektion

FB 221; ÖK 182

Karlsbader Hütte

K. I, 2260 m, erb. 1888
DAV-S. Karlsbad
Lindenweg 5
D-95643 Tirschenreuth

🛏 Inge Kunzer
A-9900 Oberlienz
während der Nichtbew.:
Großdorf 4
A-9981 Kals a. Großglockner
☎ Hütte 0663/57553
☎ Tal 04876/323
✗ Mitte Juni bis Ende Sept.
🛏 40 ⌐ 60
🍴 4 SR ♨
↗ Tristach – Dolomitenhütte, 1620 m, 2; Amlach, 687 m – Goggsteig Dolomitenhütte 5; Lesachtal-Tuffbad, 1262 m, über Zochenpaß, 2260 m – Kerschbaumer Törl, 2285 m, 6½ - 7½; Dolomitenhütte – Rudl-Eller-Steig 3 - 4 (nur für Geübte)
→ 3-Törl-Weg – Hochstadelhaus 5; Kerschbaumer Alm 1½
△ Laserzwand, 2614 m, 1½; Teplitzer Spitze, 2613 m, 1½; Gr. Gamswiesenspitze, 2488 m, 3; Simonskopf, 2687 m, 2 -3
🥾 kein Stützpunkt
🚌 Lienz/Osttirol
🚃 Lienz, Tristach, Amlach
🚗 🚐 Dolomitenhütte (Maut) 🅿

FB 182; ÖK 179; Bergverlag Rother: AVF Lienzer Dolomiten

Ludwig-Walter-Haus

K. III, 2134 m, erb. 1810
OeAV-Zweig Villach
Schanzgasse 3
A-9500 Villach

🛏 Regina Pschernig
Ludwig-Walter-Haus
A-9500 Villach

während der Nichtbew.:
Dornbach 38
A-9853 Gmünd
ⓒ Hütte 04242/219512
ⓒ Tal 04732/3212
✗ Ostern, Pfingsten bis Ende Okt., Weihnachten bis Dreikönige, dazwischen Sa./So.
📷 18 ⌐ 14
↝ 220 V ~ 🏭
↗ 🅿 Roßtratte, 1700 m, 1½; durchs Bärental 1; Bergstation Sessellift 1; Villach, 510 m – Hundsmarhof – Kaserin 5; Heiligengeist, 900 m, 3½; Bleiberg, 892 m – Schihütte 4; Bleiberg durch den Almlahner 3; Kreuth, 864 m – Thor, 1140 m, 3; Nötsch, 564 m, 5
△ Villacher Alpe (Dobratsch), 2166 m, ¼
🦌 den ganzen Winter ↗ 🅿 Roßtratte, Bärental
🚌 Villach, Nötsch
🚋 Heiligengeist, Bleiberg, Roßtratte
🚠 Roßtratte 🅿
⛷ Heiligengeist über Roßtratte – Höhenrain

FB 224; ÖK 200

Reißkofelbiwak

K. I, 1825 m, erb. 1975
OeAV-S. Austria
Rotenturmstr. 14
A-1010 Wien

⌐ 5 offen
↗ Dellach im Gailtal 3; Reißkofelbad 2 - 2½
→ zur   E.T.-Compton-Hütte,
1650 m, über den Reißkofel,
2371 m, 4 - 5
△ Reißkofel, 2371 m, 2 - 3
🚌 🚋 🚋 Dellach im Gailtal

FB 223; ÖK 197

Weißbriachhütte

(Napalalm)
K. I, 1493 m, erb. 1985
OeAV-S. Hermagor/Gailtal
Postfach 85
A-9620 Hermagor

✗ SV
⌐ 20 🛏
↗ Weißbriach, 806 m, 2½; Kirchbach – Stöfflerberg über Möselalm 2½
→ Köfeletörl – »Padiaursteig« – E.T.-Compton-Hütte 2 - 3

△ Kumitsch, 1734 m, ³/₄; Sattelnock, 2033 m, 1¹/₂ – Kote 2021/2007 m, Köfeletörl – Reißkofel, 2371 m, 3 - 3¹/₂

🐾 den ganzen Winter ↗ Weißbriach

🚌 Hermagor/Gailtal, Greifenburg/Drautal

🚐 ⟶ Weißbriach

FB 223; ÖK 198

Hütten anderer alpiner Vereine und Privathütten

Aichinger Hütte, 1650 m, auf der Villacher Alpe, SSV Villach, 🛏 20 ⊓ 40, ↗ Heiligengeist 2¹/₄ oder Bleiberg, 🚌 Villach 🚐 Villacher Alpenstraße ⟶ Villacher Alpenstraße zum Haus, gj. bew.

Bergeralm, 1300 m, am Goldeck, privat, 🛏 34 ⊓ 22, ↗ Spittal 2¹/₂, 🚌 Spittal a. d. Drau 🚐 ⟶ Baldramsdorf

Dolomitenhütte, 1620 m, am Weißensteinsattel, privat, 🛏 16 ⊓ 20, ↗ Lienz 3, 🚌 Lienz 🚐 Tristacher See ⟶ zum Haus

Hochstadelhaus, 1780 m, Hochstadel-Ostflanke, ÖTK, 🛏 20 ⊓ 30, ↗ Oberdrauburg 4, 🚌 🚐 Oberdrauburg ⟶ Unterpirckach, bew. Mitte Juni bis Mitte Sept., ✆ 04710/2778

Kerschbaumer-Alm-Schutzhaus, 1902 m, auf der gleichnamigen Alm, ÖTK, 🛏 21 ⊓ 34, ↗ Lienz 5, Lesach 4, 🚌 Lienz 🚐 Lesach, Oberdrauburg ⟶ Amlach, bew. Mitte Juni bis Mitte Sept.

Knappenhütte, 1700 m, auf der Villacher Alpe, privat, 🛏 16 ⊓ 6, ↗ Heiligengeist oder Bleiberg je 2¹/₄, 🚌 Bleiberg, Heiligengeist 🚐 ⟶ Villacher Alpenstraße zum Haus, gj. bew.

Kohlröslhütte, 1534 m, am Großboden, privat, 🛏 22, 🚌 Hermagor 🚐 ⟶ St. Lorenzen (Gitschtal)

Linderhütte, 2683 m, am Spitzkofel, ÖTK, ⊓ 6 ⊔ 6, ↗ Amlach 4, 🚌 Lienz 🚐 ⟶ Amlach, offener Unterstand

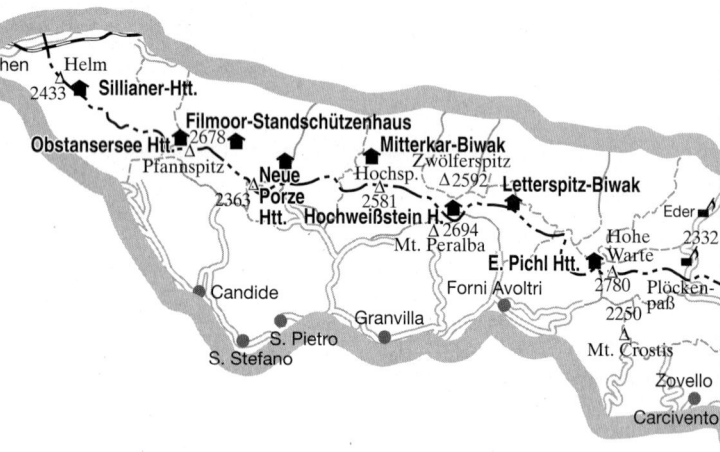

57a Karnischer Hauptkamm

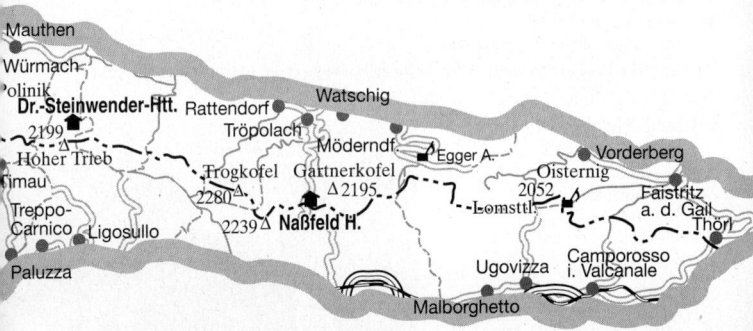

Umgrenzung

Innichen – Drau bis Einmündung Gailbach – Gailbach – Kartitscher Sattel – Gail bis Einmündung Gailitz – Tarvis – Kanaltal – Pontebba – Frattengraben – Forca Pradulina – Rio Turrico – Paularo – Ligosullo – Paluzza – Val Calda – Comeglians – Deganotal (Canale di Gorto) – Forni Avolti – Sappada – Piave – San Stefano di Cadore – Padolatal – Kreuzbergpaß – Innichen

Dr.-Steinwender-Hütte

K. I, 1750 m, erb. 1976
OeAV-S. Austria
Rotenturmstr. 14
A-1010 Wien

- ♦ Herfried Zobernig
  A-9635 Dellach
- ℭ Hütte 04718/625
- ✗ Mitte Juni bis Ende Sept.
- ⌐ 28 ⌐ 4
- ⊞ 6 offen
- ✓ Dellach – Weidenburg – Della-
  cher Alm 4; Dellach/Weidenburg – Kronhofgraben – Unte-
  re und Obere Birchhofalm 4;
  Straninger Alm 2½; Dellach –
  Nölbling – Nölblinggraben – Wasserfall 5
- → Koderhöhe – Plöckenpaß 5 - 6; Eduard-Pichl-Hütte 8
- △ Hoher Trieb, 2199 m, 1; Blaustein (Promos) 3; Kleiner Trieb, 2095 m, 1
- ⊶ ⊷ Dellach im Gailtal
- ⊷ Straninger Alm/Waideggerhöhe

ÖK 198, 199; Bergverlag Rother: AVF Karnischer Hauptkamm, WF Kärnten

Eduard-Pichl-Hütte

K. I, 1960 m, erb. 1923
Neubau 1949/50
OeAV-S. Austria
Rotenturmstr. 14
A-1010 Wien

- ♦ Josef Müllmann
  Nostra
  A-9652 Birnbaum
- ✗ Mitte Juni bis Anfang Okt.
- ⌐ 19 ⌐ 36 ⌐ 10
- ⊞ 10 SR ⌐
- ✓ Birnbaum 5; Mauthen 6; Plök-
  kenpaß (Kfz) 4; Kfz bis Hubertuskapelle im Wolayertal 3
- → Hochweißsteinhaus, über ital.
  Gebiet 5 - 6; Dr.-Steinwender-
  Hütte 6 -7; Wolayerpaß – Rif. Lambertenghi – Romanin 20 Min. – Rif. Marinelli 2 –
  Plöckenpaß 4½
- △ Hohe Warte, 2780 m; Kellerwand, 2769 m; Seewarte, 2595 m; Biegenköpfe,
  2347 m; und sämtliche Gipfel der Wolayergruppe und Mooskofelgruppe
- ⚓ kein Stützpunkt

- Kötschach-Mauthen
- Plöckenpaß/Unt. Valentinalm, Birnbaum
- Unt. Valentinalm, Birnbaum
- bis Mauther Alm

ÖK 197; Bergverlag Rother: AVF Karnischer Hauptkamm

Filmoor-Standschützenhütte

K. I, 2406 m, erb. 1977
OeAV-S. Austria
Rotenturmstr. 14
A-1010 Wien

- Günther Haring
  Kochstr. 72
  A-8010 Graz
- Tal 04848/5277
- Y zur Hütte
- Anfang Juli bis Mitte Sept., einfach bew.
- 8 ⌐ 6 ℥
- Leiten über Stuckenseen 3; Kartitscher Sattel durch das Erschbaumertal 3½ - 4
- → Obstanserseehütte, 2300 m, 3; Neue Porzehütte, 1930 m, 2½
- △ Filmoorhöhe, 2457 m, 1½ - 2
- im Winter nicht zugänglich
- Kötschasch-Mauthen oder Sillian
- Kartitscher Sattel, Leiten
- Leiten 🅿

ÖK 197; Bergverlag Rother: AVF
Karnischer Hauptkamm

Hochweißsteinhaus

K. I, 1868 m, erb. 1926 - 28
OeAV-S. Austria
Rotenturmstr. 14
A-1010 Wien

- Ingeborg Guggenberger
  Klebas 27
  A-9653 Liesing
- Hütte 0663/48494
- Tal 04716/262
- Mitte Juni bis Anfang Okt.
- 14 ⌐ 32 ⌐ 10
- 8 ℥ ⌁

57a   Karnischer Hauptkamm

↗ St. Lorenzen 3, Fahrweg bis Frohnalm, von dort 1½; Liesing 5; Maria Luggau 5
→ Öfner Joch – ital. Gebiet – Pichlhütte 6; Mitterkarbiwak 3 – Porzehütte 4½; – Filmoorhütte 6; Obstanserseehütte 12; Rif. Calvi über Hochalpljoch und Bladner Joch 2
△ Raudenspitze, 2507 m, 3; Hochweißstein (Mte. Peralba), 2693 m, 3; Zwölferspitze, 2593 m, 3; Torkarspitze, 2573 m, 3
🏂 kein Stützpunkt
🚍 Kötschasch-Mauthen
🚃 St. Lorenzen
🚐 bis Frohnalm 🅿
🚙 Hütte

FB 182; ÖK 196; Bergverlag Rother: AVF Karnischer Hauptkamm

Letterspitzbiwak

K. I, 2080 m, erb. 1978
OeAV-S. Austria
Rotenturmstr. 14
A-1010 Wien

⊓ 4 offen
↗ Liesing – Niedergail, 1043 m, 2
→ Hochweißsteinhaus 5; Eduard-Pichl-Hütte 4½; Stützpunkt des Karnischen Höhenweges
🚍 Kötschasch-Mauthen
🚃 Liesing
🚐 Niedergail

FB 182; ÖK 196, 197; Bergverlag Rother: AVF Karnischer Hauptkamm

Mitterkarbiwak

K. I, 1973 m, erb. 1976 und 1980
OeAV-S. Austria
Rotenturmstr. 14
A-1010 Wien

⊓ 8 offen
↗ Untertilliach 3
→ Neue Porzehütte, 1930 m, 5 - 6; Hochweißsteinhaus, 1868 m, 3
△ Steinkarspitze, 2525 m, 2
🏂 im Winter nicht zugänglich
🚍 Kötschasch-Mauthen oder Sillian

➖ ➦ Untertilliach 🅿

FB 182; ÖK 196; Bergverlag Rother: AVF Karnischer Hauptkamm

Naßfeldhaus
K. II, 1513 m, erb. 1970
OeAV-S. Hermagor
Postfach 85
A-9620 Hermagor

* 	Gertrude und Erich Schwager
	Naßfeldhaus
	A-9620 Hermagor
	während des Nichtbew.:
	10.-Oktober-Str. 5
	A-9754 Steinfeld/Drau
ℂ 	Hütte 04285/8276
ℂ 	Tal 04717/292
✗ 	Mitte Juni bis Ende Sept.,
	Weihnachten bis Sonntag
	nach Ostern
🛏 	40 ⌐ 80
⚡ 	220 V ~ ▥ ⌁

↗ 	Bundesstraße/Paßhöhe, 1530 m; Tröpolach, 680 m, 3½; Hermagor – Möderndorf
	– Garnitzenklamm – Garnitzenalm – Watschiger Alm 5 - 6; Hermagor – St. Urban
	– Kühweger Alm – Kühweger Törl – Watschiger Alm 5 - 6; Watschig – Weixeleben
	– Kühweger Alm – Kühweger Törl – Watschiger Alm 5; oder Variante ab
	Kühweger Alm absteigend zum Garnitzenbach und wie vorher 5 - 6
→ 	Watschiger Alm ¾; Treßdorfer Alm ¾; Kühweger Alm 3; Garnitzenalm 2½;
	Rudnigalm 2½; Rattendorfer Alm 3; Garnitzentörl – Garnitzenalm, teils über ital.
	Gebiet – Eggeralm, 1400 m, 5 - 6; Rattendorfer Alm, Bischofalm – Plöckenpaßhüt-
	te, ca. 12; Abstieg auf Fahrstraße ins Tal der Fella-Pontebba/Italien 2 - 3
△ 	Gartnerkofel, 2195 m, 2 - 2½; Roßkofel, 2239 m – Madritschen, 1909 m –
	Rudnigsattel, 1945 m, 4; Trogkofel, 2279 m, 4 - 5
⛷ 	den ganzen Winter ↗ alle → hochalpin △ alle hochalpin
🚌 	Tröpolach/Gailtal
➖ 	zum Naßfeldhaus
➦ 	bis zum Haus, Sommer und Winter

FB 223; ÖK 198; Bergverlag Rother: AVF Karnischer Hauptkamm

Obstanserseehütte
K. I, 2300 m, erb. 1930, Neubau 1980
OeAV-S. Austria
Rotenturmstr. 14
A-1010 Wien

* 	Elfriede Hernegger
	Gästehaus Garni »Tirol«

A-9941 Kartitsch Nr. 89
- ✆ Hütte 04848/5422
- ✆ Tal 04848/5218
- ✖ Ende Juni bis Ende Sept.
- ⊓ 32
- ✖ keiner
- ➹ Kartitsch 2½; Kfz bis Winklertal (Talschluß), von dort 1½; Sillian 4
- → Sillianer Hütte, 2447 m, 3½; Rundwanderung Kartitsch – Winklertal – Obstanserseehütte – Erschbaumertal – Kartitsch 7; Filmoorhütte 2 - 3; – Porzehütte 4; Mitterkarbiwak 7; – Hochweißsteinhaus 12
- △ Roßkopf, 2603 m, 1½; Pfannspitze, 2678 m, 1¼; Tscharrknollen, 2482 m, 2
- ⋏ kein Stützpunkt
- ⛭ Tassenbach (Sillian)
- ⛭ Kartitsch
- ⛭ Winklertal (Talschluß)

FB 182; ÖK 195; Bergverlag Rother: AVF Karnischer Hauptkamm

Porzehütte, Neue

K. I, 1930 m, erb. 1976
OeAV-S. Austria
Rotenturmstr. 14
A-1010 Wien

- ✝ Peter Auer
  Dorf 7
  A-9942 Obertilliach
- ✆ Hütte 0663/56899
- ✆ Tal 04847/5243
- ✖ Ende Juni bis Ende Sept.
- ⊓ 40 ⌣ 12
- ✖ 5 ⛭
  (im Nebengebäude 20 m neben der Hütte)
- ➹ Obertilliach 3 - 3½; Ende der Fahrstraße 1
- → Mitterkarbiwak 3 - 4; Hochweißsteinhaus 6; Filmoorhütte 2; – Obstanserseehütte 4
- △ Porzescharte, 2363 m, 1; Porze, 2589 m, 3; Bärenbadeck, 2430 m, 2
- ⋏ im Winter nicht zugänglich
- ⛭ Kötschasch-Mauthen, Sillian

🚌 Obertilliach
🚌 Ende der Fahrstraße 🅿

FB 182; ÖK 196; Bergverlag Rother: AVF Karnischer Hauptkamm

Sillianer Hütte

(früher Viktor-Hinterberger-Hütte)
K. I, 2447 m, erb. 1983 - 1986
OeAV-S. Sillian
Sillianberg 2
A-9920 Sillian

- 🛉   Amalia Rainer-Pranter
  A-9920 Sillian-Arnbach 48
- ✆   Hütte 04842/6770
- ✆   Tal 04842/608
- ✗   Ende Juni bis Anfang Okt.
- 🛏   12 ⊓ 40 ⊔ 20
- ⊞   12 ⌕
- ⚡   220 V ∼
- ↗   Sillian 4; Weilahnbrunn 4;
  Leckfeldalm 1½; Bergstation
  der Bergbahnen von Vier-
  schach und Sexten jeweils 1¾
- →   Obstanserseehütte (Karnischer Höhenweg) 4; Filmoorhütte 7; Porzehütte 10;
  Mitterkarbiwak 14; Hochweißsteinhaus 10 - 12; Neue Helmhütte ¾ – Hahnspiel-
  hütte 1¼
- △   Helm, 2433 m, ½; Hochgruberspitze, 2537 m, ½; Hollbruckerspitze, 2581 m, 1;
  Hornischeck, 2551 m, ¾
- 🛬   kein Stützpunkt
- 🚂🚌   🚌 Sillian
- 🚌   Leckfeldalm 🅿

ÖK 195; Bergverlag Rother: AVF Karnischer Hauptkamm

Hütten anderer alpiner Vereine und Privathütten

Eiskarbiwak, 2100 m, unter der Kellerwand, OeAV-Sektion Austria, ⊓ offener
Unterstand, ↗ Obere Valentinalm (schwierig), 🚂🚌 Kötschasch-Mauthen 🚌 Plöckenhaus
🚌 Untere Valentinalm

Hahnspielhütte, 2150 m, am Helm, privat, ⊓ 16, ↗ Sexten 3, 🚂🚌 Innichen 🚌 Sexten 🚌
zum Haus, bew. Anfang Juni bis Mitte Okt.

Kreuzbergpaß-Hotelgruppe, 1638 m, am Kreuzbergpaß (Passo Monte Croce Come-
lico), privat, 🛏 insgesamt 50, ↗ Sexten oder Padola je 2¼, 🚂🚌 Innichen, Valleselle
(Piave) 🚌 🚌 zum Paß

Marinelli, Rifugio, 2129 m, an der Forcella Moraret, CAI, ⌐ 38, ↗ Collina, Plöckenpaß je 2¹/₂, Forni Avoltri 5, 🚌 Mauthen (Lesachtal) ⇌ ⇌ Plöckenpaß, bew. Anfang Juli bis Ende Sept., ℰ 0433/779177

Rattendorfer Alm, 1535 m, im Gailtal, privat, 🛏 13 ⌐ 12, ↗ Rattendorf 3, 🚌 ⇌ Rattendorf ⇌ zum Haus, bew. Anfang Juli bis Ende Sept.

Schönwipfel-Schutzhaus, 1700 m, auf der Achomitzer Alm, privat, 🛏 21 ⌐ 21, ↗ Nötsch 4, Feistritz 3¹/₂, 🚌 Nötsch a. d. ⇌ ⇌ Feistritz, ew. Mitte Juni bis Mitte Sept., ℰ 04256/2703

Watschiger Alm, 1600 m, am Naßfeld, privat, 🛏 30 ⌐ 10, ↗ Watschig 3, Tröpolach 2¹/₂, 🚌 Watschig ⇌ Tröpolach ⇌ Naßfeld, gj. bew.

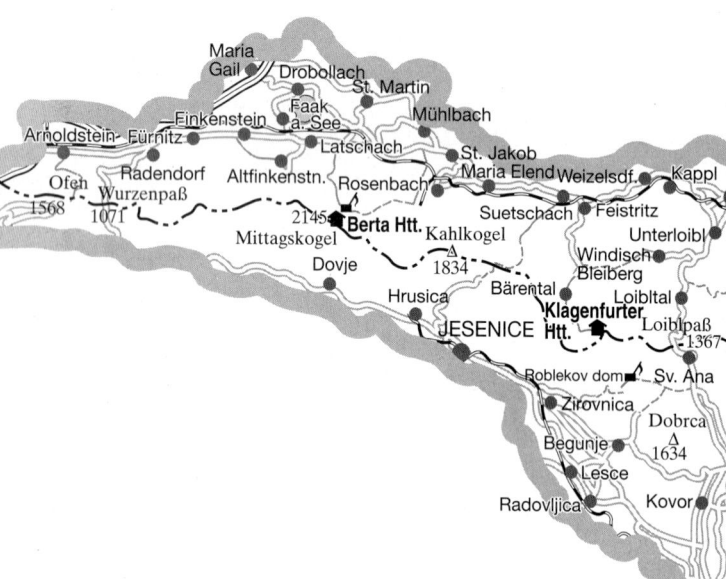

59 Karawanken u. Bachergebirge

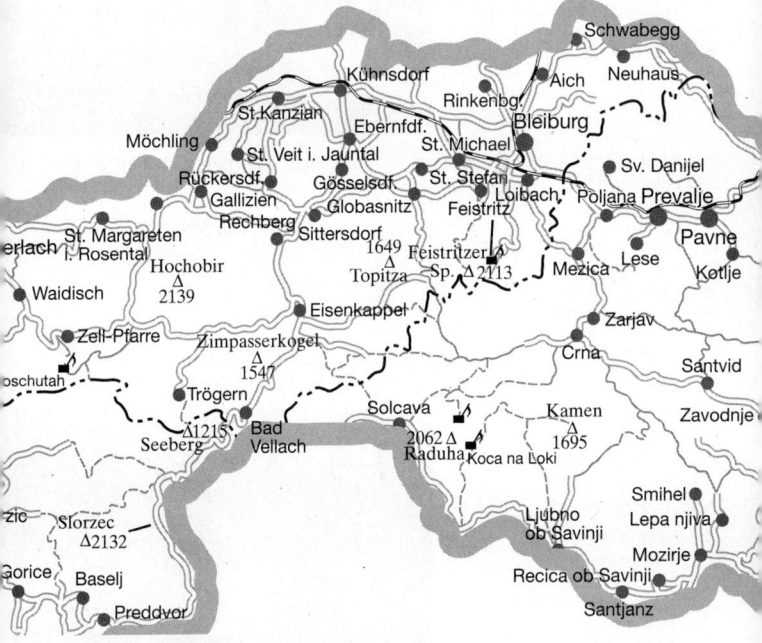

Umgrenzung

Gail von der Einmündung der Gailitz bis zur Einmündung in die Drau – Drau bis
Marburg (Maribor) – sl. Bistrica – Zg. Poličane – Cilli (Celj) – Velenje – Paktal –
Savinja bis Einmündung Kučnik – Paulitschsattel – Vellach bis Einmündung
Steinerbach – Seebergsattel – Kokra – Kranj – Save – Rateče – Fusine – Tarvis
– Gailitz bis Einmündung in die Gail

Bertahütte

K. I, 1567 m, erb. 1963
OeAV-Zweig Villach
Schanzgasse 3
A-9500 Villach

- **†** Edith Schumah
  Schwanenblick 24
  A-9500 Villach
- **℗** Tal 04252/2178
- **✗** Anfang Juni bis Ende Sept.
- **⌐** 34
- **▦** z. Z. keiner
- **✓** Faak, 580 m, Latschach-Untergreuth (Ghs. Martinihof), Woronicabach, Illitschraut; von hier Straße zum Ferlachersattel und Hütte 3 - 3½; Ledenitzen, 600 m, 3; Hotel Mittagskogel, 600 m, 3; ab Schranken **🅿** 1 - 1½
- **→** keine
  Achtung! Staatsgrenze nach Slowenien – Überschreiten verboten.
- **△** Mittagskogel, 2143 m, 2; Ferlacherspitz, 1739 m, ½
- **🏃** kein Stützpunkt
- **🚌** Faak, Ledenitzen und Rosenbach
- **🚐** Hotel Mittagskogel
- **🚐** Hotel Mittagskogel – Illitschraut bis Schranken

FB 224, 233; ÖK 201; Bergverlag Rother: AVF Karawanken, WF Kärnten

Klagenfurter Hütte

K. I, 1660 m, erb. 1950 - 52
OeAV-S. Klagenfurt
Lidmanskygasse 2
A-9020 Klagenfurt

- **†** Friedrich Mak
  Klagenfurter Hütte
  A-9181 Feistritz
  während der Nichtbew.:
  Wiesenweg 7
  A-9170 Ferlach
- **℗** Tal 04227/4309
- **✗** Pfingsten bis Mitte Okt. voll, um Weihnachten und Osterwoche einfach, ansonsten auf Anfrage bew.
- **🛏** 24 **⌐** 38
- **▦** 16 SR ⚲

↗ Feistritz 4; Güterstraße, 10 km 🅿 unter der Johannsenruhe, von dort 1; Feistritz –
   Matschach (Matschachergupf) 5; Bodental 3
→ Bielschitza Sattel, 1900 m – Preschernhütte, 2193 m, (Grenzübergang) 2 - 3;
   Matschacher Sattel – Bodental, Ghs. Sereinig
△ Geißberg, 2011 m; Hochstuhl, 2249 m, 2 - 3; Bielschitza, 1956 m, 1
⚐ nur im Frühjahr △ Geißberg, Hochstuhl
🚍 Feistritz-Rosental
🚍 Bodental
🚍 10 Min. vor Johannsenruhe
FB 224, 233; ÖK 201; Bergverlag Rother: AVF Karawanken, WF Kärnten

Hütten anderer alpiner Vereine und Privathütten

Eisenkappeler Hütte, 1580 m, am Hochobir, ÖTK, 🛏 14 ⌐ 16 ⌐ 20, ↗ Ebriach 1,
Eisenkappel oder Rechberg 3, 🚍 Eisenkappel 🚍 🚍 Ebriach, 1. Mai bis 30. Sept.
durchg. bei Schönwetter im Winter Sa./So. bew., ✆ 04238/8170

Kofza-Haus (Dom na Kofzah), 1505 m, am Koschuta-Südhang, PZS, 🛏 25, ↗ Tržič
(früher Neumarkt) 3, 🚍 🚍 Tržič oder Ferlach 🚍 Ferlach – Zell-Pfarre, bew. Mitte Juni
bis Ende Sept.

Koschuta-Haus, 1279 m, auf der Kalten Aue, TVN, 🛏 32 ⌐ 18, ↗ Ferlach 4,
Zell-Pfarre 1½, 🚍 Ferlach 🚍 Zell-Pfarre 🚍 zum Haus, bew. Anfang Juni bis Mitte Okt.,
✆ 04227/7110

Mozirska Koča (früher Prassberger Hütte), 1344 m, auf der gleichnamigen Alm, PZS,
🛏 und ⌐ 85, ↗ Morzije 3, 🚍 🚍 Morzije

Petzenhaus (Dom na Peci), 1654 m, am Kordeschkogel-Petzenkamm, PZS, 🛏 und ⌐
100, ↗ Kniepis-Sattel, 🚍 Bleiburg oder Dravograd 🚍 Feistritz oder Čna 🚍 Feistritz-Sie-
benhütten oder Mihev

Prešernova Koča (Preschernhütte), 2193 m, unter dem Kelinstuhl, PZS, 🛏 15 ⌐ 40,
↗ Zirovnica oder Feistritz, 🚍 🚍 Zirovnica 🚍 Valvasorjev Dom

Smucarski Dom, 1534 m, südl. des Loiblpasses, PZS, 🛏 und ⌐ 66, ↗ Tržič – SV. Aha
1½, 🚍 SV. Aha 🚍 Tržič 🚍 SV. Aha, Lift zum Haus

Valvasorjev Dom, 1180 m, auf d. Begunjčica (südwestl. des Hochstuhls), PZS, 🛏 42,
↗ Koroška Bela 2½, 🚍 Feistritz, Zirovnica oder Javornic 🚍 🚍 Koroška Bela

60 Übrige Hütten des Alpenver- eins Südtirol

Marteller Hütte

2610 m, erb. 1981
AVS-S. Untervinschgau, S. Lana,
Martell, Mals und Vinschgau
Adolf Altstätter
Ennewassser 221/B
I-39020 Martell

- ♦ Christine Villgrater
  Marteller Hütte
  I-39020 Martell
- ℂ Hütte 0473/621110
  während der Nichtbew.:
  St.Gertraud-Weg 44
  I-39100 Bozen
- ℂ Tal 0471/289475
- ✗ Mitte März bis Mitte Mai und
  Anfang Juli bis Anfang Okt.
- ⊨ 16 ⊓ 40 ⊔ 20
- ⊞ 15 offen
- ⚡ 220 V ⌨ ⌁
- ✗ Martelltal Straßenende 1½
- → Casatihütte 2½; Schaubachhütte 2½; Larcherhütte 3
- △ Cevedale, 3769 m, 4½; Königsspitze, 3851 m, 6; Veneziaspitzen, 3386 m, 3½;
  Vord. Rotspitze, 3031 m, 2½
- ⚐ Cevedale, Veneziaspitzen, Zufallspitze, Marmotta
- ⇔ Latsch – Zufrittsee
- ⇔ Martelltal – Talschluß 🅿

FB WKS 2; Bergverlag Rother: AVF Ortleralpen, GF Ortleralpen

Brunecker Haus

am Kronplatz
2274 m, erb. 1963
AVS-S. Bruneck
Günther Adang
An der Kaiserwarte 4
I-39031 Bruneck

- ✝   Felix Oberhammer
  Montal 69
  I-39030 St. Lorenzen
- ℭ   Hütte 0474/592112
- ℭ   Tal 0474/43159
- ✗   Anfang Dez. bis Ostern und Mitte Juni bis Mitte Okt.
- ⊨   45 ⌐ 12 ⌐ 10
- ⟿   220 V ▥ ⏚
- ⬈   Reischach 3$\frac{1}{2}$; Geiselsberg 3 (bei Benützung der Umlaufbahn 1$\frac{1}{2}$); Maria Saalen 2$\frac{1}{2}$; Seilbahn-Bergstation 10 Min.
- →   Furkelhütte 1$\frac{1}{2}$; Kronplatzhaus $\frac{1}{2}$
- ⌁   Pistenskilauf Kronplatz
- ⇔   Bruneck
- ⇔   ⇔ Reischach
- ⇗   Kronplatz

FB WKS 3; Bergverlag Rother: WF Dolomiten 3, WF Dolomiten 5

Dreischusterhütte

1630 m, erb. 1975
AVS-S. Drei Zinnen
Wilhelm Feichter
Pumesstr. 7
I-39038 Innichen

- ✝   Olga Senfter
  Alte Marktgasse 25
  I-39038 Innichen
- ℭ   Hütte 0474/966610
- ℭ   Tal 0474/73217
- ✗   Anfang Juni bis Anfang Okt.
- ⊨   24 ⌐ 28 ⌐ 10
- ❈   ⌁ bei Wilhelm Feichter
- ⟿   220 V ~ ▥ ⏚
- ⬈   Sexten 1$\frac{1}{2}$; ▣ Innerfeldtal 20 Min.
- →   Dreizinnenhütte 3
- △   Birkenkofel, 2922 m, 4; Haunold, 2937 m, 4; Hochebenkofel, 2905 m, 4
- ⇔   Innichen

━ ⟶ Innerfeldtal 🅿

FB WKS 3, 10; Bergverlag Rother: AVF Sextener Dolomiten, GF Sextener Dolomiten,
WF Dolomiten, WF Dolomiten 5

Peitler-Knappen-Hütte

2000 m, erb. 1962
AVS-S. Brixen
Domplatz 12
Kleines Kulturhaus
I-39042 Brixen

- ♦ Hubert Complojer
  Weißenturmgasse 4
  I-39042 Brixen
- ℭ Tal 0472/835850
  0472/836227
- ✗ SV, Anmeldung und 🌡 bei der
  Sektion, in erster Linie für Ju-
  gendgruppen geeignet
- ⊓ 30
- ↗ Sporthotel Palmschoß $^1/_2$
- ⟶ Plosehütte $2^1/_2$; Würzjoch 2
- △ Gr. Pfann, 2547 m, 2; Peitlerkofel, 2890 m, 3 - 4
- ↷ Pistenskilauf an der Plose
- ➰ Brixen
- ━ ⟶ Sporthotel Palmschoß

FB WKS 4; Bergverlag Rother: AVF Puez- und Peitlerkofelgruppe, AF Dolomiten-Hö-
henwege 1-3

Puflatschhütte

1950 m, erb. 1969
AVS-S. Bozen
Bindergasse 25
I-39100 Bozen

- ♦ Richard Parschalk
  Puflatschhütte
  I-39040 Seiser Alm
- ℭ Tal 0471/706227
- ℭ Hütte 0471/727834
- ✗ Mitte Dez. bis Ostern, Anfang
  Mai bis Mitte Okt.
- ⊨ 8 ⊓ 32 ⊔ 20
  Von Weihnachten bis Dreikö-
  nig ist die Hütte der Bozner
  AV-Jugend vorbehalten.
- ⥵ 220 V ∼ 🍳

↗ Hotelkolonie auf der Seiser Alm 20 Min.
△ Puflatsch, 2174 m, ³⁄₄; Goldknopf, 2249 m, 2; Schlern, 2564 m, 4¹⁄₂
⌖ Pistenskilauf und Langlauf auf der Seiser Alm
🚠 Waldbruck
🚌 🚡 Seiser Alm

FB WKS 5; Bergverlag Rother: GF Rosengartengruppe, WF Dolomiten 1

Schlernbödelehütte

1726 m, erb. 1961, 1985 Wieder-
aufbau
AVS-S. Bozen
Bindergasse 25
I-39100 Bozen
und AVS-S. Schlern
Richard Parschalk
Föstlweg 15
I-39040 Kastelruth

🛉 Gustl Weissenegger
    Max-Valier-Str. 17
    I-39040 Seis
✆ Hütte 0471/705345
✆ Tal 0471/706077
✗ Anfang Juni bis Ende Okt.
🛏 2 ⌐ 20
⚡ 220 V ∼
↗ Seis 2; Bad Ratzes, 1205 m, 1¹⁄₄
→ Schlernhaus 2¹⁄₂; Tierser-Alpl-Hütte 4
△ Schlern, 2564 m, 2¹⁄₂
🚠 Waldbruck
🚌 🚡 Bad Ratzes

FB WKS 1; Bergverlag Rother: GF Rosengartengruppe, WF Dolomiten 1

61   Außeralpine Gebiete Österreichs

Bad Leonfeldner Hütte

Tal- und Jugendherberge
Bad Leonfelden
(Mühlviertel)
K. II, 749 m, erb. 1972
OeAV-S. Linz
Hauptplatz 23/I
A-4020 Linz

- ♦ Karl Baumgartner
  Ringstr. 47
  A-4190 Bad Leonfelden 22
- ℃ Tal 07213/8109
- ✗ SV, ganzjährig
- ⊨ 44
- ⊞ ♨ bei Bewirtschafterin neben-
  an und ♦
- ⚡ 220 V ∼ 🚿
- ↗ Bad Leonfelden auf Fahrstraße bis zum Haus
- → Nordwaldkammweg
- △ Sternstein, 1125 m
- ⚑ Sternstein-Skigebiet ⚟, 2 ⚞
- 🚌 Linz oder Freistadt
- 🚃 🚌 Bad Leonfelden
- ⚞ ⚞

ÖK 15

Braunberghütte

K. I, 902 m, erb. 1936
OeAV-S. Freistadt
Hauptplatz 12
A-4240 Freistadt

- ⚲ Emma und Monika Plasek
  Witzelsberg 20
  A-4271 St. Oswald
  während der Nichtbew.:
  Mayrhöfen 27
  A-4271 St. Oswald
- ✆ Hütte 07945/666
- ✆ Tal 07945/440
- ✗ Anfang April bis Ende Okt.
- 🛏 22 ⌐ 18 ⊔ 2
- ⚡ 220 V ∼
- ➚ Freistadt, 563 m – St. Oswald, 609 m, 2$\frac{1}{2}$; St. Oswald – Hütte 1; Lasberg – Hütte 2; Kefermarkt, 512 m – Hütte 2$\frac{1}{2}$
- → Rosenau – Lampelsberg – Obermarreith, 936 m – Pürstling, 886 m – Sandl, 927 m – Rosenhofteiche, 945 m – Schanz – Internat. Weg – Aichelberg, 1041 m – Karlstift – Hirschenstein – Nebelsteinhütte, 1015 m, 9
- 🚌 Freistadt, Lasberg, Kefermarkt
- 🚍 St. Oswald/Freistadt
- 🚗 bis zur Hütte

ÖK 16

Buschberghütte

K. III, 480 m, erb. 1935
OeAV-S. Mistelbach
Hafnerstr. 7
A-2130 Mistelbach

- ⚲ Josef Urban
  Bahnstr.
  A-2130 Mistelbach
- ✆ Hütte 02525/6569
- ✆ Tal 02572/5171
- ✗ gj. bew., Sa. (ab 10 Uhr) So./Fe.
- ⌐ 20
- ⚡ 220 V ∼
- ➚ Niederleis $\frac{3}{4}$; Gnadendorf 1$\frac{1}{4}$; mit Auto von Niederleis bis 🅿 auf der Höhe der Straße, von da nur 5 Min. zur Hütte, ebenso auch von Gnadendorf
- → Übergänge zu Nachbarhütten keine, nur Wanderungen im »Naturpark Leiserber-

ge« möglich: Der Weitwanderweg 632 von Langenzersdorf an der Stadtgrenze Wiens beginnend und in Drasenhofen an der tschechischen Grenze endend, führt über die Leiserberge und an der Buschberghütte vorbei.

⊥ nur kurz im Winter, wenig Schnee ↗ alle → Wanderungen

🚌 Niederleis

🚍 Gnadendorf

🚐 bis 5 Min. vor Hütte

ÖK 23

Weitere OeAV-Hütten

Giselawarte, 926 m, erb. 1856, OeAV-S. Linz, ✆ 0732/773295, SV, gj., ⌐ 2, ⚡ 220 V ~, Anmeldung bei ♦Franz Kobler, Gauermannweg 3, A-4020 Linz, ✆ 0732/672572, 🚌 Linz 🚐 5 Min. vor Warte 🅿, ↗ Linz bzw. Urfahr über Bachlberg 2½, über Gründberg 2 → Koglerau 1; Zwettl, Nordwaldkammweg Bad Leonfelden 2 ⊥ Koglerau, Pöstlingberg

Helfenberger Hütte, 840 m, OeAV-S. Rohrbach, 🛏 30 ⌐ 37 ⊔ 5, einfach bew. von Ostern bis Allerheiligen, Sa./So./Fe., ♦ Franz Raab, A-4184 Helfenberg 32, ✆ Hütte 07216/4488, ✆ Tal 07216/6321, 🚌 Haslach 🚍 St. Stefan am Walde 🚐 15 Min. vor Hütte, ↗ Haslach 2¼, 🗺 6 🍴

Nebelsteinhütte, 1000 m, erb. 1948, OeAV-S. Waldviertel, Neuteichstr. 25, A-3860 Heidenreichstein, ✗ Palmsonntag, spätestens 1. April, bis 2. Nov., 🛏 10 ⌐ 38, ♦ Peter Glaser, Althütten 118, A-3971 St. Martin, ✆ Hütte 02858/293, 🚌 St. Martin i. Waldviertel 🚍 Harmannschlag 🚐 Nebelwiese, ↗ St. Martin 1½; Nebelwiese 10 Min. → Nordwaldkammweg, Nord-Süd-Weitwanderweg, Europ. Fernwanderweg E 6, Kamptalseenweg, Tayatalweg, Mariazellerweg, Österr. Grenzlandweg, Eisenwurzenweg, Niederösterr. Rundwanderweg △ Nebelstein, 1017 m, 5 Min. ⊥ Harmannschlag

Sternsteinwarte, 1125 m, erb. 1856, Aussichtsturm, OeAV-S. Linz, gj. geöffnet, ♦ Rudolf Schnörch, Hauptplatz 3, A-4190 Bad Leonfelden, ✆ 07213/6342, 🚍 🚐 Parkplatz Sternstein-Woferl, ↗ Bad Leonfelden 2, vom Parkplatz 1, von Waldschenke-Parkplatz ½ → Nordwaldkammweg △ Sternstein, 1125 ⊥ Sternstein-Skigebiet

62 Außeralpine Gebiete Deutschlands

POGGENPOHLSMOOR

Poggenpohlhütte, erb. 1961, DAV-S. Oldenburg, gj. beaufsichtigt, SV, ⊨ 4, ⬲ 220 V ~ ▦ ⬦, Anmeldung und ⬧ bei ✦ Klaus Meyer, Pirschweg 14, D-26133 Oldenburg, ✆ 0441/41156, ⛆ Huntlosen ⬛ Dötlingen ⬳ bis zur Hütte △ Wanderungen im reizvollen Huntetal und in der Wildeshauser Geest

WESERBERGLAND

Hohensteinhütte, 450 m, erb. 1948, DAV-S. Hamburg, Gerhofstr. 32, D-20354 Hamburg, ✆ 040/352288, ⊨ 26, gj. zugänglich, aber keine Kochmöglichkeit, Speisen und Getränke nur bei Gaststätte »Pappmühle«, Anmeldung und ⬧ bei der Sektion, ⛆ Hessisch Oldendorf ⬳ bis zur Hütte 🅿 → △ Wanderungen Blutbachtal, Hohenstein, Süntel, Klettergarten Hohenstein

Kansteinhütte, 220 m, erb. 1952, DAV-S. Hannover, Sa./So./Fe. gj. bewartet, ⊓ 29, ⬲ 220 V ~, Anmeldung und ⬧ bei ✦Günter Keil, August-Schaper-Str. 4, D-30880 Laatzen, ✆ 0511/869459, ⛆ Osterwald ⬛ Oldendorf, Landstraße nach Ahrenfeld 🅿 oberhalb Ahrenfeld, Waldrand am Wasserbehälter ✗ Osterwald 1, vom 🅿 5 Min. △ Klettergarten Kanstein, Ith, Wanderungen in der Umgebung

Moosberghütte, 465 m, erb. 1960 - 63, DAV-S. Westerland, unbew., gj. zugänglich, ⊨ 31, ⬲ 220 V ~ ▦, Anmeldung bei ✦Gerhard Schwulera, Paul-Hindemith-Str. 22, D-37574 Einbeck, ✆ 05561/6803, ⬧ bei Pension Koch, Silberborn, Moosbergstr. 7, ✆ 05536/508 (nur unter Vorlage der Einweisung), ⛆ Holzminden/Wester ⬛ Silberborn/Solling ⬳ zur Hütte 🅿 ✗ 300 m vom Ortsrand Silberborn, rechts der Straße Neuhaus-Dassel 5 Min. △ Wanderungen, Klettergarten, Ithklippen ⬏ Skitouren von der Hütte, Langlaufmöglichkeiten

HARZ

Malepartushütte, 815 m, erb. 1987, DAV-S. Hildesheim, Schuhstr. 33, D-31134 Hildesheim, ✆ 05121/44473, gj. zugänglich, SV, ⊨ 31 ⊓ 16, ⬲ 220 V ~ ▦, Anmeldung bei Rolf Gerlach, Theaterstr. 3, D-31141 Hildesheim, ✆ 05121/31779, ⛆ Bad Harzburg ⬛ Oderbrück ⬳ bis zur Hütte → Wanderungen im Oberharz, Torfhaushütte, Kreuzbachhütte, Sepp-Ruf-Hütte △ Achtermann 1; Wurmberge 1½; Bruchberg 1; Klettergarten Okertal ⬏, Langlaufloipe ab Hütte

Kreuzbachhütte, 500 m, erb. 1976, DAV-S. Bremen, Eduard-Grunow-Str. 30, D-28203 Bremen, SV, Kochgelegenheit, ⊨ 20 ⌐ 20, ⤳ 220 V ∼ ▦ ⬩, ℂ Hütte 05323/5760, Anmeldung und ☏ bei der Sektion, ⌨ Goslar ⬌ Silbernaalgrund bei Bad Grund ⬌ bis zur Hütte 🅿 △ Wanderungen im Oberharz, Klettergarten Okertal, Hübichenstein → Sepp-Ruf-Hütte, Silbernaal, Torfhaushütte ⬩ in unmittelbarer Nähe der Hütte, Langlaufmöglichkeiten

Sepp-Ruf-Hütte-Silbernaal, 469 m, erb. 1974, DAV-S. Hamburg, Gerhofstr. 32, D-20354 Hamburg, ℂ 040/352288, ⊨ 39, ⤳ 220 V ∼ ▦, SV, gj. zugänglich, Kochgelegenheit, ⌨ Goslar ⬌ Frankenscharmhütte ⬌ bis zur Hütte ✓ Wanderungen im Oberharz, Klettergarten Okertal → Kreuzbachhütte, Torfhaushütte ⬩ Hüttennähe, Langlauf, Anmeldung über die Sektion, ☏ beim Hüttenwart Joachim Börker, Bohlweg 36, D-38709 Wildemann, ℂ 05233/6103

Torfhaushütte, 820 m, erb. 1937, DAV-S. Braunschweig und S. Hannover, gj. bew., 🕴 Werner Möse, Torfhaushütte, D-38667 Bad Harzburg, ℂ Hütte 05320/212, ⊨ 24 ⌐ 26, ⤳ 220 V ∼ ▦, ⌨ Bad Harzburg ⬌ Torfhaus ⬌ bis zur Hütte ✓ Bad Harzburg 2½; Brocken 2½; Wurmberg 2; Bruchberg 1; Achtermann 1½; Okertalsperre 2; Klettergarten Okertal ⬩ Lifte in der Nähe der Hütte, Langlaufloipen

RHÖN

Enzianhütte, 760 m, erb. 1952, DAV-S. Fulda, Postfach 104, D-36001 Fulda, gj. bew., Di. Ruhetag, Januar geschlossen, ⊨ 11 ⌐ 31 ⌙ 16, ⤳ 220 V ∼, 🕴 Georg Koch, Ortsteil Dietgers, D-36115 Hilders, ℂ Hütte 06658/319, ⌨ Fulda ⬌ Grabenhöfchen ⬌ Dietgers und 50 m vor der Hütte 🅿 △ Wanderungen in der Rhön, Klettergarten Steinwand ⬩ Wasserkuppe, gesamte Rhön, Langlaufmöglichkeit

SAUERLAND

Bruchhauser Hütte, 450 m, erb. 1850 im Ort Bruchhausen, nahe der Kirche, DAV-S. Bochum, gj. zugänglich, SV, ⊨ 22, ⤳ 220 V ∼ ▦, 🕴 Manfred Sippel, Hermann-Löns-Str. 22, D-44623 Herne, ℂ 02323/52267, ☏ bei Frau Meier, Am Medebach 4, gegenüber der Hütte, Anmeldung bei Cilly Schwirtz, Siepenhöhe 10, D-44803 Bochum, ℂ 0234/351393, ⌨ Olsberg ⬌ Bruchhausen ⬌ zur Hütte △ Langenberg, 843 m, Wanderungen in der Umgebung, Kletterfelsen Bruchhauser Steine ⬩ im Sternrodt ⤳ Langlaufmöglichkeiten in der Umgebung (Hochheide-Villingen)

Sauerlandhütte der Sektion Eberfeld, 740 m, erb. 1948, DAV-S. Elberfeld, gj. zugänglich, nach Voranmeldung, ⌐ 25, ⤳ 220 V ∼, Anmeldung und ☏ bei 🕴 Reinhard Willimek, Im Funk 35, D-42119 Wuppertal, ℂ 0202/437077, ⌨ Winterberg ⬌ Neuastenberg ⬌ bis zur Hütte 🅿 △ Wandergebiet in der Umgebung, Klettergarten Bruchhauser Steine 30 km entfernt ⬩ Übungspisten mit Schleppliften in der Nähe, Langlaufloipen in der näheren Umgebung der Hütte

Sauerlandhütte der Sektion Dortmund, 460 m, erb. 1986, DAV-S. Dortmund, gj. zugänglich nach Voranmeldung, SV, ⊨ 22 ⌐ 4 ⌙ 3, ⤳ 220 V ∼ ▦, 5 Waschräume (davon 2 mit Duschen), Anmeldung bei 🕴 Hans de Coster, Veilchenweg 27, D-44289 Dortmund, ℂ 0231/402848, ⌨ Olsberg ⬌ Bruchhausen ⬌ zur Hütte 🅿 △ Wandergebiet in der gesamten Umgebung, Kletterfelsen Bruchhauser Steine 1,5 km entfernt ⬩ ⤳ und Piste 3 km entfernt, dort auch Langlaufloipen sowie Langlaufmöglichkeiten in der Umgebung

Alpenvereinshaus an der Kahle, 650 m, erb. 1934, DAV-S. Essen, gj. bew., Mi. Ruhetag, Weihnachten geschlossen, ▙ 28 ⊓ 6 ⊔ 5, ⚡ 220 V ~ ▨, ♦ Rosemarie und Peter Tauscher, Alpenvereinshaus an der Kahle, D-57399 Kirchhundem, ✆ 02723/8226, Anmeldung bei ♦, ▄ Lennestadt-Altenhundem ▄▄ Oberhundem oder Saalhausen ▄▄ Stelborn (Mautgebühr DM 5,- zur Hütte) 🅿 100 m vor der Hütte ⬈ Lennestadt-Altenhundem über Weg Nr. 6 3½; Stelborn, 1; Milchenbach 1½; Saalhausen 1½; Oberhundem 1½ △ Wanderwege im Rothaargebirge ⬈ Skimöglichkeiten am Rhein-Weser-Turm, Langlaufmöglichkeiten

Hütte Tinghausen, 350 m, renov. 1972, DAV-S. Lüdenscheid, Augustastr. 5, D-58509 Lüdenscheid, gj. zugänglich, Anmeldung bei ♦ Frieda Männel, Hardenbergstr. 40, D-58511 Lüdenscheid, ✆ 02351/42320, ⚲ beim Verpächter, 20 m vor der Hütte, ▙ 6 ⊓ 30, Tagesraum 30 Gäste, Klettersilo, ⚡ 220 V ~ ▨, ▄ Brügge ▄▄ zur Hütte → Homertturm, Jubach-, Versesperre, Wasserschloß Neuenhof, 50 Min. bis Schwimmbad ⬈ Skiwandergebiet

TAUNUS

Haus Oberreifenberg, 654 m, erb. 1958, DAV-S. Frankfurt/M., Homburger Landstr. 283, D-60433 Frankfurt/M., ✆ 069/549031, beaufsichtigt, SV, ⊓ 38, ⚡ 220 V ~ ▨, ✆ Hütte 06082/858, nur nach Anmeldung bei der Sektion, ▄ Königstein oder Hohemark ▄▄ Oberreifenberg ▄▄ zur Hütte → Wanderungen im Hoch-Taunus ⬈ Gr. Feldberg, Langlaufloipen an Sandplacken und Sängelberg

WESTERWALD

Wetzlarer Hütte, 539 m, erb. 1960, DAV-S. Wetzlar, Postfach 1442, D-35524 Wetzlar, SV, ▙ 14 ⊓ 6, Anmeldung und ⚲ bei ♦ Gerhard Schäfer, Ulmenweg 2, D-35633 Lahnau, ✆ 06441/62149, ▄ Weilburg ▄▄ Mengerskirchen ▄▄ Bundesstraße 49 bis Abfahrt Löhnberg 🅿 150 m vor der Hütte (westlich) ⬈ Arborn ½; Mengerskirchen ¾ △ Wanderungen im Westerwald ⬈ Skilauf- und Langlaufmöglichkeiten im Knotengebiet

Wittener Hütte, 480 m, Altbau, renov. 1971/72, DAV-S. Witten, gj. bewartet, ▙ 25, ⚡ 220 V ~, ♦ Günter Lupp, Bergstr. 2, D-58454 Langenbach, ✆ 02661/63678, Anmeldung bei Ulrike Sturm, Hackertsbergweg 137c, D-58454 Witten, ✆ 02302/89683 oder 800259, ⚲ bei ♦, ▄ Betzdorf ▄▄ Kirburg ▄▄ BAB 45, Anfahrt Haiger/Burbach nach Langenbach, 🅿 vor der Hütte → Wetzlarer Hütte △ Wanderungen in der Umgebung ⬈ Langlaufmöglichkeiten

EIFEL

Düsseldorfer Eifelhütte, 222 m, erb. 1958, DAV-S. Düsseldorf, Friedrich-Ebert-Str. 43, D-40210 Düsseldorf, ✆ 0211/358700, gj. beaufsichtigt, Sa./So. und teilweise in den Schulferien, ▙ 30 ⊓ 30, ⚡ 220 V ~ ▨, Anmeldung und ⚲ bei ♦ Siegfried Steup, Mirkerbachweg 3, D-40625 Düsseldorf, ✆ 0211/231490, ✆ Hütte 02327/6372, ▄ Blens ▄▄ Nideggen-Neuabenden, Hausener Gasse 5, 🅿 vor der Hütte ⬈ Bahnstation Blens 10 min. △ Wanderungen im Naturpark Nordeifel, Klettergarten Nordeifel ⬈ Langlaufmöglichkeiten nur bedingt

Duisburger Eifelhütte, 225 m, erb. 1971, DAV-S. Duisburg, Lindenstr. 31, D-47249 Duisburg, ✆ 0203/721423, SV, ▙ 29 ⊓ 14, ⚡ 220 V ~, Anmeldung und ⚲ bei ♦ Willy Stolz, Prinzenstr. 106, D-47198 Duisburg, ✆ 02066/36274, ▄ Hausen (Strecke Düren

– Heimbach) ⚏ Hausen ⚏ bis zum Haus 🅿 ↗ vom Bahnhof 10 Min. → Krefelder Hütte, Düsseldorfer Hütte, Kölner Hütte △ Wanderungen in der Eifel, Klettergarten (30 Min. vom Haus)

Eifelheim, 225 m, erb. 1944, DAV-S. Krefeld, ⫟ 18 ⊓ 12 ⫬, Anmeldung und ♨ bei ♦ Herbert Joerris, Vulkanstr. 80, D-47807 Krefeld, ✆ 02151/314860, ⚏ Heimbach-Hausen ⚏ bis zur Hütte 🅿 ↗ von der Bahnstation 10 Min. �åⅢ Klettergarten Nordeifel, Wanderungen in der Umgebung

Kölner Eifelhütte, 195 m, erb. 18. Jh., DAV-S. Rheinland-Köln, Gereonshof 49, D-50670 Köln, ✆ 0221/134255, SV, Sa./So. beaufsichtigt, ✆ Hütte 02446/3517, ⫟ 26 ⊓ 24, ⤳ 220 V ~ �åⅢ, Anmeldung beim ♦ Heinz Moritz, Hauptstr. 163, D-53332 Bornheim, ✆ 02227/80336 (nur für Gruppen, keine Reservierung für Einzelbesucher an Wochenenden), ♨ bei Frau Franke, St.-Georgen-Str. 5, D-52396 Heimbach-Blens, ⚏ Blens ⚏ bis zur Hütte 🅿 △ Rurtal, Hürtgenwald, Hohes Venn, Klettermöglichkeiten im Rurtal

Eifelheim »Zu den Felsen«, an der Landstraße 249, Nideggen-Blens, seit 1975 gemietet, OeAV S. Nederlandse Bergsportvereniging, v. Aerssenstraat 178, NL-2582 JT Den Haag, ✆ 070/3500991, SV, Sa./So. gj. zugänglich, teilweise auch in den Schulferien, ⫟ 60, ⤳ 220 V ⅢåⅢ, Anmeldung bei der Sektion, ✆ Hütte 02427/6393, ⚏ Blens ⚏ zur Hütte ↗ von Bahnhof Blens 3 Min., Klettergarten Nordeifel, Wanderungen im Rurtal, Hürtgenwald, Langlaufmöglichkeiten in Hüttennähe

Haus Rohren, 540 m, erb. 1961, DAV-S. Aachen, Oppenhoffallee 112/I, D-52066 Aachen, ✆ 0241/503780, SV, ⫟ 34, ⤳ 220 V ~ ⅢåⅢ, Anmeldung bei ♦ Lothar Maul, Dedolphstr. 5, D-52066 Aachen, ✆ 0241/571906, ♨ bei Wollgarten, Dröffstr. 21, Rohren, 52156 Monschau, ⚏ Rohren ⚏ Rohren bis zum Haus 🅿 △ Wanderungen in der Eifel

Kletterheim Blens, 220 m, erb. 1968 - 70, DAV-S. Aachen, SV, beaufsichtigt, ⫟ 24, ⤳ 220 V ⅢåⅢ, Anmeldung bei ♦ Leo Bourceau, Erzbergerallee 42, D-52066 Aachen, ✆ 0241/65872, ♨ bei Frau Müller, Georgstr. 2, Blens, sektionseigene Hütte, Mitglieder anderer Sektionen haben erst nach 19 Uhr Anspruch auf Betten, ⚏ Heimbach (Blens) ⚏ Heimbach ⚏ bis zur Hütte 🅿 △ Wanderungen in der Eifel, Klettermöglichkeiten Blens-Nideggen-Rath

Mülheimer Eifelhütte, 185 m, erb. vor 200 Jahren, erw. 1966, DAV-S. Mülheim an der Ruhr, bewartet gj. Sa./So. (Fr. 19.00 bis So. 18.00), ⫟ 17 ⊓ 10, ⤳ 220 V ~, Anmeldung bei ♦ Heinrich Tebart, Papenbuschstr. 68, D-45473 Mülheim a. d. Ruhr, ✆ 0208/70140, ⚏ Abenden ⚏ bis zur Hütte 🅿 △ Eifel, Rurtal, Hohes Venn, Klettergarten Nordeifel ⏬ bei Schneelage Ski- und Langlaufmöglichkeiten

Rheydter Hütte, 378 m, erb. 1958 - 60, DAV-S. Begfreunde Rheydt, SV, beaufsichtigt Sa./So. gj., ⫟ 30 ⊓ 6, ⤳ 220 V ~, Anmeldung bei Peter Dauben, Narzissenweg 8, D-41238 Mönchengladbach, ✆ 02166/87109, ⚏ Obermaubach oder Nideggen ⚏ Hürtgenwald-Kleinhau ⚏ 50 m oberhalb der Hütte 🅿 → Mühlheimer, Düsseldorfer, Duisburger Eifelhütten, Kölner Kletterheim △ Wandermöglichkeiten in der Eifel, Klettergebiet Nideggen-Blens ⏬ Skilanglauf in Hüttennähe, Wassersport in der nahegelegenen Rur-Talsperre Schwammenzwei

VOGESEN

Dr.-Franz-Merziger-Hütte, 1096 m, erb. 1953, erw. 1976-78, DAV-S. Alpenverein und Skiclub Saarbrücken, Rosenstr. 31, D-66111 Saarbrücken, ✆ 0681/67702 (Do. und Fr. 16.00 - 18.00 Uhr), gj. bew., 14 Tage im Nov. und 14 Tage nach Ostern geschlossen, 🛏 7 ◠ 54, ⚡ 220 V ∿, ♦ Thierry Hiniger, Dr.-Franz-Merziger-Hütte, Schanzwasen, F-68140 Stoßwihr, ✆ 0033/89/773011, Anmeldung bei der Sektion, 🚉 Munster 🚌 an der Paßstraße Soultzeren – Col de la Schlucht bis Abzweigung Lac Vert 🚶 im Sommer zur Hütte ⟋ Abzweigung Lac Vert 1; von Parkplatz Skilifte Tanet ½ △ Vogesenkamm, Hohneck, Kletterfelsen Wurzelstein, Martinswand, Tanet ⛷ 3 Skilifte im Hüttenbereich, Langlaufloipen, Kletterführer für den Hüttenbereich von der Sektion

Hohwaldhütte, 940 m, erb. 1961, Neubau 1981, DAV-S. Bergfreunde Saar, SV, Sa./So. Hüttendienst, ◠ 42, ⚡ 220 V ∿, Anmeldung und ☀ bei ♦ Anton Meiser, Im Großenbruch 55, D-66583 Spiesen-Elversberg, ✆ 06821/72655, ✆ Hütte 0033/88/083356, 🚉 Barr/Bas Rhin 🚌 Barr – Le Hohwald – Col du Kreuzweg 🚶 zur Hütte, bzw. im Winter nach 800 m 🅿 (bis 🅿 wird Schnee geräumt) → Dr.-Franz-Merziger-Hütte △ Vogesenwanderungen ⛷ Lifte in der Nähe, gute Langlaufmöglichkeiten

PFÄLZER WALD

Kaiserslauterer Hütte, 375 m, erb. 1970, DAV-S. Kaiserslautern, März bis Ende Nov. beaufsichtigt, Sa./So., SV, ◠ 30, ⚡ 220 V ∿, Anmeldung und ☀ bei ♦ Hannelore Klein, Trippstadter Str. 4, D-67705 Stelzenberg, ✆ 06306/2217, Gruppenbelegungen für AV-Mitglieder jedoch nur bis max. 15 Personen möglich, 🚌 Dahn-Wieslautern 🚶 20 Min. unter der Hütte 🅿 ⟋ vom Parkplatz 20 Min. △ Wanderungen in der Umgebung, Klettergarten Südpfalz ⛷ Langlaufmöglichkeiten

Ludwigshafener Hütte am Reinighof, 237 m, erb., 1930, DAV-S. Ludwigshafen, Lichtenbergerstr. 8, D-67059 Ludwigshafen, ✆ 0621/513954, Di. 16.30 - 18.30 Uhr, März bis Nov. Fr. 16.00 - So. 12.00 Uhr, Dez. bis Feb. nach Anmeldung beaufsichtigt, ◠ 26 ⌴ 6, Anmeldung bei der Sektion, 🚉 Hinterweidenthal 🚌 Wieslautern 🚶 bis zur Hütte 🅿 △ Wanderungen im Pfälzer Wald, Klettergarten Pfälzer Wald → Rudolf-Keller-Haus 3½; Rauhberghütte ½ ⛷ Hermesbergerhof (etwa 15 km entfernt)

Rudolf-Keller-Haus, 400 m, erb. 1957, DAV-S. Pirmasens, gj. bew., Mo. Ruhetag, 🛏 10, ⚡ 220 V ∿ 🏠, ♦ Peter Kalkenbenner, Rudolf-Keller-Haus, Rothenbergstr. 11, D-66969 Langmühle, ✆ 06331/49275 (Hütte), Anmeldung bei Helmut Görtler, Buchsweiler 37, D-66953 Pirmasens, ✆ 06331/70328, 🚉 Pirmasens 🚌 Langmühle 🚶 bis zum Haus 🅿 △ Wanderungen im Pfälzer Wald und im Elsaß, Klettergarten im Dahner Felsenland

SCHWARZWALD

Ramshalden-Hütte, 1035 m, erb. 1850, DAV-S. Freiburg/Breisgau, Postfach 374, D-79003 Freiburg, ✆ 0761/24222, gj. zugänglich, SV, ◠ 20, ⚡ 220 V ∿, Anmeldung und ☀ bei Sektion, 🚉 Hinterzarten 🚌 Ramshalde 🚶 bis zur Hütte ⟋ Hinterzarten 2 △ Wanderungen im Südschwarzwald, Klettermöglichkeiten in der weiteren Umgebung ⛷ Langlaufmöglichkeiten

Berghütte Schönbrunn, 720 m, erb. 1924, DAV-S. Mannheim, Niederfeldstr. 120, D-68199 Mannheim, ✆ 0621/826190 oder 853241, beaufsichtigt Wochenende (ab

Freitagabend), gj., ⊨ 15 ⌐ 34, ⤳ 220 V ∼, Anmeldung und ☏ bei Sektion, ⎯
Immenstein ⎯ Im Schönbrunn 🅿 ↗ Immenstein ½; Im Schönbrunn △ Omerskopf,
Hoher Ochsenkopf, Bühlerhöhe, Klettergarten Battert und Falkenfelsen bei Sand ⤒
Skilauf und Langlaufmöglichkeiten

Schwenninger Hütte, 820 m, erb. 1962, DAV-S. Baar (Schwenningen), gj. bewartet,
Sa./So., ⌐ 12, ⤳ 220 V ∼, Anmeldung und ☏ bei ♦ Heinz Fußecker, Bismarckstr. 8,
D-78652 Deißlingen, ✆ 07420/2405, und Sektion, Postfach 3111, D-78020 Villingen-
Schwenningen, ✆ 07720/37867, ⊞ Triberg ⎯ Nußbach ⎯ bis zur Hütte 🅿 ↗ von
Nußbach 1; von Triberg 1½; △ Wanderungen im Schwarzwald, Klettermöglichkeiten
Heidenstein, Lägerfelsen, Teufelsfelsen ⤒ Hirzwald, Kesselberg/Schloßberg, Lang-
laufloipen Schonach-Schönwald

Wiedenbachhütte, 370 m, gek. u. ausgeb. 1978, DAV-S. Heidelberg, SV, ⊨ 36 ⌐ 10,
⤳ 220 V ∼ ⥮ ⌇, Sa./So. beaufsichtigt, Anmeldung und ☏ bei Gudrun Schneider,
Rilkeweg 15, D-68804 Altlußheim, ✆ 06205/32674, ♦ Franz Kühnle, ✆ Hütte
07223/72980 (nur Wochenende), ⊞ Bühl/Baden oder Ottersweiler ⎯ Bühlertal-Obertal
⎯ zur Hütte 🅿 △ Falken-und Brockenfelsen, Mehliskopf, Hundseck ⤒ Langlaufmöglichkeiten

ODENWALD

Arnberghütte, 350 m, erb. 1976, DAV-S. Buchen, SV, gj. zugänglich, ⊨ 11, ⤳ 220 V
∼, Anmeldung und ☏ bei Roland Ohnhäuser, Köhlerstr. 11, D-74722 Buchen-Ober-
neudorf, ✆ 06281/2422 oder 96824, ✆ Hütte 06281/9558, ⊞ ⎯ Buchen ⎯ bis zur
Hütte △ Wanderungen im östl. Odenwald, Katzenbuckel, 630 m, Waldschwimmbad 5
Min. ⤒ Langlaufmöglichkeiten bei guter Schneelage

Felsberghütte, 254 m, erb. 1954 - 56, DAV-S. Darmstadt, Alpin-Laden, Heidelberger
Str. 82, D-64285 Darmstadt, ✆ 06151/64500, SV, gj. zugänglich, ⌐ 20 ⌣ 5, ⤳ 220 V
∼, Anmeldung und ☏ bei Richard Meckel, Brunnenstubenweg 4, D-64686 Lautertal-
Reichenbach, ✆ 06254/1044, ⊞ Bensheim ⎯ Reichenbach ⎯ bis 3 Min. unter der
Hütte (Parkplatz Felsenmeer) △ Wanderungen in der Umgebung, Klettergarten
Hohenstein und Borstein

SPESSART

Falteshütte, 150 m, erb. 1940, DAV-S. Würzburg, beaufsichtigt Sommer und Winter,
nach Anmeldung, ⌐ 30 ⌣ 5, Anmeldung und ☏ bei Sport-Haus Dillmaier, Domstr. 13,
D-97070 Würzburg, ✆ 0931/51189, ♦ E. Krämer, Hauptstr. 61, D-97070 Gössenheim,
✆ 09358/224 oder 09351/2441, ⊞ Gemünden ⎯ Gemünden B 27, 🅿 5 Min. vor der
Hütte △ Fernwanderung Blaues M/zur Ruine Homburg

DONAUTAL

Ebinger Haus, 640 m, erb. 1955, DAV-S. Ebingen, Gisela Knobel, Untere Vorstadt 16,
D-72458 Albstadt, ✆ 07431/3480, bewartet Ende März bis Ende Nov., Fr./Sa./So./Fe.
Getränke erhältlich, ⌐ 56, ⤳ 220 V ∼, Anmeldung und ☏ bei Marlene
Stark, Steinstr. 9, D-88631 Beuron-Hausen im Tal, ✆ Hütte 07579/777, ✆ Tal
07579/1489, ⊞ Beuron-Hausen im Tal ⎯ 5 Min. unter dem Haus 🅿 ↗ Hausen im Tal
15 Min., Bahnhof Hausen 40 Min. △ Wanderungen Oberes Donautal, Klettergarten
Oberes Donautal

SCHWÄBISCHE ALB

Geislinger Hütte, 702 m, erb. 1944, DAV-S. Geislingen/Steige, Brunnerstr. 57, D-73312 Geislingen, ✆ 07331/64244, Sa./So./Fe., SV, nur Getränke erhältlich, Anmeldung bei der Sektion, ♦ Fritz Gaugel, von-Degenfeld-Str. 61, D-73312 Geislingen, ✆ 07332/3395, priv. 07331/64701, ⊨ 4 ⌐ 36 ⊔ 12, ⚏ 220 V ~, 🚌 Süssen 🚌 Steighof 🚶 zur Hütte 🅿 △ Wanderwege Schwäbische Alb, Klettergarten Roggental und Rosenstein → Heidenheimer Hütte bei Steinenkirch, Kreuzberghütte auf dem Homberg ⚓ Skilifte Treffelhausen, Langlaufloipen

Harpprechthaus, 800 m, erb. 1935, DAV-S. Schwaben, Senefelderstr. 1, D-70178 Stuttgart, ✆ 0711/624634, ♦ Michael und Christiane Eisele, Harpprechthaus, D-73252 Lenningen-Schopfloch, ✆ Hütte 07026/2111, gj. bew., Mo. geschlossen, während der Schulferien 3 Wochen geschlossen, ⊨ 37 ⌐ 20, ⚏ 220 V ~ 🍴, 🚌 Oberlenningen 🚌 Lenningen-Schopfloch 🚶 zum Haus 🅿 ✗ von Schopfloch ¼; von Lenningen 3 △ Wanderungen in der Schwäb. Alb, Kletterfelsen Wielandstein, Reußenstein, Heimenstein ⚓ den ganzen Winter, Langlaufmöglichkeiten

Karl-Vorbrugg-Hütte; (ehem. Heidenheimer Hütte), 650 m, erb. 1957, DAV-S. Brenztal, Heidenheim/Brenz, bewartet, gj. Sa./So., Ostern, Pfingsten und Mitte Dez. bis Anfang Jan. geschlossen, ⌐ 14, ⚏ 220 V ~ 🍴, Anmeldung bei ♦ Helga und Wolfgang Büttner, Kirchhofstr. 1, D-89547 Gerstetten/Heuchlingen, ✆ 07324/8604, 🚌 Heidenheim oder Geislingen 🚌 Steinenkirch 🚶 100 m vor der Hütte △ Rundwanderungen Magental, Roggental, Felsental, Klettergarten Magental und Roggental ⚓ Skilift Treffelhausen, Langlaufmöglichkeiten

Kreuzberghütte, 710 m, erb. 1925, DAV-S. Hohenstaufen, SV, nur Getränke vorhanden, ⊨ 35, gj. zugänglich, Sa. 15.00 bis So. 16.00 Uhr, Hütte ist nur zugänglich, wenn ♦ anwesend, Anmeldung ♦ Hans Baiker, Wilhelmstr. 44, D-73061 Ebersbach, ✆ 07163/3879 ✗ nur zu Fuß, 🚌 Nenningen 🚌 Nenningen, 🅿 Ringstr., Degenfeld, Skilift oberer Parkplatz, jeweils ½ zur Hütte, Kaltes Feld – Hornberg, anschließende Berge der Ostalb △ Klettergarten Roggental → Geislinger Hütte ⚓ Skilift Degenfeld oder Große Mulde, Langlaufloipen Kaltes Feld

Stuttgarter Albhaus, 750 m, erb. 1960, DAV-S. Stuttgart, Rotebühlstr. 59A, D-70178 Stuttgart, ✆ 0711/627004, gj. zugänglich, SV, Getränke erhältlich, Sa./So./Fe. (Ausnahme Sommerferien), ⊨ 2 ⌐ 42, ⚏ 220 V ~, Anmeldung bei ♦ Otto Bummert, Werderstr. 16, D-70190 Stuttgart, ✆ 0711/264670, 🚌 Oberlenningen 🚌 Schopfloch 🚶 bis zur Hütte 🅿 △ Albwanderungen, Klettergarten in nächster Umgebung

Uli-Wieland-Hütte, 550 m, DAV-S. Ulm; SV, Mitte Nov. bis Mitte März geschlossen, ⌐ 15, Anmeldung und 🔑 beim ♦ Helmut Balzer, Im Gässle 9, D-89143 Blaubeuren-Weiler, ✆ 07344/8509, 🚌 Blaubeuren 🚌 Weiler, △ Albwanderungen, Klettergarten und Höhlenfahrten Blaubeuren

FRANKEN

Ansbacher Kletterheim, 420 m, erb. 1966, DAV-S. Ansbach, Mitte März bis Ende Okt. Sa./So. beaufsichtigt, ⌐ 29, ⚏ 220 V ~ 🍴, Anmeldung und 🔑 bei ♦ Udo Weller, Ahornstr. 3, D-91522 Ansbach, ✆ 0981/3633, 🚌 Dollnstein 🚌 Konstein 🚶 bis zur Hütte (Aicha) △ Höhenwanderungen, Klettergarten Konstein, Dohlenfels, Aicha

Düsselbacher Hütte, 359 m, renov. 1984, DAV-S. Schwabach, SV, Sa./So. oder nach Vereinbarung bewartet, ☎ Hütte 09152/89919 (nur Sa./So.), Anmeldung und 🍴 bei 🛏 Hans Straußberger, Petzoldtstr. 6, D-91126 Schwabach, ☎ 09122/13244, 🛏 19 ⊔ 6, ⏛ 220 V ∼, 🚌 Vorra 🚶 bis Hüttennähe, 🅿 Wanderparkplatz Düsselbach ↗ Vorra ½ → Pegnitztal, Hirschbachtal △ Klettergebiete Düsselbacher Wand, Riffler, Vorraer Wacht, Zankelstein 🎿 mehrere gespurte Loipen im Umkreis von 10 km

Haus Egerland/Fränkische Schweiz, 510 m, erb. 1973, DAV-S. Eger-Egerland, Sitz Bubenreuth, 🛏 Dieter Fischer, Haus Egerland, Almos Nr. 26, D-91355 Hiltpoltstein, ☎ Hütte 09245/591, ☎ privat 09133/1454, gj. bew., im Aug. geschlossen, 🛏6 🛏 17 ⊔ 2, ⏛ 220 V ∼ 🔥, 🚌 🚶 Almos (10 Min. bis zum Haus) 🚶 bis zum Haus △ → Wanderungen und Klettermöglichkeiten im gesamten Gebiet der Fränkischen Schweiz 🎿 gespurte Loipen in der Nähe

Schutzhütte Hesselberg, 560 m, erb. 1987, DAV-S. Hesselberg, 🛏 Rudolf Rohner, v.-Humboldt-Str. 4, D-91572 Bechhofen a.d.H., ☎ 09822/5491, gj. bew., nach rechtzeitiger Voranmeldung beim 🛏, keine Übernachtungsmöglichkeit, Getränke erhältlich, bei Voranmeldung auch kalte Speisen, 🚶 🚶 Wanderparkplatz an der Bergmühle, von dort 10 Min. → Wanderungen »Rund um den Hesselberg« 🎿 bei guter Schneelage Lift neben der Hütte, Langlaufmöglichkeiten in Hüttennähe

Jurahütte, 490 m, erb. 1950, DAV-S. Coburg, Zinkenwehr 1, D-96450 Coburg, ☎ 09561/92007 (nur Mi. von 16.30 - 18.30 Uhr), bewartet Sa./So., 🛏 24, SV, Anmeldung und 🍴 bei Sektion, 🚌 Bamberg-Scheßlitz und Staffelstein-Lichtenfels 🚶 Wattendorf 🚶 10 Min. vor Hütte 🅿 🔥 Staffelberg, Giechburg, Ziegenfelder Tal, Klettergarten Burglesau 6 km, Kemitzenstein 4 km 🎿 Langlaufmöglichkeit Pfitschental Wattendorf

Röthenbacher Hütte, 479 m, erb. 1952, DAV-S. Röthenbach, Anfang April bis Ende Okt., Sa./So. bewartet, Getränke erhältlich, bei Langlaufveranstaltungen wird die Hütte auch im Winter geöffnet, ist dann aber ohne Wasser, 🛏 Werner Wolf, Kuhnhofer Hauptstr. 27, D-91207 Lauf d.d.P., ☎ 0911/577361, 🛏 20, ⏛ 220 V ∼ 🔥, 🚌 Etzelwang 🚶 über Lehendorf, 🅿 100 m vor der Hütte ↗ Ghs. »Forellenhof« 15 Min. → Höhenglücksteig 1; Norissteig – Hirschbachtal 1½ △ Höhenwanderungen, Klettergarten Lehenhammertal ½ 🎿 Langlaufmöglichkeiten

Würgauer Haus, 440 m, erb. 1935, DAV-S. Bamberg, SV, Sa./So. beaufsichtigt, Ostern bis Ende Okt., 🛏 12 🛏 20, ⏛ 220 V ∼, Anmeldung und 🍴 bei 🛏 Peter Bauer, Ringstr. 30, D-96117 Memmelsdorf, ☎ 0951/42161, 🚌 Scheßlitz 🚶 Würgau 🚶 Würgau 🅿 ↗ von Würgau 10 Min. △ Albrandwanderungen, Giechburg und Gügel 3; Würgauer Klettergarten ¼; Burglesauer Klettergarten ¾ 🎿 sehr gute Langlaufmöglichkeiten

BAYERISCHER WALD

Hochwaldhütte, 910 m, erb. 1960, DAV-S. Deggendorf, bewartet Sa./So./Fe. (während der Woche nur nach Anmeldung bei 🛏), 1.11. bis 5.1. und 1.4. bis 30.4 geschlossen, 🛏 14, 🛏 Konrad Bauer, Oberer Mühlbogen 14, D-94469 Deggendorf, ☎ 0991/21681, 🚶 🚶 Rusel, Abzweigung Wagmacher Kurve, 🅿 Sommer: Oberfrohnreut, Winter: Wegmacher Kurve ↗ Oberfrohnreut 15 Min. (Sommer), Wegmacher Kurve 40 Min. (Winter) △ Dreitannenriegel, 1092 m; Breitenautiegel, 1114 m; Geißkopf, 1097 m; Klettergarten in Deggendorf, bei der Hütte (kl. Felsen) und Bayer. Wald ⟋ Geißkopf, Rusel, Greising (Lifte), Langlaufzentrum Rusel

ZITTAUER GEBIRGE

Jonsdorfer Hütte, 450 m, erb. 1965, DAV-S. Zittauer Bergsteigergemeinschaft, Bahnhofstr. 47, D-02763 Zittau, ♦ Dieter Schädel, Großschönau 47, D-02796 Jonsdorf, SV, gj. zugänglich, ⊨ 8 ⊓ 10 ⊔ 12, ∿ 220 V ∼ ▥ ⌐, ⇔ Jonsdorf ⇔ Jonsdorf Kretschau ⇔ zur Hütte △ Klettergarten Zittauer Gebirge → Wanderungen in der Umgebung

HOLLEDAUER HÜGELLAND

Holledauer Hütte, 445 m, erb. 1986, DAV-S. Pfaffenhofen, SV, Sa./So. beaufsichtigt (ab Fr. Abend), ⊨ 19, ∿ 220 V ∼ ▥, Anmeldung und ☏ bei ♦ Willi Döllner, Hopfenweg 19, D-85276 Pfaffenhofen, ✆ 08441/5821, ⇔ ⇔ Pfaffenhofen ⇔ bis zur Hütte → Wanderungen in der Umgebung, Eisstadion, Warmbad, Hallenbad

ARDENNEN, BELGIEN

Tukhut, erbaut 1975, abgebr. 1980, Wiederaufbau 1983, in Sy, in der Nähe von Hamoir, OeAV-S. Nederlandse Bergsportvereniging, v. Aerssenstraat 178, NL-2582 JT Den Haag, ✆ 070/3500991, SV, gj. Sa./So. zugänglich, teilweise auch in den Schulferien, ⊓ 44, ∿ 220 V ▥, Anmeldung bei der Sektion, ✆ Hütte 08638/9056, ⇔ Sy ⇔ zur Hütte im Klettergarten gelegen, Wanderungen und Langlaufmöglichkeiten in Hüttennähe

63 OeAV-Vertragshäuser

OeAV-Vertragshäser sind privat geführte Gast- und Beherbergungsbetriebe im österreichischen Alpenraum, die sich auf Grund eines Vertrages mit einer dort ansässigen oder benachbarten OeAV-Sektion verpflichten, Mitgliedern des Alpenvereins und Gleichgestellten gegen Vorweis des gültigen Mitgliedsausweises einen Nachlaß auf den jeweiligen Nächtigungspreis – und zwar auch nur bei einer Nächtigung – zu gewähren. Die Einrichtung solcher Vertragshäuser, die sich nicht in Konkurrenzlage zu einer Alpenvereinshütte befinden dürfen, wird im besonderen von den zahlreichen Wanderern im Alpenverein als wichtig empfunden, weil in Tallagen und auch in den Voralpen oft keine entsprechenden Stützpunkte vorhanden sind. Es gibt aber auch bereits einige Vertragshäuser in hochalpinen Lagen, die durchaus mit den Alpenvereinshütten der Kategorie I vergleichbar sind.

Die zur Zeit bestehenden Vertragshäuser, die einen Nachlaß zwischen 10 und 25 % gewähren, sind im folgenden nach den Bundesländern Österreichs geordnet.

KÄRNTEN

Natur- und Sporthotel Alpenhof Weissensee, Gailtaler Alpen, A-9762 Techendorf/Weissensee, Naggl 4, ℰ 04713/21-07-0, ⊨ 60, Weitwanderweg 10

Hotel Pension Edelweiß, A-9822 Mallnitz 59, am Ortsanfang von Mallnitz gegenüber dem Bahnhof, Eigentümer H. und A. Rosskopf, langjährige Pächter des Seekarhauses in Obertauern, Weitwanderweg 10, ⊨ 27, ℰ 04784/742

Göslerhütte, 1666 m, Norische Alpen, auf der Weinebene am Übergang Steiermark – Kärnten, Weitwanderweg 05, ⊨ 30, ℰ 04352/30225

Alpengasthof H. Haßlacher GmbH, A-9841 Winklern/Mölltal Hs.-Nr. 24, ⊨ 50, ℰ 04822/248

Alpengasthof Hinterbuchholzer Hütte, 1500 m, Norische Alpen, auf der Nordseite der Gerlitzen, Weitwanderweg 09, ⊨ 50, Besitzer Friedhelm Kohlweis, A-9521 Treffen Hs.-Nr. 7, ℰ 04248/2826

Gasthof Matschnig, A-9183 Rosenbach Hs-Nr. 16, Bahnhofsnähe, ⊨ 50, ℰ 04253/8106

Hotel Post, Glockner-Schober-Goldberg-Gruppe, A-9843 Großkirchheim, Döllach 13, ⊨ 60, ℰ 04825/205

Landgut »Rojachhof«, A-9811 Lendorf, Besitzer Traugott und Frieda Rindlisbacher

Gasthof Stiegenbräuer, A-9500 Villach, Oberer Kirchenplatz 5, Weitwanderweg 09, ⊨ 11, ℰ 04242/24377

Hotel-Restaurant Trennerhof, A-9521 Treffen Hs.-Nr. 7, Weitwanderweg 09, ➡ 40, ✆ 04248/2826

NIEDERÖSTERREICH

Gasthof Auer zu den »Zwei Linden«, A-3264 Gresten, Unterer Markt 7, Weitwanderweg 04, ➡ 17, ✆ 07487/2222

Pension-Berggasthof Burda, Hasenriegel 289, A-3033 Altlengbach, Wienerwald-Schöpfelgebiet zwischen Rekawinkel und Laaben, Weitwanderweg 04, ➡ 42, ✆ 02774/6450

Gasthof »Goldener Stern«, A-3390 Melk, Sterngasse 17, Besitzer Kurt und Michaela Hirzenberger, Weitwanderweg 05, ➡ 22, ✆ 02752/2214, 31343

Gasthof Grassmann, Türnitzer Alpen, A-3242 Texing, Plankenstein 2, Weitwanderweg 04, 05, ➡ 10 ⌐ 8, ✆ 02755/72-05

Gasthof-Pension Kössl, A-3340 St. Leonhard/Wald (bei Waidhofen/Ybbs), Weitwanderweg 04, 08, ➡ 45, ➡ 07442/7221

Gasthof Nöbauer, A-3860 Heidenreichstein, Schremserstr. 28, Weitwanderweg 07, 08, Niederösterreichischer Landesrundwanderweg, ➡ 27, ✆ 02862/2237

Gasthof Zur Post, Waldviertel, A-3663 Laimbach/Ostrong, Weitwanderweg 08, ➡ 40, ✆ 02758/33-05

Hotel zur Post, A-3053 Laaben im Wienerwald, Eigentümer Fam. Steinberger, Nächtigung nur für eine Nacht möglich, Weitwanderweg 04, ➡ 106, ✆ 02774/8363

Gasthof Roderich, A-2103 Langenzersdorf, Wiener Str. 59, Weitwanderweg 07, ➡ 22, ✆ 02244/2415

Gasthof Schirmböck, A-2115 Ernstbrunn, Bahnstr. 8, Weitwanderweg 07, ➡ 27, ✆ 02576/219

Gasthof Staudach, A-3343 Hollenstein/Ybbs, Besitzer Johanna Zedka, Weitwanderweg 08, ➡ 18, ✆ 07445/262

Gasthof Traxler, A-3950 Gmünd, Schremserstr. 40, Weitwanderweg 07, 08, ➡ 26, ✆ 02852/2343

Gasthof Zeiler, A-3973 Karlstift Hs.-Nr. 36, Weitwanderweg 05, Nordwaldkammweg, Niederösterr. Landesrundwanderweg ✆ 02816/235

Gasthof Zwei Linden, A-3620 Spitz, Donaulände 3, Weitwanderweg 05, ➡ 20, ✆ 02713/278

OBERÖSTERREICH

Gasthof Forstinger, A-4780 Schärding, Unterer Stadtplatz 3, Weitwanderweg 10A, ➡ 45, ✆ 07712/2302

Hotel Fürchterlich, A-4091 Esternberg, Weeg 18, Weitwanderweg 10A, ➡ 12, ✆ 07714/550

Gasthof Kirchenwirt, A-4463 Großraming Hs.-Nr. 21, Besitzer Angela Ahrer, Oberösterreichische Voralpen, ⊨ 40, ✆ 07254/256

Gasthof Kirchenwirt, A-4725 St. Ägidi Hs.-Nr. 1, Weitwanderweg 10A, ⊨ 20, ✆ 07717/306

Gasthof Koller, A-4091 Vichtenstein Hs.-Nr. 37, Weitwanderweg 10A, ⊨ 30, ✆ 07714/8015

Gasthof Neulinger, A-4252 Liebenau Hs.-Nr. 4, Weitwanderweg 05, ⊨ 26, ✆ 07953/208

Gasthof Pöppl (Kirchenwirt), A-4783 Wernstein/Inn Hs.-Nr. 75, Weitwanderweg 10A, ⊨ 25, ✆ 07713/269

Gasthof Schmalzerhof, Totes Gebirge, A-4573 Hinterstoder, Mitterstoder 32, Weitwanderweg 01, 09, ⊨ ca. 100, ✆ 07564/52-10

Gasthof-Pension Sonnenhof, A-4180 Zwettl/Rodl, Innerschlag 1, Besitzer Josef Kitzmüller, Mittellandweg, ⊨ 20, ✆ 07212/234

Gasthof Stift Reichersberg/Inn, A-4981 Reichersberg Hs.-Nr. 1, Weitwanderweg 10A, ⊨ 50, ✆ 07758/2313

SALZBURG

Ammererhof, 1640 m, Goldberggruppe, im inneren Raurisertal, Zufahrt im Sommer bis zum Haus, im Winter bis Wörth, ⊨ 30 ⌐ 20, ✆ 06544/8112 oder 224

»Ebmatten-Fürthermoaralm«, A-5721 Piesendorf, Fürth 3, 1806 m Seehöhe im Bereich des Mooserbodens, Pächter Anton Aberger, an den Wegen 716, 717, 723, 726 gelegen, ⊨ 14 ⌐ 30, Übergänge zu Gleiwitzer Hütte, Krefelder Hütte, zum Heinrich-Schwaiger-Haus, Rudolfhütte, ✆ Tal 06549/208, ✆ Alm 06547/7158-690

Seekarhaus (bis 1991 im Eigentum der Sektion Austria des OeAV), liegt im Bereich von Obertauern am Weitwanderweg 02, neuer Eigentümer: Gebrüder Krings OEG, A-5562 Obertauern 36, ✆ 06456/318, 350

Gasthof Selbhorn, A-5761 Maria Alm, Hinterthal 71, Besitzer Hubert & Herma Sieder, Steinernes Meer, ✆ 06584/8129

Gasthof »Weisses Rössl" , A-5450 Werfen, Hauptstraße 39, Weitwanderweg 01, ✆ 06468/268

Schutzhütte Wolkenstein, A-5741 Neukirchen/Großvenediger, Eigentümer Josef Möschl; das Haus liegt im Bereich des Weitwanderweges 02A (Nähe Wildkogelhaus), ⊨ 20, ✆ 06565/6949

STEIERMARK

Gasthof »Annawirt«, A-8742 St. Anna Hs.-Nr. 13, Besitzer Josef Leitner, Seckauer Alpen, Steirischer Landesrundwanderweg, ⊨ 20, ✆ 03578/370

Breitlahnhütte, A-8961 Kleinsölk, 1104 m, Seehöhe im Kleinsölktal, Weitwanderweg 02, Steirischer Landesrundwanderweg, ⊨ 20, geöffnet von Ende Mai bis Ende Okt.

Gasthof Fichtenhof, Norische Alpen, A-9451 Preitenegg, Hebalm 66, Weitwanderweg 05, Steirischer Rundwanderweg, ⊨ 10, ✆ 03146/81-85

Gasthof Fischer, A-8354 St. Anna am Aigen Hs.-Nr. 115, Weitwanderweg 07, ⊨ 8, ✆ 03158/259

Gasthof-Restaurant Fischer, A-8271 Waltersdorf/Oststeiermark, Weitwanderweg 07, ⊨ 39, ✆ 03333/2273

Gaberlhaus, 1550 m, Norische Alpen, A-8592 Salla, Gaberl, Weitwanderweg 05, ⊨ 120, ✆ 03147/211

Gasthof Gösserbräu, A-8790 Eisenerz, Flutergasse 5, Eigentümer Markus Oberegger, Weitwanderweg 01 und Steirischer Landesrundwanderweg, ⊨ 8, ✆ 03848/2335

Gasthof Grillitsch, A-8742 Obdach, Hauptstraße 39, Steirischer Landesrundwanderweg, ⊨ 12, ✆ 03578/225

Gasthaus-Pension Grobbauer, A-8786 Oppenberg/Rottenmann, Steirischer Landesrundwanderweg, ⊨ 17, ✆ 03619/213

Gasthof Gutmann, A-8480 Mureck, Griesplatz 5, Weitwanderweg 03, ⊨ 12, ✆ 03472/2345

Hotel Hitzl, A-8280 Fürstenfeld, Bahnhofstr. 13, Weitwanderweg 07, Steirischer Landesrundwanderweg, ⊨ 75, ✆ 03382/2144

Gasthof Kollar-Göbl-KG, A-8530 Deutschlandsberg, Hauptplatz 10, Weitwanderweg 06, Nächtigung nur für eine Nacht möglich, ⊨ 35, ✆ 03462/2642

Hotel Österreich, A-8490 Bad Radkersburg, Langgasse 1, Weitwanderweg 03, 07, ⊨ 65, ✆ 03476/2127

Alpenhof Pack (Tilzwirt), A-8583 Pack Hs.-Nr. 43, am Packsattel, 1160 m, gelegen, Weitwanderweg 05, ⊨ 25, ✆ 03146/8107

Berggasthof Pölzl, A-8650 Kindberg, Herzogberg 9, zwischen Hochschwab und Veitsch gelegen, ⊨ 8, ✆ 03865/2051

Gasthof-Pension Rappel, A-8933 St. Gallen, Weitwanderweg 08, ⊨ 20, ✆ 03632/210

Hotel-Restaurant Römerhof, A-8430 Leibnitz, Marburger Str. 1, Weitwanderweg 03, ⊨ 44, ✆ 03452/2419

Gasthof Salzinger, A-8960 Öblarn, Steirischer Landesrundwanderweg, ⊨ 25, ✆ 03684/264

Schilcherlandhof, A-8510 Stainz, Hauptplatz 15, Eigentümer Fam. Schaar, Weitwanderweg 06, Nächtigung nur für eine Nacht möglich, ⊨ 100, ✆ 03463/2357

Hotel-Pension Seeberghof, A-8636 Seewiesen, Weitwanderweg 01, 05, ⊨ 38, ✆ 03863/225115

Gasthof Seidl, A-8820 Zeutschach Hs.-Nr. 7, Steirischer Landesrundwanderweg, ⊨ 24, ✆ 03584/2440

Gasthof Simperl, A-8552 Eibiswald Hs.-Nr. 22, Weitwanderweg 05, ⊨ 14, ✆ 03466/2235

Gasthof Strassegg, A-8615 St. Erhard, Sonnleiten 9, Weitwanderweg 02, 06, ⊨ 15 ⌐ 45, ✆ 03171/260

Triebenerhof, A-8784 Trieben Hs.-Nr. 11, Weitwanderweg 08, ▭ 20, ℰ 03615/2234

Gasthof Troissinger, A-8361 Hatzendorf Hs.-Nr. 152, Weitwanderweg 07 und Steirischer Landesrundwanderweg, ▭ 20, ℰ 03155/2253

Waldheimhütte, A-8742 Obdach, Lavantegg 57, Besitzer Luise Grillitsch, Seetaler Alpen, Steirischer Landesrundwanderweg, ▭ 40, ℰ 03578/8205

Gasthof »Zum Goldenen Kreuz«, A-8250 Vorau Hs.-Nr. 26, Weitwanderweg 07, ▭ 62, ℰ 03337/2368

Gasthof »Zum Heiligen Geist«, Türnitzer Alpen, A-8630 Mariazell, Wiener Str. 38, Weitwanderweg 05, 06, ▭ 32, ℰ 03882/21-07

Gasthof »Zur Alten Post«, A-8350 Fehring Hs.-Nr. 19, Weitwanderweg 07, ▭ 19, ℰ 03165/52313

Gasthof »Zur Post«, A-8672 St. Kathrein a. H., ▭ 50, ℰ 03173/2371

VORARLBERG

Alpengasthof Gamperdona, 1370 m, Rätikon, Nenzinger Himmel, geöffnet Mitte Mai - Mitte Okt., ▭ 24 ⌐ 13, Übergänge zur Mannheimer Hütte, Pfälzer Hütte, Totalphütte

Register aller Hütten

Die Ziffern beziehen sich auf die Gebirgsgruppe – dort alphabetisch geordnet

NOTIZEN

NOTIZEN

NOTIZEN

NOTIZEN

NOTIZEN

NOTIZEN

Alpenvereins-karten

Maßstab 1: 25 000 (falls nicht anders angegeben)